Einfluss der Rechtsordnung auf die Tarifbindung der Arbeitgeberseite

Schriften zum Recht der Arbeit

Herausgegeben von Olaf Deinert und Rüdiger Krause

Band 12

PL ACADEMIC RESEARCH

Manfred Walser

Einfluss der Rechtsordnung auf die Tarifbindung der Arbeitgeberseite

PL ACADEMIC RESEARCH

Bibliografische Information der Deutschen Nationalbibliothek
Die Deutsche Nationalbibliothek verzeichnet diese Publikation in der Deutschen Nationalbibliografie; detaillierte bibliografische Daten sind im Internet über http://dnb.d-nb.de abrufbar.

Zugl.: Göttingen, Univ., Diss., 2014

D 7
ISSN 2191-4079
ISBN 978-3-631-66207-6 (Print)
E-ISBN 978-3-653-05208-4 (E-Book)
DOI 10.3726/978-3-653-05208-4

PL Academic Research ist ein Imprint der Peter Lang GmbH.

Peter Lang – Frankfurt am Main · Bern · Bruxelles · New York · Oxford · Warszawa · Wien

Diese Publikation wurde begutachtet.

www.peterlang.com

Für Julia

Vorwort

Die vorliegende Arbeit wurde im Herbst 2014 von der Juristischen Fakultät der Georg-August-Universität zu Göttingen als Dissertation angenommen. Sie entstand während meiner Zeit als wissenschaftlicher Mitarbeiter am Lehrstuhl für Bürgerliches Recht, Arbeits- und Sozialrecht am Institut für Arbeitsrecht der Georg-August-Universität Göttingen, wo ich im Rahmen des durch die *Hans-Böckler-Stiftung* geförderten Projekts „Tarifvertragliche Bindung der Arbeitgeber“ tätig war. Die Tätigkeit am Lehrstuhl hat es mir (nicht nur in materieller Hinsicht) überhaupt erst möglich gemacht, die vorliegende Arbeit anzufertigen.

Mein besonderer Dank gilt daher meinem wissenschaftlichen Betreuer *Prof. Dr. Olaf Deinert* für sein entgegengebrachtes Vertrauen und die Möglichkeit, mich über die vergangenen Jahre mit einem so interessanten wie auch facettenreichen Thema auseinanderzusetzen. Er hat mich damit davor bewahrt, meine Absicht zu promovieren, vorschnell aufzugeben und stand mir in diesen Jahren stets mit fachlichem und persönlichem Rat zur Seite. Auch für die spannende Zeit an seinem Lehrstuhl möchte ich mich herzlich bei ihm bedanken.

Prof. Dr. Rüdiger Krause danke ich für die zügige Erstellung des Zweitgutachtens – beiden auch für die Aufnahme in die von ihnen herausgegebene Schriftenreihe sowie die angenehme Zeit am Göttinger Institut für Arbeitsrecht.

Zahlreiche Personen haben das Werden dieser Arbeit durch Diskussionen, Hinweise und auch in anderer Form beeinflusst und unterstützt. Sie alle zu nennen, ist an dieser Stelle schon aus Platzgründen nicht möglich. Herauszuheben sind die beiden Lektorinnen *Andrea Seidenschwang, LL.M.*, und *Sybille Heeg, M.A.*, denen ich für die außerordentlich zügige und gründliche Korrektur des Manuskripts zu Dank verpflichtet bin.

Ich widme diese Arbeit schließlich meiner Frau *Julia* und meinem Sohn *Leo Maxim*, ohne deren Unterstützung, Geduld und Nachsicht ich dieses Projekt nicht zum Abschluss hätte bringen können und die ihrerseits zahlreiche Entbehrungen auf sich genommen haben. Danken möchte ich außerdem meinen Eltern für ihre vielfältige Unterstützung während meines Studiums und während der Promotionsphase.

In tarifrechtlicher Hinsicht befinden wir uns in einer äußerst bewegten Zeit. Nachdem sich das Tarifvertragsgesetz (TVG) in seiner Geschichte bislang durch außerordentliche Beständigkeit ausgezeichnet hat, haben sich seit Abschluss des Manuskripts im April 2014 einige wesentliche Änderungen im Gesetz selbst (Reform der Allgemeinverbindlicherklärung) und in angrenzenden Gesetzen wie dem Arbeitnehmerentsendegesetz und der Einführung des Mindestlohngesetzes ergeben. Hinzu kommt noch das für 2015 geplante Tarifeinheitsgesetz, das zumindest im Kabinett der Bundesregierung bereits verabschiedet ist. Für die Drucklegung sind diese Entwicklungen soweit wie möglich berücksichtigt, dort, wo eine Änderung der Rahmenbedingungen in Hinblick auf die Fragestellung zu erwarten ist, finden sich entsprechende Hinweise. Rechtsetzung, Literatur und Rechtsprechung haben insofern bis Anfang Dezember 2014 Berücksichtigung gefunden.

Hamburg, im Dezember 2014 Manfred Walser

Inhaltsverzeichnis

Abkürzungsverzeichnis

a.A.	anderer Ansicht
a.F.	alte Fassung
ABl.	Amtsblatt
abl.	ablehnend
AEntG	Arbeitnehmerentsendegesetz
AEUV	Vertrag über die Arbeitsweise der Europäischen Union
AFG	Arbeitsförderungsgesetz
AG	Aktiengesellschaft
AiB	Arbeitsrecht im Betrieb
AltPflG	Gesetz über die Berufe in der Altenpflege
AltTZG	Altersteilzeitgesetz
Amtl. Nachr.	Amtliche Nachrichten
Anm.	Anmerkung
AP	Nachschlagewerk des Bundesarbeitsgerichts – Arbeitsrechtliche Praxis
APS-*Bearbeiter*	*Ascheid/Preis/Schmidt* (Hrsg.), Kündigungsrecht, Großkommentar, 4. Aufl. (2012)
APuZ	Aus Politik und Zeitgeschichte
ArA	Arbeidsrechtelijke Annotaties
ArbGG	Arbeitsgerichtsgesetz
ArbNErfG	Gesetz über Arbeitnehmererfindungen
ArbRAktuell	Arbeitsrecht Aktuell
ArbRB	Arbeitsrechtsberater
ArbRModG	Arbeitsrechtsmodernisierungsgesetz
ArbZG	Arbeitszeitgesetz
AuA	Arbeit und Arbeitsrecht
aufgeh.	aufgehoben
Aufl.	Auflage
AÜG	Arbeitnehmerüberlassungsgesetz

AuR	Arbeit und Recht
AVAVG	Gesetz über die Arbeitsvermittlung und Arbeitslosenversicherung
AVE	Allgemeinverbindlicherklärung
BA	Bundesagentur für Arbeit
BaFin	Bundesanstalt für Finanzdienstleistungsaufsicht
BAGE	Entscheidungen des Bundesarbeitsgerichts
BArbBl	Bundesarbeitsblatt
BB	Der Betriebs-Berater
Bd.	Band
BDA	Bundesvereinigung der Deutschen Arbeitgeberverbände
BDI	Bundesverband der Deutschen Industrie e.V.
BDSW	Bundesverband der Sicherheitswirtschaft
Beck/ Depré-*Bearbeiter*	*Beck/Depré* (Hrsg.), Praxis der Insolvenz, Handbuch, 2. Aufl. (2010)
BeckOK ArbR-*Bearbeiter*	*Rolfs* u.a. (Hrsg.), Beck'scher Online-Kommentar Arbeitsrecht, Stand: 01.12.2014
BEEG	Bundeselterngeld- und Elternzeitgesetz
Begr.	Begründer
Berg/Kocher/ Platow/ Schoof/ Schumann	*Berg/Kocher/Platow/Schoof/Schumann* (Hrsg.), Tarifvertragsgesetz und Arbeitskampfrecht, Kompaktkommentar, 4. Aufl. (2013)
BetrVG	Betriebsverfassungsgesetz 1972
BGB	Bürgerliches Gesetzbuch
BGBl.	Bundesgesetzblatt
Blümich-*Bearbeiter*	*Blümich* (Begr.); *Heuermann/Brandis* (Hrsg.), EStG, KStG, GewStG, Kommentar, Loseblatt (Stand: 125. EL Oktober 2014)
BMAS	Bundesministerium für Arbeit und Soziales
BPersVG	Bundespersonalvertretungsgesetz
BR-Drs.	Bundesrats-Drucksache
BSG	Bundessozialgericht

BSGE	Amtliche Entscheidungssammlung des Bundessozialgerichts
bspw.	beispielsweise
Bst.	Buchstabe
BT-Drs.	Bundestags-Drucksache
BVerfGE	Amtliche Entscheidungssammlung des Bundesverfassungsgerichts
BVerwGE	Entscheidungen des Bundesverwaltungsgerichts
bzw.	beziehungsweise
Callies/Ruffert-*Bearbeiter*	*Calliess/Ruffert* u.a. (Hrsg.), EUV/AEUV, Kommentar, 4. Aufl. (2011)
CGB	Christlicher Gewerkschaftsbund
CGM	Christliche Gewerkschaft Metall
CGZP	Tarifgemeinschaft Christlicher Gewerkschaften für Zeitarbeit und Personal Service-Agenturen
Comp.Lab.LawJ.	Comparative Labor Law & Policy Journal
d. Verf.	durch den Verfasser
Däubler, AKR-*Bearbeiter*	*Däubler* (Hrsg.), Arbeitskampfrecht, Handbuch, 3. Aufl. (2011)
Däubler, TVG-*Bearbeiter*	*Däubler* (Hrsg.), Tarifvertragsgesetz, Kommentar, 3. Aufl. (2012)
Däubler/ Bonin/ Deinert-*Bearbeiter*	*Däubler/Bonin/Deinert* (Hrsg.), AGB-Kontrolle im Arbeitsrecht, Kommentar zu den §§ 305 bis 310 BGB, 4. Aufl. (2014)
DAV	Deutsche Anwaltsverein
DB	Der Betrieb
Deinert/ Neumann-*Bearbeiter*	*Deinert/Neumann* (Hrsg.), Handbuch SGB IX, 2. Aufl. (2009)
ders.	derselbe
DGB	Deutscher Gewerkschaftsbund
dies.	dieselben
Diss.	Dissertation

DIW	Deutsches Institut für Wirtschaftsforschung
DJT	Deutscher Juristentag
DKKW-*Bearbeiter*	*Däubler/Kittner/Klebe/Wedde* (Hrsg.), Betriebsverfassungsgesetz; mit Wahlordnung und EBR-Gesetz, 14. Aufl. (2014)
DM	Deutsche Mark
DV§82SGB XII	Verordnung zur Durchführung des § 82 SGB XII
DZWir	Deutsche Zeitschrift für Wirtschaftsrecht
E.H.R.R.	European Human Rights Report
EFZG	Gesetz über die Zahlung des Arbeitsentgelts an Feiertagen und im Krankheitsfall
EGMR	Europäischer Gerichtshof für Menschenrechte
EGMR-E	Deutschsprachige Sammlung der Rechtsprechung des Europäischen Gerichtshofs für Menschenrechte
EL	Ergänzungslieferung
EMRK	Europäische Menschenrechtskonvention
Erbs/Kohlhaas-*Bearbeiter*	*Erbs/Kohlhaas/Ambs* (Hrsg.), Strafrechtliche Nebengesetze, Loseblatt, Stand: 199. EL Juli 2014
ErfK-*Bearbeiter*	Erfurter Kommentar zum Arbeitsrecht, 15. Aufl. (2015)
ESC	Europäische Sozialcharta
EStG	Einkommensteuergesetz
EU	Europäische Union
EuGH	Europäischer Gerichtshof
EuGRZ	Europäische Grundrechtezeitschrift
EuR	Europarecht
EUR	Euro
EuZA	Europäische Zeitschrift für Arbeitsrecht
EuZW	Europäische Zeitschrift für Wirtschaftsrecht
f. / ff.	folgende / fortfolgende
FAZ	Frankfurter Allgemeine Zeitung
FD-ArbR	Fachdienst Arbeitsrecht
Fitting, BetrVG	Fitting, Betriebsverfassungsgesetz, Handkommentar, 27. Aufl. (2014)

G.A. Res.	Resolution der Generalversammlung der Vereinten Nationen
GA	Generalanwalt/-anwältin des EuGH
Gagel SGB II/III-*Bearbeiter*	*Gagel* (Begr.); *Knickrehm/Deinert* (Hrsg.), SGB II/SGB III: Grundsicherung und Arbeitsförderung, Loseblatt, Stand: 55. EL Dezember 2014
Gamillscheg, Koll ArbR I	*Gamillscheg*, Kollektives Arbeitsrecht, Ein Lehrbuch, Bd. 1 (1997)
GastG	Gaststättengesetz
GEFMA	Deutscher Verband für Facility Management e.V.
gem.	gemäß
GEW	Gewerkschaft Erziehung und Wissenschaft
GewArch	Gewerbearchiv
GewO	Gewerbeordnung
ggf.	gegebenenfalls
GHfBetrG	Gesamthafenbetriebsgesetz (auch GesamthafenbetriebsG)
GK-BetrVG	*Fabricius* et al. (Hrsg.), Betriebsverfassungsgesetz. Gemeinschaftskommentar, 10. Aufl. (2014)
Glp.	Gliederungspunkt
GMH	Gewerkschaftliche Monatshefte
GMP-*Bearbeiter*	*Germelmann/Matthes/Prütting* u.a. (Hrsg.), Arbeitsgerichtsgesetz. Kommentar, 8. Aufl. (2013)
GNBZ	Gewerkschaft der Neuen Brief- und Zustelldienste
GRChr	Grundrechtecharta der EU
GS	Gedächtnisschrift oder Großer Senat
GWB	Gesetz gegen Wettbewerbsbeschränkungen
h.L.	herrschende Lehre
h.M.	herrschende Meinung
Habil.	Habilitationsschrift
HAG	Heimarbeitsgesetz
Hervorh.	Hervorhebung
Hk-AGG-*Bearbeiter*	*Däubler/Bertzbach* (Hrsg.), Allgemeines Gleichbehandlungsgesetz, Handkommentar, 3. Aufl. (2013)

HRG	Hochschulrahmengesetz
Hrsg.	Herausgeber
HSW-*Bearbeiter*	*Hanau/Steinmeyer/Wank* (Hrsg.), Handbuch des europäischen Arbeits- und Sozialrechts (2002)
Hueck/Nipperdey	*Hueck/Nipperdey*, Lehrbuch des Arbeitsrechts, Bd. II/1, 7. Aufl. (1967)
i.d.F.	in der Fassung
i.d.R.	in der Regel
i.E.	im Ergebnis
i.e.S.	im engeren Sinne
i.S.d.	im Sinne des
i.S.v.	im Sinne von
i.V.m.	in Verbindung mit
IAB	Institut für Arbeitsmarkt- und Berufsforschung
IAQ	Institut für Arbeit und Qualifikation
IG BCE	Industriegewerkschaft Bergbau, Chemie, Energie
IG Metall	Industriegewerkschaft Metall
Ind. Beziehungen	Industrielle Beziehungen
InsO	Insolvenzordnung
Ipsen-*Bearbeiter*	*Ipsen* (Hrsg.), Völkerrecht, 6. Aufl. (2014)
IRLR	Industrial Relations Law Reports
iwd	Informationsdienst des Instituts der deutschen Wirtschaft
JA	Juristische Arbeitsblätter
JArbSchG	Gesetz zum Schutz der arbeitenden Jugend
JKOS-*Bearbeiter*	*Jacobs/Krause/Oetker/Schubert* (Hrsg.), Tarifvertragsrecht, 2. Aufl. (2013)
Joussen/ WissZeitVG-*Bearbeiter*	*Joussen* (Hrsg.), Wissenschaftszeitvertragsgesetz, Kommentar (2012)
juris	online-Rechtsdatenbank der juris GmbH (juris.de)
jurisPK-BGB-*Bearbeiter*	*Rüßmann* u.a., Juris Praxiskommentar BGB, 7. Aufl. (2014)

jurisPR-ArbR	juris ParxisReport Arbeitsrecht
JZ	JuristenZeitung
Kap.	Kapitel
KassKomm-*Bearbeiter*	*Leitherer* (Hrsg.), Kasseler Kommentar zum Sozialversicherungsrecht, Loseblatt, Stand: 83. EL Oktober 2014
KDZ-*Bearbeiter*	*Kittner/Däubler/Zwanziger* (Hrsg.), Kündigungsschutzrecht, Kommentar, 9. Aufl. (2014)
Kempen/Zachert-*Bearbeiter*	*Brecht-Heitzmann/Kempen/Schubert/Seifert* (Hrsg.), Tarifvertragsgesetz, 5. Aufl. (2014)
KFürsV	Verordnung zur Kriegsopferfürsorge
Kittner/Zwanziger/Deinert-*Bearbeiter*	*Kittner/Zwanziger/Deinert* (Hrsg.), Arbeitsrecht, Handbuch, 7. Aufl. (2013)
KJ	Kritische Justiz
KMU	Kleinere und mittlere Unternehmen
KR-*Bearbeiter*	*Etzel* u.a., Gemeinschaftskommentar zum Kündigungsschutzgesetz, 10. Aufl. (2013)
krit.	kritisch
KStG	Körperschaftssteuergesetz
KWG	Gesetz über das Kreditwesen
LAGE	Entscheidungen der Landesarbeitsgerichte, Loseblatt
lit.	litera (Buchstabe)
Löwisch/Rieble	*Löwisch/Rieble* (Hrsg.), Tarifvertragsgesetz, Kommentar, 3. Aufl. (2012)
LS	Leitsatz
m.w.N.	mit weiteren Nachweisen
m.W.v.	mit Wirkung von
Maunz/Dürig-*Bearbeiter*	*Maunz/Dürig* (Begr.); *Herzog* u.a. (Hrsg.), Grundgesetz, Kommentar, Loseblatt, Stand 72. EL Juli 2014
Meinel/Heyn/Herms-*Bearbeiter*	*Meinel/Heyn/Herms* (Hrsg.), Teilzeit- und Befristungsgesetz, Kommentar, 4. Aufl. (2012)
MittAB	Mitteilungen aus der Arbeitsmarkt- und Berufsforschung

Moll, MAH Arbeitsrecht-*Bearbeiter*	*Moll* (Hrsg.), Münchener Anwalts-Handbuch Arbeitsrecht, 3. Aufl. (2012)
MünchArbR-*Bearbeiter*	*Richardi* u.a. (Hrsg.), Münchener Handbuch zum Arbeitsrecht, 3. Aufl. (2009)
Münch KommBGB-*Bearbeiter*	*Säcker/Rixecker* (Hrsg.), Münchener Kommentar zum Bürgerlichen Gesetzbuch, 6. Aufl. (2012)
n.F.	neue Fassung
n.rkr.	nicht rechtskräftig
NachwG	Gesetz über den Nachweis der für ein Arbeitsverhältnis geltenden wesentlichen Bestimmungen (Nachweisgesetz)
Nikisch	*Nikisch*, Arbeitsrecht Bd. II, 2. Aufl. (1959)
Njb	Nederlands Juristenblad
NJOZ	Neue Juristische Online Zeitschrift
NJW	Neue Juristische Wochenschrift
NK-ArbNErfG-*Bearbeiter*	*Schwab* (Hrsg.), Arbeitnehmererfindungsgesetz, Kommentar (2012)
NK-SGB III	*Mutschler/Bartz/Schmidt-De Caluwe* (Hrsg.), Sozialgesetzbuch III, Kommentar, 4. Aufl. (2012)
Nr.	Nummer
NRW	Nordrhein-Westfalen
NS	Nationalsozialismus
NVwZ	Neue Zeitschrift für Verwaltungsrecht
NZA	Neue Zeitschrift für Arbeitsrecht
NZA-RR	NZA-Rechtsprechungsreport Arbeitsrecht
NZS	Neue Zeitschrift für Sozialrecht
o.ä.	oder ähnliches
öAT	Zeitschrift für das öffentliche Arbeits- und Tarifrecht
OECD	Organisation für wirtschaftliche Zusammenarbeit und Entwicklung
ÖJZ	Österreichische Juristen-Zeitung
OLG	Oberlandesgericht

OT-Mitgliedschaft	Mitgliedschaft ohne Tarifbindung
Otto, AKR	*Otto*, Arbeitskampf- und Schlichtungsrecht (2006)
PBefG	Personenbeförderungsgesetz
Personal	Personal – Zeitschrift für Human Resource Management
Preis, WissZeitVG	*Preis* (Hrsg.), Kommentar zum Wissenschaftszeitvertragsgesetz (2008)
PwP	Perspektiven der Wirtschaftspolitik
RAG 6	Sechstes Gesetz über die Anpassung der Renten aus den gesetzlichen Rentenversicherungen sowie über die Anpassung der Geldleistungen aus der gesetzlichen Unfallversicherung
RdA	Recht der Arbeit
red.	redigiert
RG	Reichsgericht
RGBl.	Reichsgesetzblatt
RGZ	Amtliche Sammlung der Entscheidungen des Reichsgerichts in Zivilsachen
MitbestG	Gesetz über die Mitbestimmung der Arbeitnehmer (Mitbestimmungsgesetz)
Richardi, BetrVG-*Bearbeiter*	*Richardi* (Hrsg.), Betriebsverfassungsgesetz, Kommentar, 14. Aufl. (2014)
Richardi/Dörner/Weber-*Bearbeiter*	*Richardi/Dörner/Weber* (Hrsg.), Bundespersonalvertretungsgesetz, Kommentar, 4. Aufl. (2012)
RIW	Recht der internationalen Wirtschaft
RL	Richtlinie
Rn.	Randnummer
Rs.	Rechtssache
S.	Seite
SAE	Sammlung arbeitsrechtlicher Entscheidungen
Sagasser/Bula/Brünger-*Bearbeiter*	*Sagasser/Bula/Brünger* (Hrsg.), Umwandlungen, 4. Aufl. (2011)
Schaub, Hdb. ArbR-*Bearbeiter*	*Schaub* (Begr.); *Koch* u.a. (Hrsg.), Arbeitsrechts-Handbuch, 15. Aufl. (2013)

Schüren, AÜG-*Bearbeiter*	*Schüren* (Hrsg.), Arbeitnehmerüberlassungsgesetz, Kommentar, 4. Aufl. (2010)
SeeArbG	Seearbeitsgesetz
SGB I-XII	Sozialgesetzbuch I-XII
Slg.	Sammlung der Rechtsprechung des Gerichtshofes und des Gerichts Erster Instanz
sog.	sogenannt
Sozialer Fortschritt	Zeitschrift für Sozialpolitik
SozR	Sammlung Sozialrecht
SprAuG	Gesetz über Sprecherausschüsse der leitenden Angestellten
SR	Soziales Recht
StabG	Gesetz zur Förderung der Stabilität und des Wachstums der Wirtschaft
Staudinger-*Bearbeiter*	*Staudinger* (Begr.), Kommentar zum Bürgerlichen Gesetzbuch (ab 2005)
str.	strittig
stv.	stellvertretend
Thüsing/ Braun-*Bearbeiter*	*Thüsing/Braun* (Hrsg.), Tarifrecht Handbuch (2011)
TVG	Tarifvertragsgesetz
TVGDV	Verordnung zur Durchführung des Tarifvertragsgesetzes
TVG-E	Entwurf zum Tarifvertragsgesetz
TVVO	Tarifvertragsordnung 1918
TzBfG	Teilzeit- und Befristungsgesetz
u.a.	und andere/unter anderem
u.a.m.	und anderes mehr
u.U.	unter Umständen
umstr.	umstritten
UmwG	Umwandlungsgesetz
UmwStG	Umwandlungssteuergesetz
UrhG	Gesetz über Urheberrecht und verwandte Schutzrechte

UWG	Gesetz gegen den unlauteren Wettbewerb
VAG	Gesetz über die Beaufsichtigung der Versicherungsunternehmen
ver.di	Vereinte Dienstleistungsgewerkschaft
VermBG	Gesetz zur Förderung der Vermögensbildung der Arbeitnehmer
vgl.	vergleiche
Wiedemann-*Bearbeiter*	*Wiedemann* (Hrsg.), Tarifvertragsgesetz, Kommentar, 7. Aufl. (2007)
Wirtschaftsdienst	Zeitschrift für Wirtschaftspolitik
WISO direkt	Wirtschafts- und Sozialpolitik direkt
WissZeitVG	Wissenschaftszeitvertragsgesetz
WiSta	Wirtschaft und Statistik
WiVerw	Wirtschaft und Verwaltung
WpÜG	Wertpapiererwerbs- und Übernahmegesetz
WRV	Weimarer Reichsverfassung
WSI	Wirtschafts- und Sozialwissenschaftliches Institut
WSI Mitt.	WSI Mitteilungen
WVIS	Wirtschaftsverband für Industrieservice
z.B.	zum Beispiel
ZAAR	Zentrum für Arbeitsbeziehungen und Arbeitsrecht
ZESAR	Zeitschrift für europäisches Sozial- und Arbeitsrecht
ZfA	Zeitschrift für Arbeitsrecht
ZHR	Zeitschrift für das gesamte Handelsrecht und Wirtschaftsrecht
ZPO	Zivilprozessordnung
ZPO	Zivilprozessordnung
ZRP	Zeitschrift für Rechtspolitik
ZSR	Zeitschrift für Sozialreform
ZTR	Zeitschrift für Tarifrecht
Zumutbarkeit-AO	Zumutbarkeits-Anordnung 1982
zust.	zustimmend

A. Einleitung und Grundlagen

I. Einleitung

„Karstadt legt eine ‚Tarifpause' ein"[1] titelten im Frühjahr 2013 diverse Zeitungen und stießen damit eine öffentliche Diskussion um einen Einzelfall an, der kein Einzelfall ist. Denn sowohl in Bezug auf die Tarifbindungsquote der Arbeitgeber wie auch auf die Mitgliedschaft in Arbeitgeberverbänden zeigen sich seit mittlerweile drei Jahrzehnten deutliche Erosionstendenzen. Haben 1998 in Westdeutschland noch 76 % der Beschäftigten in einem Betrieb mit Tarifbindung gearbeitet, waren es 2013 nur mehr 60 %. In Ostdeutschland waren 1998 noch 63 % der Arbeitnehmer in tarifgebundenen Betrieben beschäftigt, 2013 arbeiteten schon weniger als die Hälfte unter dem Schutz eines Tarifvertrags, nämlich 47 %.[2] Zumindest dort hat sich die Tarifbindung also bereits vom Regel- zum Ausnahmefall entwickelt.

Wie unten noch genauer auszuführen sein wird, ist dabei gerade die Arbeitgeberbindung für die Stabilität des deutschen Tarifsystems ganz wesentlich. Denn einerseits wird ein Arbeitsverhältnis von einem Tarifvertrag nur dann unmittelbar erfasst, wenn Arbeitgeber und Arbeitnehmer tarifgebunden sind (§ 4 Abs. 1 TVG), andererseits erstrecken tarifgebundene Arbeitgeber die für sie geltenden Tarifbedingungen regelmäßig auch auf die Nichtgewerkschaftsmitglieder. Da die Arbeitgeberbindung in der Regel eng mit der Mitgliedschaft in einem Arbeitgeberverband verknüpft ist (§ 3 Abs. 1 TVG),[3] rückt damit auch deren Organisationsleistung ins Blickfeld. Die Funktionsfähigkeit der Arbeitgeberverbände steht daher nicht nur in deren Eigeninteresse, sondern auch im Interesse der Öffentlichkeit. Genauso sind die Gewerkschaften auf die Integrationsfähigkeit der Arbeitgeberverbände angewiesen, bestimmt diese doch letztlich die Handlungsbedingungen der Tarifpolitik unmittelbar mit.[4]

---

1 *Handelsblatt Online*, 13.05.2013, abrufbar unter http://www.handelsblatt.com/unternehmen/handel-dienstleister/warenhauskette-karstadt-legt-eine-tarifpause-ein/8198916.html [zuletzt geprüft: 12.12.2014].

2 Vgl. *Ellguth/Kohaut*, WSI Mitt. 2014, 286, 287; WSI-Tarifarchiv/*Bispinck*, Statistisches Taschenbuch, 2014, Nr. 1.9 f.; dazu ausführlich unten, S. 66 ff.

3 Dazu ausführlich unten, S. 47 ff.

4 Vgl. *Schroeder/Silvia*, in: Schroeder, Handbuch Gewerkschaften in Deutschland, 2014, S. 337 f.

Allerdings ist neben der insgesamt abnehmenden Tarifbindung vor allem auch ein sinkender Organisationsgrad bei den Arbeitgeberverbänden zu verzeichnen.[5] Einher geht dies mit der zunehmenden Praxis der Arbeitgeberverbände, Mitgliedschaftsformen ohne Tarifbindung (OT-Mitgliedschaften) anzubieten.[6] Die Verbände werden dementsprechend sowohl als „zentrale[r] Stützpfeiler"[7] wie auch als „Achillesferse"[8] des deutschen Systems der Arbeitsbeziehungen bezeichnet. Letztlich deuten beide Begriffe auf die existenzielle Bedeutung dieser Organisationen hin.

Daher lohnt es sich, den Blick auf die Tarifbindung wie auch auf die Organisationsleistung der Arbeitgeberseite zu richten und vor allem zu untersuchen, welche Faktoren in der Rechtsordnung auf deren Tarifbindung positiv oder negativ wirken können. Ziel dieser Arbeit ist allerdings weder eine rechtsökonomische Analyse des Tarifrechts noch kann hier eine empirische Untersuchung über die Wirkung einzelner tarifrechtlicher Instrumente geleistet werden. Vielmehr soll untersucht werden, welches Potential einzelnen Instrumenten zukommt, die Tarifbindung auf Arbeitgeberseite zu beeinflussen. Dort, wo empirische Analysen vorliegen, soll auf diese zurückgegriffen werden. Dabei wird einerseits zu prüfen sein, inwiefern es die Rechtsordnung dem einzelnen Arbeitgeber ermöglicht, Tarifbindung zu vermeiden, andererseits aber auch, wo sie Anreize setzt, eine Tarifbindung einzugehen. Eine ganz wesentliche Rolle wird dem Aspekt der „Tarifflucht" zukommen. Dabei soll dieser Begriff hier weit gefasst verstanden werden und sowohl die Fälle einschließen, in denen ein Arbeitgeber eine für ihn bestehende Tarifbindung ganz beenden möchte, als auch die Fälle, in denen nur Teile der Belegschaft betroffen sind oder der Arbeitgeber versucht, eine bestehende tarifvertragliche Ordnung durch eine andere zu ersetzen.

Nachdem Flexibilisierungsbestrebungen jahrelang die Reformdiskussion um das Tarifrecht dominiert haben,[9] ist aktuell wieder die Stärkung des Tarifvertragssystems in den Fokus gerückt. Die Bundesregierung hat mit der Verabschiedung

---

5 Vgl. etwa *Nicklich/Helfen*, Wirtschaftsverbände in Deutschland 2012/2013, 2013, S. 8; WSI-Tarifarchiv/*Bispinck*, Statistisches Taschenbuch, 2014, Nr. 1.9 f.; dazu ausführlich unten, S. 54 ff.

6 Dazu ausführlich unten, S. 69 f., 111 ff.

7 *Behrens*, Das Paradox der Arbeitgeberverbände, 2011 (zugl. Göttingen, Univ., Habil. 2010), S. 13.

8 *Schroeder*, GMH 1996, 601, 604.

9 Dazu unten, insb. S. 75 ff., 265 ff.

des Tarifautonomiestärkungsgesetzes (TarifautonomiestärkungsG)[10] damit eine erste Initiative gesetzt und auch das angestrebte Tarifeinheitsgesetz[11] soll nach dessen Begründig in diesem Sinne wirken. Ferner hat sich die Arbeitsrechtliche Abteilung auf dem 70. Deutschen Juristentag 2014 in Hannover ausführlich mit der Stärkung der Tarifautonomie beschäftigt.[12] Die einzelnen Diskussionspunkte werden an gegebener Stelle aufgegriffen.

Nach einem kursorischen historischen Überblick sollen in Kapitel A zunächst die rechtlichen Ausgangsbedingungen des Tarifsystems geklärt werden, wobei der Fokus auf einer verfassungsrechtlichen Betrachtung liegen wird. Diesen Rahmen abzustecken, ist von grundlegender Bedeutung, da bereits er selbst einerseits unmittelbar Einfluss auf die Tarifbindung nehmen kann, wie zu zeigen sein wird. Andererseits gibt er auch vor, wo und wie der Staat, vermittelt durch die Rechtsordnung, in Bezug auf das Tarifsystem handeln muss, handeln kann und handeln darf. Hierauf folgend sollen, gestützt auf empirische Untersuchungen aus anderen Disziplinen, die praktischen Problemlagen identifiziert werden, wobei auch auf die Funktionsweise der Arbeitgeberverbände einzugehen sein wird.

In den Kapiteln B bis D werden dann die unterschiedlichen Wirkungsweisen der Rechtsordnung auf die Tarifbindung der Arbeitgeberseite betrachtet. Dabei ist hinsichtlich der Tarifbindung insbesondere die Bindung an den normativen Teil des Tarifvertrags von Interesse. Im Fokus soll das Tarifrecht stehen, allerdings kommt man nicht umhin, an einzelnen Stellen auch auf angrenzende Rechtsgebiete wie etwa das Arbeitskampfrecht einzugehen. Außen vor gelassen werden sollen i.d.R. Bestimmungen, die sich nur mittelbar auf die Tarifbindung auswirken, zu denken wäre etwa an das Steuer- oder Gesellschaftsrecht. Nicht behandelt werden darüber hinaus organisationstheoretische Fragen hinsichtlich des Innenlebens der Verbände bzw. auch Fragen der strategischen Ausrichtung der Verbände, außer wenn dies für die

10 Gesetz zur Stärkung der Tarifautonomie (Tarifautonomiestärkungsgesetz) v. 11.8.2014, BGBl. I 1348.

11 Entwurf eines Gesetzes zur Tarifeinheit (Tarifeinheitsgesetz) der Bundesregierung, Kabinettsbeschluss v. 11.12.2014, abrufbar auf http://www.bmas.de/ [zuletzt geprüft: 12.12.2014].

12 Vgl. hierzu das Gutachten von *Bepler*, in: Deutscher Juristentag, Gutachten zum 70. Deutschen Juristentag, 2014, S. B1 ff. Die Publikation der Referate von *Deinert* und *Giesen* stehen derzeit noch aus, vgl. aber Deutscher Juristentag, Thesen der Gutachter und Referenten, 2014, S. 18 ff.

Fragestellung von unmittelbarem Interesse ist.[13] Schließlich wird in Kapitel E ein Fazit gezogen.

II. Historische Entwicklung

1. Entwicklung bis zum Ende des Ersten Weltkriegs

Historischer Taktgeber für die Entstehung des Verbändewesens war die Arbeiterbewegung. So schreibt etwa *Kessler*: „Die Gewerkschaft ist überall die primäre, der Arbeitgeberverband die sekundäre Erscheinung".[14] Dabei galt, mit einer kleinen Unterbrechung nach der Revolution von 1848, noch bis weit in die zweite Hälfte des 19. Jahrhunderts ein Koalitionsverbot.[15] Dennoch gründete sich 1865 in Leipzig der *Allgemeine Deutsche Zigarrenarbeiter-Verband*, der als die erste deutsche Gewerkschaft angesehen wird. Nachdem bereits 1861 in Sachsen das Koalitionsverbot aufgehoben worden war,[16] erfolgte 1869 auch in § 152 der Gewerbeordnung des Norddeutschen Bundes, die 1871 zur Reichsgewerbeordnung wurde, explizit eine Aufhebung dieses Verbots.[17] Dennoch blieben immer noch deutliche Einschränkungen für die Arbeitnehmerkoalitionen auf Ebene des Vereinsrechts bestehen.[18] Die nach der Abschaffung des Koalitionsverbots gegründeten Gewerkschaften organisierten sich nach dem Prinzip der Richtungsgewerkschaften, wobei die stärkste Strömung durch die sozialistisch orientierten freien Gewerkschaften gebildet wurde. Daneben bestanden der liberale *Verband der deutschen Gewerkvereine* („Hirsch-Dunckersche Gewerkvereine") und die christlichen Gewerkschaften, die sich noch bis 1895 als „Arbeitervereine" bezeichneten.[19]

Zwar entwickelten sich in der Folge auch einzelne Arbeitgeberverbände, die zunächst jedoch Ausnahmeerscheinungen blieben und Gewerkschaften als

---

13 Vgl. bspw. für einen Überblick über die theoretischen Modelle *Behrens*, Das Paradox der Arbeitgeberverbände, 2011 (zugl. Göttingen, Univ., Habil. 2010), S. 19 ff.; vgl. auch *Haipeter*, WSI Mitt. 2010, 283 ff.

14 *Kessler*, Arbeitgeber-Verbände, 1907, S. 20; ähnlich *Müller-Jentsch*, Strukturwandel der industriellen Beziehungen, 2007, S. 22 f.

15 Vgl. Däubler, TVG-*Däubler*, Einl. Rn. 2 ff.; zur Vorgeschichte etwa *Hueck/Nipperdey*, Bd. 2/1, 1967, S. 113 ff.; *Gamillscheg*, Koll. ArbR I, 1997, S. 79 ff.

16 § 73 der sächsischen Gewerbeordnung i.V.m. § 40 der Verordnung zur Ausführung des Gewerbegesetzes vom 15. Oktober 1861; abgedruckt in *Königsheim*, Das Koeniglich Sächsische Gewerbegesetz, 1861, S. 162 f., 244 f.

17 BGBl. des Norddeutschen Bundes 1869, S. 245 ff.

18 Vgl. *Gamillscheg*, Koll. ArbR I, 1997, S. 93 f.

19 Vgl. Däubler, TVG-*Däubler*, Einl. Rn. 7a.

Vertragspartner überwiegend ablehnten. Als erster Arbeitgeberverband wird der *Deutsche Buchdruckverein* von 1869 angesehen, der immerhin in seiner Satzung bereits die Regelung der Arbeitsbeziehungen als zentralen Vereinszweck benannte.[20]

Trotz des 1878 verabschiedeten und bis 1890 in Kraft befindlichen Sozialistengesetzes[21], das auch gegen die sozialdemokratisch und sozialistisch orientierten Gewerkschaften eingesetzt wurde, wuchs die Gewerkschaftsbewegung stetig an, was Ende der 1880er Jahre in einer großen Streikwelle gipfelte.[22] Als Reaktion begannen sich insbesondere ab 1890 auch vermehrt auf Arbeitgeberseite Verbände zu bilden, die jedoch häufig immer noch weniger als „Sozialpartner", sondern vielmehr als „anti-gewerkschaftliche Klassenorganisationen"[23] konzipiert waren und sich meist während oder nach einem Streik bildeten. Als Instrumente setzten sie hierfür Arbeitsnachweise, sogenannte „schwarze Listen" und auch Flächenaussperrungen ein.[24] Aufgrund der eingeschränkten Motivlage boten sie allerdings nur wenig Integrationskraft und wiesen damit größtenteils keine Beständigkeit auf.[25]

In den 1890er Jahren nahm die Entwicklung dann auch auf Arbeitgeberseite an Fahrt auf. Neben einzelnen Arbeitgeberverbänden gründeten sich branchenmäßig organisierte Reichsverbände, wie der 1890 gegründete *Gesamtverband Deutscher Metallindustrieller,* der bereits Bezirks- und Ortsgruppen aufwies.[26] Zugrunde lag dieser Entwicklung vor allem ein deutlicher Zuwachs an gewerkschaftlicher Macht – vor allem auch im Bereich der Großindustrie.[27] Die Zielsetzung der Verbände war allerdings von Anfang an nicht einheitlich. Die 1904 gegründete *Hauptstelle Deutscher Arbeitgeberverbände*, in der sich die Schwerindustrie organisierte, sowie der im selben Jahr gegründete *Verein Deutscher Arbeitgeberverbände,* in dem die verarbeitende Industrie organisiert war,

---

20 Vgl. *Erdmann,* Die deutschen Arbeitgeberverbände, 1966, S. 53 f.; *Kessler,* Arbeitgeber-Verbände, 1907, S. 33 ff.

21 Gesetz gegen die gemeingefährlichen Bestrebungen der Sozialdemokratie, RGBl. 1878, S. 351.

22 Vgl. Däubler, TVG-*Däubler,* Einl. Rn. 10 ff.

23 *Schroeder/Silvia,* in: Schroeder, Handbuch Gewerkschaften in Deutschland, 2014, S. 337, 343; vgl. auch *Gamillscheg,* Koll. ArbR I, 1997, S. 181.

24 *Kittner,* Arbeitskampf, 2005, S. 318 ff.

25 Vgl. *Weber,* Unternehmerverbände, 1987, S. 30 m.w.N.

26 Vgl. *Erdmann,* Die deutschen Arbeitgeberverbände, 1966, S. 55.

27 *Schroeder,* in: Schroeder/Weßels, Hdb. Arbeitgeber- und Wirtschaftsverbände, 2010, S. 26, 29.

unterschieden sich vielmehr grundsätzlich in ihrer strategischen Ausrichtung. Während ersterer auf Konfrontation setzte und es den Gewerkschaften deshalb schwer fiel, in diesem Bereich Tarifverträge durchzusetzen, waren letztere eher zur Kooperation bereit. Auch die Fusion der Verbände 1913 zur *Vereinigung Deutscher Arbeitgeberverbände* änderte daran nichts.[28] Dies ist insofern bemerkenswert, als in der jüngeren Geschichte tendenziell eher die großen Unternehmen immer noch eine hohe Tarifbindungsquote aufweisen.[29]

Trotz einer bis in die Weimarer Republik andauernden eher „koalitionsfeindliche[n] Grundhaltung" des Staates[30] förderte staatliche Regulierung schon in der Frühzeit verbandlicher Arbeitgeberorganisation die Koalitionsbildung. Genannt werden in diesem Zusammenhang etwa die Bismarck'sche Sozialversicherungsgesetzgebung sowie das sich entwickelnde Arbeitsrecht.[31] Zwar war die Einführung der Sozialversicherung gerade in Kombination mit dem Sozialistengesetz zumindest auch auf die politische Eindämmung der Sozialdemokratie und gegen die Koalitionsbildung auf Arbeitnehmerseite gerichtet.[32] Auf der anderen Seite förderte sie die Verbandsbildung insofern, als über die Selbstverwaltung der Sozialversicherung die Vertreter von Arbeitgebern und Arbeitnehmern institutionelle Berücksichtigung fanden.[33] Ferner wurde so ein neutraler Boden für die Auseinandersetzung zwischen der Arbeitnehmer- und der Arbeitgeberseite bereitet. Zudem gab es bereits Ansätze, öffentliche Aufträge von der Tarifgebundenheit oder zumindest der Bereitschaft, Kollektivverträge abzuschließen, abhängig zu machen.[34] Allerdings waren Tarifverträge zu dieser Zeit rechtlich immer noch nicht verbindlich, weshalb sie vor staatlichen Gerichten nicht eingeklagt werden konnten.[35] Dies änderte sich erst mit einer Entscheidung des Reichsgerichts vom 20. Januar 1910 zum Arbeitskampfrecht, in der dieses eine Friedenspflicht für die

---

28 Vgl. *Schroeder,* GMH 1996, 601, 605.

29 Dazu unten, S. 68.

30 *Dietz,* in: Bettermann/Neumann/Nipperdey, Hdb. der Grundrechte, 1972, S. 417, 424.

31 Vgl. *Schroeder,* in: Schroeder/Weßels, Hdb. Arbeitgeber- und Wirtschaftsverbände, 2010, S. 26, 29 f.

32 *Badura,* Das Verwaltungsrecht des liberalen Rechtsstaates, 1967, S. 20 f.; *Haft,* ZRP 2002, 457 f.; Däubler, TVG-*Däubler,* Einl. Rn. 8 ff.; Kittner/Zwanziger (5. Aufl.)-*Kittner,* Geschichte Rn. 10; *Schroeder,* Zur Reform der sozialen Selbstverwaltung, 2008, S. 13.

33 Zu den unterschiedlichen Formen der Selbstverwaltung im Kaiserreich *Tennstedt,* Soziale Selbstverwaltung, Bd. 2, 1977, insb. S. 42 ff.

34 Vgl. *Schroeder,* in: Schroeder/Weßels, Hdb. Arbeitgeber- und Wirtschaftsverbände, 2010, S. 26, 29 f.

35 Vgl. Kittner/Zwanziger (5. Aufl.)-*Kittner,* Geschichte Rn. 20.

Gewerkschaften während der Geltung eines Tarifvertrags konstituierte und dabei gleichzeitig dessen Verbindlichkeit feststellte.[36] 1913 waren etwa 15 % der Arbeitsverhältnisse durch einen der 10.885 in Kraft befindlichen Tarifverträge geregelt.[37]

Während des Ersten Weltkriegs erhielten die Verbände zunächst durch das „Gesetz über den vaterländischen Hilfsdienst“[38] besondere staatliche Anerkennung und wurden in die staatliche Verwaltung miteinbezogen, indem sie hinsichtlich der Besetzung der Schlichtungsstellen, die durch dieses Gesetz eingerichtet wurden, vorschlagsberechtigt waren.[39] Die Tätigkeit dieser Schlichtungsstellen wird als wichtige Grundlage dafür angesehen, dass sich der Tarifgedanke durchsetzen konnte.[40]

2. Weimarer Republik und NS-Zeit

Kurz nach dem Ersten Weltkrieg wurde am 15. November 1918 das so genannte Zentralarbeitsgemeinschaftsabkommen[41] (bzw. auch „Stinnes-Legien-Abkommen“) zwischen Gewerkschaften und Spitzenverbänden der Arbeitgeber abgeschlossen, in dem u.a. die Koalitionsfreiheit festgeschrieben worden war. Vor allem aber wurden die Gewerkschaften in diesem Abkommen als Verhandlungspartner in einem Tarifvertragssystem ausdrücklich anerkannt – und zwar auch durch die Großindustrie. Hierin ist somit eine grundlegende Einstellungsänderung der Akteure auf Arbeitgeberseite gegenüber dem Kollektivvertragssystem zu erkennen, welche die weitere Entwicklung bis heute wesentlich beeinflusst hat.[42] Die nachhaltigste Auswirkung dieses Abkommens war, dass seine Inhalte wesentlich die „Verordnung über Tarifverträge, Arbeiter- und Angestelltenausschüsse und Schlichtung von Arbeitsstreitigkeiten“ vom 23.12.1918 (TVVO)[43] beeinflusst haben, in deren § 1 Abs. 1 S. 1 die zwingende Wirkung tariflicher Vereinbarungen festgeschrieben war. Darüber hinaus normierte § 1 Abs. 1 S. 2 TVVO bereits das Günstigkeitsprinzip, also die Möglichkeit, zugunsten der Arbeitnehmer von den tariflichen Bestimmungen abzuweichen.[44]

---

36 RG, 20.01.1910 – VI 660/08, RGZ 73, 92, 100, 105.

37 *Kittner/Deinert,* Arbeits- und Sozialordnung, 2014, S. 1586.

38 RGBl. 1916, S. 1333.

39 *Schroeder/Silvia,* in: Schroeder, Handbuch Gewerkschaften in Deutschland, 2014, S. 337, 344 f.

40 Vgl. Kittner/Zwanziger (5. Aufl.)-*Kittner,* Geschichte Rn. 22.

41 Abgedruckt in *Blanke u. a.* (Hrsg.), Quellentexte Bd. I, 1975, 181 ff.

42 Vgl. *Schroeder/Silvia,* in: Schroeder, Handbuch Gewerkschaften in Deutschland, 2014, S. 337, 344 f.

43 RGBl. 1918 I, S. 1456.

44 Vgl. auch Däubler, TVG-*Däubler,* Einl. Rn. 22 f.

In der Weimarer Reichsverfassung vom 11. August 1919 (WRV)[45] wurde die Koalitionsfreiheit dann auch in Art. 159 verfassungsrechtlich anerkannt. Die Formulierung des Artikels findet sich heute fast wortgleich in Art. 9 Abs. 3 S. 1 und 2 GG wieder. Während die Zentralarbeitsgemeinschaft zuvor noch eine tripartistische Verhandlungsstruktur unter Beteiligung des Staates aufwies,[46] deutete Art. 165 Abs. 1 WRV bereits eine Entwicklung hin zu einem System der autonomen Aushandlung der Arbeitsbedingungen zwischen Gewerkschaften und Arbeitgeberverbänden an und enthielt damit bereits eine verfassungsrechtliche Gewährleistung der Tarifautonomie.[47] Explizit schrieb Art. 165 Abs. 1 S. 2 WRV eine gegenseitige Anerkennung der Arbeitnehmer- und Arbeitgeberorganisationen fest. Diese Anerkennung des Verbandswesens bedeutete gleichzeitig ein Votum zugunsten der verbandlichen Verhandlungsebene gegenüber der betrieblichen und wertete die Verbände gegenüber ihren Mitgliedsunternehmen auf.[48] Damit ist bereits das für die Bundesrepublik kennzeichnende Nebeneinander von tariflichem Interessensausgleich und staatlicher Sozialpolitik angelegt.[49]

Neben der tariflichen Verhandlungsebene wurde in der Weimarer Republik dennoch durch das Betriebsrätegesetz vom 4. Februar 1920 (BRG)[50] auch eine betriebliche Ebene etabliert, die aufgrund der potentiellen Konkurrenzsituation auf Widerstand insbesondere von Seiten der Gewerkschaften stieß. Aus diesem Grund sah § 8 BRG bereits einen Vorrang der tariflichen Verhandlungsebene vor und auch darüber hinaus wurden, durchaus vergleichbar mit dem BetrVG, gewerkschaftliche Rechte in das BRG aufgenommen.[51]

Diese Situation führte zu einem rasanten Anstieg der Tarifverträge, die 1922 ihren Höhepunkt mit 14,6 Mio. von Tarifverträgen erfassten Arbeitsverhältnissen fand.[52] Trotzdem konnte in vielen Branchen kein Tarifvertrag erreicht werden.[53] Ein massiver Mitgliederverlust auf Seiten der Gewerkschaften, die

---

45 RGBl. 1919 I, S. 1383.

46 Vgl. ausführlich *Erdmann,* Die deutschen Arbeitgeberverbände, 1966, S. 97 ff.

47 Vgl. *Gamillscheg,* Koll. ArbR I, 1997, S. 116.

48 Vgl. dazu auch *Schroeder/Silvia,* in: Schroeder, Handbuch Gewerkschaften in Deutschland, 2014, S. 337, 344 f.

49 Vgl. *Volkmann,* in: Britz/Volkmann, Tarifautonomie in Deutschland und Europa, 2003, S. 1, 7.

50 RGBl. 1920 I, S. 147.

51 Dazu Kittner/Zwanziger (5. Aufl.)-*Kittner,* Geschichte Rn. 31.

52 Vgl. *Gamillscheg,* Koll. ArbR I, 1997, S. 118.

53 Vgl. *Schroeder,* GMH 1996, 601, 605.

wirtschaftliche Krisensituation sowie die Einführung der staatlichen Zwangsschlichtung durch die Verordnung über das Schlichtungswesen vom 30. Oktober 1923[54] taten das ihre, um dem Tarifsystem in der Weimarer Republik einen deutlichen Bedeutungsverlust zuzufügen, gleichzeitig war das gewerkschaftliche Lager von einer großen Zersplitterung geprägt.[55] Auf Arbeitgeberseite wurde zudem das Mittel der Aussperrung häufig eingesetzt.[56] Zahlreiche Auseinandersetzungen, insbesondere um das Schlichtungsrecht, mündeten letztlich im Ende des Tarifvertragssystems, indem zunächst mittels Notverordnung die laufenden Tarifverträge beendet und auf den Stand von 1927 zurückgesetzt wurden. Daraufhin wurde den Arbeitgebern sogar erlaubt, selbst dieses Niveau noch zu unterschreiten. Gleichzeitig wurde den Gewerkschaften verboten, hiergegen zu streiken.[57] Damit zeigte sich bereits eine deutliche Tendenz zur verstärkten staatlichen Intervention.[58]

Im Nationalsozialismus wurden Gewerkschaften und Unternehmen in der *Deutschen Arbeitsfront* (DAF) zusammengefasst. Die Arbeitsbedingungen wurden auf Grundlage des Gesetzes zur Ordnung der nationalen Arbeit[59] durch den Staat mittels Rechtsverordnungen („Tarifordnungen") festgesetzt und nicht mehr durch Arbeitnehmer und Arbeitgeber bzw. deren Verbände ausgehandelt.[60] Obwohl die Arbeitgeberverbände in dieser Zeit gleichgeschaltet und in die NS-Organisationen integriert wurden, blieben die handelnden Personen in den entsprechenden Organisationen (Wirtschaftsgruppen, Reichstreuhänder der Arbeit u.a.) aktiv.[61]

---

54 RGBl. 1923 I, S. 1043.

55 Vgl. Däubler, TVG-*Däubler,* Einl. Rn. 26 ff.; so war zwar etwa die Hälfte der 1931 in Kraft befindlichen Tarifverträge nur auf Grundlage der Zwangsschlichtung zustandegekommen, gleichzeitig schwächte dies jedoch die Position der Koalition als autonome Akteure und führte zu Misstrauen auf allen Seiten, vgl. dazu *Kittner,* Arbeitskampf, 2005, S. 453 ff.

56 Vgl. *Gamillscheg,* Koll. ArbR I, 1997, S. 119.

57 Vgl. Kittner/Zwanziger (5. Aufl.)-*Kittner,* Geschichte Rn. 35.

58 *Dreschers,* Die Entwicklung des Rechts des Tarifvertrags, 1994 (zugl. Freiburg, Univ., Diss. 1993), S. 91.

59 RGBl. 1934 I, S. 45 ff.

60 Vgl. *Kittner,* Arbeitskampf, 2005, S. 505 ff.; *Schelp,* BArbBl 1953, 333; *Dreschers,* Die Entwicklung des Rechts des Tarifvertrags, 1994 (zugl. Freiburg, Univ., Diss. 1993), S. 91 ff.

61 *Schroeder/Silvia,* in: Schroeder, Handbuch Gewerkschaften in Deutschland, 2014, S. 337, 345.

3. Nachkriegszeit und frühe Bundesrepublik sowie Wiedervereinigung

Am 30. November 1946 wurde das nationalsozialistische Gesetz zur Ordnung der nationalen Arbeit durch das Kontrollratsgesetz Nr. 40[62] außer Kraft gesetzt. Zwar bildeten sich unmittelbar nach dem Krieg schon wieder erste Gewerkschaften und die Landesverfassungen garantierten sowohl die Koalitionsfreiheit wie auch häufig das Streikrecht, jedoch galten zunächst in vielen Bereichen die während der NS-Zeit erlassenen Tarifordnungen weiter. Dies betraf auch die 1939 erlassene Lohnstoppverordnung[63] bis zu ihrer Aufhebung am 3. November 1948.[64]

Zwar erlaubte bereits die Kontrollratsdirektive Nr. 31 vom 3. Juni 1946 auch den Zusammenschluss der örtlichen Gewerkschaften sowie die Bildung „zwischengewerkschaftlicher Gewerkschaftsverbände",[65] allerdings dauerte es bspw. in der britischen Zone noch bis zum April 1947, bevor sich dort der *DGB Britische Zone* gründen konnte.[66] Hinsichtlich der Arbeitgeberverbände waren die Alliierten noch deutlich zurückhaltender. So wurde zwar in der britischen Zone durch den Erlass der Militärregierung vom 23. August 1946 über die „Errichtung von Wirtschaftsverbänden" die Bildung von kollektivvertragsfähigen Organisationen erlaubt, die sich jedoch nicht in Dach- und Spitzenverbänden zusammenschließen durften. Die Organisationsform dieser Arbeitgeberverbände wurde aber weitgehend diesen selbst überlassen. In der amerikanischen Besatzungszone zog sich dagegen sogar die grundsätzliche Anerkennung der Arbeitgeberverbände noch einige Zeit hin.[67] Dies machte den Abschluss von Tarifverträgen schwierig, da es teilweise an einem Verhandlungspartner auf Arbeitgeberseite mangelte.[68] Erst im April 1949 wurde auch den Arbeitgeberverbänden die volle Ausübung des Koalitionsrechts und die Bildung von Spitzenverbänden erlaubt. Bereits vor der offiziellen Erlaubnis wurde am 28. Januar 1949 zwischen Vertretern von 23 fachlichen und acht überfachlichen Arbeitgeberverbänden aus der britischen und amerikanischen Besatzungszone die *Sozialpolitische Arbeitsgemeinschaft der Arbeitgeber des Vereinigten Wirtschaftsgebiets*

---

62 ABl. des Kontrollrates in Deutschland 1946, S. 229.

63 Zweite Durchführungsbestimmung zum Abschnitt III (Kriegslöhne) der Kriegswirtschaftsverordnung v. 12.10.1939, RGBl. 1939 I, S. 691.

64 Gesetz zur Aufhebung des Lohnstopps v. 03.11.1948, WiGBl. 1948, S. 117; dazu *Bührig*, RdA 1948, 11, 13 f.; Däubler, TVG-*Däubler*, Einl. Rn. 31 ff.

65 Vgl. *Erdmann*, Die deutschen Arbeitgeberverbände, 1966, S. 227.

66 Vgl. Däubler, TVG-*Däubler*, Einl. Rn. 33.

67 Vgl. bspw. die Meldung in BB 1947, S. 245.

68 Vgl. bspw. die Meldung zur amerikanischen Besatzungszone in BB 1947, S. 321.

gegründet, die sich dann im November 1950 unter Beteiligung der Verbände aus der französischen Besatzungszone zur *Bundesvereinigung der Deutschen Arbeitgeberverbände* (BDA) entwickelte.[69] In der sowjetischen Zone wurde zwar der *Freie Deutsche Gewerkschaftsbund* zugelassen, Arbeitgeberverbände dagegen nicht. Tarifverträge konnten dementsprechend nur mit einzelnen Arbeitgebern oder öffentlichen Körperschaften geschlossen werden. Dies änderte sich im Wesentlichen auch nicht in der DDR.[70]

Mit den wiedererstarkten Akteuren begann auch die Tarifautonomie erneut zu funktionieren.[71] Befördert wurde dies zunächst durch das in der britischen und amerikanischen Besatzungszone verabschiedete Tarifvertragsgesetz (TVG) vom 9. April 1949[72] bzw. der entsprechenden Durchführungsverordnung vom 7. Juni 1949[73] und freilich durch das Grundgesetz vom 23. Mai 1949[74], mit der grundrechtlichen Verankerung der Koalitionsfreiheit in Art. 9 Abs. 3 GG. In der französischen Besetzungszone bestanden zunächst Vorbehalte gegen eine Erstreckung des TVG. Am 23. April 1953 wurde das TVG schließlich doch auf das gesamte damalige Bundesgebiet ausgedehnt.[75] Auf Instrumente wie Lohnleitlinien oder die Zwangsschlichtung, wie sie noch in der Weimarer Republik existierten, wurde bei der Schaffung des TVG bewusst verzichtet.

36 Jahre später stand man im Zuge der deutschen Wiedervereinigung vor der Aufgabe, das Tarifsystem der Bundesrepublik Deutschland (BRD) auch auf dem Gebiet der ehemaligen DDR einzuführen. Bereits vor Abschluss des Einigungsvertrags[76] wurden im *Gemeinsamen Protokoll über Leitsätze zum Vertrag über die Schaffung einer Währungs-, Wirtschafts- und Sozialunion zwischen der Bundesrepublik Deutschland und der DDR vom 18.5.1990*[77] die Grundsätze des Tarifrechts der BRD auch in der DDR für anwendbar erklärt. In der Metall- und Elektroindustrie bspw. vereinbarten auf Gewerkschaftsseite die bundesrepublikanische *IG Metall* und die *IG Metall* der DDR bereits 1989

69 Vgl. *Erdmann,* Die deutschen Arbeitgeberverbände, 1966, S. 228 ff.; *Schroeder,* GMH 1996, 601, 606.

70 Vgl. Kittner/Zwanziger (5. Aufl.)-*Kittner,* Geschichte Rn. 62, 108 ff.

71 Vgl. Kittner/Zwanziger (5. Aufl.)-*Kittner,* Geschichte Rn. 65.

72 WiGBl. 1949, S. 55 f.; zur Entstehung vgl. die Materialien abgedruckt in Materialien zur Entstehung des Tarifvertragsgesetzes, ZfA 1973, 129 ff.

73 WiGBl. 1949, S. 89.

74 BGBl. 1949, S. 1.

75 BGBl. 1953 I, S. 156; dazu *Schelp,* BArbBl 1953, 333; *Scheerer,* AuR 1953, 144, 144 f.

76 BGBl. 1990 II, S. 885.

77 BGBl. 1990 II, S. 537.

einen einheitlichen Gewerkschaftsaufbau. Auch auf Arbeitgeberseite gründeten sich bereits in der Endphase der DDR Arbeitgeberverbände, die sich im Wesentlichen an den westdeutschen Vorbildern orientierten und von diesen auch entsprechend unterstützt und beraten wurden. Letztlich sollten die westdeutschen Tarifstrukturen übertragen werden.[78] Dies gelang allerdings nur teilweise, wie etwa die eingangs dargestellte, heute noch niedrige Tarifbindungsquote in Ostdeutschland zeigt. Zwar liegen die Tariflöhne in Ostdeutschland mittlerweile bei 97 % des West-Niveaus und haben sich damit fast angeglichen, vor allem aber aufgrund der niedrigen Tarifbindung lagen die Effektivverdienste in den ostdeutschen Bundesländern auch 2013 erst bei 83 % des West-Niveaus.[79]

4. Schlussfolgerung

An dieser Stelle soll der historische Abriss zunächst beendet werden, da die neueren Entwicklungen an den jeweils relevanten Stellen ausgeführt werden. Was der Überblick aber deutlich machen soll, ist, dass stets eine Wechselwirkung zwischen rechtlichen Vorgaben und tatsächlichen Entwicklungen bestanden hat und zwar in einem – verglichen mit anderen Rechtsgebieten und Grundrechten – besonderen Maß. Denn zum einen wurde die Anerkennung der Koalitionsfreiheit und der Tarifautonomie erst in langwährenden und beharrlichen Auseinandersetzungen der Gewerkschaften mit der Arbeitgeberseite erkämpft und ist in seiner heutigen Ausformung immer noch durch diesen Kampf geprägt. Zum anderen hat die verfassungsrechliche Anerkennung und gesetzliche Ausgestaltung der Tarifautonomie diese gleichsam befördert. Der Staat hat dem Tarifvertragssystem zu Zeiten der Monarchie zunächst kritisch gegenübergestanden, aber dennoch bereits Instrumente eingesetzt, die eine Verbandsbildung förderten, und hat die Verbände im Ersten Weltkrieg dann sogar in die Staatsverwaltung miteinbezogen. In der Weimarer Republik wurde die Koalitionsfreiheit auf der einen Seite verfassungsrechtlich geschützt und das Tarifrecht wurde gesetzlich ausgeformt, auf der anderen Seite hat der Staat durch Zwangsschlichtung und regulierende Einschränkungen selbst Einfluss auf den Inhalt der Tarifverhandlungen genommen, bevor in der

---

78 Zur Entwicklung nach der Wiedervereinigung in der Metall- und Elektroindustrie *Ohl,* WSI Mitt. 2009, 627.

79 Dazu *Henneberger/Rosdücher,* Ind. Beziehungen 1995, 293; *Ruppert/Koch,* Herausforderungen für den Flächentarifvertrag in Ostdeutschland, 2002, S. 18 ff.; *Ohl,* WSI Mitt. 2009, 627, 629 f.; vgl. außerdem die aktuelle Statistik bei DGB, einblick 14/2014, 5.

Bundesrepublik eine weitgehende Staatsferne grundrechtlich festgeschrieben worden ist. Angetrieben wurde diese Entwicklung i.d.R. von gewerkschaftlicher Seite, wobei in der Bundesrepublik im Vergleich zu vorher zumindest eine grundsätzliche Anerkennung des tarifvertraglichen Verhandlungsmechanismus in weiten Teilen der Arbeitgeberschaft konstatiert werden kann. Dass dieser Mechanismus nach wie vor immer wieder infrage gestellt wird,[80] ändert nichts an dem grundlegenden Befund. Bemerkenswert ist darüber hinaus die misstrauische Einstellung der Besatzungsmächte nach dem Zweiten Weltkrieg gegenüber den Koalitionen und insbesondere den Arbeitgeberverbänden. Diese kritische Haltung bildet sich teilweise auch heute noch im TVG ab, etwa in Bezug auf die (immer noch) restriktive Ausgestaltung der Allgemeinverbindlicherklärung nach § 5 TVG.[81]

III. Koalitionsfreiheit und Tarifautonomie und ihre Funktion im System der Arbeitsbeziehungen

Um den Einfluss der Rechtsordnung auf die Tarifbindung der Arbeitgeberseite zu erschließen, ist zunächst der grundrechtliche Rahmen abzustecken, in dem sich die Tarifparteien bewegen. Denn er eröffnet und begrenzt gleichzeitig sowohl das Handlungsfeld der Koalitionen, wie auch das des Staates. Ausgangspunkt bildet dabei die Gewährleistung der Koalitionsfreiheit und der Tarifautonomie im nationalen und internationalen Recht.

1. Grundsatz: Koalitionsfreiheit und Tarifautonomie

a) Nationales Recht

Die Formulierung des Art. 9 Abs. 3 S. 1 GG deutet zunächst auf ein individuelles Grundrecht hin, das jedermann das Recht auf Gründung von Koalitionen garantiert, die der Wahrung und Förderung der Arbeits- und Wirtschaftsbedingungen dienen. Dementsprechend betont auch das BVerfG die Eigenschaft der Koalitionsfreiheit „in erster Linie" als Freiheitsrecht, die es sowohl auf den Wortlaut des Art. 9 Abs. 3 GG wie auch auf die historische Entwicklung zurückführt.[82]

---

80 Dazu unten, S. 57 ff.

81 Dazu unten, S. 291 ff.

82 Vgl. bspw. BVerfG, 01.03.1979 – 1 BvR 532/77 u.a., BVerfGE 50, 290, 367 (= AP Nr. 1 zu § 1 MitbestG); BVerfG, 04.07.1995 – 1 BvF 2/86 u. a., BVerfGE 92, 365, 393 (= AP Nr. 4 § 116 AFG); BVerfG, 10.09.2004 – 1 BvR 1191/03, NZA 2004, 1338, 1340 (= AP Nr. 167 zu Art. 9 GG Arbeitskampf).

Umfasst ist freilich nicht nur die Gründung einer Koalition, sondern auch der Beitritt zu und der Verbleib in einer solchen.[83] Dies gilt gleichermaßen für Arbeitnehmer wie auch für Arbeitgeber.[84]

Art. 165 Abs. 1 S. 2 WRV enthielt darüber hinaus noch eine explizite Anerkennung der Arbeitnehmer- und Arbeitgeberorganisationen. Eine vergleichbare Formulierung findet sich im Grundgesetz nicht mehr wieder. Allerdings hat das BVerfG dem Art. 9 Abs. 3 GG neben dem ausdrücklichen Wortlaut als Individualgrundrecht von Anfang an eine Rolle als Doppelgrundrecht auch mit einer kollektiven Dimension zuerkannt. Die rechtliche Anerkennung der Sozialpartner könne, so das BVerfG, als selbstverständlich vorausgesetzt werden, weshalb der Schutz der kollektiven Koalitionsfreiheit auch ohne explizite Aufnahme in das Grundgesetz mitumfasst sei. Dabei knüpft das Gericht ausdrücklich an der Situation in der Weimarer Republik und der historischen Entwicklung sowie am sozialstaatlichen Bekenntnis des Grundgesetzes in Artt. 20 Abs. 1 und 28 Abs. 1 GG an.[85] Dementsprechend sind auch die Koalitionen selbst eigenständige Grundrechtsträger und sowohl in ihrem Bestand, ihrer Betätigung wie auch in ihrer organisatorischen Ausgestaltung geschützt.[86] In Bezug auf den früheren Art. 159 WRV schrieb *Sinzheimer* sogar, dass mit diesem Artikel Organisationsrecht und nicht Individualrecht geschaffen werden sollte.[87] Den Vorschlag einiger Stimmen in der Literatur, Art. 9 Abs. 3 GG als individuelles Grundrecht zu verstehen und die Koalitionen lediglich durch

---

83 Vgl. BVerfG, 01.03.1979 – 1 BvR 532/77 u.a., BVerfGE 50, 290, 367 (= AP Nr. 1 zu § 1 MitbestG); BVerfG, 19.02.1975 – 1 BvR 418/71, BVerfGE 38, 386, 393 (= AP Nr. 50 zu Art. 9 GG Arbeitskampf); sinngemäß auch schon BVerfG, 18.11.1954 – 1 BvR 629/52, BVerfGE 4, 96, 106 (= AP Nr. 1 zu Art. 9 GG).

84 Vgl. *Dieterich,* FS Wissmann, 2005, S. 114, 119.

85 BVerfG, 18.11.1954 – 1 BvR 629/52, BVerfGE 4, 96, 101 f. (= AP Nr. 1 zu Art. 9 GG).

86 Ebd.; BVerfG, 01.03.1979 – 1 BvR 532/77 u.a., BVerfGE 50, 290, 367 (= AP Nr. 1 zu § 1 MitbestG); BVerfG, 30.11.1965 – 2 BvR 54/62, BVerfGE 19, 303, 319 (= AP Nr. 7 zu Art. 9 GG); BVerfG, 04.07.1995 – 1 BvF 2/86 u. a., BVerfGE 92, 365, 393 (= AP Nr. 4 § 116 AFG); BVerfG, 29.12.2004 – 1 BvR 2582/03, 1 BvR 2283/03, 1 BvR 2504/03, NZA 2005, 153 (= AP Nr. 2 zu § 3 AEntG); BVerfG, 11.07.2006 – 1 BvL 4/00, BVerfGE 116, 202, 219 (= AP Nr. 129 zu Art. 9 GG); BAG, 19.06.2007 – 1 AZR 396/06, AP Nr. 173 zu Art. 9 GG (= BAGE 123, 134).

87 *Sinzheimer,* Grundzüge des Arbeitsrechts, 1927, S. 82; dazu auch *Heuschmid,* KJ 2014, 384.

die gebündelten Rechte der Einzelmitglieder über Art. 19 Abs. 3 GG zu sichern, hat das BVerfG zu Recht nicht aufgegriffen.[88]

Würde man hier stehen bleiben, ginge der Gewährleistungsgehalt kaum über den der Versammlungsfreiheit in Art. 9 Abs. 1 GG hinaus und ließe die historische Bedeutung der Koalitionsfreiheit weitgehend außer Betracht. So enthielt Art. 165 Abs. 1 S. 2 WRV nicht nur eine ausdrückliche Anerkennung der jeweiligen Organisationen, sondern schützte ausdrücklich auch die von diesen geschlossenen Vereinbarungen und damit die Tarifautonomie. Auch wenn diese Formulierung ebenfalls keinen Eingang in das Grundgesetz gefunden hat, so ist doch unumstritten, dass die koalitionsmäßige Betätigung zur Verfolgung der in Art. 9 Abs. 3 GG genannten Zwecke durch die Koalitionsfreiheit gewährleistet ist, ohne die das Recht auf Gründung nichts wert wäre.[89] Dementsprechend betont das BVerfG, dass aus Art. 9 Abs. 3 GG die Kompetenz der Koalitionen folge, Löhne und sonstige materiellen Arbeitsbedingungen „durch unabdingbare Gesamtvereinbarungen" zu regeln.[90] *Gamillscheg* bezeichnet die Tarifautonomie folgerichtig als *„raison d'être"* der Koalitionsfreiheit.[91] Dies entspricht auch dem Schutzzweck des Art. 9 Abs. 3 GG, der auf die Wahrung der Arbeits- und Wirtschaftsbedingungen gerichtet ist.[92]

Dabei hat das BVerfG jedoch lange die Auffassung vertreten, dass Art. 9 Abs. 3 GG lediglich einen Kernbereich der koalitionären Betätigung schütze

---

88 Für eine individuelle Betrachtung etwa Maunz/Dürig-*Scholz*, Art. 9 GG Rn. 23; *Engels*, RdA 2008, 331, 333 f. m.w.N.; dagegen die h.M., vgl. etwa Wiedemann-*Wiedemann*, Einl. Rn. 72 ff. mit umfangreichen Nachweisen.

89 BVerfG, 30.11.1965 – 2 BvR 54/62, BVerfGE 19, 303, 312 (= AP Nr. 7 zu Art. 9 GG); BVerfG, 01.03.1979 – 1 BvR 532/77 u.a., BVerfGE 50, 290, 367 (= AP Nr. 1 zu § 1 MitbestG); ähnlich auch BVerfG, 29.12.2004 – 1 BvR 2582/03, 1 BvR 2283/03, 1 BvR 2504/03, NZA 2005, 153, 153 (= AP Nr. 2 zu § 3 AEntG); dazu auch *Wank*, FS 50 Jahre ZVK Baugewerbe, 2007, S. 141, 142.

90 Vgl. BVerfG, 18.11.1954 – 1 BvR 629/52, BVerfGE 4, 96, 106 (= AP Nr. 1 zu Art. 9 GG); BVerfG, 06.05.1964 – 1 BvR 79/62, BVerfGE 18, 18, 26; BVerfG, 24.05.1977 – 2 BvL 11/74, BVerfGE 44, 322, 340 f. (= AP Nr. 15 zu § 5 TVG).

91 *Gamillscheg*, Koll. ArbR I, 1997, S. 263.

92 BVerfG, 01.03.1979 – 1 BvR 532/77 u.a., BVerfGE 50, 290, 367 (= AP Nr. 1 zu § 1 MitbestG); BVerfG, 24.05.1977 – 2 BvL 11/74, BVerfGE 44, 322, 341 (= AP Nr. 15 zu § 5 TVG); BVerfG, 29.12.2004 – 1 BvR 2582/03, 1 BvR 2283/03, 1 BvR 2504/03, NZA 2005, 153 (= AP Nr. 2 zu § 3 AEntG); ähnlich bereits BVerfG, 18.11.1954 – 1 BvR 629/52, BVerfGE 4, 96, 108 (= AP Nr. 1 zu Art. 9 GG); vgl. auch Däubler, TVG-*Däubler*, Einl. Rn. 70 f.

(Kernbereichstheorie).[93] Die Grenze zog es dort, wo die Betätigung der Koalitionen für deren Erhalt und die Sicherung ihrer Existenz nicht mehr unerlässlich war.[94] Insbesondere betonte das BVerfG, dass sich der verfassungsrechtliche Schutz nicht auf das Tarifsystem in seiner gegenwärtigen Form beziehe.[95]

Diese Auffassung wurde mittlerweile zugunsten eines deutlich weiter gefassten Verständnisses der Koalitionsfreiheit aufgegeben.[96] Geschützt ist demnach jedwede koalitionsspezifische Verhaltensweise, die auf die Erreichung des koalitionsspezifischen Zwecks abzielt, wobei die Tarifautonomie „im Zentrum der den Koalitionen eingeräumten Möglichkeiten zur Verfolgung ihrer Zwecke steht".[97] Diese umfasst das Aushandeln von Tarifverträgen in Eigenverantwortung und „im wesentlichen ohne staatliche Einflußnahme".[98] Kern der Tarifautonomie ist daher auch die vom Staat unabhängige Regelungsbefugnis der Verbände.[99] Neben der individuellen und kollektiven Dimension umfasst Art. 9 Abs. 3 GG damit auch eine Institutsgarantie.[100] Denn das Vorhandensein

---

93 Vgl. etwa BVerfG, 30.11.1965 – 2 BvR 54/62, BVerfGE 19, 303, 321 f. (= AP Nr. 7 zu Art. 9 GG); BVerfG, 19.02.1975 – 1 BvR 418/71, BVerfGE 38, 386, 393 (= AP Nr. 50 zu Art. 9 GG Arbeitskampf); BVerfG, 01.03.1979 – 1 BvR 532/77 u.a., BVerfGE 50, 290, 368 (= AP Nr. 1 zu § 1 MitbestG).

94 Vgl. BVerfG, 18.11.1954 – 1 BvR 629/52, BVerfGE 4, 96, 108 (= AP Nr. 1 zu Art. 9 GG); BVerfG, 01.03.1979 – 1 BvR 532/77 u.a., BVerfGE 50, 290, 369 (= AP Nr. 1 zu § 1 MitbestG).

95 Vgl. BVerfG, 01.03.1979 – 1 BvR 532/77 u.a., BVerfGE 50, 290, 371 (= AP Nr. 1 zu § 1 MitbestG).

96 BVerfG, 14.11.1995 – 1 BvR 601/92, BVerfGE 93, 352, 359 (= AP Nr. 80 zu Art. 9 GG); BVerfG, 24.04.1996 – 1 BvR 712/86, BVerfGE 94, 268, 283 (= AP Nr. 2 zu § 57a HRG); BVerfG, 24.02.1999 – 1 BvR 123/93, BVerfGE 100, 214, 221 (= AP Nr. 18 § 20 BetrVG 1972); BAG, 24.04.2007 – 1 AZR 252/06, JA 2008, 543 (mit zust. Anm. Krause) (= AP Nr. 2 zu § 1 TVG Sozialplan); vgl. bereits im Vorfeld *Zachert,* NZA 1994, 529 ff.; einschränkend in Bezug auf Fälle der Rechtsfortbildung *Wank,* FS 50 Jahre ZVK Baugewerbe, 2007, S. 141, 144.

97 BVerfG, 29.12.2004 – 1 BvR 2582/03, 1 BvR 2283/03, 1 BvR 2504/03, NZA 2005, 153 (= AP Nr. 2 zu § 3 AEntG); BVerfG, 11.07.2006 – 1 BvL 4/00, BVerfGE 116, 202, 219 (= AP Nr. 129 zu Art. 9 GG).

98 BVerfG, 01.03.1979 – 1 BvR 532/77 u.a., BVerfGE 50, 290, 367 (= AP Nr. 1 zu § 1 MitbestG).

99 Wiedemann-*Wiedemann,* Einl. Rn. 1; *Schwarze,* ZfA 2011, 867, 870 f.

100 BVerfG, 18.11.1954 – 1 BvR 629/52, BVerfGE 4, 96, 104 (= AP Nr. 1 zu Art. 9 GG); *Kemper,* Die Bestimmung des Schutzbereichs der Koalitionsfreiheit, 1990 (zugl. Köln, Univ., Diss. 1988), S. 65 ff.; *Wank,* FS 50 Jahre ZVK Baugewerbe, 2007, S. 141, 142 f.; a.A. etwa Maunz/Dürig-*Scholz,* Art. 9 GG Rn. 25, 173; differenzierend etwa

eines funktionsfähigen Tarifvertragssystems, in dem Tarifverträge überhaupt zustande kommen können, ist existenzielle Voraussetzung für die Koalitionen. Immerhin steht und fällt die Attraktivität für ihre Mitglieder mit der Attraktivität der von ihnen abgeschlossenen Tarifverträge.[101] Ihre Grundlage findet die Annahme, dass die Bereitstellung eines Tarifvertragssystems unmittelbar verfassungsrechtlich gewährleistet ist, in der in der Weimarer Zeit formulierten Lehre von den Grundrechten als Einrichtungsgarantien, hat aber mittlerweile eine deutlich freiheitsrechtlichere Ausprägung erfahren.[102] Ohne einfachgesetzliche Ausgestaltung ist es den Koalitionen nicht möglich, Tarifverträge mit normativer Wirkung zu schließen, weshalb die garantierte Freiheit ohne diese Ausgestaltung weitgehend substanzlos bliebe.[103]

Die Besonderheit des Tarifvertrags ist seine Doppelnatur, da er auf der einen Seite einen privatrechtlichen Vertrag zwischen den Tarifparteien darstellt und auf der anderen Seite Rechtsnormen schafft, die unmittelbar auf die ihm unterworfenen Arbeitsverhältnisse wirken (§§ 1 Abs. 1, 4 Abs. 1 TVG).[104] Beim normativen Teil des Tarifvertrages handelt es sich dabei um „Gesetzgebung im materiellen Sinne" in Bezug auf die von ihm erfassten Arbeitsverhältnisse.[105] Lange Zeit war davon ausgegangen worden, dass sich die Legitimation zur tariflichen Normsetzung aus der Delegation durch den Staat speist (Delegationstheorie), so sprach das BVerfG noch von der „Verleihung" des Normsetzungsrechts.[106] Daraus folgte eine umfassende Grundrechtsbindung der

---

Engels, RdA 2008, 331, 334; *Maschmann,* Tarifautonomie im Zugriff des Gesetzgebers, 2007 (zugl. Passau, Univ., Habil. 2003), S. 11.

101 So auch ErfK-*Linsenmaier,* Art. 9 GG Rn. 52.

102 Dazu ausführlich: *Döttger,* Der Schutz tariflicher Normsetzung, 2003 (zugl. Jena, Univ., Diss. 2002), S. 116 f.; *Mager,* Einrichtungsgarantien, 2003 (zugl. Berlin, Univ., Habil. 2002), S. 233 ff.

103 *Böckenförde,* NJW 1974, 1529, 1532 f.

104 Kittner/Zwanziger/Deinert-*Deinert,* § 8 Rn. 2; vgl. auch *Rödl,* in: Bieder/Hartmann, Individuelle Freiheit und kollektive Interessenwahrnehmung, 2012, S. 81, 99.

105 Vgl. BVerfG, 24.05.1977 – 2 BvL 11/74, BVerfGE 44, 322, 341 (= AP Nr. 15 zu § 5 TVG); im Prinzip auch schon BVerfG, 18.11.1954 – 1 BvR 629/52, BVerfGE 4, 96, 106 (= AP Nr. 1 zu Art. 9 GG); BVerfG, 06.05.1964 – 1 BvR 79/62, BVerfGE 18, 18, 26.

106 BVerfG, 18.11.1954 – 1 BvR 629/52, BVerfGE 4, 96, 108 (= AP Nr. 1 zu Art. 9 GG); BAG, 23.03.1957 – 1 AZR 326/56, NJW 1957, 1376 (= AP Nr. 8 zu § 1 TVG); ähnlich BVerfG, 24.05.1977 – 2 BvL 11/74, BVerfGE 44, 322, 340 f. (= AP Nr. 15 zu § 5 TVG); BVerfG, 15.07.1980 – 1 BvR 24/74, 1 BvR 439/79, BVerfGE 55, 7, 23 f. (= AP Nr. 17 zu § 5 TVG); ebenso die früher h.L., vgl. etwa *Hueck/Nipperdey,*

Tarifparteien.[107] Hiervon haben sich sowohl Rechtsprechung, wie auch die h.L. mittlerweile entfernt, wobei nun das Konzept der „kollektiv ausgeübten Privatautonomie" in unterschiedlichen Schattierungen dominiert.[108] Dadurch wird die Funktion des Tarifvertrags als Instrument der kollektiven Selbsthilfe und damit auch der freiheitsrechtliche Charakter der Tarifautonomie in den Vordergrund gestellt.[109] Letztlich stellt dieses Konzept aber lediglich eine Funktionsbeschreibung dar und ändert nichts am kollektivrechtlichen Charakter der Koalitionsfreiheit, die nicht nur die Bündelung der privatautonomen Handlungen der Mitglieder der Koalitionen darstellt. Dies würde weder ihrer systematischen Stellung als eigenständiges Grundrecht mit einem kollektiven Schutzkonzept noch ihrer historischen Entstehung gerecht.[110]

Tatsächlich haben die durch einen Tarifvertrag geschaffenen Normen aber weder einen staatlichen Charakter, noch werden die Tarifparteien durch den Abschluss von Tarifverträgen an der staatlichen Rechtsetzung beteiligt.[111] Die

---

Bd. 2/1, 1967, S. 373 f. m.w.N.; für einen umfassenden Überblick über die unterschiedlichen Ansätze Wiedemann-*Franzen,* § 1 Rn. 42 ff.; auch Däubler, TVG-*Schiek,* Einl. Rn. 169 ff.; wo es darauf ankommt, wird an gegebener Stelle darauf zurückgekommen.

107 Vgl. etwa BAG, 29.11.1967 – GS 1/67, AP Nr. 13 zu Art. 9 GG; in Bezug auf die Allgemeinverbindlicherklärung BVerfG, 24.05.1977 – 2 BvL 11/74, BVerfGE 44, 322, 351 f. (= AP Nr. 15 zu § 5 TVG).

108 In der Rspr. zunächst BAG, 25.02.1998 – 7 AZR 641/96, NZA 1998, 715, 716 (= AP Nr. 11 zu § 1 TVG Tarifverträge: Luftfahrt); in der Literatur bereits *Söllner,* RdA 1989, 144, 149; *Dieterich,* FS Schaub, 1998, S. 117, 120 ff.; vgl. auch *Franzen,* FS Picker, 2010, S. 929, 930; *Wendeling-Schröder,* FS Wissmann, 2005, S. 174, 174; *Bayreuther,* Tarifautonomie als kollektiv ausgeübte Privatautonomie, 2005 (zugl. Erlangen-Nürnberg, Univ., Habil. 2004), S. 154; *Ulber,* Tarifdispositives Gesetzesrecht, 2010 (zugl. Köln, Univ., Diss. 2010), S. 455 ff.; anders in Bezug auf § 3 Abs. 2 TVG bzw. § 3 Abs. 1 BetrVG: BAG, 29.07.2009 – 7 ABR 27/08, NZA 2009, 1424, 1426 (= AP Nr. 7 zu § 3 BetrVG 1972); BAG, 13.03.2013 – 7 ABR 70/11, NZA 2013, 738, 741 f.; innerhalb der h.L. bestehen allerdings erhebliche Abweichungen.

109 Vgl. auch Kittner/Zwanziger/Deinert-*Deinert,* § 8 Rn. 2; JKOS-*Krause,* § 1 Rn. 24; ähnlich auch *Richardi,* FS Wissmann, 2005, S. 159, 167.

110 Angesichts der Überhöhung des Konzepts durch zahlreiche Stimmen in der Literatur zu Recht kritisch Kittner/Zwanziger/Deinert-*Deinert,* § 1 Rn. 22; *Waltermann,* RdA 2014, 86, 88; *Heuschmid,* KJ 2014, 384, 385 f.; *Wiedemann,* BB 2013, 1397 ff.

111 Vgl. *Schwarze,* ZfA 2011, 867, 870, 885.

Tarifmacht der Tarifparteien beschränkt sich nur auf deren Mitglieder.[112] Hieran ändert auch die mögliche Allgemeinverbindlicherklärung von Tarifverträgen nichts, da diese eine eigene Legitimationsbasis im staatlichen Rechtsetzungsakt besitzt.[113]

Grundlage der (positiven) Koalitionsfreiheit ist es also einerseits, die individuelle Freiheit des einzelnen Arbeitnehmers und Arbeitgebers, einer Koalition beizutreten und in ihr zu verbleiben, zu schützen, wie auch andererseits einen effektiven Schutz der Koalitionen zu gewährleisten. Hierzu gehört auch, dass die Rechtsordnung ein (Tarifvertrags-)System zur Betätigung der Koalitionen bereitstellt und die Funktionsfähigkeit dieses Systems durch seine Ausgestaltung sicherstellt.[114] Neben der abwehrrechtlichen Dimension des Grundrechts kommt dem Staat also auch die Pflicht zur Ausgestaltung zu.[115] Auf diesen Aspekt wird nach einem kurzen Überblick über die inter- und supranationale Gewährleistung der Koalitionsfreiheit noch genauer einzugehen sein, da er wesentlich für die Gestaltung der Rechtsordnung durch den Staat und das Agieren der Koalitionen innerhalb dieser Rechtsordnung ist.

b) *Internationales Recht und Unionsrecht*

Der Schutz der Koalitionsfreiheit ergibt sich über Art. 9 Abs. 3 GG hinaus auch aus verschiedenen internationalen und unionsrechtlichen Quellen. So werden die Koalitionsfreiheit und die Kollektivvertragsautonomie als allgemeine Grundsätze des Völkerrechts[116] angesehen, die unter anderem auf Art. 23 Abs. 4 der Allgemeinen Erklärung der Menschenrechte[117] zurückgeführt werden.[118] Auch garantiert Art. 22 des Internationalen Pakts über bürgerliche

---

112 BVerfG, 24.05.1977 – 2 BvL 11/74, BVerfGE 44, 322, 347 f. (= AP Nr. 15 zu § 5 TVG); ebenso BAG, 18.03.2009 – 4 AZR 64/08, NZA 2009, 1028, 1035 f. (= AP Nr. 41 zu § 3 TVG), wo allerdings eine Regelungsaufgabe auch für Außenseiter andeutet wird.

113 Dazu unten, S. 291 ff.

114 Vgl. BVerfG, 04.07.1995 – 1 BvF 2/86 u. a., BVerfGE 92, 365, 394 f. (= AP Nr. 4 § 116 AFG); dazu auch *Wank*, FS 50 Jahre ZVK Baugewerbe, 2007, S. 141, 142 f.

115 Vgl. nur BVerfG, 01.03.1979 – 1 BvR 532/77 u.a., BVerfGE 50, 290, 368 (= AP Nr. 1 zu § 1 MitbestG); dazu etwa Wiedemann-*Wiedemann*, Einl. Rn. 91 ff.

116 Ipsen-*Heinegg*, § 16 Rn. 43.

117 G.A. Res. 217A (III), U.N. Doc A/810 at 71 (1948); dt. Version abrufbar unter http://www.ohchr.org/EN/UDHR/Documents/UDHR_Translations/ger.pdf [zuletzt geprüft: 12.12.2014].

118 So bspw. die Auffassung der Europäischen Kommission, KOM (96) 402, S. 13; ebenso Däubler, TVG-*Däubler*, Einl. Rn. 150.

und politische Rechte (IPbpR)[119] zumindest die Vereinigungsfreiheit.[120] Art. 8 des Internationalen Pakts über wirtschaftliche, soziale und kulturelle Rechte (IPwskR)[121] umfasst sowohl das Recht, Gewerkschaften zu bilden, wie auch deren Betätigung in Form des Abschlusses von Tarifverträgen oder Ausübung des Streikrechts (Art. 8 Abs. 1 Bst. c und d IPwskR). Hierin wird mehrheitlich ein individuelles subjektives Recht gesehen, auf das sich der Einzelne (Arbeitnehmer) dementsprechend unmittelbar berufen kann.[122] Die Koalitionsfreiheit wird ferner in der Präambel des Statuts der Internationalen Arbeitsorganisation (ILO) erwähnt und ist somit für alle derzeit 185 Vertragsstaaten der Organisation[123] – darunter alle EU-Mitgliedstaaten – bindend.[124] Konkreter gewährleistet Art. 2 des ILO-Übereinkommens Nr. 87[125], das eines der acht Kernübereinkommen der ILO darstellt, die Freiheit zur Bildung von Arbeitnehmer- und Arbeitgeberkoalitionen, sofern diese die Förderung und den Schutz der Interessen von Arbeitnehmern und Arbeitgebern zum Ziel haben (Art. 10 des Übereinkommens). Auch das ILO-Übereinkommen Nr. 98[126] gehört zu den Kernübereinkommen der ILO und betrifft die Anwendung der Grundsätze über die Koalitionsfreiheit. Es konkretisiert dementsprechend den Gewährleistungsgehalt des ILO-Übereinkommens Nr. 87. Insbesondere aus Art. 3 und 4 des ILO-Übereinkommens Nr. 98 wird auch eine staatliche Schutzpflicht zugunsten eines Tarifvertragssystems abgeleitet.[127] Neben den UN-Instrumenten ist die Koalitionsfreiheit auch auf europäischer Ebene völkerrechtlich gewährleistet. So

---

119 BGBl. 1973 II, S. 1534.

120 Auch das Streikrecht mitumfasst sieht Däubler, AKR-*Lörcher*, § 10 Rn. 63 m.w.N.

121 BGBl. 1973 II, S. 1570.

122 Zur entsprechenden Spruchpraxis des UN-Sozialpaktausschusses Däubler, AKR-*Lörcher*, § 10 Rn. 54 ff.; dazu auch Däubler, TVG-*Däubler*, Einl. Rn. 152; für eine unmittelbare Anwendbarkeit wohl auch HSW-*Wank*, § 34 Rn. 43, der jedoch eine solche für die übrigen Artikel des IPwskR ablehnt (außer Art. 6 Abs. 1); grds. a.A. wohl *Löwisch/Rieble*, Grundlagen Rn. 320.

123 Vgl. http://www.ilo.org/public/english/standards/relm/country.htm [zuletzt geprüft: 12.12.2014].

124 Vgl. dazu *Novitz*, International and European Protection of the Right to Strike, 2003, S. 167.

125 BGBl. 1956 II, S. 2072.

126 BGBl. 1955 II, S. 1122.

127 *Gamillscheg*, Koll. ArbR I, 1997, S. 217; zust. Däubler, TVG-*Däubler*, Einl. Rn. 157; a.A. Wiedemann-*Thüsing*, Einl. Rn. 175, der hierin eine rein völkerrechtliche Verpflichtung ohne innerstaatliche Geltung sieht.

umfasst Art. 11 der Europäischen Menschenrechtskonvention (EMRK)[128] sowohl das Recht auf Kollektivverhandlungen mit dem Arbeitgeber, wie auch ein Streikrecht.[129] Nach der Rechtsprechung des Europäsichen Gerichshofs für Menschenrechte (EGMR) kommt heute den Rechten aus der EMRK nicht mehr nur eine abwehrrechtliche Dimension zu, vielmehr entfalten sie auch selbstständige Schutzpflichten.[130]

Die Koalitionsfreiheit ist zudem auf Ebene der EU geschützt, wie nun sogar ausdrücklich in den Artt. 12 Abs. 1 und 28 EU-Grundrechtecharta (GRChr) festgehalten ist.[131] Ihre Hauptbedeutung liegt in der Beschränkung des Handelns der Unionsorgane, sie bindet aber auch die Mitgliedsstaaten in der Anwendung von Unionsrecht.[132] Darüber hinaus belässt der EuGH den Sozialpartnern auf nationaler Ebene grundsätzlich einen weiten Ermessensspielraum, wenn sie sozial- und beschäftigungspolitische Ziele verfolgen.[133]

---

128 BGBl. 1952 II, S. 686.

129 EGMR, 12.11.2008 - 34503/97, NZA 2010, 1425 (*Demir und Baykara*), 1429 f.; EGMR, 21.04.2009 - 68959/01, NZA 2010, 1423 (*Enerji Yapi-Yol Sen*), 1424; vgl. dazu etwa *Lörcher,* AuR 2009, 229.

130 Dazu ausf. *Grabenwarter/Pabel,* Europäische Menschenrechtskonvention, 2012, S. 141.

131 EuGH, 11.12.2007 - C-438/05, Slg. 2007, I-10779 (*Viking*), Rn. 103; EuGH, 18.12.2007 - C-341/05, Slg. 2007, I-11767 (*Laval un Partneri*); EuGH, 3.4.2008 - C-346/06, Slg. 2008, I-1989 (*Rüffert*); EuGH, 19.6.2008 - C-319/06, Slg. 2008, I-4323 (*Kommission/Luxemburg*); dazu etwa *Bryde,* SR 2012, 2; *Blanke,* in: Bispinck/Schulten, Zukunft der Tarifautonomie, 2010, S. 114, 121; *Britz,* in: Britz/Volkmann, Tarifautonomie in Deutschland und Europa, 2003, S. 34, 41; vgl. zur Frage des Abschlusses von Tarifverträgen auf europäischer Ebene *Deinert,* Der europäische Kollektivvertrag, 1999 (zugl. Rostock, Univ., Diss. 1998); zur Kompetenz und Praxis Europäischer Betriebsräte zum Abschluss europaweiter Kollektivvereinbarungen zumindest in deren Wirkungskreis *Zimmer,* EuZA 2013, 459, 466 ff.

132 *Bryde,* SR 2012, 2, 10 f.

133 Vgl. etwa EuGH, 08.09.2011 - C-297/10 und C-298/10, Slg. 2010, I-7965 (*Hennings und Mai*); EuGH, 12.10.2010 - C-45/09, Slg. 2010, I-09391 (*Rosenbladt*); dagegen aber EuGH, 13.09.2011 - C-447/09, Slg. 2011, I-8003 (*Prigge u.a.*); dazu umfassend *Dewald,* Die Anwendung des Unionsrechts auf den deutschen Tarifvertrag, 2012 (zugl. Augsburg, Univ., Diss. 2011); dies gilt allerdings nur für Arbeitnehmer und eine Gruppe, die der EuGH als „Scheinselbstständige" bezeichnet. Für „echte" Selbstständige unterwirft er die Kollektivverträge den Schranken des Wettbewerbsrechts, vgl. EuGH, 04.12.2014 - C-413/13, EUR-Lex (*FNV Kunsten Informie en Media*), Rn. 31.

Der Schutz der Koalitionsfreiheit wie auch der Tarifautonomie wird damit sowohl durch das internationale wie auch durch das Unionsrecht flankiert. Dies ist vor allem dann von Bedeutung, wenn der Gewährleistungsgehalt des internationalen Rechts über den des nationalen Grundrechts hinausgeht. Besonders akut ist diese Frage in Bezug auf das – hier nicht weiter interessierende – Beamtenstreikrecht, das der EGMR von Art. 11 EMRK mitumfasst sieht.[134] Vorliegend kann die internationale Gewährleistung der Koalitionsfreiheit insbesondere in Bezug auf zulässige Streikziele und -mittel sowie die Verlagerung von Kollektivverhandlungen von der tariflichen auf die betriebliche Ebene und im Rahmen des Vergaberechts Bedeutung erlangen.[135]

c) *Funktionen der Tarifautonomie*

Zu Zweck und Funktion der Tarifautonomie hat sich über die Jahre eine ausdifferenzierte Rechtsprechung des BVerfG herausgebildet. Allen voran dient die Tarifautonomie dem Schutz der Arbeitnehmer. BVerfG und BAG betonen in ständiger Rechtsprechung insbesondere den Ausgleich der gestörten Vertragsparität. Das Tarifvertragssystem sei „darauf ausgelegt, die strukturelle Unterlegenheit der einzelnen Arbeitnehmer beim Abschluss von Arbeitsverträgen durch kollektives Handeln auszugleichen und damit ein annähernd gleichgewichtiges Aushandeln der Löhne und Arbeitsbedingungen zu ermöglichen."[136] So folgt bereits aus der historischen Entwicklung der Koalitionsfreiheit und der Tarifautonomie, dass diese es dem Einzelnen ermöglichen sollen, sich im Rahmen der Koalitionsmitgliedschaft selbstbestimmt für seine Interessen einzusetzen.[137]

---

134 Vgl. EGMR, 21.04.2009 – 68959/01, NZA 2010, 1423 (*Enerji Yapi-Yol Sen*), 1424; jüngst im Grundsatz anerkannt auch durch das BVerwG, nach dessen Ansicht jedoch das Streikverbot für Beamte einen hergebrachten Grundsatz des Berufsbeamtentums i.S.d. Art. 33 Abs. 5 GG darstelle und daher trotz seiner Völkerrechtswidrigkeit in Hinblick auf Art. 11 EMRK weiterhin anzuwenden sei, bis der Bundesgesetzgeber eine rechtskonforme Regelung gefunden habe, vgl. BVerwG, 27.02.2014 – 2 C 1/13, NZA 2014, 616 (= BVerwGE 149, 117); zur Diskussion etwa *Lörcher*, AuR 2009, 229.

135 Dazu unten S. 134 ff.; S. 257 ff. bzw. 352 ff.

136 BAG, 19.06.2007 – 1 AZR 396/06, AP Nr. 173 zu Art. 9 GG (= BAGE 123, 134); vgl. auch BVerfG, 04.07.1995 – 1 BvF 2/86 u. a., BVerfGE 92, 365, 395 (= AP Nr. 4 § 116 AFG); weitere Nachweise bei *Preis/Ulber*, FS Kempen, 2013, S. 15, 16.

137 Vgl. auch Däubler, TVG-*Däubler*, Einl. Rn. 79; JKOS-*Krause*, § 1 Rn. 17; ähnlich *Bispinck*, WSI Mitt. 2003, 395, 397.

Umstrittener ist dagegen die Frage, ob der Tarifautonomie auch eine Ordnungsfunktion zukommt. So sieht das BVerfG den Zweck der Tarifautonomie durchaus in der Schaffung einer „im öffentlichen Interesse liegende[n] autonome[n] Ordnung des Arbeitslebens durch Koalitionen"[138] und einer damit einhergehenden Befriedung des Arbeitslebens.[139] Die Grundlage dafür findet sich in der Überlegung, dass die Grundrechtsträger selbst die sachgerechteren Entscheidungen treffen,[140] wodurch das politische System von sozialen Konflikten entlastet werde.[141] Dies könnte dahingehend missverstanden werden, dass aus Art. 9 Abs. 3 GG ein Handlungsauftrag an die Tarifparteien folgt,[142] was jedoch von der überwiegenden Mehrheit in der Literatur abgelehnt wird.[143] Zwar führt auch der 4. Senat des BAG in einer Entscheidung von 2008 aus, dass die „Arbeitgeberverbände [...] ebenso wie die Gewerkschaften als Träger der kollektiven Koalitionsfreiheit für die Funktionsfähigkeit der Tarifautonomie mitverantwortlich" sind, woraus sich Grenzen für die autonomen Befugnisse ergeben könnten.[144] Diese Feststellung hat es dann später allerdings

---

138 BVerfG, 01.12.2010 – 1 BvR 2593/09, NZA 2011, 60 (= AP Nr. 146 zu Art. 9 GG); vgl. auch BVerfG, 18.11.1954 – 1 BvR 629/52, BVerfGE 4, 96, 107 (= AP Nr. 1 zu Art. 9 GG); BVerfG, 06.05.1964 – 1 BvR 79/62, BVerfGE 18, 18, 28; BVerfG, 24.05.1977 – 2 BvL 11/74, BVerfGE 44, 322, 340 (= AP Nr. 15 zu § 5 TVG); BVerfG, 01.03.1979 – 1 BvR 532/77 u.a., BVerfGE 50, 290, 367 (= AP Nr. 1 zu § 1 MitbestG); BVerfG, 29.12.2004 – 1 BvR 2582/03, 1 BvR 2283/03, 1 BvR 2504/03, NZA 2005, 153, 153 (= AP Nr. 2 zu § 3 AEntG); BVerfG, 11.07.2006 – 1 BvL 4/00, BVerfGE 116, 202, 224 (= AP Nr. 129 zu Art. 9 GG); BVerfG, 20.03.2007 – 1 BvR 1047/05, NZA 2007, 609 (= DB 2007, 978); BVerfG, 01.12.2010 – 1 BvR 2593/09, NZA 2011, 60 (= AP Nr. 146 zu Art. 9 GG).

139 Vgl. BVerfG, 06.05.1964 – 1 BvR 79/62, BVerfGE 18, 18, 28; dazu etwa *Preis/Ulber,* FS Kempen, 2013, S. 15, 16 f.; kritisch bspw. *Löwisch/Rieble,* § 3 Rn. 36 ff.; Kempen/Zachert-*Kempen,* Grundlagen Rn. 125.

140 BVerfG, 27.02.1973 – 2 BvL 27/69, BVerfGE 34, 307, 317 (= AP Nr. 7 zu § 19 HAG); BVerfG, 02.03.1993 – 1 BvR 1213/85, BVerfGE 88, 103, 114 f. (= AP Nr. 126 zu Art. 9 GG Arbeitskampf); JKOS-*Krause,* § 1 Rn. 21; *Bispinck,* WSI Mitt. 2003, 395, 397.

141 Vgl. BVerfG, 06.05.1964 – 1 BvR 79/62, BVerfGE 18, 18.

142 So etwa *Erdmann,* Die deutschen Arbeitgeberverbände, 1966, S. 255, 258 f.

143 Vgl. nur *Preis/Ulber,* FS Kempen, 2013, S. 15, 17; Kempen/Zachert-*Kempen,* Grundlagen Rn. 227 ff.; zumindest auch sofern darunter eine „Pflicht zur Förderung des Gemeinwohls" verstanden wird JKOS-*Krause,* § 1 Rn. 151; offener dagegen Thüsing/Braun-*Thüsing,* Kap. 1 Rn. 33 f.

144 Vgl. BAG, 20.02.2008 – 4 AZR 64/07, NZA 2008, 946, 949 (= AP Nr. 134 zu Art. 9 GG).

nicht mehr wiederholt.[145] Darüber hinaus kann sie nur in Einklang mit der neueren Verfassungsrechtsprechung stehen, wenn man sie im Kontext, in der sie ergangen ist, betrachtet, nämlich im Zusammenhang mit der autonomen Satzungsgestaltung und insbesondere dem Austrittsrecht bzw. den Austrittsmodalitäten aus dem Verband. Denn trotz ihrer sozialstaatlichen Funktion ist die Koalitionsfreiheit in erster Linie ein Freiheitsrecht.[146]

Den Koalitionen erwächst aus der Tarifautonomie dementsprechend keine Verantwortung für ein ordnungspolitisches Handeln, sie sind in ihrer Tarifpolitik vielmehr frei.[147] Entscheidend ist, dass das Tarifvertragssystem stabile Strukturen erzeugt.[148] So schafft es etwa die Voraussetzungen dafür, den Preis für die Arbeitsleistung festzulegen, ohne dass der Staat hier – abgesehen freilich der Gewährleistung des gesetzlichen Minimums durch den Mindestlohn – durch eigene Festsetzung oder eine vertragliche Inhaltskontrolle eingreift.[149] Eine Verpflichtung zum Handeln lässt sich aus der Tarifautonomie daher nicht ableiten. Sie schafft lediglich die Freiräume und den Rahmen, damit ein solches Handeln möglich wird.[150] Verpflichtet sind die Verbände nämlich nur ihren Mitgliedern. Dies gilt insbesondere dann, wenn man das Konzept der kollektiv ausgeübten Privatautonomie zugrunde legt.[151] Selbst gegenseitige Verpflichtungen zum Erlass bestimmter Rechtsakte können Staat und Tarifparteien aufgrund des Demokratieprinzips einerseits und der Tarifautonomie andererseits nicht

---

145 Vgl. etwa BAG, 18.05.2011 – 4 AZR 457/09, AP Nr. 15 zu § 3 TVG Verbandsaustritt.

146 Vgl. *Gamillscheg,* Koll. ArbR I, 1997, S. 293; JKOS-*Krause,* § 1 Rn. 27; ErfK-*Linsenmaier,* Art. 9 GG Rn. 53.

147 Vgl. JKOS-*Krause,* § 1 Rn. 27 ff.; ErfK-*Linsenmaier,* Art. 9 GG Rn. 81; MünchArbR-*Richardi,* § 152 Rn. 21.

148 *Berg/Kocher/Platow/Schoof/Schumann,* § 1 Rn. 63; Däubler, TVG-*Däubler,* Einl. Rn. 81; *Kempen,* FS Hromadka, 2008, S. 177, 183; insofern trifft auch die Kritik der mangelnden Kompetenz der Tarifparteien nicht; so aber *Löwisch/Rieble,* Grundlagen Rn. 36 ff. m.w.N.

149 *Rödl,* in: Bieder/Hartmann, Individuelle Freiheit und kollektive Interessenwahrnehmung, 2012, S. 81, 92, der darüber hinaus den Zweck in der Findung des „gerechten Preises" sieht.

150 Vgl. BVerfG, 18.12.1974 – 1 BvR 430/65, 1 BvR 259/66, BVerfGE 38, 281, 305 f.; BVerfG, 29.12.2004 – 1 BvR 2582/03, 1 BvR 2283/03, 1 BvR 2504/03, NZA 2005, 153, 153 (= AP Nr. 2 zu § 3 AEntG); auch *Preis/Ulber,* FS Kempen, 2013, S. 15, 17; *Volkmann,* in: Britz/Volkmann, Tarifautonomie in Deutschland und Europa, 2003, S. 1, 10; ähnlich auch *Richardi,* FS Wissmann, 2005, S. 159, 169.

151 Vgl. *Bauer/Arnold,* NZA 2009, 1169, 1172.

eingehen.[152] Das schließt allerdings gemeinsames Handeln in Form des „runden Tisches“ oder einer „konzertierte[n] Aktion“ nicht aus.[153] Insofern kann der Staat eine Erwartungshaltung gegenüber Tarifparteien formulieren, kann diese jedoch nicht verpflichten, tätig zu werden.[154] Dies gilt auch für § 2 Abs. 2 SGB III, der die Arbeitgeber verpflichtet, bei ihren Entscheidungen die Auswirkungen auf die Beschäftigung miteinzubeziehen. Eine Verpflichtung für die Tarifparteien erwächst auch hieraus nicht. Denn auch wenn die Übernahme gesamtwirtschaftlicher Verantwortung ein wünschenswerter Effekt der Tarifautonomie ist, so tragen die Tarifparteien dennoch keine „Verantwortung für eine günstige Beschäftigungslage“.[155]

Schon gar nicht kann aus der grundrechtlichen Gewährleistung der Tarifautonomie eine Bindung der Tarifparteien an ein abstraktes Gemeinwohl abgeleitet werden. Zwar ist der Einfluss des Tarifvertrags auf die Arbeits- und Wirtschaftsbedingungen in Deutschland tatsächlich auch in Zeiten seiner Krise immer noch in vielen Bereichen bestimmend. In der Literatur sind angesichts der vorgenannten Ausführungen des BVerfG daher durchaus Stimmen zu finden, die den Verbänden eine Verantwortung für die Gesamtwirtschaft und die Wirtschaftsordnung zuschreiben und demnach versuchen, eine Gemeinwohlbindung zu begründen.[156] Es würde aber dem Leitbild des Grundgesetzes eines unbeeinflussten und autonomen Aushandelns von Tarifverträgen widersprechen, die Koalitionen gerichtlich überprüfbar auf ein Gemeinwohl zu verpflichten.[157] Eine gerichtliche Überprüfung von Tarifinhalten auf ihre Zweckmäßigkeit

---

152 Vgl. etwa BVerfG, 24.05.1995 – 2 BvF 1/92, BVerfGE 93, 37, 82 f.; MünchArbR-*Löwisch/Rieble,* § 158 Rn. 30.

153 Vgl. § 3 StabG; dazu *Schwarze,* ZfA 2011, 867, 882; MünchArbR-*Löwisch/Rieble,* § 158 Rn. 30 ff.

154 Vgl. *Volkmann,* in: Britz/Volkmann, Tarifautonomie in Deutschland und Europa, 2003, S. 1, 9.

155 So aber NK-SGB III-*Schmidt-De Caluwe,* § 2 Rn. 19 f.; wie hier Gagel SGB II/III-*Bepler,* § 2 Rn. 26.

156 So etwa *Erdmann,* Die deutschen Arbeitgeberverbände, 1966, S. 255, 258 f.; *Gamillscheg,* Koll. ArbR I, 1997, S. 317 f.; vgl. auch den Vorschlag der FDP-Bundestagsfraktion, die Gemeinwohlbindung gesetzlich zu fixieren: BT-Drs. 14/2612; zu Recht verfassungsrechtliche Bedenken bei *Dieterich,* RdA 2002, 1, 13 ff.; a.A. aber etwa *Volkmann,* in: Britz/Volkmann, Tarifautonomie in Deutschland und Europa, 2003, S. 1, 30. Eine gesamtwirtschaftliche Verantwortung der Tarifparteien wird ferner angedeutet in den Erläuterungen zum Entwurf eines Tarifeinheitsgesetzes v. 11.12.2014 (Fn. 11), S. 6 f.

157 Vgl. BVerfG, 24.05.1977 – 2 BvL 11/74, BVerfGE 44, 322, 340 f. (= AP Nr. 15 zu § 5 TVG); BVerfG, 29.12.2004 – 1 BvR 2582/03, 1 BvR 2283/03, 1 BvR 2504/03, NZA 2005, 153 (= AP Nr. 2 zu § 3 AEntG).

ist als unzulässige Tarifzensur grundsätzlich ausgeschlossen.[158] Abgesehen davon wäre ein derart offener Begriff wie das Gemeinwohl auch kaum justiziabel.[159]

Auch die Befriedensfunktion darf insofern nicht dahingehend missverstanden werden, dass sie Arbeitskämpfe um Tarifverträge beschränken würde.[160] Vielmehr kanalisiert sie soziale Konflikte und entlastet den Staat von Konflikten um Arbeitsbedingungen. Ebenso fördert sie eine höhere Akzeptanz der einzelnen Ergebnisse im Vergleich zu einer politischen Festlegung.[161] Der Gesetzgeber hat die Ordnungs- und Befriedungsfunktion der Tarifautonomie in § 1 S. 2 AEntG ebenfalls explizit betont und damit dem Regelungsziel der Stabilisierung des Tarifsystems durch das AEntG Ausdruck verliehen. Dahinter steht die Überlegung, dass diese Funktionen gefährdet sind, wenn verbreitet tarifliche Standards nicht mehr zur Anwendung kommen.[162]

Der rechtliche Gehalt dieser Funktionszuschreibungen liegt vor allem darin, dass sie im Zweifel zur Auslegung strittiger Fragen heranzuziehen sind und – wie nachfolgend zu zeigen sein wird – das gesetzgeberische Handeln leiten sollen.[163] Davon zu unterscheiden sind die rein praktischen Auswirkungen der Tarifautonomie, die aber insbesondere bei den einzelnen Arbeitgebern durchaus entscheidend ein Interesse am Tarifvertrag wecken können. Dies sind vor allem die dem Tarifvertrag immanente Friedenspflicht sowie die Kartellwirkung des Tarifvertrags, durch die im Wirkungsbereich eines Verbandstarifvertrags einheitliche Wettbewerbsbedingungen in Bezug auf die Arbeits- und Sozialkosten erzeugt werden.[164] Genannt wird zudem die Koordinierungsfunktion, die vor allem durch die Verminderung der Transaktionskosten im Zusammenhang mit der Regelung

---

158 BVerfG, 26.06.1991 – 1 BvR 779/85, BVerfGE 84, 212, 231 (= AP Nr. 117 zu Art. 9 GG Arbeitskampf); BAG, 19.12.1958 – 1 AZR 109/58, DB 1959, 28 (= AP Nr 3 zu § 2 TVG).

159 ErfK-*Linsenmaier,* Art. 9 GG Rn. 81; a.A. *Wiedemann,* BB 2013, 1397, 1401 f.

160 Däubler, TVG-*Däubler,* Einl. Rn. 82; Thüsing/Braun-*Braun,* Kap. 6 Rn. 150.

161 *Bispinck,* WSI Mitt. 2003, 395, 397; Däubler, TVG-*Däubler,* Einl. Rn. 82 m.w.N.

162 BT-Drs. 16/10486, S. 11 mit Verweis auf BVerfG, 03.04.2001 – 1 BvL 32/97, BVerfGE 103, 293 (= AP Nr. 2 zu § 10 BUrlG Kur); vgl. auch ErfK-*Schlachter,* § 1 AEntG Rn. 2.

163 Vgl. Däubler, TVG-*Däubler,* Einl. Rn. 83.

164 Vgl. Kempen/Zachert-*Kempen,* Grundlagen Rn. 132; *Bispinck,* WSI Mitt. 2003, 395, 397; *Konzen,* in: Zohlnhöfer, Tarifautonomie auf dem Prüfstand, 1996, S. 25, 31; weiter *Preis/Ulber,* FS Kempen, 2013, S. 15, 19; weiter auch *Löwisch/Rieble,* Grundlagen Rn. 21, die eine Schutzfunktion zugunsten der Unternehmen sehen, die sich aus der sicheren Kalkulationsgrundlage, welche wiederum durch den Tarifvertrag erzeugt wird, zusammen mit dem Arbeitsfrieden, der sich insbesondere durch die Friedenspflicht manifestiert, ergebe.

der Arbeitsbedingungen für den einzelnen Arbeitgeber interessant ist und so einen störungsfreien Arbeitsablauf und stabile Arbeitsbeziehungen schafft. Insbesondere werden die Konflikte um die Arbeitsbedingungen auf eine überbetriebliche Ebene gehoben, was zu einem positiven Betriebsklima beiträgt.[165]

2. Untermaßverbot: Schutzpflicht des Staates

Wie bereits angedeutet, geht der Gewährleistungsgehalt der Koalitionsfreiheit weit über den eines klassischen Abwehrrechts hinaus. Art. 9 Abs. 3 GG umfasst vielmehr auch eine Verpflichtung des Staates, ein funktionsfähiges Tarifsystem bereitzustellen und die Ausübung der grundrechtlichen Freiheit zu ermöglichen (Untermaßverbot).[166] Ihm kommt insofern eine Schutzpflicht zu.[167] Die Akteure des Staates – insbesondere Gesetzgebung und Rechtsprechung – sind dabei mit dem Dilemma konfrontiert, gleichzeitig die Eingriffe in die Rechtpositionen der Tarifparteien möglichst gering halten zu müssen und deren Autonomie soweit wie möglich zu gewährleisten (Übermaßverbot).[168] Das BVerfG unterscheidet dabei zwischen Ausgestaltung und Eingriff, was nicht nur eine begriffliche Unterscheidung darstellt, sondern auch wesentliche Unterschiede bei der Gestaltungsfreiheit des Staates nach sich zieht.[169]

---

165 Dazu *Schnabel,* NZA-Beilage 2011, 56, 58; *Bispinck,* WSI Mitt. 2003, 395, 397; JKOS-*Krause,* § 1 Rn. 31; *Kirchner,* Wirtschaftsdienst 1995, 463 f.

166 Vgl. bereits BVerfG, 18.11.1954 – 1 BvR 629/52, BVerfGE 4, 96, 106 (= AP Nr. 1 zu Art. 9 GG); BVerfG, 01.03.1979 – 1 BvR 532/77 u.a., BVerfGE 50, 290, 368, 373 (= AP Nr. 1 zu § 1 MitbestG); BVerfG, 04.07.1995 – 1 BvF 2/86 u. a., BVerfGE 92, 365, 394 f. (= AP Nr. 4 § 116 AFG); BVerfG, 11.07.2006 – 1 BvL 4/00, BVerfGE 116, 202, 224 (= AP Nr. 129 zu Art. 9 GG); BVerfG, 01.12.2010 – 1 BvR 2593/09, NZA 2011, 60, 61 (= AP Nr. 146 zu Art. 9 GG); *Volkmann,* in: Britz/Volkmann, Tarifautonomie in Deutschland und Europa, 2003, S. 1, 26; dazu ausführlich JKOS-*Krause,* § 1 Rn. 33 ff., der allerdings das Schutzpflichtkonzept in diesem Zusammenhang ablehnt und die Gewährleistung vielmehr als Verfahrensgarantie begreift; dazu auch *Schwarze,* RdA 2010, 115, 116 f.; *Zachert,* NZA 1994, 529, 534.

167 Vgl. ErfK-*Linsenmaier,* Art. 9 GG Rn. 86; Kittner/Zwanziger/Deinert-*Deinert,* § 8 Rn. 141; kritisch zum Begriff in diesem Zusammenhang JKOS-*Krause,* § 1 Rn. 37; *Maschmann,* Tarifautonomie im Zugriff des Gesetzgebers, 2007 (zugl. Passau, Univ., Habil. 2003), S. 132 ff.; auch *Wank,* FS 50 Jahre ZVK Baugewerbe, 2007, S. 141, 143.

168 Vgl. ErfK-*Schmidt,* GG Einl. Rn. 38.

169 Etwa BVerfG, 24.04.1996 – 1 BvR 712/86, BVerfGE 94, 268, 284 f. (= AP Nr. 2 zu § 57a HRG); ErfK-*Linsenmaier,* Art. 9 GG Rn. 82 ff.; MünchArbR-*Löwisch/Rieble,*

Hinsichtlich der Ausgestaltung regelt der Staat das „Wie" der Grundrechtsausübung.[170] Er muss also zumindest die erforderlichen Instrumente und Verfahrensregeln für die Koalition errichten, damit Tarifverträge überhaupt zustande kommen können.[171] Mit den Worten des BAG: „Die Rechtsordnung muss, um die Tarifautonomie zu gewährleisten, ein Verfahren sicherstellen, in dem die Tarifvertragsparteien ihre Interessen und die ihrer Mitglieder gleichgewichtig zur Geltung bringen können, und das geeignet erscheint, zu angemessenen Ergebnissen zu führen. Die Angemessenheit der Verhandlungsergebnisse selbst ist von den Gerichten nicht zu überprüfen."[172]

Freilich hat es mit der Errichtung des Tarifvertragssystems durch das TVG noch nicht sein Bewenden, darüber hinaus müssen Gesetzgeber bzw. subsidiär die Rechtsprechung gegebenenfalls nachjustieren und auf Entwicklungen sowie Änderungen in den Strukturen der Ökonomie bzw. der gesellschaftlichen Realität reagieren.[173] Das Grundgesetz steht der konkreten Gestaltung des Tarifvertragssystems dabei bewusst offen gegenüber.[174]

Eine Schutzpflicht greift aber spätestens dann ein, wenn angesichts der Bedeutung und Tragweite des betroffenen Grundrechts nicht mehr von einem angemessenen Ausgleich gesprochen werden kann.[175] In Bezug auf die Tarifautonomie entsteht die verfassungsrechtliche Handlungspflicht des Staates insbesondere dann, wenn eine strukturelle, nachhaltige Störung der Funktionsfähigkeit der Tarifautonomie besteht, vor allem wenn sich ein strukturelles Ungleichgewicht zwischen den Tarifvertragsparteien entwickelt.[176] Diese Grenze ist spätestens

---

§ 155 Rn. 75 ff.; *Maschmann,* Tarifautonomie im Zugriff des Gesetzgebers, 2007 (zugl. Passau, Univ., Habil. 2003), S. 174 ff.

170 MünchArbR-*Löwisch/Rieble,* § 155 Rn. 75.

171 Vgl. bereits BVerfG, 18.11.1954 – 1 BvR 629/52, BVerfGE 4, 96, 106 (= AP Nr. 1 zu Art. 9 GG); BVerfG, 01.03.1979 – 1 BvR 532/77 u.a., BVerfGE 50, 290, 368 (= AP Nr. 1 zu § 1 MitbestG).

172 BAG, 20.02.2008 – 4 AZR 64/07, NZA 2008, 946, 949 (= AP Nr. 134 zu Art. 9 GG).

173 BVerfG, 01.03.1979 – 1 BvR 532/77 u.a., BVerfGE 50, 290, 369 (= AP Nr. 1 zu § 1 MitbestG).

174 Vgl. etwa BVerfG, 29.12.2004 – 1 BvR 2582/03, 1 BvR 2283/03, 1 BvR 2504/03, NZA 2005, 153, 154 (= AP Nr. 2 zu § 3 AEntG); BVerfG, 19.10.1966 – 1 BvL 24/65, BVerfGE 20, 312, 317; dazu ErfK-*Linsenmaier,* Art. 9 GG Rn. 55; JKOS-*Krause,* § 1 Rn. 40 m.w.N.

175 Vgl. etwa BVerfG, 29.12.2004 – 1 BvR 2582/03, 1 BvR 2283/03, 1 BvR 2504/03, NZA 2005, 153, 154 (= AP Nr. 2 zu § 3 AEntG).

176 Vgl. BVerfG, 04.07.1995 – 1 BvF 2/86 u. a., BVerfGE 92, 365, 396 f. (= AP Nr. 4 § 116 AFG).

dann erreicht, wenn die Verhandlungsfähigkeit einer Tarifvertragspartei bei Tarifauseinandersetzungen nicht mehr gewahrt ist.[177] Das bedeutet allerdings nicht, dass „schwachen Verbänden Durchsetzungskraft bei Tarifverhandlungen" verschafft werden müsste.[178] Auch situationsbedingte Vorteile müssen außer Betracht bleiben.[179] Für die Mobilisierung und Organisation ihrer Mitglieder sind die Koalitionen selbst verantwortlich, nur strukturell bedingte Disparitäten müssen durch den Staat ausgeglichen werden.[180] Die Funktionsfähigkeit des Tarifvertragssystems ist dabei ein tragendes Prinzip, das die gesamte Rechtsprechung zum Tarifrecht durchzieht.[181] Dies betrifft insbesondere die oben angesprochenen Funktionen, neben dem Schutz der Arbeitnehmer vor allem auch die sinnvolle Ordnung und Befriedung des Arbeitslebens.[182] Hierin ist der wesentliche Unterschied zwischen Ausgestaltung und Eingriff zu sehen: bei ersterer wird eine verfassungsrechtliche Verpflichtung erfüllt, während letzterer vor allem auf rechtspolitischen Erwägungen beruht.[183]

Die Pflicht zur Ausgestaltung obliegt in erster Linie dem Gesetzgeber. Ihm steht hierbei eine Einschätzungsprärogative zu.[184] Dort wo eine gesetzliche

---

177 Vgl. BVerfG, 04.07.1995 – 1 BvF 2/86 u. a., BVerfGE 92, 365, 395 (= AP Nr. 4 § 116 AFG); BAG, 19.06.2007 – 1 AZR 396/06, AP Nr. 173 zu Art. 9 GG (= BAGE 123, 134).

178 BVerfG, 04.07.1995 – 1 BvF 2/86 u. a., BVerfGE 92, 365, 396 (= AP Nr. 4 § 116 AFG).

179 BAG, 10.06.1980 – 1 AZR 822/79, NJW 1980, 1642, 1647 (= AP Nr. 64 Art. 9 GG Arbeitskampf).

180 Vgl. BVerfG, 04.07.1995 – 1 BvF 2/86 u. a., BVerfGE 92, 365, 396 (= AP Nr. 4 § 116 AFG); BAG, 24.04.2007 – 1 AZR 252/06, JA 2008, 543 (mit zust. Anm. Krause) (= AP Nr. 2 zu § 1 TVG Sozialplan); in diesem Sinne auch BVerfG, 24.05.1977 – 2 BvL 11/74, BVerfGE 44, 322, 347 f. (= AP Nr. 15 zu § 5 TVG); BVerfG, 14.06.1983 – 2 BvR 488/80, BVerfGE 64, 208 (= AP Nr. 21 zu § 9 BergmannsVersorgScheinG NRW).

181 Vgl. BVerfG, 01.12.2010 – 1 BvR 2593/09, NZA 2011, 60, 61 (= AP Nr. 146 zu Art. 9 GG); BVerfG, 01.03.1979 – 1 BvR 532/77 u.a., BVerfGE 50, 290, 373 (= AP Nr. 1 zu § 1 MitbestG); BVerfG, 04.07.1995 – 1 BvF 2/86 u. a., BVerfGE 92, 365, 394 f. (= AP Nr. 4 § 116 AFG); sinngemäß auch BVerfG, 11.07.2006 – 1 BvL 4/00, BVerfGE 116, 202, 224 (= AP Nr. 129 zu Art. 9 GG).

182 Däubler, TVG-*Däubler*, Einl. Rn. 125 ff.

183 ErfK-*Linsenmaier*, Art. 9 GG Rn. 86; ähnlich Wiedemann-*Wiedemann*, Einl. Rn. 91 ff.

184 Vgl. BVerfG, 01.03.1979 – 1 BvR 532/77 u.a., BVerfGE 50, 290, 369, 377 (= AP Nr. 1 zu § 1 MitbestG); BVerfG, 04.07.1995 – 1 BvF 2/86 u. a., BVerfGE 92, 365, 394 (= AP Nr. 4 § 116 AFG).

Regelung fehlt, aber eine verfassungsrechtliche Schutzpflicht besteht, ist die Rechtsprechung gefordert, das materielle Recht nach den anerkannten Methoden der Rechtsfindung unter Beachtung von Art. 20 Abs. 2 und 3 GG abzuleiten.[185] Umfassend erfolgt ist dies etwa im Bereich des Arbeitskampfrechts. In diesem Sinne betont das BAG: „Angesichts des beschleunigten Wandels der gesellschaftlichen Verhältnisse und der begrenzten Reaktionsmöglichkeiten des Gesetzgebers gehört die Anpassung des geltenden Rechts an veränderte Umstände zu den Aufgaben der Dritten Gewalt".[186] Die Tarifparteien selbst erfahren dagegen aus der Schutzpflicht keine eigene Verpflichtung.[187]

Es liegt in der Natur der Sache, dass bei der Ausgestaltung der Tarifautonomie gleichzeitig auch Rechtspositionen Dritter eingeschränkt werden. Insoweit gerät die Unterscheidung von Ausgestaltung und Eingriff auch an ihre Grenzen.[188] Besonderheit der Tarifautonomie ist es, dass sich in ihrem Rahmen stets mindestens zwei Grundrechtsberechtigte gegenüber stehen.[189] Der Gesetzgeber darf dabei die Betätigungsfreiheit nur soweit einschränken, wie dies zum Schutz „anderer Rechtsgüter von der Sache her geboten ist", damit der freiheitliche Charakter des Grundrechts gewahrt bleibt.[190] Solche etwaigen Eingriffe, die im Interesse des sozialen Gegenspielers mit dem Ziel erfolgen, das kollektive Handeln zu effektivieren, müssen für den Zweck der Ordnung und Befriedung des Arbeitslebens erforderlich sein, eine Rechtsfortbildung durch die Gerichte muss „sachgemäß" sein.[191] Außerdem muss die Tarifautonomie „im Prinzip" erhalten und vor allem funktionsfähig bleiben.[192] Konkret bedeutet das, dass die „Bedeutung und

---

185 BVerfG, 26.06.1991 – 1 BvR 779/85, BVerfGE 84, 212, 226 f. (= AP Nr. 117 zu Art. 9 GG Arbeitskampf); auch BAG, 19.06.2007 – 1 AZR 396/06, AP Nr. 173 zu Art. 9 GG (= BAGE 123, 134); BVerfG, 26.03.2014 – 1 BvR 3185/09, NZA 2014, 493, Rn. 24 f (= EzA Nr. 152 zu Art. 9 GG Arbeitskampf)

186 BAG, 07.07.2010 – 4 AZR 549/08, NZA 2010, 1068 (= AP Nr. 140 zu Art. 9 GG).

187 Dazu bereits oben S. 24 ff.

188 Grundsätzliche Kritik in Bezug auf die Unterscheidung zwischen Ausgestaltung und Eingriff *Henssler*, ZfA 1998, 1, 11 f.

189 Vgl. BVerfG, 01.03.1979 – 1 BvR 532/77 u.a., BVerfGE 50, 290, 368 (= AP Nr. 1 zu § 1 MitbestG); ErfK-*Linsenmaier*, Art. 9 GG 84.

190 BVerfG, 01.03.1979 – 1 BvR 532/77 u.a., BVerfGE 50, 290, 369 (= AP Nr. 1 zu § 1 MitbestG).

191 BVerfG, 01.03.1979 – 1 BvR 532/77 u.a., BVerfGE 50, 290, 369 (= AP Nr. 1 zu § 1 MitbestG); vgl. bereits BVerfG, 06.05.1964 – 1 BvR 79/62, BVerfGE 18, 18, 27; BVerfG, 18.11.1954 – 1 BvR 629/52, BVerfGE 4, 96, 107 ff. (= AP Nr. 1 zu Art. 9 GG).

192 Vgl. BVerfG, 01.03.1979 – 1 BvR 532/77 u.a., BVerfGE 50, 290, 373 (= AP Nr. 1 zu § 1 MitbestG).

Vielzahl der von der Tätigkeit der Koalitionen berührten Belange namentlich im Bereich der Wirtschaftsordnung und Sozialordnung [...] vielfältige gesetzliche Regelungen notwendig [machen], die der Koalitionsfreiheit auch Schranken ziehen können; dies umso mehr, als der Gegenstand der Gewährleistung auf sich wandelnde wirtschaftliche und soziale Bedingungen bezogen ist, die mehr als bei anderen Freiheitsrechten die Möglichkeit zu Modifikationen und Fortentwicklungen lassen müssen."[193]

3. Übermaßverbot: Grenzen staatlicher Rahmensetzung

a) Grundsatz

Neben dem Untermaßverbot hat die Koalitionsfreiheit aber eben auch eine eingriffsrechtliche Dimension, die insbesondere die Situationen betrifft, in denen der Gesetzgeber andere Ziele als die Effektivierung des kollektiven Handelns verfolgt, wie bspw. sozialpolitische Ziele. Art. 9 Abs. 3 GG gehört zwar zu den Grundrechten ohne expliziten Schrankenvorbehalt, allerdings kann er sehr wohl zum Schutz anderer Gemeinwohlbelange oder Rechtsgüter eingeschränkt werden, sofern diese gleichermaßen verfassungsrechtlich geschützt sind.[194]

Das BVerfG legt hierbei ein abgestuftes Prüfprogramm an.[195] Liegt ein legitimer Eingriffsgrund vor, stellt es auf der Ebene der Verhältnismäßigkeit zum einen auf die Sachnähe der Koalitionen zur Regelungsmaterie ab: „Die Wirkkraft des Grundrechts nimmt vielmehr in dem Maße zu, in dem eine Materie aus Sachgründen am besten von den Tarifvertragsparteien geregelt werden kann, weil sie nach der dem Art. 9 Abs. 3 GG zugrundeliegenden Vorstellung des Verfassungsgebers die gegenseitigen Interessen angemessener zum Ausgleich

---

193 BVerfG, 01.03.1979 – 1 BvR 532/77 u.a., BVerfGE 50, 290, 368 (= AP Nr. 1 zu § 1 MitbestG).

194 Vgl. nur BVerfG, 01.03.1979 – 1 BvR 532/77 u.a., BVerfGE 50, 290, 369 (= AP Nr. 1 zu § 1 MitbestG); BVerfG, 04.07.1995 – 1 BvF 2/86 u. a., BVerfGE 92, 365, 394 (= AP Nr. 4 § 116 AFG); BVerfG, 29.12.2004 – 1 BvR 2582/03, 1 BvR 2283/03, 1 BvR 2504/03, NZA 2005, 153, 154 (= AP Nr. 2 zu § 3 AEntG); Wiedemann-*Wiedemann*, Einl. Rn. 105 f.; zu Recht auf die mangelnde Relevanz der Übertragbarkeit der Schranke des Art. 9 Abs. 2 GG hinweisend ErfK-*Linsenmaier*, Art. 9 GG Rn. 48; außerdem sprechen schon systematische Überlegungen gegen eine solche Anwendung, a.A. Maunz/Dürig-*Scholz*, Art. 9 GG Rn. 336.

195 BVerfG, 24.04.1996 – 1 BvR 712/86, BVerfGE 94, 268, 285 (= AP Nr. 2 zu § 57a HRG); BVerfG, 29.12.2004 – 1 BvR 2582/03, 1 BvR 2283/03, 1 BvR 2504/03, NZA 2005, 153, 154 (= AP Nr. 2 zu § 3 AEntG), dazu ErfK-*Linsenmaier*, Art. 9 GG Rn. 88 f.

bringen können als der Staat."[196] Was insbesondere für die Löhne und andere materielle Arbeitsbedingungen gelte. Zum anderen komme es auch auf die Eingriffsintensität an: die Rechtfertigungsgründe müssen umso schwerwiegender sein, je gewichtiger der Schutz sei, den Art. 9 Abs. 3 GG verleihe.[197]

Der Einschätzungs- und Gestaltungsspielraum, den das BVerfG dem Gesetzgeber im Bereich arbeitsrechtlicher Regelungen gewährt, ist dabei weit gefasst.[198] Bei der Prüfung der Geeignetheit kommt dem Gesetzgeber auf dem Gebiet der Arbeitsmarkt-, Sozial- und Wirtschaftsordnung nach der ständigen Rechtsprechung des BVerfG ein „besonders weitgehender Einschätzungs- und Prognosevorrang" zu.[199] Insbesondere obliege es dem Gesetzgeber die sich entgegenstehenden Belange zu gewichten und ihre Schutzbedürftigkeit zu bestimmen.[200] Dabei soll er, so das BVerfG explizit, die Tarifautonomie an die sich wandelnden wirtschaftlichen und sozialen Bedingungen anpassen.[201] Diese Aussage ist bspw. in der Beurteilung des AEntG durch das BVerfG relevant geworden.[202] Die koalitionsmäßige Betätigung darf jedenfalls nicht weitergehend beschränkt werden, als es zum Ausgleich der beiderseitigen Grundrechtspositionen erforderlich ist.[203]

---

196 Vgl. BVerfG, 24.04.1996 – 1 BvR 712/86, BVerfGE 94, 268, 285 (= AP Nr. 2 zu § 57a HRG).

197 BVerfG, 24.04.1996 – 1 BvR 712/86, BVerfGE 94, 268, 285 (= AP Nr. 2 zu § 57a HRG).

198 So ausdrücklich etwa BVerfG, 03.04.2001 – 1 BvL 32/97, BVerfGE 103, 293, 308 (= AP Nr. 2 zu § 10 BUrlG Kur).

199 BVerfG, 29.12.2004 – 1 BvR 2582/03, 1 BvR 2283/03, 1 BvR 2504/03, NZA 2005, 153, 154 (= AP Nr. 2 zu § 3 AEntG).

200 BVerfG, 29.12.2004 – 1 BvR 2582/03, 1 BvR 2283/03, 1 BvR 2504/03, NZA 2005, 153, 154 (= AP Nr. 2 zu § 3 AEntG); vgl. auch BVerfG, 06.10.1987 – 1 BvR 1086, 1468, 1623/82, BVerfGE 77, 84, 106 (= NZA 1989, 28); BVerfG, 23.01.1990 – 1 BvL 44/86, 1 BvL 48/87, BVerfGE 81, 156, 189 (= NZA 1990, 161).

201 Vgl. BVerfG, 01.03.1979 – 1 BvR 532/77 u.a., BVerfGE 50, 290, 368 (= AP Nr. 1 zu § 1 MitbestG); vgl. auch BVerfG, 04.07.1995 – 1 BvF 2/86 u. a., BVerfGE 92, 365, 394 (= AP Nr. 4 § 116 AFG).

202 Dazu unten, S. 306 ff.

203 Vgl. BVerfG, 04.07.1995 – 1 BvF 2/86 u. a., BVerfGE 92, 365, 395 (= AP Nr. 4 § 116 AFG); BAG, 19.06.2007 – 1 AZR 396/06, AP Nr. 173 zu Art. 9 GG (= BAGE 123, 134).

b) *Subsidiarität staatlicher Rechtsetzung*

Vor allem erlangt diese Frage Bedeutung, wenn der Staat selbst auf dem Gebiet der Arbeits- und Wirtschaftsbedingungen rechtsetzend tätig wird. Er hat nämlich durch die Aufnahme des Art. 9 Abs. 3 GG in die Verfassung seine Zuständigkeit zur Rechtsetzung in diesem Bereich zu weiten Teilen zugunsten der autonomen Regelungsbefugnis der Koalitionen zurückgenommen.[204] Diesen kommt die Normsetzungsprärogative in Bezug auf die Wirtschafts- und Arbeitsbedingungen zu, die sie autonom durch Vereinbarungen regeln können.[205] Dabei existiert jedoch kein Numerus clausus an Regelungsmaterien.[206] Es haben sich aber im Laufe der Zeit Bereiche herausgebildet, in denen den Koalitionen in besonderem Maße eine Regelungsbefugnis zukommt. Neben dem Arbeitsentgelt gehören hierzu vor allem auch die anderen materiellen Arbeitsbedingungen.[207] Ein Eingriff in die Tarifautonomie liegt in diesen Bereichen bereits darin, dass der Staat selbst im Zuständigkeitsbereich der Koalitionen eine Sachentscheidung trifft.[208]

Dennoch besitzen die Tarifvertragsparteien „zwar ein Normsetzungsrecht, aber kein Normsetzungsmonopol".[209] Vielmehr besteht eine subsidiäre

---

204 Vgl. BVerfG, 24.05.1977 – 2 BvL 11/74, BVerfGE 44, 322, 340 (= AP Nr. 15 zu § 5 TVG); BVerfG, 29.12.2004 – 1 BvR 2582/03, 1 BvR 2283/03, 1 BvR 2504/03, NZA 2005, 153 (= AP Nr. 2 zu § 3 AEntG); BVerfG, 11.07.2006 – 1 BvL 4/00, BVerfGE 116, 202, 219 (= AP Nr. 129 zu Art. 9 GG); vgl. auch JKOS-*Krause*, § 1 Rn. 20; *Erdmann,* Die deutschen Arbeitgeberverbände, 1966, S. 257.

205 Vgl. BVerfG, 24.05.1977 – 2 BvL 11/74, BVerfGE 44, 322, 341 f. (= AP Nr. 15 zu § 5 TVG); in jüngerer Zeit BVerfG, 29.12.2004 – 1 BvR 2582/03, 1 BvR 2283/03, 1 BvR 2504/03, NZA 2005, 153, 153 f. (= AP Nr. 2 zu § 3 AEntG); BAG, 24.04.2007 – 1 AZR 252/06, JA 2008, 543 (mit zust. Anm. Krause) (= AP Nr. 2 zu § 1 TVG Sozialplan).

206 In diesem Sinne aber *Rieble,* ZTR 1993, 54, 55 f.

207 BVerfG, 24.04.1996 – 1 BvR 712/86, BVerfGE 94, 268, 283 (= AP Nr. 2 zu § 57a HRG); BVerfG, 29.12.2004 – 1 BvR 2582/03, 1 BvR 2283/03, 1 BvR 2504/03, NZA 2005, 153, 154 (= AP Nr. 2 zu § 3 AEntG).

208 BVerfG, 24.04.1996 – 1 BvR 712/86, BVerfGE 94, 268, 285 (= AP Nr. 2 zu § 57a HRG); BVerfG, 27.04.1999 – 1 BvR 2203/93, 1 BvR 897/95, BVerfGE 100, 271, 283 f. (= NZA 1999, 992); BVerfG, 29.12.2004 – 1 BvR 2582/03, 1 BvR 2283/03, 1 BvR 2504/03, NZA 2005, 153, 154 (= AP Nr. 2 zu § 3 AEntG); vgl. auch Kittner/Zwanziger/Deinert-*Deinert,* § 8 Rn. 197; *Schwarze,* ZfA 2011, 867, 890.

209 BVerfG, 29.12.2004 – 1 BvR 2582/03, 1 BvR 2283/03, 1 BvR 2504/03, NZA 2005, 153, 154 (= AP Nr. 2 zu § 3 AEntG); in Hinblick auf die „Konkurrenz" durch die Mitbestimmung BVerfG, 01.03.1979 – 1 BvR 532/77 u.a., BVerfGE 50, 290, 372 (= AP Nr. 1 zu § 1 MitbestG).

Zuständigkeit des Staates für die Ordnung des Arbeitslebens fort: „Wenn die Koalitionen die ihnen übertragene Aufgabe, das Arbeitsleben durch Tarifverträge sinnvoll zu ordnen, im Einzelfall nicht allein erfüllen können und die soziale Schutzbedürftigkeit einzelner Arbeitnehmer oder Arbeitnehmergruppen oder ein sonstiges öffentliches Interesse ein Eingreifen des Staates erforderlich macht, tritt die subsidiäre Regelungszuständigkeit des Staates ein.“[210] Entscheidend ist also, dass die gesetzliche Regelung zum Schutz der Grundrechte Dritter oder anderer mit Verfassungsrang ausgestatteter Rechtsgüter erforderlich ist.[211] Die Anforderungen an die Rechtfertigung steigen – wie erwähnt – mit der Eingriffsintensität.[212] Insbesondere ist der Eingriff bei der Schaffung von Mindestbedingungen geringer, als wenn Höchstbedingungen verbindliche Vorgaben machen[213] oder die tarifliche Normsetzung vollständig ausschließen.[214] Insofern ist zwischen einseitig bindendem Recht und zweiseitig bindendem Recht zu unterscheiden, wobei in ersterem Fall lediglich eine Abweichung zugunsten der Arbeitnehmer in der tariflichen Regelung möglich ist.[215]

Wie bereits erwähnt, kommt dem Gesetzgeber nach der Rechtsprechung dabei eine weite Einschätzungsprärogative zu, die selbst der Einschätzung der Tarifparteien entgegenstehen kann.[216] Dies ist nicht unproblematisch, da die Tarifautonomie auf diese Weise praktisch unter einen Gesetzesvorbehalt

---

210 Vgl. BVerfG, 24.05.1977 – 2 BvL 11/74, BVerfGE 44, 322, 341 f. (= AP Nr. 15 zu § 5 TVG); BVerfG, 18.11.1954 – 1 BvR 629/52, BVerfGE 4, 96, 107 (= AP Nr. 1 zu Art. 9 GG); BVerfG, 24.05.1977 – 2 BvL 11/74, BVerfGE 44, 322, 341 f. (= AP Nr. 15 zu § 5 TVG); 20, 312 317 320; 28, 295 306; in jüngerer Zeit BAG, 24.04.2007 – 1 AZR 252/06, JA 2008, 543 (mit zust. Anm. Krause) (= AP Nr. 2 zu § 1 TVG Sozialplan).

211 BVerfG, 24.04.1996 – 1 BvR 712/86, BVerfGE 94, 268, 284 f. (= AP Nr. 2 zu § 57a HRG)

212 BVerfG, 24.04.1996 – 1 BvR 712/86, BVerfGE 94, 268, 284 f. (= AP Nr. 2 zu § 57a HRG); BVerfG, 27.04.1999 – 1 BvR 2203/93, 1 BvR 897/95, BVerfGE 100, 271, 283 f. (= NZA 1999, 992); *Schwarze,* ZfA 2011, 867, 890 ff.

213 Dazu unten, S. 349 ff.; vgl. auch *Schwarze,* ZfA 2011, 867, 871.

214 Unter anderem § 3 BPersVG; kritisch zur Vereinbarkeit mit Art. 9 Abs. 3 GG bereits *Däubler,* AuR 1973, 233, 234 f.; a.A. aber Richardi/Dörner/Weber-*Richardi,* § 3 BPersVG Rn. 6 f.; dazu ErfK-*Franzen,* § 1 MiArbG Rn. 4 (14. Aufl.); vgl. auch den § 97 BPersVG, dazu Richardi/Dörner/Weber-*Kersten,* § 97 BPersVG Rn. 1 f.; vgl. auch den § 20 Abs. 2 ArbnErfG, dazu NK-ArbNErfG-*Schwab,* § 20 Rn. 6 ff.; § 15 Abs. 3 ArbZG.

215 Dazu ausführlicher unten, S. 349 ff.; vgl. auch Kittner/Zwanziger/Deinert-*Deinert,* § 8 Rn. 191 ff.

216 Vgl. etwa BVerfG, 27.04.1999 – 1 BvR 2203/93, 1 BvR 897/95, BVerfGE 100, 271, 276 (= NZA 1999, 992).

gestellt wird.[217] Daher wird in der Literatur zutreffend vorgeschlagen, die Gesetzesbegründung im Rahmen der Verhältnismäßigkeitsprüfung an der größeren Sachnähe der Tarifparteien zu messen.[218] In jedem Fall aber muss „ein Bereich gewahrt bleiben, in dem die Tarifvertragsparteien ihre Angelegenheiten grundsätzlich selbstverantwortlich und ohne staatliche Einflußnahme regeln können".[219]

4. Fernbleiberecht des Arbeitgebers

a) Grundlagen

Wie soeben erwähnt, enthält Art. 9 Abs. 3 GG zwar keinen ausdrücklichen Schrankenvorbehalt, verfassungsimmanente Schranken können aber sehr wohl zum Tragen kommen. Dies betrifft in erster Linie die Grundrechte Dritter.[220] Entsprechende Kollisionen sind im Wege der praktischen Konkordanz aufzulösen.[221] Dies gilt auch für das Verhältnis von individueller und kollektiver Koalitionsfreiheit.[222]

Für die vorliegende Fragestellung ist insofern von besonderem Interesse, inwieweit ein Arbeitgeber grundrechtlichen Schutz dafür beanspruchen kann, einem Arbeitgeberverband fernzubleiben. Nach allgemeiner Meinung schützt die Verfassung tatsächlich nicht nur das Recht, sich in Koalitionen zusammenzuschließen, sondern umfasst auch das Recht eines Arbeitgebers oder eines Arbeitnehmers, in eine Koalition nicht einzutreten oder sie wieder zu verlassen.[223]

---

217 Kempen/Zachert-*Kempen*, Grundlagen Rn. 178.

218 ErfK-*Linsenmaier*, Art. 9 GG Rn. 89; für einen generellen Vorrang der Tarifautonomie Kempen/Zachert-*Kempen*, Grundlagen Rn. 353.

219 Vgl. BVerfG, 04.07.1995 – 1 BvF 2/86 u. a., BVerfGE 92, 365, 394 (= AP Nr. 4 § 116 AFG); vgl. auch BVerfG, 18.11.1954 – 1 BvR 629/52, BVerfGE 4, 96, 106 (= AP Nr. 1 zu Art. 9 GG); BAG, 19.06.2007 – 1 AZR 396/06, AP Nr. 173 zu Art. 9 GG (= BAGE 123, 134).

220 Vgl. *Wank*, FS 50 Jahre ZVK Baugewerbe, 2007, S. 141, 145.

221 Vgl. BVerfG, 01.03.1979 – 1 BvR 532/77 u.a., BVerfGE 50, 290, 369 (= AP Nr. 1 zu § 1 MitbestG).

222 Insofern zu Recht einen automatischen Vorrang der individuellen Koalitionsfreiheit ablehnend *Dieterich*, FS Wissmann, 2005, S. 114, 121 m.w.N.

223 Vgl. nur BVerfG, 01.03.1979 – 1 BvR 532/77 u.a., BVerfGE 50, 290, 367 (= AP Nr. 1 zu § 1 MitbestG); BVerfG, 14.06.1983 – 2 BvR 488/80, BVerfGE 64, 208, 213 (= AP Nr. 21 zu § 9 BergmannsVersorgScheinG NRW); *Gamillscheg*, Koll. ArbR I, 1997, S. 374; ErfK-*Linsenmaier*, Art. 9 GG Rn. 32; *Deinert*, RdA 2014, 129, 132 m.w.N.; *Heuschmid*, KJ 2014, 384, 386.

Dies erzeugt die paradoxe Situation, dass auch diejenigen verfassungsrechtlich geschützt sind, die nicht zum Gelingen der verfassungsrechtlichen Ordnungsvorstellung des Art. 9 Abs. 3 GG beitragen.[224]

In diesem Spannungsfeld entsteht ein Konflikt zwischen dem Fernbleiberecht (bzw. der negativen Koalitionsfreiheit) des Arbeitgebers bzw. Arbeitnehmers einerseits und der kollektiven Koalitionsfreiheit der Koalitionen, insbesondere deren Interesse an Betätigung und Bestand, andererseits. Zudem besteht ein Interesse der Allgemeinheit an einer funktionsfähigen Tarifautonomie.[225] Diesen Konflikt gilt es aufzulösen. Zuvor ist jedoch zu klären, wie sich das Fernbleiberecht begründen lässt. Umstritten ist nämlich nicht nur der genaue Inhalt und Umfang dieses Rechts, sondern auch die Frage, woraus es sich ableiten lässt. Immerhin findet sich in Art. 9 Abs. 3 S. 1 GG eine ausschließlich positive Formulierung: „Das Recht, […] Vereinigungen zu bilden, ist […] gewährleistet." Historisch bemerkenswert ist dabei, dass die Gewerbeordnung des Norddeutschen Bundes von 1869 die negative Koalitionsfreiheit hinsichtlich eines Rücktrittsrechts in § 152 Abs. 2 noch ausdrücklich umfasste und in § 153 die Ausübung von Zwang zur Teilnahme an der Koalition bzw. die Behinderung, von der Koalition zurückzutreten, mit einer bis zu dreimonatigen Gefängnisstrafe bedroht wurde.[226] § 153 GewO wurde erst im Mai 1918 abgeschafft, damals aber sehr bewusst.[227]

b) *Rechtsprechung*

In seinen Entscheidungen zur negativen Koalitionsfreiheit betont das BVerfG stets, dass Art. 9 Abs. 3 GG in erster Linie ein Freiheitsrecht gewährleiste.[228] Sein Schutzbereich umfasse dabei auch die negative Koalitionsfreiheit, die sich allerdings auf ein Fernbleiberecht für Außenseiter beschränke.[229] Eine unterschiedliche

---

224 In diesem Sinne auch *Gamillscheg*, Koll. ArbR I, 1997, S. 374.

225 Vgl. auch Wiedemann-*Oetker*, § 3 Rn. 30; *Gamillscheg*, Koll. ArbR I, 1997, S. 375 f.

226 BGBl. des Norddeutschen Bundes 1869, S. 245 ff.

227 RGBl. 1918, Nr. 72, S. 94.

228 Vgl. BVerfG, 01.03.1979 – 1 BvR 532/77 u.a., BVerfGE 50, 290, 367 (= AP Nr. 1 zu § 1 MitbestG); BVerfG, 14.06.1983 – 2 BvR 488/80, BVerfGE 64, 208 (= AP Nr. 21 zu § 9 BergmannsVersorgScheinG NRW); BVerfG, 03.07.2000 – 1 BvR 945/00, NZA 2000, 947 (= AP Nr. 36 zu § 4 TVG Nachwirkung); BVerfG, 11.07.2006 – 1 BvL 4/00, BVerfGE 116, 202, 218 (= AP Nr. 129 zu Art. 9 GG).

229 Vgl. BVerfG, 20.07.1971 – 1 BvR 13/69, BVerfGE 31, 297, 302 (= AP Nr. 34 zu § 11 ArbGG 1953); BVerfG, 24.05.1977 – 2 BvL 11/74, BVerfGE 44, 322, 352 (= AP Nr. 15 zu § 5 TVG); BVerfG, 01.03.1979 – 1 BvR 532/77 u.a., BVerfGE 50, 290, 367 (= AP Nr. 1 zu § 1 MitbestG); BVerfG, 15.07.1980 – 1 BvR 24/74, 1 BvR 439/79,

Behandlung von organisierten und nichtorganisierten Arbeitgebern wie Arbeitnehmern stelle daher für sich genommen noch keinen Verstoß gegen die negative Koalitionsfreiheit dar.[230] Es bestehe auch kein Anspruch von Außenseitern auf Gleichbehandlung mit Organisierten.[231] Voraussetzung für eine Verletzung ist nach der Rechtsprechung des BVerfG vielmehr, dass auf Außenseiter Druck oder Zwang zum Koalitionsbeitritt ausgeübt wird.[232] Die Schwelle hierfür legt das BVerfG relativ hoch an. Lediglich aus der Tatsache, dass ein Arbeitgeber (oder auch Arbeitnehmer) aufgrund einer bestimmten Regelung einen gewissen Druck insofern verspüren mag, als er Einfluss auf die Verbandspolitik nehmen möchte, leitet das BVerfG regelmäßig keine Verletzung der negativen Koalitionsfreiheit ab.[233] Sofern überhaupt ein Druck erkennbar sei, rühre dieser gerade aus dem Verzicht auf die Wahrnehmung der tarifautonomen Gestaltungsmöglichkeit her, so etwa im Falle der arbeitsvertraglichen Bezugnahme auf einen Tarifvertrag.[234] In diesem Sinne hält das BVerfG in Bezug auf Formen der Außenseitererstreckung, wie die Allgemeinverbindlicherklärung von Tarifverträgen oder die Nachwirkung von Tarifverträgen, den Schutzbereich der negativen Koalitionsfreiheit gar nicht erst für eröffnet.[235]

Das BAG scheint einen etwas weiter gesteckten Begriff der negativen Koalitionsfreiheit anzuwenden und deutet die Gleichrangigkeit der positiven und

---

BVerfGE 55, 7, 21 (= AP Nr. 17 zu § 5 TVG); BVerfG, 03.07.2000 - 1 BvR 945/00, NZA 2000, 947 (= AP Nr. 36 zu § 4 TVG Nachwirkung); BVerfG, 29.12.2004 - 1 BvR 2582/03, 1 BvR 2283/03, 1 BvR 2504/03, NZA 2005, 153, 155 (= AP Nr. 2 zu § 3 AEntG); vgl. auch BAG, 29.07.2009 - 7 ABR 27/08, NZA 2009, 1424, 1428 (= AP Nr. 7 zu § 3 BetrVG 1972); BAG, 18.10.2011 - 1 ABR 34/10, NJOZ 2012, 1614, 1616 (= AP Nr. 142 zu § 87 BetrVG 1972 Lohngestaltung).

230 BVerfG, 20.07.1971 - 1 BvR 13/69, BVerfGE 31, 297, 302 (= AP Nr. 34 zu § 11 ArbGG 1953).

231 BAG, 20.07.1960 - 4 AZR 199/59, AP Nr. 7 zu § 4 TVG (= AR-Blattei ES 1550.3 Nr 3).

232 BVerfG, 20.07.1971 - 1 BvR 13/69, BVerfGE 31, 297, 302 (= AP Nr. 34 zu § 11 ArbGG 1953); BVerfG, 03.07.2000 - 1 BvR 945/00, NZA 2000, 947 f. (= AP Nr. 36 zu § 4 TVG Nachwirkung); BVerfG, 11.07.2006 - 1 BvL 4/00, BVerfGE 116, 202, 218 (= AP Nr. 129 zu Art. 9 GG); auch BAG, 29.07.2009 - 7 ABR 27/08, NZA 2009, 1424, 1426 (= AP Nr. 7 zu § 3 BetrVG 1972); BAG, 01.07.2009 - 4 AZR 261/08, NZA 2010, 53, 57 (= AP Nr. 14 zu § 3 TVG Verbandsaustritt).

233 BVerfG, 15.07.1980 - 1 BvR 24/74, 1 BvR 439/79, BVerfGE 55, 7, 22 (= AP Nr. 17 zu § 5 TVG); BVerfG, 14.06.1983 - 2 BvR 488/80, BVerfGE 64, 208 (= AP Nr. 21 zu § 9 BergmannsVersorgScheinG NRW).

234 BVerfG, 10.09.2004 - 1 BvR 1191/03, NZA 2004, 1338, 1339 (= AP Nr. 167 zu Art. 9 GG Arbeitskampf).

235 BVerfG, 24.05.1977 - 2 BvL 11/74, BVerfGE 44, 322, 352 (= AP Nr. 15 zu § 5 TVG).

negativen Koalitionsfreiheit an, wenn es etwa die gesetzliche Erstreckung von Betriebsnormen auf die Außenseiter grundsätzlich als – rechtfertigbaren – Eingriff in die negative Koalitionsfreiheit betrachtet.[236] Einen Verstoß gegen die individuelle Koalitionsfreiheit könne es allerdings nur dann geben, „wenn es um die von arbeitsvertraglichen Abreden unabhängige kollektivrechtliche Wirkungsweise tariflicher Normen" gehe.[237] Rein tatsächlicher Druck[238] bzw. ein bloßer Anreiz zum Koalitionsbeitritt[239] reichten – so auch das BAG – für einen Eingriff in die negative Koalitionsfreiheit nicht aus.

Deutlich weiter definiert der BGH den Schutzbereich der negativen Koalitionsfreiheit, die im Ergebnis nicht nur vor jedem Druck zum Verbandsbeitritt selbst schütze, sondern auch davor, tariflichen Normen ausgesetzt zu werden, sofern diese nicht im Einzelfall durch einen ausdrücklichen staatlichen Akt (wie in Fällen der Allgemeinverbindlicherklärung nach § 5 TVG) erstreckt worden sind.[240] Dagegen steht allerdings die Auffassung des BVerfG, dass ein bloßer Anreiz zum Beitritt keinen verfassungsrechtlich relevanten Zwang oder Druck zum Organisationsbeitritt darstelle.[241]

Auf internationaler und supranationaler Ebene haben insbesondere auch EGMR und EuGH die negative Koalitionsfreiheit grundrechtlich anerkannt.[242] Wobei auch nach der Rechtsprechung des EGMR der Außenseiter-Arbeitgeber nicht vor jeglicher Koalitionsbetätigung geschützt ist, so etwa gegen einen

---

236 Vgl. BAG, 26.04.1990 – 1 ABR 84/87, NZA 1990, 850, 853 (= AP Nr. 57 zu Art. 9 GG); krit. *Gamillscheg,* Koll. ArbR I, 1997, S. 384.

237 BAG, 14.12.2011 – 5 AZR 675/10, NZA 2011, 618, 619 (= AP Nr. 217 zu § 242 BGB Gleichbehandlung).

238 BAG, 18.10.2011 – 1 ABR 34/10, NJOZ 2012, 1614, 1616 (= AP Nr. 142 zu § 87 BetrVG 1972 Lohngestaltung); BAG, 13.03.2012 – 1 AZR 659/10, NZA 2012, 990, 991 (= AP Nr. 27 zu § 77 BetrVG 1972 Tarifvorbehalt).

239 BAG, 29.07.2009 – 7 ABR 27/08, NZA 2009, 1424, 1426 (= AP Nr. 7 zu § 3 BetrVG 1972); BAG, 13.03.2012 – 1 AZR 659/10, NZA 2012, 990, 991 (= AP Nr. 27 zu § 77 BetrVG 1972 Tarifvorbehalt).

240 Vgl. BGH, 18.01.2000 – KVR 23/98, NZA 2000, 327, 333 (= AP Nr. 1 zu § 20 GBW).

241 Vgl. BVerfG, 11.07.2006 – 1 BvL 4/00, BVerfGE 116, 202, 218 (= AP Nr. 129 zu Art. 9 GG); auch schon BVerfG, 20.07.1971 – 1 BvR 13/69, BVerfGE 31, 297, 302 (= AP Nr. 34 zu § 11 ArbGG 1953).

242 Instruktiv *Heuschmid,* KJ 2014, 384, 186 ff.; vgl. außerdem *Löwisch/Rieble,* Grundlagen Rn. 280.

Arbeitskampf um einen Anschlusstarifvertrag.[243] Die negative Koalitionsfreiheit sei dabei nicht in gleichem Maße wie die positive in Art. 11 EMRK garantiert. Selbst ein Zwang einer bestimmten Koalition (im betreffenden Fall einer Gewerkschaft) beizutreten, müsse nicht in jedem Fall der EMRK entgegenstehen.[244] Auch der EuGH sieht die negative Koalitionsfreiheit geschützt, wobei er vorrangig auf die Vereinigungsfreiheit abstellt, also den Gewährleistungsgehalt von Art. 12 Abs. 1 GRChr und nicht auf Art. 28 GRChr, die dadurch verletzt sein könne, dass der Außenseiter der Tarifmacht der Tarifparteien ausgesetzt werde.[245] Eine „Freiheit vom Tarifvertrag" wird auch hierdurch nicht konstituiert.[246]

c) Kritik

In der Literatur ist – wie bereits angedeutet – die Rechtsgrundlage für die negative Koalitionsfreiheit umstritten und wird gar mit der Suche nach dem Yeti verglichen.[247] Die h.M. folgt dabei der Rechtsprechung und sieht sie als „die negative Seite des Freiheitsrechts"[248] in Art. 9 Abs. 3 GG verortet. Dies führt im Ergebnis zu einer Gleichstellung der positiven und negativen Koalitionsfreiheit, bis hin zu einer besonders extensiven Auslegung der negativen Koalitionsfreiheit, die auch ein „Recht auf Freiheit vom Tarifvertrag" umfassen soll.[249] Damit ist insbesondere der Schutz davor gemeint, überhaupt mit Normen tarifvertraglichen

243 EGMR, 25.04.1996 – 15573/89, ÖJZ 1996, 869 (*Gustafsson/Schweden*); weiter dagegen *Löwisch/Rieble*, § 1 Rn. 627; zur Frage der dynamischen Verweisung und der negativen Koalitionsfreiheit nach der Rspr. des EGMR *Melot de Beauregard*, NJW 2006, 2522, 2525.

244 EGMR, 13.08.1981 – 7601/76, EuGRZ 1981, 559 (*Young, James and Webster*), 559 (= EGMR-E 1, 554); insofern offen EGMR, 30.06.1993 – 16130/90, 16 E.H.R.R. 462 (1993) (*Sigurjónsson/Island*).

245 Etwa EuGH, 09.03.2006 – C-499/04, Slg. 2006, I-2397 (*Werhof*), Rn. 33 f. (= NZA 2006, 376); offen in EuGH, 07.09.2013 – C-426/11, AuR 2013, 498 (m. Anm. Heuschmid) (*Alemo-Herron u. a.*) (= NZA 2013, 835); wohl weiter *Löwisch/Rieble*, Grundlagen Rn. 252, die aber auch auf Art. 28 GRChr abstellen.

246 Ausführlich *Heuschmid*, KJ 2014, 384, 391 ff.

247 *Deinert*, RdA 2014, 129.

248 Umfassende Nachweise bei *Gamillscheg*, Koll. ArbR I, 1997, S. 380, 381; vgl. etwa Maunz/Dürig-*Scholz*, Art. 9 GG Rn. 169; *v.Danwitz*, in: Merten/Papier, Handbuch der Grundrechte Bd. V, 2013, Rn. 62; *Löwisch/Rieble*, Grundlagen Rn. 85, § 1 Rn. 604; Wiedemann-*Wiedemann*, Einl. Rn. 278; wohl auch JKOS-*Krause*, § 1 Rn. 71.

249 So bereits *Zöllner*, RdA 1962, 453, 458; *Neumann*, RdA 1989, 243, 245; in jüngerer Zeit etwa *Thüsing*, NZA 2006, 473, 474; *Höfling/Rixen*, RdA 2007, 360, 362 f.;

Ursprungs konfrontiert zu werden, wenn diese nicht qua Mitgliedschaft in einem Verband oder der eigenen Stellung als Tarifpartei legitimiert sind. Zugrunde gelegt wird hierfür ein übersteigertes Verständnis der bereits oben erwähnten Theorie der Tarifautonomie als kollektive Privatautonomie.[250]

Letzteres lässt sich aber schon mit der Rechtsprechung von BVerfG und BAG nicht in Einklang bringen, die in der Unterwerfung unter von Tarifparteien geschaffenen Normen durch staatliche Anordnung keinen Beitrittsdruck sieht.[251]

Diese Gleichstellung von positiver und negativer Koalitionsfreiheit wird der Entwicklung und Bedeutung der Koalitionsfreiheit nicht gerecht und entwertet diese faktisch.[252] Sie widerspricht auch der Konzeption der deutschen Arbeitsverfassung, in der Arbeitsbedingungen in erster Linie durch tarifvertragliche Vereinbarung und nicht durch staatliche Gesetzgebung festgelegt werden.[253] Es existieren vielmehr grundlegende Unterschiede zwischen der (positiven) Koalitionsfreiheit und einem Fernbleiberecht, weshalb ein nicht unerheblicher Teil der Literatur die negative Koalitionsfreiheit gar nicht von Art. 9 Abs. 3 GG umfasst sieht. So weist etwa *Gamillscheg* auf die ausschließlich positive Formulierung des Art. 9 Abs. 3 GG hin.[254] Sie garantiert das Recht, Vereinigungen zu bilden, und eben nicht, nicht koalieren zu dürfen. Es sollte damit ein Organisationsrecht und nicht ein Individualrecht geschaffen werden.[255] Zudem ist die historische

---

Bauer/Arnold, NZA 2005, 1209, 1211; wohl auch *Löwisch/Rieble,* § 3 Rn. 232; *Höpfner,* ZfA 2009, 541, 570 ff.

250 Bspw. bei *Hartmann,* Negative Tarifvertragsfreiheit, 2014 (zugl. Heidelberg, Univ., Habil. 2012), S. 450; dazu krit. etwa *Heuschmid,* KJ 2014, 384, 385 f.

251 Vgl. BVerfG, 24.05.1977 – 2 BvL 11/74, BVerfGE 44, 322, 351 f. (= AP Nr. 15 zu § 5 TVG); BVerfG, 14.06.1983 – 2 BvR 488/80, BVerfGE 64, 208, 213 (= AP Nr. 21 zu § 9 BergmannsVersorgScheinG NRW); BVerfG, 03.07.2000 – 1 BvR 945/00, NZA 2000, 947, 948 (= AP Nr. 36 zu § 4 TVG Nachwirkung); BVerfG, 11.07.2006 – 1 BvL 4/00, BVerfGE 116, 202, 218 f. (= AP Nr. 129 zu Art. 9 GG); auch BAG, 01.07.2009 – 4 AZR 261/08, NZA 2010, 53, 57 (= AP Nr. 14 zu § 3 TVG Verbandsaustritt); BAG, 29.07.2009 – 7 ABR 27/08, NZA 2009, 1424, 1426 (= AP Nr. 7 zu § 3 BetrVG 1972); BAG, 10.11.2010 – 5 AZR 633/09, NJOZ 2011, 367, 377 (= ZTR 2011, 150); BAG, 13.03.2013 – 5 AZR 157/12, juris, Rn. 6; vgl. auch *Hensche,* NZA 2009, 815, 819.

252 Vgl. auch *Däubler,* Arbeitsrecht 1, 2006, S. 140; *Gamillscheg,* Koll. ArbR I, 1997, S. 384; *Heuschmid,* KJ 2014, 384, 385 f.

253 *Deinert,* RdA 2014, 129, 132.

254 *Gamillscheg,* Koll. ArbR I, 1997, S. 382 ff.; ähnlich auch *Zachert,* FS Wissmann, 2005, S. 202, 209; DKKW-*Berg,* § 75 BetrVG Rn. 95.

255 So bereits in Bezug auf Art. 159 WRV *Sinzheimer,* Grundzüge des Arbeitsrechts, 1927, S. 81 f.; vgl. auch *Heuschmid,* KJ 2014, 384.

Entwicklung zu berücksichtigen, vor allem die Abschaffung des § 153 GewO im Jahr 1918 sowie die Nichtaufnahme des Satzes „ein Zwang zum Beitritt darf nicht ausgeübt werden" in das Grundgesetz, trotz intensiver Erörterung im Parlamentarischen Rat 1948/49.[256] Aber auch systematische Erwägungen sprechen gegen eine Verankerung der negativen Koalitionsfreiheit in Art. 9 Abs. 3 GG, denn im Gegensatz zu diesem umfassen andere Grundrechte wie Artt. 7 Abs. 3 S. 3, 12 Abs. 2 GG sowie Art. 140 GG i.V.m. Art. 136 Abs. 3 S. 1 und 136 WRV ausdrücklich auch eine negative Komponente.[257] Insofern vermag das genannte Argument der spiegelbildlichen Gewährleistung der negativen Koalitionsfreiheit in Art. 9 Abs. 3 GG nicht zu überzeugen.[258] Vor allem aber spricht der Zweck der Koalitionsfreiheit, der insbesondere im Schutz der Arbeitnehmer wie auch in der Schaffung einer sinnvollen Ordnung des Arbeitslebens zu sehen ist, gegen eine Gleichsetzung. Zwar besteht, wie erwähnt, weder für die Koalition noch für den individuellen Arbeitnehmer oder Arbeitgeber die Verpflichtung, zur Verwirklichung dieser Zwecke beizutragen. Allerdings können sie sich dann auch nicht auf den Schutz durch die Koalitionsfreiheit berufen.[259] Somit sprechen sowohl Entstehungsgeschichte, Rechtssystematik wie auch Sinn und Zweck von Art. 9 Abs. 3 GG gegen die Verankerung der negativen Koalitionsfreiheit in diesem Artikel.

Das bedeutet jedoch nicht, dass ihr grundrechtlicher Schutz versagt bliebe. Ihre Grundlage ist aber eher in der allgemeinen Handlungsfreiheit des Art. 2 Abs. 1 GG und hinsichtlich der Verteilung der Arbeitsplätze in Art. 12 GG zu suchen.[260] Der Verfassungsrang bleibt damit erhalten. Die negative

---

256 *Hueck/Nipperdey,* Bd. 2/1, 1967, S. 156 ff.; ähnlich *Däubler,* Arbeitsrecht 1, 2006, S. 138; *Zachert,* FS Wissmann, 2005, S. 202, 209; *Gamillscheg,* Koll. ArbR I, 1997, S. 382 f. m.w.N.

257 *Gamillscheg,* Koll. ArbR I, 1997, S. 383; *Hueck/Nipperdey,* Bd. 2/1, 1967, S. 157.

258 Vgl. auch *Deinert,* RdA 2014, 129, 132.

259 *Gamillscheg,* Koll. ArbR I, 1997, S. 383 f.; *Deinert,* RdA 2014, 129, 132.

260 Vgl. DKKW-*Berg,* § 75 BetrVG Rn. 95; *Hueck/Nipperdey,* Bd. 2/1, 1967, S. 159; *Gamillscheg,* Koll. ArbR I, 1997, S. 385, dort umfangreiche Nachweise; in diesem Sinne wohl auch Däubler, AKR-*Wolter,* § 16 Rn. 24 in Bezug auf Streikbrecher *Zachert,* FS Wissmann, 2005, S. 202, 209; in erster Linie auf Art. 12 Abs. 1 GG abstellend *Schubert,* RdA 2001, 199, 206 f.; dagegen sieht *Däubler,* Arbeitsrecht 1, 2006, S. 137 ff. das Fernbleiberecht in Art. 9 Abs. 1 GG geschützt; in der Tendenz auch *Deinert,* RdA 2014, 129, 132, der allerdings auch Art. 2 Abs. 1 GG als Rechtsgrundlage für möglich erachtet; zumindest hinsichtlich der zwangsweisen Vereinigung von Arbeitgebern auch Art. 9 Abs. 1 GG für einschlägig halten *Löwisch/Rieble,* § 1 Rn. 718.

Koalitionsfreiheit steht aber unter dem Vorbehalt der verfassungsmäßigen Ordnung, insbesondere der Tarifautonomie als kollektivem Schutzkonzept.[261]

Selbst wenn man einer Zuordnung der negativen Koalitionsfreiheit zu Art. 9 Abs. 3 GG folgt, wird diese aber entsprechend der Rechtsprechung des BVerfG[262] erst dann verletzt, wenn der Druck bezüglich Aufnahme oder Beibehaltung einer Verbandsmitgliedschaft so groß wird, dass die Entscheidung dadurch maßgeblich beeinflusst wird. Insofern hat eine Abwägung mit der positiven Koalitionsfreiheit zu erfolgen.[263]

d) Adressaten und Inhalt

Damit steht fest, dass die negative Koalitionsfreiheit nur vor einem übermäßigen Betrittsdruck zu einer Koalition schützt und damit lediglich ein Fernbleiberecht darstellt. Sie kann dabei insbesondere den tarifrechtlichen Gestaltungsspielraum des Staates begrenzen, wie auch die Regelungsmacht der Koalitionen, aber auch der Arbeitgeber darf bspw. eine Einstellung nicht vom Gewerkschaftsbeitritt abhängig machen. Verortet man die negative Koalitionsfreiheit mit der h.M. in Art. 9 Abs. 3 GG folgt die Nichtigkeit tarifrechtlicher, betriebsverfassungsrechtlicher oder privatautonomer Absprachen unmittelbar aus Art. 9 Abs. 3 S. 2 GG, allerdings hat ggf. eine Abwägung mit der positiven Koalitionsfreiheit der Koalitionen zu erfolgen.[264] Veortet man sie an anderer Stelle im Grundgesetz, kann der Staat aufgerufen sein, seinen Schutzpflichten gegenüber dem Außenseiter nachzukommen.[265] Gleichzeitig kann sie Auswirkungen auf das Verhältnis der Verbände zu ihren Mitgliedern entfalten und insbesondere die Mitgliederinteressen gegenüber den Verbandsinteressen stärken.[266]

Die meisten in Literatur und Rechtsprechung diskutierten Fallgestaltungen betreffen das Fernbleiberecht der Arbeitnehmer, das hier weitgehend außen vor

---

261 *Gamillscheg,* Koll. ArbR I, 1997, S. 385; kritisch ErfK-*Linsenmaier,* Art. 9 GG Rn. 32; ähnlich in Bezug auf Art. 11 EMRK der EGMR, 13.08.1981 – 7601/76, EuGRZ 1981, 559 (*Young, James and Webster*), 559 (= EGMR-E 1, 554).

262 Etwa BVerfG, 19.10.1966 – 1 BvL 24/65, BVerfGE 20, 312, 321 f.; BVerfG, 20.07.1971 – 1 BvR 13/69, BVerfGE 31, 297, 302 (= AP Nr. 34 zu § 11 ArbGG 1953).

263 So auch *Zachert,* FS Wissmann, 2005, S. 202, 209; ähnlich ErfK-*Linsenmaier,* Art. 9 GG Rn. 35.

264 *Deinert,* RdA 2014, 129, 132.

265 *Schubert,* RdA 2001, 199, 206, die die negative Koalitionsfreiheit allerdings von Art. 9 Abs. 3 GG umfasst sieht; zur Schutzpflichtenlehre ErfK-*Linsenmaier,* Art. 9 GG Rn. 20; Kittner/Zwanziger/Deinert-*Deinert,* § 1 Rn. 13; dazu auch schon oben, S. 27 ff.

266 In diesem Sinne auch *Dorndorf,* FS Kissel, 1994, S. 139, 151.

gelassen werden soll. Für das Bindungsverhalten der Arbeitgeber sind insbesondere die möglichen Beschränkungen der negativen Koalitionsfreiheit durch den Staat sowie durch die Tarifparteien von Interesse. Jedenfalls schützt die negative Koalitionsfreiheit nicht vor jeder Fernwirkung von Tarifnormen.[267] Dennoch wird sie insbesondere in der Literatur in den meisten Außenseiterfragen bemüht, häufig sogar in einer extensiven Auslegung.[268] Auf die einzelnen Fragestellungen soll im Weiteren an jeweils gegebener Stelle eingegangen werden.

5. Zwischenfazit

Es zeigt sich somit die überragende Bedeutung, die der Koalitionsfreiheit im System der deutschen Arbeitsbeziehungen zukommt. Ihre Grundlage findet sie nicht nur in Art. 9 Abs. 3 GG, sondern auch in mehreren Quellen des internationalen Rechts und des Unionsrechts. Geschützt sind nicht nur Beitritt, Verbleib und Betätigung des einzelnen Arbeitnehmers und Arbeitgebers in der Koalition, sondern auch die Koalitionen selbst in ihrem Bestand und ihrer Betätigung. Letzteres ist für die Fragestellung dieser Arbeit besonders von Bedeutung, weil sich hieraus unter Umständen eine Stärkung der Position der Arbeitgeberverbände gegenüber ihren Mitgliedern ergeben kann, was wiederum deren Verpflichtungsfähigkeit erhöhen würde. Besonders von Interesse ist der Schutz der Tarifautonomie, der sich sowohl aus Art. 9 Abs. 3 GG wie auch Art. 8 Abs. 1 Bst. c und d IPwskR, ILO Übereinkommen Nr. 87 und 98, Art. 11 Abs. 1 EMRK wie auch aus Art. 28 GRChr ergibt. Hier kommt dem Staat einerseits eine Schutzpflicht und damit auch eine Pflicht zur Ausgestaltung eines funktionsfähigen Tarifsystems zu, andererseits beschränkt die Tarifautonomie das staatliche Tätigwerden auf dem Gebiet der Arbeits- und Wirtschaftsbedingungen. Auf diesem Feld wird den Tarifparteien weitgehende Autonomie verliehen, auch wenn staatliche Eingriffe grundsätzlich rechtfertigbar sind. Geschützt ist ferner auch ein Fernbleiberecht (bzw. die negative Koalitionsfreiheit), das jedoch entgegen der h.M. vorrangig aus Art. 2 Abs. 1 GG abzuleiten ist. Letzteres ist bereits eine erste entscheidende Erkenntnis bezüglich des Einflusses der Rechtsordnung auf die Tarifbindung der Arbeitgeberseite. Sie darf zwar den einzelnen Arbeitgeber nicht zum Beitritt in eine tarifschließende Koalition zwingen, muss ihn aber

267 Kempen/Zachert-*Kempen,* Grundlagen Rn. 218 f.; ErfK-*Linsenmaier,* Art. 9 GG Rn. 35; *Schubert,* RdA 2001, 199, 207.

268 Dazu krit. ErfK-*Linsenmaier,* Art. 9 GG Rn. 35; hierzu wird unten an jeweils gegebener Stelle genauer eingegangen.

auch nicht von jeglichem Kontakt mit Tarifbestimmungen unbehelligt lassen – sie gewährt lediglich ein Fernbleiberecht.[269]

IV. Bedeutung der Arbeitgeberbindung im Tarifvertragssystem

Bevor in Teil V der Stand der Tarifbindung und des Bindungswillens der Arbeitgeber in Deutschland betrachtet werden sollen, wird nachfolgend versucht, die Bedeutung der Arbeitgeberbindung im deutschen Tarifsystem herauszuarbeiten. Dabei ist zunächst zu fragen, welche Form der Tarifbindung überhaupt anzustreben ist.

1. Ausgangspunkt: der Verbandstarifvertrag

a) Ebene der Tarifbeziehungen

Das Grundgesetz ist hinsichtlich der Ebene, auf der Tarifverträge abgeschlossen werden, offen. Zwar spricht der Wortlaut des Art. 9 Abs. 3 GG lediglich von der Gewährleistung des Rechts, Vereinigungen zu bilden, um die Arbeits- und Wirtschaftsbedingungen zu wahren und zu fördern. Auch das BVerfG betont, dass Art. 9 Abs. 3 GG eine „im öffentlichen Interesse liegende autonome Ordnung des Arbeitslebens *durch Koalitionen* [Hervorh. d. Verf.]“ bezwecke.[270] Allerdings wird allgemein davon ausgegangen, dass auch Firmentarifverträge unter den Schutz dieser Bestimmung fallen.[271]

Dem entspricht auch die Konzeption auf einfachgesetzlicher Ebene. § 2 Abs. 1 TVG verlangt zwar, dass auf Arbeitnehmerseite eine Gewerkschaft agieren muss, erlaubt auf der anderen Seite aber ausdrücklich, dass auch ein einzelner Arbeitgeber Tarifpartei sein kann. Die Arbeitgebereigenschaft reicht hierbei für die Tariffähigkeit aus.[272] Hintergrund ist, dass die Koalitionsfreiheit für die Gewerkschaft sinnlos wäre, fände sie auf Arbeitgeberseite keinen Tarifpartner vor. Da aber jeder Arbeitgeber tariffähig ist, wird das Vorhandensein eines Verhandlungspartners sichergestellt. Damit obliegt es im Rahmen der

---

269 So auch *Deinert,* RdA 2014, 129, 132.

270 BVerfG, 01.12.2010 – 1 BvR 2593/09, NZA 2011, 60 (= AP Nr. 146 zu Art. 9 GG); vgl. auch BVerfG, 29.12.2004 – 1 BvR 2582/03, 1 BvR 2283/03, 1 BvR 2504/03, NZA 2005, 153 (= AP Nr. 2 zu § 3 AEntG).

271 Vgl. nur Kempen/Zachert-*Stein,* § 2 TVG Rn. 103, 180 ff.

272 Vgl. BAG, 20.11.1990 – 1 ABR 62/89, NZA 1991, 428 (= AP Nr. 40 zu § 2 TVG); dazu und zum folgenden ausführlicher unten S. 93 ff.

Tarifautonomie den Koalitionen selbst zu entscheiden, auf welcher Ebene sie Tarifverträge abschließen möchten.[273]

Betrachtet man die Entstehungsgeschichte des deutschen Tarifrechts und insbesondere des TVG, sowie dessen systematischen Aufbau, wird jedoch auch deutlich, dass dessen Grundkonzeption auf das Vorhandensein eines Verbandstarifsystems ausgerichtet ist. So wurde bereits in den Verhandlungen um das TVG von einem System überregionaler Manteltarifverträge und regionaler Lohntarifverträge ausgegangen.[274] Vor allem ist aber die enge Verknüpfung der Tarifbindung mit der Verbandsmitgliedschaft in § 3 Abs. 1, 4 Abs. 1 TVG, die – so *Hanau* – den „Grundgedanke[n] des deutschen Tarifvertragsrechts“[275] darstellt, ein wichtiges Indiz für diesen Befund.

Eine allgemeine juristische Privilegierung des Verbandstarifvertrages lässt sich daraus freilich nicht ableiten. Erst wenn die Funktionsfähigkeit der Tarifautonomie durch die Erosion des Verbandstarifsystems gefährdet wird, kann ein Eingreifen durch den Staat nach den oben dargestellten Grundsätzen verfassungsrechtlich geboten sein.[276] Dies gilt insbesondere auch dann, wenn ein strukturelles Ungleichgewicht zwischen den Tarifparteien entsteht.[277]

Es sind demnach vor allem rechtspolitische Überlegungen, die den Verbandstarifvertrag in den Mittelpunkt des Interesses rücken lassen. So ist die Berücksichtigung volkswirtschaftlicher Gesichtspunkte eher zu erwarten, wenn die Arbeitsbedingungen von regionalen oder überregionalen Verbänden und Gewerkschaften ausgehandelt werden, als wenn dies auf Betriebsebene erfolgt.

---

273 Vgl. nur BVerfG, 04.07.1995 – 1 BvF 2/86 u. a., BVerfGE 92, 365, 393 (= AP Nr. 4 § 116 AFG); BVerfG, 29.12.2004 – 1 BvR 2582/03, 1 BvR 2283/03, 1 BvR 2504/03, NZA 2005, 153 (= AP Nr. 2 zu § 3 AEntG); *Gamillscheg*, Koll. ArbR I, 1997, S. 504; ErfK-*Linsenmaier*, Art. 9 GG Rn. 56.

274 Materialien zur Entstehung des Tarifvertragsgesetzes, ZfA 1973, 129, 160, wo davon ausgegangen wird, dass sich auch in der Bundesrepublik wahrscheinlich ein System mit überregionalen Mateltarifverträgen und regionalen Lohntarifverträgen entwickeln wird; weiter noch *Natzel*, SAE 2001, 43, 48.

275 *Hanau*, NZA 2012, 825; vgl. auch *Gamillscheg*, Koll. ArbR I, 1997, S. 711, der die Begriffe Tarifbindung und Mitgliedschaft für weitgehend austauschbar hält; ähnlich im Zusammenhang mit der Allgemeinverbindlicherklärung BVerfG, 24.05.1977 – 2 BvL 11/74, BVerfGE 44, 322, 345 (= AP Nr. 15 zu § 5 TVG).

276 Vgl. bereits BVerfG, 18.11.1954 – 1 BvR 629/52, BVerfGE 4, 96, 106 (= AP Nr. 1 zu Art. 9 GG); BVerfG, 01.03.1979 – 1 BvR 532/77 u.a., BVerfGE 50, 290, 368 (= AP Nr. 1 zu § 1 MitbestG); vgl. auch *Walser*, WSI Mitt. 2013, 491, 492.

277 BVerfG, 04.07.1995 – 1 BvF 2/86 u. a., BVerfGE 92, 365, 397 (= AP Nr. 4 § 116 AFG); ErfK-*Linsenmaier*, Art. 9 GG Rn. 18; Däubler, TVG-*Däubler*, Einl. Rn. 129.

Denn zentrale Verwaltungsstrukturen führen mit höherer Wahrscheinlichkeit zur Übernahme volkswirtschaftlicher Gesamtverantwortung, während dezentrale Systeme dagegen eher eine wettbewerbs- und produktivitätsorientierte Entgeltpolitik erzeugen.[278] *Gamillscheg* sieht im Verbandstarif zudem eine bessere Abbildung des objektiven Werts der Arbeit, wie er etwa § 612 Abs. 2 BGB zugrunde liege.[279] Auch den Machern des geplanten Tarifeinheitsgesetzes scheint eine solche Auffassung zugrunde zu liegen.[280] Voraussetzung hierfür ist wiederum das Erreichen eines erforderlichen Bindungsgrades, da der Verbandstarifvertrag ansonsten diese Funktion nicht in ausreichendem Maß erfüllen kann.[281]

Die Arbeitgeberseite profitiert von einem System der Verbandstarifverträge etwa durch die Kartellwirkung in Hinblick auf die Arbeitskosten.[282] Gleichzeitig orientiert sich die Tarifpolitik in einem Verbandstarifsystem weniger an der Leistungsfähigkeit einzelner Unternehmen und schafft so eine gewisse Nivellierung. Solch ein Effekt kann sich bei einem System von dezentralen Firmentarifverträgen nicht einstellen. Schließlich belegt die Arbeitskampfstatistik einen eindeutigen Zusammenhang zwischen der Streikhäufigkeit und der Zerklüftetheit der Tariflandschaft.[283] Dies soll allerdings nicht darüber hinwegtäuschen, dass der Verbandstarifvertrag insbesondere auf Ebene der einzelnen Arbeitgeber auf deutliche Kritik stößt, was sich in der abnehmenden Tarifbindung widerspiegelt. Auf die einzelnen Gründe wird in Teil V näher eingegangen.[284] Für die Gewerkschaften von Interesse ist darüber hinaus, dass sie durch den Verbandstarifvertrag nicht in Konkurrenz zum Betriebsrat treten müssen. Mit der Aufgabe, flächendeckend Firmentarifverträge aushandeln zu müssen, wären sie auch überfordert.[285] Im Rahmen dieser Untersuchung soll daher die Tarifbindung vor allem in Bezug auf den Verbandstarifvertrag betrachtet werden.

---

278 Vgl. *Schnabel*, NZA-Beilage 2011, 56, 59; *Lessner*, RdA 2005, 285, 286.

279 *Gamillscheg*, Koll. ArbR I, 1997, S. 506.

280 Entwurf eines Gesetzes zur Tarifeinheit (Tarifeinheitsgesetz), Kabinettsbeschluss vom 10.12.2014, S. 6 f.

281 So auch *Preis/Ulber*, FS Kempen, 2013, S. 15, 17.

282 Vgl. auch *Gamillscheg*, Koll. ArbR I, 1997, S. 499; allerdings messen seit den 1990er Jahren immer weniger kleine und mittlere Unternehmen diesem Effekt eine große Bedeutung zu, vgl. *Schroeder*, GMH 1996, 601, 610.

283 Vgl. *Böckler impuls* 5/2014, S. 3.

284 Vgl. außerdem die Darstellung bei *Völkl*, Ind. Beziehungen 1998, 165, 188.

285 *Gamillscheg*, Koll. ArbR I, 1997, S. 506.

b) *Verbandsmitgliedschaft als Voraussetzung für die Tarifbindung*

(1) Der Grundsatz

Die Tarifbindung ist im deutschen Tarifrecht also i.d.R. an die Mitgliedschaft in einem tarifschließenden Verband geknüpft, sofern nicht der einzelne Arbeitgeber als Tarifpartei auftritt (§§ 3 Abs. 1, 4 Abs. 1 TVG). Aus dieser Verknüpfung von Tarifbindung und Koalitionsmitgliedschaft, insbesondere durch den freiwilligen Verbandsbeitritt und die Repräsentation der Mitglieder durch frei gewählte Organe beim Tarifschluss, zieht der Verbandstarifvertrag einen wesentlichen Teil seiner Legitimation, eine verbindliche normative Wirkung zu erzeugen.[286]

Im Grundsatz können die Tarifparteien dementsprechend keine Normen schaffen, die Außenseiter unmittelbar binden.[287] Sollen tarifliche Normen dennoch auch auf Außenseiter angewendet werden, bedarf es eines demokratisch legitimierten Rechtsetzungsaktes oder einer gesetzlichen Grundlage und damit der Mitwirkung des Staates. So erfolgt etwa die Allgemeinverbindlicherklärung nach § 5 Abs. 1 TVG zwar unter Beteiligung der Tarifparteien, letztlich aber durch einen „Rechtsetzungsakt eigener Art" durch das Bundesministerium für Arbeit und Soziales (BMAS) (bzw. die oberste Arbeitsbehörde eines Landes im Falle von § 5 Abs. 6 TVG), das die endgültige Entscheidung über das Zustandekommen der Allgemeinverbindlicherklärung trifft.[288] Im Fall der Betriebsnormen und betriebsverfassungsrechtliche Normen wird die Außenseitererstreckung bereits im Gesetz angeordnet (§ 3 Abs. 2 TVG), allerdings nur auf Arbeitnehmerseite und mit der Rechtfertigung der Notwendigkeit zur betriebseinheitlichen Geltung.[289]

Eine „untrennbare Verknüpfung zwischen Tarifgebundenheit und Mitgliedschaft bzw. Eigenschaft als Tarifpartei"[290] hat indes nie bestanden, wie bereits das Beispiel der Betriebsnormen und betriebsverfassungsrechtlichen Normen zeigt. Das Prinzip der mitgliedschaftlichen Bindung wird vielmehr an verschiedenen

---

286 Vgl. dazu bereits oben S. 17 ff.; BAG, 16.02.1962 – 1 AZR 167/61, AP Nr. 12 zu § 3 TVG Verbandszugehörigkeit (= BAGE 12, 285); auch *Melot de Beauregard*, Mitgliedschaft in Arbeitgeberverbänden und Tarifbindung, 2002 (zugl. Würzburg, Univ., Diss 2002), S. 36; *Rödl*, in: Bieder/Hartmann, Individuelle Freiheit und kollektive Interessenwahrnehmung, 2012, S. 81, 97 f.

287 Vgl. BVerfG, 24.05.1977 – 2 BvL 11/74, BVerfGE 44, 322, 344 (= AP Nr. 15 zu § 5 TVG); BVerfG, 15.07.1980 – 1 BvR 24/74, 1 BvR 439/79, BVerfGE 55, 7, 23 (= AP Nr. 17 zu § 5 TVG).

288 Dazu ausführlich unten, S. 292.

289 Dazu unten, S. 323 ff.

290 So *Filges*, FS Bauer, 2010, S. 303, 305.

Stellen durchbrochen.[291] So ist seine Bedeutung bei der Begründung der Tarifbindung deutlich höher als bei ihrer Beendigung, bleibt die Tarifbindung doch auch nach einer Beendigung der Mitgliedschaft bestehen, bis der Tarifvertrag endet (§ 3 Abs. 3 TVG).[292] Selbst danach wirkt er nach § 4 Abs. 5 TVG noch bis zum Abschluss einer anderen Vereinbarung fort.[293] Für das Zustandekommen der Tarifbindung ist dagegen der Zeitpunkt des Ein- bzw. Austritts in den Verband entscheidend.[294]

(2) Bedeutung des Tarifvertrags über die normative Bindung hinaus

Bereits in der gesetzlichen Voraussetzung, dass eine kongruente Tarifbindung auf Arbeitgeber- und Arbeitnehmerseite erforderlich ist, um eine normative Tarifwirkung nach § 4 Abs. 1 TVG zu erzeugen, zeigt sich die enorme Bedeutung der Arbeitgeberbindung im deutschen Tarifsystem. Denn die fehlende Gewerkschaftsmitgliedschaft des Arbeitnehmers kann mittels einzelvertraglicher Bezugnahme[295] durch den Arbeitgeber teilweise kompensiert werden. Dies führt zwar zu keiner normativen Bindung, dennoch finden die Tarifbestimmungen zumindest schuldrechtlich auf das Arbeitsverhältnis Anwendung. So waren 2013 zwar nur 30 % der westdeutschen und 17 % der ostdeutschen Betriebe unmittelbar an einen Verbandstarifvertrag gebunden, in diesen arbeiteten aber immerhin 52 % der westdeutschen und 35 % der ostdeutschen Beschäftigten.[296] Betrachtet man dazu, dass 2011 der gewerkschaftliche Netto-Organisationsgrad im gesamten Bundesgebiet nur 18 % betrug,[297] zeigt sich, dass selbst wenn alle diese gewerkschaftlich organisierten Arbeitnehmer bei ebenfalls tarifgebundenen Arbeitgebern beschäftigt wären, die Tarifdeckungsquote nicht über 18 % hinausreichen würde. Da jedoch praktisch alle tarifgebundenen Arbeitgeber die Tarifbedingungen über die einzelvertragliche Bezugnahme auch auf die Außenseiter im Betrieb erstrecken, ist die faktische Bedeutung der Tarifverträge über die normative Wirkung hinaus deutlich größer.[298]

---

291 Dazu etwa ausführlich *Hanau,* NZA 2012, 825.

292 Dazu unten, S. 185 ff.; vgl. auch *Franzen,* FS Picker, 2010, S. 929, 930.

293 Dazu unten, S. 163 ff.

294 BAG, 20.12.1988 – 1 ABR 57/87, NZA 1989, 564, 565 (= AP Nr. 7 zu § 36 BAT).

295 Dazu ausführlich unten, S. 327 ff.

296 *Ellguth/Kohaut,* WSI Mitt. 2014, 286, 287 f.

297 Vgl. ICTWSS-Datenbank 4 von 2013, bibliografischer Nachweis unter *Visser,* ICTWSS Database im Literaturverzeichnis; die Zahlen für 2012 sind dort noch nicht ausgewiesen.

298 Dazu im Detail unten, S. 68 und 327 ff.

Umgekehrt funktioniert das hingegen nicht. Wenn nur der Arbeitnehmer als Gewerkschaftsmitglied tarifgebunden ist (§ 3 Abs. 1 TVG), der Arbeitgeber hingegen nicht, entfalten die Tarifnormen keine Wirkung auf das Arbeitsverhältnis (§ 4 Abs. 1 TVG). Da es dem einzelnen Arbeitnehmer üblicherweise an Verhandlungsmacht bei der Vereinbarung der Arbeitsbedingungen fehlt, können die Tarifbestimmungen allenfalls bei einer freiwilligen Bezugnahme durch den Arbeitgeber zur Anwendung kommen.[299] Möglich ist höchstens die streikweise Durchsetzung eines Anerkennungstarifvertrags, sofern die entsprechende Mitgliederbasis und (kollektive) Verhandlungsmacht im Betrieb vorhanden ist.[300]

Darüber hinaus finden Tarifbestimmungen an verschiedenen Stellen der Rechtsordnung auch für Außenseiter Beachtung, etwa im Rahmen des § 138 Abs. 2 BGB, sie dienen dabei jedoch nur als Referenzwert.[301] Vor allem aber erlangen Tarifnormen für Außenseiter aufgrund der unterschiedlichen Formen der Außenseitererstreckung Bedeutung, insbesondere die Allgemeinverbindlicherklärung nach § 5 TVG, §§ 7 Abs. 1, 7a Abs. 1 AEntG und § 3a AÜG, ferner für Betriebsnormen nach § 3 Abs. 2 TVG. Aber etwa auch die fehlende Inhaltskontrolle nach den §§ 305 ff. BGB aufgrund von § 310 Abs. 4 BGB selbst bei einzelvertraglicher Verweisung auf einen Tarifvertrag oder die Möglichkeit der Bezugnahme im Rahmen tarifdispositiver gesetzlicher Regelungen zeugen vom besonderen Stellenwert und auch Status, den der Tarifvertrag in der Rechtsordnung einnimmt.[302]

2. Arbeitgeber und Arbeitgeberverbände

a) Arbeitgeberbegriff

Voraussetzung dafür, dass überhaupt ein Tarifvertrag zur Anwendung kommen kann, ist, dass ein Arbeitsverhältnis (§ 611 BGB) zwischen einem Arbeitgeber und einem Arbeitnehmer vorliegt.[303] An erster Stelle interessiert in Bezug auf die vorliegende Fragestellung der Arbeitgeberbegriff. Das Tarifrecht definiert diesen nicht eigenständig. Anzulegen ist daher der allgemeine arbeitsrechtliche Arbeitgeberbegriff, der sich wiederum nach h.M. aus dem Verhältnis

---

299 Dazu ebenfalls unten, S. 327 ff.

300 Dazu unten, S. 132 ff.

301 Dazu *Rödl,* in: Bieder/Hartmann, Individuelle Freiheit und kollektive Interessenwahrnehmung, 2012, S. 81, 98; ausführlicher unten S. 379 f.

302 Vgl. auch *Wiedemann,* BB 2013, 1397, 1400 f.

303 Abgesehen von Sonderregelungen etwa in Bezug auf arbeitnehmerähnliche Personen in § 12a TVG; bzw. auch für den Bereich des HAG; dazu unten S. 252 f., 325 ff.

zum Arbeitnehmerbegriff ableitet.[304] Arbeitgeber ist damit jede natürliche oder juristische Person, die auf Grundlage eines Arbeitsvertrags einen Arbeitnehmer beschäftigt.[305] Besteht ein abhängiges Arbeitsverhältnis, ist die Arbeitgebereigenschaft i.S.d. TVG gegeben, wobei es für die Abhängigkeit insbesondere auf das Weisungsrecht des Arbeitgebers in Bezug auf Zeit, Dauer und Ort der übernommenen Dienste sowie in der Regel auf die fachliche Weisungsgebundenheit ankommt.[306] In Abgrenzung zum Dienstverhältnis ist vor allem der Grad der persönlichen Abhängigkeit entscheidend.[307] Diese Frage wird insbesondere im Falle der Beschäftigung von Drittpersonal relevant.[308]

Erforderlich ist, dass die Person ein Arbeitsverhältnis eingehen kann, also Rechtsträger ist, wobei sowohl natürliche wie auch juristische Personen oder auch öffentliche Körperschaften in Betracht kommen.[309] Sie alle fallen unter den Arbeitgeberbegriff des § 2 Abs. 1 TVG. Dies gilt auch für ausländische Arbeitgeber, wenn sie im Inland Arbeitnehmer beschäftigen.[310] Auch Kirchen sind grundsätzlich tariffähig.[311] Auf Detailfragen, besonderes zum Konzern[312] sowie zu aufgespaltenen Arbeitgeberpositionen,[313] wird unten genauer eingegangen.

---

304 Vgl. BAG, 02.12.1992 – 4 AZR 277/92, NZA 1993, 655 (= AP Nr. 14 zu § 3 TVG); Kempen/Zachert-*Stein,* § 2 TVG Rn. 100; Däubler, TVG-*Peter,* § 2 Rn. 83; für einen alternativen Arbeitgeberbegriff plädierend *Däubler,* KJ 2013, 133, 143 f.

305 *Löwisch/Rieble,* § 1 Rn. 167.

306 Vgl. BAG, 02.12.1992 – 4 AZR 277/92, NZA 1993, 655 (= AP Nr. 14 zu § 3 TVG); bei qualifizierten Tätigkeiten ist die fachliche Weisungsgebundenheit keine zwingende Voraussetzung: BAG, 13.01.1983 – 5 AZR 149/82, NJW 1984, 1985 (= AP Nr. 42 zu § 611 BGB Abhängigkeit).

307 BAG, 27.03.1991 – 5 AZR 194/90, NZA 1991, 933 (= AP Nr. 53 zu § 611 BGB Abhängigkeit); BAG, 02.12.1992 – 4 AZR 277/92, NZA 1993, 655 (= AP Nr. 14 zu § 3 TVG).

308 Dazu unten, S. 249 ff.

309 Zu öffentlichen Körperschaften BAG, 02.12.1992 – 4 AZR 277/92, NZA 1993, 655 (= AP Nr. 14 zu § 3 TVG); zum Ganzen etwa Wiedemann-*Oetker,* § 2 Rn. 125 ff.; eine Sonderstellung wird gesetzlich dem Bund sowie der *Deutschen Post AG* und der *Deutschen Bahn AG* zugewiesen, vgl. Däubler, TVG-*Peter,* § 2 Rn. 87; auch Personengesellschaften sind insofern erfasst, vgl. Schaub, Hdb. ArbR-*Treber,* § 205 Rn. 11; zu deren Partei- und Rechtsfähigkeit etwa *Schmidt,* NJW 2001, 993.

310 Vgl. Däubler, TVG-*Peter,* § 2 Rn. 84.

311 Wiedemann-*Oetker,* § 2 Rn. 134.

312 Dazu unten, S. 107 ff.

313 Dazu unten, S. 225 ff.

b) Arbeitgeberverbände

(1) Organisationsweisen und Ausrichtung der Verbände

Nach dem Zweiten Weltkrieg orientierten sich die Arbeitgeberverbände[314] im Wesentlichen an den Organisationslinien der Gewerkschaften. Der DGB sammelte zunächst die Industriegewerkschaften unter seinem Dach, die sich wiederum bis heute nach dem Industrieverbandsprinzip entlang von Branchengrenzen und nicht nach Berufen organisieren. Damit ist der Industriezweig, dem der jeweilige Betrieb angehört, ausschlaggebend dafür, welcher Arbeitgeberverband bzw. welche Gewerkschaft für ihn zuständig ist.[315] Die Industriegewerkschaften standen lange Zeit kaum in Konkurrenz zueinander und für die Fälle, in denen es doch zu Überschneidungen kam (bzw. kommt), existiert ein internes Schlichtungs- und Schiedsgerichtsverfahren (§§ 15, 16 der DGB-Satzung vom Mai 2014).[316] Auch wenn neben dem DGB stets Richtungs- und Berufsgewerkschaften existierten, arbeiteten diese meist mit dem DGB zusammen, u.a. in Tarifgemeinschaft mit den DGB-Gewerkschaften.[317] Dadurch ergab sich ein weitgehend einheitliches Auftreten der Arbeitnehmerseite, das eine bewusste Reaktion auf die Zersplitterung in der Weimarer Republik darstellte.[318] Wie unten noch genauer auszuführen ist, entspricht die Organisationsweise der autonomen Entscheidung der Koalitionen, eine gesetzliche Vorgabe hierzu besteht nicht.[319] Auch auf Gewerkschaftsseite wird sie heute allerdings durch spezielle Berufsverbände wie bspw. die *Vereinigung Cockpit*, die nur Piloten und Flugingenieure organisiert, oder den *Marburger Bund*, der angestellte und beamtete Ärzte vertritt, zunehmend aufgeweicht.

Große strukturelle Kontinuitäten existieren vor allem auf Arbeitgeberseite seit der Weimarer Republik, mit Ausnahme der Zeit des Nationalsozialismus, wobei sich die Organisationen in originäre Arbeitgeberverbände, in Industrie- und Handelskammern sowie Wirtschaftsverbände aufgliedern.[320] Letztere sind

---

314 Zur tarifrechtlichen Einordnung des Begriffs und zur Tariffähigkeit unten, S. 93 ff.

315 Moll, MAH Arbeitsrecht-*Hamacher,* § 67 Rn. 11; zur Entstehung des Industrieverbandsprinzips und die Kontroverse innerhalb der Gewerkschaftsbewegung etwa *Müller/Wilke,* Ind. Beziehungen 2008, 376, 383 ff.

316 Abrufbar unter http://www.dgb.de/uber-uns/dgb-heute/satzung [zuletzt geprüft am 12.12.2014], dazu etwa Schaub, Hdb. ArbR-*Treber,* § 199 Rn. 20 f.

317 Vgl. *Dieterich,* AuR 2011, 46.

318 Dazu Kittner/Zwanziger (5. Aufl.)-*Kittner,* Geschichte Rn. 65.

319 BAG, 19.11.1985 – 1 ABR 37/83, NZA 1986, 480, 482 (= AP Nr. 4 zu § 2 TVG Tarifzuständigkeit); dazu unten S. 273 ff.

320 Vgl. *Schroeder,* GMH 1996, 601, 604; dazu auch *Brandl,* WSI Mitt. 2013, 510, 511.

mangels Tariffähigkeit tarifpolitisch jedoch nicht aktiv. Auch Kammern sind nicht tariffähig, da sie aufgrund der Pflichtmitgliedschaft nicht unter den Koalitionsbegriff des Art. 9 Abs. 3 GG fallen.[321] In der Regel besteht eine scharfe Abgrenzung zwischen den Verbänden. Ausnahmen bestehen bspw. im Einzelhandel und in der Leiharbeit.[322]

Dieser institutionelle Aufbau und insbesondere die immer noch in den meisten Bereichen gleichförmige Organisationsweise auf Arbeitnehmer- und Arbeitgeberseite erleichtern den Abschluss von Verbandstarifverträgen. Die branchenförmige Organisationsweise wird jedoch zunehmend infrage gestellt. Als Beispiel können etwa die „allgemeinen Arbeitgeberverbände" in Ostdeutschland dienen, die größtenteils auf Tarifpolitik verzichten.[323] Zudem ist bei Unternehmen in neu entwickelten Wirtschaftsbereichen die Branchenzuordnung häufig schwierig, so bieten etwa die so genannten Industriedienstleister eine breite Angebotspalette an, die quer über alle Branchengrenzen geht. Eigene Branchenstrukturen durch tarifschließende Arbeitgeberverbände haben sich bislang allenfalls im Ansatz herausgebildet.[324]

Auch die Binnenorganisation der Verbände ist höchst unterschiedlich. Dies betrifft etwa die Ausgestaltung der Stimmrechtsverteilung, die je nach Verband hauptsächlich an den Kriterien Umsatz, Beschäftigungszahl oder Mitgliedsbeitrag anknüpft. Die Mehrheit wendet jedoch das Prinzip „eine Stimme pro Mitglied" an. Auch die Regelung der Stimmrechtsausübung ist sehr unterschiedlich.[325] Zudem sehen die meisten Satzungen Schlichtungs- und auch Sanktionsmöglichkeiten vor.[326] Die Satzungsgestaltung ist dabei aber von großer Bedeutung für die Verpflichtungsfähigkeit der Verbandsorgane gegenüber den Mitgliedern.[327]

---

321 Dazu unten, S. 99.

322 *Behrens,* Das Paradox der Arbeitgeberverbände, 2011 (zugl. Göttingen, Univ., Habil. 2010), S. 75.

323 *Behrens,* Das Paradox der Arbeitgeberverbände, 2011 (zugl. Göttingen, Univ., Habil. 2010), S. 76.

324 Vgl. *Helfen,* Magazin Mitbestimmung 2013, 32, 33 f.; *Meißner/Bochum,* Industrie- und Produktions-Services, 2011, S. 6 ff.

325 Vgl. *Behrens,* Das Paradox der Arbeitgeberverbände, 2011 (zugl. Göttingen, Univ., Habil. 2010), S. 96 ff.

326 *Behrens,* Das Paradox der Arbeitgeberverbände, 2011 (zugl. Göttingen, Univ., Habil. 2010), S. 119 ff.

327 *Schroeder/Silvia,* in: Schroeder, Handbuch Gewerkschaften in Deutschland, 2014, S. 337, 352.

Juristisch sind die meisten Arbeitgeberverbände als eingetragener Verein organisiert.[328] Dies ist allerdings keine Voraussetzung, auch andere Gesellschaftsformen sind möglich. Letztlich ist nicht einmal die Rechtsfähigkeit Voraussetzung, das Vereinsrecht ist nach § 54 BGB auch für nicht rechtsfähige Vereine anwendbar.[329] Die tarifrechtlichen Voraussetzungen werden unten genauer erläutert, grundsätzlich muss es sich lediglich um eine Vereinigung von Arbeitgebern mit dem Zweck der Wahrung und Förderung der Arbeits- und Wirtschaftsbedingungen handeln.[330]

Strukturell unterscheiden sich Gewerkschaften und Arbeitgeberverbände insbesondere dadurch, dass Gewerkschaften in der Regel eine große Mitgliederzahl und weitgehend zentralisierte Strukturen aufweisen, während die Arbeitgeberverbände deutlich komplexer organisiert sind, aber eine deutlich eingeschränktere Mitgliederstruktur besitzen.[331] Sie selektieren dabei zwar wie die Gewerkschaften meist nach regionalen und fachlichen Kriterien, darüber hinaus unterscheiden sie sich z.T. aber auch nach Unternehmenstypen, einem bestimmten Marktverhalten etc. Zudem lassen manche Satzungen nur die Mitgliedschaft einzelner Unternehmen zu, andere nur die Mitgliedschaft von Verbänden, in wieder anderen können auch Einzelpersonen Mitglied werden – letzlich kommen auch alle Kombinationen dieser Varianten vor.[332]

Aufgabe der Verbände ist es nach *Weber* die „unmittelbaren, selbstbezogenen, kurzfristigen Interessen der Mitglieder“ zu überwinden und ihre Mitglieder sogar bis zu einem gewissen Grad zu kontrollieren. Nur dann können die Verbände wirksam Regelungsaufgaben übernehmen.[333] Neben einer entsprechend ausgerichteten Tarifpolitik gehört hierzu auch ein disziplinierendes Einwirken der Verbände auf ihre Mitglieder in wettbewerblicher Hinsicht wie auch in Hinblick auf die Rechtstreue.[334] Zwar haben die Arbeitgeberverbände

---

328 Vgl. *Melot de Beauregard,* Mitgliedschaft in Arbeitgeberverbänden und Tarifbindung, 2002 (zugl. Würzburg, Univ., Diss 2002), S. 19, 25.

329 BAG, 14.03.1978 – 1 ABR 2/75, Nr. 3 zu § 97 ArbGG 1953; Moll, MAH Arbeitsrecht-*Hamacher,* § 71 Rn. 8.

330 Vgl. *Melot de Beauregard,* Mitgliedschaft in Arbeitgeberverbänden und Tarifbindung, 2002 (zugl. Würzburg, Univ., Diss 2002), S. 25 ff.

331 Vgl. *Schroeder/Silvia,* in: Schroeder, Handbuch Gewerkschaften in Deutschland, 2014, S. 337, 353.

332 Ausführlich *Behrens,* Das Paradox der Arbeitgeberverbände, 2011 (zugl. Göttingen, Univ., Habil. 2010), S. 71 ff.

333 *Weber,* Unternehmerverbände, 1987, S. 17.

334 *Behrens,* Das Paradox der Arbeitgeberverbände, 2011 (zugl. Göttingen, Univ., Habil. 2010), S. 78 f.

und ihre Organe selbst tatsächlich einen nicht unerheblichen Spielraum strategisch zu handeln und sind dadurch mehr als nur die Bündelung der Interessen ihrer Mitglieder. Sie übernehmen auch selbst eine Steuerungsfunktion. Dennoch sorgt schon allein die Ressourcenausstattung für eine enge Anbindung an die Mitgliederinteressen.[335]

(2) Verpflichtungs- und Bindungsfähigkeit

(a) Abnehmender Organisationsgrad

Die Verbände sind insbesondere seit Anfang der 1990er Jahre geprägt von Verbandsaustritten und Nicht-Eintritten und damit auch von einem sinkenden Organisationsgrad.[336] Aufgrund der engen Verknüpfung von Verbandsmitgliedschaft und Tarifbindung im deutschen Tarifrecht ergibt sich, wie bereits dargestellt, eine direkte Rückkopplung der Organisationsfähigkeit der Arbeitgeberverbände auf die Tarifbindung.

Der *Bundesvereinigung der Deutschen Arbeitgeberverbände* (BDA) als Spitzen- oder Dachorganisation, die selbst keine Tarifverträge abschließt, gehören laut Jahresbericht insgesamt 52 Bundesfachverbände an.[337] Über die in diesen Bundesfachverbänden organisierten Verbände bzw. Arbeitgeber macht der Bericht keine Angaben. In einer Studie von 2005 ist die Sprache von insgesamt ca. 1000 Arbeitgeberverbänden, in denen private Arbeitgeber organisiert sind.[338] Anderen Schätzungen zufolge gibt es derzeit insgesamt ca. 650 bis 750 Arbeitgeberverbände.[339] Die Verteilung der Arbeitgeberverbände auf West- und Ostdeutschland entspricht dabei im Wesentlichen dem Bevölkerungsanteil (West: 78,7 %; Ost: 21,3 %).[340]

Dies sagt jedoch noch nichts über den relativen Organisationsgrad aus. Betrachtet man lediglich die tarifpolitisch aktiven Arbeitgeberverbände, was sich angesichts der Fragestellung anbietet, ist dieser in etwa in Höhe der

---

335 Vgl. *Behrens,* Das Paradox der Arbeitgeberverbände, 2011 (zugl. Göttingen, Univ., Habil. 2010), S. 42, 215.

336 Dazu ausführlich *Völkl,* Ind. Beziehungen 1998, 165, 170 ff.; *Silvia,* in: Schroeder/Weßels, Hdb. Arbeitgeber- und Wirtschaftsverbände, 2010, S. 169 ff.; *Behrens,* Das Paradox der Arbeitgeberverbände, 2011 (zugl. Göttingen, Univ., Habil. 2010), S. 14 ff.; *Schroeder/Ruppert,* WSI Mitt. 1996, 316, 318.

337 Vgl. Bundesvereinigung der Deutschen Arbeitgeberverbände, Geschäftsbericht, 2013, S. 168 f.

338 *Schnabel,* Gewerkschaften und Arbeitgeberverbände, 2005, S. 11.

339 *Behrens/Helfen,* Ind. Beziehungen 2009, 5, 17.

340 *Behrens,* Das Paradox der Arbeitgeberverbände, 2011 (zugl. Göttingen, Univ., Habil. 2010), S. 61.

verbandstarifgebundenen Betriebe zu verorten. Die Zahlen von 30 % in Westdeutschland und 17 % in Ostdeutschland wurden bereits oben genannt.[341] Für die Entwicklung lohnt dabei ein Blick in die empirisch besser untersuchten einzelnen Branchen. Seinen Höhepunkt erreichte der Unternehmensorganisationsgrad etwa in der Metall- und Elektroindustrie Mitte der 1960er Jahre mit 65,9 % der Unternehmen. Diese Zahl nahm in den darauffolgenden Jahren immer schneller ab, zwischen 1964 und 1984 um 9,9 %, zwischen 1984 und 1994 sogar um 13 %. Im Jahr 1994 waren nur noch 43 % der Unternehmen Mitglied in einem Arbeitgeberverband.[342] 2003 waren es gerade mal noch 22,5 %. Hinzu kommt, dass auch der Anteil an OT-Mitgliedern insbesondere bei kleineren und mittleren Unternehmen (KMU) stetig zugenommen hat.[343] Die Ausdifferenzierung der Mitgliedschaftsvarianten ist damit ebenfalls ein Zeichen für die abnehmende Bindungs- und Verpflichtungsfähigkeit der Verbände.[344]

Der sinkende Organisationsgrad seit Mitte der 1980er Jahre ist allerdings nicht vorrangig auf massenhafte Austritte zurückzuführen, sondern eher auf einen massiven Zuwachs an neuen Unternehmen. Dabei handelt es sich jedoch in erster Linie nicht um reale Neugründungen, sondern vielfach um Unternehmensaufspaltung und Ausgründungen.[345] Neugegründete Betriebe treten tendenziell gar nicht erst in die Arbeitgeberverbände ein, weshalb diese „Verbandsabstinenz" für den Verbandstarifvertrag teilweise als noch bedrohlicher eingeschätzt wird als die Verbandsaustritte.[346]

Deutlich seltener organisiert sind demnach auch jüngere und exportorientierte Unternehmen.[347] Dies betrifft in besonderem Maß neuartige Branchen. In einer Studie Anfang des Jahrtausends waren von 60 Unternehmen der „New Economy" lediglich 19 % Mitglied in einem Arbeitgeberverband und sogar nur 7 % waren an einen Tarifvertrag gebunden.[348] Obwohl immer wieder neue Verbände entstehen, fehlen in neuen Branchen häufig die tarifpolitisch aktiven Arbeitgeberverbände. Dies macht es in bestimmten Branchen schwierig, zu Tarifverträgen

---

341 Vgl. *Ellguth/Kohaut,* WSI Mitt. 2014, 286, 288.

342 Vgl. *Schroeder/Ruppert,* WSI Mitt. 1996, 316, 318 f.

343 *Haipeter/Schilling,* Ind. Beziehungen 2006, 21, 26.

344 Vgl. auch *Behrens/Helfen,* Ind. Beziehungen 2009, 5, 6.

345 Vgl. *Schroeder,* GMH 1996, 601, 607; *Behrens/Helfen,* Ind. Beziehungen 2009, 5, 6.

346 Vgl. *Völkl,* Ind. Beziehungen 1998, 165, 167; ähnlich *Schroeder/Ruppert,* WSI Mitt. 1996, 316, 317; *Murmann,* in: Zohlnhöfer, Tarifautonomie auf dem Prüfstand, 1996, S. 43, 47.

347 *Schnabel,* Gewerkschaften und Arbeitgeberverbände, 2005, S. 13.

348 *Ittermann/Abel,* Ind. Beziehungen 2002, 463, 464.

zu kommen, genannt wird etwa beispielhaft die Fitness-Industrie.[349] Wollen Gewerkschaften tarifpolitisch in diesen Bereichen tätig werden, sind sie auf den vielbeschworenen „Häuserkampf" – also die tarifpolitische Auseinandersetzung mit jedem einzelnen Betrieb nach dem amerikanischen Modell[350] verwiesen, mit dem entsprechenden logistischen Aufwand.

Die empirischen Studien zur Tarifbindung belegen einen Zusammenhang des Organisationsgrades und der Tarifbindung mit der Betriebsgröße. Vereinfacht gesagt sind Organisationsgrad und Tarifbindung umso kleiner, je kleiner die Betriebe sind.[351] Einzelunternehmen und Personengesellschaften, in die der Eigentümer aktiv eingebunden ist, sind deutlich seltener tarifgebunden.[352] Existiert ein Betriebsrat, tendieren die betreffenden Betriebe eher zum Verbleib im Verbandstarifvertrag.[353] *Schroeder/Ruppert* bezeichnen außerdem den Verbandsaustritt als „klassisch unternehmerische Entscheidung"[354] und meinen damit, dass eigentümergeführte Betriebe eine größere Neigung zum Verbandsaustritt haben, als solche, die von Managern geführt werden.

Die Motive für Verbandsaustritt und Verbandsabstinenz sind dabei vielfältig. Eine wichtige Rolle spielt die Kritik an der Tarifpolitik.[355] Diese umfasst sowohl institutionelle wie auch ökonomische Faktoren und betrifft sowohl Tarifinhalte wie Vergütungshöhe oder Arbeitszeit, als auch die unzureichende Flexibilität der Tarifbestimmungen und auch die sich ausdifferenzierende Interessenslage bei den Unternehmen.[356] Zudem können die Nichtverbandsmitglieder durch Bezugnahme auf einen Tarifvertrag von den Ergebnissen der Verbandspolitik

---

349 *Behrens,* Ind. Beziehungen 2004, 77, 82 ff.

350 Zum Systemvergleich etwa *Keller,* FS Fürstenberg, 1995, S. 209.

351 Vgl. nur *Völkl,* Ind. Beziehungen 1998, 165, 170, 175 f.; *Schnabel,* NZA-Beilage 2011, 56, 57; *Ellguth/Kohaut,* WSI Mitt. 2012, 297, 299 f.; Statistisches Bundesamt, Verdienste und Arbeitskosten, 2013, S. 3.

352 Vgl. *Schnabel,* Gewerkschaften und Arbeitgeberverbände, 2005, S. 18; ähnlich *Paul/Stegbauer,* Soziale Marktwirtschaft, Mitbestimmung und Tarifpolitik aus Sicht der Arbeitgeber, 2006, S. 15; allerdings existieren auch Abweichungen, vgl. etwa *Schroeder/Ruppert,* WSI Mitt. 1996, 316, 319 f.

353 Vgl. *Schnabel,* Gewerkschaften und Arbeitgeberverbände, 2005, S. 18; vgl. auch *Ellguth/Kohaut,* WSI Mitt. 2012, 297, 304 f.

354 Vgl. *Schroeder/Ruppert,* WSI Mitt. 1996, 316, 322.

355 Vgl. *Schroeder/Ruppert,* WSI Mitt. 1996, 316, 323.

356 Kritik bei *Lessner,* RdA 2005, 285; *Lehmann* (Hrsg.), Krise des Flächentarifvertrags? 2002; *Rösner,* Wirtschaftsdienst 1995, 475, 483; *Schroeder,* GMH 1996, 601, 609; *Kirchner,* Wirtschaftsdienst 1995, 463, 464 f.; vgl. dazu *Behrens,* Das Paradox der Arbeitgeberverbände, 2011 (zugl. Göttingen, Univ., Habil. 2010), S. 152; *Schrader,*

profitieren, ohne den Mitgliedschaftspflichten nachkommen zu müssen.[357] Letztlich hat ein Austritt aus dem Arbeitgeberverband bzw. die Flucht aus der Tarifbindung immer auch den Zweck, die eigene Position eines Arbeitgebers im Wettbewerb zu verbessern, was die Gefahr eines Domino-Effekts nach sich zieht.[358]

Insgesamt deutet sich aber eine Konsolidierung der Situation an. So beziffert eine aktuelle Verbandsbefragung den durchschnittlichen Organisationsgrad in Wirtschaftsverbänden[359] 2012/2013 mit 57 %, was zwar immer noch ein Minus von 2 % im Vergleich zur Vorgängerbefragung von 2005/2006 ausweist.[360] Allerdings waren zwischen 2001 und 2005/2006 rund 58 % der Verbände von Schrumpfung betroffen, während es zwischen 2006 und 2012/2013 nur noch rund 32 % waren.[361] Auch zeigt sich eine deutlich positivere Bewertung des Tarifsystems. Während 2005/2006 nicht einmal ein Viertel der Vertreter von Arbeitgeberverbänden die deutsche Sozialpartnerschaft als Standortvorteil betrachtete, wird sie aktuell von fast zwei Dritteln der Befragten als positiv bewertet.[362] Angesichts der noch immer kontinuierlich sinkenden Tarifbindung, kann allerdings noch keine Entwarnung gegeben werden.[363]

(b) Faktoren

i. Grundlagen

Die Verpflichtungs- und Bindungsfähigkeit der Arbeitgeberverbände ist von einem vielschichtigen Geflecht von Faktoren abhängig.[364] Einfluss nehmen dabei

---

NZA 2001, 1337, 1337; *Bispinck,* WSI Mitt. 2004, 237, 237; *Haipeter/Schilling,* Ind. Beziehungen 2006, 21, 28 f.

357 Vgl. *Schnabel,* Gewerkschaften und Arbeitgeberverbände, 2005, S. 4 m.w.N.

358 *Bepler,* FS Richardi, 2007, S. 189, 195; *Preis/Ulber,* FS Kempen, 2013, S. 15, 20 f.

359 Verstanden als Arbeitgeberverbände, Innungen, Industrieverbände und sonstige Verbände, folglich sind nicht alle tarifpolitisch aktiv, vgl. *Nicklich/Helfen,* Wirtschaftsverbände in Deutschland 2012/2013, 2013, S. 2 f.

360 *Nicklich/Helfen,* Wirtschaftsverbände in Deutschland 2012/2013, 2013, S. 8, einschränkend muss angemerkt werden, dass die Zahlen auf der subjektiven Einschätzung der antwortenden Verbände beruhen; eine andere Studie geht von 60 % aus, vgl. *Brandl,* WSI Mitt. 2013, 510 ff.

361 *Nicklich/Helfen,* Wirtschaftsverbände in Deutschland 2012/2013, 2013, S. 10.

362 *Nicklich/Helfen,* Wirtschaftsverbände in Deutschland 2012/2013, 2013, S. 15.

363 Dazu unten, S. 66 ff.

364 Vgl. für einen strukturierten Überblick über die Ansätze in den Sozialwissenschaften *Behrens,* Das Paradox der Arbeitgeberverbände, 2011 (zugl. Göttingen, Univ., Habil. 2010), S. 19 ff.; auch *Schroeder/Silvia,* in: Schroeder, Handbuch Gewerkschaften in Deutschland, 2014, S. 337, 339 ff., 352 f.

sowohl die strategische Ausrichtung wie auch die Struktur der Verbände, die zwar auf einen größtmöglichen Einfluss auf die politische Sphäre und den Sozialpartner gerichtet sein kann, wofür aber eine möglichst breite Mitgliederbasis erforderlich ist. Eine heterogene und großflächige Organisationsweise erschwert allerdings den Interessensausgleich zwischen den Mitgliedern bis hin zur Gefahr, dass sich unzufriedene Mitglieder abwenden. Daher kann es für manche Verbände attraktiver erscheinen, ihre Mitgliederstruktur möglichst homogen zu halten und auch ihre Tarifpolitik dementsprechend auf die Interessen dieser spezifischen Gruppe auszurichten.[365]

Hierbei ist auch zu beachten, dass die Verbandsmitglieder auf dem Güter- und Arbeitsmarkt häufig in Konkurrenz zueinander stehen.[366] Zudem besteht in besonderem Maß eine Interessensdivergenz zwischen Großbetrieben und KMUs.[367] So nehmen Großbetriebe üblicherweise eine wichtige Rolle in den Arbeitgeberverbänden ein, was sich vor allem in der Ressourcenausstattung, den administrativen Leistungen aber auch bei der Einhaltung der Tarifverträge und beim Tragen der Last im Falle von Aussperrungen offenbart.[368] Gleichzeitig kann dies dazu führen, dass KMUs ihre Interessen unterberücksichtigt sehen. Verlassen sie jedoch die Verbände, führt das zu einer noch dominanteren Rolle von Großbetrieben und hat auch auf das Tarifsystem nachhaltige Auswirkungen.[369]

Ob dieser Interessensdivergenzen überrascht es nicht, dass die einzelnen Arbeitgeber insbesondere der Ordnungs- und Friedensfunktion der Tarifverträge eine besonders hohe Bedeutung zumessen. In einer Befragung von 1997/1998, also einer Zeit, in der das Tarifsystem in besonderem Maße in der Kritik stand, antworteten 90 % der befragten Geschäftsleitungen, Betriebsräte sowie Vertreter von Arbeitgeberverbänden und Gewerkschaften, dass sie die Ordnungsfunktion von Tarifverträgen für besonders erhaltenswert erachten. 80 % machten dieselbe

---

365 Hierzu etwa *Erdmann,* Die deutschen Arbeitgeberverbände, 1966, S. 265 f.; *Weber,* Unternehmerverbände, 1987, S. 26; *Völkl,* Ind. Beziehungen 1998, 165, 186; *Schroeder/Silvia,* in: Schroeder, Handbuch Gewerkschaften in Deutschland, 2014, S. 337, 358 f.; *Bochmann,* ZTR 2011, 459 ff.; vgl. dazu auch *Behrens,* Das Paradox der Arbeitgeberverbände, 2011 (zugl. Göttingen, Univ., Habil. 2010), S. 26 f.

366 *Behrens,* Das Paradox der Arbeitgeberverbände, 2011 (zugl. Göttingen, Univ., Habil. 2010), S. 16 m.w.N.

367 Vgl. etwa *Völkl,* Ind. Beziehungen 1998, 165, 171.

368 Vgl. *Schroeder/Ruppert,* WSI Mitt. 1996, 316, 317.

369 Vgl. *Schroeder,* GMH 1996, 601, 611.

Aussage in Hinblick auf die Friedensfunktion und 70 % in Bezug auf die Entlastungs- und Kartellfunktion.[370]

Das Anbieten eines „Leistungsmix" wird daher als wesentlicher Stabilitätsfaktor für die Arbeitgeberverbände gesehen.[371] Hierzu gehört in erster Linie die Tarifpolitik, hinzu kommt jedoch auch die Vertretung der Interessen der Mitglieder in der Öffentlichkeit und Politik. Vor allem spielen aber auch exklusive Dienstleistungen eine wichtige Rolle, insbesondere die Rechtsberatung v.a. in Bezug auf das Arbeitsrecht, aber auch der Arbeitskampffonds und die Solidarität der übrigen Mitglieder, auf die im Falle eines Arbeitskampfes zurückgegriffen werden kann.[372]

Andere Autoren stellen dagegen die externen Anreize für die Verbandsbildung in den Vordergrund, die hauptsächlich von Staat und Gewerkschaften ausgehen. Bestünden diese Anreize nicht – so die Argumentation – hätte der einzelne Arbeitgeber stets individuelle Handlungsoptionen, was die Verbände schwächen würde. Denn der einzelne Arbeitgeber verfügt – im Gegensatz zum Verhältnis Arbeitnehmer und Gewerkschaft – i.d.R. selbst über die hierfür erforderliche Ressourcenstärke. Recht wird insofern als Steuerungsmedium für die Anpassung der Verbände an die Umwelt begriffen, das auch die Integrationsstrukturen bestimmt und der Selbstregulierung Grenzen setzt.[373] Dieser Ansatz ist für die vorliegende Untersuchung daher von besonderem Interesse, macht er doch deutlich, dass staatliches Handeln durchaus die Integrationsfähigkeit der Verbände befördern kann, auch wenn dies entsprechend der oben getätigten Überlegungen nicht als allein ausschlaggebendes Merkmal für die Tarifbindung angenommen werden kann.

Auf der Ebene des einzelnen Arbeitgebers identifizieren *Arrowsmith/Marginson/Sisson* in diesem Sinn vor allem vier Faktoren, die das

---

370 *Oppolzer/Zachert,* in: Oppolzer/Zachert, Krise und Zukunft des Flächentarifvertrages, 2000, S. 215, 221.

371 Vgl. *Weber,* Unternehmerverbände, 1987, S. 33; v.a. auf Dienstleistungen abstellend *Völkl,* Ind. Beziehungen 1998, 165, 170 m.w.N.

372 Vgl. *Behrens,* Das Paradox der Arbeitgeberverbände, 2011 (zugl. Göttingen, Univ., Habil. 2010), S. 93, 132 f.; *Melot de Beauregard,* Mitgliedschaft in Arbeitgeberverbänden und Tarifbindung, 2002 (zugl. Würzburg, Univ., Diss 2002), S. 178; zur historischen Bedeutung auch schon *Kessler,* Arbeitgeber-Verbände, 1907, S. 289 ff.

373 Vgl. etwa *Prigge,* Metallindustrielle Arbeitgeberverbände, 1987 (zugl. Mainz, Univ., Habil. 1984), S. 208; dazu *Behrens,* Das Paradox der Arbeitgeberverbände, 2011 (zugl. Göttingen, Univ., Habil. 2010), S. 23 f., 29; vgl. auch Kittner/Zwanziger (5. Aufl.)-*Kittner,* Geschichte Rn. 4; krit. *Schroeder/Silvia,* in: Schroeder, Handbuch Gewerkschaften in Deutschland, 2014, S. 337, 340.

Bindungsverhalten beeinflussen: Transaktionskosten, unternehmerische Organisation, die Stärke der Gewerkschaften und der politische und institutionelle Kontext.[374] Vorliegend ist daher in den Blick zu nehmen, wie die Rechtsordnung diese Faktoren beeinflusst.

ii. Insbesondere: Abnehmender Organisationsgrad auf Arbeitnehmerseite

Hinsichtlich der externen Faktoren kommt der Machtverteilung zwischen den Tarifparteien bereits historisch eine entscheidende Rolle sowohl für das Zustandekommen wie auch den Inhalt tariflicher Vereinbarungen zu.[375] In einer Studie zum verarbeitenden Gewerbe Niedersachsens zeigte sich der naheliegende Schluss, dass ein Unternehmen mit höherer Wahrscheinlichkeit Mitglied in einem Arbeitgeberverband wird, je mehr gewerkschaftlich organisierte Mitarbeiter es beschäftigt und je höher das Arbeitskampfrisiko ist.[376] So ist es dann auch der Betriebsfrieden, vermittelt über die Friedenspflicht, der einen wesentlichen Anreiz zur Tarifbindung und Verbandsmitgliedschaft darstellt.[377] Gerade der von den Gewerkschaften ausgehende Vereinheitlichungsdruck hat, so *Behrens,* zur Organisation der Arbeitgeber entlang von Branchengrenzen geführt. Wo, wie in Ostdeutschland, dieser Druck fehlt, können dagegen tariflose, konkurrierende Wirtschaftsverbände entstehen.[378]

Die Gewerkschaften mussten in den vergangenen Jahrzehnten jedoch eine massive Schwächung hinnehmen, der Organisationsgrad nahm deutlich ab.[379] Waren 1981 noch 35,1 % und einigungsbedingt 1991 sogar noch 36,0 % (1990 waren es noch 31,2 %) der Arbeitnehmer gewerkschaftlich organisiert, sank diese Zahl danach dramatisch auf 23,7 % im Jahr 2001, zehn Jahre später waren es sogar nur mehr 18,0 %.[380] In den letzten Jahren konnten einige DGB-Einzelgewerkschaften durch *Organizing-* und *Campaining*-Strategien den Mitgliederschwund stoppen

---

374 *Arrowsmith/Marginson/Sisson,* Ind. Beziehungen 2003, 363, 368.

375 Vgl. *Traxler,* Interessenverbände, 1986, S. 66 f.; ähnlich *Schroeder/Silvia,* in: Schroeder, Handbuch Gewerkschaften in Deutschland, 2014, S. 337, 343 ff.; auch dazu oben S. 4 ff.

376 *Schnabel,* Gewerkschaften und Arbeitgeberverbände, 2005, S. 13; einschränkend aber *Schroeder/Ruppert,* WSI Mitt. 1996, 316, 325, ebenfalls in Bezug auf die Metall- und Elektroindustrie.

377 Vgl. bspw. *Grotmann-Höfling,* Personal 2008, 56.

378 *Behrens,* Das Paradox der Arbeitgeberverbände, 2011 (zugl. Göttingen, Univ., Habil. 2010), S. 76; *Traxler,* Interessenverbände, 1986, S. 75 f.

379 *Haipeter/Schilling,* Ind. Beziehungen 2006, 21, 29.

380 ICTWSS-Datenbank 4 von 2013, bibliografischer Nachweis unter *Visser,* ICTWSS Database im Literaturverzeichnis; vgl. dazu auch *Dribbusch,* Tarifkonkurrenz als gewerkschaftspolitische Herausforderung, 2010, S. 30.

oder sogar ein leichtes Plus verzeichnen.[381] Dies ändert allerdings nichts daran, dass sich der Organisationsgrad innerhalb von 30 Jahren fast halbiert hat. Das mindert nicht nur den Druck auf die Arbeitgeberseite, überhaupt eine Tarifbindung einzugehen, wie etwa die niedrige Tarifbindungsquote im schwach organisierten Einzelhandel zeigt.[382] Ist eine Gewerkschaft in einem Betrieb nur schwach vertreten, ist es auch kaum möglich, nach einem Verbandsaustritt des Arbeitgebers, einen Arbeitskampf um einen Anerkennungstarifvertrag zu führen.[383]

Zudem geraten die etablierten Gewerkschaften zunehmend durch Konkurrenz auf unterschiedlichen Ebenen unter Druck. Die in einigen Branchen aufkommenden Spezialistengewerkschaften bedrohen die Solidarität innerhalb des Industrieverbandsmodells. Auf der anderen Seite sorgt der Unterbietungswettbewerb in manchen Branchen für Ausweichmöglichkeiten der Arbeitgeberseite.[384] Insofern deuten sich in einigen Bereichen durchaus strukturelle Verschiebungen an.

(3) Aufgaben der Verbände außerhalb des Tarifvertragssystems

Dem Zwiespalt der Verbände zwischen einer gewichtigen Rolle in der öffentlichen Interessensvertretung und einer möglichst engen Anbindung der Mitglieder an den Verband[385] wirkt die Rechtsordnung bereits dadurch entgegen, dass sie die Mitwirkung der Sozialpartner an Rechtsetzung und Verwaltung in manchen Bereichen formalisiert. Dies ist auch ein Faktor für die relativ starke institutionelle Verankerung der Verbände und Gewerkschaften in Deutschland

---

381 Vgl. *Haipeter*, WSI Mitt. 2010, 283, 283 f.; *Schulten/Bispinck*, WSI Mitt. 2009, 201, 207; so konnte etwa *ver.di* 2013 erstmals mit einem Mitgliederzuwachs von zumindest 0,16 % abschließen, vgl. *ver.di publik* 1/2014, S. 6; bereits zum dritten Mal in Folge konnte die *IG Metall* 2013 ein Mitgliederplus verzeichnen, vgl. http://www.faz.net/aktuell/wirtschaft/rekordeinnahmen-ig-metall-feiert-dritten-mitgliederzuwachs-in-folge-12762256.html; die *GEW* weist bereits seit sechs Jahren Mitgliederzuwächse auf, vgl. http://www.gew.de/GEW_knackt_270.000er-Marke.html [alle zuletzt geprüft: 12.12.2014].

382 *Ellguth/Kohaut*, WSI Mitt. 2014, 286, 287 f.

383 Vgl. *Schroeder/Ruppert*, WSI Mitt. 1996, 316, 326; ähnlich *Völkl*, Ind. Beziehungen 1998, 165, 171.

384 Dazu ausführlicher unten, S. 121 ff.

385 Zum Antagonismus von Mitgliedschafts- und Einflusslogik etwa *Schroeder/Silvia*, in: Schroeder, Handbuch Gewerkschaften in Deutschland, 2014, S. 337, 350 f.; dazu *Behrens*, Das Paradox der Arbeitgeberverbände, 2011 (zugl. Göttingen, Univ., Habil. 2010), S. 25 ff.

und die damit einhergehende institutionelle Macht derselben, die bis zu einem gewissen Grad die Mitgliederschwäche auffangen kann.[386]

Außerhalb der Tarifautonomie im engeren Sinne sind die Tarifparteien und Spitzenverbände bspw. in das Verfahren zur Allgemeinverbindlicherklärung von Tarifnormen eingebunden.[387] Darüber hinaus wirken sie im Rahmen von § 12 AEntG in der Kommission zur Erarbeitung von Arbeitsbedingungen in der Pflegebranche mit, ebenso im Rahmen des Heimarbeitsausschusses (§ 19 HAG) und wären früher in die Regelung von Mindestarbeitsbedingungen nach §§ 3, 4 MiArbG a.F. einbezogen gewesen. Dies betrifft also vorrangig Bereiche, in denen eine tarifvertragliche Regulierung unwahrscheinlich oder selten ist, oder – wie im Fall von § 3 Abs. 1 MiArbG a.F. – Bereiche, wo „soziale Verwerfungen" entstehen, also die Ordnungsvorstellung, welche der Rechtsordnung zugrunde liegt, nicht erreicht wird.[388] Ebenso dürfen die Spitzenorganisationen gemäß § 5 Abs. 1 des Mindestlohngesetzes[389] (im Folgenden MiLoG) je drei stimmberechtigte Mitglieder für die Mindestlohnkommission vorschlagen, die gemäß § 4 Abs. 1 MiLoG über die Höhe des Mindestlohns zu befinden hat. Begründet wird dies mit dem „Sachverstand der durch Artikel 9 Absatz 3 des Grundgesetzes mit der Regelung der Arbeits- und Wirtschaftsbedingungen befassten Tarifpartner".[390] Grundsätzlich bestünde hier die Gefahr der staatlichen Intervention in die Tarifpolitik bzw. einer Steuerungsmöglichkeit zumindest der branchenübergreifenden Spitzenorganisationen auf die Tarifpolitik auf Branchenebene, wenn nämlich durch die Festlegung des Mindestlohns eine entsprechende Tendenz vorgegeben wird. Dem begegnet jedoch § 9 Abs. Abs. 2 S. 2 MiLoG. Demnach hat sich die Mindestlohnkommission nachlaufend an der Entwicklung des Tarifniveaus zu orientieren.[391] Hierin kommt wiederum die grundsätzliche Subsidiarität der staatlichen Mindestlohnpolitik gegenüber der Tarifautonomie zum Ausdruck.

---

386 Vgl. *Haipeter,* WSI Mitt. 2010, 283, 283; *Schnabel,* Gewerkschaften und Arbeitgeberverbände, 2005, S. 3.

387 Dazu unten, S. 291 ff.

388 Vgl. *Schwarze,* ZfA 2011, 867, 881.

389 Gesetz zur Regelung eines allgemeinen Mindestlohns v. 11.08.2014, BGBl. I, S. 1348.

390 BT-Drs. 18/1558, S. 36; kritisch etwa *Bepler,* Deutscher Juristentag, Thesen der Gutachter und Referenten, 2014, S. 18, These 5.1.

391 Dementsprechend besteht zum Zeitpunkt des Tarifabschlusses durchaus Kalkulationssicherheit, da eine überproportionale Steigerung des Mindestlohns nicht zu erwarten ist, a.A. *Jöris,* ZRP 2014, 124.

Besondere Bedeutung hat die Einbindung der Sozialpartner in die Sozialverwaltung (vgl. etwa § 379 Abs. 1 SGB III; §§ 48, 137e Abs. 1 SGB IV).[392] Auch auf die Höhe und Ausgestaltungen verschiedener Leistungen können die Sozialpartner bzw. deren Vereinbarungen Einfluss nehmen (vgl. etwa §§ 102 Abs. 2–4, 354 S. 2, 109 Abs. 2 Satz 2 SGB III). Aufgaben kommen den Sozialpartnern dabei insbesondere bei der Verwaltung von Geldleistungen sowie bei der Implementierung von Arbeitsmarktprogrammen zu.[393] Allerdings verringert sich ihr Einfluss in der Sozialverwaltung in mehreren Bereichen zugunsten eines verstärkten Staatseinflusses.[394] Punktuell finden Verbände und Gewerkschaften auch in anderen Bereichen Berücksichtigung (vgl. etwa § 92 a HGB, § 11 ArbnErfG[395] etc.).

Daneben kommt den Sozialpartnern eine wichtige Rolle im Rahmen der Rechtsprechung zu, da sie ehrenamtliche Richter für die Besetzung der Arbeits- und Sozialgerichte benennen können (vgl. §§ 20 ff. ArbGG; § 14 Abs. 1 und 3 SGG).

Eine Beteiligung erfahren sie aber nicht nur auf nationaler Ebene. Durch den so genannten Sozialen Dialog auf Unionsebene haben die Verbände sogar eine besondere primärrechtlich abgesicherte Rolle in der Regulierung sozial- und arbeitsrechtlicher Fragen zugewiesen bekommen (Art. 154 und 155 AEUV). Bedeutung erlangen sie außerdem im Kontext der ILO.

In anderen Staaten geht die gesamtgesellschaftliche Rolle der Sozialpartner noch deutlich weiter, so existiert in Dänemark und Schweden mit dem so genannten „Genter System" eine freiwillige gewerkschaftsnahe Arbeitslosenversicherung. Dieses System wird als ein wichtiger Grund für den hohen Organisationsgrad in den Gewerkschaften dieser Länder angesehen.[396] Insbesondere in korporatistisch ausgerichtete Staaten wie Österreich, Schweden oder den Niederlanden unterstützt der Staat auch die Bildung von Arbeitgeberverbänden deutlich aktiver, als dies in Deutschland der Fall ist. So besteht in Österreich für Arbeitgeber i.d.R. eine Pflichtmitgliedschaft in der Wirtschaftskammer (§ 2 Abs. 1 Wirtschaftskammergesetz), die ihrerseits kollektivvertragsfähig ist (§ 4 Abs. 1 ArbVG) und auch regelmäßig als Kollektivvertragspartei auf Arbeitgeberseite auftritt.[397] Darüber

---

392 Ausführlich *Schroeder,* Zur Reform der sozialen Selbstverwaltung, 2008, S. 38 ff.

393 *Clasen/Viebrock,* ZSR 2006, 351.

394 Dazu *Grotmann-Höfling,* Personal 2008, 56.

395 Zum unverbindliche Charakter NK-ArbNErfG-*Schwab,* § 11 Rn. 3.

396 Vgl. dazu *Seiwerth,* NZA 2014, 708 ff., der dann aber eine Übetragbarkeit auf Deutschland ablehnt; auch *Clasen/Viebrock,* ZSR 2006, 351.

397 Ein solches auf Pflichtmitgliedschaft beruhendes System wird in Deutschland aber überwiegend für verfassungswidrig gehalten, dazu etwa jüngst *Seiwerth,* EuZA 2014, 450, 462.

hinaus kommt der Kammer noch ein Monopol auf die Erbringung bestimmter öffentlicher Dienstleistungen, wie etwa die Abwicklung bestimmter EU-Programme (§ 19 Abs. 1 Nr. 7 Wirtschaftskammergesetz), Rechtsberatung (§ 19 Abs. 1 Nr. 10 Wirtschaftskammergesetz) u.a.m. zu. Ein Anreizinstrument stellen in den Niederlanden die *O&O Fondsen* (Ausbildungs- und Entwicklungsfonds) dar. Diese auf Kollektivverträgen basierenden Einrichtungen unterstützen staatlich subventioniert Unternehmen bei der Aus- und Weiterbildung ihrer Mitarbeiter, sofern die Arbeitgeber Mitglied in einem Fonds sind.[398] Diesen Fonds werden dann z.T. durch den Staat Kompetenzen wie etwa das Auszahlen von Subventionen übertragen.[399] Als weiteres Beispiel für Organisationsanreize wird bspw. das exklusive Recht zum Ausstellen von Exportlizenzen für Arbeitgeberverbände genannt, oder die Übertragung von öffentlichen Aufgaben wie die Erhebung statistischer Daten über die Verbandsmitglieder. Letzteres hat erheblich die Entstehung des schweizerischen Verbandes *Vorort* (heute *Economiesuisse*) begünstigt. Im Zuge der damit verbundenen Finanzierung konnte der Verband einerseits Strukturen aufbauen und hatte andererseits auch Einfluss auf die öffentliche Verwaltung.[400] Eine Verknüpfung von staatlichen Zuwendungen mit der Verbandsmitgliedschaft wird in der deutschen Literatur dagegen bislang für unzulässig gehalten.[401]

3. Zwischenfazit

Der Einfluss des Organisationsgrads sowie die Bindungsfähigkeit der Arbeitgeberverbände sind für die Reichweite der Tarifverträge von unmittelbarer Bedeutung. Dagegen sagt die Mitgliederentwicklung bei den Gewerkschaften vor allem etwas über deren Macht gegenüber der Arbeitgeberseite aus und hat somit nur mittelbar Auswirkung auf das Zustandekommen von Tarifverträgen.[402] Der europäische Vergleich zeigt, dass sogar Staaten mit einem niedrigen gewerkschaftlichen Organisationsgrad eine hohe Tarifbindung erreichen können, dass dann

---

398 Zum Ganzen *van Waarden,* in: Crouch/Traxler, Organized industrial relations in Europe, 1995, S. 45, 64 f.

399 Vgl. etwa *Bijlage 2 Subsidieregelung ESF 2007-2013 (herzien),* abrufbar unter http://wetten.overheid.nl/BWBR0026313/geldigheidsdatum_30-12-2013; zum allerdings geringen Bekanntheitsgrad dieser Einrichtungen: http://www.penoactueel.nl/Opleiden/Algemeen/2013/9/ Meerderheid-werkgevers-onbekend-met-OO-fondsen-1376155W/ [beide zuletzt geprüft: 12.12.2014].

400 Vgl. *van Waarden,* in: Crouch/Traxler, Organized industrial relations in Europe, 1995, S. 45, 58.

401 Vgl. *Gamillscheg,* Koll. ArbR I, 1997, S. 377.

402 Vgl. auch *Schroeder/Ruppert,* WSI Mitt. 1996, 316, 317.

aber die Tarifbindung auf unterschiedliche Weise gestützt wird.[403] Jedenfalls ist in allen EU-Staaten der Grad der Tarifbindung höher als der gewerkschaftliche Organisationsgrad.[404]

Verbleibt man zunächst aber auf der verbandlichen Ebene, zeigen sich zahlreiche Faktoren, welche die Bindungsfähigkeit der Arbeitgeberverbände beeinflussen. Der wesentliche Unterschied im Ansatz der sozialwissenschaftlichen Autoren liegt in der Frage, wie zum einen die Bedeutung von externen und verbandsinternen Faktoren auf die Tarifbindung eingeschätzt werden und zum anderen die Antagonismen zwischen Bindung der Mitglieder an den Verband und die Wahrnehmung der Rolle nach außen – auch im Rahmen von Tarifverhandlungen – aufgelöst werden. Während ein Teil der Literatur vor allem die Rolle der Verbände selbst bei der Auflösung dieser Konfliktsituationen betrachtet, richtet der andere Teil den Blick vor allem auf die externen Akteure.[405] Aus juristischer Perspektive interessieren vor allem die Einflussmöglichkeiten der externen Akteure, insbesondere die des Staates. Bevor die hierfür zur Verfügung stehenden Instrumente in den Kapiteln B bis D herausgearbeitet werden sollen, sind die Eckdaten der Tarifbindung in Deutschland in den Blick zu nehmen. Denn der rechtstatsächliche Rahmen bestimmt zu einem gewissen Grad auch die Beurteilung dieser Instrumente.

V. Abnehmender Bindungswille der Arbeitgeberseite

Die einleitend genannten Zahlen zur Tarifbindung belegen lediglich die Tatsache, dass diese geringer wird. Im vorstehenen Punkt hat sich zudem gezeigt, dass die Bindungsfähigkeit der Arbeitgeberverbände ebenfalls abnimmt. Dies kann, muss aber nicht, mit dem Wunsch, nicht tarifgebunden zu sein, zusammenhängen. Für die Untersuchung des Einflusses der Rechtsordnung auf die Tarifbindung der Arbeitgeberseite ist daher entscheidend, auf welche Weise sich diese Erosionsprozesse vollziehen. So macht es einen Unterschied, ob die Tarifbindung durch aktive Verbandsaustritte von Arbeitgebern oder durch ein passives Fernbleiben aus dem Tarifsystem abnimmt. Das Phänomen besteht aber nicht nur aus der sinkenden Tarifbindungsquote und einem sinkenden

---

403 *Rebhahn,* EuZA 2010, 62, 68 f.; *Streeck/Rehder,* in: Busch, et al., Tarifpolitik im Umbruch, 2005, S. 49, 54 ff.; *Schulten,* APuZ 2010, 36, 37.

404 Vgl. *Schulten,* WSI Mitt. 2012, 485, 492.

405 Zum Überblick *Weber,* Unternehmerverbände, 1987, S. 33 m.w.N.; *Behrens,* Das Paradox der Arbeitgeberverbände, 2011 (zugl. Göttingen, Univ., Habil. 2010), S. 19 ff.

Organisationsgrad, sondern muss weiter gefasst werden. Es lässt sich unter dem Begriff der abnehmenden Normierungskraft des Tarifvertrags beschreiben. Diese besteht vor allem aus zwei Teilbereichen:[406] zum einen ist eine „äußere Erosion" der Tarifbindung zu beobachten, die sich vor allem quantitativ in der sinkenden Tarifbindungsquote abbilden lässt (1.). Daneben steht die „innere Erosion", bei der die Tarifbindung zwar formal bestehen bleibt, aber bspw. nicht mehr für die gesamte Belegschaft gilt, oder in ihrer Verbindlichkeit abgeschwächt wird (2.). Die Erosion der Tarifbindung ist bereits vieldiskutiert und umfangreich belegt worden. Nachfolgend sollen die wichtigsten Punkte herausgearbeitet werden, um zu zeigen, dass es sich beim *abnehmenden* Bindungswillen auch um einen *veränderten* Bindungswillen handelt, der darin besteht, dass Tarifbindung nur noch in bestimmten Bereichen oder unter bestimmten Einschränkungen akzeptiert wird. Die rechtliche Einordordnung erfolgt dann in den Kapiteln B bis D.

1. Äußere Erosion

a) Abnehmende Tarifbindung

In Deutschland sind mit Stand vom 1. Oktober 2014 rund 70.000 Tarifverträge ins Tarifregister eingetragen.[407] Diese Zahl suggeriert zwar eine nach wie vor große Verbreitung des Tarifsystems, wird allerdings bereits dadurch relativiert, dass sie neben Verbandstarifverträgen auch Firmentarifverträge und firmenbezogene Verbandstarifverträge umfasst. Das Register enthält sowohl Manteltarifverträge, Vergütungstarifverträge, Anerkennungstarifverträge wie auch alle möglichen anderen Spielarten, vor allem aber auch deren Änderungstarifverträge. Tatsächlich muss, wie bereits eingangs angedeutet, ein deutlicher und kontinuierlicher Rückgang der Tarifbindung in Deutschland konstatiert werden.[408] Vorrangig wird hier Bezug auf die Zahlen des Betriebspanel des Instituts für Arbeitsmarkt- und Berufsforschung (IAB) genommen, da es seit 1996 in einer Betriebsbefragung jährlich die Daten zur Tarifbindung in ganz Deutschland erhebt und dadurch eine langjährige Vergleichbarkeit ermöglicht. Daneben veröffentlicht seit kurzem auch das Statistische Bundesamt Zahlen zur Tarifbindung, beginnend mit dem

---

406 Zu den Begriffen *Bispinck/Schulten,* WSI Mitt. 2003, 157.

407 Bundesministerium für Arbeit und Soziales, Verzeichnis der für allgemeinverbindlich erklärten Tarifverträge, Stand 1. Oktober 2014, S. 4.

408 Bereits *Völkl,* Ind. Beziehungen 1998, 165, 167 ff.; zur Entwicklung auch *Bispinck,* in: Bispinck/Schulten, Zukunft der Tarifautonomie, 2010, S. 20 ff.

Jahr 2010.[409] Aufgrund der unterschiedlichen Erhebungsmethode sind die Statistiken nicht deckungsgleich, die Tendenzen sind jedoch dieselben.

So waren laut dem IAB-Betriebspanel 2013 in Westdeutschland nur noch 30 % der Betriebe an einen Branchentarifvertrag gebunden, in Ostdeutschland waren es sogar nur 17 %. Hinzu kommen noch 2 % der westdeutschen Betriebe, die an einen Firmentarifvertrag gebunden waren, in Ostdeutschland waren es 3 %. Von den 67 %[410] der Betriebe ohne Tarifbindung geben im Westen immerhin 44 % an, sich am Branchentarifvertrag zu orientieren. Auch von den 80 % der Betriebe ohne Tarifbindung im Osten geben 42 % eine Orientierung am Branchentarif an.[411] Letztere Zahlen deuten zwar auf eine immer noch vorhandene Bedeutung des Verbandstarifwesens über die unmittelbar tarifgebundenen Betriebe hinaus hin. Allerdings geht aus den Zahlen weder hervor, ob die Orientierung am jeweils einschlägigen Tarifvertrag erfolgt, noch ob der Tarifvertrag vollständig gilt oder nur punktuell als Orientierung dient. Die Reglungen des TVG greifen hier gerade nicht.

Die Brisanz dieser Zahlen wird noch verstärkt, wenn man die einzelnen Branchen in den Blick nimmt. In der Informations- und Kommunikationsbranche als Extrembeispiel sind in Westdeutschland lediglich 4 % der Betriebe, in Ostdeutschland sogar nur 1 % der Betriebe an einen Branchentarif gebunden. Weitere 4 %

---

409 Das IAB befragt seit 1993 in Westdeutschland und seit 1996 in Ostdeutschland jährlich 16.000 Betriebe ab fünf Beschäftigten, vgl. http://www.iab.de/de/erhebungen/iab-betriebspanel/informationen-zum-panel.aspx [zuletzt geprüft: 12.12.2014]; die Zahlen des Statistischen Bundesamts basieren auf einer alle vier Jahre stattfindenden Verdienststrukturerhebung in rund 34.000 Betrieben des produzierenden und des Dienstleistungsgewerbes mit mindestens zehn Arbeitnehmern, vgl. Statistisches Bundesamt, Verdienste und Arbeitskosten, 2013, S. 6. Dementsprechend taucht in beiden Erhebungen eine beachtliche Anzahl an Kleinstbetrieben gar nicht auf. Immerhin arbeiten 18,7 % der Beschäftigten in Deutschland in Betrieben mit weniger als zehn Mitarbeitern, vgl. *Söllner,* WiSta 2011, 1086, 1089. Da die Tarifbindung mit der Betriebsgröße zunimmt, ist davon auszugehen, dass die Tarifbindung in Wirklichkeit noch geringer ist, als es die zitierten Zahlen zeigen.

410 Die Abweichung von 100 ergibt sich aufgrund von Rundungsfehlern.

411 Vgl. *Ellguth/Kohaut,* WSI Mitt. 2014, 286, 288; zur Unschärfe dieser Zahlen bereits oben. Darüber hinaus ist unklar, welche Bestimmungen des Tarifvertrags tatsächlich in Bezug genommen werden, also ob er vollständig oder nur auszugsweise Anwendung findet, und ob das tarifliche Niveau deckungsgleich eingehalten wird, oder ob es lediglich als Referenzwert für über- oder untertarifliche Bedingungen dient. Letztlich ist nicht einmal klar, ob überhaupt der sachlich und geografisch einschlägige Tarifvertrag in Bezug genommen wird.

unterliegen in Westdeutschland und 3 % in Ostdeutschland einem Firmentarifvertrag. Auch im Großhandel, Kfz-Handel und -reparatur, im Einzelhandel sowie im Gastgewerbe besteht in 73 % der westdeutschen Betriebe keine unmittelbare Tarifbindung, in Verkehr und Lagerei sind es 70 %, sogar im verarbeitenden Gewerbe sind es 67 %.[412] Einfluss haben hier auch Besonderheiten in der Verhandlungskultur sowie regionale Unterschiede.[413] Zumindest auf die Betriebe bezogen – und diese Zahlen sind die relevanten, wenn man die Tarifbindung der Arbeitgeberseite betrachtet – ist der Tarifvertrag damit mittlerweile die Ausnahme und nicht mehr die Regel. Dies gilt in besonderem Maß für kleinteilig organisierte Branchen.

Geht man von den Beschäftigten aus, die in diesen Betrieben tätig sind, sind die Zahlen nicht ganz so dramatisch. Aber dennoch sind mit 52 % nur noch knapp mehr als die Hälfte der westdeutschen Arbeitnehmer in einem Betrieb beschäftigt, der unmittelbar an einen Verbandstarifvertrag gebunden ist und 8 % in einem Betrieb, der einem Firmentarifvertrag unterliegt. In Ostdeutschland arbeiten 35 % der Beschäftigten in einem Betrieb mit Branchentarifbindung und 12 % in einem Betrieb mit Firmentarifbindung. Immerhin sind in Westdeutschland 19 % der Beschäftigten vollständig ohne Tarifbindung, ihr Arbeitgeber orientiert sich auch nicht an einem Tarifvertrag, in Ostdeutschland sind dies 28 %.[414] Dabei geht der Trend dahin, dass sich Außenseiter-Arbeitgeber immer weniger am Tarifniveau orientieren.[415] Betrachtet man die Entwicklung, so ist die Tarifbindung zwischen 1996 und 2013 in Westdeutschland um 18 und in Ostdeutschland auf deutlich niedrigerem Niveau um 21 Prozentpunkte zurückgegangen.[416] Dabei hat sich seit den 1990er Jahren die Abnahme der Tarifbindung noch beschleunigt.[417]

Motor der sinkenden Tarifbindung ist insbesondere die Privatwirtschaft, die Verbandstarifbindung im öffentlichen Sektor ist dagegen weitgehend stabil.[418] Allerdings bestehen selbst im öffentlichen Dienst Erosionstendenzen, wie bspw. die Verbandsaustritte der Länder Berlin und Hessen zeigen,[419] vor allem aber ist die Liberalisierung und Privatisierung öffentlicher Dienstleistungen häufig mit negativen Auswirkungen auf die Tarifbindung verknüpft.[420]

---

412 *Ellguth/Kohaut,* WSI Mitt. 2014, 286, 288.
413 Vgl. *Zachert,* KJ 1997, 411, 423.
414 Vgl. *Ellguth/Kohaut,* WSI Mitt. 2014, 286, 287.
415 *Bepler,* FS Richardi, 2007, S. 189, 195.
416 Vgl. *Ellguth/Kohaut,* WSI Mitt. 2014, 286, 289.
417 Vgl. *Bispinck,* WSI Mitt. 2005, 301.
418 *Ellguth/Kohaut,* WSI Mitt. 2012, 297, 300.
419 Vgl. bspw. *Bochmann,* ZTR 2011, 459 ff.
420 *Brandt/Schulten,* WSI Mitt. 2008, 570 ff.

b) *Sonderfall: OT-Modelle*

(1) Verbreitung

Die quantitativ abnehmende Tarifbindung steht in engem Zusammenhang mit der oben beschriebenen Mitgliederkrise in den Arbeitgeberverbänden. Jedoch sind der klassische Verbandsaustritt eines Arbeitgebers, der zumindest mittelfristig auch die Beendigung der Bindung an den Verbandstarifvertrag zur Folge hat,[421] sowie der Nichteintritt in einen Verband hier nur zwei von mehreren Möglichkeiten.[422] Vor allem ab der ersten Hälfte der 1990er Jahre haben die Arbeitgeberverbände Strategien entwickelt, um den zunehmenden Mitgliederverlusten zu begegnen und um gleichzeitig die „Tarifflucht" von der „Verbandsflucht" zu entkoppeln.[423]

Eine wichtige Antwort der Arbeitgeberverbände auf diese Entwicklung stellte der Versuch dar, den Mitgliedern ein Ausscheren aus dem Verbandstarifvertrag zu ermöglichen, sie jedoch gleichzeitig im Verband oder dessen Umfeld zu halten.[424] Um diese Mitgliedschaftsformen ohne Tarifbindung („OT") zu ermöglichen, wurde in der Satzungsgestaltung der Arbeitgeberverbände in den vergangenen Jahren eine immer größere Kreativität bezüglich neuer Mitgliedschaftsformen entwickelt. Zwar haben Arbeitgeberverbände schon früher unterschiedliche Formen der Mitgliedschaft angeboten, insbesondere sind Gast- und Fördermitgliedschaften schon lange bekannt. Diese bildeten aber eher die Ausnahme. Kennzeichnend für Gast- und Fördermitgliedschaften ist es außerdem, dass mit ihnen i.d.R. keinerlei Rechte in Bezug auf die Willensbildung im Verband wie Antragsrechte, Stimmrechte oder ein aktives oder passives Wahlrecht verbunden sind.[425] Hierin liegt bereits ein wesentlicher Unterschied zu den OT-Mitgliedschaften, bei denen die Mitglieder meist vollständige mitgliedschaftliche Rechte zuerkannt bekommen und lediglich in tarif- und arbeitskampfpolitischen Fragen kein Mitspracherecht haben.[426]

Zwar wird von ersten Konzepten in diese Richtung bereits in Bezug auf den *Norddeutschen Industrieverband* von 1965 berichtet, ein verbreiteter Einsatz erfolgte allerdings erst ab den 1990er Jahren – mit einem deutlichen Aufschwung

---

421 Dazu unten, S. 185 ff.

422 Vgl. bspw. *Schaub,* FS Hromadka, 2008, S. 339.

423 *Murmann,* in: Zohlnhöfer, Tarifautonomie auf dem Prüfstand, 1996, S. 43, 47, etwa geht davon aus, dass Arbeitgeber mit dem Verbandsaustritt nicht in erster Linie „Verbandsflucht" sondern „Tarifflucht" bezwecken.

424 Zu den tarifrechtlichen Fragen unten, S. 111 ff.

425 *Otto,* NZA 1996, 624, 627 f.

426 Vgl. Däubler, TVG-*Lorenz,* § 3 Rn. 35 f.

ab dem Ende des vergangenen Jahrhunderts.[427] Die Arbeitgeberverbände standen dieser Entwicklung dabei sehr unterschiedlich gegenüber. Verbreitung fand sie zunächst eher in der Peripherie der deutschen Wirtschaft.[428] Besonders deutlich wird dies am Beispiel des Verbandes *Gesamtmetall*. Dieser sah die OT-Mitgliedschaften zunächst als Gefahr für die Tarifautonomie und vor allem für die eigene Stärke und den inneren Zusammenhalt an. Dies änderte sich in Bayern im Zuge der Tarifverhandlungen von 1995, woraufhin diese Linie in den darauffolgenden Jahren zunehmend aufweichte. Aufgrund eines geänderten Koordinierungsvorschlags von *Gesamtmetall* haben seit 2004 alle seine Einzelverbände OT-Verbände eingerichtet.[429] Allerdings weisen diese untereinander deutliche Unterschiede hinsichtlich des Einsatzes der Mitgliedschaftsform auf, was laut *Behrens* insbesondere auf die unterschiedliche Ausrichtung der einzelnen Landesverbände zurückzuführen ist. Während 75 % der organisierten Unternehmen im bayerischen Landesverband von *Gesamtmetall* 2009 für den OT-Verband optierten (das entspricht einem Beschäftigtenanteil von 27,6 %), waren es im strukturell vergleichbaren Bundesland NRW lediglich 31,9 % der Unternehmen (13,2 % bezogen auf alle Beschäftigten).[430]

(2) Gründe für die Einführung der OT-Modelle

Zwar wird in der Arbeitgeberverbandsforschung darauf hingewiesen, dass generalisierende Aussagen hinsichtlich der Beweggründe der Arbeitgeberverbände OT-Modelle einzuführen, nicht möglich seien.[431] Allerdings haben sich einige Erklärungsansätze herausgebildet, die sich zwar nicht immer scharf voneinander trennen lassen, aber einen Überblick über die unterschiedlichen Intentionen vermitteln.

Zunächst ist es, wie bereits eingangs angedeutet, das Kalkül vieler Verbände, insbesondere für KMU attraktiver zu werden, indem es diesen ermöglicht wird, sich nicht der Tarifbindung gemäß § 3 Abs. 1 TVG unterwerfen zu müssen und dennoch die Serviceleistungen des Verbandes in Anspruch nehmen zu können. Dies wird

---

427 *Behrens,* Das Paradox der Arbeitgeberverbände, 2011 (zugl. Göttingen, Univ., Habil. 2010), S. 138 f.

428 Vgl. *Völkl,* Arbeitgeberverbände zwischen Sozialpartnerschaft und Dienstleistung, 2002 (zugl. Konstanz, Univ., Diss. 2002), S. 163 ff.

429 Vgl. *Haipeter/Schilling,* Ind. Beziehungen 2006, 21, 35.

430 *Behrens,* Das Paradox der Arbeitgeberverbände, 2011 (zugl. Göttingen, Univ., Habil. 2010), S. 149.

431 *Behrens,* Das Paradox der Arbeitgeberverbände, 2011 (zugl. Göttingen, Univ., Habil. 2010), S. 166.

gemeinhin als „Organisationssicherungsstrategie“[432] bezeichnet und soll sowohl die finanziellen wie auch die materiellen Ressourcen des Verbandes durch eine möglichst hohe Mitgliederzahl sichern.[433] Dazu passt etwa, dass der *Verband holz- und kunststoffverarbeitende Industrie Rheinland Pfalz* 1990 sein OT-Modell nach eigenen Angaben als Reaktion auf die Arbeitszeitverkürzung auf 37 Stunden pro Woche eingeführt hat.[434] Auf der anderen Seite präsentieren *Behrens/Helfen* Zahlen, die schwieriger einzuordnen sind, aber ebenfalls einen Zusammenhang zwischen der Flexibilisierung der Verbandssatzung und den verbandlichen Erosionstendenzen belegen. Sie zeigen, dass 83 % der Verbände, die einen „Blitzwechsel“, also einen kurzfristigen Wechsel in die OT-Mitgliedschaft, zulassen, unter sinkenden Mitgliederzahlen leiden, während es bei Verbänden mit einer langen Kündigungsfrist „nur“ 60 % und bei solchen Verbänden ohne OT-Option sogar nur 45 % sind.[435]

Daneben kann die OT-Option von den Verbänden freilich auch als tarifpolitisches Druckmittel eingesetzt werden.[436] Nehmen mehrere und/oder wichtige Verbandsmitglieder nicht am Ergebnis der Tarifverhandlungen teil, entwertet dies das Ergebnis dieser Verhandlungen für die Gewerkschaften. Droht ein Verband im Zuge von Tarifverhandlungen mit einem solchen Szenario, wird der Druck auf die verhandelnde Gewerkschaft umso größer, je einfacher ein solcher Wechsel durchzuführen ist und mit je geringeren Konsequenzen er für die jeweiligen Unternehmen verbunden ist. Besonders problematisch wird dies in Arbeitskämpfen. Ein Streik kann leerlaufen, wenn Arbeitgeber in die OT-Mitgliedschaft wechseln.[437]

Ferner wird die „Exit-Strategie“ genannt, bei der das OT-Modell lediglich dazu dient, den Übergang in die Beendigung der Tarifpolitik durch den Verband zu gestalten. Solche Verbände beschränken sich darauf, nur noch tarifpolitische Empfehlungen auszusprechen.[438]

---

432 Vgl. dazu ausführlich *Völkl,* Ind. Beziehungen 1998, 165, 179; *Schnabel,* Gewerkschaften und Arbeitgeberverbände, 2005, S. 15; *Behrens,* Das Paradox der Arbeitgeberverbände, 2011 (zugl. Göttingen, Univ., Habil. 2010), S. 153.

433 Vgl. dazu *Traxler,* Das deutsche Tarifsystem im internationalen Vergleich, 2006, S. 4; *Völkl,* Ind. Beziehungen 1998, 165, 168 f.; *Behrens,* Das Paradox der Arbeitgeberverbände, 2011 (zugl. Göttingen, Univ., Habil. 2010), S. 153; *Preis/Ulber,* FS Kempen, 2013, S. 15, 21.

434 *Behrens,* Das Paradox der Arbeitgeberverbände, 2011 (zugl. Göttingen, Univ., Habil. 2010), S. 138.

435 Vgl. *Böckler Impuls* 11/2010, S. 3.

436 Vgl. dazu bspw. *Schnabel,* Gewerkschaften und Arbeitgeberverbände, 2005, S. 15.

437 Dazu ausführlicher unten, S. 190 f.

438 *Behrens,* WSI Mitt. 2013, 473, 478; inwiefern dies tatsächlich zum Verlust der Tariffähigkeit führt, ist im Einzelfall zu prüfen. Dazu unten, S. 162 ff.

Letztlich dient die so genannte „Legalisierungsstrategie" dazu, es Arbeitgebern, die das bis dahin geltende Tarifrecht rechtswidrig missachtet haben, zu ermöglichen, künftig rechtskonform und dennoch ohne Tarifbindung im Verband zu verbleiben.[439]

(3) Folgen der OT-Mitgliedschaft

Diese Ausdifferenzierung belegt einerseits die schwächer werdende Integrationsfähigkeit der Arbeitgeberverbände, andererseits katalysiert sie diese Entwicklung noch zusätzlich, indem sie für die Arbeitgeber eine einfache und wenig risikoreiche Exit-Option schafft. Der OT-Arbeitgeber profitiert nämlich doppelt: zum einen kann er die Dienstleistungen und vor allem auch den Informationsfluss des Verbandes in Anspruch nehmen, zum anderen kann er immer noch durch einzelvertagliche Bezugnahme an den Tarifergebnissen partizipieren, und diese gegebenenfalls sogar nach seinen Bedürfnissen adaptieren.[440]

Wie bereits erwähnt, sinkt der Wert von Tarifergebnissen mit OT-Verbänden jedoch augenscheinlich. Mit einer sinkenden Zahl an T-Mitgliedern in einem bestimmten Bereich wird die Normierungskraft des Verbandstarifvertrags „löchrig" und eine zunehmende Dezentralisierung der Verhandlungsebene tritt ein.[441] Bei Arbeitgebern mit einem hohen gewerkschaftlichen Organisationsgrad kann die Gewerkschaft gegebenenfalls tarifpolitisch über einen Firmentarifvertrag aktiv werden, allenfalls kann so sogar ein Anerkennungstarifvertrag erreicht werden. In Betrieben mit einem niedrigen Organisationsgrad wird dies häufig nicht möglich sein und es kann sogar zu vollständiger Tariflosigkeit kommen. Tatsächlich gelingt der Abschluss von Anerkennungstarifverträgen nur selten.[442] Die OT-Option ist damit besonders attraktiv für organisationsschwache Betriebe.[443]

Auch wächst die Machtposition der Arbeitgeberverbände gegenüber den Gewerkschaften. Einerseits ist dies auf das tarifpolitische Drohpotential und die arbeitskampfrechtlichen Auswirkungen zurückzuführen, andererseits ist nicht zu verkennen, dass die finanzielle Ausstattung eines Verbandes wesentlich von

---

439 *Behrens,* WSI Mitt. 2013, 473, 477.

440 Vgl. dazu auch *Sommer,* in: Bispinck/Schulten, Zukunft der Tarifautonomie, 2010, S. 13, 15.

441 So auch *Schroeder/Silvia,* in: Schroeder, Handbuch Gewerkschaften in Deutschland, 2014, S. 337, 358.

442 Vgl. *Schroeder/Ruppert,* WSI Mitt. 1996, 316, 326; ähnlich *Völkl,* Ind. Beziehungen 1998, 165, 171.

443 Vgl. Däubler, TVG-*Peter,* § 2 Rn. 124.

der Zahl seiner Mitglieder abhängt.[444] Eine hohe Zahl an OT-Mitgliedern wirkt sich dementsprechend auch aus, obwohl diese keine formalen tarifpolitischen Beteiligungsrechte im Verband wahrnehmen können. Damit kann die Funktionsfähigkeit der Tarifautonomie in Gefahr geraten.[445]

Verbandspolitisch entfernen sich die Arbeitgeberverbände dabei zunehmend von ihrer ursprünglichen Hauptaufgabe, nämlich der überbetrieblichen Tarifpolitik.[446] *Behrens* bezeichnet dies als „Umprogrammierung".[447] Die Beratungs-, Service- und Lobby-Funktion der Verbände tritt dagegen in den Vordergrund.[448] *Haipeter* wertet die Einführung von OT-Verbänden als Abkehr von der korporatistischen Ausrichtung der Arbeitgeberverbände.[449]

Die OT-Politik der Arbeitgeberverbände ist für diese allerdings ein zweischneidiges Schwert. Während sie ihre Organisationsschwäche mit diesem Mittel zwar wirksam bekämpfen können, schwächen sie auf der anderen Seite ihren Einfluss in Hinblick auf die Gestaltung der Lohn-und Arbeitsbedingungen zugunsten ihrer Mitglieder und damit der betrieblichen Verhandlungsebene.[450] Ihre Verpflichtungsfähigkeit nimmt dementsprechend ab, da die OT-Mitglieder selbst entscheiden, wie weit sie sich verpflichten wollen.[451]

Außerdem besteht die Gefahr deutlicher Strukturverschiebungen innerhalb der Verbände. Ein Kennzeichen der deutschen Arbeitgeberverbände war es immer, dass sich in ihrem Mitgliederbestand die Unternehmenslandschaft relativ repräsentativ widerspiegelte, wenn auch kleine Unternehmen immer schon unterrepräsentiert waren. Die OT-Mitgliedschaft ist jedoch unter Großunternehmen – von Ausnahmen natürlich abgesehen[452] – deutlich weniger

---

444 *Traxler,* in: Crouch/Traxler, Organized industrial relations in Europe, 1995, S. 23, 33 ff.

445 So auch Däubler, TVG-*Peter,* § 2 Rn. 124.

446 Vgl. zum Koalitionszweck BVerfG, 24.04.1996 – 1 BvR 712/86, BVerfGE 94, 268, 283 (= AP Nr. 2 zu § 57a HRG); BVerfG, 29.12.2004 – 1 BvR 2582/03, 1 BvR 2283/03, 1 BvR 2504/03, NZA 2005, 153, 153 (= AP Nr. 2 zu § 3 AEntG).

447 *Behrens,* Das Paradox der Arbeitgeberverbände, 2011 (zugl. Göttingen, Univ., Habil. 2010), S. 137.

448 Vgl. *Schroeder/Silvia,* in: Schroeder, Handbuch Gewerkschaften in Deutschland, 2014, S. 337, 358.

449 *Haipeter/Schilling,* Ind. Beziehungen 2006, 21, 34.

450 Vgl. *Haipeter/Schilling,* Ind. Beziehungen 2006, 21, 39.

451 Vgl. *Behrens,* Das Paradox der Arbeitgeberverbände, 2011 (zugl. Göttingen, Univ., Habil. 2010), S. 221.

452 So etwa die *Karstadt GmbH*, die, wie eingangs bereits erwähnt, im Mai 2013 ankündigte, bis 2015 eine „Tarifpause" einlegen zu wollen: vgl. *Handelsblatt* vom 13.5.2013,

verbreitet.[453] Damit droht der pluralistische Aufbau immer mehr verloren zu gehen, was folglich in einer schwächeren Repräsentation der Interessen von kleineren Unternehmen in den Tarifergebnissen Niederschlag findet.[454] Dementsprechend umstritten war die Einführung der OT-Modelle auch zwischen Groß- und Kleinbetrieben.[455]

Für die Arbeitgeberverbände besteht zudem die Gefahr, dass die Kampfbereitschaft der Mitglieder leidet, wenn sie die Möglichkeit des Übertritts in den OT-Verband haben, anstatt sich auf einen Arbeitskampf einzulassen. Gleichzeitig könnten sich durch die Überrepräsentation großer Unternehmen langfristig die Forderungen der Gewerkschaften stärker an den betriebswirtschaftlichen Leistungsdaten von Großbetrieben orientieren und so die ausgleichende Wirkung, welche die Verbände erzeugen können, schwächen. Beide potentiellen Folgen bildeten sich bis dato jedoch noch nicht in der Realität ab.[456]

Trotz der mittlerweile weiten Verbreitung der OT-Modelle in der deutschen Arbeitgeberverbandslandschaft wird der Enthusiasmus für diese Gestaltungsvariante daher wohl nicht ins Unendliche wachsen.[457] Dennoch sind die Auswirkungen dieses Phänomens auf die Tarifautonomie und auf das System der Arbeitsbeziehungen nicht zu unterschätzen, wie dieser kurze Überblick gezeigt hat.

2. Innere Erosion

Die Erosion vollzieht sich allerdings nicht nur in der offenen Abkehr vom Tarifvertragssystem, vielmehr nimmt auch die Normierungskraft der Tarifabschlüsse ab, was letztlich auch eine Erosion des „sozialen Gehalts der Tarifverträge“[458] nach sich zieht. Im hier behandelten Kontext ist dies insofern relevant, als die nachfolgend beschriebenen Modelle zur Folge haben können, dass in Teilen eines

---

http://www.handelsblatt.com/ unternehmen/handel-dienstleister/warenhauskette-karstadt-legt-eine-tarifpause-ein/8198916.html [zuletzt geprüft: 12.12.2014].

453 Dazu *Behrens,* Das Paradox der Arbeitgeberverbände, 2011 (zugl. Göttingen, Univ., Habil. 2010), S. 148 f.

454 *Haipeter/Schilling,* Ind. Beziehungen 2006, 21, 37 f.; *Behrens,* Das Paradox der Arbeitgeberverbände, 2011 (zugl. Göttingen, Univ., Habil. 2010), S. 221 f.

455 Vgl. *Völkl,* Ind. Beziehungen 1998, 165, 180.

456 *Haipeter/Schilling,* Ind. Beziehungen 2006, 21, 38; *Behrens,* Das Paradox der Arbeitgeberverbände, 2011 (zugl. Göttingen, Univ., Habil. 2010), S. 222.

457 Vgl. auch *Franzen,* FS Picker, 2010, S. 929, 939.

458 *Bergmann/Bürckmann/Dabrowski,* „Reform des Flächentarifvertrags“? 1998, S. 87.

Unternehmens bzw. Produktionsprozesses keine oder eine andere Tarifbindung besteht oder dass ein Tarifvertrag teilweise abweichende Arbeitsbedingungen in den tarifgebundenen Betrieben ermöglicht. Als politischer Ausgangspunkt kann das so genannte *Lambsdorff-Papier* von 1982 angesehen werden, in dem der damalige Bundeswirtschaftsminister für eine deutliche Deregulierung des Arbeits- und Sozialrechts, unter anderem für die Abschaffung der Allgemeinverbindlicherklärung von Tarifverträgen, eintrat.[459] Die Diskussion nahm insbesondere in den 1990er Jahren bis etwa Mitte der 2000er Jahre an Fahrt auf und die Reform des Tarifrechts wurde vor allem auf eine „Flexibilisierung des Flächentarifvertrags“ hin diskutiert.[460] Forderungen auf Arbeitgeberseite bezogen sich an erster Stelle auf gesetzliche Öffnungsklauseln und eine „Modernisierung“ des BetrVG, auf betriebliche Bündnisse für Arbeit, Firmentarifverträge sowie Öffnungsklauseln in Verbandstarifverträgen.[461]

a) Dezentralisierung der Tarifverhandlungen und Flexibilität des Tarifvertrags

(1) Entwicklung

Das Tarifsystem ist in Deutschland, wie bereits mehrfach erwähnt, auf großflächige, mehr oder weniger brancheneinheitliche Abschlüsse ausgerichtet.[462] Ein branchenübergreifender bundeseinheitlicher Tarifvertrag, wie er in manchen anderen Staaten wie etwa Frankreich oder Belgien üblich ist, existiert in Deutschland dagegen nicht. Nur in einzelnen Branchen wie dem öffentlichen Dienst existieren auch (fast) bundesweit einheitliche Tarifverträge. Insgesamt dominiert das Modell regionaler Tarifverträge, die sich nach Tarifbezirken aufteilen, wichtigstes Beispiel hierfür ist die Metallbranche.[463] Dabei bestehen häufig „Pilotbezirke“, deren Tarifergebnisse Signalwirkung für andere Bezirke besitzen. Solche großflächigen Tarifverträge sind und waren üblicherweise

---

459 *Lambsdorff*, Konzept für eine Politik zur Überwindung der Wachstumsschwäche und zur Bekämpfung der Arbeitslosigkeit vom 9. September 1982, S. 10; abrufbar unter http://www.freiheit.org/files/288/1982_Lambsdorff-Papier.pdf [zuletzt geprüft: 12.12.2014].

460 Deutlich Kritik stellvertretend bei *Bergmann/Bürckmann/Dabrowski*, „Reform des Flächentarifvertrags“? 1998, S. 90 f.

461 Vgl. etwa dazu eine Befragung der *Bertelsmann Stiftung*, veröffentlicht bei *Paul/Stegbauer*, Soziale Marktwirtschaft, Mitbestimmung und Tarifpolitik aus Sicht der Arbeitgeber, 2006.

462 *Zachert*, AiB 2006, 166, dazu schon oben, S. 44 ff.

463 *Gamillscheg*, Koll. ArbR I, 1997, S. 504 f.

allgemein gehalten und werden häufig durch Betriebs- und Personalräte im Rahmen der Mitbestimmung konkretisiert.[464] *Bispinck* bezeichnet die Verknüpfung von branchenweiten verbindlichen tariflichen Vorgaben mit betrieblichem Handlungsspielraum sogar als ein „typisches Charakteristikum unseres Tarifvertragssystems".[465]

So betonten auch die Arbeitgeberverbände der Metallindustrie lange Zeit die ordnungspolitische Funktion des Verbandstarifvertrags und es war zunächst eher die *IG Metall*, die auf betriebliche Flexibilität drängte, um von der positiven Ertragslage einzelner (Groß-)Unternehmen profitieren zu können.[466] Die Positionen haben sich mittlerweile umgekehrt, wobei von Teilen der Arbeitgeberschaft die Orientierung am Verbandstarifvertrag seit einigen Jahren sogar grundsätzlich infrage gestellt wird.[467] Einen wesentlichen Einschnitt stellte dabei die Wiedervereinigung dar. Zwar wurde, wie oben beschrieben, der Versuch unternommen, das bestehende bundesrepublikanische System auf die neuen Bundesländer zu übertragen, dieses konnte sich in Ostdeutschland jedoch nicht in derselben Form etablieren.[468] Ein wichtiges Ereignis hierfür war 1993 die fristlose Kündigung des Stufentarifvertrags für die ostdeutsche Metall- und Elektroindustrie durch die Arbeitgeber, die einen Strategiewechsel bei den Arbeitgeberverbänden bewirkte, in dessen Folge zahlreiche Tarifverträge gekündigt wurden.[469] Dementsprechend wird dem Transformationsprozess in Ostdeutschland auch eine beschleunigende Wirkung für die Abnahme der Verbandsbindung insgesamt zugeschrieben. In der Metall- und Elektroindustrie sank der Unternehmensorganisationsgrad innerhalb von drei Jahren zwischen 1991 und 1994 von 60 % auf 35,7 %.[470] Aber auch für das gesamte Bundesgebiet drohte 1995 der Hauptgeschäftsführer des *Gesamtverbandes der metallindustriellen Arbeitgeberverbände Kirchner* mit der Selbstauflösung des Verbandes.[471] Ähnlich

---

464 *Zachert*, AiB 2006, 166.

465 Vgl. *Bispinck*, WSI Mitt. 2003, 395, 398.

466 Vgl. *Bahnmüller*, in: Bispinck/Schulten, Zukunft der Tarifautonomie, 2010, S. 81, 92; vgl. auch *Bispinck*, WSI Mitt. 2003, 395, 400; ähnlich auch die frühere *IG Chemie-Papier-Keramik* (heute Teil der *IG BCE*), dazu *Gamillscheg*, Koll. ArbR I, 1997, S. 1006.

467 Dazu *Haipeter/Schilling*, Ind. Beziehungen 2006, 21; zur rechtspolitischen Diskussion s. insb. unten, S. 265 ff.

468 Vgl. *Ohl*, WSI Mitt. 2009, 627, 630.

469 Vgl. *Völkl*, Ind. Beziehungen 1998, 165, 169.

470 Vgl. *Schroeder/Ruppert*, WSI Mitt. 1996, 316, 318.

471 Vgl. *Schroeder*, GMH 1996, 601, 609; dazu auch *Der Spiegel* 31/1995, 76.

drohten die Metallarbeitgeber während der Tarifverhandlungen der *IG Metall* im Jahr 2003 ebenfalls mit der Verbandsauflösung, als die 35 Stunden-Woche durchgesetzt werden sollte.[472]

Kritisiert wurde, dass der Verbandstarifvertrag trotz der eingangs angedeuteten Flexibilität zu „starr“ sei und mehr Raum für betriebliche Lösungen eröffnen müsse.[473] Auf Seiten der Wirtschaftsverbände drängte etwa der *Bundesverband der Deutschen Industrie* (*BDI*) darauf, den Verbandstarifvertrag zu Gunsten der betrieblichen Arbeitsbeziehungen zu schwächen: insbesondere der Tarifvorbehalt in § 77 Abs. 3 BetrVG wird immer wieder infrage gestellt,[474] sogar der vollständige Verzicht auf Tarifregelungen in bestimmten Bereichen wurde gefordert.[475] Ähnliche Forderungen wurden auch von politischen Parteien, staatlichen Gremien und auch von manchen Stimmen aus der Wissenschaft gestellt.[476] Tatsächlich fand und findet eine zunehmende Dezentralisierung statt, wobei die rechtlich an sich strikte Trennung zwischen betrieblicher und tariflicher Ebene in der Praxis aufgeweicht wird. Ähnliche Entwicklungen sind in den vergangenen zwei Jahrzehnten auch in zahlreichen anderen europäischen Ländern wie etwa Italien und Frankreich zu beobachten.[477] In Deutschland hat sich die Zahl der Firmentarifverträge zwischen 1990 und 2013 mehr als vervierfacht.[478]

(2) Formen und Folgen: insbesondere Öffnungsklauseln und betriebliche Bündnisse

Im Zuge dieser Kritik setzten auf betrieblicher Ebene Dezentralisierungstendenzen ein, die mit dem Begriff der „wilden Dezentralisierung“ umschrieben werden.[479] Hierunter werden vor allem Formen der betrieblichen Verhandlungen über die Arbeitsbedingungen verstanden, die trotz eines gültigen Verbandstarifvertrags nicht von diesem gedeckt sind, so etwa betriebliche Bündnisse für Arbeit oder reines *concession bargaining* ohne Gegenleistung.[480] Grundidee der

---

472 Vgl. *Böckler impuls* 11/2010, S. 3.

473 Vgl. etwa *Berthold*, Wirtschaftsdienst 1995, 469, 471; zudem die Nachweise bei *Schrader*, NZA 2001, 1337, 1337.

474 Vgl. *Schroeder*, GMH 1996, 601, 608; dazu unten, S. 265 ff.

475 Vgl. *Kirchner*, Wirtschaftsdienst 1995, 463, 465.

476 Dazu unten ausführlich, S. 257 ff.

477 *Gamillscheg*, Koll. ArbR I, 1997, S. 504.

478 Von ca. 2.550 auf 10.384 Firmentarifverträge, vgl. WSI-Tarifarchiv/*Bispinck*, Statistisches Taschenbuch, 2014, Nr. 1.4.

479 *Bispinck/Schulten*, WSI Mitt. 2003, 157.

480 Vgl. *Haipeter*, WSI Mitt. 2009, 185, 186.

so genannten betrieblichen Bündnisse für Arbeit ist es, dass die Arbeitnehmer im Betrieb einem Entgeltverzicht, einer Flexibilisierung der Arbeitszeiten oder einer vergleichbaren Minderung der Arbeitsbedingungen im Ausgleich für eine (befristete) Arbeitsplatzgarantie bzw. einen Verzicht auf betriebsbedingte Kündigungen zustimmen. Teilweise werden auch Standort- oder Investitionszusagen getätigt.[481] Obwohl in vielen Fällen illegal,[482] da sie die Kompetenzen der Betriebsparteien im Verhältnis zu den Tarifparteien überschreiten, vor allem wenn sie ohne Beteiligung der Tarifparteien geschlossen werden, haben betriebliche Bündnisse für Arbeit bis in die Mitte der 2000er Jahre rege Verbreitung gefunden.[483] Sollten sie Mitte der 1990er Jahre vor allem Unternehmen in Krisenzeiten eine Senkung der Arbeitskosten ermöglichen, verselbstständigten sie sich jedoch schnell und wurden verstärkt unter dem Deckmantel der Beschäftigungssicherung angewendet, ohne dass klare Voraussetzungen an ein solches Bündnis geknüpft wurden.[484]

Die Gewerkschaften bestritten bereits damals die These vom starren Verbandstarifvertrag.[485] Der starke (auch politische) Druck auf den Verbandstarifvertrag und der zunehmend schwer zu kontrollierende Wildwuchs an betrieblichen Regelungen führten allerdings zu einem Strategiewechsel auf Seiten der Tarifparteien hin zu einer „kontrollierten Flexibilisierung“ und dem Versuch, durch eine Regulierung der Tarifabweichungen diese in den Griff zu bekommen.[486] Durch die Aufnahme von so genannten Öffnungsklauseln in die Tarifverträge sollten und sollen die Tarifparteien einerseits wieder die Kontrolle über das Geschehen auf Betriebsebene erlangen. Gleichzeitig soll der Verbandstarifvertrag attraktiver für die Arbeitgeber werden.[487] Sie ermöglichen einzelnen Betrieben,

---

481 Dazu ausführlich *Rehder*, Betriebliche Bündnisse, 2003 (zugl. Köln, Univ., Diss. 2001), S. 53 ff.; vgl. auch für die Chemie-Industrie *Bischoff*, in: Bispinck/Schulten, Zukunft der Tarifautonomie, 2010, S. 73, 77.

482 Zur rechtlichen Bewertung ausführlich unten, S. 257 ff.

483 Vgl. bspw. *Rehder*, Betriebliche Bündnisse, 2003 (zugl. Köln, Univ., Diss. 2001), S. 120; *Bispinck/Schulten*, WSI Mitt. 2003, 157, 160.

484 Vgl. *Dieterich/Hanau/Henssler/Oetker/Wank/Wiedemann*, RdA 2004, 65, 69.

485 Vgl. etwa den damals Zweiten Vorsitzenden der *IG Metall*, *Riester*, Wirtschaftsdienst 1995, 466, 467.

486 Vgl. *Haipeter*, WSI Mitt. 2010, 283, 284; *Bischoff*, in: Bispinck/Schulten, Zukunft der Tarifautonomie, 2010, S. 73, 76; *Huber/Burkhard/Klebe*, WSI Mitt. 2005, 656 f.; *Grotmann-Höfling*, Personal 2008, 56, 57.

487 Dazu etwa *Dieterich/Hanau/Henssler/Oetker/Wank/Wiedemann*, RdA 2004, 65, 66; *Streeck/Rehder*, in: Busch, et al., Tarifpolitik im Umbruch, 2005, S. 49, 61; zudem Monopolkommission, Achtzehntes Hauptgutachten 2008/2009, BT-Drs. 17/2006,

temporär oder dauerhaft von einzelnen Tarifbestimmungen abzuweichen, dafür müssen sie einerseits die Voraussetzungen für die Inanspruchnahme erfüllen und andererseits die im Tarifvertrag festgelegten Verfahrensweisen einhalten.[488]

Zunächst waren die Öffnungsklauseln nur für den Fall vorgesehen, dass sich ein Betrieb in wirtschaftlichen Schwierigkeiten befindet. Im Weiteren wurden die Voraussetzungen vieler Öffnungsklauseln zunehmend abgeschwächt und gleichzeitig das Spektrum der Anwendungsmöglichkeiten ausgeweitet, weshalb sie nun in vielen Fällen auch ohne Notlage zur Anwendung gebracht werden können. In besonderem Maße betrifft dies Ostdeutschland, wo Öffnungsklauseln vielfach sogar Löhne und Gehälter umfassen.[489]

Der Umgang der Einzelgewerkschaften mit Öffnungsklauseln ist unterschiedlich und hängt stark mit der Bewertung der Öffnungsklauseln zusammen. In der Metallindustrie und im Dienstleistungssektor existiert bspw. ein relativ striktes Verfahren, durch das gewährleistet werden soll, dass die Tarifparteien die Kontrolle über die Nutzung von Öffnungsklauseln, etwa durch einen Genehmigungsvorbehalt oder eine direkte Beteiligung der Tarifparteien an den Verhandlungen, behalten.[490] In der Metallindustrie sah bereits die Tarifeinigung von 1994 eine so genannte „Härtefallklausel“ vor, an die ein Verfahren geknüpft war, das eine missbräuchliche Nutzung verhindern sollte. So mussten die Tarifparteien gemeinsam darüber entscheiden, ob ein Härtefall vorliegt, und bei fehlender Einigung war ein Schlichtungsverfahren vorgesehen. Ohne Einigung galt das Tarifniveau.[491]

In der Sache betreffen Öffnungsklauseln insbesondere Arbeitszeitkorridore, Einstiegstarife, Kleinbetriebsklauseln, allgemeine Härtefallklauseln, gespaltene Entgelttabellen, ertragsabhängige Vergütungsbestandteile, tarifliche Sonderleistungen, eine Reduzierung laufender Entgelte oder die Verschiebung bzw. eine

---

S. 334 f.; in Bezug auf die Metallindustrie *Bispinck/Dribbusch,* Collective bargaining, decentralisation and crisis management in the German metalworking industries, 2011, S. 36 ff.; vgl. auch BAG, 20.10.2010 - 4 AZR 105/09, NZA 2011, 468 (= AP Nr. 145 zu Art. 9 GG), wo das Interesse der Gewerkschaft am Erhalt der Arbeitsplätze ihrer Mitglieder betont wird.

488 Vgl. bspw. *Riester,* Wirtschaftsdienst 1995, 466, 467.

489 Vgl. *Bahnmüller,* in: Bispinck/Schulten, Zukunft der Tarifautonomie, 2010, S. 81, 86 f.

490 *Haipeter,* WSI Mitt. 2009, 185, 189 f.; *Lessner,* RdA 2005, 285, 290; *Bispinck,* WSI Mitt. 2003, 395, 399; kritisch zur Effektivität: *Bahnmüller,* in: Bispinck/Schulten, Zukunft der Tarifautonomie, 2010, S. 81, 102 f.; zu den Verfahren unten, S. 269 f.

491 Dazu *Ohl,* WSI Mitt. 2009, 627, 629; zur Entwicklung der Tarifnorm bis heute unten, S. 269 f.

stufenweise Einführung tariflich vereinbarter Entgelterhöhungen.[492] In einer Befragung von 2004/2005 waren es drei Viertel der tarifgebundenen Betriebe (mit Betriebsrat), die tarifliche Öffnungsklauseln angewendet haben, wobei sich eine deutliche Steigerung zur Vorgängerbefragung zeigte.[493] Besonders wurden Öffnungsklauseln zur Arbeitszeitverlängerung genutzt, dies betraf mehr als die Hälfte der Fälle. Lohn- und gehaltsbezogene Abweichungen gab es dagegen nur in einem Fünftel der Fälle, wobei branchenspezifische Unterschiede bestehen.[494] Dabei existiert häufig ein Zusammenhang zwischen der Nutzung von Öffnungsklauseln und dem Betriebsergebnis.[495]

Tatsächlich hat sich die Geschwindigkeit der Tarifflucht der 1990er Jahre deutlich abgeschwächt und der politische Druck auf den Verbandstarifvertrag hat seit 2005 ebenfalls merklich abgenommen.[496] Dies wird auch auf die Flexibilisierung der Verbandstarifverträge insbesondere durch Öffnungsklauseln zurückgeführt.[497] Obwohl diese Politik damit grundsätzlich als Erfolg gewertet werden kann, steht dem eine Relativierung der Normierungskraft dieser Tarifverträge gegenüber.[498] Vor allem werden in vielen Fällen die Tarifparteien erst beteiligt, wenn die wesentlichen Punkte bereits ausverhandelt sind.[499] Zudem werden Tarifabweichungen meist unter Druck verhandelt, womit den Tarifparteien und insbesondere den Gewerkschaften eine meist defensive Position zukommt.[500] Hauptsächlich strikte Verfahren zur kontrollierten Nutzung

---

492 Vgl. ausführlich *Bispinck,* WSI Mitt. 2003, 395, 398 f.; *Krause,* JA 2006, 819, 142; für die chemische und die Metallindustrie: *Haipeter,* WSI Mitt. 2009, 185, 189 f.

493 Vgl. *Bispinck/Schulten,* WSI Mitt. 2005, 466, 467; auch *Behrens,* WSI Mitt. 2009, 102, 105.

494 Vgl. *Haipeter,* WSI Mitt. 2009, 185, 187; auch *Bispinck,* WSI Mitt. 2005, 301, 303 f.; vgl. auch die Forderungen bereits bei *Kirchner,* Wirtschaftsdienst 1995, 463, 465.

495 *Bispinck,* WSI Mitt. 2005, 301, 303.

496 Vgl. *Haipeter,* WSI Mitt. 2009, 185, 190; *Bahnmüller,* in: Bispinck/Schulten, Zukunft der Tarifautonomie, 2010, S. 81, 109; vgl. auch schon *Berthold,* Wirtschaftsdienst 1995, 469, 472.

497 Die empirischen Daten sind hierzu allerdings nicht eindeutig, dazu *Ellguth/Kohaut,* Ind. Beziehungen 2010, 345, 367.

498 Kritisch etwa *Bispinck,* WSI Mitt. 2003, 395, 396; *Völkl,* Ind. Beziehungen 1998, 165, 185; *Bergmann/Bürckmann/Dabrowski,* „Reform des Flächentarifvertrags"? 1998, S. 88 f.; vgl. zur unterschiedlichen Bewertung durch Betriebsräte und Personalverantwortliche auch *Nienhüser/Hoßfeld,* WSI Mitt. 2010, 126, 129.

499 Vgl. *Däubler,* FS Wlotzke, 1996, S. 257, 272; vgl. auch *Bispinck,* WSI Mitt. 2003, 395, 398.

500 Vgl. *Haipeter,* WSI Mitt. 2010, 283, 288 f.

der Öffnungsklauseln können der Erosion der Verbandstarifverträge aber entgegenwirken[501] und verhindern, dass der Tarifvertrag zu einer rein „unverbindlichen ‚Orientierung'"[502] wird.

b) *Drittpersonaleinsatz und Tariffragmentierung*

Eine immer wichtiger werdende Form der inneren Erosion stellt die zunehmende Tendenz dar, Tätigkeiten im Betrieb, die vormals mit der eigenen Belegschaft verrichtet worden sind, durch „betriebsfremde" Beschäftigte vornehmen zu lassen, indem etwa Betriebsteile ausgelagert, bestimmte Aufgaben fremdvergeben, arbeitnehmerähnliche Personen oder Leiharbeitnehmer eingesetzt werden. Dabei entwickeln sich „tarifpolitische Parallelwelten"[503] sowohl in den Unternehmen wie auch an den einzelnen Betriebsstätten.

Das Phänomen des Drittpersonaleinsatzes ist dabei nicht neu. Seit jeher werden im Rahmen der Spezialisierung und Ausdifferenzierung der Wirtschaft bestimmte Arbeiten fremdvergeben und bspw. im Rahmen eines Werkvertrags (§§ 631 ff. BGB) oder selbstständigen Dienstverhältnisses (§ 611 ff. BGB) erledigt. Auch die Leiharbeit befindet sich seit ihrer Legalisierung 1972 meist im Wachstum.[504] Allerdings stieß bereits in den 1990er Jahren die „wachsende Anzahl von Erwerbspersonen, die in Leiharbeit, Werkarbeit, Heimarbeit oder als geringfügig Beschäftigte in ähnlichen ‚atypischen Beschäftigungsverhältnissen' tätig sind"[505] auf Kritik. Seither haben in Bezug auf die Leiharbeit und Werkvertragsmodelle nochmals massive Umwälzungen stattgefunden. Diese Entwicklung wird teilweise als „Tertialisierung" und „netzwerkförmige Reorganisation" industrieller Wertschöpfung bezeichnet,[506] womit vor allem gemeint ist, dass selbst Tätigkeiten in Kernbereichen der Wertschöpfung durch externe „Dienstleister" erbracht werden. Damit entsteht ein komplexes Beziehungsgeflecht unterschiedlicher Unternehmen, die projektorientiert miteinander verbunden sind. Arbeiten werden dabei an einem Standort von verschiedenen Belegschaften erledigt. Neben der eigentlichen Stammbelegschaft des Standortunternehmens werden die Arbeitnehmer der Fremdfirma meist im Wege von Werk- oder

---

501 *Haipeter,* WSI Mitt. 2009, 185, 191.

502 *Bergmann/Bürckmann/Dabrowski,* „Reform des Flächentarifvertrags"? 1998, S. 34.

503 *Helfen,* Magazin Mitbestimmung 2011, 20.

504 Dazu ausführlich unten, S. 231 ff.

505 *Rösner,* Wirtschaftsdienst 1995, 475, 479.

506 *Helfen,* in: Sydow/Conrad/Sadowski, Managementforschung 24, 2014, S. 139, 146 ff.; *Helfen/Nicklich,* Ind. Beziehungen 2013, 142, 142 f., auch zum Nachfolgenden; *Deinert,* RdA 2014, 65, 75 ff.; ähnlich *Rösner,* Wirtschaftsdienst 1995, 475, 478.

Dienstverträgen tätig, daneben werden Leiharbeitnehmer eingesetzt, zum Teil durch das Standortunternehmen selbst, teilweise durch die Fremdfirma. Betrachtet man alleine diese Konstellation mit nur einer Fremdfirma, können am selben Standort bereits bis zu fünf unterschiedliche Tarifverträge gleichzeitig anwendbar sein, sofern überhaupt alle Akteure tarifgebunden sind.

Neu sind an dieser Entwicklung vor allem das Volumen und die Komplexität, in denen diese Reorganisation erfolgt. So hat eine Umfrage der *IG Metall* ergeben, dass 2011 ein Drittel der befragten Unternehmen Werkverträge für Tätigkeiten einsetzt, die auch von Stammarbeitnehmern erledigt werden könnten.[507] Ein Novum ist aber vor allem auch, dass nicht nur periphere Tätigkeiten wie die vielzitierten Malerarbeiten oder das Catering ausgelagert werden, sondern in großem Umfang auch Tätigkeiten im „Kerngeschäft“[508] zunehmend an Fremdfirmen vergeben werden. Als Anbieter dieser Tätigkeiten haben sich eigenständige Konzerne, so genannte Industriedienstleister gebildet.[509] Die rechtliche Einordnung dieser Entwicklung soll unten erfolgen.[510] Bereits hier kann jedoch festgehalten werden, dass diese Entwicklung am Tarifsystem nicht spurlos vorübergeht. So ist zwar der Bereich der Leiharbeit tariflich geregelt, allerdings lagen die Tariflöhne in der Leiharbeit 2010 durchschnittlich 20 bis 40 % unter den Löhnen der jeweiligen Stammbeschäftigten der Einsatzunternehmen.[511] Im Bereich der industrienahen Dienstleistungen herrscht dagegen tarifpolitisch ausgesprochene Heterogenität. Da die einzelnen Unternehmen eine breite Palette an Tätigkeiten anbieten, passen sie häufig nicht in eine einzelne Branche. Eigene Verbandsstrukturen mit tariffähigen Arbeitgeberverbänden haben sich dagegen noch kaum gefunden.[512] Auch auf Seiten der DGB-Gewerkschaften entstehen dadurch neue Zuständigkeitsprobleme, da jeweils mehrere Einzelgewerkschaften für einen Industriedienstleister zuständig sind. Letztlich ist mit dem Drittpersonaleinsatz beider Formen der Verlust von Stammarbeitsplätzen verbunden.[513]

---

507 Dazu *Karthaus/Klebe,* NZA 2012, 417; *Koch/Wohlhüter,* Werkverträge in der Arbeitswelt, 2012; *Roggenkamp,* Magazin Mitbestimmung 11/2011, 26.

508 *Greiner,* NZA 2013, 697; dagegen noch eher auf die peripheren Bereiche verweisend *Rösner,* Wirtschaftsdienst 1995, 475, 478.

509 *Meißner/Bochum,* Industrie- und Produktions-Services, 2011, S. 3 ff.; *Helfen,* Magazin Mitbestimmung 2013, 32, 33.

510 Dazu unten, S. 224 ff.

511 Vgl. *Schirge,* AiB 2010, 657, 658.

512 *Helfen,* Magazin Mitbestimmung 2013, 32, 33.

513 Vgl. DGB, einblick 4/2012, 5.

Hinzu kommt eine wachsende Zahl an so genannten Soloselbstständigen.[514] Gemeint sind damit selbstständig erwerbstätige Personen, die selbst keine Arbeitnehmer beschäftigen. Während 1990 nur rund 1,25 Mio. Personen in dieser Form erwerbstätig waren, stieg die Zahl im Jahr 2012 auf rund 2,5 Mio. und hat sich damit innerhalb von zwei Jahrzehnten praktisch verdoppelt.[515] Dabei handelt es sich um eine Gruppe, die vergleichsweise gut qualifiziert ist, durchschnittlich aber ein geringeres Einkommen als vergleichbare Arbeitnehmer erzielt. Etwa ein Drittel dieser Personen erzielt nur ein Niedrigeinkommen.[516] Auswirkungen auf die Tarifbindung ergeben sich, wenn Soloselbstständige Tätigkeiten ausführen, die zuvor durch tarifgebundene Stammarbeitskräfte eines Unternehmens erbracht worden sind.[517] Ein neueres Phänomen in diesem Zusammenhang stellt das so genannte „Crowd-“ oder „Cloud-Working“ dar, bei dem ein Auftrag im Internet oder Intranet ausgeschrieben und dann von Selbstständigen erledigt wird.[518] Das kann sowohl Kleinstaufgaben (so genannte „Microtasks“) wie auch komplexe Projekte betreffen.[519] Damit scheint sich ein neues Arbeitsmodell zu etablieren.[520] Der IT-Konzern *IBM* plant bspw. durch diese Form der Beschäftigung bis zu 8.000 Arbeitsplätze der Kernbelegschaft in Deutschland einzusparen.[521]

c) Unternehmensreorganisation und Produktionsverlagerung

Damit verbunden ist die bereits seit Anfang der 1990er Jahre intensiv geführte Debatte zur Auslagerung bzw. dem „Outsourcing“ von Betrieben oder

---

514 Dazu ausführlich *Koch/Rosemann/Späth,* Soloselbstständige in Deutschland, 2011.

515 *Brenke,* DIW Wochenbericht 7/2013, 3, 3 f.

516 Basierend auf der OECD-Niedriglohndefinition für Arbeitnehmer, vgl. *Brenke,* DIW Wochenbericht 7/2013, 3, 13 f.; *Koch/Rosemann/Späth,* Soloselbstständige in Deutschland, 2011, S. 25 ff.

517 Den Anstieg zumindest auch darauf zurückführend *Nebe,* SR 2013, 1, 7; zur rechtlichen Einstufung unten, S. 247 ff.

518 Zum Begriff *Leimeister/Zogaj/Blohm,* in: Benner, Crowdwork - zurück in die Zukunft? 2015, S. 9, 14 ff.

519 Antwort der Bundesregierung auf eine parlamentarischen Anfrage der Fraktion *Die Linke,* BT-Drs. 18/3032, S. 3.

520 Zu den arbeitsrechtlichen Fragen etwa *Klebe/Neugebauer,* AuR 2014, 4 ff.; *Krause,* KJ 2013, 119; *Däubler,* in: Benner, Crowdwork - zurück in die Zukunft? 2015, S. 243 ff.; *Krause,* KJ 2013, 119.

521 Vgl. *taz Online,* 14.04.2012, abrufbar unter http://www.taz.de/!91173/ [zuletzt geprüft: 12.12.2014].

Betriebsteilen.[522] Gekennzeichnet ist diese vor allem durch eine Verlagerung der ganzen oder teilweisen Produktion entweder ins Ausland oder in innerstaatlich kostengünstigere (Tarif-)Gebiete.[523] So hat insbesondere die deutsche Wiedervereinigung dazu geführt, dass aufgrund der in vielen Branchen lange nicht vollzogenen Tarifangleichung zwischen Ost und West, die auch heute noch nicht überall erfolgt ist, ein unterschiedliches Lohnniveau entstanden ist, das viele Unternehmen dazu bewegte, die Produktion nach Ostdeutschland zu verlegen.[524] Abgesehen von der Komplett- oder Teilbetriebsverlagerung findet Outsourcing durch unterschiedliche Formen der Aus- und Neugründung von Unternehmen statt.[525] Dies ist in den meisten Fällen mit der Geltung eines anderen Tarifvertrags, aber auch mit Tariflosigkeit verbunden. In einer Befragung von 2005 galt nach der Auslagerung in 46 % der Fälle ein anderes Tarifniveau.[526] Betroffen sind auch in diesem Fall sowohl periphere Aufgaben im Betrieb wie bspw. die Kantine, aber auch zentrale Bereiche der Wertschöpfung.[527]

Der Standortwettbewerb geht dabei auch an den Gewerkschaften nicht spurlos vorüber. Wenn Unternehmen zunehmend weniger an den Standort gebunden sind, mindert dies automatisch deren Einfluss und Machtpotential.[528]

d) Tarifbruch

Wenn auch illegal, so ist der Tarifbruch ein relativ weit verbreitetes Phänomen, das von Unternehmen trotz bestehender Tarifbindung genutzt wird.[529] So machte bspw. eine Überprüfung des Entgelts im Einzelhandel durch die Rentenversicherung deutlich, dass selbst zu Zeiten, als in der Branche noch ein allgemeinverbindlicher Tarifvertrag gegolten hat, in großem Maße das Tarifniveau unterschritten worden war, was im Übrigen auch zu einer Ablehnung dieses

---

522 Zur Diskussion etwa *Bleicher/Fischer/Gensior/Steiner,* WSI Mitt. 2002, 403; vgl. auch *Ziegler,* Standortverlagerungen und Ausgliederung, 2008.

523 Vgl. etwa *Palley,* WSI Mitt. 2006, 665.

524 Vgl. *Ohl,* WSI Mitt. 2009, 627, 630.

525 Zu den Formen im Detail unten, S. 207 ff.; für einen Überblick auch *Schroeder/Ruppert,* WSI Mitt. 1996, 316, 324.

526 *Bispinck,* WSI Mitt. 2005, 301, 302.

527 Vgl. *Schroeder/Ruppert,* WSI Mitt. 1996, 316, 324 f.

528 Vgl. *Rösner,* Wirtschaftsdienst 1995, 475, 479 f.

529 *Oppolzer/Zachert,* in: Oppolzer/Zachert, Krise und Zukunft des Flächentarifvertrages, 2000, S. 215, 219 f.; *Schmidt/Röbenack/Hinke,* Ind. Beziehungen 2003, 220, 227 ff.; *Hampe/Längler,* DB 2008, 1681 ff.

Instruments in der Branche führte.[530] In einer Betriebsrätebefragung haben immerhin 15 % der Befragten angegeben, dass in ihrem Betrieb eine Unterschreitung des Tarifniveaus erfolgte, in zwei Drittel davon passierte das gelegentlich, in einem Drittel sogar öfters. Dabei waren vor allem die Bereiche Lohn und Gehalt, aber auch Arbeitszeit betroffen.[531] Dabei scheint das Phänomen in Betrieben ohne Betriebsrat, der die Einhaltung der Tarifverträge überwachen muss (§ 80 Abs. 1 Nr. 1 BetrVG), noch verbreiteter zu sein. Besonders betroffen sind Mehrarbeitszuschläge, Arbeitszeit und Urlaubsregelungen.[532]

Auch dies ist letztlich Ausdruck eines fehlenden Bindungswillens, aber auch der mangelnden Verpflichtungsfähigkeit der Arbeitgeberverbände.

3. Bewertung

Insgesamt lässt sich damit eine deutliche Abnahme der Normierungskraft des Tarifvertrags konstatieren. Dies zeigt sich besonders eindrücklich an der deutlichen Abnahme der unmittelbaren Tarifbindung und insbesondere an der Tatsache, dass in Westdeutschland nicht einmal mehr ein Drittel und in Ostdeutschland weniger als ein Fünftel der Arbeitgeber an einen Tarifvertrag gebunden sind. Besonders kritisch ist in diesem Zusammenhang die Tendenz der Arbeitgeberverbände zu betrachten, durch das Anbieten von OT-Mitgliedschaften den Wechsel der Arbeitgeber in die Tariflosigkeit zu erleichtern.

Daneben bewirken die unterschiedlichen Formen der „inneren Erosion" bei den einzelnen Arbeitgebern zwar keine vollständige Tariflosigkeit, diese geben die Tarifbindung aber zumindest für Teile der Belegschaft auf oder verändern sie. Ein Einsatz von tariflichen Öffnungsklauseln mit Augenmaß und nach klaren Kriterien scheint dabei weniger problematisch, solange der Tarifvertrag dadurch nicht zu einem reinen Orientierungsmaßstab verkommt. Ihr Einsatz kann sogar die Attraktivität eines Tarifvertrags erhöhen. Auf die rechtlichen Vorgaben wird unten einzugehen sein. Deutlich kritischer zu betrachten sind dagegen die zunehmende Tariffragmentierung, die unterschiedlichen Formen des Outsourcings sowie die Tarifmissachtung.

Die Gründe für den abnehmenden Bindungswillen wurden oben zum Teil bereits angesprochen und liegen zum einen an der inhaltlichen und strukturellen

---

530 Vgl. *Behrens,* Das Paradox der Arbeitgeberverbände, 2011 (zugl. Göttingen, Univ., Habil. 2010), S. 183.

531 Vgl. *Bispinck/Schulten,* WSI Mitt. 2003, 157, 159.

532 *Hochmuth/Krüsemann,* Branchenanalysen Niedriglöhne in Niedersachsen, 2009, S. 22.

Kritik vieler Arbeitgeber am Tarifvertrag, an wirtschaftlichen Veränderungen aber in einigen Bereichen auch an der fehlenden Stärke der Gewerkschaften, Tarifbindung durchzusetzen.[533] Hinzu kommen insbesondere noch die wirtschaftlichen und strukturellen Bedingungen einer Branche, die erhebliche Rückwirkungen auf die Tarifbindung haben.[534] Einen wichtigen Faktor sowohl den Inhalt wie auch den Abschluss von Tarifverträgen betreffend, stellt in diesem Zusammenhang die lange Jahre in Deutschland herrschende hohe Arbeitslosigkeit dar, die erst in den letzten Jahren abgenommen hat.[535] Hauptsächlich betrifft dies aber die Verschärfung der Konkurrenz auf den Produktionsmärkten, eine zunehmende Internationalisierung und Europäisierung der Produktion sowie schwierige Bedingungen auf den Finanzmärkten.[536] Dies erzeugt somit auf der einen Seite Druck auf das Tarifvertragssystem, indem sich Unternehmen durch die Verlagerung von Betrieben oder Betriebsteilen ins Ausland aus dem deutschen Tarifniveau hinausbewegen, was vor allem innerhalb der EU durch die Niederlassungsfreiheit (Art. 49 AEUV) vergleichsweise einfach möglich ist. Auf der anderen Seite können Unternehmen sich veranlasst sehen, auf den Preisdruck[537] über die Gestaltung der Arbeitsbedingungen oder den Einsatz von Drittpersonal zu reagieren.[538] Zudem tendieren Unternehmen mit einem hohen ausländischen Kapitaleinfluss tendenziell eher zur Verbandsabstinenz.[539] Eine Europäisierung oder Internationalisierung der Tarifpolitik, die dem entgegen wirken könnte, ist dagegen bislang kaum erkennbar. Allenfalls bestehen einzelne Versuche der Koordinierung auf europäischer Ebene[540] sowie die relativ erfolgreiche Koordinierung im Transportsektor. Europäische oder gar internationale

533 Dazu oben, insb. S. 57 ff., 70 ff.

534 Vgl. *Völkl*, Ind. Beziehungen 1998, 165, 172 ff.

535 Vgl. *Bispinck*, WSI Mitt. 2013, 201; *Arrowsmith/Marginson/Sisson*, Ind. Beziehungen 2003, 363, 387; vgl. zu den Zahlen Bundesagentur für Arbeit, Der Arbeits- und Ausbildungsmarkt in Deutschland - Dezember 2013, 2014, S. 41.

536 Vgl. *Haipeter/Schilling*, Ind. Beziehungen 2006, 21, 39; *Völkl*, Ind. Beziehungen 1998, 165, 167.

537 *Haipeter/Schilling*, Ind. Beziehungen 2006, 21, 28; *Schroeder*, GMH 1996, 601, 603.

538 Vgl. etwa *Rösner*, Wirtschaftsdienst 1995, 475, 479; *Ziegler*, Standortverlagerungen und Ausgliederung, 2008; zur Niedriglohnpolitik etwa *Schäfer*, WSI Mitt. 2011, 677, 678 f.; *Horn/Herzog-Stein/Tober/Truger*, Den Bann durchbrechen, 2012, S. 10.

539 Vgl. *Schroeder/Ruppert*, WSI Mitt. 1996, 316, 323.

540 Vgl. dazu bereits die Tarifpolitische Kooperation der Gewerkschaftsbünde Belgiens, Deutschlands, der Niederlande und Luxemburgs: Die Erklärung von Doorn vom 5. September 1998, abrufbar unter http://www.boeckler.de/pdf/ta_doorn_erklaerung_1998.pdf [zuletzt geprüft: 12.12.2014].

Tarifverträge mit einer ähnlichen Wirkung wie auf nationaler Ebene sind dagegen auf absehbare Zeit unwahrscheinlich.[541]

VI. Zwischenfazit

Die historische Entwicklung und besonders die Erfahrungen der Weimarer Republik und des Nationalsozialismus haben in Deutschland ein Grundrecht der Koalitionsfreiheit hervorgebracht, das in besonderem Maß freiheitlich orientiert ist und vor allem eine strikte Autonomie der Koalitionen gegenüber dem Staat umfasst. Nichtsdestotrotz kommt dem Staat die Aufgabe zu, den Koalitionen einen Rahmen zur Verfügung zu stellen, innerhalb dessen sie sich betätigen können, in erster Linie durch den Abschluss von Tarifvereinbarungen über Arbeits- und Wirtschaftsbedingungen. Insofern ist mit Art. 9 Abs. 3 GG auch eine Ordnungsvorstellung verbunden, die zwar nicht die Koalitionen verpflichtet, wohl aber eine Ausgestaltung des Tarifsystems verlangt, in der die Schutz- und Ordnungsfunktion der Tarifautonomie zur Geltung kommen kann. Dort, wo dies nicht gelingt, kann und ggf. muss der Staat selbst tätig werden.[542]

Das BVerfG hat zu Recht festgestellt, dass das Tarifsystem nur funktionsfähig sein kann, wenn eine ausreichende Zahl an Arbeitnehmern und Arbeitgebern in den Koalitionen zusammengeschlossen ist.[543] Insofern sind die Statistiken über die sinkenden Organisationsgrade der Arbeitgeberverbände und Gewerkschaften alarmierend. Dies gilt insbesondere für die Arbeitgeberseite, bei der sich die fehlende Verbandsmitgliedschaft viel unmittelbarer auf die Wirkung von Tarifbestimmungen auswirkt. Passiert dies im größeren Maße, wird das System insgesamt gefährdet.[544]

Die Gründe für die abnehmende Tarifbindung sind vielfältig und vielschichtig. Genauso unterschiedlich sind auch die Formen der Tariflosigkeit. In den vergangenen Jahrzehnten haben sich dabei immer neue Schattierungen herausgebildet, die zwischen Verbandstarifbindung und völliger Tariflosigkeit und vollständiger Abstinenz vom Tarifsystem mehrere Zwischenstufen aufweisen. Besonders der Drittpersonaleinsatz führt zwar i.d.R. nicht zu einer Beendigung

---

541 Vgl. *Britz*, in: Britz/Volkmann, Tarifautonomie in Deutschland und Europa, 2003, S. 34, 62 ff.; *Deinert*, Der europäische Kollektivvertrag, 1999 (zugl. Rostock, Univ., Diss. 1998); *Schulten*, Europeanisation of Collective Bargaining, 2002.

542 Ähnlich *Preis/Ulber*, FS Kempen, 2013, S. 15, 31; *Däubler*, FS Wlotzke, 1996, S. 257, 272.

543 BVerfG, 26.05.1970 – 2 BvR 664/65, BVerfGE 28, 295, 305.

544 *Bepler*, FS Richardi, 2007, S. 189, 195; *Preis/Ulber*, FS Kempen, 2013, S. 15, 20 f.

der Tarifbindung beim Einsatzunternehmen, allerdings werden Tätigkeiten, die früher unter den Tarifvertrag des Einsatzunternehmens gefallen sind, nun unter der Geltung eines anderen Tarifvertrages oder gar ohne Tarifvertrag erbracht. Gleichzeitig wurden in vielen Arbeitgeberverbänden mit den OT-Mitgliedschaften die institutionellen Voraussetzungen geschaffen, unter denen Arbeitgeber die Tarifbindung aufgeben können, ohne aus dem Verband austreten zu müssen.

Tatsächlich gibt es in jüngerer Zeit einige Signale, die für eine Stabilisierung sprechen. Zum einen ist es einigen DGB-Einzelgewerkschaften gelungen, ihren Mitgliederschwund zu stoppen. Die Arbeitslosigkeit ist zwar 2013 wieder etwas gestiegen, die Zahl der Erwerbstätigen hat sich aber ebenfalls erhöht.[545] Im Gegensatz zum Vorjahr war 2013 zwar wieder eine leicht negative Lohndrift zu verzeichnen, die Lohnentwicklung lag aber über dem neutralen Verteilungsspielraum.[546] Manche sprechen gar schon von einem „Comeback des Flächentarifvertrags".[547] Angesichts der immer noch sinkenden Tarifbindung und den kaum veränderten strukturellen Bedingungen ist dies wohl zu optimistisch. Daher soll nun der Blick auf den Einfluss der Rechtsordnung auf diese Entwicklungen gerichtet werden.

---

545 Bundesagentur für Arbeit, Der Arbeits- und Ausbildungsmarkt in Deutschland - Dezember 2013, 2014, S. 42, 47.

546 Vgl. *Bispinck,* Tarifpolitischer Jahresbericht 2013, 2014, S. 9.

547 *Kuck/Meine/Müller,* WSI Mitt. 2010, 646, 649.

B. Gestaltung der tarifpolitischen Arena

Bereits das Diktum des BVerfG, dass Art. 9 Abs. 3 GG die Ausgestaltung eines funktionsfähigen Tarifsystems verlange,[548] macht die Bedeutung der Rechtsordnung für die Gestaltung der Arbeitsbeziehungen deutlich. Angesichts der maßgeblichen Rolle, die dabei der Arbeitgeberseite im Tarifsystem zukommt, soll nachfolgend untersucht werden, welche rechtlichen Instrumente das Potential haben, die Tarifbindung der Arbeitgeberseite positiv oder negativ zu beeinflussen. Um die Untersuchung zu strukturieren, soll in diesem Kapitel zunächst die Gestaltung der tarifpolitischen Arena[549] betrachtet werden, wobei hier der Schwerpunkt darauf zu legen ist, welchen Akteure welche Mittel zur Beeinflussung des Zustandekommens oder der Beendigung der Tarifbindung zugestanden werden. In einem zweiten Schritt soll untersucht werden, wo die Rechtsordnung direkt Einfluss auf die Tarifbindung nimmt (C). Schließlich sollen die Instrumente herausgearbeitet werden, durch welche die Rechtsordnung Anreize für die Tarifbindung schafft (D). Allerdings dient diese Einteilung vorrangig der Strukturierung der Darstellung, feste Linien lassen sich oft nur schwer ziehen, da einzelne Instrumente in mehrere Kategorien passen und damit Überlappungen vorkommen.

I. Vorbemerkungen

Wie die dargestellte Verfassungsrechtsprechung zur Ausgestaltung der Tarifautonomie zeigt, verlangt ein funktionsfähiges und effektives Tarifvertragssystem nach einer entsprechenden rahmengebenden Ordnung, in der sich die Tarifparteien bewegen und Vereinbarungen zur Wahrung und Förderung der Arbeits- und Wirtschaftsbedingungen schließen können. Die konkrete Ausgestaltung der tarifpolitischen Arena ist nach der Rechtsprechung des BVerfG verfassungsrechtlicher Auftrag an die staatliche Gewalt und dabei insbesondere an

548 Etwa BVerfG, 04.07.1995 – 1 BvF 2/86 u. a., BVerfGE 92, 365, 394 f. (= AP Nr. 4 § 116 AFG).

549 Der Begriff wird hier in Anlehnung an den von *Müller-Jentsch* geprägten sozialwissenschaftlichen Begriff der Arena als „Ort“ der Konfliktaustragung mit seinem komplexen Institutionengeflecht verstanden, auf dem die Akteure tätig werden. Neben der tarifpolitischen Arena kann im deutschen System der Arbeitsbeziehungen noch die betriebsverfassungsrechtliche Arena identifiziert werden. Vgl. *Müller-Jentsch,* Ind. Beziehungen 1995, 11, 13 f.

den Gesetzgeber bzw. auch an die Rechtsprechung. Sie ist dabei so zu gestalten, dass sich die Tarifautonomie möglichst gut entfalten kann.[550] Verwirklicht ist dieser Auftrag in erster Linie im TVG, das der Gesetzgeber bei Inkrafttreten des Grundgesetzes bereits vorgefunden hat, darüber hinaus aber auch in zahlreichen anderen Vorschriften mit tarifrechtlichem Bezug sowie in Normen mit Auswirkungen auf die Tarifpolitik. An dieser Stelle soll untersucht werden, wie die Rechtsordnung die tarifpolitische Arena gestaltet. Hier soll vor allem beleuchtet werden, wie das Verhältnis der Tarifparteien bzw. auch deren Mitglieder zueinander ausgestaltet ist und welche Möglichkeiten diesen zur Einflussnahme auf die Tarifbindung zur Verfügung stehen. Um den Einfluss dieses Rahmens auf die Bindungswilligkeit und die Bindungsfähigkeit der Arbeitgeber zu untersuchen, sollen vor allem die nachfolgenden vier Punkte besondere Beachtung finden:

- Zunächst ist zu fragen, wie und durch wen Tarifverträge überhaupt geschlossen werden können (II). Je nachdem, wie groß die Hürden für das Zustandekommen von Tarifverträgen sind, kann dies sowohl die Bindungswilligkeit der einzelnen Arbeitgeber wie auch die Bindungsfähigkeit der Arbeitgeberverbände beeinflussen. Hierzu gehört auch, wie bereits der historische Überblick gezeigt hat, die Frage, über welche Mittel und Machtressourcen der soziale Gegenspieler verfügt, den Bindungswillen der anderen Seite zu beeinflussen.
- Besteht erst einmal Tarifbindung, ist zu untersuchen, wie leicht oder schwer sich der einzelne Arbeitgeber wieder aus ihr lösen kann und welche Schranken die Rechtsordnung ggf. bereithält (III).
- In einem dritten Schritt sind vor allem Ebene und Form der Tarifbindung zu betrachten, dies betrifft insbesondere die Dezentralisierung und Flexibilisierung der Arbeitsbeziehung (IV).
- Schließlich ist zu prüfen, inwiefern die Einhaltung des geltenden Tarifrechts überhaupt sichergestellt werden kann, da ohne Verbindlichkeit der Wert der Tarifbindung deutlich gemindert wird (V).

II. Zustandekommen der Tarifbindung

1. Tarif(un)fähigkeit

Bei der Betrachtung des Zustandekommens von Tarifverträgen stellt sich zunächst die Frage, wer überhaupt wirksam Tarifverträge schließen kann. Je nachdem wie eng oder weit der Kreis der infrage kommenden Tarifparteien gefasst

550 Dazu oben, S. 27 ff.

wird, hat dies Auswirkungen darauf, ob und mit welchem Inhalt Tarifverträge zustande kommen.[551] Welche Anreize die Rechtsordnung für das Zustandekommen von Tarifverträgen setzt, soll dagegen gesondert in Kapitel D besprochen werden.

Für die vorliegende Untersuchung sind daher zwei Fragen von besonderem Interesse:

- Wer ist auf Arbeitgeberseite überhaupt tariffähig, und welche Möglichkeiten bestehen, die eigene Tariffähigkeit, insbesondere negativ, zu beeinflussen und so gegebenenfalls die Tarifbindung abzuwehren?
- Wo sind die Grenzen für die Tariffähigkeit auf Seiten der Gewerkschaften und welche Auswirkungen können diese auf die Tarifbindung der Arbeitgeberseite haben?

a) Grundlagen

Zunächst sind jedoch die Grundlagen zur Tariffähigkeit herauszuarbeiten. Sie verkörpert das bestimmende Kriterium für die Definition eines Arbeitgeberverbandes oder einer Gewerkschaft. Art. 9 Abs. 3 GG schweigt zur Frage der Tariffähigkeit und spricht lediglich vom Recht, Vereinigungen zu bilden. § 2 Abs. 1 TVG nennt etwas konkreter Gewerkschaften[552], einzelne Arbeitgeber sowie Vereinigungen von Arbeitgebern als mögliche Tarifparteien; nach § 2 Abs. 3 TVG kommen noch die Spitzenorganisationen von Gewerkschaften und Arbeitgeberverbänden hinzu, die darüber hinaus nach § 2 Abs. 2 TVG auch im Namen ihrer Mitgliedsverbände Tarifverträge abschließen können. Sowohl der Wortlaut der Verfassung wie auch der des Gesetzes sind damit sehr offen und bieten wenig Anhaltspunkte für die Tariffähigkeit. Daher ist nach Auffassung des BVerfG der Rechtsprechung die Aufgabe zugewiesen, entsprechende Kriterien zu entwickeln.[553] Zumindest muss es sich sowohl bei Arbeitgeberverbänden wie auch bei Gewerkschaften um freiwillige Zusammenschlüsse zur Förderung der

---

551 Ebenso aus rechtsvergleichender Perspektive in Bezug auf das in vielen Staaten bestehende Repräsentativitätskriterium für Tarifparteien *Dorssemont,* ArA 2/2014, 26, 31 ff.

552 In § 1 Abs. 1 S. 1 TVVO von 1918 war noch von „Vereinigungen von Arbeitnehmern" die Rede, was jedoch lediglich eine terminologische Abweichung darstellt; vgl. *Herschel,* ZfA 1973, 183, 189.

553 Vgl. BVerfG, 18.11.1954 - 1 BvR 629/52, BVerfGE 4, 96, 107 f. (= AP Nr. 1 zu Art. 9 GG); BVerfG, 20.10.1981 - 1 BvR 404/78, BVerfGE 58, 233, 248 (= AP Nr. 31 § 2 TVG); krit. *Richardi,* NZA 2004, 1025, 1028 f.

Arbeits- und Wirtschaftsbedingungen ihrer Mitglieder handeln, was bereits die Formulierung des Art. 9 Abs. 3 GG nahelegt.[554] Darüber hinaus haben sich in Rechtsprechung und Literatur einige zentrale Kriterien herausgebildet, die nicht einheitlich auf alle Tarifparteien anzuwenden sind und daher nachfolgend in Bezug auf die einzelnen Organisationen besprochen werden sollen.[555]

Dass die Tariffähigkeit überhaupt eingeschränkt werden kann und nicht automatisch jeder Koalition gewährt werden muss, hat das BVerfG bereits 1954 für vereinbar mit Art. 9 Abs. 3 GG erklärt,[556] und ist im Grundsatz allgemein akzeptiert.[557] Hintergrund ist die Überlegung, dass eine „sinnvolle Ordnung des Arbeitslebens"[558] und damit die wirksame Vertretung der Mitglieder, wie sie durch die Tarifautonomie angestrebt ist, nur durch Vereinigungen erreicht werden kann, die bestimmte qualitative Anforderungen erfüllen.[559] In besonderem Maß gilt dies für die Gewerkschaften, soll doch durch die Tarifautonomie die strukturelle Unterlegenheit der Arbeitnehmer gegenüber den Arbeitgebern durch kollektives Handeln ausgeglichen werden.[560] Außerdem werden den Koalitionen im Gegensatz zu den Arbeitsvertragsparteien besondere Befugnisse gewährt, zu denken ist etwa an das tarifdispositive Gesetzesrecht oder die Postulationsfähigkeit im arbeitsgerichtlichen Prozess nach § 11 Abs. 1 ArbGG.[561] Eine staatliche Anerkennung ist dagegen gerade nicht Voraussetzung für die Tariffähigkeit. Zwar kann das Vorliegen oder Fehlen der Tariffähigkeit in einem gerichtlichen Verfahren nach §§ 97 Abs. 1 i.V.m. 2a Abs. 1 Nr. 4 ArbGG festgestellt

---

554 Vgl. Däubler, TVG-*Däubler,* Einl. Rn. 87; *Hueck/Nipperdey,* Bd. 2/1, 1967, S. 102 f.

555 Zum Überblick etwa ErfK-*Franzen,* § 2 TVG Rn. 6 ff.

556 Vgl. BVerfG, 18.11.1954 – 1 BvR 629/52, BVerfGE 4, 96, 107 f. (= AP Nr. 1 zu Art. 9 GG).

557 Statt aller ErfK-*Franzen,* § 2 TVG Rn. 3 ff.

558 St. Rspr. seit BVerfG, 18.11.1954 – 1 BvR 629/52, BVerfGE 4, 96, 107 (= AP Nr. 1 zu Art. 9 GG); BVerfG, 06.05.1964 – 1 BvR 79/62, BVerfGE 18, 18, 27 f.; BVerfG, 24.05.1977 – 2 BvL 11/74, BVerfGE 44, 322, 340 f. (= AP Nr. 15 zu § 5 TVG); dazu auch schon oben, S. 22 ff.

559 Vgl. BVerfG, 18.11.1954 – 1 BvR 629/52, BVerfGE 4, 96, 107 f. (= AP Nr. 1 zu Art. 9 GG); zum Meinungsstreit Wiedemann-*Oetker,* § 2 Rn. 26; krit. etwa *Richardi,* FS Wissmann, 2005, S. 159, 169.

560 Vgl. nur BVerfG, 04.07.1995 – 1 BvF 2/86 u. a., BVerfGE 92, 365, 395 (= AP Nr. 4 § 116 AFG); BAG, 19.06.2007 – 1 AZR 396/06, AP Nr. 173 zu Art. 9 GG (= BAGE 123, 134); JKOS-*Krause,* § 1 Rn. 17; *Wendeling-Schröder,* AuR 2013, 192, 195.

561 Vgl. *Richardi,* FS Wissmann, 2005, S. 159, 164 f.; allerdings ist im tarifpositiven Recht auch eine Beschränkung der Tarifautonomie zu erkennen, dazu ErfK-*Linsenmaier,* Art. 9 GG Rn. 89a; vgl. dazu unten, S. 349 ff.

werden, dies ist aber grundlegend von einer behördlichen Zulassung zu unterscheiden.[562] Die Tariffähigkeit ist daher an den Maßstäben des Art. 9 Abs. 3 GG, insbesondere an der Funktionsfähigkeit der Tarifautonomie, zu messen.[563]

Bevor im nächsten Punkt auf die Kriterien für die Tariffähigkeit im Einzelnen eingegangen wird, stellt sich die Frage, welche Rechtsfolgen mit der fehlenden Tariffähigkeit verknüpft sind. Dass die Tariffähigkeit bei Abschluss des Tarifvertrags eine Wirksamkeitsvoraussetzung für denselben darstellt, ist weitgehend unumstritten.[564] Wurde ein Tarifvertrag von einem nicht-tariffähigen Verband oder einer nicht-tariffähigen Gewerkschaft abgeschlossen, ist er folglich von Anfang an nichtig.[565] Wenn die Tariffähigkeit dagegen nachträglich wegfällt, bspw. weil sich der Arbeitgeberverband auflöst, tangiert das die Bestandskraft des Tarifvertrags nicht.[566]

b) Tariffähigkeit auf Arbeitgeberseite

(1) Wer ist tariffähig?

(a) Arbeitgeberverband

Zunächst sind die Arbeitgeberverbände als wichtigste Tarifpartei auf Arbeitgeberseite zu betrachten. Grundsätzlich können die Kriterien für ihre Tariffähigkeit in subjektive und objektive Merkmale aufgeteilt werden. Die Maßstäbe, die für Arbeitgeberverbände auf objektiver Seite anzulegen sind, sind jedoch in

---

562 Vgl. *Richardi,* FS Wissmann, 2005, S. 159, 167 f.; vgl. zur Möglichkeit der Anerkennung als Verhandlungspartner in England *Davies,* EuZA 2010, 37, 38 ff.; *Gamillscheg,* ZfA 1975, 357; zur Anerkennung von Vereinen und freiwilligen Berufsvereinigungen durch das Bundeseinigungsamt in Österreich: *Junker,* RdA-Beil. 5/2009, 4, 6; zur Diskussion bei Entstehung des TVG in Deutschland: *Bührig,* RdA 1948, 11 f., bzw. zur behördlichen Prüfung von Tarifverträgen 14 f.

563 Wiedemann-*Oetker,* § 2 Rn. 26.

564 ErfK-*Franzen,* § 2 TVG Rn. 5.

565 BAG, 15.11.2006 – 10 AZR 665/05, NZA 2007, 448, 450 (= AP Nr. 34 zu § 4 TVG Tarifkonkurrenz (m. Anm. Jacobs)); vgl. aber in diesem Zusammenhang die aktuelle Diskussion um die „Lehre vom fehlerhaften Tarifvertrag", die jedoch zutreffend aufgrund des dadurch hervorgerufenen Eingriffs in die Tarifautonomie wohl mehrheitlich abgelehnt wird: *Wendeling-Schröder,* AuR 2013, 192; *Stein,* FS Kempen, 2013, S. 88, 91; *Ulber,* SR 2012, 141, 152; keine Berücksichtigung der Lehre ausdrücklich u.a. in BAG, 28.05.2014 – 5 AZR 422/12, NZA 2014, 1264, Rn. 17 ff. (= EzA Nr. 26 zu § 10 AÜG); BAG, 13.03.2013 – 5 AZR 954/11, NZA 2013, 680, 682 f. (= AP Nr. 31 zu § 10 AÜG); dafür aber u.a. *Rieble,* BB 2012, 2945, 2947 f.; *Lembke,* NZA 2011, 1062, 1067; HWK-*Henssler,* § 2 TVG Rn. 3.

566 BAG, 23.01.2008 – 4 AZR 312/01, NZA 2008, 771 (= AP Nr. 36 zu § 3 TVG (abl. Anm. Höpfner)); aber ebenfalls umstr., dazu genauer unten, S. 119 ff.

der Regel weniger streng als auf Seiten der Gewerkschaften, was sich bereits aus dem Zweck der Tariffähigkeit ergibt.[567] Dementsprechend waren in § 4 des Entwurfs für ein Arbeitstarifgesetz[568] in der Weimarer Republik die Kriterien der „Überbetrieblichkeit", „Gegnerunabhängigkeit" und „selbstständigen Interessensvertretung der Mitglieder" nur für die Gewerkschaften festgeschrieben, für die Arbeitgeberverbände hätte die satzungsmäßige Tarifwilligkeit ausgereicht.[569] Zwar verfolgen Arbeitgeberverbände auch das Ziel, die eigene Machtposition durch eine Bündelung der Interessen zu stärken,[570] allerdings ist die Koalitionsfreiheit auf Arbeitgeberseite nicht darauf ausgerichtet, eine „strukturelle Unterlegenheit" auszugleichen.[571] Zweck und historische Begründung von Art. 9 Abs. 3 GG ist es umgekehrt, der Arbeitnehmerseite Verhandlungen weitgehend auf Augenhöhe zu ermöglichen.

Zwar wird heute auch auf Seiten der Arbeitgeberverbände neben der Unabhängigkeit vom Staat die Gegnerunabhängigkeit gefordert, denn nur so ist die autonome Regelung der Arbeitsbedingungen auf (tarif-)vertraglicher Grundlage möglich und die bestmögliche Vertretung der Interessen der Mitglieder gewährleistet.[572] Auf Seiten der Gewerkschaften zeigt die historische Erfahrung, dass die Gegnerunabhängigkeit ganz wesentlich für das Funktionieren des Tarifvertragssystems ist.[573] Auch aktuell gibt es Fälle, in denen sich Organisationen als Gewerkschaft gerieren, die den Arbeitgebern deutlich näher stehen, als den Arbeitnehmern.[574] Die Gefahr der „Unterwanderung" und der finanziellen oder anderweitigen Einflussnahme der Arbeitgeberverbände durch die Arbeitnehmerseite ist dagegen deutlich geringer, weshalb die Rechtsprechung hier zu Recht andere Maßstäbe als bei den Gewerkschaften anlegt. Diskutiert wurde diese Frage in

567 Ähnlich Däubler, TVG-*Peter,* § 2 Rn. 77.

568 RABl. AT 1921, S. 491 ff.

569 Bei *Richardi,* FS Wissmann, 2005, S. 159, 161.

570 Dazu bereits oben, S. 51 ff.

571 A.A. *Müller,* DB 1992, 269, 271.

572 BVerfG, 18.11.1954 – 1 BvR 629/52, BVerfGE 4, 96, 107 (= AP Nr. 1 zu Art. 9 GG); BVerfG, 06.05.1964 – 1 BvR 79/62, BVerfGE 18, 18, 28; BVerfG, 01.03.1979 – 1 BvR 532/77 u.a., BVerfGE 50, 290, 368 (= AP Nr. 1 zu § 1 MitbestG); *Ulber,* RdA 2011, 353, 357; Däubler, TVG-*Peter,* § 2 Rn. 113; *Erdmann,* Die deutschen Arbeitgeberverbände, 1966, S. 255.

573 Vgl. etwa *Dietz,* in: Bettermann/Neumann/Nipperdey, Hdb. der Grundrechte, 1972, S. 417, 428 ff.

574 Vgl. etwa die *Gewerkschaft neue Brief- und Zustelldienste* (GNBZ), bei der die Gegnerunabhängigkeit nach Auffassung der Rechtsprechung nicht vorlag, LAG Köln, 20.5.2009 – 9 TaBV 105/08, AuR 2009, 316 (= LAGE Nr. 7 zu § 2 TVG).

Hinblick auf die Unternehmensmitbestimmung bereits im Zuge des Montan-Mitbestimmungsgesetzes von 1951[575] und des Mitbestimmungs-Ergänzungsgesetzes von 1956[576], sowie des Mitbestimmungsgesetzes von 1976[577]. Befürchtet wurde eine Einschränkung der Gegnerfreiheit durch die Möglichkeiten zur Einflussnahme auf die unternehmerischen Entscheidungen durch die Arbeitnehmervertreter in den Unternehmensorganen sowie eine damit möglicherweise einhergehende mittelbare Einflussnahme auf die Entscheidungen im Arbeitgeberverband.[578] In seinem so genannten Mitbestimmungsurteil von 1979 erachtete das BVerfG die Gegnerfreiheit durch die Unternehmensmitbestimmung jedoch als nicht beeinträchtigt, da die Unternehmensorgane nur unterparitätisch mit Arbeitnehmervertretern besetzt und noch dazu dem Unternehmenswohl verpflichtet seien. Damit sei der Einfluss auf den Arbeitgeberverband verfassungsrechtlich kaum spürbar.[579] Selbst in Bezug auf die Anforderungen an die demokratische Binnenorganisation werden nur geringe Ansprüche gestellt, weshalb sowohl das Prinzip „eine Stimme pro Mitglied", wie auch eine Stimmgewichtung nach Anzahl der Beschäftigten oder eine Orientierung an der Höhe des Mitgliedsbeitrags zulässig sind.[580]

---

575 Gesetz über die Mitbestimmung der Arbeitnehmer in den Aufsichtsräten und Vorständen der Unternehmen des Bergbaus und der Eisen und Stahl erzeugenden Industrie, BGBl. I, S. 347.

576 Gesetz zur Ergänzung des Gesetzes über die Mitbestimmung der Arbeitnehmer in den Aufsichtsräten und Vorständen der Unternehmen des Bergbaus und der Eisen und Stahl erzeugenden Industrie, BGBl. I, S. 707.

577 Gesetz über die Mitbestimmung der Arbeitnehmer, BGBl. I, S. 1153.

578 So etwa *Schnorr*, RdA 1954, 166, 167 f., der dann jedoch für einen alternativen Begriff der Tariffähigkeit in der Montanindustrie plädiert und so die Vereinbarkeit des Montanmitbestimmungsgesetzes mit Art. 9 Abs. 3 GG bejaht; *Badura*, ZfA 1974, 357, 378 ff.; *Löwisch*, ZfA 1970, 295, 307 f.

579 Vgl. BVerfG, 01.03.1979 – 1 BvR 532/77 u.a., BVerfGE 50, 290, 370 ff. (= AP Nr. 1 zu § 1 MitbestG); Däubler, TVG-*Peter*, § 2 Rn. 114; Kempen/Zachert-*Stein*, § 2 TVG Rn. 108; *Dietz*, in: Bettermann/Neumann/Nipperdey, Hdb. der Grundrechte, 1972, S. 417, 431 f., der aber umgekehrt darauf hinweist, dass ein Arbeitsdirektor nicht Mitglied einer Gewerkschaft sein dürfe; letzteres wird von der h.M. zutreffend dahingehend eingeschränkt, dass der Arbeitsdirektor zumindest keine Organfunktion in einer Gewerkschaft wahrnehmen darf, vgl. etwa ErfK-*Oetker*, § 33 MitbestG Rn. 15; grundsätzliche Kritik zur Übertragung der Gegnerfreiheit auf die Arbeitgeberseite bei *Wendeling-Schröder/Spieker*, NJW 1981, 145, 148; Kempen/Zachert-*Stein*, § 2 TVG Rn. 118 ff.; ebenfalls die Prüfung der Gegnerfreiheit in Bezug auf einzelne Arbeitgeber grundsätzlich ablehnend LAG Bremen, 16.03.2011 – 2 Sa 132/10, juris, Rn. 157.

580 *Löwisch/Rieble*, § 2 Rn. 102; *Berg/Kocher/Platow/Schoof/Schumann*, § 2 Rn. 83; die demokratische Binnenstruktur nicht als Voraussetzung in BAG, 28.03.2006 – 1

Sehr wohl erforderlich ist, dass der Verband auf einem freiwilligen Zusammenschluss basiert und unabhängig vom Staat agiert. Auf die Staatsferne wird sogleich noch in Bezug auf die Handwerksinnungen einzugehen sein. Die Autonomie hat bspw. zur Folge, dass die Verwendung der Einkünfte eines Verbandes verfassungsrechtlichen Schutz durch die Koalitionsfreiheit genießt und es den Gerichten daher grundsätzlich untersagt ist, die Verwendung der Mittel zu überprüfen und zu bewerten.[581] Die Freiwilligkeit des Beitritts ergibt sich einerseits aus dem fehlenden staatlichen Beitrittszwang.[582] Andererseits ist es aber auch dem sozialen Gegenspieler nach geltender BAG-Rechtsprechung untersagt, einen Arbeitgeber durch Tarifvertrag und/oder Arbeitskampf zum Verbandsbeitritt zu zwingen. Sowohl die grundsätzliche Entscheidung über einen Beitritt wie auch die Wahl der Koalition müssen nach Auffassung des BAG grundsätzlich frei sein.[583] In der Praxis kommen Forderungen nach einem Beitritt zum zuständigen Arbeitgeberverband durchaus vor.[584] Zudem forderte auf dem 70. Deutschen Juristentag *Deinert*, dass die Verpflichtung eines Arbeitgebers, Mitglied in einem Arbeitgeberverband zu sein/bleiben, einen zulässigen Inhalt eines Tarifvertrags darstellen solle.[585]

Umstrittener ist aber die subjektive Seite der Tariffähigkeit. Hier stellt sich die Frage, inwiefern ein Verband willkürlich über seine Tariffähigkeit disponieren kann. Nach Auffassung von BVerfG und BAG müssen Koalitionen grundsätzlich die Absicht verfolgen, tarifpolitisch tätig zu werden, damit sie als tariffähig anzusehen sind.[586] Diese Ansicht wird allgemein geteilt, umstritten ist aber, ob diese Absicht bereits in der Satzung zum Ausdruck kommen muss. Dafür wird argumentiert, dass ein Mitglied die Folgen seines Koalitionsbeitritts abschätzen können müsse, die insbesondere in der Satzung zum Ausdruck kämen.[587]

ABR 58/04, NZA 2006, 1112 (= AP Nr. 4 zu § 2 Tariffähigkeit); i.d.S. auch Kempen/Zachert-*Stein*, § 2 TVG Rn. 127; dazu kritisch *Deinert*, RdA 2007, 83, 86.

581 BAG, 02.09.2014 – 3 AZR 951/12, juris, Rn. 57; BAG, 12.02.2013 – 3 AZR 636/10, ZTR 2013, 578, Rn. 72 (= AP Nr. 62 zu § 1 BetrAVG Ablösung).

582 Dazu unten, S. 99 f.

583 BAG, 19.09.2006 – 1 ABR 2/06, NZA 2007, 277 (= AP Nr. 22 zu § 3 TVG Verbandszugehörigkeit); *Gamillscheg*, Koll. ArbR I, 1997, S. 376; ErfK-*Linsenmaier*, Art. 9 GG Rn. 37.

584 Vgl. bspw. in Bezug auf das Land Berlin *Bochmann*, ZTR 2011, 459 ff.

585 Deutscher Juristentag, Thesen der Gutachter und Referenten, 2014, S. 18, These 4.

586 St. Rspr. BVerfG, 20.10.1981 – 1 BvR 404/78, BVerfGE 58, 233 (= AP Nr. 31 § 2 TVG); BAG, 10.09.1985 – 1 ABR 32/83, AP Nr. 34 zu § 2 TVG (= BAGE 49, 322).

587 BAG, 10.09.1985 – 1 ABR 32/83, AP Nr. 34 zu § 2 TVG (= BAGE 49, 322) spricht zumindest von der „satzungsmäßigen Aufgabe“; *Melot de Beauregard*, Mitgliedschaft

Im bereits zitierten Entwurf für ein Arbeitstarifgesetz in der Weimarer Republik wären in § 4 hinsichtlich der Tariffähigkeit der Arbeitgeberorganisationen dann auch tatsächlich formale Anforderungen an die Satzungsgestaltung gestellt gewesen.[588] Aus heutiger Sicht muss jedoch – entgegen der h.M. – das tatsächliche Handeln des Verbandes bspw. in Bezug auf die Rechtsberatung seiner Mitglieder und die Koordinierung des tarifpolitischen Handelns ausschlaggebend sein, sofern es eine Stärkung der Arbeitgeberposition gegenüber den Gewerkschaften zur Folge hat. Ansonsten bestünde die Gefahr, dass sich ein Verband durch einfache Satzungsgestaltung für tarifunfähig erklärt und dennoch wie ein Arbeitgeberverband auftritt.[589] Zudem wird zutreffend darauf hingewiesen, dass es lebensfremd sei, anzunehmen, ein potentielles neues Mitglied werde über die Vor- und Nachteile eines Beitritts nicht aufgeklärt.[590] Ein vormals tariffähiger Arbeitgeberverband verliert die Tariffähigkeit damit erst, wenn er tatsächlich nicht mehr die Förderung der Arbeits- und Wirtschaftsbedingungen verfolgt.[591] Auch Teile der Rechtsprechung teilen diese Auffassung, zumal die in den jeweiligen Verfahren betroffenen Vereinigungen schon seit Jahrzehnten tarifpolitisch aktiv waren.[592]

Eine partielle oder geteilte Tariffähigkeit wird dagegen überwiegend abgelehnt.[593] Eine Einschränkung der Tariffähigkeit auf bestimmte Sachgebiete wird als unzulässiger Eingriff in die Betätigungsfreiheit der Gewerkschaft angesehen.[594] Eingeschränkt werden kann lediglich die Tarifzuständigkeit insbesondere in Bezug auf ein geografisches Gebiet, eine bestimmte Branche oder eine

---

in Arbeitgeberverbänden und Tarifbindung, 2002 (zugl. Würzburg, Univ., Diss 2002), S. 33 f.; *Hueck/Nipperdey,* Bd. 2/1, 1967, S. 106 f.; Wiedemann-*Oetker,* § 2 Rn. 366 ff.

588 Bei *Richardi,* FS Wissmann, 2005, S. 159, 161.

589 Vgl. Kempen/Zachert-*Stein,* § 2 TVG Rn. 116; Däubler, TVG-*Peter,* § 2 Rn. 106 ff.; i.E. auch *Gamillscheg,* Koll. ArbR I, 1997, S. 528.

590 Däubler, TVG-*Peter,* § 2 Rn. 108.

591 BAG, 10.11.1993 – 4 AZR 375/92, AP Nr. 13 zu § 3 TVG Verbandszugehörigkeit; in Bezug auf eine Gewerkschaft: BAG, 10.09.1985 – 1 ABR 32/83, AP Nr. 34 zu § 2 TVG (= BAGE 49, 322); dazu Däubler, TVG-*Peter,* § 2 Rn. 110.

592 LAG Berlin, 29.11.2002 – 2 Sa 1359/02, NZA-RR 2003, 426; LAG Köln, 20.04.2004 – 9 TaBV 73/03, juris, 37 ff.

593 BAG, 14.12.2010 – 1 ABR 19/10, NZA 2011, 289, 297 (= AP Nr. 6 zu § 2 TVG Tariffähigkeit Nr. 6); *Gamillscheg,* Koll. ArbR I, 1997, S. 529; ErfK-*Franzen,* § 2 TVG Rn. 7; JKOS-*Schubert,* § 2 Rn. 9; *Buchner,* NZA 1994, 2, 4; Däubler, TVG-*Peter,* § 2 Rn. 80, 122; *Deinert,* AuR 2006, 217, 220.

594 *Buchner,* NZA 1994, 2, 4 f.; Däubler, TVG-*Peter,* § 2 Rn. 109.

bestimmte Arbeitnehmergruppe.[595] Beschränkt ein Verband seine Tarifwilligkeit satzungsmäßig auf bestimmte Bereiche, stellt dies lediglich eine Begrenzung der Vertretungsmacht des Vorstandes nach §§ 26, 54, 714 BGB dar.[596] Einer solchen Satzungsbestimmung kann allenfalls Binnenwirkung zukommen. Andernfalls könnten sich Verbände nach der „Rosinentheorie" die für sie interessanten Bereiche herausgreifen und die kritischen Bereiche ausklammern. Tarifverhandlungen auf Augenhöhe wären damit genauso schwierig wie effektive Arbeitskämpfe.

Betätigt sich ein Arbeitgeberverband nebenbei auch noch anderweitig, bspw. als Interessensvertretung gegenüber Politik und Öffentlichkeit, steht dies der Koalitionseigenschaft nicht entgegen, selbst wenn diese Tätigkeiten den Hauptzweck des Verbandes darstellen.[597] Beschränkt sich eine Vereinigung dagegen auf eine rein wirtschaftliche Interessensvertretung gegenüber öffentlichen Institutionen oder auch der Öffentlichkeit, spricht man von einem Wirtschaftsverband. Die Tariffähigkeit solcher Organisationen wird allgemein abgelehnt.[598]

(b) Spitzenverbände

Wie bereits erwähnt, sind auch die Spitzenorganisationen sowohl von Gewerkschaften wie auch von Arbeitgeberverbänden tariffähig.[599] Im Gesetz zur Änderung des Tarifvertragsgesetzes vom 11. Januar 1952[600] wurde eine Definition des Begriffs der Spitzenorganisationen in § 2 Abs. 2 TVG aufgenommen.[601] Erst durch das Gesetz über die Erstreckung des Tarifvertragsgesetzes vom 29. Mai 1953[602] erlangten die Spitzenverbände auch selbst Tariffähigkeit, zuvor konnten sie ausschließlich im Namen ihrer Mitgliedsverbände unter deren Vollmacht Tarifverträge schließen.[603] Für sie wird in § 2 Abs. 3 TVG explizit verlangt, dass ihre eigene Tariffähigkeit in der Satzung festgelegt ist. Handeln sie lediglich als Vertreter von tariffähigen Verbänden im Falle von § 2 Abs. 2 TVG, muss die Tariffähigkeit für die Spitzenorganisationen dagegen nicht in der Satzung festgeschrieben

595 *Löwisch/Rieble,* § 2 Rn. 154; dazu unten S. 127 f.

596 *Hueck/Nipperdey,* Bd. 2/1, 1967, S. 107.

597 Wiedemann-*Oetker,* § 2 Rn. 282 ff.

598 Statt aller Däubler, TVG-*Peter,* § 2 Rn. 110.

599 Für eine Einschränkung auf Zusammenschlüsse von Regionalorganisationen: *Bepler,* Deutscher Juristentag, Thesen der Gutachter und Referenten, 2014, S. 17, These 2.2.

600 BGBl. 1952 I, S. 19.

601 Vgl. dazu *Schelp,* BArbBl 1953, 333, 334.

602 BGBl. 1953 I S. 156.

603 Vgl. *Scheerer,* AuR 1953, 144, 145; kritisch von Seiten der *IG Metall Bührig,* RdA 1948, 11, 12.

sein.[604] Entscheidend ist dann aber die Tariffähigkeit (und -zuständigkeit) der einzelnen Verbände.[605]

(c) Handwerksinnungen

Keine Arbeitgeberverbände i.S.v. § 2 Abs. 1 TVG sind öffentlich-rechtliche Körperschaften, für die Zwangsmitgliedschaft besteht. Voraussetzung für die Eigenschaft als Koalition ist die Freiwilligkeit der Mitgliedschaft.[606] Verbänden mit Pflichtmitgliedschaft kommt daher keine Tariffähigkeit zu, sie sind öffentlich-rechtlicher Natur und eben keine Koalitionen i.S.v. Art. 9 Abs. 3 GG. Beispiele hierfür sind die Industrie- und Handelskammern, die Handwerkskammern oder die Arbeitnehmerkammern im Saarland und in Bremen.[607]

Im Gegensatz zu den Industrie- und Handelskammern sind Handwerksinnungen zwar freiwillige Zusammenschlüsse, allerdings werden diese insofern beschränkt, als pro Bezirk nur eine von ihnen bestehen darf. Daher werden sie allgemein nicht als Koalitionen i.S.v. Art. 9 Abs. 3 GG und auch nicht als Arbeitgeberverbände i.S.v. § 2 Abs. 1 TVG betrachtet.[608] Dass Handwerksinnungen dennoch tariffähig sind, verdanken sie der gesetzlichen Anordnung in § 54 Abs. 3 Nr. 1 HwO. Auch der Landesinnungsverband (§ 82 Nr. 3 HwO) und der Bundesinnungsverband (§§ 85 Abs. 2 i.V.m. 82 Nr. 3 HwO) können Tarifverträge schließen.[609] Dabei haben tarifliche Regelungen, die vom Innungsverband für den Bereich der Handwerksinnungen geschlossen werden, Vorrang. Zwar ist es dem Gesetzgeber grundsätzlich unbenommen, die Tariffähigkeit an bestimmte Organisationen zu verleihen, allerdings hat er dabei die Funktionsfähigkeit und Entfaltungsmöglichkeiten der Arbeitgeberverbände und Gewerkschaften zu beachten.[610] Insbesondere darf er das Bestandsinteresse der Koalitionen nicht gefährden. Dementsprechend war die mangelnde Tariffähigkeit der Arbeitnehmerkammern Bremen und Saarland ein wichtiges

604 *Stein,* FS Kempen, 2013, S. 88, 89.

605 BAG, 14.12.2010 – 1 ABR 19/10, NZA 2011, 289, 296 (= AP Nr. 6 zu § 2 TVG Tariffähigkeit Nr. 6).

606 Statt aller *Gamillscheg,* Koll. ArbR I, 1997, S. 406, auch 377 m.w.N.

607 BVerfG, 18.12.1974 – 1 BvR 430/65, 1 BvR 259/66, BVerfGE 38, 281, 303; Wiedemann-*Oetker,* § 2 Rn. 295 ff.

608 *Hueck/Nipperdey,* Bd. 2/1, 1967, S. 431; Däubler, TVG-*Peter,* § 2 Rn. 132; Wiedemann-*Oetker,* § 2 Rn. 30 f.; *Gamillscheg,* Koll. ArbR I, 1997, S. 525 f.

609 Vgl. BVerfG, 19.10.1966 – 1 BvL 24/65, BVerfGE 20, 312, 319; vgl. auch BAG, 06.05.2003 – 1 AZR 241/02, NZA 2004, 562 (= AP Nr. 21 zu § 3 TVG Verbandszugehörigkeit).

610 *Gamillscheg,* Koll. ArbR I, 1997, S. 525; enger Kempen/Zachert-*Stein,* § 2 TVG Rn. 176.

Element in der Entscheidung des BVerfG, diese für vereinbar mit Art. 9 Abs. 3 GG zu erachten.[611] Im Falle der Innungen betont das BVerfG dagegen die Freiwilligkeit des Zusammenschlusses, die immer noch vorhandene Möglichkeit, daneben einen Arbeitgeberverband zu bilden und die Freiheit der Entscheidung, ob die Innung letztlich Tarifverträge abschließen möchte.[612] Sie sind dementsprechend eher ein Problem der positiven als der negativen Koalitionsfreiheit.

(d) Einzelne Arbeitgeber

§ 2 Abs. 1 TVG nennt – im Gegensatz zur Arbeitnehmerseite, wo ausschließlich Koalitionen in Form von Gewerkschaften tariffähig sind – ausdrücklich auch den einzelnen Arbeitgeber als potentielle Tarifpartei.[613] Die Arbeitgebereigenschaft reicht hierbei für die Tariffähigkeit aus.[614]

Das BAG führt, wie bereits angesprochen, als Regelungszweck von § 2 Abs. 1 TVG an, dass den Gewerkschaften auf Arbeitgeberseite stets ein Tarifpartner zur Verfügung stehen müsse.[615] Die Tariffähigkeit des einzelnen Arbeitgebers kann damit auch als Konsequenz des auf Freiwilligkeit basierenden mitgliedschaftlichen Prinzips im deutschen Tarifvertragsrecht angesehen werden. Im Gegensatz dazu kommt nämlich dem einzelnen Arbeitgeber etwa in Österreich keine Tariffähigkeit zu,[616] wobei dort, wie erwähnt, in der Wirtschaftskammer (fast) alle Arbeitgeber in einer kollektivvertragsfähigen Vereinigung (pflicht-)organisiert sind. Zudem erkennt der Große Senat des BAG ein kollektives Element beim einzelnen Arbeitgeber dadurch, dass bei ihm zahlreiche Arbeitsverhältnisse gebündelt zusammenliefen, die kollektiv regelbar seien, eine Option die dem einzelnen Arbeitnehmer nicht zur Verfügung stehe.[617]

---

611 BVerfG, 18.12.1974 – 1 BvR 430/65, 1 BvR 259/66, BVerfGE 38, 281, 305 f.; *Gamillscheg,* Koll. ArbR I, 1997, S. 377.

612 BVerfG, 19.10.1966 – 1 BvL 24/65, BVerfGE 20, 312, 319 f.; zur Möglichkeit der Einführung von OT-Mitgliedschaften in diesem Bereich unten, S. 113 ff.

613 Vgl. auch Däubler, TVG-*Peter,* § 2 Rn. 78.

614 Anders noch Art. 54 der Verfassung von Rheinland-Pfalz, wo bis zum Gesetz über die Erstreckung des Tarifvertragsgesetzes v. 29. Mai 1953 (BGBl. I, S. 156) nur Gewerkschaften und Arbeitgebervertretungen tariffähig waren, dazu *Scheerer,* AuR 1953, 144, 145. Grundsätzlich zu Firmentarifverträgen: BAG, 10.12.2002 – 1 AZR 96/02, NZA 2003, 734 (= AP Nr. 162 zu Art. 9 GG Arbeitskampf).

615 BAG, 10.12.2002 – 1 AZR 96/02, NZA 2003, 734 (= AP Nr. 162 zu Art. 9 GG Arbeitskampf).

616 *Marhold/Friedrich,* Österreichisches Arbeitsrecht, 2012, S. 424 ff.

617 Vgl. BAG, 21.04.1971 – GS 1/68, NJW 1971, 1668, 1669 f. (= AP Nr. 43 zu Art. 9 GG Arbeitskampf); insofern offen BVerfG, 10.09.2004 – 1 BvR 1191/03, NZA 2004,

Dafür soll dem einzelnen Arbeitgeber nach Ansicht des 1. Sentats des BAG auch die Betätigungsfreiheit aus Art. 9 Abs. 3 GG zukommen.[618] Der 1. Senat begründet dies mit der Verleihung der Tariffähigkeit in § 2 Abs. 1 TVG an den einzelnen Arbeitgeber, sie gehöre damit „zum Kernbereich seiner Betätigungsfreiheit aus Art. 9 III GG“[619]. Diese Argumentation will allerdings nicht so recht einleuchten. Schon der Wortlaut des Art. 9 Abs. 3 GG spricht gegen diese Auffassung, der eben das Recht, Vereinigungen zu bilden, gewährt. Der Gesetzgeber hat mit § 2 Abs. 1 TVG auch nicht die Intention verfolgt, den einzelnen Arbeitgeber unter den Schutz des Art. 9 Abs. 3 GG zu stellen, dessen Tariffähigkeit ergibt sich aus der Notwendigkeit eines funktionsfähigen Tarifsystems.[620] Auch besteht kein Bedürfnis, den Schutz des einzelnen Arbeitgebers über den einfachgesetzlichen und den allgemeinen verfassungsrechtlichen Rahmen, insbesondere die Privatautonomie des Arbeitgebers, hinaus zu erweitern. So steht es dem Gesetzgeber grundsätzlich frei, die Tariffähigkeit über den Kreis der Koalitionen i.S.d. Art. 9 Abs. 3 GG zu erweitern.[621] Auch das Fernbleiberecht des Arbeitgebers macht es keineswegs erforderlich, dass ihm das Recht gewährt wird, genauso wie eine Koalition zu handeln. Tritt er keiner Koalition bei, hat er gerade entschieden, nicht von seinen durch Art. 9 Abs. 3 GG gewährten Rechten Gebrauch zu machen. Genausowenig kann er sich auf die negative Koalitionsfreiheit berufen, um der Tarifbindung zu entgehen. Auch die Tarifwilligkeit kann beim einzelnen Arbeitgeber nicht zur Voraussetzung gemacht werden.[622] Ein Arbeitgeber könnte ansonsten einfach die Tarifbindung vermeiden, indem er einem Verband fernbleibt und sich auf seine negative Koalitionsfreiheit oder

---

1338, 1340 (= AP Nr. 167 zu Art. 9 GG Arbeitskampf); dagegen *Buchner,* RdA 2003, 356 f.

618 BAG, 10.12.2002 – 1 AZR 96/02, NZA 2003, 734 (= AP Nr. 162 zu Art. 9 GG Arbeitskampf); BAG, 20.11.1990 – 1 ABR 62/89, NZA 1991, 428, 430 (= AP Nr. 40 zu § 2 TVG) mit Verweis auf BAG, 14.07.1981 – 1 AZR 159/78, NJW 1982, 2395, 2396 (= AP Nr. 1 zu § 1 TVG Verhandlungspflicht (m. Anm. Wiedemann)), wo allerdings die Betätigungsfreiheit der Gewerkschaft in Rede stand; dennoch h.M. vgl. *Zachert,* FS Wissmann, 2005, S. 202, 205 m.w.N.; ErfK-*Franzen,* § 2 TVG Rn. 20 m.w.N.; Schaub, Hdb. ArbR-*Treber,* § 198 Rn. 27; a.A. aber *Buchner,* RdA 2003, 363 f.; *Matthes,* FS Schaub, 1998, S. 477, 482 ff.

619 BAG, 20.11.1990 – 1 ABR 62/89, NZA 1991, 428, 430 (= AP Nr. 40 zu § 2 TVG).

620 Ähnlich *Buchner,* RdA 2003, 356, 364.

621 Bereits oben, S. 99 f.

622 BVerfG, 19.10.1966 – 1 BvL 24/65, BVerfGE 20, 312, 318; Wiedemann-*Oetker,* § 2 Rn. 137 ff.; Däubler, TVG-*Peter,* § 2 Rn. 78.

den fehlenden Bindungswillen beruft.[623] Das führt in der Konsequenz auch dazu, dass das BAG die Durchsetzung eines Tarifvertrags mittels Arbeitskampf gegen einen einzelnen Arbeitgeber zulässt.[624]

Selbst ein Streik gegen einen einzelnen verbandsangehörigen Arbeitgeber ist damit im Grundsatz legitim, wobei die Friedenspflicht aufgrund der betreffenden Verbandstarifverträge zu beachten ist, sofern in diesen eine abschließende Regelung zu einem Themenkomplex besteht.[625] Die Tariffähigkeit des einzelnen Arbeitgebers besteht nämlich auch nach Verbandsbeitritt fort, was allerdings umstritten ist.[626] Zunächst spricht hierfür der Wortlaut von § 2 Abs. 1 TVG, der die Tarifparteien gleichordnet. Dagegen wird eingewandt, § 2 Abs. 1 TVG müsse teleologisch reduziert werden, denn dieser verfolge den Zweck, den Gewerkschaften einen Tarifpartner zur Verfügung zu stellen. Dieses Ziel sei durch den Verbandsbeitritt bereits erfüllt.[627] Eine solche teleologische Reduktion stünde jedoch im Widerspruch zu Art. 9 Abs. 3 GG und § 2 Abs. 1 TVG.[628] Der Gewerkschaft muss immer noch die Möglichkeit offen stehen, Sachverhalte, die nicht im Verbandstarifvertrag geregelt sind, mit dem einzelnen Arbeitgeber tariflich zu regeln und diese ggf. auch mittels Arbeitskampfs durchzusetzen.[629] Dem Arbeitgeber bei fortbestehender Tariffähigkeit ein Wahlrecht zuzugestehen, wie eine dritte Ansicht vorschlägt,[630] ob er trotz Verbandsmitgliedschaft tarifpolitisch aktiv werden oder die Tarifpolitik einem Verband überantworten möchte, geht

---

623 BVerfG, 20.10.1981 - 1 BvR 404/78, BVerfGE 58, 233, 256 (= AP Nr. 31 § 2 TVG); vgl. auch *Schrader,* NZA 2001, 1337, 1341.

624 BAG, 10.12.2002 - 1 AZR 96/02, NZA 2003, 734, 737 (= AP Nr. 162 zu Art. 9 GG Arbeitskampf).

625 Nachweise zur umfangreichen Rezeption des Urteils bei *Zachert,* FS Wissmann, 2005, S. 202, 204 f.; vgl. auch *Jacobs,* ZTR 2001, 249, 254 ff.

626 BAG, 10.12.2002 - 1 AZR 96/02, NZA 2003, 734, 736 (= AP Nr. 162 zu Art. 9 GG Arbeitskampf); *Gamillscheg,* Koll. ArbR I, 1997, S. 1007 f.; Wiedemann-*Oetker,* § 2 Rn. 137 ff.; *Jacobs,* ZTR 2001, 249, 250 f.; *Fischinger,* ZTR 2006, 518, 523; a.A. etwa *Müller,* DB 1992, 269, 273; *Matthes,* FS Schaub, 1998, S. 477, 482 ff.

627 *Natzel,* SAE 2001, 43, 48 f.; *Matthes,* FS Schaub, 1998, S. 477, 482.

628 Däubler, TVG-*Peter,* § 2 Rn. 80; *Zachert,* FS Wissmann, 2005, S. 202, 205; ausschließlich auf § 2 Abs. 1 TVG abstellend *Buchner,* RdA 2003, 363, 364; *Löwisch/Rieble,* § 2 Rn. 345.

629 Vgl. BAG, 10.12.2002 - 1 AZR 96/02, NZA 2003, 734, 737 (= AP Nr. 162 zu Art. 9 GG Arbeitskampf); *Zachert,* FS Wissmann, 2005, S. 202, 205; Thüsing/Braun-*Emmert,* Kap. 2 Rn. 163; a.A. *Fischinger,* ZTR 2006, 518, 519 f.

630 So etwa *Ricken,* Autonomie und tarifliche Rechtsetzung, 2006 (zugl. Bonn, Univ., Habil. 2004), S. 236.

indes fehl. Denn Sachverhalte, die im Verbandstarifvertrag nicht geregelt sind, müssen immer noch in einem Firmentarifvertrag regelbar sein.[631]

Aufgrund des verfassungsrechtlichen Schutzes der positiven Koalitionsfreiheit wäre eine Satzungsbestimmung, welche die Tariffähigkeit des einzelnen Arbeitgebers ausschließen oder einschränken würde, nach Art. 9 Abs. 3 S. 2 GG nichtig.[632] Stellt man mit dem BAG auf § 2 Abs. 1 TVG ab, kann eine Satzungsbestimmung zumindest im verbandlichen Innenverhältnis tarifpolitische Aktivitäten außerhalb des verbandlichen Umfelds untersagen.[633] Schon aus Gründen der Rechtssicherheit kann einer solchen Satzungsbestimmung allerdings keine Außenwirkung zukommen und etwa eine Gewerkschaft nicht in ihrem Streikrecht gegen einen solchen Arbeitgeber beschneiden.[634]

(e) Soziale Mächtigkeit als Voraussetzung?

Zentrale Voraussetzung für die Tariffähigkeit einer Gewerkschaft ist nach der Rechtsprechung des BAG die soziale Mächtigkeit bzw. die Durchsetzungsfähigkeit gegenüber der Gegenseite.[635] Anhand dieses Kriteriums wird beurteilt, ob eine Gewerkschaft in der Lage ist, auf die Gegenseite den erforderlichen Druck aufzubauen, um Tarifverhandlungen zu erreichen und ernst genommen zu werden.[636] Grundlage hierfür bildet die Überwindung der strukturellen Unterlegenheit des einzelnen Arbeitnehmers durch die Koalitionsfreiheit.[637]

Von einigen Autoren wird dieses Kriterium auch auf die Arbeitgeberseite übertragen. Dabei ist die Tariffähigkeit des einzelnen Arbeitgebers heute im

---

631 BAG, 10.12.2002 – 1 AZR 96/02, NZA 2003, 734, 737 (= AP Nr. 162 zu Art. 9 GG Arbeitskampf); BAG, 25.09.1996 – 1 ABR 4/96, Nr. 10 zu § 2 TVG Tarifzuständigkeit; Däubler, TVG-*Peter,* § 2 Rn. 80.

632 Dagegen auf § 2 Abs. 1 TVG abstellend BAG, 10.12.2002 – 1 AZR 96/02, NZA 2003, 734 (= AP Nr. 162 zu Art. 9 GG Arbeitskampf); *Buchner,* RdA 2003, 363, 364 f.; zur Nichtigkeit von Satzungsbestimmungen auch Moll, MAH Arbeitsrecht-*Hamacher,* § 71 Rn. 33.

633 Dahingestellt lässt dies BAG, 10.12.2002 – 1 AZR 96/02, NZA 2003, 734 (= AP Nr. 162 zu Art. 9 GG Arbeitskampf); so aber *Buchner,* RdA 2003, 363, 364 f.

634 Däubler, TVG-*Peter,* § 2 Rn. 81; *Zachert,* FS Wissmann, 2005, S. 202, 206 f.

635 BAG, 28.03.2006 – 1 ABR 58/04, NZA 2006, 1112 (= AP Nr. 4 zu § 2 Tariffähigkeit); BAG, 10.09.1985 – 1 ABR 32/83, AP Nr. 34 zu § 2 TVG (= BAGE 49, 322); dazu auch *Deinert,* AuR 2004, 212, 213 f.

636 Vgl. etwa BAG, 28.03.2006 – 1 ABR 58/04, NZA 2006, 1112 (= AP Nr. 4 zu § 2 Tariffähigkeit); zum Kriterium in Bezug auf die Gewerkschaften unten, S. 107 ff.

637 BAG, 19.06.2007 – 1 AZR 396/06, AP Nr. 173 zu Art. 9 GG (= BAGE 123, 134); dazu auch *Richardi,* FS Wissmann, 2005, S. 159, 169.

Grundsatz weitgehend unbestritten, zumal sie bereits in § 2 Abs. 1 TVG ausdrücklich aufgeführt ist.[638] Argumentiert wird daher vor allem in Hinblick auf kleine Verbände, denen eine Durchsetzungsschwäche attestiert wird. Dabei wird auch ein Zusammenhang zwischen den sinkenden Mitgliederzahlen der Verbände und der weitgehend voraussetzungslosen Tariffähigkeit hergestellt.[639]

Eines der wesentlichen Argumente dieser Auffassung bildet das bereits genannte *Protokoll über Leitsätze zum Vertrag über die Schaffung einer Währungs-, Wirtschafts- und Sozialunion zwischen der Bundesrepublik Deutschland und der DDR*[640], das unter A LS II Abs. 2 als Voraussetzung für die Tariffähigkeit von Gewerkschaften *und* Arbeitgeberverbänden vorsieht, dass sie in der Lage sind, „durch Ausüben von Druck auf den Tarifpartner zu einem Tarifabschluß zu kommen". Die rechtliche Bedeutung des Protokolls ist allerdings umstritten. Teilweise wird hierin eine verbindliche Definition der Tariffähigkeit gesehen.[641] Andere erachten es dagegen als eine Interpretationshilfe, die zumindest den Willen des Gesetzgebers inhaltlich unzweifelhaft dokumentiert habe.[642] Ähnlich geht auch das BAG in mittlerweile ständiger Rechtsprechung davon aus, dass in dem Protokoll bzw. dem Zustimmungsgesetz eben kein materielles Gesetz zu sehen sei, es handle sich aber um eine zu beachtende Willensbekundung des Gesetzgebers.[643] Dennoch geht die dritte Ansicht zutreffend davon aus, dass aufgrund von Art. 40 Abs. 1 des Einigungsvertrages[644] mit dem Beitritt der Gebiete der DDR zur Bundesrepublik das Protokoll und damit auch die fragliche Bestimmung gegenstandslos geworden ist, zumal sich die Verbindlichkeit nur auf das Gebiet der DDR bezogen hat.[645] Auch eine völkerrechtsfreundliche Auslegung,

---

638 Dagegen zweifelt aber *Müller,* DB 1992, 269, 271 ff. die Tariffähigkeit von „kleinen" Arbeitgebern an; Wiedemann-*Oetker,* § 2 Rn. 140 sieht nicht deren Tariffähigkeit, wohl aber deren Arbeitskampffähigkeit eingeschränkt.

639 *Schrader,* NZA 2001, 1337, 1338.

640 Oben, S. 11.

641 *Kissel,* NZA 1990, 545, 549; *Gitter,* FS Kissel, 1994, S. 265, 270; *Schrader,* NZA 2001, 1337, 1339.

642 *Richardi,* FS Wissmann, 2005, S. 159, 168; Wiedemann-*Oetker,* § 2 Rn. 204; schwächer *Löwisch/Rieble,* § 2 Rn. 14.

643 Vgl. nur BAG, 14.12.2010 - 1 ABR 19/10, NZA 2011, 289, 295 (= AP Nr. 6 zu § 2 TVG Tariffähigkeit Nr. 6); BAG, 28.03.2006 - 1 ABR 58/04, NZA 2006, 1112, 1115 (= AP Nr. 4 zu § 2 Tariffähigkeit); BAG, 06.06.2000 - 1 ABR 21/99, NZA 2001, 156, 159 f. (= AP Nr. 9 zu § 97 ArbGG 1979).

644 BGBl. 1990 II S. 885.

645 Art. 4 des Staatsvertrags; Däubler, TVG-*Peter,* § 2 Rn. 116; ErfK-*Franzen,* § 2 TVG Rn. 2.

wie sie das BVerfG in Bezug auf internationale Verpflichtungen der Bundesrepublik verlangt,[646] kommt hier nicht in Betracht, da eine völkerrechtliche Verpflichtung durch den Einigungsvertrag untergegangen ist. Folglich stellt auch das BAG lediglich auf den Willen ab, der durch das Zustimmungsgesetz zum Ausdruck gebracht worden sei.[647]

Aber selbst wenn man mit dem BAG davon ausginge, dass in dem Protokoll eine beachtliche Willensbekundung des Gesetzgebers zu sehen ist, folgt hieraus noch nicht automatisch, dass das Kriterium der sozialen Mächtigkeit auch auf die Arbeitgeberseite anzulegen ist. Alle einschlägigen Entscheidungen, die das BAG verkündet hat, hatten die Tariffähigkeit von Arbeitnehmervereinigungen zum Gegenstand.[648] Hatte das BAG dagegen über die Tariffähigkeit einer Arbeitgebervereinigung zu entscheiden, fand das Protokoll keine Erwähnung, während eine bestimmte Durchsetzungsfähigkeit oder Mächtigkeit als Voraussetzung für die Tariffähigkeit ausdrücklich abgelehnt worden ist.[649] Zu Recht, da sich, wie oben bereits beschrieben, die Kriterien für die Tariffähigkeit an den verfassungsrechtlichen Anforderungen an ein funktionsfähiges Tarifvertragssystem zu orientieren haben.

Weder BAG noch BVerfG haben dementsprechend im Grundsatz die Tariffähigkeit des einzelnen Arbeitgebers in Zweifel gezogen. Der Große Senat des BAG hat zunächst lediglich offengelassen, ob § 2 Abs. 1 TVG in jedem Fall, also auch „bei ‚kleinen' Arbeitgebern", Anwendung finden soll.[650] Mit guten Gründen hat das BAG später dann jedoch eine solche Hürde weder in Bezug auf einzelne

---

646 Etwa BVerfG, 14.10.2004 – 2 BvR 1481/04, BVerfGE 111, 307, 317 ff.

647 Vgl. nur BAG, 14.12.2010 – 1 ABR 19/10, NZA 2011, 289, 295 (= AP Nr. 6 zu § 2 TVG Tariffähigkeit Nr. 6); BAG, 28.03.2006 – 1 ABR 58/04, NZA 2006, 1112, 1115 (= AP Nr. 4 zu § 2 Tariffähigkeit); BAG, 06.06.2000 – 1 ABR 21/99, NZA 2001, 156, 159 f. (= AP Nr. 9 zu § 97 ArbGG 1979).

648 Vgl. BAG, 14.12.2010 – 1 ABR 19/10, NZA 2011, 289 (= AP Nr. 6 zu § 2 TVG Tariffähigkeit Nr. 6); BAG, 05.10.2010 – 1 ABR 88/09, NZA 2011, 300 (= AP Nr. 7 zu § 2 TVG Tariffähigkeit); BAG, 19.09.2006 – 1 ABR 2/06, NZA 2007, 277 (= AP Nr. 22 zu § 3 TVG Verbandszugehörigkeit); BAG, 28.03.2006 – 1 ABR 58/04, NZA 2006, 1112 (= AP Nr. 4 zu § 2 Tariffähigkeit); BAG, 14.12.2004 – 1 ABR 51/03, NZA 2005, 697 (= AP Nr. 1 zu § 2 TVG Tariffähigkeit); BAG, 06.06.2000 – 1 ABR 21/99, NZA 2001, 156 (= AP Nr. 9 zu § 97 ArbGG 1979).

649 Vgl. BAG, 20.11.1990 – 1 ABR 62/89, NZA 1991, 428 (= AP Nr. 40 zu § 2 TVG); ablehnend hinsichtlich einer Übertragung der Kriterien auf Arbeitgeberverbände auch Kempen/Zachert-*Stein,* § 2 TVG Rn. 126.

650 BAG, 21.04.1971 – GS 1/68, NJW 1971, 1668, 1670 (= AP Nr. 43 zu Art. 9 GG Arbeitskampf).

Arbeitgeber noch auf Arbeitgeberverbände aufgebaut.[651] Das BAG unterstellt dabei jedoch nicht die Durchsetzungsfähigkeit des einzelnen Arbeitgebers oder des Arbeitgeberverbandes, sondern führt vor allem drei Überlegungen auf:

Zunächst ziele der Wortlaut des § 2 Abs. 1 TVG – wie bereits oben erwähnt – darauf ab, dass die Gewerkschaften auf Arbeitgeberseite einen Tarifpartner vorfinden. Auf die soziale Mächtigkeit komme es nicht an.[652] Ferner argumentiert das BAG mit einem „Erst-recht-Schluss": wenn § 2 Abs. 1 TVG dem einzelnen Arbeitgeber schon ohne Berücksichtigung der Mächtigkeit die Tariffähigkeit verleihe, könne bei den Arbeitgeberverbänden die Mächtigkeit ebenfalls keine Voraussetzung sein.[653] Drittens argumentiert das BAG in Bezug auf den einzelnen Arbeitgeber, dass die Tariffähigkeit zum Kernbereich der Betätigungsfreiheit des Arbeitgebers aus Art. 9 Abs. 3 GG gehöre.[654]

Zuzugestehen ist der Gegenansicht, dass die ordnungspolitische Begründung in Bezug auf die Verfügbarkeit eines Tarifpartners im Falle von kleinen Verbänden fehlgeht, da ja immer noch der einzelne Arbeitgeber in Anspruch genommen werden kann.[655] Dennoch besteht keine Veranlassung, die Tariffähigkeit von Arbeitgeberverbänden zu beschränken. Letztlich bleibt es der Vereinigung überlassen, ob sie sich tarifpolitisch aktiv betätigen oder lieber als reiner Wirtschaftsverband fungieren möchte. Die Mitglieder entscheiden selbst durch Ein- oder Austritt, ob sie sich ihm aussetzen möchten oder nicht. Dementsprechend ist auch ordnungspolitisch die Richtigkeitsgewähr eines mit diesem Verband ausgehandelten Tarifvertrags nicht bedroht. Während bei durchsetzungsschwachen Gewerkschaften die Gefahr von Unterbietungs-Tarifverträgen droht, die sich faktisch weit über den Kreis der normativ tarifgebundenen Mitglieder der

---

651 Vgl. BAG, 10.12.2002 – 1 AZR 96/02, NZA 2003, 734, 737 (= AP Nr. 162 zu Art. 9 GG Arbeitskampf); BAG, 20.11.1990 – 1 ABR 62/89, NZA 1991, 428 (= AP Nr. 40 zu § 2 TVG); zust. *Zachert,* FS Wissmann, 2005, S. 202, 208; *Melot de Beauregard,* Mitgliedschaft in Arbeitgeberverbänden und Tarifbindung, 2002 (zugl. Würzburg, Univ., Diss 2002), S. 34 ff.; kritisch etwa *Lieb,* FS Kissel, 1994, S. 653, 658 f.

652 BAG, 10.12.2002 – 1 AZR 96/02, NZA 2003, 734 (= AP Nr. 162 zu Art. 9 GG Arbeitskampf); zumindest in Bezug auf einzelne Arbeitgeber zust. *Schrader,* NZA 2001, 1337, 1341.

653 BAG, 20.11.1990 – 1 ABR 62/89, NZA 1991, 428 (= AP Nr. 40 zu § 2 TVG).

654 BAG, 10.12.2002 – 1 AZR 96/02, NZA 2003, 734 (= AP Nr. 162 zu Art. 9 GG Arbeitskampf).

655 So etwa ErfK-*Linsenmaier,* Art. 9 GG Rn. 67; *Schrader,* NZA 2001, 1337, 1341; *Besgen,* SAE 2007, 293, 294; ähnlich im Zsh. mit OT-Mitgliedschaften *Melot de Beauregard,* Mitgliedschaft in Arbeitgeberverbänden und Tarifbindung, 2002 (zugl. Würzburg, Univ., Diss 2002), S. 73.

Tarifparteien hinaus auswirken können, besteht eine ähnliche Gefahr auf Arbeitgeberseite nicht.[656] Denn selbst wenn im Ergebnis durch die Schwäche eines Arbeitgeberverbandes ein für seine Mitglieder unvorteilhafter Tarifvertrag geschlossen wird, haben diese immer noch die Möglichkeit, den Verband zu verlassen und sich damit zumindest mittelfristig aus dessen Tarifpolitik zu verabschieden. Zweck von § 2 Abs. 1 TVG ist nicht der Schutz des Arbeitgebers vor dem eigenen Handeln, sondern die Verwirklichung der Tarifautonomie.[657] Folglich kann das Kriterium der sozialen Mächtigkeit keine Anwendung auf kleine Verbände finden.

Auch in Bezug auf den einzelnen Arbeitgeber bestehen keine Voraussetzungen für die Tariffähigkeit, die über die Arbeitgebereigenschaft hinausgehen.[658] Die Tariffähigkeit des einzelnen Arbeitgebers stellt dabei sogar eine wesentliche Stütze des Tarifvertragssystems insgesamt dar und hat letztlich auch das Potential mittelbar den Verbandstarifvertrag zu stützen.[659] Nur weil der einzelne Arbeitgeber selbst Tarifpartei sein kann, ist es den Gewerkschaften möglich, einzelne Arbeitgeber in die Tarifbindung zu bringen oder zurückzuholen, meist mit dem Ziel der sofortigen oder stufenweisen Anerkennung des einschlägigen Verbandstarifvertrags. Dennoch ist ein solcher „Häuserkampf" in der Praxis naturgemäß mit zahlreichen praktischen Schwierigkeiten verbunden und daher häufig wenig erfolgreich.[660] Insbesondere setzt er einen hohen Organisationsgrad in den betroffenen Betrieben voraus, der auch zum Arbeitskampf befähigt.

(f) Konzern

Gerade in den oben beschriebenen komplexen Unternehmensgeflechten in Konzernen mit unterschiedlichen Formen von Tarifbindung und Tariflosigkeit und branchenübergreifenden Tätigkeiten ist eine einheitliche tarifpolitische Handhabe schwierig. Ein Konzern ist gemäß § 18 Abs. 1 AktG gegeben, wenn ein oder mehrere abhängige Unternehmen unter der einheitlichen Leitung eines herrschenden Unternehmens zusammengefasst sind und damit eine wirtschaftliche Einheit besteht.[661] Tarifpolitisch stellt sich hier die Schwierigkeit, dass der

---

656 Im Ergebnis auch *Richardi*, FS Wissmann, 2005, S. 159, 172; a.A. *Gitter*, FS Kissel, 1994, S. 265, 278; zur Bedeutung des Tarifvertrags über die Mitglieder hinaus, bereits oben, S. 48 f.

657 So auch *Stein*, FS Kempen, 2013, S. 88, 90 f.

658 Vgl. bspw. *Gamillscheg*, Koll. ArbR I, 1997, S. 524.

659 Ähnlich Däubler, TVG-*Peter*, § 2 Rn. 78.

660 Vgl. bereits oben, S. 72 ff.

661 Dazu Wiedemann-*Oetker*, § 2 Rn. 141 ff.

Konzern selbst nach überwiegender Ansicht nicht tariffähig ist.[662] Ihm fehlt die eigene Rechtsfähigkeit und entsprechend auch die Arbeitgeberfähigkeit. Partei des Arbeitsvertrags ist jeweils das einzelne Unternehmen.[663] Das BAG stellt zudem auf den Wortlaut von § 2 Abs. 1 TVG ab, der Konzerne nicht nennt.[664] Auch Überlegungen, die Konzernspitze in analoger Anwendung von § 2 Abs. 2 TVG als Spitzenorganisation zu betrachten, konnten sich bislang nicht durchsetzen.[665]

Wo in der Praxis Konzerntarifverträge auftreten, sind dies meist Tarifverträge, die mit dem herrschenden Unternehmen abgeschlossen und dann über Anerkennungstarifverträge auf die übrigen Konzernunternehmen ausgedehnt werden.[666] Stets möglich ist es auch, dass die Konzernobergesellschaft durch die Konzernunternehmen bevollmächtigt wird, einen mehrgliedrigen Tarifvertrag zu schließen.[667] Ferner kann sich der Wille einer (tariffähigen)

---

662 BAG, 17.10.2007 – 4 AZR 1005/06, NZA 2008, 713, 715 (= AP Nr. 40 zu § 1 TVG (m. Anm. Fiala, Wendeling-Schröder)); ErfK-*Franzen,* § 2 TVG Rn. 24; *Gamillscheg,* Koll. ArbR I, 1997, S. 525, rechtspolitische Kritik in Bezug auf die mangelnde Tariffähigkeit kleiner Konzerne, S. 506; Däubler, TVG-*Peter,* § 2 Rn. 91; *Windbichler,* Arbeitsrecht im Konzern, 1989 (zugl. München, Univ., Habil. 1988), S. 461.

663 BAG, 25.10.1988 – 3 AZR 64/87, AP Nr. 46 zu § 7 BetrAVG (m. Anm. Schulin) (= NZA 1989, 177); Kittner/Zwanziger/Deinert-*Deinert,* § 5 Rn. 68; Schaub, Hdb. ArbR-*Treber,* § 198 Rn. 28; *Höpfner,* in: Rieble, Arbeitsrecht im Konzern, 2010, S. 113, 115; sofern die Konzernobergesellschaft dagegen selbst Arbeitnehmer beschäftigt, muss sie insofern freilich auch tariffähig sein, vgl. BAG, 02.12.1992 – 4 AZR 277/92, NZA 1993, 655 (= AP Nr. 14 zu § 3 TVG); BAG, 11.09.1991 – 4 AZR 71/91, NZA 1992, 321 (= AP Nr. 29 zu Internat. Privatrecht, Arbeitsrecht); BAG, 17.10.2007 – 4 AZR 1005/06, NZA 2008, 713, 715 (= AP Nr. 40 zu § 1 TVG (m. Anm. Fiala, Wendeling-Schröder)); dazu Däubler, TVG-*Peter,* § 2 Rn. 91 f. m.w.N.

664 BAG, 17.10.2007 – 4 AZR 1005/06, NZA 2008, 713, 715 (= AP Nr. 40 zu § 1 TVG (m. Anm. Fiala, Wendeling-Schröder)); *Löwisch/Rieble,* § 2 Rn. 360.

665 So etwa Däubler, TVG-*Peter,* § 2 Rn. 96; i.d.S. auch *Däubler,* TVR, 1993, Rn. 80 f., der auch auf den Rechtsgedanken der §§ 54 ff. BetrVG verweist; eingeschränkt Kempen/Zachert-*Stein,* § 2 TVG Rn. 111; abl. *Windbichler,* Arbeitsrecht im Konzern, 1989 (zugl. München, Univ., Habil. 1988), S. 462 f.; *Gamillscheg,* Koll. ArbR I, 1997, S. 525; Wiedemann-*Oetker,* § 2 Rn. 141; entsprechend auch die Möglichkeit eines Konzerns, Mitglied in einem Arbeitgeberverband zu werden, ablehnend *Löwisch/Rieble,* § 3 Rn. 36.

666 Vgl. auch *Gamillscheg,* Koll. ArbR I, 1997, S. 506.

667 BAG, 25.10.1988 – 3 AZR 64/87, AP Nr. 46 zu § 7 BetrAVG (m. Anm. Schulin) (= NZA 1989, 177); BAG, 08.11.2006 – 4 AZR 590/05, NZA 2007, 576; BAG, 17.10.2007 – 4 AZR 1005/06, NZA 2008, 713 (= AP Nr. 40 zu § 1 TVG (m. Anm. Fiala, Wendeling-Schröder)); Kempen/Zachert-*Stein,* § 2 TVG Rn. 111; *Löwisch/*

Konzernobergesellschaft, auch im Namen einer oder mehrerer Tochtergesellschaften zu handeln, nach § 164 Abs. 1 S. 2 BGB aus den Umständen ergeben.[668] Insofern ist dies realistisch nur möglich, wenn bereits eine grundsätzliche (einheitliche) Bindungswilligkeit auf Arbeitgeberseite gegeben ist. Da solche Konzerne auch häufigen Veränderungen unterliegen, ist ein mehrgliedriger Tarifvertrag aber nur bedingt effektiv, da ihm bspw. neu hinzugekommene Unternehmen nicht automatisch unterliegen.[669]

Noch schwächer als der mehrgliedrige Tarifvertrag ist hinsichtlich der praktischen Durchsetzbarkeit die Möglichkeit, die Konzernobergesellschaft – sofern sie tariffähig ist – schuldrechtlich zu verpflichten, auf ihre Tochtergesellschaften einzuwirken und so für die einheitliche Anwendung eines Tarifvertrags zu sorgen. Hierzu muss die Konzernobergesellschaft aber zumindest nicht tariffähig sein.[670]

Allerdings nimmt das BAG in bestimmten Fällen eine schuldrechtliche Einwirkungspflicht der Konzernobergesellschaft auch ohne ausdrückliche Vereinbarung an. So war das *Goethe-Institut* an einen Firmentarifvertrag gebunden, von dem auch die Lehrkräfte erfasst waren, die bei den Zweigstellen im Ausland tätig waren. Allerdings waren manche dieser Zweigstellen (im betreffenden Fall in Mexiko) selbstständig organisiert und nahmen damit eine eigenständige Arbeitgeberposition ein. Damit waren deren Arbeitnehmer nicht durch den Tarifvertrag erfasst, womit sich die schuldrechtliche Durchführungspflicht nicht auf die mexikanische Zweigstelle erstrecken konnte. Das BAG nahm in diesem Fall jedoch einen Einwirkungsanspruch der Beschäftigten der mexikanischen Zweigstelle gegen das *Goethe-Institut* dahingehend an, dass die Bestimmungen des Tarifvertrags auch in den Zweigstellen angewendet werden.[671] Das BAG stellt dabei insbesondere darauf ab, dass die Zweigstelle tatsächlich wie eine unselbstständige Unternehmensabteilung beherrscht wird. Zudem führt es aus: „Die Einwirkungspflicht beinhaltet aber auch zum anderen zugleich die Verpflichtung, alles zu unterlassen,

---

Rieble, § 2 Rn. 363; *Windbichler,* Arbeitsrecht im Konzern, 1989 (zugl. München, Univ., Habil. 1988), S. 463 ff.

668 BAG, 17.10.2007 – 4 AZR 1005/06, NZA 2008, 713, 715 (= AP Nr. 40 zu § 1 TVG (m. Anm. Fiala, Wendeling-Schröder)); *Kilg/Muschal,* BB 2007, 1670, 1671; Däubler, TVG-*Peter,* § 2 Rn. 94.

669 Däubler, TVG-*Peter,* § 2 Rn. 93.

670 *Löwisch/Rieble,* § 2 Rn. 368; Wiedemann-*Oetker,* § 2 Rn. 145; Däubler, TVG-*Peter,* § 2 Rn. 95; JKOS-*Schubert,* § 2 Rn. 134.

671 BAG, 11.09.1991 – 4 AZR 71/91, NZA 1992, 321, 323 (= AP Nr. 29 zu Internat. Privatrecht, Arbeitsrecht).

durch das die tarifvertraglichen Regelungen leerlaufen können und die Existenz des Tarifpartners ausgehöhlt wird. Eine Tarifvertragspartei darf insbesondere nicht […] auf Mitglieder der anderen Tarifvertragspartei einwirken, durch Auflösung des Arbeitsvertrages mit einem organisierten Arbeitgeber und Abschluß eines neuen Arbeitsvertrages mit einem nichtorganisierten Arbeitgeber aus dem Geltungsbereich des Tarifvertrages auszuscheiden. Der Bekl. darf nicht die Flucht aus dem Tarifvertrag fördern, sondern muß ihn in seinem Betrieb durchsetzen."[672]

Auch wenn sich dieser Sachverhalt nicht eins zu eins auf innerstaatliche Sachverhalte übertragen lässt, weil die rechtliche Verselbstständigung der Zweigstelle dem zwingenden mexikanischen Recht geschuldet war, so sind doch mehrere Ausführungen des 4. Senats bemerkenswert. Insbesondere stellt er klar, dass Tarifflucht nicht gefördert werden darf und wenigstens bei Parteistellung vermieden werden muss, dass tarifliche Regelungen leer laufen. Das muss auf jeden Fall bei einem Firmentarifvertrag, auch im innerstaatlichen Kontext, gelten.[673] Zumindest die Pflicht, einer Absenkung der Arbeitsbedingungen im Zuge einer Ausgliederung entgegenzuwirken, wird aber teilweise auch im Fall eines Verbandstarifvertrags angenommen.[674] Dies gilt insbesondere dann, wenn für den Konzern ein Firmentarifvertrag anwendbar ist und das betreffende Unternehmen auch nach der Ausgliederung noch im Konzernverbund verbleibt.[675]

Als Gestaltungsvariante bietet sich außerdem ein firmenbezogener Verbandstarifvertrag an.[676] Voraussetzung für die vollständige Erfassung des Konzerns ist natürlich, dass alle Konzerngesellschaften Mitglied des tarifschließenden Arbeitgeberverbandes sind.[677] Festzuhalten bleibt jedoch, dass der Konzern selbst *de lege lata* nicht tariffähig ist.

Wie bereits oben dargestellt, kommt dem Gesetzgeber hinsichtlich der Zuerkennung der Tariffähigkeit ein großer Spielraum zu.[678] Würde dem Konzern selbst Tariffähigkeit zugesprochen, hätte dies den Vorteil, dass die einzelnen

---

672 BAG, 11.09.1991 – 4 AZR 71/91, NZA 1992, 321, 323 (= AP Nr. 29 zu Internat. Privatrecht, Arbeitsrecht).

673 Däubler, TVG-*Lorenz,* § 3 Rn. 187; *Riesenhuber,* BB 1993, 1001, 1006; a.A. *Löwisch/ Rieble,* § 2 Rn. 362; Wiedemann-*Thüsing,* § 1 Rn. 927.

674 Däubler, TVG-*Lorenz,* § 3 Rn. 155, 178; a.A. *Wallisch,* Die tarifvertraglichen Einwirkungspflichten, 1998 (zugl. Freiburg, Univ., Diss. 1997), S. 92.

675 *Henssler,* FS Schaub, 1998, S. 311, 328.

676 So z.B. bei der *Lufthansa AG,* vgl. BAG, 18.06.1997 – 4 AZR 699/95, NZA 1998, 39 (= AP Nr. 24 zu § 1 TVG Tarifverträge: Lufthansa).

677 Vgl. auch *Löw,* Personal 2011, 5.

678 Vgl. oben, S. 99 f.

Konzernunternehmen einfacher und vor allem einheitlich tarifpolitisch zu erfassen wären. Konzerninterne Tariffragmentierung und Tarifflucht würden folglich erschwert. Praktisch blieben jedoch insbesondere bei komplexen Konzernstrukturen zahlreiche Schwierigkeiten bestehen, die sich aus der Verschiedenartigkeit der einzelnen Unternehmen bis hin zu Zuständigkeitskonflikten der für die einzelnen Unternehmen zuständigen Gewerkschaften ergeben können.[679] Letztlich wäre es dann jedoch die Entscheidung der Tarifparteien, ob sie von einer solchen Option Gebrauch machen würden oder nicht.

(2) OT-Mitgliedschaften und OT-Verbände

Daneben stellt sich die Frage, wie OT-Mitgliedschaften ins Konzept der Tariffähigkeit der Verbände einzuordnen sind. Die Einführung der OT-Mitgliedschaft zeigt dabei nicht nur zwischen den einzelnen Branchen eine beachtliche Bandbreite, auch innerhalb der Branchen selbst besteht eine Vielfalt sowohl an Gestaltungsvarianten als auch an abweichenden Einschätzungen, Strategien und Beweggründen sowie an strategischen Ausrichtungen. Ein einheitliches Modell hat sich dabei noch nicht herausgebildet.[680] Grundsätzlich muss in Hinblick auf die Tariffähigkeit von OT-Verbänden im Wesentlichen zwischen den zwei Varianten Aufspaltungs- und Stufenmodell unterschieden werden.[681]

(a) Aufspaltungsmodell

Kennzeichen des Aufspaltungsmodells ist es, dass der tarifgebundene und der nicht tarifgebundene Teil organisatorisch strikt voneinander getrennt werden. Hier bestehen im Wesentlichen wieder zwei unterschiedliche Varianten: Entweder es wird ein separater OT-Verband gegründet, in den alle Mitglieder wechseln, die nicht tarifgebunden sein möchten, und die übrigen bleiben im T-Verband (Parallelverbandsmodell). Oder der ganze Verband wird zum OT-Verband und die Mitglieder, die weiterhin eine gemeinsame Tarifpolitik verfolgen wollen, formen eine Tarifgemeinschaft.[682]

---

679 Zur Problematik ausführlich *Helfen/Nicklich,* Ind. Beziehungen 2014, 181 ff.

680 *Behrens,* Das Paradox der Arbeitgeberverbände, 2011 (zugl. Göttingen, Univ., Habil. 2010), S. 141, 157 ff.

681 *Besgen,* Mitgliedschaft im Arbeitgeberverband ohne Tarifbindung, 1998 (zugl. Bonn, Univ., Diss. 1997), S. 13; *Behrens,* Das Paradox der Arbeitgeberverbände, 2011 (zugl. Göttingen, Univ., Habil. 2010), S. 141 ff., der jedoch auf weitere Differenzierungsmöglichkeiten hinweist.

682 *Behrens,* Das Paradox der Arbeitgeberverbände, 2011 (zugl. Göttingen, Univ., Habil. 2010), S. 141 f.; zu letzteren auch *Völkl,* Arbeitgeberverbände zwischen

Auch wenn diese Trennung in der Praxis nicht so streng gehandhabt wird, wie es formal scheint, da vor allem häufig personelle Überschneidungen in der Geschäftsführung bestehen, so ist das Parallelverbandsmodell bei korrekter Anwendung in Hinblick auf die Tariffähigkeit kaum problematisch. Auf der einen Seite bleibt doch der tariffähige Verband unverändert bestehen, während auf der anderen Seite ein OT-Verband gebildet wird, der sich tariflich nicht betätigt und damit auch keinen Arbeitgeberverband i.S.v. § 2 Abs. 1 TVG darstellt. Da allerdings, wie gezeigt, eine willkürliche Erklärung der Tarifunfähigkeit nicht möglich ist, wenn sie nicht auch tatsächlich gelebt wird, muss ein solcher Verband sich tatsächlich und ausschließlich auf eine wirtschaftsverbandliche Tätigkeit zurückziehen.[683] Die Folge ist, dass er sich natürlich nicht auf die Rechte, die sich aus dem Status einer tariffähigen Koalition ergeben, berufen kann. So besitzen solche Verbände bspw. keine Postulationsfähigkeit vor den Arbeitsgerichten (vgl. § 11 Abs. 2 Nr. 4 ArbGG).[684]

Dasselbe gilt im Prinzip für den Fall, dass Mitglieder eines OT-Verbandes in einer Tarifgemeinschaft eine gemeinsame Tarifpolitik verfolgen. Entscheidend sind eine klare Trennung zwischen der Tarifgemeinschaft und dem OT-Verband sowie eine gegenseitige Unabhängigkeit.[685]

Insgesamt ist das Aufspaltungsmodell in der Arbeitgeberlandschaft deutlich seltener vertreten.[686] Dagegen kommt in Verbänden unter dem Dach von *Gesamtmetall* ausschließlich diese Modellvariante zur Anwendung.[687]

(b) Stufenmodell

Schwieriger zu beurteilen ist die Frage hinsichtlich des in der Praxis am häufigsten anzutreffenden Stufenmodelles. Wesensmerkmal eines solchen ist, dass ein an sich tariffähiger Arbeitgeberverband eine oder mehrere abgestufte Mitgliedschaftsvarianten anbietet, die nicht zur Tarifbindung führen sollen. Im

---

Sozialpartnerschaft und Dienstleistung, 2002 (zugl. Konstanz, Univ., Diss. 2002), S. 81 ff.

683 *Buchner,* NZA 1994, 2, 10 lässt eine entsprechende Satzungsgestaltung ausreichen; vgl. zur Diskussion bereits oben S. 96 f.; wie hier aber Däubler, TVG-*Peter,* § 2 Rn. 121; ähnlich Wiedemann-*Oetker,* § 2 Rn. 20.

684 *Schaub,* FS Hromadka, 2008, S. 339, 349; weiter aber etwa GMP-*Germelmann,* § 11 Rn. 70, der auf die Satzungsgestaltung abstellt.

685 *Otto,* NZA 1996, 624, 625; Kempen/Zachert-*Stein,* § 2 TVG Rn. 131; Däubler, TVG-*Peter,* § 2 Rn. 121.

686 *Behrens,* Das Paradox der Arbeitgeberverbände, 2011 (zugl. Göttingen, Univ., Habil. 2010), S. 150.

687 *Haipeter/Schilling,* Ind. Beziehungen 2006, 21, 35.

Gegensatz zu Gastmitgliedschaften und vergleichbaren Mitgliedschaftsformen, die bereits seit langem in der Rechtsprechung anerkannt sind,[688] erhalten die OT-Mitglieder in der Regel die vollen Mitgliedschaftsrechte im Verband, insbesondere können sie weiterhin von den Verbandsdienstleistungen profitieren.[689] Einzig in die Tarifpolitik sind sie nicht direkt miteingebunden und sie verfügen über kein Stimmrecht in tarifpolitischen Belangen.[690] Ihre Beiträge haben sie dafür vielfach in gleicher Höhe wie Mitglieder mit Tarifbindung (T-Mitglieder) zu leisten. Diese Mittel stehen den Verbänden üblicherweise frei zur Verfügung, selbst zur Finanzierung der Arbeitskampfkasse.

Die Schwierigkeit ergibt sich dadurch, dass der Verband an sich weiterhin tarifpolitisch aktiv bleibt, den Mitgliedern aber angeboten wird, zwischen Mitgliedschaftsformen mit und ohne Tarifbindung nach § 3 Abs. 1 TVG zu wählen. Wie bereits oben dargestellt, ist eine partielle Tariffähigkeit ausgeschlossen. Der objektive Charakter der Tariffähigkeit nach § 2 Abs. 1 TVG lasse, so *Peter*, dabei keinen Raum für eine privatautonome Binnendifferenzierung.[691] Daher geht auch das BAG davon aus, dass das Stufenmodell – sofern die noch darzulegenden Anforderungen eingehalten werden – im Grundsatz keine Auswirkungen auf die Tariffähigkeit des Verbandes hat. Die Tariffähigkeit bleibe ungeteilt erhalten, lediglich die Gebundenheit einzelner Mitglieder sei ausgeschlossen.[692] Die Frage der Tarifgebundenheit wird unten diskutiert.[693]

(c) Handwerksinnungen

Die Frage der OT-Mitgliedschaft stellt sich auch im Zusammenhang mit den Handwerksinnungen. Tatsächlich führen immer mehr Handwerksinnungen

---

688 St. Rspr. BAG, 16.02.1962 – 1 AZR 167/61, AP Nr. 12 zu § 3 TVG Verbandszugehörigkeit (= BAGE 12, 285); best. BAG, 20.02.1986 – 6 AZR 236/84, AP Nr. 8 zu § 11 ArbGG 1979 Prozeßvertreter (= BAGE 51, 163); BAG, 26.08.2009 – 4 AZR 285/08, NZA 2010, 230 (= AP Nr. 45 zu § 3 TVG).

689 Vgl. BAG, 04.06.2008 – 4 AZR 316/07, AP Nr. 37 zu § 3 TVG; vgl. bereits oben S. 69.

690 *Behrens*, Das Paradox der Arbeitgeberverbände, 2011 (zugl. Göttingen, Univ., Habil. 2010), S. 144.

691 Däubler, TVG-*Peter*, § 2 Rn. 122; *Däubler*, NZA 1996, 225 ff.; auch *Gamillscheg*, Koll. ArbR I, 1997, S. 528 f.; ErfK-*Franzen*, § 2 TVG Rn. 9, die jedoch beide die Tariffähigkeit durch die in der Satzung vorgesehenen OT-Modelle nicht gefährdet sehen; so wohl auch *Deinert*, RdA 2007, 83, 90.

692 BAG, 18.07.2006 – 1 ABR 36/05, NZA 2006, 1225 (= AP Nr. 19 zu § 2 TVG Tarifzuständigkeit).

693 Dazu unten, S. 185 ff.

OT-Mitgliedschaftsformen ein oder verzichten vollständig auf den Abschluss von Tarifverträgen.[694] Hintergrund sind auch hier sinkende Mitgliederzahlen.[695] Eine Verbandsbefragung zeigt außerdem, dass die Mitgliedergewinnung und -bindung bei Innungen durch deren Geschäftsführer als größere Herausforderung eingeschätzt wird, als durch die Geschäftsführer von Arbeitgeberverbänden und Wirtschaftsverbänden.[696] Da die Arbeitgeber, die nicht Mitglied in einer Innung sind, üblicherweise auch keine Mitgliedschaft in einem Arbeitgeberverband aufweisen, und zudem auslaufende Tarifverträge häufig nicht verlängert werden, ist das Handwerk in zunehmendem Maße von Tariflosigkeit betroffen.[697]

i. Position der Rechtsprechung

Vor diesem Hintergrund hatte das VG Braunschweig bereits im Jahr 2010 über den Fall einer Handwerksinnung zu entscheiden, die in ihre Satzung die Möglichkeit einer OT-Mitgliedschaft aufnehmen wollte. Für eine Satzungsänderung ist nach § 61 Abs. 3 i.V.m. Abs. 2 Nr. 8 HwO die Genehmigung der zuständigen Handwerkskammer erforderlich.[698] Im betreffenden Fall verweigerte diese jedoch die Genehmigung mit dem Argument, eine OT-Mitgliedschaft stehe im Widerspruch zu § 54 HwO, der, wie oben erwähnt, den Handwerksinnungen die Tariffähigkeit verleiht. Das VG Braunschweig bestätigte diese Ansicht und betonte u.a., dass die HwO nur zwei Formen der Mitgliedschaft kenne: einerseits die Mitgliedschaft mit vollständigen Rechten und Pflichten nach § 58 Abs. 1 HwO für Inhaber von Betrieben des betreffenden Gewerbes und andererseits eine Mitgliedschaft mit eingeschränkten Rechten nach § 59 HwO für dem Gewerbe nahestehende Personen. Für eine OT-Mitgliedschaft der in § 58 Abs. 1 HwO genannten Personen lasse die HwO keinen Raum, denn die Verleihung der Tariffähigkeit bezwecke, „die Tariffähigkeit im Bereich des Handwerks zu

694 *Dannenbring,* WiVerw 2012, 156, 166 f.

695 *Kluth,* Zulässigkeit einer Mitgliedschaft ohne Tarifbindung in Handwerksinnungen und Landesinnungsverbänden, 2013, S. 29; vgl. auch VG Braunschweig, 19.12.2013 – 1 A 58/13, GewArch 2014, 361, Rn. 33; für den Handwerkskammerbezirk Düsseldorf mit konkreten Zahlen für die einzelnen Handwerkszweige etwa *Scholz,* in: Schmalz/Dörre, Comeback der Gewerkschaften? 2013, S. 199, 201, wo sich eine sinkende Organisationsquote über alle Handwerkszweige verteilt zeigt, so etwa im Elektrohandwerk von 59 auf 46 %, im Bauhandwerk von 69 auf 58 % etc.

696 *Nicklich/Helfen,* Wirtschaftsverbände in Deutschland 2012/2013, 2013, S. 6.

697 *Bispinck/Schulten,* Magazin Mitbestimmung 7+8/2011, 27, 28.

698 Das Genehmigungserfordernis für die Satzung selbst ergibt sich aus § 56 Abs. 1 HwO.

fördern und den Gewerkschaften einen schlagkräftigen Tarifpartner zur Seite zu stellen".[699]

Dieselbe Innung wagte im Jahr 2012 einen weiteren Vorstoß hinsichtlich der Aufnahme einer OT-Option in ihre Satzung, der jedoch von der zuständigen Handwerkskammer erneut zurückgewiesen wurde. In der hiergegen gerichteten Klage der Innung bestätigte das VG Braunschweig Ende 2013 seine Auffassung von 2010.[700] Allerdings gab das OVG Lüneburg der dagegen eingebrachten Berufung statt.[701] Es verwarf die Argumentation des VG Braunschweig in vollem Umfang. Anders als dieses sieht das OVG Lüneburg keinen Verstoß gegen § 54 Abs. 3 Nr. 1 HwO. Dieser räume der Innung lediglich das Recht zum Abschluss von Tarifverträgen ein, sehe jedoch keine Verpflichtung hierzu vor.[702]

Es führt zudem aus, dass eine Innung nur dort als Teil der im weiteren Sinne staatlichen Verwaltung handle, wo sie Verwaltungsaufgaben wahrnehme (bspw. § 54 Abs. 1 S. 2 Nr. 3, 4, 6 und 8 bis 10 HwO). Hingegen dort, wo die Innung Aufgaben in Hinblick auf die Förderung der gemeinsamen gewerblichen Interessen ihrer Mitglieder erfülle (§ 54 Abs. 1 S. 1, S. 2 Nr. 1 und 2, Abs. 2 Nr. 1 und 3 HwO), handle sie zwar immer noch als Körperschaft des öffentlichen Rechts, allerdings in Funktion einer berufsständischen Organisation. Als Körperschaft des öffentlichen Rechts bedürfe sie zur Gestaltung ihrer internen Rechtsverhältnisse durch Satzung einer entsprechenden staatlichen Verleihung.[703] Hierzu müsse der Gesetzgeber zwar mindestens regeln, wer Mitglied einer solchen Körperschaft wird oder werden kann, da die Mitglieder für diese das wesentliche und prägende Element darstellten. Die Rechte und Pflichten der Mitglieder hingegegen seien bei einer Körperschaft ohne Pflichtmitgliedschaft nicht als so wesentlich anzusehen, als dass sie durch den Gesetzgeber geregelt werden müssten. Daher könnten letztere autonom durch die Satzung festgelegt werden.[704] Insofern bestimmen die §§ 58 Abs. 1 und 59 HwO nach Auffassung des OVG Lüneburg lediglich die Voraussetzungen für den Erwerb der Mitgliedschaft in der Handwerksinnung – also die Frage, wer Mitglied werden kann, und nicht die Rechte und Pflichten, die mit einer Mitgliedschaft verbunden sind.

699 VG Braunschweig, 17.03.2010 – 1 A 272/08, GewArch 2010, 314; zust. *Kluth*, Zulässigkeit einer Mitgliedschaft ohne Tarifbindung in Handwerksinnungen und Landesinnungsverbänden, 2013, S. 47 ff.; Kempen/Zachert-*Stein*, § 2 TVG Rn. 176.

700 VG Braunschweig, 19.12.2013 – 1 A 58/13, GewArch 2014, 361.

701 OVG Lüneburg, 25.9.2014 – 8 LC 23/14, juris.

702 OVG Lüneburg, 25.9.2014 – 8 LC 23/14, juris, Rn. 65 f.

703 OVG Lüneburg, 25.9.2014 – 8 LC 23/14, juris, Rn. 45.

704 OVG Lüneburg, 25.9.2014 – 8 LC 23/14, juris, Rn. 51.

Daher stünden diese der Einführung der OT-Mitgliedschaft nicht entgegen.[705] § 58 Abs. 4 HwO, der das Abweichen von gesetzlichen oder satzungsmäßigen Bedingungen zu Gunsten Einzelner untersagt, verlange darüber hinaus keine egalitäre Ausgestaltung der Mitgliedschaftsrechte und -pflichten, sondern lasse eine sachlich begründete Differenzierung durchaus zu, worunter das OVG offensichtlich auch die Tarifbindung zählt.[706]

Auch aus dem Vorrang für Tarifverträge von Landes- oder Bundesinnungsverbänden (§§ 82 S. 2 Nr. 3, 85 Abs. 2 S. 1 HwO) ergebe sich keine Unzulässigkeit von OT-Mitgliedschaften in Innungen. Letztere dürfen Tarifverträge nämlich nur dann schließen, wenn nicht bereits durch einen Innungsverband ein solcher geschlossen worden ist (§ 54 Abs. 3 Nr. 1 HwO).[707] Das OVG Lüneburg erkennt zwar an, dass dies zu Intransparenzen führen könne, da u.U. nicht einmal der Landes- oder Bundesinnungsverband weiß, welche Mitglieder ein Tarifvertrag letztlich bindet, dies könne die Unzulässigkeit einer OT-Mitgliedschaft jedoch nicht begründen.[708] Ferner könne ein Innungsverband nicht beanspruchen, alle Handwerksbetriebe in seinem Bezirk zu vertreten.[709]

Gegegen das Urteil des OVG Lüneburg wurde am 8. Demzember 2014 beim BVerwG Revision eingelegt.[710] Eine Entscheidung steht allerdings noch aus.

ii. Bewertung

Mit seiner Ansicht, dass § 54 Abs. 1 HwO OT-Mitgliedschaften in Innungen nicht ausschließe, folgt das Gericht Teilen der Literatur, die ebenfalls betonen, dass der Abschluss von Tarifverträgen nur eine „Kann-Aufgabe“ darstelle und sich eine „gesetzliche Zwangskoppelung“ von allgemeinen Innungsfunktionen und der Tarifbindung der HwO nicht entnehmen lasse. Eine Handwerksinnung müsse daher die Möglichkeiten haben, die Tarifbindung sowohl ganz aufzugeben und damit als OT-Verband zu agieren, wie auch die Tariffähigkeit auf die tarifwilligen Mitglieder zu beschränken.[711] Daher stellt sich zentral die Frage, ob die Tarifwilligkeit auch bei Handwerksinnungen eine Voraussetzung für

705 OVG Lüneburg, 25.9.2014 – 8 LC 23/14, juris, Rn. 53 ff.

706 OVG Lüneburg, 25.9.2014 – 8 LC 23/14, juris, Rn. 57 ff.; a.A. noch VG Braunschweig, 17.03.2010 – 1 A 272/08, GewArch 2010, 314, Rn. 25.

707 OVG Lüneburg, 25.9.2014 – 8 LC 23/14, juris, Rn. 69; vgl. auch *Honig/Knörr*, § 54 HwO Rn. 43.

708 OVG Lüneburg, 25.9.2014 – 8 LC 23/14, juris, Rn. 70.

709 OVG Lüneburg, 25.9.2014 – 8 LC 23/14, juris, Rn. 69.

710 Dort wird das Verfahren unter dem Az. BVerwG, 10 C 23.14 geführt.

711 *Löwisch/Rieble*, § 2 Rn. 427 f.

die Tariffähigkeit darstellt. Das BverfG hat sich in seiner Entscheidung zur Tariffähigkeit von Innungen aus dem Jahr 1966 hierzu nicht eindeutig positioniert, es deutet aber eine solche Tendenz an, wenn es von der freien Entscheidung der Innungsorgane spricht, Tarifverträge abzuschließen.[712]

In der Literatur wird von einigen Stimmen vertreten, dass zur gesetzlichen Verleihung der Tariffähigkeit die übrigen Kriterien zur Tariffähigkeit hinzutreten müssen.[713] Die andere Ansicht geht davon aus, dass die §§ 54 Abs. 3 Nr. 1, 82 Nr. 3, 85 Abs. 2 HwO die Aufgabe des Abschlusses von Tarifverträgen vorschreiben.[714] Bereits oben wurde dargelegt, dass sich die Tariffähigkeit der Handwerksinnungen ausschließlich aus den Normen der HwO und gerade nicht aus Art. 9 Abs. 3 GG bzw. § 2 Abs. 1 TVG ergibt. Daher verbietet es sich, die Kriterien der Tariffähigkeit von privatrechtlich gebildeten Arbeitgeberverbänden zu übertragen.[715] Hier ist auch der Zweck der gesetzlichen Verleihung der Tariffähigkeit an die Innungen mit den Worten des BVerfG in Erinnerung zu rufen: „Erfahrungsgemäß gelingt es schwer, die zahlreichen kleinen Handwerker mit nur einem oder wenigen Arbeitnehmern zum Beitritt zu einem besonderen Arbeitgeberverband zu bewegen. Da dann ein den Gewerkschaften entsprechender umfassender Tarifpartner nicht vorhanden wäre, würden die Ordnung der Arbeitsbedingungen und die Befriedung des Arbeitslebens im Bereich des Handwerks unvollständig bleiben."[716] Zweck ist es also, überhaupt Tarifverhandlungen in diesem Bereich zu ermöglichen und einen geeigneten Tarifpartner zur Verfügung zu stellen. Dieser Zweck würde konterkariert, wenn die Handwerksinnungen ihre Tariffähigkeit ganz oder teilweise aufgeben könnten.[717] An der kleinteiligen Branchenstruktur des Handwerks hat sich nämlich nichts geändert, im Gegenteil, ist eher eine Zunahme von Kleinstbetrieben und auch Soloselbstständigen zu verzeichnen.[718]

---

712 BVerfG, 19.10.1966 – 1 BvL 24/65, BVerfGE 20, 312, 320.

713 Wiedemann-*Oetker*, § 2 Rn. 290; i.E. auch *Löwisch/Rieble*, § 2 Rn. 427 f.

714 Däubler, TVG-*Peter*, § 2 Rn. 132; ähnlich *Kluth*, Zulässigkeit einer Mitgliedschaft ohne Tarifbindung in Handwerksinnungen und Landesinnungsverbänden, 2013, S. 36 ff.

715 Ähnlich *Kluth*, Zulässigkeit einer Mitgliedschaft ohne Tarifbindung in Handwerksinnungen und Landesinnungsverbänden, 2013, S. 40.

716 BVerfG, 19.10.1966 – 1 BvL 24/65, BVerfGE 20, 312, 318.

717 Ähnlich *Kluth*, Zulässigkeit einer Mitgliedschaft ohne Tarifbindung in Handwerksinnungen und Landesinnungsverbänden, 2013, S. 47 f.

718 *Dannenbring*, WiVerw 2012, 156.

Entgegen der Auffassung des OVG Lüneburg[719] muss der Wille des Gesetzgebers, durch die Tariffähigkeit der Innungen das Zustandekommen von Tarifverträgen im Bereich des Handwerks zu fördern, in der Beurteilung der OT-Mitgliedschaften also durchaus Berücksichtigung finden. Dass der Gesetzgeber hierzu keine Pflichtmitgliedschaft eingeführt hat, ändert nichts daran, dass die Innungen nach der Konzeption der HwO dazu beitragen sollen, dass im Bereich des Handwerks Tarifbindung zustande kommt. Dieser Zweck würde allerdings nicht oder nur sehr beschränkt erfüllt, könnte sich eine Innung ganz oder teilweise zu einem OT-Verband erklären.

Entschließt sich ein Handwerksbetrieb, der Tarifbindung fern zu bleiben und damit nicht zur Zielvorstellung des Gesetzes beizutragen, ist ihm das freilich unbenommen. Allerdings kann er dann auch nicht von den übrigen Vorteilen einer Innungsmitgliedschaft profitieren. Dass dieses Ergebnis vereinbar mit der negativen Koalitionsfreiheit ist, hat das BVerfG bereits ausdrücklich festgestellt.[720] Es kommt gerade darauf an, dass die mit der Mitgliedschaft verbundenen Vorteile einen Betritt attarktiv machen und damit das Zustandekommen begünstigten, weshalb ein solcher „Koppelungsdruck“[721] auch nicht gegen die negative Koalitionsfreiheit verstößt.[722] Der Handwerksinnung selbst als öffentlicher Körperschaft (§ 53 HwO) kommt in dieser Hinsicht bereits keine Grundrechtsfähigkeit zu.[723] Zwar sollen Innungen nach der Rechtsprechung des BAG dort, wo sie als Tarifpartner handeln, wie Koalitionen zu behandeln sein.[724] Das VG Braunschweig geht allerdings zutreffend davon aus, dass die Innung bei der Satzungsfestlegung gerade nicht in ihrer Eigenschaft als Tarifpartner handelt.[725] Der einzelne Handwerker ist nach dem BVerfG sehr wohl in seiner Koalitionsfreiheit betroffen, da er nur an der Innung und ihren öffentlichen Aufgaben partizipieren kann, wenn er Mitglied ist und sich folglich auch deren Tarifpolitik unterwirft. Das Gericht hält den Druck jedoch nicht für groß genug, als dass er einen Verstoß gegen die

---

719 OVG Lüneburg, 25.9.2014 – 8 LC 23/14, juris, Rn. 66.

720 BVerfG, 19.10.1966 – 1 BvL 24/65, BVerfGE 20, 312.

721 *Böckenförde,* NJW 1974, 1529, 1533, der einen Verstoß gegen die negative Koalitionsfreiheit wohl ebenfalls ablehnt.

722 BVerfG, 19.10.1966 – 1 BvL 24/65, BVerfGE 20, 312.

723 VG Braunschweig, 17.03.2010 – 1 A 272/08, GewArch 2010, 314.

724 BAG, 06.05.2003 – 1 AZR 241/02, NZA 2004, 562 (= AP Nr. 21 zu § 3 TVG Verbandszugehörigkeit); bereits BAG, 22.02.1957 – 1 AZR 426/56, AP Nr. 2 zu § 2 TVG.

725 VG Braunschweig, 17.03.2010 – 1 A 272/08, GewArch 2010, 314; a.A. wohl OVG Lüneburg, 25.9.2014 – 8 LC 23/14, juris, Rn. 87.

Koalitionsfreiheit begründen würde.[726] Diese Sichtweise steht auch im Einklang mit den obenstehenden Ausführungen zur negativen Koalitionsfreiheit, wonach der Wunsch des Außenseiters, „von anderen nicht behelligt zu werden"[727], nur im Rahmen der verfassungsmäßigen Ordnung und insbesondere der Funktionsfähigkeit der Tarifautonomie Berücksichtigung finden kann.[728]

Entegegen der Auffassung des OVG Lüneburg spielt die Hierarchie zwischen Tarifverträgen von Innungsverbänden und solchen von Innungen durchaus eine Rolle bei der Beurteilung der OT-Mitgliedschaften. Zwar ist dem OVG zuzustimmen, dass die HwO keineswegs darauf ausgelegt ist, dass eine Innung oder ein Innungsverband alle Handwerksbetriebe in seinem Zuständigkeitsbereich erfasst. Das Problem liegt allerdings woanders. Mit dem Beschluss über den Beitritt zum Landesinnungsverband durch die Innungsversammlung (§ 61 Abs. 2 Nr. 9 HwO) unterwirft die Innung sich und (alle) ihre Mitglieder der Zuständigkeit der Landesinnung und deren Satzung. Da den Innungen nur eine subsidiäre Tarifzuständigkeit zukommt, kann sie über die Gebundenheit an einen Tarifvertrag der Landesinnung schon gar nicht selbst disponieren, selbst wenn man – entgegen der hier vertretenen Auffassung – OT-Mitgliedschaften in diesem Bereich im Grundsatz für zulässig hielte.

OT-Mitgliedschaftsformen bei Handwerksinnungen stehen folglich entgegen der Praxis und der Rechtsprechung des OVG Lüneburg im Widerspruch zu den §§ 54 Abs. 3 Nr. 1, 82 Nr. 3, 85 Abs. 2 HwO und sind daher unzulässig.[729] Die Rechtsverhältnisse der Mitglieder einer Innung können nach § 55 Abs. 1 und Abs. 2 Nr. 4 HwO durch Satzung nur soweit geregelt werden, als gesetzlich nichts anderes bestimmt ist,[730] das ist hier aber Fall.

(3) Verbandsauflösung

Eine weitere Form, die Tarifunfähigkeit gewillkürt herbeizuführen, ist die (vollständige) Verbandsauflösung.[731] Wie bereits oben erwähnt, ist es in der Vergangenheit mehrfach vorgekommen, dass Präsidenten von Arbeitgeberverbänden mit diesem Schritt gedroht haben. Dabei interessiert in erster Linie die Frage,

---

726 BVerfG, 19.10.1966 – 1 BvL 24/65, BVerfGE 20, 312, 321 f.

727 *Gamillscheg*, Koll. ArbR I, 1997, S. 385.

728 Oben, S. 42 f.

729 Zu den Rechtsfolgen – insbesondere der Rücknahme der Genehmigung der Satzungsänderung nach § 48 VwVfG: *Kluth*, Zulässigkeit einer Mitgliedschaft ohne Tarifbindung in Handwerksinnungen und Landesinnungsverbänden, 2013, S. 56 f.

730 Vgl. auch VG Braunschweig, 19.12.2013 – 1 A 58/13, GewArch 2014, 361, Rn. 35.

731 Kittner/Zwanziger/Deinert-*Deinert*, § 10 Rn. 118.

welche Auswirkungen die Verbandsauflösung unmittelbar auf die Bestandskraft eines Tarifvertrags hat.

Eine Ansicht geht davon aus, dass der Verband mit seiner Auflösung die Tariffähigkeit verliert, womit ein Wirksamkeitserfordernis für den Tarifvertrag entfalle und dieser daher *ex nunc* unwirksam werde. Als Konsequenz käme lediglich die Nachwirkung nach § 4 Abs. 5 TVG zur Anwendung.[732] Diese Ansicht kann sich auch auf die frühere Rechtsprechung des BAG berufen.[733] Die mittlerweile wohl überwiegende Ansicht – einschließlich der neueren Rechtsprechung – geht dagegen davon aus, dass die Verbandsauflösung die Bestandskraft eines geltenden Tarifvertrags nicht tangiert.[734]

Fraglich ist allerdings bereits, ob durch den Auflösungsbeschluss die Tariffähigkeit überhaupt verloren geht. Vereinsrechtlich besteht der Verband nämlich bis zum Abschluss des Liquidationsverfahrens fort (§ 49 Abs. 2 BGB).[735] Die genannte Ansicht bejaht den Verlust der Tariffähigkeit und führt zur Begründung an, dass die §§ 49 Abs. 2 und 730 Abs. 2 BGB nur auf die vermögensrechtliche Abwicklung eines Verbandes bzw. einer Gesellschaft gerichtet seien.[736] Tatsächlich tritt mit dem Auflösungsbeschluss das Liquidationsstadium ein, mit dem sich auch der Vereinszweck ändert, der nun auf die Liquidation gerichtet ist.[737] Allerdings sind im Zuge der Liquidation alle laufenden Verpflichtungen – also auch die aus dem Tarifvertrag erwachsenden – abzuwickeln.[738] Entsprechend dem Rechtsgedanken des § 49 Abs. 2 BGB muss daher auch die Tariffähigkeit des Verbandes erhalten bleiben, soweit sie sich auf laufende Verpflichtungen erstreckt, neue

---

732 ErfK-*Franzen,* § 2 TVG Rn. 5; *Löwisch/Rieble,* § 2 Rn. 162; nach Gründen, die zum Verlust der Tariffähigkeit führen, differenzierend Wiedemann-*Oetker,* § 2 Rn. 35.

733 BAG, 15.10.1986 – 4 AZR 289/85, NZA 1987, 246, 247 f. (= AP Nr. 4 zu § 3 TVG); BAG, 28.05.1997 – 4 AZR 546/95, NZA 1998, 40 (= AP Nr. 26 zu § 4 TVG Nachwirkung).

734 BAG, 23.01.2008 – 4 AZR 312/01, NZA 2008, 771, 773 (= AP Nr. 36 zu § 3 TVG (abl. Anm. Höpfner)); JKOS-*Schubert,* § 2 Rn. 24; Kempen/Zachert-*Stein,* § 2 TVG Rn. 195; Kittner/Zwanziger/Deinert-*Deinert,* § 8 Rn. 308; bereits *Hueck/Nipperdey,* Bd. 2/1, 1967, S. 474.

735 Vgl. auch Staudinger-*Weick,* § 49 BGB Rn. 20.

736 BAG, 11.11.1970 – 4 AZR 522/69, AP Nr. 28 zu § 2 TVG (m. Anm. Wiedmann), Rn. 10; *Nikisch,* Arbeitsrecht II, 1959, S. 355.

737 Staudinger-*Weick,* § 49 BGB Rn. 17; JKOS-*Schubert,* § 2 Rn. 23.

738 *Hueck/Nipperdey,* Bd. 2/1, 1967, S. 475; Wiedemann-*Oetker,* § 2 Rn. 39 f.; ähnlich wohl auch *Däubler,* NZA 1996, 225, 233; a.A. *Nikisch,* Arbeitsrecht II, 1959, S. 355.

Tarifverträge können freilich nicht mehr abgeschlossen werden.[739] Andernfalls wäre auch die bereits mehrfach angesprochene Ordnungsfunktion der Tarifautonomie gefährdet, würde doch der Bestand von Tarifverträgen letztlich abhängig vom einseitigen Handeln einer Tarifpartei. Dies stünde zudem im Widerspruch zum Rechtsgedanken der §§ 3 Abs. 3, 4 Abs. 5 TVG und § 613a Abs. 1 BGB, die gerade die einseitige Tarifflucht verhindern wollen.[740] Konsequenz hiervon ist, dass durch den Auflösungsbeschluss die Tariffähigkeit in Bezug auf die laufenden tarifvertraglichen Verpflichtungen nicht verloren geht und sich folglich an der Tarifbindung der Mitglieder nach § 3 Abs. 1 TVG nichts ändert.[741]

Die Auflösung des Verbandes hat daher weder den (vollständigen) Verlust der Tariffähigkeit noch die Beendigung des Tarifvertrags zur Folge. Soll der Tarifvertrag beendet werden, muss er dementsprechend durch die Liquidatoren ordentlich gekündigt werden, ein Sonderkündigungsrecht aufgrund der Liquidation besteht nicht.[742] Im Anschluss tritt die Nachwirkung nach § 4 Abs. 5 TVG ein.[743] Als Mittel zur (kollektiven) Tarifflucht eignet sich die Verbandsauflösung dementsprechend, zumindest kurzfristig, nicht.

c) Gewerkschaften

Bereits mehrfach wurde hier auf den entscheidenden Einfluss des sozialen Gegenspielers der Arbeitgeberseite in Bezug auf deren Tarifbindung hingewiesen. Insofern stellt sich im Zusammenhang mit der Tariffähigkeit auch die Frage, welche Anforderungen Arbeitnehmervereinigungen erfüllen müssen, um am Tarifgeschehen teilnehmen zu können.

Wie bereits erwähnt, ist die Tariffähigkeit von Gewerkschaften enger zu beurteilen als die der Arbeitgeberverbände. Hier besteht nämlich die große Gefahr,

---

739 Wiedemann-*Oetker*, § 2 Rn. 39 f.; Däubler, TVG-*Deinert*, § 4 Rn. 83; JKOS-*Schubert*, § 2 Rn. 23 ff.

740 BAG, 23.01.2008 – 4 AZR 312/01, NZA 2008, 771, 773 (= AP Nr. 36 zu § 3 TVG (abl. Anm. Höpfner)); *Däubler*, NZA 1996, 225, 233; Wiedemann-*Oetker*, § 2 Rn. 40; Däubler, TVG-*Deinert*, § 4 Rn. 83; Kempen/Zachert-*Stein*, § 2 TVG Rn. 194.

741 JKOS-*Schubert*, § 2 Rn. 25; Kempen/Zachert-*Stein*, § 2 TVG Rn. 194 ff.; *Däubler*, NZA 1996, 225, 233, der sich jedoch für eine analoge Anwendung von § 3 Abs. 3 TVG ausspricht; ebenso wie Schaub, Hdb. ArbR-*Treber*, § 205 Rn. 32; für die Anwendung von § 4 Abs. 5 TVG: *Gamillscheg*, Koll. ArbR I, 1997, S. 789.

742 BAG, 23.01.2008 – 4 AZR 312/01, NZA 2008, 771, 773 (= AP Nr. 36 zu § 3 TVG (abl. Anm. Höpfner)); vgl. auch JKOS-*Schubert*, § 2 Rn. 22; Kempen/Zachert-*Stein*, § 2 TVG Rn. 195.

743 Zur Nachwirkung unten, S. 163 ff.

dass Arbeitnehmervereinigungen „Gefälligkeitstarifverträge" abschließen, die dem Schutzzweck der Tarifautonomie entgegenstehen.[744] Selbst wenn man dies angesichts der mitgliedschaftlichen Legitimation eines Tarifvertrags noch in Kauf nehmen wollte und entsprechenden Vereinigungen mangels Attraktivität für die Mitglieder keine großen Überlebenschancen prognostizierte[745], so ist doch nicht zu verkennen, dass die faktische Wirkung eines Tarifvertrags insbesondere durch die einzelvertragliche Bezugnahme weit über den Kreis der Gewerkschaftsmitglieder hinausgeht. Tatsächlich wurde in der Vergangenheit dementsprechend schon zahlreichen Vereinigungen die Tariffähigkeit abgesprochen.[746] Praktische Relevanz hat diese Problematik vor allem ab der ersten Hälfte der 1990er Jahre in Ostdeutschland entwickelt, als die im *Christlichen Gewerkschaftsbund* (CGB) organisierten Gewerkschaften begonnen haben, eigenständige Tarifwerke zu etablieren. Zuvor haben sie allenfalls in Tarifgemeinschaft mit den DGB-Gewerkschaften agiert.[747] Besonders gravierend waren die Auswirkungen in der Leiharbeit, wo nach Einführung des tarifdispositiven Gleichbehandlungsprinzips im AÜG der *Tarifgemeinschaft Christliche Gewerkschaften und PSA* (CGZP), ein Zusammenschluss verschiedener Teilgewerkschaften des CGB mit nur geringer Mitgliederbasis[748], mit Tarifabschlüssen vorgeprescht ist und dessen Lohngruppen sich größtenteils weit unterhalb der Lohngruppen in den möglichen Einsatzbetrieben orientierten.[749] Im Ergebnis konnte auch die

---

744 Ausführlich zum Phänomen des Über- und Unterbietungswettbewerbs *Dribbusch,* WSI Mitt. 2009, 193; grds. Kritik am Mächtigkeitskriterium *Henssler,* Soziale Mächtigkeit, 2006, S. 50 f.

745 Auf letzteren Punkt verweisend *Gamillscheg,* Koll. ArbR I, 1997, S. 473.

746 Vgl. die Nachweise bei ErfK-*Franzen,* § 2 TVG Rn. 14; zur aktuellen Entwicklung *Kittner,* GS Zachert, 2010, S. 595.

747 Zum Überblick über die wichtigsten Spitzenverbände und Gewerkschaften Schaub, Hdb. ArbR-*Treber,* § 191 Rn. 7 ff.

748 *Schüren,* RdA 2007, 231, 232 taxiert den Organisationsgrad bei höchstens 5 %; *Rieble,* in: Rieble, Zukunft der Zeitarbeit, 2009, S. 65 geht von 3 % aus; aktuelle Statistiken sind soweit ersichtlich nicht zugänglich, allerdings scheint es etwa im Bereich der *IG Metall* Zuwächse zu geben, wo 2013 erstmals über 60.000 Leiharbeitnehmer organisiert waren, vgl. http://www.sueddeutsche.de/wirtschaft/ig-metall-detlef-wetzel-nimmt-die-flex-1.1825983 [zuletzt geprüft: 12.12.2014]; zum Vergleich hatte die CGM Mitte der 2000er Jahre insgesamt nur ca. 88.000 Mitglieder, vgl. *Henssler,* Soziale Mächtigkeit, 2006, S. 81; vgl. auch *Krause,* KJ 2013, 119, 128.

749 Vgl. *Bispinck*/WSI-Tarifarchiv, Tarifpolitischer Jahresbericht 2003, 2004, S. 23 ff.; dazu ausführlich unten, S. 234 ff.

Tarifgemeinschaft der DGB-Gewerkschaften keinen deutlich besseren Tarifabschluss erreichen. Da die §§ 9 Nr. 2, 10 Abs. 4 AÜG ausdrücklich auch bei einer Bezugnahme auf einen Tarifvertrag keine Anwendung des Gleichbehandlungsprinzips verlangen, wurde dieses durch die Tarifabschlüsse praktisch ausgehebelt.[750] Die Auswirkungen hiervon waren doppelt negativ: zum einen konnte das durch das AÜG angestrebte Schutzinteresse kaum erreicht werden, zum anderen wird die Tarifautonomie ad absurdum geführt, indem sie nur mehr der Unterbietung des gesetzlichen Niveaus dient und damit gleichzeitig auch den tarifpolitischen Druck in den Branchen der Stammarbeitnehmer erhöht. Ein mit einer funktionierenden Tarifautonomie verbundener sachgerechter Interessensausgleich konnte damit kaum erreicht werden.[751]

Dementsprechend haben sich vor allem zwei Kriterien für die Tariffähigkeit von Gewerkschaften in der Rechtsprechung als besonders relevant herausgebildet, nämlich die soziale Mächtigkeit bzw. Durchsetzungsfähigkeit gegenüber dem sozialen Gegenspieler sowie die Gegnerunabhängigkeit.[752] Letztere ist nicht nur historisch bedeutsam, auch in jüngerer Vergangenheit gab es immer wieder Vereinigungen, die unter Einfluss der Arbeitgeber standen und dementsprechend für nicht tariffähig erklärt worden sind.[753] Darüber hinaus muss eine Gewerkschaft auch organisatorische Leistungsfähigkeit nachweisen können, wozu vor allem eine hinreichende organisatorische und finanzielle Ausstattung gehören.[754] Der Wille zum Arbeitskampf wird dagegen nicht mehr vorausgesetzt, wenn aufgrund der spezifischen Situation die Durchsetzungsfähigkeit bzw. soziale Mächtigkeit auch ohne Kampfwillen gegeben ist.[755] Bei Spitzenorganisationen

---

750 Schüren, AÜG-*Schüren,* § 9 Rn. 150.

751 *Preis/Ulber,* FS Kempen, 2013, S. 15, 17; ähnlich *Deinert,* NZA 2009, 1176, 1177.

752 BVerfG, 20.10.1981 – 1 BvR 404/78, BVerfGE 58, 233, 247 (= AP Nr. 31 § 2 TVG); BAG, 19.01.1962 – 1 ABR 14/60, AP Nr. 13 zu § 2 TVG, unter II.2.

753 LAG Köln, 20.5.2009 – 9 TaBV 105/08, AuR 2009, 316 (= LAGE Nr. 7 zu § 2 TVG); ArbG Duisburg, 22.08.2012 – 4 BV 29/12, juris, Rn. 78 ff. (= AuR 2012, 375).

754 BAG, 28.03.2006 – 1 ABR 58/04, NZA 2006, 1112, 1117 (= AP Nr. 4 zu § 2 Tariffähigkeit); kritisch in Bezug auf die Verfassungsmäßigkeit *Henssler,* Soziale Mächtigkeit, 2006, S. 26 f.; *Koop,* Das Tarifvertragssystem zwischen Koalitionsmonopolismus und Koalitionspluralismus, 2009 (zugl. Hannover, Univ., Diss 2008), S. 130 ff.

755 BAG, 06.07.1956 – 1 AZB 18/55, AP Nr. 11 zu § 11 ArbGG 1953; BVerfG, 06.05.1964 – 1 BvR 79/62, BVerfGE 18, 18, 29 ff.; der Arbeitskampfwille bildet aber dennoch ein Indiz für die Tariffähigkeit, vgl. etwa BAG, 16.11.1982 – 1 ABR 22/78, AP Nr. 32 zu § 2 TVG, unter III.2.b; vgl. auch *Richardi,* FS Wissmann, 2005, S. 159, 169 f.

nach § 2 Abs. 3 TVG muss zudem deren Organisationsbereich mit dem ihrer Mitglieder übereinstimmen, was etwa bei der *CGZP* nicht der Fall war.[756]

Mit der sozialen Mächtigkeit ist freilich nicht gemeint, dass sich eine Gewerkschaft vollständig mit ihren Positionen durchsetzen können muss,[757] vielmehr ist entscheidend, dass sie überhaupt als Verhandlungspartner ernst genommen wird und zu Tarifverhandlungen kommen kann. Hintergrund ist – wie bereits ausgeführt – die Funktion der Koalitionsfreiheit, die strukturelle Unterlegenheit der Arbeitnehmer durch einen kollektiven Verhandlungsmechanismus auszugleichen.[758] Die Rechtsprechung hatte eine Zeit lang die Tendenz, hinsichtlich der sozialen Mächtigkeit vor allem auf die langjährige Teilnahme am Tarifgeschehen und die Zahl der abgeschlossenen Tarifverträge abzustellen. Insbesondere hat sich dies im Beschluss über die Tariffähigkeit der *Christlichen Gewerkschaft Metall* (CGM) gezeigt, die einen insgesamt relativ geringen Organisationsgrad aufweist.[759] Außerdem hat das BAG in einer früheren Entscheidung einen hohen Verbreitungsgrad eines Tarifvertrags in der Branche als Indiz für die soziale Durchsetzungsfähigkeit der betreffenden Gewerkschaft gewertet.[760] Diese Kriterien sind für sich genommen allerdings wenig aussagekräftig. So sagt die Zahl der Tarifverträge wie auch deren Verbreitung nichts über deren Qualität aus.[761] Außerdem erfordert etwa der Abschluss von Zuordnungstarifverträgen nach § 3 Abs. 1 Nr. 3 BetrVG kaum soziale Durchsetzungsfähigkeit, da diese auch im Interesse der Arbeitgeberseite liegen.[762] Dementsprechend stellt das BAG in jüngeren Entscheidungen wieder stärker auf eine Gesamtbetrachtung ab, die vor allem die Zahl der Mitglieder in den Blick nimmt.[763] Ein

---

756 BAG, 14.12.2010 – 1 ABR 19/10, NZA 2011, 289 (= AP Nr. 6 zu § 2 TVG Tariffähigkeit Nr. 6).

757 BAG, 05.10.2010 – 1 ABR 88/09, NZA 2011, 300, 303 (= AP Nr. 7 zu § 2 TVG Tariffähigkeit).

758 BAG, 19.06.2007 – 1 AZR 396/06, AP Nr. 173 zu Art. 9 GG (= BAGE 123, 134); *Löwisch,* ZfA 1970, 295, 310; *Richardi,* FS Wissmann, 2005, S. 159, 169.

759 BAG, 28.03.2006 – 1 ABR 58/04, NZA 2006, 1112, 1112 (= AP Nr. 4 zu § 2 Tariffähigkeit); dazu etwa *Meyer,* DB 2011, 1920, 1921.

760 BAG, 10.09.1985 – 1 ABR 32/83, AP Nr. 34 zu § 2 TVG (= BAGE 49, 322).

761 In diesem Sinne auch BAG, 28.03.2006 – 1 ABR 58/04, NZA 2006, 1112, 1119 (= AP Nr. 4 zu § 2 Tariffähigkeit).

762 So auch BAG, 06.06.2000 – 1 ABR 21/99, NZA 2001, 156, 163 (= AP Nr. 9 zu § 97 ArbGG 1979); *Wank,* FS 50 Jahre ZVK Baugewerbe, 2007, S. 141, 150 f.

763 BAG, 05.10.2010 – 1 ABR 88/09, NZA 2011, 300, 304 (= AP Nr. 7 zu § 2 TVG Tariffähigkeit); BAG, 14.12.2010 – 1 ABR 19/10, NZA 2011, 289, 298 (= AP Nr. 6 zu § 2

festes Quorum nennt die Rechtsprechung dabei nicht, es existieren allenfalls Anhaltspunkte.[764]

Diese Entwicklung ist vor dem Hintergrund der Koalitionsfreiheit zu begrüßen. Denn die Anforderungen für die Tariffähigkeit dürfen auch nicht so hoch sein, dass sich keine neuen Gewerkschaften gründen können. Ein alleiniges Abstellen auf die Mitgliederzahlen oder die Zahl der abgeschlossenen Tarifverträge würde den neu formierten Spartengewerkschaften im Bereich von Funktionseliten kaum gerecht werden. Diese können auch ohne tarifpolitische Erfahrung und mit einem niedrigem Organisationsgrad sowie geringer finanzieller und personeller Ausstattung u.U. eine hohe Durchsetzungsfähigkeit aufweisen.[765] Solche Gewerkschaften stellen zwar den jahrelang geltenden Konsens des Industrieverbandsprinzips infrage, die Organisationsweise steht den Koalitionen aber – wie oben gezeigt – grundsätzlich frei.[766]

d) Bewertung

Die Tariffähigkeit ist damit ein ganz wesentliches Element für die Funktionsfähigkeit der Tarifautonomie und das Zustandekommen sachgerechter Tarifverträge.[767] Entscheidend ist dabei, dass die Rechtsordnung auf Arbeitgeberseite stets einen Tarifpartner bereithält, da nach § 2 Abs. 1 TVG jeder Arbeitgeber als Tarifpartei infrage kommt. Weitere Voraussetzungen sind hieran nicht geknüpft. Damit kann der fehlende Bindungswille des einzelnen Arbeitgebers für sich genommen das Zustandekommen eines Tarifvertrags nicht verhindern.

Auf Verbandsebene ist dagegen die Bindungswilligkeit durchaus Voraussetzung für die Tariffähigkeit. Dies folgt bereits aus der freiheitlichen Ausrichtung

---

TVG Tariffähigkeit Nr. 6); *Ulber*, RdA 2011, 353, 357; *Meyer*, DB 2011, 1920, 1921; kritisch *Brummer/Butz*, ArbRAktuell 2012, 271.

764 Die Durchsetzungsfähigkeit bezweifelt das BAG bspw. bei einem Organisationsgrad von 1,6 %, BAG, 28.03.2006 – 1 ABR 58/04, NZA 2006, 1112 (= AP Nr. 4 zu § 2 Tariffähigkeit); das LAG Köln hält 3 % für zu niedrig, LAG Köln, 20.5.2009 – 9 TaBV 105/08, AuR 2009, 316 (= LAGE Nr. 7 zu § 2 TVG); 1 % reichen auch laut dem LAG Hamburg für die Durchsetzungsfähigkeit nicht aus, LAG Hamburg, 21.03.2012 – 3 TaBV 7/11, juris (= AuR 2012, 229 (red. LS)), bestätigt durch BAG, 11.06.2013 – 1 ABR 33/12, DB 2013, 2751, das allerdings in der Sache nicht entscheiden musste; dazu auch *Hanau*, NZA 2012, 825, 826.

765 *Meyer*, DB 2011, 1920, 1921.

766 Vgl. zur Diskussion um die Tarifeinheit unten, S. 148 ff.

767 So auch *Wendeling-Schröder*, AuR 2013, 192, 198; *Wank*, FS 50 Jahre ZVK Baugewerbe, 2007, S. 141, 148 f.

des Art. 9 Abs. 3 GG. Damit verbunden ist, dass die Tariffähigkeit auch aufgegeben werden kann, indem der Verbandszweck geändert wird. Eine Satzungsänderung ist hierfür jedoch nicht ausreichend. Entscheidend ist, dass der Verband keine Arbeitgeberverbandsfunktionen mehr ausübt. Eine Auflösung des Verbands ist dagegen nicht unmittelbar mit dem Verlust der Tariffähigkeit verbunden, diese besteht vielmehr bis zum Abschluss der Liquidation fort. In beiden Fällen ergeben sich die Folgen für die Tarifbindung erst mittelbar, da die Bestandskraft des Tarifvertrags nicht angetastet wird und dieser vielmehr nach § 3 Abs. 3 TVG (bzw. im Zuge der Liquidation nach § 3 Abs. 1 TVG) weiter gilt. Nach der Beendigung tritt § 4 Abs. 5 TVG ein.[768]

Zusammen mit der wieder strengeren Auslegung des Begriffs der sozialen Mächtigkeit durch das BAG zeigt sich hierin die große Bedeutung der Ordnungs- und Schutzfunktion in der Ausgestaltung der Tarifautonomie. Dem steht allerdings z.T. die mittlerweile gefestigte Rechtsprechung und h.M. zur Zulässigkeit von OT-Mitgliedschaften entgegen. Hier wird eine relativ risikolose Möglichkeit zur Tarifflucht geschaffen. Die Zulässigkeit von OT-Mitgliedschaften ist im Falle des sogenannten Stufenmodells aber schon angesichts der prinzipiellen Unteilbarkeit der Tariffähigkeit als gewillkürte partielle Tarifunfähigkeit abzulehnen. Der h.M. ist zwar darin zuzustimmen, dass der Beitritt eines Arbeitgebers eine privatautonome Entscheidung darstellt und auch der Verband selbst autonom entscheiden kann, ob er als Arbeitgeberverband am tarifvertraglichen System der kollektiven Arbeitsbeziehungen teilhaben oder lediglich als Wirtschaftsverband o.ä. fungieren möchte. Abseits dieser privatautonomen Entscheidung ist aber eine weitere Legitimation für die Tarifnormsetzung gerade nicht erforderlich. Eine dem entgegenstehende Willensäußerung kann daher rechtlich keine Beachtung finden.[769] Der Wortlaut des § 3 Abs. 1 TVG ist insofern eindeutig. Er knüpft die Tarifbindung ausschließlich an die Mitgliedschaft in einer Tarifvertragspartei.[770]

Eine Sonderrolle spielen die Handwerksinnungen. Ihre Tariffähigkeit leitet sich nicht aus § 2 Abs. 1 TVG, sondern aus den §§ 54 Abs. 3 Nr. 1, 82 Nr. 3, 85 Abs. 2 HwO ab. Sie ist jedoch angesichts der Besonderheiten und kleinteiligen Branchenstruktur des Handwerks fundamental für das Zustandekommen von Tarifverträgen in diesem Bereich. In diesem Fall ist – nach hier vertretener Ansicht – bereits aufgrund der gesetzlichen Aufgabenzuweisung eine OT-Mitgliedschaft nicht zulässig.

768 Dazu unten, S. 163 ff.; bzw. 185 ff.

769 *Deinert*, AuR 2006, 217 ff.

770 Dazu näher unten, S. 176 ff.

2. Tarifzuständigkeit

a) Grundsatz

Die Tarifzuständigkeit auf Ebene eines Verbandes oder einer Gewerkschaft definiert, für welchen personellen und sachlichen Bereich er bzw. sie Tarifverträge schließen kann. Arbeitgeberverbände können wie auch Gewerkschaften ihre Tarifzuständigkeit frei wählen, müssen diese aber in ihrer Satzung eindeutig festlegen.[771] Nach Rechtsprechung und h.L. stellen die Tarifzuständigkeit wie auch die Tariffähigkeit Wirksamkeitsvoraussetzungen für den Tarifvertrag dar.[772] Auf Seiten der Gewerkschaften kommt dem DGB als Dachverband nach seiner Satzung keine eigenständige Tarifzuständigkeit zu, was in Deutschland – im Gegensatz zu anderen Staaten – den Abschluss eines branchenübergreifendenden bundesweiten Tarifvertrags ausschließt, solange der DGB (oder eine andere Gewerkschaft bzw. Spitzenorganisation) seine Zuständigkeit nicht anders festlegt oder nach § 2 Abs. 2 TVG bevollmächtigt wird.[773]

Die Tarifzuständigkeit ist nicht auf den mitgliedschaftlichen Bereich beschränkt.[774] Wäre dies anders, könnte bei einem Verbandsaustritt § 3 Abs. 3 TVG nicht eingreifen, auch die Allgemeinverbindlicherklärung wäre nicht mehr ohne weiteres möglich, da der Geltungsbereich des Tarifvertrags eingeschränkt wäre. § 77 Abs. 3 S. 1 BetrVG würde seine Funktion verlieren, da auch dieser auf den Geltungsbereich abstellt. Außerdem können Dritte die Tarifzuständigkeit nicht

---

771 Vgl. BAG, 12.12.1995 – 1 ABR 27/95, NZA 1996, 1042 (= AP Nr. 8 zu § 2 TVG Tarifzuständigkeit).

772 BAG, 18.07.2006 – 1 ABR 36/05, NZA 2006, 1225 (= AP Nr. 19 zu § 2 TVG Tarifzuständigkeit); BAG, 24.07.1990 – 1 ABR 46/89, NZA 1991, 21, 22 (= AP Nr. 7 zu § 2 TVG Tarifzuständigkeit); *Hueck/Nipperdey,* Bd. 2/1, 1967, S. 445; JKOS-*Schubert,* § 2 Rn. 164; *Kania,* BB 2001, 1091, 1092; ErfK-*Franzen,* § 3 TVG Rn. 38; Däubler, TVG-*Peter,* § 2 Rn. 3; i.E. auch Kempen/Zachert-*Wendeling-Schröder,* § 2 TVG Rn. 211; beschränkt auf den normativen Teil *Ricken,* Autonomie und tarifliche Rechtsetzung, 2006 (zugl. Bonn, Univ., Habil. 2004), S. 243 f.; kritisch *Gamillscheg,* Koll. ArbR I, 1997, S. 536 f.; *Däubler,* TVR, 1993, Rn. 89.

773 BAG, 10.02.2009 – 1 ABR 36/08, NZA 2009, 908 (= AP Nr. 138 zu Art. 9 GG); Däubler, TVG-*Peter,* § 2 Rn. 61, 166; kritisch aber Wiedemann-*Oetker,* § 2 Rn. 58; a.A. noch *Meissinger,* RdA 1951, 46, 48 f., der im Industrieverbandsprinzip einen verbindlichen Rechtssatz sah, was heute jedoch soweit ersichtlich nicht mehr vertreten wird.

774 BAG, 14.12.2010 – 1 ABR 19/10, NZA 2011, 289, 293 (= AP Nr. 6 zu § 2 TVG Tariffähigkeit Nr. 6); dazu *Hanau,* NZA 2012, 825, 826.

erkennen.[775] Insofern können Verbände auch in denjenigen Bereichen Tarifverträge schließen, in denen sie über gar keine Mitgliederbasis verfügen. Gewerkschaften haben dabei jedoch darauf zu achten, dass sie ihre Zuständigkeit nicht soweit ausdehnen, dass ihre Durchsetzungsfähigkeit nicht mehr gegeben ist, wobei es hier – wie oben beschrieben – auf eine Einzelfallbetrachtung und nicht auf ein festes Quorum ankommt.[776] Hierdurch wird die Möglichkeit geschaffen, dass Verbandstarifverträge auch in Bereiche ausgedehnt werden, wo zuvor noch gar keine Tarifbindung bestanden hat. So sind etwa in der Leiharbeit nur auf diesem Weg Tarifverträge überhaupt möglich, da diese Branche – wie erwähnt – einen extrem niedrigen Organisationsgrad aufweist.

Ein einzelner Arbeitgeber ist für alle Betriebe seines Unternehmens zuständig. Er kann seine Zuständigkeit auch nicht einschränken.[777] Welcher Branche ein Unternehmen angehört und welche Gewerkschaft damit im Falle eines Firmentarifvertrags zuständig ist, richtet sich nach dem Gesamtgepräge des Unternehmens, außer die Gewerkschaftssatzung sieht etwas anderes vor.[778] Insbesondere kann eine Gewerkschaft aufgrund ihrer Satzungsautonomie ihre Zuständigkeit betriebsbezogen gestalten. In diesem Fall ist nicht mehr das Gepräge für die Zuständigkeit entscheidend.[779] Daher bleibt die Gewerkschaft auch dann zuständig, wenn der Arbeitgeber den Betriebszweck ändert.[780]

b) Problemfelder

In Bezug auf die Tarifbindung der Arbeitgeberseite ist die Tarifzuständigkeit insofern von Interesse, als sie von den Verbänden selbstständig festgelegt werden kann und daher Gestaltungsoptionen hinsichtlich der Reichweite ihres

---

775 Vgl. BAG, 18.07.2006 – 1 ABR 36/05, NZA 2006, 1225 (= AP Nr. 19 zu § 2 TVG Tarifzuständigkeit).

776 Vgl. BAG, 10.02.2009 – 1 ABR 36/08, NZA 2009, 908 (= AP Nr. 138 zu Art. 9 GG); dazu *Hanau,* NZA 2012, 825, 826.

777 Däubler, TVG-*Peter,* § 2 Rn. 167; ErfK-*Franzen,* § 2 TVG Rn. 37.

778 BAG, 22.11.1988 – 1 ABR 6/87, NZA 1989, 561, 563, wo allerdings nur auf das Gepräge abgestellt wird.

779 BAG, 25.09.1996 – 1 ABR 4/96, Nr. 10 zu § 2 TVG Tarifzuständigkeit; BAG, 27.09.2005 – 1 ABR 41/04, Nr. 18 zu § 2 TVG Tarifzuständigkeit; Kempen/Zachert-*Wendeling-Schröder,* § 2 TVG Rn. 219; *Höpfner,* in: Rieble, Arbeitsrecht im Konzern, 2010, S. 113, 145 ff.; krit. ErfK-*Franzen,* § 2 TVG Rn. 37; weiter dafür Däubler, TVG-*Peter,* § 2 Rn. 167, die grundsätzlich auf den Betriebszweck abstellen möchte, ebenso *Berg/Kocher/Platow/Schoof/Schumann,* § 2 Rn. 107.

780 ErfK-*Franzen,* § 2 TVG Rn. 37.

Bindungswillens eröffnet. Die Verbände befinden sich dabei in dem Dilemma, dass ein eng zugeschnittener Zuständigkeitsbereich die Homogenität unter den Mitgliedern erhöht und damit die Willensbildung im Verband und auch die Kontrolle durch die Verbandsorgane erleichtert. Dagegen kann ein weit gefasster Zuständigkeitsbereich den öffentlichen Einfluss des Verbandes – auch im Rahmen von Tarifverhandlungen – und damit auch die Repräsentationsfunktion verbessern.[781] In diesem Zusammenhang interessieren vor allem drei Fragen: ähnlich wie in Bezug auf die Tariffähigkeit ist auch hier zu untersuchen, ob sich die Festlegung der Tarifzuständigkeit als Mittel zur Tarifflucht eignet; weiter ist auf die Problematik eines möglicherweise fehlenden Tarifpartners einzugehen und zuletzt sind OT-Mitgliedschaften im Kontext der Tarifzuständigkeit zu erörtern.

(1) Tarifflucht

Veränderungen in Bezug auf den gewollten Verlust der Tarifzuständigkeit sind vor allem in zweierlei Hinsicht denkbar. Entweder der Verband ändert seine Satzung, wodurch ein Unternehmen nicht mehr in seine Zuständigkeit fällt oder eine Umstrukturierung auf Ebene des Unternehmens führt dazu, dass es nicht mehr der Zuständigkeit des Verbandes oder der Gewerkschaft unterliegt. Letzterer Fall soll unten im Zusammenhang mit der Unternehmensumstrukturierung besprochen werden.[782]

Fällt ein Unternehmen oder Betrieb nach einer Satzungsänderung nicht mehr in die Zuständigkeit des Verbandes, stellt sich die Frage nach den Folgen für die Tarifbindung. Eine höchstrichterliche Entscheidung in dieser Frage steht bislang aus. In der Literatur möchte die eine Ansicht § 3 Abs. 3 TVG analog zur Anwendung bringen.[783] Die wohl überwiegende Auffassung spricht sich für die analoge Anwendung von § 4 Abs. 5 TVG aus.[784] Tatsächlich liegt dies näher. § 3 Abs. 3 TVG soll in erster Linie der Tarifflucht durch einen einseitigen Akt des Arbeitgebers, i.d.R. durch Verbandsaustritt, entgegenwirken. Hier handelt jedoch nicht der Arbeitgeber selbst, sondern der Verband. In der Praxis ist eine bewusste Satzungsänderung zur Unterstützung von Tarifflucht aber unwahrscheinlich, da ein

---

781 Vgl. bspw. *van Waarden,* in: Crouch/Traxler, Organized industrial relations in Europe, 1995, S. 45, 92.

782 Dazu unten, S. 285 ff.

783 Däubler, TVG-*Peter,* § 2 Rn. 176; wohl auch *Däubler,* TVR, 1993, Rn. 92.

784 Kempen/Zachert-*Wendeling-Schröder,* § 2 TVG Rn. 246; JKOS-*Schubert,* § 2 Rn. 192; Wiedemann-*Oetker,* § 2 Rn. 96; angedeutet auch in BAG, 14.06.1994 – 9 AZR 89/93, NZA 1995, 178 (= AP Nr. 2 zu § 3 TVG Verbandsaustritt).

Verband in der Regel ein Interesse daran hat, Mitglieder zu behalten. Um die Regelungslücke, die durch den Wegfall der Tarifbindung entsteht, zu vermeiden, ist daher § 4 Abs. 5 TVG entsprechend anzuwenden.

(2) Fehlender Tarifpartner

Im Zuge des wirtschaftlichen Wandels und der Entstehung neuer Branchen kann es daher vorkommen, dass mangels zuständiger Verbände das Zustandekommen von Tarifverträgen erschwert wird. Häufig fehlt in diesen Bereichen eine koalitions- und tarifpolitische Tradition oder es besteht eine kleinteilige betriebliche Organisation, die nur schwer organisierbar ist.[785] Auf Seiten der DGB-Gewerkschaften wird zumindest im Dienstleistungsbereich versucht, der Problematik insofern Herr zu werden, als die Dienstleistungsgewerkschaft *ver.di* nach § 4 Abs. 1 i.V.m. Anhang 1 Nr. 1.2.4 ihrer Satzung[786] für den Bereich der Dienstleistungen gewissermaßen eine „Auffangzuständigkeit" bekommt. Die Formulierung ist mit „Sonstige Unternehmen und Organisationen des Dienstleistungsbereichs" entsprechend weit gefasst.[787] Auf Arbeitgeberseite besteht dagegen das Problem, dass sich in bestimmten Bereichen noch gar keine Verbände gebildet haben oder lediglich Ansätze dazu vorhanden sind. Ein wichtiges Beispiel dafür ist der bereits angesprochene wachsende Markt der industriellen Dienstleistungen. Mit dem *Unternehmer-Verband Industrieservices e. V.* (UIS) besteht bereits seit 1995 ein tarifpolitisch aktiver Verband, der sich bewusst an Unternehmen richtet, die zuvor ausgelagerte Serviceaufgaben anbieten. Tarifpolitisch aktiv sind in diesem Bereich darüber hinaus der *Bundesinnungsverband des Gebäudereinigerhandwerks* sowie der *Bundesverband der Sicherheitswirtschaft* (BDSW). Abgesehen vom Organisationsgrad erschweren gerade die unterschiedlichen Zuständigkeitsbereiche und die Mehrfachzuständigkeit auf Gewerkschaftsseite die tarifpolitische Erfassung dieses Bereichs.[788] Daneben bestehen mit dem *Deutschen Verband für Facility Management e. V.* (GEFMA) sowie dem *Wirtschaftsverband für Industrieservices e. V.* (WVIS) zwar Organisationen, bei denen sich unter den nach eigenen Angaben 850 Mitgliedern auch große Industriedienstleister wie *WISAG*, *Bilfinger*, die *Gegenbauer Facility Management GmbH* etc.

---

785 Dazu bereits oben, S. 81 ff.

786 Satzung *ver.di* – Vereinte Dienstleistungsgewerkschaft vom 14. März 2012, abrufbar unter http://www.verdi.de [zuletzt geprüft: 12.12.2014].

787 Kritisch dazu *Löwisch/Rieble,* § 2 Rn. 224.

788 *Helfen,* Magazin Mitbestimmung 2013, 32, 33f.

befinden[789], diese treten allerdings nicht als tariffähige Arbeitgeberverbände auf.[790]

Auf der anderen Seite sind durchaus Tendenzen erkennbar, dass sich etablierte Verbände neuen Wirtschaftsbereichen zuwenden. Um beim Beispiel der Industriedienstleistungen zu bleiben, hat der Hauptverband der Deutschen Bauindustrie 2012 seine Außenrepräsentation um den Schriftsatz „Bauen und Services" ergänzt und möchte damit nach eigenen Angaben die Ausweitung des Geschäftsfeldes vieler Bauunternehmen nachvollziehen.[791] Satzungsänderungen und neue tarifpolitische Aktivitäten hat dies, soweit ersichtlich, bislang nicht zur Folge gehabt. Allerdings steht der Verband als Verbände-Verband auch Zusammenschlüssen offen, „die einen Bezug zur Bauindustrie haben" (§ 3 Abs. 1 Bst. b der Satzung[792]), was bei vielen Industriedienstleistern der Fall ist.

(3) OT-Mitgliedschaften

Der 4. Senat des BAG hat in seiner ersten Entscheidung zu OT-Mitgliedschaften vom 23. Oktober 1996 diese noch als Problem der personellen Zuständigkeit und nicht der Tarifgebundenheit behandelt.[793] Dies gilt auch noch für dessen Urteil vom 23. Februar 2005. Der 4. Senat betonte in der Entscheidung, dass zwar nicht von einer generellen Unwirksamkeit einer OT-Mitgliedschaft ausgegangen werden könne, dass es aber auf die konkreten Regelungen der Satzung ankomme. Die Tarifzuständigkeit könne auf bestimmte Mitglieder beschränkt werden, so das BAG, wenn diese keinen Einfluss auf die Tarifverhandlungen nehmen könnten.[794] Dies stieß in der Literatur überwiegend auf Kritik. Vor allem wurde dagegen argumentiert, dass die eigene Tarifzuständigkeit nicht auf

---

789 Vgl. http://www.gefma.de/mitglieder.html [zuletzt geprüft: 12.12.2014].

790 Satzung *GEFMA* vom 17. Juni 2004, abrufbar unter: http://www.gefma.de/fileadmin/user_upload/gefma/mitgliedschaft/GEFMA_Satzung_2015.pdf [zuletzt geprüft: 12.12.2014].

791 *Baufachblatt* 5/2012, S. 8.

792 Satzung *Hauptverband der Deutschen Bauindustrie e.V.* vom Mai 2006, abrufbar unter: http://www.bauindustrie.de/media/attachments/Satzung.pdf [zuletzt geprüft: 12.12.2014].

793 BAG, 23.10.1996 – 4 AZR 409/95 (A), 4 AZR 409/95, NZA 1997, 383, unter II 2.1.2 (= AP Nr. 15 zu § 3 TVG Verbandszugehörigkeit); ebenso LAG Rheinland-Pfalz, 17.02.1995 – 10 Sa 1092/94, NZA 1995, 800, 801 f. (= LAGE Nr. 10 zu Art. 9 GG); LAG Hessen, 06.10.1997 – 16 Sa 585/97, LAGE Nr. 1 zu § 97 ArbGG 1979.

794 BAG, 23.02.2005 – 4 AZR 186/04, NZA 1997, 282 (= AP Nr. 42 zu § 4 TVG Nachwirkung).

eine bestimmte Gruppe beschränkt werden könne.[795] Seit dem Beschluss des 1. Senats des BAG vom 18.7.2006 folgt auch das BAG dieser Linie.[796]

(4) Bewertung

Die durch die Rechtsordnung angebotene Freiheit zur autonomen Festlegung der Zuständigkeit bietet damit einerseits die nötige Flexibilität, um auf neue Phänomene und wirtschaftliche Entwicklungen reagieren zu können und so Tarifbindung in neuen oder schwer organisierbaren Bereichen überhaupt erst zu ermöglichen. Umgekehrt kann durch eine eingeschränkte Tarifzuständigkeit die tarifliche Regulierung in einer Branche auch erschwert werden. Dies betrifft nicht nur die Arbeitgeberverbände sondern auch die Gewerkschaften. So folgen die DGB-Gewerkschaften, wie bereits erwähnt, dem Prinzip „ein Betrieb – eine Gewerkschaft"[797]. Heterogene Unternehmensgeflechte, die zudem häufig branchenübergreifende Tätigkeiten anbieten, erzeugen dadurch nur schwer auflösbare Konkurrenzsituationen unter den einzelnen DGB-Gewerkschaften.[798] Relevant in Bezug auf Tarifflucht kann der Fall des Herausbewegens oder Herauswachsens aus dem fachlichen oder sachlichen Zuständigkeitsbereich einer Gewerkschaft und/oder eines Arbeitgeberverbands und damit auch aus dem Geltungsbereich eines Tarifvertrags werden, der unten besprochen werden soll.

3. Exkurs: Arbeitskampfrecht als Voraussetzung für die Einwirkung des sozialen Gegenspielers

Obwohl das Arbeitskampfrecht nicht Teil des Tarifrechts ist, beeinflusst es die Tarifbindung ganz wesentlich, wenn auch in der Regel nur mittelbar über den jeweiligen Tarifpartner. Wie bereits dargestellt, ist es ein Grundprinzip des deutschen Systems der Arbeitsbeziehungen, dass Arbeitgeberverbände wie auch Gewerkschaften zunächst selbst für ihre Organisationsstärke verantwortlich

795 *Däubler,* NZA 1996, 225, 231; *Deinert,* AuR 2006, 217, 221 f.; *Otto,* NZA 1996, 624, 629; bereits *Schaub,* BB 1994, 2005, 2006 f.; anders aber *Buchner,* NZA 1994, 2, 4; *Besgen,* Mitgliedschaft im Arbeitgeberverband ohne Tarifbindung, 1998 (zugl. Bonn, Univ., Diss. 1997), S. 84 ff.; *Kania,* BB 2001, 1091, 1092.

796 BAG, 18.07.2006 – 1 ABR 36/05, NZA 2006, 1225 (= AP Nr. 19 zu § 2 TVG Tarifzuständigkeit); dazu unten, S. 173 ff.

797 Vgl. DGB Schiedsgericht, 04.04.2002 – III ZR 62/01, AP Nr. 16 zu § 2 TVG Tarifzuständigkeit, unter I.

798 Vgl. etwa den Konflikt um die Zuständigkeit für den *IBM*-Konzern, BAG, 27.09.2005 – 1 ABR 41/04, Nr. 18 zu § 2 TVG Tarifzuständigkeit; zur Problematik der Gewerkschaftskonkurrenz auch *Helfen/Nicklich,* Ind. Beziehungen 2014, 181 ff.

sind, was auch das BVerfG ausdrücklich bekräftigt hat.[799] Der Staat muss aber den Rahmen schaffen, in dem sich die Tarifparteien bewegen können. Dieser muss so ausgestaltet sein, dass Tarifabschlüsse möglich sind.[800] Da diese auf dem Verhandlungswege erreicht werden sollen, ist eine entsprechende Verhandlungsmacht auf beiden Seiten wesentlich für das Funktionieren des Systems. Hierzu gehört auch, dass die Verhandlungspartner die erforderlichen Mittel an die Hand bekommen, um zu sachgerechten Lösungen zu kommen.[801] Die Entscheidung fiel in der Bundesrepublik dabei bewusst gegen ein System mit staatlicher Zwangsschlichtung, welche dementsprechend auch weitgehend unbestritten als mit Art. 9 Abs. 3 GG unvereinbar angesehen wird.[802] Daher wird den Tarifparteien mit dem Arbeitskampfrecht zumindest im Rahmen der Tarifautonomie ein Recht auf kollektive Selbsthilfe zugestanden.[803] Auch wenn das Recht auf Arbeitskampf letztlich nicht explizit in den Verfassungstext aufgenommen worden ist, ist mittlerweile allgemein akzeptiert, dass Art. 9 Abs. 3 GG ein solches Recht umfasst.[804] Denn – so hat das BAG viel zitiert entschieden – die Tarifautonomie wäre ohne das Recht zum Arbeitskampf nichts anderes als

---

799 BVerfG, 04.07.1995 – 1 BvF 2/86 u. a., BVerfGE 92, 365, 396 (= AP Nr. 4 § 116 AFG); dazu oben, S. 27 ff.

800 BVerfG, 04.07.1995 – 1 BvF 2/86 u. a., BVerfGE 92, 365, 396 (= AP Nr. 4 § 116 AFG).

801 BAG, 19.06.2007 – 1 AZR 396/06, AP Nr. 173 zu Art. 9 GG (= BAGE 123, 134); dazu auch *Arrowsmith/Marginson/Sisson,* Ind. Beziehungen 2003, 363, 386 f.

802 Vgl. BVerfG, 06.05.1964 – 1 BvR 79/62, BVerfGE 18, 18, 30; im Prinzip auch für den kirchlichen Bereich: BAG, 20.11.2012 – 1 AZR 611/11, NZA 2013, 437, 444; außerdem *Otto,* AKR, § 22 Rn. 14; Däubler, AKR-*Däubler,* § 8 Rn. 35; zur intensiven Diskussion bei Entstehung des Grundgesetzes *Kittner,* Arbeitskampf, 2005, S. 561 ff.; vgl. auch die Abkommen zwischen BDA und DGB von 1950 (Hattenheim) bzw. 1954 (Margarethenhof bei Königswinter) über ein autonomes Schlichtungswesen bei ausdrücklicher Beibehaltung der Zulässigkeit des Arbeitskampfes und einer expliziten Ablehnung eines staatlichen Schlichtungswesens: *Blanke u. a.* (Hrsg.), Quellentexte Bd. I, 1975, 243 ff.; *Erdmann,* Die deutschen Arbeitgeberverbände, 1966, S. 288 ff.; für die Einführung eines Systems von Zwangsschlichtungen *Rasch,* ZRP 1976, 181 ff.

803 Vgl. dazu *Gamillscheg,* Koll. ArbR I, 1997, S. 910 ff.; zu Recht kritisch in Bezug auf diese Einengung Däubler, AKR-*Däubler,* § 13 Rn. 5, 47 ff.

804 Zum ersten Mal ausdrücklich auch durch das BAG auf diese Grundlage abstellend: BAG, 10.06.1980 – 1 AZR 822/79, NJW 1980, 1642 (= AP Nr. 64 Art. 9 GG Arbeitskampf); vgl. BAG, 19.06.2007 – 1 AZR 396/06, AP Nr. 173 zu Art. 9 GG (= BAGE 123, 134); zur Beratung über den Verfassungstext Däubler, AKR-*Däubler,* § 6 Rn. 10 ff. bzw. § 9 Rn. 1 ff. zur Entwicklung der Rechtsprechung.

„kollektives Betteln",[805] auch wenn in Deutschland in der Praxis verglichen mit anderen Industriestaaten relativ selten gestreikt wird.[806] Darüber hinaus enthält auch das internationale Recht sowie das Unionsrecht an mehreren Stellen eine Gewährleistung des Streikrechts. Zu nennen sind dabei insbesondere Art. 3 des ILO- Übereinkommens Nr. 87[807], Art. 8 Abs. 1 Bst. d IPwskR, Teil II Art. 6 Nr. 4 ESC[808], Art. 11 EMRK[809] sowie Art. 28 GRChr[810].

Da den Tarifparteien das scharfe Schwert des Arbeitskampfes in die Hand gegeben werde – so sinngemäß das BAG – müssten jedoch die rechtlichen Rahmenbedingungen geschaffen werden, damit beide Grundrechtspositionen nebeneinander bestehen bleiben könnten.[811] Zwar wäre es nach Auffassung des BVerfG die Aufgabe des Gesetzgebers, das Arbeitskampfrecht zu regeln[812] und auch Teile der Literatur sehen die Zurückhaltung desselben als Verstoß gegen

805 Zunächst BAG, 10.06.1980 – 1 AZR 822/79, NJW 1980, 1642, 1643 (= AP Nr. 64 Art. 9 GG Arbeitskampf), dabei auf *Blanpain* verweisend.

806 Nachdem im Jahr 2012 eine leichte Zunahme der Arbeitskämpfe zu verzeichnen war, zeigte sich 2013 wieder ein leichter Rückgang, vgl. auch zum internationalen Vergleich *Böckler impuls* 5/2014, S. 3.

807 Dort ist es zwar nicht ausdrücklich erwähnt, allerdings wird es von den Kontrollgremien in ständiger Spruchpraxis für mitumfasst angesehen; für einen Überblick über die Spruchpraxis Däubler, AKR-*Lörcher,* § 10 Rn. 46 ff.; vgl. auch *Novitz,* International and European Protection of the Right to Strike, 2003, S. 287; *Ben-Israel,* International Labour Standards, 1988, S. 36 f.; der Spruchpraxis misst in Deutschland allerdings die wohl h.M. lediglich argumentative Bedeutung zu: *Löwisch/ Rieble,* Grundlagen Rn. 312 m.w.N.; siehe auch zur aktuellen Diskussion bei der Internationalen Arbeitskonferenz in Genf: BDA, euro-info Nr. 3 vom 10.7.2013, S. 4; sie findet aber durchaus Berücksichtigung durch den EGMR, 12.11.2008 – 34503/97, NZA 2010, 1425 (*Demir und Baykara*); wie auch den EuGH, etwa EuGH, 18.12.2007 – C-341/05, Slg. 2007, I-11767 (*Laval un Partneri*); EuGH, 11.12.2007 – C-438/05, Slg. 2007, I-10779 (*Viking*); zumindest ist jedenfalls eine völkerrechtsfreundliche Auslegung des deutschen Rechts erforderlich, vgl. Däubler, AKR-*Lörcher,* § 10 Rn. 53.

808 BAG, 10.12.2002 – 1 AZR 96/02, NZA 2003, 734 (= AP Nr. 162 zu Art. 9 GG Arbeitskampf); dazu ausführlich *Schlachter,* SR 2013, 77 ff.

809 EGMR, 21.04.2009 – 68959/01, NZA 2010, 1423 (*Enerji Yapi-Yol Sen*).

810 EuGH, 11.12.2007 – C-438/05, Slg. 2007, I-10779 (*Viking*), Rn. 103.

811 BAG, 19.06.2007 – 1 AZR 396/06, AP Nr. 173 zu Art. 9 GG (= BAGE 123, 134) mit Verweis auf BVerfG, 04.07.1995 – 1 BvF 2/86 u. a., BVerfGE 92, 365, 394 f. (= AP Nr. 4 § 116 AFG).

812 BVerfG, 26.06.1991 – 1 BvR 779/85, BVerfGE 84, 212 (= AP Nr. 117 zu Art. 9 GG Arbeitskampf).

die Wesentlichkeitstheorie an,[813] allerdings hat sich die Materie als politisch zu heikel erwiesen, als dass auf absehbare Zeit ein Gesetzgebungsvorhaben zur umfassenden Regelung des Arbeitskampfrechts wahrscheinlich wäre. Daher finden sich nur vereinzelt positive Normierungen, einmal auf verfassungsrechtlicher Ebene in Art. 9 Abs. 3 S. 3 GG, außerdem in § 74 Abs. 2 BetrVG, § 36 Abs. 3 SGB III, § 160 SGB III, § 11 Abs. 5 S. 1 AÜG, § 25 KSchG, § 91 Abs. 6 SGB IX, § 2 Abs. 1 Nr. 2 ArbGG.[814] Im Übrigen hat die Rechtsprechung eine ausdifferenzierte Kasuistik zum Arbeitskampfrecht entwickelt. Ihre Aufgabe ist es in erster Linie, für den Ausgleich gleichgeordneter Grundrechtspositionen der Grundrechtsträger zu sorgen.[815] Das BVerfG stuft dieses Richterrecht als einfaches Recht ein, das sich an den Maßstäben der Verfassung messen lassen muss.[816] Eine Reglementierung des Arbeitskampfrechts stelle – so das Gericht – stets auch eine Beschränkung der Betätigungsfreiheit aus Art. 9 Abs. 3 GG dar und muss daher verfassungsrechtlich gerechtfertigt werden.[817] Rechtfertigung und Grenze für die Ausgestaltung des Arbeitskampfrechts stellt die Funktionsfähigkeit der Tarifautonomie dar.[818]

Je weiter die Rechtsordnung den arbeitskampfrechtlichen Rahmen absteckt, desto größer sind die Einwirkungsmöglichkeiten auf die Gegenseite, womit die Wahrscheinlichkeit steigt, dass ein Tarifvertrag zustande kommt – natürlich immer eine entsprechende Organisationsstärke vorausgesetzt. Da somit in erster Linie die Einwirkungsmöglichkeiten der Gewerkschaften betroffen sind, die im Rahmen dieser Untersuchung nur am Rande behandelt werden sollen, wird sich die folgende Darstellung auf einen Überblick über das Paritätsprinzip und die Friedenspflicht beschränken. Ersteres gibt die Leitlinien für die Ausgestaltung des Arbeitskampfrechts vor, während die Friedenspflicht ein unmittelbares Interesse der Arbeitgeberseite an der Tarifbindung begründen kann.

---

813 Vgl. etwa *Otto,* AKR, § 4 Rn. 62; *Wank,* FS 50 Jahre ZVK Baugewerbe, 2007, S. 141, 158; dagegen aber Däubler, AKR-*Däubler,* § 9 Rn. 51 f.

814 Vgl. dazu auch Däubler, AKR-*Däubler,* § 8 Rn. 9; vgl. etwa zur Einordnung des § 160 SGB III als (auch) arbeitskampfrechtliche Norm *Deinert,* Privatrechtsgestaltung durch Sozialrecht, 2007 (zugl. Rostock, Univ., Habil. 2006), S. 199 ff.

815 BAG, 19.06.2007 – 1 AZR 396/06, AP Nr. 173 zu Art. 9 GG (= BAGE 123, 134).

816 BVerfG, 10.09.2004 – 1 BvR 1191/03, NZA 2004, 1338, 1339 (= AP Nr. 167 zu Art. 9 GG Arbeitskampf).

817 Vgl. BVerfG, 02.03.1993 – 1 BvR 1213/85, BVerfGE 88, 103 (= AP Nr. 126 zu Art. 9 GG Arbeitskampf); BAG, 19.06.2007 – 1 AZR 396/06, AP Nr. 173 zu Art. 9 GG (= BAGE 123, 134).

818 Vgl. BAG, 19.06.2007 – 1 AZR 396/06, AP Nr. 173 zu Art. 9 GG (= BAGE 123, 134).

a) *Verhandlungsgleichgewicht und Kampfparität*

(1) Grundsatz

Entsprechend den bereits genannten Überlegungen betont das BAG: „Funktionsfähig ist die Tarifautonomie nur, solange ein ungefähres Gleichgewicht (Parität) besteht."[819] Dabei gehört der Paritätsgrundsatz zu den schillerndsten Begriffen des Arbeitskampfrechts, denn die Bestimmung des angestrebten Gleichgewichts ist im Einzelnen äußerst schwierig und dementsprechend vielfältiger Deutung unterworfen. Zunächst stellte der Große Senat BAG auf eine rein formale Parität ab, wenn er etwa dem Streik zum Ausgleich das Aussperrungsrecht entgegenstellte.[820] Da eine rein formale Betrachtung der Verhandlungschancen kaum zu sachgerechten Ergebnissen führt, wechselte der Große Senat später zu einer materiellen Auslegung des Grundsatzes, indem er betonte, dass beiden Tarifparteien die gleichen Verhandlungschancen offen stehen müssten und nicht eine Seite der anderen ihren Willen aufzwingen können dürfe.[821] Der Grundsatz der Parität könne allerdings nur Kriterien erfassen, die einer typisierenden Betrachtung zugänglich sind. Situationsbedingte Vorteile in einzelnen Kampfsituationen müssten unberücksichtigt bleiben, so das BAG.[822] Welche Kriterien das konkret sind, lässt das BAG in neueren Entscheidungen ausdrücklich offen. Es gibt zu bedenken, dass der Paritätsgrundsatz lediglich eine Grenze für die richterliche Ausgestaltung des Arbeitskampfrechts darstelle, da er von einer „im Einzelnen kaum überschaubaren Fülle von Faktoren" abhänge, „die in ihren Wirkungen schwer abschätzbar" seien.[823] Insofern könnten auch keine konkreten Maßstäbe für die Beurteilung des Kräftegleichgewichts aufgestellt werden.[824]

---

819 BAG, 22.09.2009 – 1 AZR 972/08, NZA 2009, 1347, 1352 (= AP Nr. 174 zu Art. 9 GG Arbeitskampf).

820 BAG, 28.01.1955 – GS 1/54, NJW 1955, 882, 885 (= AP Nr. 1 zu Art. 9 GG Arbeitskampf).

821 BAG, 21.04.1971 – GS 1/68, NJW 1971, 1668, 1669 (= AP Nr. 43 zu Art. 9 GG Arbeitskampf); auch BVerfG, 04.07.1995 – 1 BvF 2/86 u. a., BVerfGE 92, 365, 396 (= AP Nr. 4 § 116 AFG); BAG, 22.09.2009 – 1 AZR 972/08, NZA 2009, 1347 (= AP Nr. 174 zu Art. 9 GG Arbeitskampf).

822 BAG, 24.04.2007 – 1 AZR 252/06, JA 2008, 543 (mit zust. Anm. Krause) (= AP Nr. 2 zu § 1 TVG Sozialplan); dazu auch ErfK-*Linsenmaier*, Art. 9 GG Rn. 113.

823 BAG, 22.09.2009 – 1 AZR 972/08, NZA 2009, 1347, 1352 (= AP Nr. 174 zu Art. 9 GG Arbeitskampf); zu Recht kritisch ob dieser Unschärfe Däubler, AKR-*Däubler*, § 9 Rn. 32.

824 Vgl. BVerfG, 04.07.1995 – 1 BvF 2/86 u. a., BVerfGE 92, 365, 395 ff. (= AP Nr. 4 § 116 AFG); BAG, 19.06.2007 – 1 AZR 396/06, AP Nr. 173 zu Art. 9 GG (= BAGE 123, 134).

Jedenfalls dürfe die Fähigkeit, einen effektiven Arbeitskampf zu führen, nicht verloren gehen und die Gegenseite dürfe einem Arbeitskampf nicht wehrlos ausgeliefert sein.[825]

Es zeigt sich also eine gewisse Konturenlosigkeit des Paritätsbegriffs, welche diesen nur schwer justiziabel macht.[826] Dementsprechend sieht sich die Rechtsprechung mit der Kritik konfrontiert, hier eine „Leerformel"[827] anzuwenden. Teilweise wird daher sogar vorgeschlagen, ganz auf die Anwendung des Paritätsprinzips zu verzichten und stattdessen auf andere Verfassungsprinzipien wie das Sozialstaatsprinzip zurückzugreifen, um die Funktionsfähigkeit der Tarifautonomie sicherzustellen.[828] Angesichts der zitierten neueren „pragmatischen"[829] Auslegung des Paritätsgrundsatzes durch das BAG,[830] welche hierunter offensichtlich nur noch evidente Machtverschiebungen fassen will, sind die Unterschiede im Ergebnis wohl nur noch marginal.[831]

Festgehalten werden kann an dieser Stelle jedenfalls, dass die Tarifautonomie nur dann funktionsfähig sein kann, wenn vermieden wird, dass eine Seite der anderen ihren Willen aufzwingen kann. Zudem darf ein vorhandenes Gleichgewicht der Kräfte nicht gestört oder ein Ungleichgewicht verstärkt werden. Im Endeffekt kommt es auf eine individuelle Betrachtung des Einzelfalls an.[832] Nachfolgend soll daher ein Überblick verschafft werden, welche Mittel den Arbeitskampfparteien zukommen, inwiefern Arbeitgeber-Außenseiter in einen Arbeitskampf mit einbezogen werden können und welche Rolle der Staat im Arbeitskampf spielen kann.

---

825 BAG, 22.09.2009 – 1 AZR 972/08, NZA 2009, 1347, 1351, 1353 f. (= AP Nr. 174 zu Art. 9 GG Arbeitskampf).

826 Vgl. auch Däubler, AKR-*Deinert,* § 20 Rn. 5.

827 *Rüthers,* DB 1969, 967, 969; ebenso Däubler, AKR-*Däubler,* § 9 Rn. 36.

828 Däubler, AKR-*Däubler,* § 9 Rn. 36 f.; ähnlich Kempen/Zachert-*Kempen,* Grundlagen Rn. 116; anders aber letztlich auch darauf hinweisend, dass das Paritätsprinzip nicht überbewertet werden dürfe: *Gamillscheg,* Koll. ArbR I, 1997, S. 974.

829 Dies bereits einfordernd *Gamillscheg,* Koll. ArbR I, 1997, S. 974.

830 BAG, 24.04.2007 – 1 AZR 252/06, JA 2008, 543 (mit zust. Anm. Krause) (= AP Nr. 2 zu § 1 TVG Sozialplan); BAG, 22.09.2009 – 1 AZR 972/08, NZA 2009, 1347 (= AP Nr. 174 zu Art. 9 GG Arbeitskampf).

831 Ähnlich wohl auch Däubler, AKR-*Däubler,* § 9 Rn. 37.

832 BVerfG, 04.07.1995 – 1 BvF 2/86 u. a., BVerfGE 92, 365, 395 ff. (= AP Nr. 4 § 116 AFG); BAG, 19.06.2007 – 1 AZR 396/06, AP Nr. 173 zu Art. 9 GG (= BAGE 123, 134).

(2) Freiheit der Arbeitskampfmittel

Bereits oben wurde festgestellt, dass den Koalitionen die Einschätzungsprärogative zukommt, welches Mittel zur Erreichung ihres Zwecks geeignet ist.[833] Geschützt sind dabei alle hierauf gerichteten koalitionsspezifischen Verhaltensweisen.[834] Hierzu gehören auch Arbeitskampfmaßnahmen, „jedenfalls insoweit (…) als sie erforderlich sind, um eine funktionierende Tarifautonomie sicherzustellen"[835]. Mit Berufung auf das BVerfG betont das BAG, dass die Koalitionen ihre Kampfmittel an die sich wandelnden Umstände anpassen können, um ausgewogene Tarifabschlüsse zu erreichen.[836] Geschützt ist also mehr als nur der klassische Streik.[837] Dies leitet das BAG aus der Bedeutung von Art. 9 Abs. 3 GG als Freiheitsrecht und der Staatsferne der Koalitionsfreiheit ab.[838] So urteilte das BAG zwar, dass so genannte Flashmob-Aktionen einen Eingriff in den eingerichteten und ausgeübten Gewerbebetrieb darstellen, dass dieser jedoch aufgrund des Arbeitskampfrechts gerechtfertigt sein kann. Wenn durch gewerkschaftliche Maßnahmen betriebliche Abläufe gestört werden sollen, um tarifliche Ziele durchzusetzen, sei dies grundsätzlich als Ausübung der in

---

833 Vgl. BVerfG, 06.05.1964 – 1 BvR 79/62, BVerfGE 18, 18, 29 ff.; BVerfG, 01.03.1979 – 1 BvR 532/77 u.a., BVerfGE 50, 290, 367 (= AP Nr. 1 zu § 1 MitbestG); BVerfG, 26.03.2014 – 1 BvR 3185/09, NZA 2014, 493, Rn. 23 (= EzA Nr. 152 zu Art. 9 GG Arbeitskampf).

834 Vgl. BVerfG, 06.05.1964 – 1 BvR 79/62, BVerfGE 18, 18, 26 f.; BVerfG, 01.03.1979 – 1 BvR 532/77 u.a., BVerfGE 50, 290, 368 (= AP Nr. 1 zu § 1 MitbestG); BVerfG, 04.07.1995 – 1 BvF 2/86 u. a., BVerfGE 92, 365, 393 (= AP Nr. 4 § 116 AFG); BVerfG, 10.09.2004 – 1 BvR 1191/03, NZA 2004, 1338, 1339 (= AP Nr. 167 zu Art. 9 GG Arbeitskampf); BAG, 19.06.2007 – 1 AZR 396/06, AP Nr. 173 zu Art. 9 GG (= BAGE 123, 134).

835 BAG, 19.06.2007 – 1 AZR 396/06, AP Nr. 173 zu Art. 9 GG (= BAGE 123, 134); kritisch zur Einschränkung auf den Abschluss von Tarifverträgen etwa Däubler, AKR-*Däubler,* § 9 Rn. 15 ff.

836 BVerfG, 04.07.1995 – 1 BvF 2/86 u. a., BVerfGE 92, 365, 394 (= AP Nr. 4 § 116 AFG); BAG, 19.06.2007 – 1 AZR 396/06, AP Nr. 173 zu Art. 9 GG (= BAGE 123, 134); BAG, 22.09.2009 – 1 AZR 972/08, NZA 2009, 1347 (= AP Nr. 174 zu Art. 9 GG Arbeitskampf).

837 Vgl. BAG, 22.09.2009 – 1 AZR 972/08, NZA 2009, 1347 (= AP Nr. 174 zu Art. 9 GG Arbeitskampf); dazu umfassend *Rehder/Deinert/Callsen,* Arbeitskampfmittelfreiheit, 2012.

838 BAG, 19.06.2007 – 1 AZR 396/06, AP Nr. 173 zu Art. 9 GG (= BAGE 123, 134); BAG, 24.04.2007 – 1 AZR 252/06, JA 2008, 543 (mit zust. Anm. Krause) (= AP Nr. 2 zu § 1 TVG Sozialplan).

Art. 9 Abs. 3 GG garantierten Betätigungsfreiheit zu werten.[839] Die Rechtmäßigkeit eines solchen Eingriffs sei an den Grundsätzen der Rechtsprechung, vor allem dem Gebot der fairen Kampfführung zu messen, wobei insbesondere zu berücksichtigen sei, ob der Arbeitgeber Verteidigungsmöglichkeiten besitze.[840] Im Nichtannahmebeschluss zur hiergegen gerichteten Verfassungsbeschwerde bestätigte das BverfG die Argumentation des BAG.[841]

Die Kampfmittel sind zwar der gerichtlichen Kontrolle nicht vollständig entzogen, eine solche setzt aber erst ein, wenn eine Arbeitskampfmaßnahme offensichtlich ungeeignet oder unverhältnismäßig ist.[842] Den Koalitionen kommt dabei eine Einschätzungsprärogative zu.[843] Der richterlichen Überprüfung unterliegt danach vorrangig die Anwendung der Mittel, die an der Verhältnismäßigkeit im engeren Sinne zu messen ist.[844] Die Grenze ist in der Störung des Kräftegleichgewichts bzw. dem Rechtsmissbrauch zu finden.[845] Enger gefasst sind die Grenzen nach Ansicht des EuGH in den Fällen, in denen die so genannten unionsrechtlichen Grundfreiheiten betroffen sind, da der Gerichtshof bislang auch die Erforderlichkeit und Geeignetheit einer Maßnahme der vollen gerichtlichen Kontrolle unterwirft.[846]

Nach denselben Überlegungen hat das BAG seine Auffassung zur Zulässigkeit von Unterstützungsstreiks stärker konturiert und ausgeweitet.[847] Zwar

---

839 BAG, 22.09.2009 – 1 AZR 972/08, NZA 2009, 1347 (= AP Nr. 174 zu Art. 9 GG Arbeitskampf); kritisch *Säcker/Mohr*, JZ 2010, 440, 443 ff.; *Wolf*, FS Kempen, 2013, S. 59, 63.

840 BAG, 22.09.2009 – 1 AZR 972/08, NZA 2009, 1347 (= AP Nr. 174 zu Art. 9 GG Arbeitskampf).

841 BVerfG, 26.03.2014 – 1 BvR 3185/09, NZA 2014, 493 (= EzA Nr. 152 zu Art. 9 GG Arbeitskampf).

842 BVerfG, 10.09.2004 – 1 BvR 1191/03, NZA 2004, 1338 (= AP Nr. 167 zu Art. 9 GG Arbeitskampf); BAG, 19.06.2007 – 1 AZR 396/06, AP Nr. 173 zu Art. 9 GG (= BAGE 123, 134).

843 BAG, 22.09.2009 – 1 AZR 972/08, NZA 2009, 1347 (= AP Nr. 174 zu Art. 9 GG Arbeitskampf); BAG, 19.06.2007 – 1 AZR 396/06, AP Nr. 173 zu Art. 9 GG (= BAGE 123, 134).

844 BVerfG, 04.07.1995 – 1 BvF 2/86 u. a., BVerfGE 92, 365, 394 f. (= AP Nr. 4 § 116 AFG); BAG, 19.06.2007 – 1 AZR 396/06, AP Nr. 173 zu Art. 9 GG (= BAGE 123, 134); *Rehder/Deinert/Callsen*, Arbeitskampfmittelfreiheit, 2012, S. 67 ff.

845 BAG, 19.06.2007 – 1 AZR 396/06, AP Nr. 173 zu Art. 9 GG (= BAGE 123, 134).

846 EuGH, 11.12.2007 – C-438/05, Slg. 2007, I-10779 (*Viking*); *Kocher*, AuR 2008, 13, 17 f.

847 BAG, 19.06.2007 – 1 AZR 396/06, AP Nr. 173 zu Art. 9 GG (= BAGE 123, 134); anders noch BAG, 05.03.1985 – 1 AZR 468/83, NZA 1985, 2545 (= AP Nr. 85 zu Art. 9

ginge es den streikenden Arbeitnehmern im Unterstützungsstreik nicht um die Verbesserung eigener tariflicher Rechte, aber dennoch verfolgten sie das Ziel der Gestaltung der Arbeitsbedingungen, was eine koalitionsspezifische Betätigung darstelle.[848] Daher umfasse die Betätigungsfreiheit aus Art. 9 Abs. 3 GG auch das Recht, einen Hauptarbeitskampf in einem anderen räumlichen oder fachlichen Tarifgebiet zu unterstützen, solange diese Unterstützung nicht offensichtlich ungeeignet, offensichtlich nicht erforderlich oder unangemessen ist.[849] Letztlich komme es vor allem auf die Nähe oder Ferne zum Hauptarbeitskampf an und die wirtschaftliche Verflechtung des Arbeitgebers, der mit dem Unterstützungsstreik konfrontiert ist, mit dem Adressaten des Hauptarbeitskampfes. Weitere Kriterien können die Dauer des Unterstützungsstreiks, eine Einmischung des Arbeitgebers in den Hauptarbeitskampf oder die Position der Gewerkschaft etc. darstellen.[850] Zudem wird zumindest der Hauptstreik rechtmäßig sein müssen (Akzessorietät).[851] Die Änderung seiner Rechtsprechung begründet das BAG damit, dass die alte Rechtsprechung noch auf der „(miss-)verstandenen" Kernbereichsformel beruht habe,[852] die mittlerweile eine Klarstellung durch das BVerfG erfahren hat. Zudem beruft sich das BAG ausdrücklich auf Teil II Art. 6 Nr. 4 ESC.[853]

Diese Rechtsprechungsänderung blieb in der Literatur nicht unwidersprochen.[854] So halten einige Autoren einen Solidaritätsarbeitskampf generell für unzulässig, da es bei einem Arbeitskampf darauf ankomme, den Vertragswillen des Gegners zu beugen. Dies könne nicht durch oder gegen Dritte geschehen.[855]

GG Arbeitskampf); vgl. aber auch schon BAG, 20.12.1963 – 1 AZR 157/63, NJW 1964, 1291 (= AP Nr. 34 zu Art. 9 GG Arbeitskampf) hinsichtlich der Zulässigkeit von Streikmaßnahmen bei Bestehen einer wirtschaftlichen Verbindung.

848 BAG, 19.06.2007 – 1 AZR 396/06, AP Nr. 173 zu Art. 9 GG (= BAGE 123, 134).

849 Ebd.

850 Vgl. BAG, 19.06.2007 – 1 AZR 396/06, AP Nr. 173 zu Art. 9 GG (= BAGE 123, 134); im Konzernzusammenhang Unterstützungsstreiks stets für zulässig erachtet das LAG Schleswig-Holstein, 28.05.2013 – 1 TaBV 31/12, juris.

851 Ein aktuelles Beispiel, in dem auch der Solidaritätsstreik aufgrund der Rechtswidrigkeit des Hauptarbeitskampfes für rechtswidrig erachtet wurde: LAG Hessen, 05.12.2013 – 9 Sa 592/13, juris (Revision eingelegt unter Az. 1 AZR 160/14) (= AuR 2014, 203 (Kurzwidergabe)).

852 BAG, 19.06.2007 – 1 AZR 396/06, AP Nr. 173 zu Art. 9 GG (= BAGE 123, 134).

853 BVerfG, 14.11.1995 – 1 BvR 601/92, BVerfGE 93, 352 (= AP Nr. 80 zu Art. 9 GG).

854 Vgl. nur *Wank,* FS 50 Jahre ZVK Baugewerbe, 2007, S. 141, 159; *Picker,* ZfA 2010, 499, 535 ff.; schon früher etwa *Rieble,* RdA 2005, 200, 205.

855 *Rieble,* RdA 2005, 200, 205.

Auch wird eingewandt, dass sich das Streikrecht aus der Funktionsfähigkeit des Tarifvertragssystems ableite, weshalb nur der eigene Tarifabschluss als legitimes Streikziel dienen könne.[856] Selbst wenn man die Grundannahme teilte, dass das Streikrecht nur im Rahmen der Funktionsfähigkeit des Tarifvertragssystems gewährleistet ist,[857] geht die Argumentation fehl. Denn die Funktionsfähigkeit des Tarifvertragssystems macht schon begrifflich nicht am eigenen Tarifvertrag Halt. Dem BAG ist daher zuzustimmen. In vielen Fällen kann ein Unterstützungsstreik sogar das einzig wirksame Mittel sein, zu denken ist bspw. an einen Sozialplantarifvertrag im Zuge einer Betriebsschließung.

Auf der anderen Seite gesteht die Rechtsprechung dem einzelnen Arbeitgeber als Arbeitskampfmittel vor allem ein Aussperrungsrecht zu, durch das der Arbeitgeber die Arbeitsleistung arbeitswilliger Arbeitnehmer zurückweisen kann, ohne zur Lohnzahlung verpflichtet zu sein.[858] Arbeitskampfmittel werden von der Arbeitgeberseite üblicherweise defensiv als Reaktion auf einen Streik eingesetzt.[859] Insofern sind sie durchaus von Relevanz für die vorliegende Fragestellung, da sie es dem Arbeitgeber u.U. ermöglichen bei erfolgreicher Kampfführung eine Tarifbindung zu vermeiden. Praktisch geht es meistens eher um die Abwehr einzelner Tarifforderungen. Dabei sind sowohl Ausgestaltung wie auch die grundsätzliche Zulässigkeit der Aussperrung heftig umstritten.[860] Die Rechtsprechung sieht in der Aussperrung – wie erwähnt – vor allem ein Mittel zur Herstellung der Verhandlungsparität und hat daher die so genannte „Aussperrungsarithmetik" entwickelt, nach der im Tarifgebiet Arbeitnehmer

---

856 Vgl. bspw. *Wank,* FS 50 Jahre ZVK Baugewerbe, 2007, S. 141, 159; ähnlich *Picker,* ZfA 2010, 499, 537 ff.; kritisch in Bezug auf einen Unterstützungsstreik gegen ein OT-Mitglied *Willemsen/Mehrens,* NZA 2013, 79, 81 f.

857 Kritisch aber etwa Däubler, AKR-*Däubler,* § 13 Rn. 5 f., der auch auf mögliche nichttarifliche Streikziele im Rahmen der „Wahrung und Förderung von Arbeits- und Wirtschaftsbedingungen" hinweist.

858 BAG, 28.01.1955 – GS 1/54, NJW 1955, 882, 885 (= AP Nr. 1 zu Art. 9 GG Arbeitskampf); BAG, 21.04.1971 – GS 1/68, NJW 1971, 1668, 1669 f. (= AP Nr. 43 zu Art. 9 GG Arbeitskampf); dazu etwa *Gamillscheg,* Koll. ArbR I, 1997, S. 979 f.; auch *Rüthers,* DB 1969, 967 ff.

859 Vgl. Däubler, AKR-*Wolter,* § 21 Rn. 40, 153 ff.; vgl. auch bereits *Kessler,* Arbeitgeber-Verbände, 1907, S. 20.

860 Dazu etwa ErfK-*Linsenmaier,* Art. 9 GG Rn. 237 f.; kritisch hinsichtlich der Zulässigkeit etwa *Däubler,* Arbeitsrecht 1, 2006, S. 389 ff.; Däubler, AKR-*Wolter,* § 21 Rn. 13; umgekehrt sehen es zu sehr eingeschränkt etwa *Otto,* RdA 2010, 135, 145 ff.; *Wolf,* FS Kempen, 2013, S. 59, 60; *Konzen,* FS 50 Jahre Bundesarbeitsgericht, 2004, S. 515, 536.

nur nach einem bestimmten Quotenschema im Verhältnis zur Zahl der streikenden Arbeitnehmer ausgesperrt werden dürfen.[861]

In der Praxis kommen Aussperrungen heute nur noch äußerst selten vor. Die letzten größeren Aussperrungen hat es 1984 gegeben.[862] Außerdem dürfte das Mittel der Aussperrung vorrangig in einem Arbeitskampf um einen Verbandstarifvertrag wirklich effektiv einsetzbar sein, wo es regelmäßig um Tarifinhalte und weniger um die Tarifbindung als solche geht.[863] Daher soll die Frage an dieser Stelle nicht weiter vertieft werden. Dem Arbeitgeber stehen allerdings andere Mittel zur Verfügung, wie die Drohung mit einer Produktionsverlagerung, der Einsatz von Streikbrechern oder die Betriebsstilllegung, welche von der Rechtsprechung nicht als Arbeitskampfmittel eingestuft werden.[864]

(3) Einbeziehung von Arbeitgeber-Außenseitern

Wie oben dargelegt, mindert die Tatsache, dass ein Tarifvertrag in aller Regel ein „kollektives Gut“ darstellt und dementsprechend von jedem Arbeitgeber auch ohne Verbandsmitgliedschaft genutzt werden kann, die Bindungsfähigkeit der Arbeitgeberverbände. Diese häufig als „Trittbrettfahrermentalität“ beschriebene Problematik steht aber nicht nur regelmäßig im Gegensatz zum Interesse der Arbeitgeberverbände, auch die Gewerkschaften haben ein Interesse daran, dass Arbeitgeber Mitglied im Arbeitgeberverband sind und sie daher nicht darauf verwiesen sind, erst über einen Firmentarifvertrag eine Anerkennung des Verbandstarifvertrags zu erreichen. Insofern hat sich eine Streiktaktik herausgebildet, bei der ein Außenseiter-Arbeitgeber in den Arbeitskampf mit einbezogen wird, obwohl er formal nicht unmittelbar an das Ergebnis der Tarifverhandlungen gebunden ist: der so genannte Partizipationsstreik.[865] Da die geltende

861 BAG, 10.06.1980 – 1 AZR 822/79, NJW 1980, 1642 (= AP Nr. 64 Art. 9 GG Arbeitskampf); BAG, 07.06.1988 – 1 AZR 597/86, NZA 1988, 890; dazu etwa ErfK-*Linsenmaier,* Art. 9 GG Rn. 241.

862 Lediglich vereinzelt haben Aussperrungen noch 1988, 1989, 1998, 2009 und 2010 mit zusammengerechnet 8.000 ausgefallenen Arbeitstagen stattgefunden, berechnet auf Basis von WSI-Tarifarchiv/*Bispinck,* Statistisches Taschenbuch, 2014, Nr. 4.2; zur Geschichte der Aussperrung etwa Däubler, AKR-*Wolter,* § 21 Rn. 1 ff.

863 So auch *Hromadka,* FS Kempen, 2013, S. 78, 80.

864 Etwa zur Betriebsstillegung BAG, 11.07.1995 – 1 AZR 63/95, NZA 1996, 214, 216 (= AP Nr. 138 Art. 9 GG Arbeitskampf); Überblick über verschiedene weitere Mittel und kritisch zur Nichteinstufung als Arbeitskampfmittel Däubler, AKR-*Wolter,* § 21 Rn. 157 ff.; auch Däubler, AKR-*Öğüt,* § 19 Rn. 90.

865 Vgl. etwa BAG, 19.06.2012 – 1 AZR 775/10, NZA 2012, 1372 (= AP Nr. 177 zu Art. 9 GG Arbeitskampf).

Rechtsprechung davon ausgeht, dass, abgesehen von einem Unterstützungsstreik, ein Streik stets den Abschluss eines Tarifvertrags zum Ziel haben muss, stellt sich die Frage, ob ein solcher Außenseiter-Arbeitgeber im Zuge eines Arbeitskampfs um einen Verbandstarifvertrag bestreikt werden kann.

In der Grundsatzentscheidung hierzu hat das BAG entschieden, dass ein bestreiktes Unternehmen keineswegs Mitglied eines Arbeitsverbandes sein müsse, selbst wenn sich der Streik gegen den Verband richte. Der Streik müsse lediglich gegen einen tariffähigen Sozialpartner geführt werden und dieser müsse auch die auf einen Tarifvertrag gerichteten Forderungen aus dem Streik prinzipiell erfüllen können.[866] Die Tariffähigkeit und die Arbeitskampffähigkeit sind damit untrennbar miteinander verknüpft, weshalb auch der einzelne Arbeitgeber unbeschränkt arbeitskampffähig ist.[867] Die Entscheidung wurde einige Zeit später auch durch das BVerfG bestätigt, damals noch in Abgrenzung zum Unterstützungsstreik.[868]

Gegen die Einbeziehung des Außenseiters in den Verbandsarbeitskampf werden teilweise Bedenken hinsichtlich seiner negativen wie auch positiven Koalitionsfreiheit ins Feld geführt.[869] Die Rechtsprechung sieht den Außenseiter-Arbeitgeber, der einen Firmentarifvertrag mit einer dynamischen Verweisung auf den betreffenden Verbandstarifvertrag abgeschlossenen hat, trotz mangelnder Mitgliedschaft aber gerade nicht als unbeteiligten Dritten an, da er an den Ergebnissen des Tarifvertrags partizipiere.[870] Als entscheidend erachten BAG wie BVerfG, dass der Arbeitgeber durch die dynamische Verweisung auf ein

866 BAG, 29.11.1978 – 4 AZR 304/77, AP Nr. 12 zu § 4 TVG Tarifkonkurrenz; BAG, 09.04.1991 – 1 AZR 332/90, NZA 1991, 815, 816 (= AP Nr. 116 zu Art. 9 GG Arbeitskampf).

867 Vgl. *Löwisch/Rieble,* § 2 Rn. 340; *Zachert,* FS Wissmann, 2005, S. 202, 208; Däubler, TVG-*Peter,* § 2 Rn. 79, 140 ff.; Kempen/Zachert-*Stein,* § 2 TVG Rn. 104; a.A. Wiedemann-*Oetker,* § 2 Rn. 103.

868 BVerfG, 10.09.2004 – 1 BvR 1191/03, NZA 2004, 1338 (= AP Nr. 167 zu Art. 9 GG Arbeitskampf).

869 In diesem Sinne *Picker,* ZfA 1998, 573, 612 f.; an der Tariffähigkeit des einzelnen Arbeitgebers zweifelnd *Matthes,* FS Schaub, 1998, S. 477, 482; auf die Koalitionsfreiheit des Verbandes abstellend *Reuter,* NZA 2001, 1097, 1105 f.; a.A. *Löwisch/Rieble,* § 2 Rn. 345.

870 BAG, 18.02.2003 – 1 AZR 142/02, NZA 2003, 866, 868 (= AP Nr. 163 zu Art. 9 GG Arbeitskampf (m. krit. Anm. Thüsing)); Nichtannahmebeschluss BVerfG, 10.09.2004 – 1 BvR 1191/03, NZA 2004, 1338, 1339 f. (= AP Nr. 167 zu Art. 9 GG Arbeitskampf); Nachweise zur umfangreichen Rezeption des Urteils bei *Zachert,* FS Wissmann, 2005, S. 202, 204 f.

eigenständiges Aushandeln der Arbeitsbedingungen verzichtet habe.[871] Daher ist in einem solchen Streik auch kein Unterstützungsstreik zu sehen, es geht vielmehr um die eigenen Arbeitsbedingungen im bestreikten Betrieb.[872] Außerdem könne sich der Außenseiter durch Kündigung des Firmentarifvertrags aus diesem lösen und selbstständig die Arbeitsbedingungen aushandeln, daher sei weder seine positive noch seine negative Koalitionsfreiheit verletzt.[873] Darüber hinaus gilt die Rechtsprechung des BVerfG nicht nur für den Fall einer dynamischen Verweisung mittels Firmentarifvertrag, ausreichend ist, wenn die Geltung des Verbandstarifvertrags in den Arbeitsverträgen vereinbart ist oder die Übernahme der Verhandlungsergebnisse der Tarifpraxis des Außenseiters entspricht.[874] Nicht ausreichend sei allerdings – so das BAG – wenn der Arbeitgeber „lediglich faktisch am Ergebnis eines Verbandsarbeitskampfes mehr oder weniger wahrscheinlich" teilhabe.[875] Die in Bezug auf den Firmentarifvertrag geltende relative Friedenspflicht steht nach Auffassung des BAG wiederum der Zulässigkeit eines Partizipationsstreiks nicht entgegen.[876]

Bemerkenswert ist, dass das BAG in diesen Fällen nicht den Paritäts- sondern den Partizipationsgedanken in den Vordergrund stellt.[877] Dies entspricht den Überlegungen des BVerfG bei der Beurteilung des Lohnrisikos hinsichtlich einer so genannten „kalten Aussperrung".[878] Die Möglichkeit zum Partizipationsstreik macht damit die Verbandsflucht unattraktiver, da der Außenseiter-Arbeitgeber, der das Tarifniveau anwendet, arbeitskampfrechtlich so behandelt wird, als wäre

---

871 BVerfG, 10.09.2004 – 1 BvR 1191/03, NZA 2004, 1338, 1339 f (= AP Nr. 167 zu Art. 9 GG Arbeitskampf); BAG, 19.06.2012 – 1 AZR 775/10, NZA 2012, 1372, 1377 (= AP Nr. 177 zu Art. 9 GG Arbeitskampf).

872 *Zachert,* FS Wissmann, 2005, S. 202, 209 f.; a.A. etwa *Hohenstatt/Schramm,* DB 2005, 774; auch *Willemsen/Mehrens,* NZA 2013, 79, 80.

873 Vgl. BVerfG, 10.09.2004 – 1 BvR 1191/03, NZA 2004, 1338, 1339 (= AP Nr. 167 zu Art. 9 GG Arbeitskampf); BAG, 19.06.2012 – 1 AZR 775/10, NZA 2012, 1372, 1377 (= AP Nr. 177 zu Art. 9 GG Arbeitskampf).

874 BVerfG, 10.09.2004 – 1 BvR 1191/03, NZA 2004, 1338, 1339 (= AP Nr. 167 zu Art. 9 GG Arbeitskampf); vgl. auch BVerfG, 26.06.1991 – 1 BvR 779/85, BVerfGE 84, 212, 225 (= AP Nr. 117 zu Art. 9 GG Arbeitskampf); Däubler, AKR-*Wolter,* § 17 Rn. 96.

875 BAG, 19.06.2012 – 1 AZR 775/10, NZA 2012, 1372, 1377 (= AP Nr. 177 zu Art. 9 GG Arbeitskampf).

876 BAG, 19.06.2012 – 1 AZR 775/10, NZA 2012, 1372, 1377 (= AP Nr. 177 zu Art. 9 GG Arbeitskampf).

877 Kritisch dazu *Thüsing,* AP Nr. 163 zu Art. 9 GG Arbeitskampf, unter 2; *Buchner,* RdA 2003, 363, 366 f.

878 Vgl. *Zachert,* FS Wissmann, 2005, S. 202, 211; auch *Deinert,* RdA 2011, 12, 19.

er an den Verbandstarifvertrag gebunden. Damit wird auch der Verbandstarifvertrag selbst gestärkt.

b) Neutralitätsprinzip

Der Staat wiederum hat sich im (rechtmäßigen) Arbeitskampf neutral zu verhalten.[879] Er soll also nicht aktiv in das Arbeitskampfgeschehen eingreifen, indem er bspw. durch die Gewährung von staatlichen Mitteln eine der Kampfparteien unterstützt.[880] Gemeint ist damit dennoch keine passive Neutralität, sondern eine „paritätsgestaltende fördernde Neutralität"[881], weshalb der Staat sowohl berufen wie auch verpflichtet ist, das Arbeitskampfrecht entsprechend auszugestalten.[882] Die Ambivalenz des Begriffs zeigt sich etwa im Arbeitsförderungsrecht.[883] So soll § 160 SGB III das Neutralitätsprinzip für den Bereich des Arbeitslosenversicherungsrechts garantieren, weshalb er den Eingriff in Arbeitskämpfe durch die Leistung von Arbeitslosengeld verbietet (§ 160 Abs. 1 SGB III). Nach § 160 Abs. 3 Nr. 2 SGB III dürfen aber selbst an mittelbar durch den Streik betroffene Arbeitnehmer, die sich lediglich im fachlichen nicht aber räumlichen Geltungsbereich des angestrebten Tarifvertrags befinden, keine Leistungen erbracht werden. Sie müssen aber zumindest Forderungen in gleicher Art und gleichem Umfang erhoben haben und das Ergebnis des umkämpften Tarifvertrags muss „aller Voraussicht nach" auch übernommen werden. Wie im Falle des Partizipationsstreiks wird auch hier damit der Partizipationsgedanke in den Vordergrund gestellt.[884] Erhalten mittelbar betroffene Arbeitnehmer dementsprechend aufgrund der Arbeitskampfrisikolehre[885] kein Arbeitsentgelt und werden voraussichtlich an den Ergebnissen des Arbeitskampfes partizipieren, beziehen sie demzufolge auch keine Leistungen der Arbeitslosenversicherung. Die Vorgängerregelung des § 116 Abs. 3 AFG in seiner Fassung von 1969[886] untersagte die Leistungserbringung

---

879 Bereits BAG, 28.01.1955 – GS 1/54, NJW 1955, 882 (= AP Nr. 1 zu Art. 9 GG Arbeitskampf).

880 Vgl. etwa BSG, 05.06.1991 – 7 RAr 26/89, NZA 1991, 982 (= AP Nr. 2 zu § 116 AFG); dazu Schaub, Hdb. ArbR-*Treber*, § 192 Rn. 34.

881 *Kreßel*, NZA 1995, 1121, 1124.

882 Vgl. Schaub, Hdb. ArbR-*Treber*, § 192 Rn. 34.

883 Grundsätzliche Kritik am Begriff bereits bei *Tennstedt*, AuR 1973, 168 ff.

884 *Deinert*, AuR 2010, 290, 293.

885 BAG, 22.12.1980 – 1 ABR 2/79, NJW 1981, 937 (= AP Nr. 70 zu Art. 9 GG Arbeitskampf).

886 BGBl. 1969 I, S. 582; zur historischen Entwicklung der Norm Däubler, AKR-*Deinert*, § 20 Rn. 111 ff.

dagegen nur dann, wenn der Arbeitskampf auf eine Änderung der Arbeitsbedingungen im Betrieb des arbeitslos gewordenen Arbeitnehmers abzielte oder die Gewährung des Arbeitslosengeldes den Arbeitskampf beeinflusst hätte.[887] Die Neuregelung zwingt die Gewerkschaften damit insbesondere in Branchen, in denen eine enge Verzahnung der Produktionsbereiche besteht, wie etwa in der Metallindustrie, ihre Streiktaktik darauf auszurichten, die mittelbaren Streikfolgen möglichst eng zu halten, wollen sie nicht entweder die Solidarität unter den Arbeitnehmern oder alternativ durch Zahlung von Streikgeld die finanzielle Stabilität der Streikkasse gefährden.[888] Hier zeigt sich die Schwierigkeit sowohl des Neutralitäts- wie auch des Paritätsbegriffs, da letztlich beide empirisch nur schwer belegbar sind. Das BVerfG hat die Bestimmung jedoch für „noch" vereinbar mit Art. 9 Abs. 3 GG erklärt.[889]

c) Friedenspflicht

(1) Grundsatz

Eine große Anreizwirkung für die Tarifbindung der Arbeitgeber wird der Friedenspflicht zugeschrieben. Diese folgt nach der Rechtsprechung aus dem Abschluss des Tarifvertrags selbst. Dessen schuldrechtlicher Teil stelle immer auch einen Vertrag zugunsten Dritter dar und schütze die Mitglieder der Tarifvertragsparteien vor Arbeitskampfmaßnahmen in Bezug auf die im Tarifvertrag geregelten Materien. Einer expliziten Vereinbarung derselben bedarf es nicht, sie sei „dem Tarifvertrag als einer Friedensordnung immanent".[890] Sie tritt erst nach

887 Die Rückführung der Norm auf den Stand von 1969 fordert etwa *Deinert,* AuR 2010, 290, 298; in der letzten Legislaturperiode auch die Bundestags-Fraktion *Die Linke*, vgl. BT-Drs. 17/9062; für eine Reform bspw. auch *Gamillscheg,* Koll. ArbR I, 1997, S. 1275.

888 Der Metallarbeiterstreik von 1984 zog für die *IG Metall* eine finanzielle Gesamtbelastung von DM 500 Mio. nach sich, davon entsprachen alleine DM 350 Mio. reinen Unterstützungsleistungen für mittelbar betroffene Arbeitnehmer, vgl. *Kittner,* Arbeitskampf, 2005, S. 643; zum Gesagten auch Däubler, AKR-*Deinert,* § 20 Rn. 120 f.

889 BVerfG, 04.07.1995 – 1 BvF 2/86 u. a., BVerfGE 92, 365 (= AP Nr. 4 § 116 AFG).

890 BAG, 19.06.2007 – 1 AZR 396/06, AP Nr. 173 zu Art. 9 GG (= BAGE 123, 134); Wiedemann-*Thüsing,* § 1 Rn. 867; einschränkend Kempen/Zachert-*Seifert,* § 1 TVG Rn. 902 f.; offen, ob eine gegen die Friedenspflicht verstoßende Nebenpflicht zur Rechtswidrigkeit des Streiks insgesamt führt: BAG, 10.12.2002 – 1 AZR 96/02, NZA 2003, 734, 741 (= AP Nr. 162 zu Art. 9 GG Arbeitskampf); für die Rechtswidrigkeit des Streiks insgesamt: LAG Hessen, 05.12.2013 – 9 Sa 592/13, juris (Revision eingelegt unter Az. 1 AZR 160/14), Rn. 154 ff. (= AuR 2014, 203 (Kurzwidergabe)).

Abschluss des Tarifvertrags ein[891] und gilt grundsätzlich bis zum Ende des Tarifvertrags, folglich besteht sie im Nachwirkungszeitraum nach § 4 Abs. 5 TVG nicht mehr.[892]

Einen absoluten Schutz davor, in einen Arbeitskampf verwickelt zu werden, bietet die Friedenspflicht dem Arbeitgeber jedoch in der Regel nicht.[893] Zunächst wird in Deutschland von der relativen Friedenspflicht ausgegangen, solange dies nicht anders vereinbart ist. Das heißt, dass sie sich ausschließlich auf die im Tarifvertrag geregelten Gegenstände bezieht,[894] die während der Laufzeit des Tarifvertrags nicht mehr zum Gegenstand eines Arbeitskampfes gemacht werden dürfen.[895] Darüber hinaus sind Arbeitskämpfe noch stets möglich. Das gilt insbesondere auch für den Fall eines Arbeitskampfs um einen Firmentarifvertrag mit einem verbandsangehörigen Arbeitgeber. Teilweise wird dies als Verstoß gegen die Parität und Koalitionsfreiheit des Arbeitgebers wie auch die kollektive Koalitionsfreiheit des Arbeitgeberverbandesangesehen, weshalb ein verbandsangehöriger Arbeitgeber als „passiv arbeitskampfunfähig" zu betrachten sei.[896] Anders könne dies nur sein, wenn der Verband tarifunwillig sei.[897] Rechtsprechung[898] und h.L.[899] unterstützen diese Ansicht allerdings nicht. Wie bereits dargestellt, verliert der einzelne Arbeitgeber seine Tariffähigkeit durch den Verbandsbeitritt nicht. Es ist auch kaum ersichtlich, wo die Paritätsstörung liegen soll, wird doch dem nicht-verbandsangehörigen Arbeitgeber die Arbeitskampffähigkeit

---

891 BAG, 24.04.2007 – 1 AZR 252/06, JA 2008, 543 (mit zust. Anm. Krause) (= AP Nr. 2 zu § 1 TVG Sozialplan).

892 Vgl. BAG, 24.04.2007 – 1 AZR 252/06, JA 2008, 543 (mit zust. Anm. Krause) (= AP Nr. 2 zu § 1 TVG Sozialplan); vgl. auch Kittner/Zwanziger/Deinert-*Deinert,* § 8 Rn. 305.

893 Grundsätzliche Kritik hierzu bei *Hanau/Thüsing,* ZTR 2002, 506, 509 ff.

894 Zur Abgrenzung bietet sich ein Rückgriff auf § 87 Abs. 1 BetrVG an, vgl. *Zachert,* FS Wissmann, 2005, S. 202, 211; zum Diskussionsstand Wiedemann-*Thüsing,* § 1 Rn. 885.

895 BAG, 27.06.1989 – 1 AZR 404/88, NZA 1989, 969, 970; BAG, 19.06.2007 – 1 AZR 396/06, AP Nr. 173 zu Art. 9 GG (= BAGE 123, 134).

896 *Wank,* FS 50 Jahre ZVK Baugewerbe, 2007, S. 141, 160 f.; i.d.S. auch *Hanau/Thüsing,* ZTR 2002, 506, 510.

897 *Wank,* FS 50 Jahre ZVK Baugewerbe, 2007, S. 141, 160; *Thüsing,* NZA 1997, 294, 295.

898 BAG, 10.12.2002 – 1 AZR 96/02, NZA 2003, 734 (= AP Nr. 162 zu Art. 9 GG Arbeitskampf).

899 Statt aller Däubler, AKR-*Däubler,* § 13 Rn. 15; auch *Fischinger,* ZTR 2006, 518, 529; *Blanke,* AuR 2004, 130, 132 ff.

ebenfalls zugestanden, obwohl sich dieser nicht auf die Unterstützung des Verbandes berufen kann.[900] Auch die Koalitionsfreiheit des Verbandes ist nicht verletzt, da es ihm unbenommen bleibt, über den betreffenden Gegenstand selbst mit der Gewerkschaft zu verhandeln. In parallelen Verhandlungen um einen Verbandstarifvertrag und einen verbandsbezogenen Firmentarifvertrag sieht das BAG ebenfalls keinen Verstoß gegen die Parität.[901] Im Falle eines Partizipationsstreiks steht die Friedenspflicht des Firmentarifvertrags, der eine dynamische Verweisung auf den Verbandstarifvertrag enthält, einer Einbeziehung in den Verbandsarbeitskampf ebenfalls nicht entgegen.[902] In der Praxis wird die potentielle Möglichkeit, mit einem Arbeitskampf konfrontiert zu werden, auch kaum einen Arbeitgeber vom Verbandsbeitritt abhalten. Denn solche Arbeitskämpfe werden auf spezielle Situationen beschränkt bleiben, da auch Gewerkschaften kein Interesse daran haben können, den eigenen Verbandstarifvertrag zu torpedieren.

Ferner ist es – wie dargestellt – möglich, dass ein tarifgebundener Arbeitgeber durch einen Unterstützungsstreik mit einem Arbeitskampf konfrontiert wird. Hier ist die Friedenspflicht schon qua Definition nicht tangiert, da der im Betrieb geltende Tarifvertrag nicht Gegenstand des Arbeitskampfs ist.[903] Nur wenn der Hauptarbeitskampf gegen die Friedenspflicht verstößt, ist auch der Unterstützungsstreik rechtswidrig.[904]

(2) Arbeitskampfpluralität

(a) Geltende Rechtslage

In diesem Zusammenhang wird auch die geänderte BAG-Rechtsprechung zur Tarifpluralität relevant. Bis zu seinem Urteil vom 7.7.2010[905] ist das BAG davon ausgegangen, dass im selben Betrieb nicht mehrere Tarifverträge nebeneinander Geltung entfalten können. Vielmehr sollte nur der speziellste Tarifvertrag Anwendung finden, die anderen wurden verdrängt.[906] Als Konsequenz entfiel

---

900 Ähnlich *Gamillscheg,* Koll. ArbR I, 1997, S. 1007; Däubler, AKR-*Däubler,* § 13 Rn. 15.

901 BAG, 24.04.2007 – 1 AZR 252/06, JA 2008, 543 (mit zust. Anm. Krause) (= AP Nr. 2 zu § 1 TVG Sozialplan).

902 Dazu oben, S. 143 ff.; vgl. auch *Zachert,* FS Wissmann, 2005, S. 202, 211.

903 BAG, 19.06.2007 – 1 AZR 396/06, AP Nr. 173 zu Art. 9 GG (= BAGE 123, 134); a.A. etwa *Wolf,* FS Kempen, 2013, S. 59, 66.

904 Vgl. BAG, 19.06.2007 – 1 AZR 396/06, AP Nr. 173 zu Art. 9 GG (= BAGE 123, 134).

905 BAG, 07.07.2010 – 4 AZR 549/08, NZA 2010, 1068 (= AP Nr. 140 zu Art. 9 GG).

906 BAG, 20.03.1991 – 4 AZR 455/90, NZA 1991, 736 (= AP Nr. 20 zu § 4 TVG Tarifkonkurrenz).

für die anders organisierten Arbeitnehmer der Schutz durch einen normativ geltenden Tarifvertrag. Gerechtfertigt hat das BAG diese Verdrängung vor allem mit den praktischen Schwierigkeiten, welche sich bei der Anwendung mehrerer Tarifverträge im Betrieb als „unüberwindlich" darstellten, sowie mit Überlegungen hinsichtlich der Rechtssicherheit und Rechtsklarheit.[907] In der Literatur stieß die Rechtsprechung zur Tarifeinheit weitgehend auf Kritik. Die vom BAG befürchteten praktischen Schwierigkeiten wurden als nicht so erheblich eingeschätzt, als dass sie einen derart gewichtigen Eingriff in die Tarifautonomie rechtfertigten, auch eine Gefährdung der Funktionsfähigkeit der Tarifautonomie wurde bestritten.[908] Der 4. Senat des BAG ist dieser Auffassung nun gefolgt und lässt für Inhalts-, Abschluss- und Beendigungsnormen die Geltung mehrerer Tarifverträge für unterschiedliche Arbeitsverhältnisse zu.[909]

Das Urteil wurde allerdings sowohl durch die (DGB-)Gewerkschaften wie auch die Arbeitgeberverbände mit einigem Missfallen aufgenommen und führte zu einer in dieser Form seltenen gemeinsamen Initiative von DGB und BDA zur Regelung der Tarifeinheit, die auf Seiten des DGB zwischenzeitlich aber wieder aufgegeben worden ist.[910] Während auf Seiten der Gewerkschaften insbesondere eine Zersplitterung der Gewerkschaftslandschaft befürchtet wird,[911] sind es auf Seiten der Arbeitgeberverbände vor allem die arbeitskampfrechtlichen Folgen und die mögliche Gefährdung des Betriebsfriedens, die mit

---

907 BAG, 20.03.1991 – 4 AZR 455/90, NZA 1991, 736 (= AP Nr. 20 zu § 4 TVG Tarifkonkurrenz).

908 *Wank*, FS 50 Jahre ZVK Baugewerbe, 2007, S. 141, 157; *Gamillscheg*, Koll. ArbR I, 1997, S. 754; *Bayreuther*, NZA 2008, 12 f.; *Jacobs*, Tarifeinheit und Tarifkonkurrenz, 1999 (zugl. Mainz, Univ., Diss. 1998), S. 400; Kempen/Zachert-*Wendeling-Schröder*, § 4 TVG Rn. 156 ff. (5. Aufl.).

909 BAG, 07.07.2010 – 4 AZR 549/08, NZA 2010, 1068 (= AP Nr. 140 zu Art. 9 GG); vgl. auch Kittner/Zwanziger/Deinert-*Deinert*, § 8 Rn. 283.

910 Abgedruckt in AuR 2011, 60; Verlautbarung zur Aufgabe des Vorhabens: DGB, Pressemitteilung 94 vom 7.6.2011; allerdings spricht sich die BDA weiterhin dafür aus: BDA, Arbeitgeber aktuell 9/2012, 5, 5. Kritisch hinsichtlich der Verfassungsmäßigkeit des Entwurfs u.a. *Däubler*, Die gemeinsame Initiative von DGB und BDA, 2010; *Dieterich*, AuR 2011, 46; a.A. u.a. *Kempen*, AuR 2011, 51; *Waas*, Regelungsentwurf von DGB und BDA zur Tarifeinheit; *Scholz*, ZfA 2010, 681, 705 ff. Aus praktischen Erwägungen kritisch: Sachverständigenrat, Jahresgutachten 2010/11, 2010, S. Rn. 507. Vgl. zudem den sog. „Professorenentwurf": Carl Friedrich von Weizsäcker-Stiftung, Tarifpluralität als Aufgabe des Gesetzgebers, 2011.

911 Vgl. etwa Däubler, TVG-*Zwanziger*, § 4 Rn. 932.

dieser Rechtsprechung einhergehen.[912] Hinzu kommen potentiell höhere Tarifabschlüsse, da nivellierende Effekte durch die Branchentarifverträge wegfallen, sowie höhere Transaktionskosten für Arbeitgeber durch den administrativen Aufwand, den unterschiedliche Regelungen erzeugen können.[913]

Aus Sicht der Arbeitgeberseite stellt sich aber vor allem die Frage nach den arbeitskampfrechtlichen Konsequenzen. Befürchtet werden insbesondere die wirtschaftlichen Folgen von mehrfach nacheinander folgenden Arbeitskämpfen,[914] die auch mit dem Begriff der „Streikkaskaden"[915] belegt werden.

(b) Gesetzesentwurf zur Tarifeinheit

Dementsprechend wurden im Anschluss an das BAG-Urteil zahlreiche Vorschläge zur Diskussion gestellt, wie mit der Tarifpluralität tarif- und/oder arbeitskampfrechtlich umzugehen sei. Vorgeschlagen werden auf der Ebene des Arbeitskampfrechts etwa eine engere Anwendung des Ultima-Ratio-Prinzips im Falle von Streiks,[916] ein zwingend vorzuschaltendes Schlichtungs- und Schiedsverfahren[917] oder sogar eine zwingende zeitliche Koordination der Laufzeit von Tarifverträgen im Betrieb.[918]

Nun hat auch die Bundesregierung im Kabinett am 10. Dezember 2014 einen Entwurf zur Regelung der Tarifeinheit (TarifeinheitsG-E) vorgelegt.[919] Als Ziel benennt er die Sicherung der Funktionsfähigkeit der Tarifautonomie, welche die Bundesregierung durch mögliche Tarifkollisionen gefährdet sieht.[920] Die Anwendung konkurrierender tariflicher Regelungen im Betrieb beeinträchtige die Schaffung einer widerspruchsfreien Ordnung der Arbeitsbeziehungen und ziehe die Kohärenz des im Betrieb geltenden Entgeltsystems in Mitleidenschaft.[921] Die

---

912 *Meyer,* DB 2011, 1920, 1922; *Spielberger,* NJW 2011, 264, 267 f.; Sachverständigenrat, Jahresgutachten 2010/11, 2010, S. Rn. 503; *Brockner,* NZA-Beilage 2010, 121, 122 f.

913 Sachverständigenrat, Jahresgutachten 2010/11, 2010, S. Rn. 503.

914 *Steinau-Steinrück/Glanz,* NZA 2009, 113; *Schmidt,* NZA-Beilage 4/2012, 123, 124.

915 Etwa *Schliemann,* FS Hromadka, 2008, S. 359, 378.

916 So wohl *Otto,* RdA 2010, 135, 146 f.

917 Sachverständigenrat, Jahresgutachten 2010/11, 2010, Rn. 506.

918 Sachverständigenrat, Jahresgutachten 2010/11, 2010, Rn. 506; i.E. auch der DGB/BDA-Vorschlag, der allerdings am Mehrheitsprinzip anknüpft, vgl. *Kempen,* AuR 2011, 51, 56 f.; wie auch der sog. „Professorenentwurf", vgl. Carl Friedrich von Weizsäcker-Stiftung, Tarifpluralität als Aufgabe des Gesetzgebers, 2011, S. 48 f.

919 Entwurf eines Tarifeinheitsgesetzes v. 11.12.2014 (Fn. 11).

920 Entwurf eines Tarifeinheitsgesetzes v. 11.12.2014 (Fn. 11), S. 1.

921 Entwurf eines Tarifeinheitsgesetzes v. 11.12.2014 (Fn. 11), S. 6.

Verteilungsfunktion der Tarifautonomie werde gestört, wenn konkurrierende Tarifabschlüsse nicht mehr den Wert verschiedener Arbeitsleistungen im Betrieb widerspiegelten sondern Ausdruck der jeweiligen Schlüsselfunktion der jeweiligen Beschäftigtengruppe im Betriebsablauf darstellten.[922] Eine entsprechende Lohnpolitik werde von den Arbeitnehmern nicht als leistungsgerecht empfunden und gefährde den Betriebsfrieden, da Verteilungskämpfe zwischen Gewerkschaften drohten.[923] Schließlich sei die Beachtung gesamtwirtschaftlicher Belange gefährdet, insbesondere in Krisenzeiten.[924]

Kern des Entwurfs bildet ein neuer § 4a TVG-E. Er soll der Sicherung der Schutzfunktion, Verteilungsfunktion, Befriedungsfunktion sowie Ordnungsfunktion der Rechtsnormen eines Tarifvertrags dienen (§ 4a Abs. 1 TVG-E).[925] Der Entwurf geht dabei davon aus, dass es zunächst Aufgabe der konkurrierenden Gewerkschaften in einem Betrieb selbst ist, mögliche Konkurrenzen aufzulösen. Das Gesetz soll nämlich erst dann subsidiär eingreifen, wenn es sich bei den kollidierenden Tarifverträgen nicht um inhaltsgleiche Tarifverträge verschiedener Gewerkschaften handelt (§ 4a Abs. 2 S. 2 Hs. 1 TVG-E). Insofern stellt § 4a Abs. 2 S. 1 TVG-E klar, dass nach § 3 TVG ein Arbeitgeber grundsätzlich an mehrere Tarifverträge gebunden sein kann, weshalb Tarifpluralität an sich nicht ausgeschlossen ist, wenn bspw. diese Tarifverträge ihren Anwendungsbereich klar auf bestimmte Beschäftigtengruppen abgrenzen.[926] Hinsichtlich des Betriebsbegriffs knüpft der Entwurf am tarifrechtlichen Betriebsbegriff an, der wiederum durch den betriebsverfassungsrechtlichen Betriebsbegriff maßgeblich bestimmt wird (vgl. zudem § 4a Abs. 1 S. 3 TVG-E).[927]

Gelingt eine Abstimmung zwischen den Gewerkschaften nicht, greift das Gesetz ein. Dann gilt im Überschneidungsbereich von zwei oder mehr Tarifverträgen ausschließlich der Tarifvertrag der Gewerkschaft im Betrieb, welche mehr Mitglieder im Betrieb organisiert hat (§ 4a Abs. 2 S. 2 Hs. 2 TVG-E). Der Entwurf versteht den Betrieb insofern als Solidargemeinschaft aller Arbeitnehmer, für die eine kohärente und ausgewogene Gestaltung der Arbeitsbedingungen

922 Entwurf eines Tarifeinheitsgesetzes v. 11.12.2014 (Fn. 11), S. 6.
923 Entwurf eines Tarifeinheitsgesetzes v. 11.12.2014 (Fn. 11), S. 6.
924 Entwurf eines Tarifeinheitsgesetzes v. 11.12.2014 (Fn. 11), S. 6 f.
925 Entwurf eines Tarifeinheitsgesetzes v. 11.12.2014 (Fn. 11), S. 6 f., 10 f.
926 Entwurf eines Tarifeinheitsgesetzes v. 11.12.2014 (Fn. 11), S. 11.
927 Vgl. auch Entwurf eines Tarifeinheitsgesetzes v. 11.12.2014 (Fn. 11), S. 13; kritisch Deutscher Anwaltsverein, juris 18.11.2014, zu II.1., wo für ein Abstellen auf das Unternehmen plädiert wird.

erfolgen soll.[928] Allerdings sei weiterhin nicht jede Organisation von Arbeitnehmern als Gewerkschaft anzusehen, vielmehr seien die Kriterien zur Tariffähigkeit[929] weiterhin anzuwenden, insbesondere verweist die Entwurfsbegründung auf das Kriterium der Überbetrieblichkeit.[930] Schließlich sind in § 4a Abs. 3 TVG-E spezielle Vorschriften für Tarifverträge über betriebsverfassungsrechtliche Normen vorgesehen.

Die Abstimmung zwischen den Tarifparteien kann zunächst in Form einer Tarifgemeinschaft erfolgen oder zumindest durch den Abschluss inhaltsgleicher Tarifverträge.[931] Ferner können die Gewerkschaften ihren jeweiligen Zuständigkeitsbereich abgrenzen und damit nur Tarifverträge für die jeweilige Arbeitnehmergruppe abschließen. Im Rahmen von Dachverbänden besteht darüber hinaus i.d.R. ein interner Mechanismus, der überlappende Zuständigkeiten vermeidet. Auf das DGB-Schiedsgericht wurde bereits oben hingewiesen.[932] Auch ist der Abschluss von Anschlusstarifverträgen möglich. Die Gewerkschaften, die bereits einen kollidierenden Tarifvertrag abgeschlossen haben, erhalten über § 4a Abs. 4 TVG-E sogar ein ausdrückliches Recht zur Nachzeichnung des Mehrheitstarifvertrags zugesprochen. Hierzu muss zumindest eine teilweise Überschneidung der beiden Tarifverträge gegeben sein.[933] Dieses Recht kommt dem in einigen europäischen Staaten verbreiteten Instrument des Beitritts zum Tarifvertrag nahe, auch wenn die Lösung des TarifeinheitsG-E den Abschluss eines eigenen Tarifvertrags vorsieht.[934] Schließlich kann ein Tarifvertrag die Möglichkeit vorsehen, dass dieser durch eine andere Gewerkschaft ergänzt wird.[935] Außerdem muss ein Arbeitgeber oder ein Arbeitgeberverband

928 Entwurf eines Tarifeinheitsgesetzes v. 11.12.2014 (Fn. 11), S. 14.

929 Vgl. oben, S. 121 ff.

930 Entwurf eines Tarifeinheitsgesetzes v. 11.12.2014 (Fn. 11), S. 12.

931 Die Entwurfsbegründung listet selbst eine Reihe möglicher Mechanismen zur autonomen Auflösung von Kollisionen auf, s. Entwurf eines Tarifeinheitsgesetzes v. 11.12.2014 (Fn. 11), S. 7; weitergehend zum Einsatz von Tarifgemeinschaften noch der Vorschlag bei *Saeidy-Nory,* Tarifgemeinschaften als Lösungsansatz fuer ein funktionierendes Tarifsystem, 2014 (zugl. Frankfurt a.M., Univ., Diss. 2014), S. 197 ff.

932 S. oben, S. 51.

933 Entwurf eines Tarifeinheitsgesetzes v. 11.12.2014 (Fn. 11), S. 14.

934 Eine rechtsvergleichende Übersicht findet sich etwa bei *Dorssemont,* ArA 2/2014, 26, 34 ff.

935 Entwurf eines Tarifeinheitsgesetzes v. 11.12.2014 (Fn. 11), S. 12; zu den Möglichkeiten und Grenzen der Ergänzung im Rahmen der Tarifeinheit vgl. BAG, 05.09.1990 – 4 AZR 59/90, NZA 1991, 202, 203 f. (= AP Nr. 19 zu § 4 TVG Tarifkonkurrenz).

nach § 4a Abs. 5 TVG-E den Eintritt in Verhandlungen mit einer Gewerkschaft rechtzeitig bekannt geben, wonach die andere zuständige Gewerkschaft ebenfalls das Recht erlangt, dem Arbeitgeber oder Arbeitgeberverband ihre Vorstellungen und Forderungen mündlich vorzutragen (§ 4a Abs. 5 S. 2 TVG-E). Eine Sanktion ist mit der unterlassenen Bekanntgabe allerdings nicht verknüpft. Außerdem soll das Recht zur Anhörung kein Erörterungs- oder Verhandlungsrecht umfassen.[936]

Das Arbeitskampfrecht selbst wird im Gesetzestext ausgespart. In den Erläuterungen zum Entwurf verweist die Regierung allerdings darauf, dass die Zulässigkeit von Arbeitskämpfen anhand einer Verhältnismäßigkeitsprüfung im Einzelfall zu messen sei, wobei der Arbeitskampf als Mittel zur Sicherung der Tarifautonomie zu begreifen sei. Einem Tarifvertrag der Minderheitsgewerkschaft komme eine ordnende Funktion nicht zu.[937] Der Arbeitskampf der kleineren Gewerkschaft im Betrieb würde – so der Subtext – daher regelmäßig an der Verhältnismäßigkeit scheitern.

(c) Beurteilung des Entwurfs der Bundesregierung

Ob und wie sich eine gesetzliche Regelung der Tarifeinheit auf das Bindungsverhalten der Arbeitgeberseite auswirkt, lässt sich nur schwer voraussagen. Jedenfalls haben sich, seitem das BAG seine Rechtsprechung zur Tarifeinheit aufgegeben hat, keine empirischen Belege für eine Destabilisierung der Tarifautonomie offenbart. Auch die befürchteten „Streikkaskaden“ sind bislang nicht eingetreten.[938] Fraglich ist folglich schon die Erforderlichkeit einer solchen Regelung.[939] Denn auch die Rechtsprechung hat bis dato keine Paritätsverschiebung durch die Tarif- und Arbeitskampfpluralität erkennen können.[940] Betroffen ist im Übrigen bislang sowieso nur ein eingeschränkter Bereich im Verkehrs- und Gesundheitssektor, der sich durch die Privatisierung ehemaliger Staatsbetriebe mit besonderen Bedingungen wie einer niedrigeren Wettbewerbsintensität und

936 Entwurf eines Tarifeinheitsgesetzes v. 11.12.2014 (Fn. 11), S. 15.

937 Entwurf eines Tarifeinheitsgesetzes v. 11.12.2014 (Fn. 11), S. 11 f.

938 So auch *Preis/Ulber,* FS Kempen, 2013, S. 15, 28; *Fischer,* ZRP 2013, 222; *Reichold,* öAT 2010, 219, 221 f.; *Bepler,* NZA-Beilage 3/2010, 99, 104.

939 Angedeutet auch bei Deutscher Anwaltsverein, juris 18.11.2014, zu II.6; die Erforderlichkeit ebenfalls in Zweifel ziehend *Löwisch,* BB 2014, Heft 48, I; a.A. aber etwa *Kempen,* AuR 2011, 51, 56 f.

940 LAG Hessen, 05.12.2013 – 9 Sa 592/13, juris (Revision eingelegt unter Az. 1 AZR 160/14), Rn. 160 (= AuR 2014, 203 (Kurzwidergabe)); vgl. auch *Deinert,* RdA 2011, 12, 14 ff.

einer geringeren Preiselastizität in Bezug auf die Nachfrage auszeichnet.[941] Ob dies eine so einschneidende Regelung, die das gesamte Tarifsystem betrifft, rechtfertigt, ist fraglich.

Aufgrund der beschränkten Relevanz der Problematik für die vorliegende Fragestellung soll an dieser Stelle lediglich kursorisch festgehalten werden, dass die gesetzliche Einschränkung der Tarifpluralität jedenfalls einen rechtfertigungsbedürftigen Eingriff in die Koalitionsfreiheit aus Art. 9 Abs. 3 GG und nicht lediglich eine Ausgestaltung der Tarifautonomie darstellt.[942] Der Entwurf verfolgt mit der Stabilisierung der Tarifautonomie zwar ein legitimes Ziel. Angesichts der hohen Eingriffsintensität sind jedoch hohe Maßstäbe an die Verhältnismäßigkeit anzulegen. Immerhin wird die Gewerkschaft, deren Tarifvertrag nicht zur Anwendung kommt, faktisch ihres Rechts, Tarifverhandlungen zu führen – also ihres Kerngeschäfts –, weitgehend beraubt. Sie ist nach dem Tarifeinheit G-E letztlich darauf verwiesen, sich einem fremden Tarifvertrag anzuschließen, auf deren Entstehen sie allenfalls marginal Einfluss nehmen konnte. Folgt die Rechtsprechung der in den Erläuterungen zum Entwurf zum Ausdruck kommenden Auffassung der Regierung, dass die Zulässigkeit von Arbeitskämpfen einer Gewerkschaft, die nicht die Mehrheit im Betrieb stellt, an der Verhältnismäßigkeit scheitert, wird die eigene tarifpolitische Entfaltung weitgehend abgeschnitten.[943] Ob die Rechtsprechung der Auffassung der Bundesregierung folgt, ist allerdings keineswegs ausgemacht. Hiergegen sprechen mehrere Überlegungen:

Positiv hervorzuheben ist zunächst, dass das Gesetz im Gegensatz zu den anderen eingangs zitierten Regelungsvorschlägen selbst nicht am Arbeitskampfrecht anknüpft. Denn, wie eingangs erwähnt, lässt sich bislang keine Paritätsverschiebung durch die Arbeitskampfpluralität erkennen. Dass ein Betrieb potentiell – im aktuellen Tarifkonflikt bei der *Deutschen Bahn AG* auch tatsächlich – mit Arbeitskämpfen konkurrierender Gewerkschaften konfrontiert sein kann, löst für sich noch kein Regelungsbedürfnis aus. Diese Folgen der Tarifpluralität sind rein praktischer Natur und vermögen für sich ein Eingreifen des Gesetzgebers in die Tarifautonomie noch nicht zu rechtfertigen. Dieses wird erst dann erforderlich, wenn die Auswirkungen die Funktionsfähigkeit der Tarifautonomie

941 Sachverständigenrat, Jahresgutachten 2010/11, 2010, S. Rn. 501.

942 *Di Fabio,* Gesetzlich auferlegte Tarifeinheit, 2014, S. 38; *Dieterich,* AuR 2011, 46, 48.

943 *Löwisch,* BB 2014, Heft 48, I; Deutscher Anwaltsverein, juris 18.11.2014, zu II.3; *Hanau,* NZA 2012, 825, 827; *Deinert,* RdA 2011, 12; *Bahnmüller,* in: Bispinck/Schulten, Zukunft der Tarifautonomie, 2010, S. 81, 93 f.; *Dieterich,* AuR 2011, 46; i.E. auch *Otto,* RdA 2010, 135, 146 f.

gefährden.[944] Dagegen würden die von Literatur und Verbänden gemachten Vorschläge, wie eine Erstreckung der Friedenspflicht des Mehrheitstarifvertrags auch auf andere Gewerkschaften, ein verpflichtendes Schlichtungs- und Schiedsverfahren oder eine koordinierte Laufzeit von Tarifverträgen, erhebliche Eingriffe in die Tarifautonomie darstellen, deren Erforderlichkeit – wie erwähnt – bereits zweifelhaft ist.[945]

Dagegen zieht die stichtagsbezogene Betrachtung (§ 4a Abs. 2 S. 2 Hs. 2 TVG-E) die Tauglichkeit des Entwurfs der Bundesregierung in Zweifel. Denn diese kann eine konkurrierende Gewerkschaft gerade dazu animieren, einen Tarifkonflikt zur Mitgliedergewinnung einzusetzen.[946] Ist in einer Belegschaft Unmut über einen Tarifabschluss vorhanden, werden die betreffenden Arbeitnehmer ggf. zu einem Gewerkschaftswechsel zu animieren sein, wenn die konkurrierende Gewerkschaft entsprechend attraktive Tarifforderungen aufstellt. So können sich die Mehrheitsverhältnisse bei Abschluss des Tarifvertrags ändern. Insofern ist auch die Annahme der Bundesregierung unzutreffend, dass ein Arbeitskampf um einen Tarifvertrag einer (zum Zeitpunkt des Arbeitskampfs) Minderheitsgewerkschaft regelmäßig an der Verhältnismäßigkeit scheitern müsse. Denn ein solcher Konflikt kann durchaus das Potential haben, Mehrheitsverhältnisse zu verändern.[947] Daher kann nicht automatisch davon ausgegangen werden, dass die Mitgliedschaftsverhältnisse zu Beginn des Tarifkonflikts dieselben sind, wie bei Abschluss des Tarifvertrags. Hier ist folglich richterliche Zurückhaltung geboten. Dennoch ist eine Gewerkschaft insofern einem erheblichen Risiko ausgesetzt, mit Schadenersatzforderungen konfrontiert zu werden, sollte sich der Arbeitskampf dennoch als unzulässig herausstellen.[948] Dabei kann es gerade im Eilverfahren schwierig sein, die Mehrheitsverhältnisse festzustellen.[949]

---

944 Von einer solchen Gefährdung geht die Bundesregierung aber offensichtlich aus, auch wenn sie dies nicht vorrangig an der Arbeitskampfpluralität festmacht, vgl. die Begründung zum Entwurf eines Tarifeinheitsgesetzes v. 11.12.2014 (Fn. 11), S. 6.

945 A.A. etwa *Kempen,* AuR 2011, 51, 56 f.

946 In diesem Kontext ist darauf hinzuweisen, dass der Nutzen von Arbeitskämpfen für die Mitgliedergewinnung und -bindung bereits seit langem bekannt ist und auch seine Einbeziehung in organisations- und arbeitskampfpolitische Erwägungen keineswegs ein neues Phänomen darstellt sondern seit jeher erfolgt ist; zur Frage konfliktorientierter Strategien etwa *Haipeter,* WSI Mitt. 2010, 283, 190 f.

947 Zur organisationspolitischen Wirkung von Arbeitskämpfen etwa *Kocsis,* in: Kocsis/Sterkel/Wiedemuth, Organisieren am Konflikt, 2013, S. 12, 16.

948 *Löwisch,* BB 2014, Heft 48, I

949 So auch Deutscher Anwaltsverein, juris 18.11.2014, unter II.6.

Finden die Arbeitskampfhandlungen der Minderheitsgewerkschaft im zeitlichen Zusammenhang mit Tarifverhandlungen der Mehrheitsgewerkschaft statt, ist angesichts der Überlegungen des BAG zum Unterstützungsstreik und zum Partizipationsstreik[950] ohnehin davon auszugehen, dass auch diese Arbeitskampfhandlungen Einfluss auf das Tarifergebnis der Mehrheitsgewerkschaft nehmen können.[951] Sie stehen damit im unmittelbaren tarifpolitischen Interesse der Gewerkschaftsmitglieder und sind daher auf die Regelung von deren Arbeits- und Wirtschaftsbedingungen (Art. 9 Abs. 3 GG) gerichtet. Schon deswegen sind solche Arbeitskampfmaßnahmen als zulässig zu betrachten. Andernfalls wären auch die Erwägungen des BAG zur Zulässigkeit der Tarifpluralität wenig wert, die auch die Bundesregierung in ihrer Entwurfsbegründung im Grundsatz nicht in Zweifel zieht,[952] da eine Gewerkschaft geringe Aussicht auf eine eigene tarifpolitische Entfaltung hätte, wenn ihr das Recht zum Arbeitskampf genommen würde.[953]

Schließlich spricht § 4a Abs. 4 TVG-E sogar dafür, dass die Minderheitsgewerkschaft ein legitimes Interesse daran haben kann, einen Tarifvertrag abzuschließen, obwohl er verdrängt wird, da sie nur so ein Nachzeichnungsrecht erlangt. Folgt man dem, muss ein solcher Tarifvertrag angesichts der Rechtsprechung des BVerfG wie auch des BAG auch erstreikbar sein.[954]

Auf der anderen Seite ist keineswegs ausgemacht, dass sich die Tarifpluralität lediglich zulasten der Arbeitgeberseite auswirkt. Vielmehr eröffnen sich auch für sie neue Perspektiven, da sich die andersorganisierten Arbeitnehmer wohl in vielen Fällen nicht mit den Streikenden solidarisieren werden.[955] Ferner schafft die Anknüpfung am Betriebsbegriff durch § 4a TVG-E u.U. die Möglichkeit für den Arbeitgeber, durch einen entsprechenden Betriebszuschnitt unliebsame

950 Dazu oben S. 143 f.

951 Zumindest auf die Möglichkeit zum Solidaritätsstreik verweisend *Löwisch*, BB 2014, Heft 48, I.

952 Entwurf eines Tarifeinheitsgesetzes v. 11.12.2014 (Fn. 11), S. 11.

953 *Hanau*, NZA 2012, 825, 827; *Deinert*, RdA 2011, 12; *Bahnmüller*, in: Bispinck/Schulten, Zukunft der Tarifautonomie, 2010, S. 81, 93 f.; *Dieterich*, AuR 2011, 46; i.E. auch *Otto*, RdA 2010, 135, 146 f.

954 In Bezug auf Sozialplantarifverträge BAG, 24.04.2007 - 1 AZR 252/06, JA 2008, 543 (mit zust. Anm. Krause) (= AP Nr. 2 zu § 1 TVG Sozialplan); in Bezug auf Tarifverträge nach § 3 BetrVG: BAG, 29.07.2009 – 7 ABR 27/08, NZA 2009, 1424, 1430 (= AP Nr. 7 zu § 3 BetrVG 1972).

955 Zum Beispiel des Flughafenstreiks in Frankfurt *Greiner*, NZA 2012, 529 f.; eine Beteiligung andersorganisierter grundsätzlich bejahend *Franzen*, RdA 2008, 193, 202 f.; *Deinert*, RdA 2011, 12, 20 f.

Tarifverträge und damit auch unliebsame Arbeitskämpfe zu vermeiden.[956] Entsprechende Praktiken sind bspw. aus den USA bekannt, wo teilweise durch Arbeitgeber über den Zuschnitt der so genannten *bargaining units* versucht wird, Kollektivverhandlungen zu vermeiden.[957]

Daneben gilt es einen weiteren Punkt zu beachten. Die Anwendung des Spezialitätsprinzips konnte unter der Geltung der Rechtsprechung zur Tarifeinheit nämlich dazu führen, dass der allgemeinere, von einer großen Gewerkschaft abgeschlossene, Verbandstarifvertrag zugunsten eines für die Arbeitnehmer ungünstigeren aber spezielleren Firmentarifvertrags verdrängt wurde.[958] Dies hat es durchsetzungsschwachen Gewerkschaften häufig überhaupt erst ermöglicht, tarifpolitische Bedeutung zu erlangen.[959] Die Attraktivität solcher Tarifverträge schwindet ohne Tarifeinheit, wenn ein Arbeitgeber bereits an einen Verbandstarifvertrag gebunden ist. Denn für die Mitglieder der großen Gewerkschaft gilt nach wie vor der betreffende Verbandstarifvertrag oder wirkt nach einem Verbandsaustritt des Arbeitgebers zumindest nach. Tarifflucht und tarifliche Unterbietungskonkurrenz werden damit erschwert. Zwar argumentiert die Regierung im aktuellen Gesetzesentwurf, dass nicht jede Gewerkschaft mit den meisten Mitgliedern im Betrieb automatisch auch tariffähig sei,[960] allerdings ist gerade in Branchen mit geringem gewerkschaftlichen Organisationsgrad ein verstärktes Aufkommen kleiner Gewerkschaften, die zumindest die Mindestanforderungen für die Tariffähigkeit erfüllen, keineswegs ausgeschlossen.

Dementsprechend ist die Bewertung des Vorhabens auch im gewerkschaftlichen Lager uneinheitlich. Die vehemente Ablehnung der so genannten Spartengewerkschaften[961] und der ihnen verbundenen Berufsgruppen[962] verwundert kaum. Aber selbst innerhalb des DGB werden gegenläufige Positionen vertreten. Der *DGB Bundesvorstand* begrüßt zumindest den „Kerngedanken“ des

956 Ähnlich Deutscher Anwaltsverein, juris 18.11.2014, zu II.2.

957 Dazu etwa *Summers*, Comp.Lab.LawJ. 1997 (18), 503, 515 f.

958 Zum Spezialitätsprinzip ausführlicher unten, S. 274 f.

959 In diesem Sinne auch *Preis/Ulber*, FS Kempen, 2013, S. 15, 23; *Klebe*, Magazin Mitbestimmung 2010, 44 f.; ähnlich wohl auch Däubler, TVG-*Zwanziger*, § 4 Rn. 933.

960 Entwurf eines Tarifeinheitsgesetzes v. 11.12.2014 (Fn. 11), S. 12.

961 So bereiten etwa die Ärztegewerkschaft Marburger Bund, die Pilotengewerkschaft Cockpit und der Deutsche Beamtenbund bereits Klagen vor dem BVerfG vor, vgl. *Doemens*, Frankfurter Rundschau v. 11.12.2014, online abrufbar unter http://www.fr-online.de/wirtschaft/tarifeinheit-gesetz-gewerkschaften-lassen-nahles-haengen,1472780,29304236.html [zuletzt geprüft: 12.12.2014].

962 Vgl. etwa Bundesärztekammer, 117. Deutscher Ärztetag 2014, 2014, S. I-26.

Gesetzes: „ein Betrieb - ein Tarifvertrag".[963] Innerhalb der Teilgewerkschaften des DGB ist die Stoßrichtung allerdings durchaus umstritten. *IG Metall* und *IG BCE* begrüßen die Vorschläge im Grundsatz, während sich *ver.di* und *NGG* kritisch äußerten, die *EVG* lehnte den Vorschlag sogar ab.[964] Auch die wissenschaftliche Bewertung ist äußerst heterogen.[965]

Grundlegende Eingriffe in das Arbeitskampfrecht erscheinen aus heutiger Perspektive kaum notwendig.[966] Es ist auch kaum davon auszugehen, dass sich negative Auswirkungen in Bezug auf die Tarifbindung der Arbeitgeberseite ergeben, da in den relevanten Bereichen offensichtlich die gewerkschaftliche Kampfstärke besteht, die eine solche auch durchzusetzen vermag. Eher könnte das Interesse der betroffenen Arbeitgeber an einer einheitlichen Verbandstarifbindung wachsen. Sollte es in bestimmten Bereichen allerdings tatsächlich zu einer nachhaltigen Zersplitterung der Gewerkschaftslandschaft führen, könnte dies mittelfristig die Durchsetzungsfähigkeit der Gewerkschaften schwächen. Dennoch würde das TarifeinheitG im Ergebnis einen erheblichen Eingriff in die Koalitionsfreiheit darstellen, dessen Rechtfertigung zumindest fraglich erscheint. Für die vorliegende Frage der Tarifbindung der Arbeitgeberseite sind jedoch weder erhebliche unmittelbare positive noch negative Auswirkungen zu erwarten, weshalb die Problematik an dieser Stelle nicht weiter vertieft werden soll.

d) Bewertung

Das Arbeitskampfrecht war stets von heftigen Auseinandersetzungen begleitet. So resümierte *Dr. H.-C. Paulssen*, damals Präsident der BDA, nach dem Arbeitskampf in der Metallindustrie 1963: „Die übereinstimmende Reaktion der öffentlichen

963 Vgl. Stellungnahme vom 18.11.2014, abrufbar unter http://www.portal-sozialpolitik.de/uploads/sopo/pdf/2014/2014-11-18_Tarifeinheit_Stellungnahme_DGB.pdf [zuletzt geprüft: 12.12.2014]; vgl. auch *einblick* Nr. 21 vom 24.11.2014, 1.

964 Vgl. *einblick* Nr. 20 vom 10.11.2014, 1.

965 Zustimmend bereits zu den Plänen der Bundesregierung in CDU/CSU/SPD, Koalitionsvertrag 18. Legislaturperiode, 2013, S. 70 etwa *Giesen*, Deutscher Juristentag, Thesen der Gutachter und Referenten, 2014, S. 20, These 6; kritisch etwa *Bayreuther*, NZA 2013, 1395; *Berg*, KJ 2014, 72 ff.; *Löwisch*, BB 2014, Heft 48, I; vorrangig auf arbeitskampfrechtliche Lösungen und ein einem Arbeitskampf vorgeschaltetes Schlichtungsverfahren dringend *Henssler*, BB 2014, Heft 40, I.

966 So auch *Preis/Ulber*, FS Kempen, 2013, S. 15, 24; ablehnend hinsichtlich einer gesetzlichen Regelung auch *Bepler*, Deutscher Juristentag, Thesen der Gutachter und Referenten, 2014, S. 17, These 4.1.

Meinung hat gezeigt, daß Arbeitskämpfe nicht mehr zeitgemäß sind"[967]. Nun hat sich diese Aussage historisch nicht bewahrheitet, im Gegenteil, deutet die neuere Rechtsprechung zu Arbeitskampfmitteln wie dem Unterstützungsstreik, Flashmob, aber auch zum Partizipationsstreik oder zur Arbeitskampfpluralität die überragende Bedeutung des Arbeitskampfrechts hinsichtlich des Zustandekommens von Tarifverträgen an. Dies hat allerdings bisher keineswegs zu einem extensiven Einsatz der neuen Mittel geführt, die zuletzt geringfügig gestiegene Streikhäufigkeit dürfte kaum darauf zurückzuführen sein,[968] zumal sie 2013 wieder zurückgegangen ist[969]. Die neuen Arbeitskampfformen stellen eher eine Reaktion auf veränderte wirtschaftliche Bedingungen dar, auf die nach der Rechtsprechung von BAG und BVerfG auch entsprechend zu reagieren ist.[970] So ist der Flashmob im Einzelhandel gerade deswegen notwendig, weil die Belegschaften in dieser Branche einfach zu ersetzen sind. Der Unterstützungsstreik ist ebenfalls Ausdruck der mangelnden Kampfstärke im Hauptarbeitskampf. Die Attraktivität des Verbandstarifvertrags für den einzelnen Arbeitgeber, die auch durch die Friedenspflicht vermittelt wird, wird dadurch im Grundsatz nicht angetastet.

4. Zwischenfazit

Zusammenfassend zeigt sich, dass sich die differenzierte Herangehensweise der Rechtsprechung bei der Beurteilung der Tariffähigkeit zunächst durchaus positiv auf die Tarifbindung auf Arbeitgeberseite auswirken kann. Dies gilt insbesondere für die bereits gesetzlich vorgesehene automatische Tariffähigkeit aller Arbeitgeber, die im Übrigen keinen weiteren Voraussetzungen unterworfen ist. Aber auch die Tariffähigkeit der Arbeitgeberverbände ist zunächst ohne größere Hürden gegeben und vor allem von deren praktischem Handeln abhängig. Mit der grundsätzlichen Anerkennung von OT-Mitgliedschaften in Arbeitgeberverbänden hat die Rechtsprechung jedoch eine Möglichkeit zur Tarifflucht eröffnet, durch die ein Arbeitgeber weitgehend risikolos aus der Tarifbindung ausscheiden kann. Auf die Problematik der Vereinbarkeit mit § 3 Abs. 1 TVG sowie auf die Anforderungen, welche die Rechtsprechung im Einzelnen stellt, wird nachfolgend

---

967 Zit. Bei *Erdmann,* Die deutschen Arbeitgeberverbände, 1966, S. 288.

968 *Preis/Ulber,* FS Kempen, 2013, S. 15, 28.

969 Vgl. *Böckler impuls* 5/2014, S. 3.

970 Vgl. BVerfG, 26.03.2014 - 1 BvR 3185/09, NZA 2014, 493, Rn. 26 ff. (= EzA Nr. 152 zu Art. 9 GG Arbeitskampf); BVerfG, 04.07.1995 - 1 BvF 2/86 u. a., BVerfGE 92, 365, 394 (= AP Nr. 4 § 116 AFG); BAG, 22.09.2009 - 1 AZR 972/08, NZA 2009, 1347, Rn. 34 (= AP Nr. 174 zu Art. 9 GG Arbeitskampf).

noch einzugehen sein. Praktisch besonders relevant ist dies im Zusammenhang mit den Handwerksinnungen, die in ihrem Bereich fundamental für das Zustandekommen von Tarifverträgen sind. Nach hier vertretener Auffassung können diese allerdings nicht über ihre Tariffähigkeit disponieren. In dieser Hinsicht wird die künftige Entwicklung der Rechtsprechung abzuwarten sein. Eine zweite Schwierigkeit ergibt sich dadurch, dass Konzernen bislang keine Tariffähigkeit zukommt, da ihnen die Arbeitgebereigenschaft fehlt. Dies erschwert die tarifpolitische Erfassung komplexer Unternehmensgebilde, wie sie etwa im Bereich der Industriedienstleistungen immer häufiger anzutreffen sind. Zu begrüßen ist die neuere Rechtsprechung zur Tariffähigkeit der Gewerkschaften, insbesondere zur Beurteilung der sozialen Mächtigkeit, die verstärkt auf eine Gesamtbetrachtung abstellt, wodurch einerseits das Zustandekommen neuer Koalitionen nicht übermäßig erschwert, gleichzeitig aber verhindert wird, dass sich durchsetzungsschwache Gewerkschaften allein durch tarifpolitische Aktivitäten etablieren können. Damit ist eine wichtige Grenze der Tarifautonomie aufgezeigt.

Die autonome Festlegung der Tarifzuständigkeit schafft einerseits die Möglichkeit, dass Verbände und Gewerkschaften flexibel auf neue wirtschaftliche Entwicklungen reagieren können und ist andererseits grundlegender Ausdruck der Autonomie der Koalitionen. Als Kehrseite zeigt sich allerdings, dass insbesondere auf Arbeitgeberseite in wichtigen Bereichen weiße Flecken in der Verbändelandschaft entstehen können.

Im Arbeitskampfrecht zeigt sich ebenfalls die liberale Interpretation der Koalitionsfreiheit durch die (deutsche) Rechtsprechung, zumindest im vorliegend interessierenden Kontext von Arbeitskämpfen, die auf den Anschluss von Tarifverträgen gerichtet sind. Insbesondere belässt sie den Koalitionen die Einschätzungsprärogative in Bezug auf die Geeignetheit und Erforderlichkeit von Arbeitskämpfen und schafft damit das Fundament für autonome Verhandlungen über die Arbeitsbedingungen. Auf unionsrechtlicher Ebene scheint der EuGH eine eingeschränktere Sichtweise aufzuweisen und Arbeitskämpfe einer vollen gerichtlichen Kontrolle unterwerfen zu wollen. Hier ist die weitere Entwicklung abzuwarten. Dasselbe gilt in Bezug auf die Tarifpluralität, wobei in diesem Fall sowohl Szenarien denkbar sind, die auf eine Stärkung wie auch eine Schwächung des (Verbands-)Tarifsystems hinauslaufen. Grundlegende arbeitskampfrechtliche oder tarifrechtliche Einschnitte erscheinen aus derzeitiger Perspektive jedenfalls nicht notwendig.

III. Beendigung der Tarifbindung

Die Stabilität des Tarifvertragssystems bemisst sich allerdings nicht nur am Zustandekommen von Tarifverträgen. Wie die Zahlen zur abnehmenden

Tarifbindung zeigen, nimmt auch die Bindungskraft des Tarifvertrags ab, was vor allem unter dem Begriff der „Tarifflucht“ diskutiert wird. Dabei spielen in der Beratungspraxis für austrittswillige Arbeitgeber die rechtlichen Hürden für eine schnelle Beendigung der Tarifbindung und die damit verbundene Kosten-Nutzen-Analyse eine gewichtige Rolle.[971] Dies zeigt bereits, dass die Rechtsordnung hier offensichtlich Einfluss auf die Bindungskraft des Tarifsystems nehmen kann. Daher soll im Nachfolgenden untersucht werden, an welchen Stellen sie Tarifflucht unterbindet oder erschwert und wo sie diese eher erleichtert.

1. Beendigung des Tarifvertrags

a) Formen

Erster Ansatzpunkt ist in diesem Zusammenhang die Beendigung des Tarifvertrags. Dabei stellt sich die Frage, wie ein Tarifvertrag überhaupt endet und welche Folgen dies hat. Obwohl aufgrund der Ähnlichkeit des Tarifvertrags zu einem schuldrechtlichen Vertrag ein Tarifvertrag im Wesentlichen durch dieselben Tatbestände beendet wird, können die Regeln zur Beendigung von Schuldverhältnissen nicht einfach übertragen werden. Vielmehr sind hier die Besonderheiten des Tarifvertrags im Blick zu behalten.[972] Ein Tarifvertrag endet somit grundsätzlich zu dem in ihm festgelegten Termin bzw. bei Erfüllung einer im Tarifvertrag festgelegten auflösenden Bedingung, wobei eine ordentliche Kündigung in diesen Fällen nur möglich ist, wenn sie ausdrücklich vorgesehen ist.[973] Ist eine solche Befristung nicht vereinbart, kann der Tarifvertrag ordentlich gekündigt werden, entweder entsprechend der tariflich geregelten Modalitäten oder, wenn keine Kündigungsvorschrift enthalten ist, mit einer Frist von drei Monaten. Hier wendet die Rechtsprechung § 77 Abs. 5 BetrVG, § 28 Abs. 2 SprAuG entsprechend an.[974] Hinsichtlich der Ausgestaltung lässt die Rechtsprechung breiten Raum. So ist der Ausschluss einer Kündigung vor dem Ablauf von zweieinhalb Jahren durchaus vereinbar mit der Koalitionsfreiheit.[975] Daneben ist natürlich auch eine einvernehmliche Auflösung möglich, wobei bei einem

---

971 Vgl. bspw. *Löw*, Personal 2011, 5.

972 Vgl. JKOS-*Oetker*, § 8 Rn. 1; Schaub, Hdb. ArbR-*Treber*, § 208 Rn. 1.

973 BAG, 18.12.1996 – 4 AZR 129/96, NZA 1997, 830, 831; zum Überblick über die Beendigungsmöglichkeiten: Kittner/Zwanziger/Deinert-*Deinert*, § 8 Rn. 306 ff.

974 BAG, 18.06.1997 – 4 AZR 710/95, NZA, 1234, 1237 (= AP Nr. 67 zu § 77 BetrVG 1972); Schaub, Hdb. ArbR-*Treber*, § 208 Rn. 6.

975 BAG, 04.04.2001 – 4 AZR 215/00, NZA 2002, 104, 105; Däubler, TVG-*Deinert*, § 4 Rn. 106; JKOS-*Oetker*, § 8 Rn. 10.

Neuabschluss eines Tarifvertrags in der Regel von der Ablösung des vorangegangenen Tarifvertrags ausgegangen wird.[976]

Ausnahmsweise, wenn eine weitere Bindung an einen Tarifvertrag unzumutbar ist, ist auch eine außerordentliche, fristlose Kündigung möglich.[977] Wichtigster Grund ist dabei die wirtschaftliche Unzumutbarkeit, wobei eine bloß einseitige Fehleinschätzung der wirtschaftlichen Entwicklung nicht ausreicht.[978] Dabei soll ein kollektiver Unzumutbarkeitstest angewendet werden.[979] Die Unzumutbarkeit bei einem einzelnen Arbeitgeber soll die sofortige Beendigung nicht rechtfertigen können.[980] Voraussetzung ist zudem, dass versucht wurde, Nachverhandlungen zu führen, bevor eine fristlose Kündigung ausgesprochen wird.[981] Umstritten ist hingegen, ob daneben auch der Wegfall der Geschäftsgrundlage i.S.v. § 313 BGB eigenständig zur Beendigung eines Tarifvertrags führen kann. Überwiegend wird dies zu Recht abgelehnt, da eine gerichtliche Anpassung nicht mit der Tarifautonomie zu vereinbaren wäre und zudem in diesem Fall i.d.R. eine außerordentliche Kündigung möglich ist.[982]

Wie bereits ausgeführt, beendet der Wegfall der Tariffähigkeit einer Tarifpartei oder der Auflösungsbeschluss eines Arbeitgeberverbandes den Tarifvertrag nicht.[983] Dasselbe gilt im Prinzip für den Betriebsinhaberwechsel im Falle eines Firmentarifvertrags.[984]

In der Regel ist mit der Beendigung eines Tarifvertrags keine langfristige Tariflosigkeit bezweckt, sondern eher der Wegfall der Friedenspflicht und das Verhandeln über einen neuen Tarifvertrag. Regelmäßig ist das etwa im Bereich der Entgelttarifverträge der Fall. Manchmal sind allerdings auch größere Tarifwerke betroffen, so kündigte Anfang 2013 etwa der *Handelsverband Deutschland*

---

976 BAG, 14.10.2003 – 9 AZR 678/02, AP Nr. 31 zu § 1 TVG Tarifverträge: Lufthansa; Wiedemann-*Wank,* § 4 Rn. 15 ff., 77; ein Sanierungstarifvertrag verdrängt einen Verbandstarifvertrag allerdings nur für die Zeit seiner Dauer, vgl. *Löwisch/Rieble,* § 1 Rn. 1371 ff.; *Bepler,* AuR 2010, 234, 235.

977 Ein tarifvertragliches Sonderkündigungsrecht ist dann gerade nicht notwendig, vgl. BAG, 27.02.2013 – 4 AZR 78/11, ZTR 2013, 391.

978 Vgl. Däubler, TVG-*Deinert,* § 4 Rn. 129 ff.; a.A. JKOS-*Oetker,* § 8 Rn. 17.

979 Schaub, Hdb. ArbR-*Treber,* § 208 Rn. 10.

980 Wiedemann-*Wank,* § 4 Rn. 33 m.w.N.; nun wohl auch *Löwisch/Rieble,* § 1 Rn. 1414.

981 Vgl. nur BAG, 18.12.1996 – 4 AZR 129/96, NZA 1997, 830, 833; Kittner/Zwanziger/Deinert-*Deinert,* § 8 Rn. 310.

982 Däubler, TVG-*Deinert,* § 4 Rn. 164; JKOS-*Oetker,* § 8 Rn. 22; Kempen/Zachert-*Stein,* § 4 TVG Rn. 194; a.A. *Gamillscheg,* Koll. ArbR I, 1997, S. 774 f.

983 Dazu bereits oben, S. 119 ff.

984 Dazu unten, S. 212 f.

(HDE) an, alle Einzelhandels-Tarifverträge kündigen zu wollen, um diese nach Neuverhandlungen zu „modernisieren".[985] Dennoch gibt es prominente Beispiele, bei denen die Kündigung von Tarifverträgen zu nachhaltiger Tariflosigkeit geführt hat. So kündigten etwa, wie bereits erwähnt, die Verbände der Metallarbeitgeber 1993 in Ostdeutschland die dort vereinbarten Stufentarifverträge.[986] Zwar wurde im Nachgang in diesem Bereich wieder eine Tarifeinigung erreicht, allein in den nachfolgenden zwei Jahren wurden allerdings in mehr als 20 weiteren Tarifbereichen Tarifverträge gekündigt.[987] Daher lohnt sich der Blick auf die Folgen einer Beendigung eines Tarifvertrags auf die Tarifbindung.

b) Folgen der Beendigung für die Tarifbindung

Mit dem Ende des Tarifvertrags endet auch seine normative Bindung nach § 3 Abs. 1 TVG bzw. gegebenenfalls nach § 3 Abs. 3 TVG. Da somit der Tarifvertrag gemäß § 4 Abs. 5 TVG „abgelaufen" ist, tritt zu diesem Zeitpunkt die Nachwirkung ein. Dies gilt auch für den Fall einer außerordentlichen Kündigung.[988] Obwohl die Nachwirkung nach § 4 Abs. 5 TVG in der zeitlichen Abfolge erst nach der Nachbindung gemäß § 3 Abs. 3 TVG eintritt, wird sie im Rahmen der vorliegenden Untersuchung bereits an dieser Stelle vor der Nachbindung behandelt, da sie die tarifrechtliche Folge auf die Beendigung des Tarifvertrags darstellt. Die Nachbindung wird dann im nachfolgenden Gliederungspunkt betrachtet.

Die Nachwirkung stellt eine Reaktion auf die Unzulänglichkeiten des Tarifrechts in der Weimarer Republik dar[989] und soll zweierlei sicherstellen: zum einen dient sie dem Interesse der Arbeitsvertragsparteien, indem das Arbeitsverhältnis nach dem Ende des Tarifvertrags nicht inhaltsleer wird. In Hinblick auf die Tarifautonomie ermöglicht sie es den Tarifparteien zum anderen, Verhandlungen über eine neue Regelung ohne Zeitdruck führen zu können.[990] Da somit das bloße „Auslaufenlassen" oder die Kündigung eines Tarifvertrags nicht ausreicht, um die Bindung an die Tarifbestimmungen zu beenden, stellt

---

985 Vgl. *Handelsblatt Online* vom 24.01.2013, abrufbar unter http://www.handelsblatt.com/politik/deutschland/tarifvertraege-gekuendigt-verdi-empoert-ueber-einzelhandelsverband/7684790.html [zuletzt geprüft: 12.12.2014].

986 *Ohl,* WSI Mitt. 2009, 627, 629.

987 *Völkl,* Ind. Beziehungen 1998, 165, 169.

988 Däubler, TVG-*Deinert,* § 4 Rn. 149 ff.; Kempen/Zachert-*Stein,* § 4 TVG Rn. 183; MünchArbR-*Rieble/Klumpp,* § 181 Rn. 19; für eine teleologische Reduktion des § 4 Abs. 5 TVG dagegen *Belling,* NZA 1996, 906, 911.

989 *Gamillscheg,* Koll. ArbR I, 1997, S. 873.

990 *Waas,* FS Kempen, 2013, S. 38, 56.

die Nachwirkung ein wichtiges Instrument für das Tarifsystem und auch die Bindungsfähigkeit der Verbände dar, da zumindest Tarifflucht aus kurzfristigen Erwägungen erschwert wird. Auch endet mit Beginn der Nachwirkung die Friedenspflicht, da der schuldrechtliche Teil des Tarifvertrags nicht von der Nachwirkung erfasst wird.[991]

Die Bindungswirkung nach § 4 Abs. 5 TVG ist allerdings deutlich schwächer als die Bindung nach § 3 Abs. 1 oder Abs. 3 TVG, da keine zwingende Wirkung mehr gegeben ist. Sie endet, wenn sie „durch eine andere Abmachung" ersetzt wird (§ 4 Abs. 5 TVG), wobei „Abmachung" dabei weit gefasst zu verstehen ist und auch eine arbeitsvertragliche Regelung umfasst.[992] Keine abweichende Abmachung stellt dagegen eine Regelungsabrede mit dem Betriebsrat dar, hier mangelt es schon an der unmittelbaren Wirkung auf das Arbeitsverhältnis.[993] Da die Tarifnormen lediglich statisch nachwirken,[994] besteht zumindest mittelfristig auch ein Interesse der Arbeitnehmer, zu einer neuen Regelung zu kommen. Zudem ist u.U. eine Änderungskündigung möglich, sofern die Voraussetzungen dafür gegeben sind.[995] Keine ausreichende Begründung für eine Änderungskündigung stellt die Intention des Arbeitgebers dar, die Arbeitsbedingungen der Arbeitnehmer anzugleichen.[996] Darüber hinaus ist ein einseitiges Handeln des Arbeitgebers zur Beendigung der Nachwirkung ausgeschlossen.[997] Dafür wird die Beendigung der Nachwirkung aber durch eine sogenannte „Vorratsabrede" diskutiert, durch die bereits zu einem unbestimmten Zeitpunkt vor Eintritt der Nachwirkung, bspw. bereits bei Abschluss des Arbeitsvertrags, ihre automatische Beendigung vereinbart wird. Das BAG hält eine solche Vereinbarung unter bestimmten Umständen für wirksam, da die untertarifliche Vereinbarung

---

991 BAG, 24.04.2007 – 1 AZR 252/06, JA 2008, 543 (mit zust. Anm. Krause) (= AP Nr. 2 zu § 1 TVG Sozialplan); Däubler, TVG-*Deinert,* § 4 Rn. 175; Kempen/Zachert-*Seifert,* § 1 TVG Rn. 921; JKOS-*Krause,* § 4 Rn. 151.

992 Vgl. nur Schaub, Hdb. ArbR-*Treber,* § 208 Rn. 20; BeckOK ArbR-*Giesen,* § 4 TVG Rn. 66; Kittner/Zwanziger/Deinert-*Deinert,* § 8 Rn. 253; anders war noch in Rheinland-Pfalz vor Inkrafttreten des TVG 1953 die Ablösung tarifvertraglichen Normen ausschließlich durch Abschluss eines neuen Tarifvertrags oder einer Betriebsvereinbarung möglich, vgl. *Scheerer,* AuR 1953, 144, 145.

993 LAG Schleswig-Holstein, 12.05.2005 – 3 Sa 105/05, NZA-RR 2005, 426, 427.

994 *Löwisch/Rieble,* § 4 Rn. 704.

995 JKOS-*Oetker,* § 8 Rn. 57; einschränkend Kempen/Zachert-*Kempen,* § 4 TVG Rn. 762.

996 KDZ-*Zwanziger,* § 2 Rn. 176.

997 Däubler, TVG-*Bepler,* § 4 Rn. 817; *Deinert,* GS Zachert, 2010, S. 521, 529; dazu auch *Gaul/Janz,* NZA-Beilage 2/2010, 60, 66.

während der Laufzeit des Tarifvertrages nur verdrängt sei.[998] Allerdings müsse sie sich auf die konkret bevorstehende Nachwirkung beziehen und ausdrücklich darauf gerichtet sein, die Rechtsfolgen der Nachwirkung zu verhindern.[999] Durch die vom BAG verlangte zeitliche Nähe zum Eintritt der Nachwirkung werden die negativen Auswirkungen der Vorratsabrede auf die Tarifbindung abgemildert, da die Folgen der Abrede für den einzelnen Arbeitnehmer eher absehbar sind, auf deren Zustimmung der Arbeitgeber aber angewiesen ist. Dennoch wird die Tariflosigkeit für den Arbeitgeber kalkulierbarer und damit attraktiver.[1000]

Hinzu kommt, dass es nach Ansicht des BAG Voraussetzung für die Nachwirkung nach § 4 Abs. 5 TVG ist, dass der Tarifvertrag zuvor normativ auf das Arbeitsverhältnis gewirkt hat. Dementsprechend wäre sie auch nur auf Arbeitnehmer anwendbar, die bei Beendigung des Tarifvertrags beim betreffenden Arbeitgeber beschäftigt waren, neu Hinzugetretene kämen nicht in ihren Genuss,[1001] auch ein rückwirkender Beitritt zu einer Gewerkschaft wäre tarifrechtlich ohne Wirkung.[1002] Der Wortlaut lässt aber auch die gegenteilige Auffassung zu, der immerhin von weiter geltenden Rechtsnormen spricht, weshalb sich

---

998 BAG, 23.02.2005 – 4 AZR 186/04, NZA 1997, 282 (= AP Nr. 42 zu § 4 TVG Nachwirkung); BAG, 12.12.2007 – 4 AZR 998/06, NZA 2008, 649 (= AP Nr. 29 zu § 4 TVG (Anm. Deinert)); grundsätzlich kritisch aufgrund des Wortlauts des § 4 Abs. 5 TVG und v.a. aufgrund des durch die Nachwirkung vermittelten Vertragsinhaltsschutzes *Deinert*, GS Zachert, 2010, S. 521, 530; *ders.*, Anmerkung zu BAG, 29.08.2007 - 4 AZR 767/06, AP Nr. 29 zu § 4 TVG; Däubler, TVG-*Bepler*, § 4 Rn. 908; *Schaub*, FS Hromadka, 2008, S. 339, 343 f.; a.A. JKOS-*Oetker*, § 8 Rn. 64.

999 BAG, 22.10.2008 – 4 AZR 789/07, NZA 2009, 265 (= AP Nr. 37 zu § 4 TVG Tarifkonkurrenz); BAG, 06.07.2011 – 4 AZR 424/09, NZA 2012, 281, 285 (= AP Nr. 51 zu § 3 TVG).

1000 *Deinert* forderte folgerichtig auf dem 70. Deutschen Juristentag eine ausdrückliche gesetzliche Klarstellung, dass eine entsprechende Vereinbarung erst nach Ablauf eines Tarifvertrags getroffen werden darf, bzw. eine vorher getroffene Vereinbarung einer Bestätigung nach Ablauf des Tarifvertrags bedarf und insbesondere eine Belehrung des Arbeitnehmers über den Verlust seiner Rechte erfolgen muss, vgl. Deutscher Juristentag, Thesen der Gutachter und Referenten, 2014, S. 18, These 7.

1001 St. Rspr. BVerwG, 06.06.1958 – VII CB 187.57, NJW 1958, 1794 (= AP Nr. 6 zu § 5 TVG (m. Anm. Tophoven)); zust. *Jacobs*, Tarifeinheit und Tarifkonkurrenz, 1999 (zugl. Mainz, Univ., Diss. 1998), S. 139; *Bauer*, FS Schaub, 1998, S. 19, 26 f.; *Löwisch/Rieble*, § 4 Rn. 708 a.A. Kempen/Zachert-*Kempen*, § 4 TVG Rn. 722 f.; Wiedemann-*Wank*, § 4 Rn. 330 ff.; Däubler, TVG-*Bepler*, § 4 Rn. 814 ff.; *Gamillscheg*, Koll. ArbR I, 1997, S. 880.

1002 BAG, 22.11.2000 – 4 AZR 688/99, NZA 2001, 980, 981.

auch beide Ansichten auf diesen stützen.[1003] Die Auffassung des BAG, der sich ein Teil der Literatur anschließt, verkürzt aber den Zweck der Nachwirkung de facto auf den Vertragsinhaltsschutz. Geboten ist dagegen eine weite Auslegung des § 4 Abs. 5 TVG, der auch seine Ordnungs- bzw. Überbrückungsfunktion zur Geltung bringt. Die tarifliche Ordnung soll so lange aufrechterhalten werden, bis sie durch eine andere Abmachung ersetzt wird.[1004] Es leuchtet nicht ein, weshalb ein Tarifvertrag, der für einen Arbeitgeber ausdrücklich Geltung entfaltet, auf ein Arbeitsverhältnis mit einem Gewerkschaftsmitglied nicht wirken soll, weil es erst nach Beendigung des Tarifvertrags eingestellt worden ist, während er auf das bereits zuvor eingestellte Gewerkschaftsmitglied sehr wohl Anwendung findet. Vielmehr erleichtert die bestehende Rechtsprechung gerade in Branchen mit hoher Fluktuation die Tarifflucht und schränkt die Überbrückungsfunktion der Nachwirkung erheblich ein.

Im Falle der Außenseitererstreckung soll die Nachwirkung nur eintreten, wenn diese durch § 5 Abs. 1 TVG erfolgt ist,[1005] nicht dagegen wenn ein Tarifvertrag nach §§ 7 Abs. 1, 7a Abs. 1 AEntG (bzw. § 1 Abs. 3 a AEntG a.F.) als Mindestlohntarifvertrag erstreckt worden ist.[1006] Da die Nachwirkung ebenfalls unmittelbar, wenn auch nur dispositiv wirkt, sind auch nachwirkende Tarifnormen als Rechtsnormen i.S.d. § 613a Abs. 1 S. 2 BGB im Falle eines Betriebsübergangs zu beachten.[1007]

Teilweise werden verfassungsrechtliche Bedenken vor allem in Hinblick auf die negative Koalitionsfreiheit geltend gemacht, insbesondere in Fällen eines Verbandsaustritts.[1008] In diesem Zusammenhang wird von manchen Autoren eine zeitliche Begrenzung der Nachwirkung gefordert.[1009] Das BVerfG verneint aber bereits das Vorliegen eines Eingriffs in die negative Koalitionsfreiheit, da von der

1003 Vgl. etwa *Löwisch/Rieble,* § 4 Rn. 708 bzw. Kempen/Zachert-*Kempen,* § 4 TVG Rn. 722; Wiedemann-*Wank,* § 4 Rn. 329.

1004 Ähnlich *Gamillscheg,* Koll. ArbR I, 1997, S. 880; Kempen/Zachert-*Kempen,* § 4 TVG Rn. 723.

1005 BVerfG, 03.07.2000 – 1 BvR 945/00, NZA 2000, 947, 948 (= AP Nr. 36 zu § 4 TVG Nachwirkung); zust. Schaub, Hdb. ArbR-*Treber,* § 208 Rn. 20; a.A. *Sittard,* NZA 2012, 299, 303.

1006 BAG, 20.04.2011 – 4 AZR 467/09, NZA 2011, 1105; i.E. zust. *Sittard,* NZA 2012, 299, 300 ff.

1007 Schaub, Hdb. ArbR-*Treber,* § 208 Rn. 22.

1008 Bspw. *Reuter,* RdA 1996, 201, 208.

1009 Etwa *Giesen* auf dem 70. Deutschen Juristentag, vgl. Deutscher Juristentag, Thesen der Gutachter und Referenten, 2014, S. 20, These 8; Sachverständigenrat, Jahresgutachten 2002/03, 2002, S. 262; *Hartmann,* Negative Tarifvertragsfreiheit, 2014 (zugl. Heidelberg, Univ., Habil. 2012), S. 152; *Lobinger,* JZ 2013, 915 ff.

Nachwirkung kein verfassungsrechtlich erheblicher Druck ausgehe, nicht aus einem Arbeitgeberverband auszutreten oder einem Verband wieder beizutreten.[1010] Es verweist zudem darauf, dass neue Tarifverträge des Verbandes keine Geltung für den betreffenden Arbeitgeber entfalteten und die nachwirkenden Regelungen durch eine neue individual- oder kollektivvertragliche Abrede abgelöst werden könnten.[1011] Mit derselben Begründung verneint das BAG auch die Notwendigkeit, die Nachwirkung zeitlich zu begrenzen.[1012] Selbst wenn man eine mittelbare Betroffenheit der Koalitionsfreiheit annähme, wäre sie – so das BVerfG – gerechtfertigt.[1013] Ein Bedürfnis für eine Begrenzung ist damit nicht ersichtlich, zumal eine solche auch dem eingangs dargestellten Regelungszweck, insbesondere der Vermeidung eines inhaltsleeren Arbeitsverhältnisses, zuwider liefe.[1014]

2. Verbandsaustritt und Wechsel der Mitgliedschaftsform

Bereits angesprochen wurde der Zusammenhang von Tarifflucht und Verbandsflucht, der auf die enge Anknüpfung der Tarifbindung an die Verbandsmitgliedschaft zurückzuführen ist (§ 3 Abs. 1 TVG). Es gehört zum Kern der Koalitionsfreiheit, dass der Beitritt zu einer Koalition freiwillig erfolgen muss, genauso freiwillig kann die Koalition auch wieder verlassen werden. Dies ist zunächst ausschließlich eine Entscheidung des jeweiligen Arbeitgebers. Aufgrund der Auswirkungen, die Verbandsaustritte sowohl auf die Stabilität der Verbände wie auch die Tarifautonomie haben, stellt sich die Frage, inwiefern einerseits die Verbände selbst Austritte beschränken können und wie andererseits das Tarifrecht auf Verbandsaustritte reagiert. Dabei kann i.d.R. die rechtliche Beurteilung von Verbandsaustritten auch auf den Wechsel in die OT-Mitgliedschaft oder den Verbandsausschluss übertragen werden.[1015] Der sprachlichen Verständlichkeit

---

1010 BVerfG, 24.05.1977 - 2 BvL 11/74, BVerfGE 44, 322 (= AP Nr. 15 zu § 5 TVG); a.A. *Sittard,* NZA 2012, 299, 302.

1011 Vgl. BVerfG, 03.07.2000 - 1 BvR 945/00, NZA 2000, 947, 948 (= AP Nr. 36 zu § 4 TVG Nachwirkung); vgl. auch BVerfG, 24.05.1977 - 2 BvL 11/74, BVerfGE 44, 322, 352 (= AP Nr. 15 zu § 5 TVG).

1012 BAG, 15.10.2003 - 4 AZR 573/02, AP Nr. 41 zu § 4 TVG Nachwirkung (m. krit. Anm. Klebeck).

1013 Vgl. BVerfG, 03.07.2000 - 1 BvR 945/00, NZA 2000, 947, 948 (= AP Nr. 36 zu § 4 TVG Nachwirkung).

1014 Kempen/Zachert-*Kempen,* § 4 TVG Rn. 752; *Walser,* WSI Mitt. 2013, 491, 496.

1015 Statt aller *Löwisch/Rieble,* § 3 Rn. 132; vgl. bspw. den Ausschluss des Landes Berlin 1994 aus den Verbänden VKA und TdL wegen satzungswidriger übertariflicher Bezahlung; dazu *Bochmann,* ZTR 2011, 459 ff.

halber wird im Nachfolgenden ausschließlich die Bezeichnung „Verbandsaustritt“ verwendet, die jedoch in diesem Kontext stellvertretend auch für den Wechsel der Mitgliedschaftsform steht, da die Problemlagen dieselben sind.[1016]

a) Zulässigkeit und Vollzug

(1) Höchst-Austrittsfristen oder Wechselfristen

Die Drohung mit möglichen kurzfristigen Verbandsaustritten wichtiger Mitglieder können durch Arbeitgeberverbände in Tarifverhandlungen zum einen als Druckmittel gegenüber den Gewerkschaften eingesetzt werden, wie unten im Zusammenhang mit dem „Blitzaustritt“ noch zu besprechen sein wird.[1017] Zum anderen können sich solche Austritte für Arbeitgeberverbände im Zuge von Tarifverhandlungen auch als kritisch erweisen, da sie den Verband als Tarifpartner unattraktiv machen und so seine Verhandlungsposition und Einflussmöglichkeiten langfristig potentiell schwächen.[1018] Grundsätzlich gilt, dass je länger die Austrittsfristen sind, desto größer ist auch die Kontrolle des Verbandes über seine Mitglieder.[1019] Zunächst stellt sich daher die Frage, welche Grenzen für eine satzungsmäßige Beschränkung eines Austrittsrechts für die Arbeitgeberverbände bestehen.

Für den Verbandsaustritt sind nach allgemeiner Auffassung die vereinsrechtlichen Grundsätze anzuwenden.[1020] Dementsprechend muss nach § 39 Abs. 1 BGB ein Austritt grundsätzlich möglich sein, kann allerdings im Rahmen von § 39 Abs. 2 BGB beschränkt werden. Nach § 58 Nr. 1 BGB soll die Satzung sogar eine Vorschrift über den Austritt umfassen.[1021] Der dauerhafte Ausschluss der Möglichkeit zum Verbandsaustritt würde gegen die individuelle Koalitionsfreiheit aus Art. 9 Abs. 3 S. 1 GG des Arbeitgebers verstoßen, vor allem auch gegen dessen Betätigungsfreiheit.[1022] Auch mittels Tarifvertrag, schuldrechtlicher Vereinbarung

---

1016 Zur Vergleichbarkeit mit der Außenseiterstellung auch *Reichel,* Die Einbeziehung des Außenseiter-Arbeitgebers in den Verbandsarbeitskampf, 2008 (zugl. Göttingen, Univ., Diss. 2007), S. 19 ff.

1017 Dazu unten, S. 179 ff.

1018 *Behrens,* Das Paradox der Arbeitgeberverbände, 2011 (zugl. Göttingen, Univ., Habil. 2010), S. 214 ff.

1019 *van Waarden,* in: Crouch/Traxler, Organized industrial relations in Europe, 1995, S. 45, 92.

1020 Statt aller *Gamillscheg,* Koll. ArbR I, 1997, S. 444 f.

1021 Dazu Staudinger-*Weick,* § 39 BGB Rn. 1.

1022 BAG, 10.12.2002 – 1 AZR 96/02, NZA 2003, 734, 737 (= AP Nr. 162 zu Art. 9 GG Arbeitskampf); BAG, 19.09.2006 – 1 ABR 2/06, NZA 2007, 277 (= AP Nr. 22 zu § 3 TVG Verbandszugehörigkeit).

oder Betriebsvereinbarung kann der Verbandsaustritt nicht ausgeschlossen werden, hierauf gerichtete Abreden sind nichtig.[1023] Zwar lässt § 39 Abs. 2 Hs. 2 BGB Kündigungsfristen von bis zu zwei Jahren zu, in Bezug auf einen Gewerkschaftsaustritt hat die Rechtsprechung diesen Zeitraum allerdings in Hinblick auf die individuelle Koalitionsfreiheit der Arbeitnehmer und die überragende Machtstellung der Gewerkschaft gegenüber dem einzelnen Mitglied auf sechs Monate herabgesetzt.[1024]

Ob die Rechtsprechung zum Gewerkschaftsaustritt auch auf Arbeitgeberverbände übertragen werden kann, ist allerdings umstritten.[1025] Das BAG hat die Entscheidung hierüber bislang explizit offen gelassen.[1026] Der BGH hat sich nun unlängst allerdings für eine solche Übertragbarkeit ausgesprochen.[1027] Infrage stand eine Satzungsbestimmung, die den Austritt zum Ende des auf die Kündigungserklärung folgenden Jahres wirksam werden ließ. Im Extremfall konnte die Kündigungsfrist damit fast zwei Jahre betragen. Obwohl sich diese Frist an den Rahmen des § 39 Abs. 2 Hs. 2 BGB hielt, sah der BGH hierin eine Verletzung der individuellen Koalitionsfreiheit aus Art. 9 Abs. 3 GG. Er nahm dabei ausdrücklich Bezug auf seine Rechtsprechung zum Gewerkschaftsaustritt.[1028]

Dies wird der Sache allerdings nicht gerecht. Der BGH hat in seinen Entscheidungen zum Gewerkschaftsaustritt darauf hingewiesen, dass die individuelle Koalitionsfreiheit des Mitglieds in ein ausgewogenes Verhältnis zu den Rechten der Koalition gesetzt werden müsse, dabei dürfe der Austritt aber „nicht unangemessen erschwert" werden.[1029] Zudem hat er auf die Schwierigkeit

---

1023 BAG, 19.09.2006 – 1 ABR 2/06, NZA 2007, 277 (= AP Nr. 22 zu § 3 TVG Verbandszugehörigkeit).

1024 BGH, 04.07.1977 – II ZR 30/76, AP Nr. 25 zu Art. 9 GG (m. Anm. Grunsky) (= AuR 1978, 93); BGH, 22.09.1980 – II ZR 34/80, NJW 1981, 340 (= AP Nr. 33 zu Art. 9 GG); *Franzen,* FS Picker, 2010, S. 929, 931 f.

1025 Dafür *Löwisch/Rieble,* § 3 Rn. 123; *Däubler,* NZA 1996, 225, 226; *Reitze,* NZA 1999, 70, 71; a.A. Däubler, TVG-*Lorenz,* § 3 Rn. 47; *Oetker,* ZfA 1998, 41, 70; *Hinkers,* Rechte und Pflichten im Arbeitgeberverband, 2012 (zugl. Münster, Univ., Diss. 2011), S. 32.

1026 BAG, 01.12.2004 – 4 AZR 55/04, NZA 2005, 645, 646 (= AP Nr. 12 zu § 3 Verbandsaustritt); BAG, 19.09.2006 – 1 ABR 2/06, NZA 2007, 277 (= AP Nr. 22 zu § 3 TVG Verbandszugehörigkeit).

1027 BGH, 29.07.2014 – II ZR 243/13, NZA 2014, 1352, Rn. 22 ff. (= ZTR 2014, 704).

1028 BGH, 29.07.2014 – II ZR 243/13, NZA 2014, 1352, Rn. 24, 26 (= ZTR 2014, 704).

1029 BGH, 04.07.1977 – II ZR 30/76, AP Nr. 25 zu Art. 9 GG (m. Anm. Grunsky) (= AuR 1978, 93); BGH, 22.09.1980 – II ZR 34/80, NJW 1981, 340 (= AP Nr. 33 zu Art. 9 GG).

der Gewerkschaften in Bezug auf unerwartete Mitgliederentwicklungen verwiesen.[1030] Die Mitgliederentwicklung ist bei Arbeitgeberverbänden noch viel stärker von einzelnen Ein- und Austritten abhängig als bei Gewerkschaften. Letztere haben üblicherweise einen deutlich größeren Mitgliederbestand und eine in sich (relativ) homogene Mitgliederstruktur[1031], während gerade kleinere Arbeitgeberverbände häufig von wenigen finanz- und beitragsstarken Mitgliedern abhängen.[1032] Ihr Bestandsinteresse ist insofern zu berücksichtigen.[1033] Insbesondere kann aber der zentrale dogmatische Ansatzpunkt, der vor allem in der überragenden Machtstellung der Gewerkschaften gegenüber dem Mitglied liegt,[1034] nicht einfach auf Arbeitgeber übertragen werden. Wie bereits oben dargelegt, haben Arbeitgeber im Gegensatz zu Gewerkschaftsmitgliedern i.d.R. Handlungsoptionen in der Regelung der Arbeits- und Wirtschaftsbedingungen, die dem einzelnen Arbeitnehmer nicht zur Verfügung stehen. Selbst eine eigene Tarifpolitik ist ihnen aufgrund von § 2 Abs. 1 TVG möglich. Zudem ist die Funktionsfähigkeit der Tarifautonomie, wie bereits dargelegt, sehr viel stärker vom Mitgliederbestand der Arbeitgeberverbände abhängig, als es bei den Gewerkschaften der Fall ist.[1035]

Es spricht daher viel dafür, die Rechtsprechung zu den Gewerkschaften nicht einfach zu übertragen.[1036] In der Literatur werden dann auch Höchstfristen

---

1030 BGH, 04.07.1977 – II ZR 30/76, AP Nr. 25 zu Art. 9 GG (m. Anm. Grunsky) (= AuR 1978, 93).

1031 Dass dies nur eingeschränkt gelten kann, belegt die zunehmende Ausdifferenzierung der Gewerkschaftslandschaft durch sog. Spartengewerkschaften.

1032 Dies erkennt im Prinzip auch der BGH an, vgl. BGH, 29.07.2014 – II ZR 243/13, NZA 2014, 1352, Rn. 27 (= ZTR 2014, 704), der dann jedoch die Unterscheidung angesichts einer höheren Mitgliederfluktuation bei den Gewerkschaften relativiert.

1033 BAG, 18.05.2011 – 4 AZR 457/09, AP Nr. 15 zu § 3 TVG Verbandsaustritt; LAG Düsseldorf, 13.02.1996 – 16 (6) Sa 1457/95, NZA-RR 1996, 340, 341; Däubler, TVG-*Lorenz,* § 3 Rn. 45.

1034 MünchKommBGB-*Reuter,* § 39 Rn. 8.

1035 LAG Saarland, 21.04.2004 – 2 Sa 110/03, juris, Rn. 74 f., das eine Kündigungsfrist von sechs Monaten zum Ende des Kalenderjahres für gerechtfertigt hält; ErfK-*Linsenmaier,* Art. 9 GG Rn. 38; *Oetker,* ZfA 1998, 41, 70 f.; a.A. Staudinger-*Weick,* § 39 BGB Rn. 2; Däubler, TVG-*Lorenz,* § 3 Rn. 45, der den Schutz bereits durch § 3 Abs. 3 TVG gewahrt sieht.

1036 So auch ErfK-*Linsenmaier,* Art. 9 GG Rn. 38.

zwischen drei[1037] und sechs Monaten[1038] bis hin zu einem Jahr diskutiert.[1039] In der Praxis sehen Satzungen der Verbände i.d.R. Austrittsfristen von sechs Monaten und einem Jahr vor.[1040] Angesichts der oben dargelegten Überlegungen, insbesondere dem aus Art. 9 Abs. 3 GG ableitbaren Bestandsinteresse der Arbeitgeberverbände, stoßen Austrittfristen von einem Jahr abweichend zur BGH-Rechtsprechung auf keine Bedenken. Sehen Verbände zu lange Fristen vor, sind diese im Umfang des mit Art. 9 Abs. 3 GG vereinbaren Rahmens aufrecht zu erhalten, wobei Art. 9 Abs. 3 S. 2 BGB ein gesetzliches Verbot i.S.d. § 134 BGB darstellt.[1041]

Über die Fristen hinaus darf der Austritt allerdings nicht durch Austrittsgebühren, eine besondere Begründung für den Austritt, übermäßige Formvorschriften oder dergleichen erschwert werden, dem stünde Art. 9 Abs. 3 GG entgegen.[1042]

Den Verbänden wird damit durch die Rechtsordnung ein Mittel zur Verfügung gestellt, durch das sie zumindest den kurzfristigen und impulsiven Verbandsaustritt vermeiden können. Ob sie dieses für geboten halten, bleibt aber ihnen überlassen.

(2) Mindest-Austrittsfristen

Mindestfristen stellen in der Praxis – insbesondere im Zuge von Tarifverhandlungen – dann auch ein größeres Problem als Höchstfristen dar.[1043] Grundsätzlich liegen kürzere Austrittsfristen in der Satzungsautonomie der Verbände (§ 39 Abs. 1 BGB). Vor allem wenn die Satzung dies vorsieht, kann der

---

1037 *Mann,* Zeitliche Austrittsbeschränkungen, 1995 (zugl. FU Berlin, Univ., Diss. 1995), S. 95.

1038 LAG Düsseldorf, 13.02.1996 – 16 (6) Sa 1457/95, NZA-RR 1996, 340, 341; *Reitze,* NZA 1999, 70, 72 f.; *Löwisch/Rieble,* § 3 Rn. 123.

1039 *Oetker,* ZfA 1998, 41, 72, der unter besonderen Umständen auch noch längere Fristen für gerechtfertigt hält; *Hinkers,* Rechte und Pflichten im Arbeitgeberverband, 2012 (zugl. Münster, Univ., Diss. 2011), S. 46 f. sieht die zulässige Höchstfrist dagegen zwischen sechs Monaten und einem Jahr; für ein Jahr Däubler, TVG-*Lorenz,* § 3 Rn. 47; MünchKommBGB-*Reuter,* § 39 Rn. 9.

1040 *Behrens,* Das Paradox der Arbeitgeberverbände, 2011 (zugl. Göttingen, Univ., Habil. 2010), S. 147.

1041 BGH, 29.07.2014 – II ZR 243/13, NZA 2014, 1352, Rn. 32 (= ZTR 2014, 704); auf § 140 BGB abstellend u.a. Däubler, TVG-*Lorenz,* § 3 Rn. 47; *Reitze,* NZA 1999, 70, 73 zur geltungserhaltenden Reduktion.

1042 *Löwisch/Rieble,* § 3 Rn. 129; Däubler, TVG-*Lorenz,* § 3 Rn. 45.

1043 *Behrens,* Das Paradox der Arbeitgeberverbände, 2011 (zugl. Göttingen, Univ., Habil. 2010), S. 147.

Vorstand auch ganz auf eine Austrittsfrist verzichten oder diese verkürzen.[1044] Daher ist die sofortige Beendigung der Mitgliedschaft durch Aufhebungsvertrag aus vereinsrechtlicher Warte nicht zu beanstanden (vgl. auch § 26 Abs. 2 S. 2 BGB).[1045] Eine Verletzung der kollektiven Koalitionsfreiheit des Verbandes kann schwerlich angenommen werden, da er die Rechtsfolge selbst herbeigeführt hat. Der Verband bleibt über § 181 BGB vor dem eigennützigen Handeln seiner Mitglieder geschützt.[1046] Zu beachten sind im Fall des kurzfristigen Austritts allerdings die Grundsätze zum „Blitzaustritt".[1047] Ein rückwirkender Austritt ist zwar vereinsrechtlich möglich, tarifrechtlich aber unwirksam, ansonsten würde er doch die Wirkung von § 3 Abs. 3 TVG ins Leere laufen lassen.[1048]

Da die Mitgliedschaft gemeinhin als Dauerschuldverhältnis betrachtet wird, muss dieses im Einzelfall nach § 314 BGB auch ohne Einhaltung der Kündigungsfrist beendbar sein, wenn hierfür ein wichtiger Grund vorliegt.[1049] Grundsätzlich muss dann aber die Fortsetzung der Mitgliedschaft bis zum regulären Ende der Kündigungsfrist eine unerträgliche und unzumutbare Belastung für den Arbeitgeber darstellen.[1050] Das ArbG Berlin hält dabei die schwierige finanzielle Situation eines Arbeitgebers (in dem Fall das Land Berlin) für keinen wichtigen Grund, der einen kurzfristigen Austritt rechtfertigen würde.[1051] Auch ein aus Sicht des Unternehmens ungünstiger Tarifvertrag kann dementsprechend nicht ausreichend sein.[1052] Die außerordentliche Kündigung würde ohnehin nicht zur unmittelbaren Beendigung der Tarifbindung führen, vielmehr tritt

---

1044 BAG, 20.02.2008 – 4 AZR 64/07, NZA 2008, 946 (= AP Nr. 134 zu Art. 9 GG); ebenso Wiedemann-*Oetker,* § 3 Rn. 55; Staudinger-*Weick,* § 39 BGB Rn. 2; grds. auch ohne Satzungsbestimmung: *Franzen,* FS Picker, 2010, S. 929, 932; *Besgen,* SAE 2007, 293, 294; a.A. *Plander,* NZA 2005, 897, 899.

1045 BAG, 20.02.2008 – 4 AZR 64/07, NZA 2008, 946, 947 f. (= AP Nr. 134 zu Art. 9 GG).

1046 Vgl. *Franzen,* FS Picker, 2010, S. 929, 932.

1047 Dazu unten, S. 179 ff.

1048 Wiedemann-*Oetker,* § 3 Rn. 55; *Plander,* NZA 2005, 897, 902; Däubler, TVG-*Lorenz,* § 3 Rn. 52.

1049 *Löwisch/Rieble,* § 3 Rn. 139; Däubler, TVG-*Lorenz,* § 3 Rn. 45.

1050 Staudinger-*Weick,* § 39 BGB Rn. 4; JKOS-*Oetker,* § 6 Rn. 49; MünchKommBGB-*Reuter,* § 39 Rn. 11.

1051 ArbG Berlin, 08.05.2003 – 96 Ca 5296/03, DB 2003, 1518.

1052 Vgl. Kempen/Zachert-*Kempen,* § 3 TVG Rn. 21; a.A. *Löwisch/Rieble,* § 3 Rn. 141; einschränkend *Franzen,* FS Picker, 2010, S. 929, 932, der auf die Anwendung des Tarifvertrags abstellt.

in diesem Fall die Nachbindung nach § 3 Abs. 3 TVG ein.[1053] Hier bestünde vielmehr die Gefahr, dass Tarifverhandlungen nur noch unter dem Vorbehalt geführt werden könnten, dass die Mitglieder des Arbeitgeberverbandes im Nachgang der Verhandlungen von diesem Sonderkündigungsrecht Gebrauch machen und so die Tarifbindung vermeiden könnten, was dem Zweck des § 3 Abs. 3 TVG entgegensteht.[1054]

(3) Wechsel in die OT-Mitgliedschaft oder einen OT-Verband

Die Prämisse, dass Verbände ein Interesse an möglichst langen Austrittsfristen haben, um die Mitglieder an sich zu binden und die strukturelle und finanzielle Stabilität des Verbandes zu gewährleisten, gilt seit der Einführung von OT-Mitgliedschaften und OT-Verbänden nicht mehr uneingeschränkt. Denn der Wechsel eines Arbeitgebers in die OT-Mitgliedschaft oder in einen OT-Verband hat meist keine finanziellen Auswirkungen für den Verband und auch die ideelle Verbindung zum vormaligen T-Mitglied bleibt bestehen. Auf der anderen Seite hat der tarifunwillige Arbeitgeber den Vorteil, von den Verbandsstrukturen profitieren zu können, ohne der Tarifbindung unterworfen zu werden. Wie oben gezeigt, haben diese Modelle mittlerweile eine große Verbreitung gefunden.[1055] Daher sind nachfolgend die mit ihnen verknüpften tarifrechtlichen Konsequenzen nochmals genauer zu beleuchten. Dabei soll insbesondere vom so genannten Stufenmodell ausgegangen werden. Das Aufspaltungsmodell wirft nämlich in formalrechtlicher Hinsicht weniger Fragen auf, da hier bereits qua Definition tarifpolitisch aktive und tarifpolitisch inaktive Organisationen bestehen, wobei nur im jeweiligen Tarifverband bzw. der jeweiligen Tarifgemeinschaft auch Tarifbindung entstehen kann (§ 3 Abs. 1 TVG).

(a) Entwicklung der Rechtsprechung

Grundsätzlich sind unterschiedliche Mitgliedschaftsformen – wie ebenfalls bereits erwähnt – kein ganz neues Phänomen. Das BAG hat bereits in einem Urteil von 1962 Gastmitgliedschaften ohne Tarifbindung in einem tariffähigen

---

1053 *Däubler,* NZA 1996, 225, 226; Däubler, TVG-*Lorenz,* § 3 Rn. 54; a.A. *Löwisch/ Rieble,* § 3 Rn. 284; ErfK-*Franzen,* § 3 TVG Rn. 10; *Melot de Beauregard,* Mitgliedschaft in Arbeitgeberverbänden und Tarifbindung, 2002 (zugl. Würzburg, Univ., Diss 2002), S. 61 f.

1054 Ähnlich in Bezug auf die Austrittsmöglichkeit unmittelbar nach dem Tarifschluss: Däubler, TVG-*Lorenz,* § 3 Rn. 54.

1055 Dazu oben, S. 69 ff.

Arbeitgeberverband für zulässig erklärt.[1056] Es betont dabei insbesondere die Freiwilligkeit zum Verbandsbeitritt sowie die Freiheit der Satzungsgestaltung und knüpft – nach vereinsrechtlichen Grundsätzen – die Tarifbindung an den mitgliedschaftlichen Status. Wenn die mit einer Mitgliedschaft verbundenen wesentlichen Mitgliedschaftsrechte wie das Stimmrecht in der Mitgliederversammlung oder das aktive und passive Wahlrecht zu den Vereinsorganen nicht bestünden, könne die Tarifbindung ausgeschlossen werden.[1057] Auf der anderen Seite darf sich ein Verband in Bezug auf das Gastmitglied aber nicht wie ein Arbeitgeberverband verhalten, so kommt den Verbandvertretern bspw. für das Gastmitglied keine Postulationsfähigkeit nach § 11 Abs. 2 ArbGG zu, selbst wenn die Satzung ein Vertretungsrecht vorsieht.[1058]

OT-Mitgliedschaftsformen unterscheiden sich von den Gastmitgliedschaften dadurch, dass OT-Mitglieder üblicherweise die vollen Mitgliedschaftsrechte im Verband erhalten und insbesondere weiterhin von den Verbandsdienstleistungen profitieren können.[1059] Trotzdem setzt sich die Argumentationslinie des BAG zur Gastmitgliedschaft im Wesentlichen auch hinsichtlich der Zulässigkeit der OT-Mitgliedschaften fort.[1060] Zur Zulässigkeit des Stufenmodells führte der 1. Senat des BAG aus: „Die Möglichkeit, im Wege eines abgestuften Modells neben einer Vollmitgliedschaft oder einer reinen Gastmitgliedschaft auch eine Mitgliedschaft ohne Tarifbindung vorzusehen, folgt im Grundsatz aus der Verbandsautonomie und der Koalitionsfreiheit. [...] Die Tarifbindung der Mitglieder der tarifschließenden Verbände beruht auf deren freiwilligen Eintritt in den

---

1056 St. Rspr. BAG, 16.02.1962 – 1 AZR 167/61, AP Nr. 12 zu § 3 TVG Verbandszugehörigkeit (= BAGE 12, 285); best. BAG, 20.02.1986 – 6 AZR 236/84, AP Nr. 8 zu § 11 ArbGG 1979 Prozeßvertreter (= BAGE 51, 163); BAG, 26.08.2009 – 4 AZR 285/08, NZA 2010, 230 (= AP Nr. 45 zu § 3 TVG).

1057 BAG, 16.02.1962 – 1 AZR 167/61, AP Nr. 12 zu § 3 TVG Verbandszugehörigkeit (= BAGE 12, 285).

1058 BAG, 20.02.1986 – 6 AZR 236/84, AP Nr. 8 zu § 11 ArbGG 1979 Prozeßvertreter (= BAGE 51, 163); BAG, 16.02.1962 – 1 AZR 167/61, AP Nr. 12 zu § 3 TVG Verbandszugehörigkeit (= BAGE 12, 285); Däubler, TVG-*Peter*, § 2 Rn. 126.

1059 Vgl. BAG, 04.06.2008 – 4 AZR 316/07, AP Nr. 37 zu § 3 TVG; die Terminologie wird allerdings in der Praxis nicht immer eindeutig angewendet, so kommen teilweise auch Gastmitgliedern Informations- und Beratungsrechte zu, vgl. etwa BAG, 25.09.2002 – 4 AZR 294/01, NZA 2003, 807 (= AP Nr. 26 zu § 1 TVG Bezugnahme auf Tarifvertrag).

1060 BAG, 18.07.2006 – 1 ABR 36/05, NZA 2006, 1225 (= AP Nr. 19 zu § 2 TVG Tarifzuständigkeit); ähnlich der 4. Senat: BAG, 04.06.2008 – 4 AZR 316/07, AP Nr. 37 zu § 3 TVG.

Verband und darauf, dass der Tarifabschluss auch durch einen Beschluss der Mitgliederversammlung oder einen Willensakt des durch Satzung oder konkreten Mitgliederbeschluss dazu ermächtigten Vereinsorgans erfolgt".[1061]

Während der 4. Senat des BAG in seiner ersten Entscheidung zu den OT-Mitgliedschaften vom 23. Oktober 1996 diese – wie oben bereits erwähnt – noch als Problem der personellen Zuständigkeit behandelt hat, vollzog der 1. Senat den in der Literatur bereits geforderten Wechsel in der Beurteilung hin zur Frage der Tarifgebundenheit.[1062] Er argumentierte, dass, die Tarifzuständigkeit mittels Satzungsbestimmung vom Ein- und Austritt einzelner Mitglieder abhängig zu machen, den Erfordernissen eines funktionierenden Tarifvertragssystems nicht gerecht würde.[1063]

Konkrete Kriterien für die Zulässigkeit setzte der Senat in dieser Entscheidung allerdings noch kaum und verwies lediglich auf die Notwendigkeit einer Trennung der OT und T-Mitglieder in der Satzung des Verbandes.[1064] Vor allem der 4. Senat entwickelte dann in den darauffolgenden Jahren Abgrenzungskriterien. Ausgangspunkt bildete eine klare und eindeutige Trennung von tarifgebundenen und OT-Mitgliedern in der Satzung. Sie muss jede Einflussnahme auf die Tarifpolitik und das Arbeitskampfgeschehen durch die OT-Mitglieder ausschließen und auch das praktische Verhalten ist strikt danach auszurichten.[1065] Dabei reiche es nicht aus, lediglich § 3 Abs. 1 TVG abzubedingen. So dürften OT-Mitglieder bspw. nicht in Tarifkommissionen sitzen, den Arbeitskampffonds verwalten oder den Verband nach außen tarifpolitisch vertreten.[1066] Auch dürfen sie keine Vorstandsämter oder die Repräsentation des Verbandes übernehmen oder bei der Verwendung des Arbeitskampffonds mitentschei-

1061 BAG, 18.07.2006 – 1 ABR 36/05, NZA 2006, 1225, unter II 2 a ee (2) (= AP Nr. 19 zu § 2 TVG Tarifzuständigkeit); ähnlich der 4. Senat: BAG, 04.06.2008 – 4 AZR 316/07, AP Nr. 37 zu § 3 TVG; dazu ErfK-*Linsenmaier*, Art. 9 GG Rn. 40.

1062 BAG, 23.10.1996 – 4 AZR 409/95 (A), 4 AZR 409/95, NZA 1997, 383, unter II 2.1.2 (= AP Nr. 15 zu § 3 TVG Verbandszugehörigkeit); BAG, 23.02.2005 – 4 AZR 186/04, NZA 1997, 282 (= AP Nr. 42 zu § 4 TVG Nachwirkung); dazu oben, S. 115.

1063 BAG, 18.07.2006 – 1 ABR 36/05, NZA 2006, 1225 (= AP Nr. 19 zu § 2 TVG Tarifzuständigkeit).

1064 Ebd.

1065 BAG, 04.06.2008 – 4 AZR 316/07, AP Nr. 37 zu § 3 TVG, 43; BAG, 20.05.2009 – 4 AZR 230/08, NZA-RR 2010, 591 (= AP Nr. 42 zu § 3 TVG); BAG, 22.04.2009 – 4 AZR 111/08, NZA 2010, 105; Verfassungsmäßigkeit festgestellt BVerfG, 01.12.2010 – 1 BvR 2593/09, NZA 2011, 60, 61 (= AP Nr. 146 zu Art. 9 GG).

1066 Vgl. BAG, 04.06.2008 – 4 AZR 316/07, AP Nr. 37 zu § 3 TVG.

den.[1067] Die Satzung muss darüber hinaus im Vereinsregister eingetragen sein.[1068] Als unproblematisch wird dagegen angesehen, wenn OT-Mitglieder in tarifpolitischen Fragen eine beratende Stimme haben.[1069] Auch die Höhe des Mitgliedsbeitrags darf für T- und OT-Mitglieder gleich hoch sein, immerhin – so das BAG – sähen viele Satzungen von OT-Verbänden eine Beratung dieser Mitglieder in Tarifangelegenheiten vor, etwa beim Abschluss von Firmentarifverträgen, weshalb die Mittel auch den OT-Mitgliedern selbst zugute kämen.[1070]

Außerdem muss der Wechsel eines Arbeitgebers in die OT-Mitgliedschaft bestimmten Anforderungen genügen, vor allem wenn er kurzfristig erfolgt. Bevor jedoch hierauf eingegangen wird, soll die Rechtsprechung einer kritischen Würdigung unterzogen werden.

(b) Kritik

Die seit den 1990er Jahren kontrovers geführte Diskussion in der Literatur um die OT-Mitgliedschaft verstummte auch nach der Anerkennung dieser Mitgliedschaftsformen durch das BAG nicht. Bedenken werden vor allem in Bezug auf die zwingende Wirkung von § 3 Abs. 1 TVG geäußert, der die Tarifgebundenheit der Mitglieder der Tarifparteien ohne Abstufung anordnet. Ein Teil der Literatur sieht daher in den OT-Mitgliedschaften einen Verstoß gegen § 3 Abs. 1 TVG.[1071] Eine Abstufung nach unterschiedlichen Mitgliedschaftsformen oder anderweitige Dispositivität dieser Bestimmung lasse sich aus dem Wortlaut nicht ableiten. Die zwingende Wirkung der Tarifverträge werde durch die OT-Mitgliedschaft aufgeweicht.[1072]

Dagegen schließt nach Ansicht der h.M. der Wortlaut von § 3 Abs. 1 TVG OT-Mitgliedschaftsformen nicht aus. § 3 Abs. 1 TVG regle nur die Rechtsfolge einer Verbandsmitgliedschaft, stelle jedoch keine Beschränkung der Satzungsautonomie dar.[1073] Die Tarifwilligkeit könne sehr wohl partiell auf bestimmte

---

1067 BAG, 20.02.2008 – 4 AZR 64/07, NZA 2008, 946 (= AP Nr. 134 zu Art. 9 GG); BAG, 22.04.2009 – 4 AZR 111/08, NZA 2010, 105, 109.

1068 BAG, 18.07.2006 – 1 ABR 36/05, NZA 2006, 1225 (= AP Nr. 19 zu § 2 TVG Tarifzuständigkeit).

1069 BAG, 04.06.2008 – 4 AZR 316/07, AP Nr. 37 zu § 3 TVG.

1070 Ebd.

1071 *Hensche,* NZA 2009, 815, 316; *Däubler,* NZA 1996, 225, 231; *Deinert,* AuR 2006, 217, 222 f.; Däubler, TVG-*Peter,* § 2 Rn. 122.

1072 Vgl. Kittner/Zwanziger/Deinert-*Deinert,* § 8 Rn. 5.

1073 BAG, 18.07.2006 – 1 ABR 36/05, NZA 2006, 1225 (= AP Nr. 19 zu § 2 TVG Tarifzuständigkeit); BAG, 04.06.2008 – 4 AZR 316/07, AP Nr. 37 zu § 3 TVG; *Franzen,* FS Picker, 2010, S. 929, 933; auch *Bayreuther,* Tarifautonomie als kollektiv ausgeübte Privatautonomie, 2005 (zugl. Erlangen-Nürnberg, Univ., Habil. 2004), S. 399.

Mitglieder eingeschränkt werden. *Franzen* verweist hierbei auf die Möglichkeit Gastmitgliedschaften vorzusehen und auf die Praxis, dass auch Gewerkschaften Mitglieder wie Rentner und Beamte aufnehmen, die nicht einmal potentiell in den Genuss des Tarifvertrages kommen könnten.[1074] Auch wenn bereits Gastmitgliedschaften in Bezug auf § 3 Abs. 1 TVG nicht unkritisch sind, so ist doch ein wesentlicher Unterschied zwischen OT- und Gastmitgliedschaften hinsichtlich der Integration in den Verband und der tatsächlichen mitgliedschaftlichen Rechte gegeben. Auch der Vergleich zu Rentnern und Beamten hinkt. Denn dort, wo diese nicht am Tarifgeschehen teilnehmen, ist dies objektiv begründet. Das Rechtsverhältnis der Rentner ist zudem sehr wohl tariflich regelbar, gerade weil die Betroffenen sich an der gewerkschaftlichen Willensbildung beteiligen könnten. Zudem leisten sie üblicherweise nur reduzierte Beiträge.[1075] Auch in Bezug auf Beamte ist zumindest eine Teilnahme am Arbeitskampfgeschehen mittlerweile wieder in Hinblick auf Art. 11 EMRK in Diskussion geraten.[1076]

Ferner wird argumentiert, dass das Tarifsystem selbst Ausnahmen von der Verbindung von Tarifbindung und Mitgliedschaft mache – wenn eine gesetzliche Ausnahme möglich sei, müsse dies auch für eine satzungsmäßige Ausnahme gelten.[1077] Die Ansicht verkennt jedoch, dass diese Durchbrechungen jeweils mit der Funktionsfähigkeit des Tarifsystems gerechtfertigt werden und mit dieser Begründung auch die Satzungsautonomie durch das Gesetz beschränkt werden kann. Immerhin betont auch das BAG, dass die Tarifparteien durch die Gestaltung der Mitgliedschaft die Funktionsfähigkeit der Tarifautonomie nicht beeinträchtigen dürfen.[1078] Die unmittelbare Bindung der Mitglieder nach § 3 Abs. 1 TVG und die damit verbundene zwingende Wirkung der Tarifnormen nach § 4 Abs. 1 TVG stellen dabei eine Funktionsbedingung der Tarifautonomie dar.[1079]

1074 Vgl. *Franzen,* FS Picker, 2010, S. 929, 933 f.; ähnlich *Besgen,* SAE 2007, 293, 294.

1075 Bspw. § 14 Abs. 2 Satzung *ver.di* – Vereinte Dienstleistungsgewerkschaft vom 12. März 2012; vgl. auch *Däubler,* FS Buchner, 2009, S. 163, 166.

1076 Vgl. dazu etwa *Lörcher,* AuR 2009, 229; dazu auch schon oben, Fn. 134.

1077 Vgl. *Melot de Beauregard,* Mitgliedschaft in Arbeitgeberverbänden und Tarifbindung, 2002 (zugl. Würzburg, Univ., Diss 2002), S. 145.

1078 Vgl. BAG, 20.02.2008 – 4 AZR 64/07, NZA 2008, 946, 949 (= AP Nr. 134 zu Art. 9 GG).

1079 BVerfG, 18.11.1954 – 1 BvR 629/52, BVerfGE 4, 96, 106 (= AP Nr. 1 zu Art. 9 GG); BVerfG, 06.05.1964 – 1 BvR 79/62, BVerfGE 18, 18, 26; BVerfG, 24.05.1977 – 2 BvL 11/74, BVerfGE 44, 322, 340 f. (= AP Nr. 15 zu § 5 TVG); so auch *Gamillscheg,* Koll. ArbR I, 1997, S. 287.

Die Annahme einer nicht-dispositiven Beschränkung der Satzungsautonomie durch § 3 Abs. 1 TVG wäre auch verhältnismäßig. So ist kaum zu verkennen, dass die Verhandlungsposition der Arbeitgeberverbände durch die OT-Mitglieder i.d.R. im Vergleich zu den Gewerkschaften gestärkt wird. Da die Stärke eines Verbandes vor allem durch die Zahl seiner Mitglieder und vielleicht noch mehr durch deren Beitragszahlungen beeinflusst wird, wirken sich die OT-Mitglieder sehr wohl aus, zumal die Beitragshöhe in vielen Fällen nicht zwischen T- und OT-Mitgliedern unterscheidet.[1080]

Außerdem erlangen Verbände, sofern sie auch den kurzfristigen Wechsel in die OT-Mitgliedschaft erlauben, eine erhebliche zusätzliche Machtressource in Tarifverhandlungen.[1081] Dies erkannte auch der 1. Senat das BAG im Ansatz an, sah jedoch letztlich keine strukturelle Störung der Verhandlungsparität gegeben: „Unvereinbar mit Art. 9 Abs. 3 GG wäre daher die Anerkennung der OT-Mitgliedschaft, wenn diese dazu führen würde, dass die Verhandlungsfähigkeit einer Tarifvertragspartei bei Tarifauseinandersetzungen einschließlich der Fähigkeit, einen wirksamen Arbeitskampf zu führen, nicht mehr gewahrt wäre. Von einer strukturellen Störung der Verhandlungsparität durch jede Form der OT-Mitgliedschaft kann jedoch nicht generell ausgegangen werden."[1082] Erst wenn die Verhandlungsfähigkeit einer Tarifpartei nicht mehr gewährleistet sei, sei die Anerkennung der OT-Mitgliedschaft nach Auffassung des BAG mit Art. 9 Abs. 3 GG unvereinbar.[1083] Die Schwelle setzt das BAG damit relativ hoch. Gewerkschaften können aber den OT-Mitgliedschaften praktisch nur einen „Häuserkampf" entgegensetzen, während der Arbeitgeberverband von den OT-Mitgliedern materiell, ideell und organisatorisch profitiert. Denn selbst die Arbeitskampfkasse darf mit den Mitgliedsbeiträgen von OT-Mitgliedern gespeist werden.[1084] Spätestens hier

1080 Vgl. zur Beitragshöhe *Schaub,* FS Hromadka, 2008, S. 339, 349; *Franzen,* FS Picker, 2010, S. 929, 939.

1081 Vgl. *Behrens,* Das Paradox der Arbeitgeberverbände, 2011 (zugl. Göttingen, Univ., Habil. 2010), S. 147, 155; *Höpfner,* ZfA 2009, 541, 563 f.; kritisch zur Zulässigkeit *Deinert,* RdA 2007, 83, 87 f.; dafür aber *Franzen,* FS Picker, 2010, S. 929, 115.

1082 BAG, 18.07.2006 – 1 ABR 36/05, NZA 2006, 1225 (= AP Nr. 19 zu § 2 TVG Tarifzuständigkeit); vgl. auch BAG, 04.06.2008 – 4 AZR 316/07, AP Nr. 37 zu § 3 TVG; dazu auch *Franzen,* FS Picker, 2010, S. 929, 939.

1083 BAG, 18.07.2006 – 1 ABR 36/05, NZA 2006, 1225 (= AP Nr. 19 zu § 2 TVG Tarifzuständigkeit); BAG, 04.06.2008 – 4 AZR 316/07, AP Nr. 37 zu § 3 TVG; a.A. ArbG Berlin, 08.05.2003 – 96 Ca 5296/03, DB 2003, 1518.

1084 BAG, 04.06.2008 – 4 AZR 316/07, AP Nr. 37 zu § 3 TVG.

ist ein unmittelbarer Einfluss auf die Tarifpolitik gegeben, beeinflusst dieser doch direkt die Verhandlungssituation.[1085] Dass sich eine Trennung der Beiträge in der Praxis schwierig erweist, belegt nur, dass eine strikte Abgrenzung der T- und OT-Mitgliedern kaum durchführbar ist. Die damit einhergehende Verschiebung des Verhandlungsgleichgewichts kann also durchaus eine Beschränkung der Satzungsautonomie auf Basis von § 3 Abs. 1 TVG rechtfertigen.[1086]

Ein dritter Kritikansatz sieht eine Ungleichbehandlung zwischen einzelnen Verbandsmitgliedern.[1087] Das BAG sieht jedoch zu Recht keinen Verstoß gegen die Gleichbehandlung der Mitglieder, da die Möglichkeit zum Statuswechsel allen offen steht.[1088]

(4) Blitzaustritt bzw. -wechsel und Transparenzgebot

Neben den langfristigen Auswirkungen der OT-Modelle wird die größte Beeinträchtigung des Tarifvertragssystems im kurzfristigen Wechsel eines Arbeitgebers in die OT-Mitgliedschaft oder einen OT-Verband im Zuge laufender Tarifverhandlungen gesehen („Blitzwechsel" oder „Blitzaustritt").[1089] Ähnlich wirken sich auch Austritte mit anschließender Verbandslosigkeit aus. Sogar der öffentliche Sektor ist vor Blitzaustritten nicht gefeit. So trat das Land Berlin in der Einkommensrunde 2003 während laufender Tarifverhandlungen aus dem *Kommunalen Arbeitgeberverband Berlin* zum 8. Januar 2003 aus, obwohl der fristgemäße Austritt erst zum 31. Januar 2003 möglich gewesen wäre.[1090] Die dagegen gerichtete Klage von *ver.di* war erfolglos.[1091]

1085 Kritisch in dieser Hinsicht auch *Löwisch/Rieble,* § 2 Rn. 107; ähnlich *Melot de Beauregard,* Mitgliedschaft in Arbeitgeberverbänden und Tarifbindung, 2002 (zugl. Würzburg, Univ., Diss 2002), S. 149; außerdem auf die mögliche Paritätsverschiebung auch durch die Inanspruchnahme des Fonds durch die OT-Mitglieder im Streikfall hinweisend *Deinert,* RdA 2007, 83, 87.

1086 Dagegen einen Offenlegungsanspruch für ausreichend haltend *Melot de Beauregard,* Mitgliedschaft in Arbeitgeberverbänden und Tarifbindung, 2002 (zugl. Würzburg, Univ., Diss 2002), S. 146 f.

1087 *Schaub,* FS Hromadka, 2008, S. 339, 349.

1088 BAG, 18.07.2006 – 1 ABR 36/05, NZA 2006, 1225 (= AP Nr. 19 zu § 2 TVG Tarifzuständigkeit); BAG, 04.06.2008 – 4 AZR 316/07, AP Nr. 37 zu § 3 TVG.

1089 Vgl. ErfK-*Linsenmaier,* Art. 9 GG Rn. 38a m. umfangr. Nachweisen; vgl. auch *Franzen,* FS Picker, 2010, S. 929, 940.

1090 Vgl. *Bochmann,* ZTR 2011, 459 ff.

1091 ArbG Berlin, 08.05.2003 – 96 Ca 5296/03, DB 2003, 1518.

(a) Argumentation und Entscheidung des BAG

Auch der 4. Senat des BAG erkennt an, dass von einem kurzfristigen Wechsel eines Arbeitgebers in die OT-Mitgliedschaft eine Störung der Funktionsfähigkeit der Tarifautonomie ausgehen kann.[1092] Eine solche könne insbesondere dann gegeben sein, wenn die Arbeitgeber, die an den Verhandlungen beteiligt waren, nicht mit den Arbeitgebern übereinstimmen, die dann an den abgeschlossenen Tarifvertrag gebunden sind. Geschäftsgrundlage der Verhandlungen sei regelmäßig die Vorstellung über die Mitgliederzusammensetzung der Gegenseite, insbesondere der Gewerkschaften über die des Arbeitgeberverbands, denn hiervon sei abhängig, für welche Betriebe die ausgehandelten Ergebnisse gelten werden.[1093] Außerdem könne ein Arbeitgeber, der einen solchen kurzfristigen Wechsel vollziehe, noch zu Beginn der Tarifverhandlungen vollumfänglich im Verband mitentscheiden. Wenn er sich aber den Tarifergebnissen entziehe, könne dies die Angemessenheitsvermutung beeinträchtigen. Das BAG spricht vom „Gleichlauf von Verantwortlichkeit und Betroffenheit".[1094] Ändere sich etwas an dieser Verhandlungsgrundlage, müsse sich die andere Tarifpartei darauf einstellen können. Letztlich könne auch die Mobilisierung der Mitglieder auf Arbeitnehmerseite deutlich erschwert sein, wenn nicht klar sei, ob ein Arbeitgeber noch Verbandsmitglied ist oder nicht.[1095]

Das BAG zieht hieraus allerdings nicht die Konsequenz, in einem Blitzwechsel und -austritt per se eine rechtswidrige Beeinträchtigung der Koalitionsfreiheit zu erkennen.[1096] Der Wechsel oder Austritt müsse für die Gewerkschaft aber transparent erfolgen. Werden die Anforderungen an die Transparenz nicht eingehalten, kann der Wechsel oder Austritt zwar immer noch vereinsrechtlich wirksam sein, tarifrechtlich ist er aber unwirksam und der Arbeitgeber bleibt an den Tarifvertrag, über den verhandelt worden ist, vollumfänglich gebunden.[1097]

1092 Vgl. BAG, 04.06.2008 – 4 AZR 316/07, AP Nr. 37 zu § 3 TVG; dazu auch schon BAG, 20.02.2008 – 4 AZR 64/07, NZA 2008, 946, 949 f. (= AP Nr. 134 zu Art. 9 GG).

1093 Vgl. BAG, 20.02.2008 – 4 AZR 64/07, NZA 2008, 946, 949 (= AP Nr. 134 zu Art. 9 GG); BAG, 26.08.2009 – 4 AZR 285/08, NZA 2010, 230 (= AP Nr. 45 zu § 3 TVG).

1094 BAG, 04.06.2008 – 4 AZR 316/07, AP Nr. 37 zu § 3 TVG.

1095 Vgl. BAG, 20.02.2008 – 4 AZR 64/07, NZA 2008, 946, 950 (= AP Nr. 134 zu Art. 9 GG)

1096 Vgl. BAG, 20.02.2008 – 4 AZR 64/07, NZA 2008, 946, 949 f. (= AP Nr. 134 zu Art. 9 GG)

1097 Vgl. Vgl. BAG, 20.02.2008 – 4 AZR 64/07, NZA 2008, 946, 950 (= AP Nr. 134 zu Art. 9 GG); BAG, 04.06.2008 – 4 AZR 419/07, NZA 2008, 1366 (= AP Nr. 38 zu § 3 TVG).

Diese Rechtsfolge leitet das BAG aus Art. 9 Abs. 3 S. 2 GG i.V.m. § 134 BGB ab.[1098] Das BAG schränkt aber ein, dass selbst bei einer Nichterfüllung dieser Obliegenheit immer noch eine Einzelfallbetrachtung notwendig sei. Allerdings gesteht es den Gewerkschaften eine Einschätzungsprärogative zu, ob ein Statuswechsel bei den Mitgliedern des Arbeitgeberverbandes wesentlich ist und die Funktionsfähigkeit der Tarifautonomie durch den Wechsel daher gestört wird oder nicht.[1099]

Die Satzungsautonomie verbiete es, so das BAG, eine feste Frist für die Mitteilung gegenüber der Gewerkschaft festzulegen, allerdings müsse diese in die Lage versetzt werden, auf den Statuswechsel des Verbandsmitglieds zu reagieren, was unter Umständen auch noch nach Verhandlungsbeginn der Fall sein könne.[1100] Auch nach den Tarifverhandlungen besteht die Transparenzobliegenheit fort und zwar bis zu dem Zeitpunkt des endgültigen Abschlusses des Tarifvertrags. Denn auch hier – so das BAG – könne eine Störung der Tarifautonomie dadurch erfolgen, dass die betreffenden Arbeitgeber zwar, vertreten durch ihren Verband, an den Verhandlungen teilnähmen, letztlich aber nicht an den Tarifvertrag gebunden wären.[1101] In letzterem Fall könne die Gewerkschaft entscheiden, ob sie an einem etwaig geschlossenen Vorvertrag festhalten möchte oder aufgrund des veränderten Mitgliederbestandes im Arbeitgeberverband auf Grund dieser Störung der Geschäftsgrundlage nach den Grundsätzen von § 313 BGB eine Anpassung des Vorvertrages oder einen Rücktritt vom Vorvertrag vornehmen möchte. Mit dem Abschluss des Tarifvertrags soll dann aber die Informationsobliegenheit auch enden, selbst wenn er erst zu einem späteren Zeitpunkt in Kraft tritt.[1102]

Besondere Anforderungen hinsichtlich der Form der Information über den Statuswechsel an die Gewerkschaft verlangt das BAG nicht. Es erachtet etwa auch eine mündliche Unterrichtung der Gewerkschaft durch den jeweiligen Arbeitgeber für ausreichend.[1103]

1098 Vgl. BAG, 04.06.2008 – 4 AZR 316/07, AP Nr. 37 zu § 3 TVG; BAG, 20.02.2008 – 4 AZR 64/07, NZA 2008, 946, 949 f. (= AP Nr. 134 zu Art. 9 GG); BAG, 04.06.2008 – 4 AZR 419/07, NZA 2008, 1366 (= AP Nr. 38 zu § 3 TVG).

1099 BAG, 04.06.2008 – 4 AZR 316/07, AP Nr. 37 zu § 3 TVG.

1100 BAG, 20.02.2008 – 4 AZR 64/07, NZA 2008, 946, 949 (= AP Nr. 134 zu Art. 9 GG); BAG, 04.06.2008 – 4 AZR 316/07, AP Nr. 37 zu § 3 TVG.

1101 BAG, 26.08.2009 – 4 AZR 285/08, NZA 2010, 230 (= AP Nr. 45 zu § 3 TVG).

1102 Ebd.

1103 BAG, 19.06.2012 – 1 AZR 775/10, NZA 2012, 1372, 1376 (= AP Nr. 177 zu Art. 9 GG Arbeitskampf).

Ein kurzfristiger Wechsel soll dagegen nicht zulässig sein, wenn er in der Verbandssatzung explizit ausgeschlossen ist. Findet sich in der Satzung kein expliziter Ausschluss, kann ein kurzfristiger Wechsel nach Auffassung des BAG selbst dann zulässig sein, wenn die Satzung eigentlich längere Fristen vorsieht, aber eine entsprechende Vereinbarung zwischen dem Mitglied und dem Verband geschlossen wird.[1104]

(b) Beurteilung durch die Literatur

In der Literatur stößt diese Rechtsprechungslinie sowohl auf Zustimmung[1105] wie auch Kritik[1106]. Die Kritik setzt dabei vorrangig an der dogmatischen Begründung dieser Entscheidungen an. So reichten Paritätserwägungen nicht aus, da der Mitgliederaustritt ein klassisches Drohmittel gegenüber dem Verhandlungspartner in Tarifverhandlungen sei.[1107] Auch lasse sich die Rückkehr des ausgetretenen Mitglieds nicht mit dem Wegfall der Geschäftsgrundlage (§ 313 BGB) begründen, da so allenfalls eine Anpassung des Tarifvertrags oder erneute Verhandlungen verlangt werden könnten.[1108] Auch wird in Zweifel gezogen, dass der Mitgliederbestand der Gegenseite überhaupt die Geschäftsgrundlage des Tarifabschlusses bilde, da die Tarifparteien stets mit diesbezüglichen Änderungen rechnen müssten.[1109] Außerdem bestehe bisher keine Pflicht, in den Verhandlungen über den Mitgliederbestand zu informieren, was ebenfalls gegen die Annahme spreche, dass dieser die Geschäftsgrundlage für die Verhandlungen bilde.[1110] Es gehe lediglich um das Koalitionsinteresse der Gewerkschaften, was nicht zwingend eine Beeinträchtigung der Funktionsfähigkeit der Tarifautonomie darstelle.[1111]

Kritisiert wird außerdem die Rechtsfolge des Erhalts der Tarifbindung. Hierfür fehle die Legitimation, denn zur Setzung tariflicher Normen bedürfe es

1104 BAG, 17.05.2011 – 1 AZR 473/09, NZA 2011, 1169 (= AP Nr. 148 zu Art. 9 GG).

1105 Etwa *Krause*, GS Zachert, 2010, S. 605; Däubler, TVG-*Lorenz*, § 3 Rn. 37; Schaub, Hdb. ArbR-*Treber*, § 205 Rn. 28 f.

1106 Etwa *Bauer/Haußmann*, RdA 2009, 99, 104 f.; *Willemsen/Mehrens*, NZA 2013, 79; *Franzen*, FS Picker, 2010, S. 929, 9384; *Rieble*, RdA 2009, 280, 283 ff.; *Filges*, FS Bauer, 2010, S. 303, 309 ff.

1107 Vgl. *Bayreuther*, DZWir 2010, 353, 356.

1108 Vgl. *Franzen*, FS Picker, 2010, S. 929, 9384; *Bayreuther*, DZWir 2010, 353, 356.

1109 *Bauer/Haußmann*, RdA 2009, 99, 105; *Franzen*, FS Picker, 2010, S. 929, 938.

1110 *Filges*, FS Bauer, 2010, S. 303, 308 f.

1111 *Rieble*, RdA 2009, 280, 283; *Franzen*, FS Picker, 2010, S. 929, 938; ähnlich auch schon *Melot de Beauregard*, Mitgliedschaft in Arbeitgeberverbänden und Tarifbindung, 2002 (zugl. Würzburg, Univ., Diss 2002), S. 75.

entweder einer mitgliedschaftlichen oder einer staatlich-demokratischen Legitimation – eine „Vorbindung“[1112], wie sie die Rechtsprechung erzeuge, sei nicht mit Art. 9 Abs. 3 GG vereinbar.[1113] Die Funktionsfähigkeit des Tarifsystems sei bereits durch § 3 TVG gewährleistet.[1114] *Bayreuther* befürwortet dagegen die Grundlage von § 134 BGB i.V.m. Art. 9 Abs. 3 S. 2 GG, begründet dies allerdings nicht mit dem Gleichlauf von Verantwortlichkeit und Betroffenheit, sondern mit der Verhinderung von „destruktiven Tarifstrukturen“[1115].

Auf der anderen Seite wird kritisiert, dass die Austrittsgründe bzw. die Begründung für einen Wechsel in der Rechtsprechung zum Blitzwechsel keine Rolle spielten. Nur wichtige Gründe könnten einen kurzfristigen Austritt oder Wechsel rechtfertigen.[1116]

(c) Bewertung

Im Grundsatz ist die Rechtsprechungslinie zu Blitzwechsel und Blitzaustritt zu begrüßen. Die rechtlichen Bedenken vermögen nicht zu überzeugen. Bereits oben wurde dargelegt, dass der Wechsel in die OT-Mitgliedschaft nicht mit einem klassischen Verbandsaustritt gleichgesetzt werden kann, da er für den Verband zunächst keine finanziellen oder organisatorischen Nachteile nach sich zieht. Dies macht das Drohmittel erst richtig effektiv.[1117] Vor allem aber trifft die Behauptung nicht zu, dass der Mitgliederbestand nicht die Geschäftsgrundlage des Tarifvertrages bilde. Dieser ist aus gewerkschaftlicher Sicht sogar essentiell, so macht es in den Verhandlungen einen Unterschied, ob vor allem finanzstarke Großbetriebe betroffen sind oder vorrangig KMUs, ob eine große oder kleine Zahl an Arbeitnehmern erfasst sein wird, oder ob im Nachgang um Anerkennungstarifverträge gerungen werden muss etc. Mit einer Änderung des Mitgliederbestands mag die Gewerkschaft zwar rechnen müssen, dieser würde aber aufgrund von § 3 Abs. 3 TVG ohne Folgen für die Tarifbindung bleiben. Betroffen ist also keineswegs nur das Koalitionsinteresse der Gewerkschaft.

1112 *Rieble,* RdA 2009, 280; *Franzen,* FS Picker, 2010, S. 929, 931 m.w.N.

1113 *Bauer/Haußmann,* RdA 2009, 99, 105; *Filges,* FS Bauer, 2010, S. 303, 309 f. mit Verweis auf BVerfG, 24.05.1977 – 2 BvL 11/74, BVerfGE 44, 322, 352 (= AP Nr. 15 zu § 5 TVG).

1114 *Filges,* FS Bauer, 2010, S. 303, 310 ff.

1115 *Bayreuther,* DZWir 2010, 353, 356.

1116 ErfK-*Linsenmaier,* Art. 9 GG Rn. 38a; ähnlich ErfK-*Franzen,* § 3 TVG Rn. 11a.

1117 Langfristig können sich allerdings durchaus strukturelle Folgen auch für den Arbeitgeberverband ergeben, dazu *Behrens,* Das Paradox der Arbeitgeberverbände, 2011 (zugl. Göttingen, Univ., Habil. 2010), S. 217 ff.

Ein funktionsfähiger Verhandlungsmechanismus setzt voraus, dass beide Seiten wissen, über was und unter welchen Bedingungen verhandelt wird.

Auch die Kritik, hier werde eine „Vorbindung“ geschaffen, trifft nicht.[1118] Die Rechtsprechungslinie schafft ausschließlich eine Transparenzobliegenheit und macht weder einen Verbandsaustritt noch einen Wechsel in die OT-Mitgliedschaft unmöglich. Folgt man dem BAG in der Annahme, dass OT-Mitgliedschaften dann zulässig sind, wenn die betreffenden Mitglieder keinen Einfluss auf die Tarifpolitik des Verbandes nehmen können, kann dies nur zur Konsequenz haben, dass der Fall eines kurzfristig ausgetretenen Mitglieds, das zumindest vertreten über die Verbandsgremien auf die Verhandlungen Einfluss nehmen konnte, die Angemessenheitsvermutung des Tarifergebnisses erschüttert. Hier muss die Gewerkschaft entscheiden können, ob sie dem Ergebnis trotzdem zugestimmt hätte. Dementsprechend kann aber auch der Zeitpunkt des Endes der Obliegenheit nicht auf das Ende der Tarifverhandlungen gelegt werden, sondern muss sich auf das Inkrafttreten des Tarifvertrags beziehen.[1119]

Da die Anforderungen an Blitzwechsel und -austritt durch einfache Mitteilung gegenüber der Gewerkschaft erfüllt werden können, werden die Auswirkungen dieser Rechtsprechungslinie auf die Praxis aber selbst von Kritikern als nicht gravierend eingeschätzt, da die kurzfristige Beendigung der Mitgliedschaft immer noch möglich ist.[1120] Es stellt sich daher eher die Frage, ob die Transparenzobliegenheit im Zuge von Tarifverhandlungen überhaupt ausreicht und ob nicht vielmehr ein grundsätzlicher Informationsanspruch der Gewerkschaft in Bezug auf die Verbandsmitgliedschaft besteht. Ein solcher wäre prinzipiell sowohl gegenüber dem Arbeitgeberverband[1121] wie auch gegenüber dem einzelnen Arbeitgeber[1122] denkbar, wobei unterschiedliche Rechtsgrundlagen infrage kommen.[1123]

1118 Ebenso *Krause,* GS Zachert, 2010, S. 605, 614.

1119 So auch *Bayreuther,* DZWir 2010, 353, 356.

1120 *Filges,* FS Bauer, 2010, S. 303, 312; a.A. aber *Bauer/Haußmann,* RdA 2009, 99, 106.

1121 Unter bestimmten Voraussetzungen auf § 242 BGB abstellend *Ahrendt,* RdA 2010, 345, 350; direkt auf Art. 9 Abs. 3 GG abstellend *Melot de Beauregard,* Mitgliedschaft in Arbeitgeberverbänden und Tarifbindung, 2002 (zugl. Würzburg, Univ., Diss 2002), S. 146 f.; ablehnend wohl Däubler, TVG-*Peter,* § 2 Rn. 124.

1122 Auf die vorvertragliche Verpflichtung des Arbeitgebers abstellend, um Tarifvertragsverhandlungen um einen Firmentarifvertrag zu ermöglichen, Däubler, TVG-*Lorenz,* § 3 Rn. 43; zumindest für den Streikfall bejahend BAG, 09.04.1991 – 1 AZR 332/90, NZA 1991, 815, 816 (= AP Nr. 116 zu Art. 9 GG Arbeitskampf).

1123 Für einen Anspruch sowohl gegenüber dem Arbeitgeber wie auch dem Verband: *Buchner,* NZA 1994, 2, 3; dagegen generell ablehnend *Löwisch/Rieble,* § 3 Rn. 329; *Schafft/Gaumann,* NZA 2001, 1125, 1133.

Tatsächlich ermöglicht das Wissen über den Mitgliederbestand erst ein informiertes Handeln der Gewerkschaften.[1124] Eine höchstrichterliche Klärung steht hier allerdings noch aus. Letztlich würde ein solcher Anspruch zwar für mehr Transparenz sorgen, könnte OT-Mitgliedschaften und damit letztlich den Verlust der Tarifbindung aber ebenfalls nicht verhindern und muss daher an dieser Stelle nicht vertieft werden.

b) Kollektivrechtliche Rechtsfolgen des Austritts oder Wechsels

(1) Tarifrechtliche Folgen

Abgesehen von den Besonderheiten des Blitzwechsels sind die tarifrechtlichen Rechtsfolgen eines Verbandsaustritts und eines Wechsels in die OT-Mitgliedschaft, wenn man diesen mit der h.M. für zulässig hält, dieselben. Da § 3 Abs. 1 TVG die Mitgliedschaft in einem Arbeitgeberverband als Voraussetzung für die Bindung an einen Verbandstarifvertrag benennt, würde diese mit dem Austritt enden. Allerdings greift dann § 3 Abs. 3 TVG ein, der die normative Bindung aufrecht erhält, bis der Tarifvertrag endet. Dementsprechend kommt die Bindung nach § 3 Abs. 3 TVG auch dann zustande, wenn ein Arbeitsverhältnis erst in der Phase der Nachbindung geschlossen worden ist, oder der betreffende Arbeitnehmer erst in dieser Phase einer Gewerkschaft beigetreten ist.[1125] Nach dem Ende der Nachbindung nach § 3 Abs. 3 TVG tritt die Nachwirkung nach § 4 Abs. 5 TVG ein.[1126]

Regelungszweck der Nachbindung nach § 3 Abs. 3 TVG ist es einerseits, „dem Mißbrauch privatrechtlicher Gestaltungsmöglichkeiten [zu] begegnen“[1127] und „Manipulationen“[1128] zu unterbinden, aber andererseits auch „die Flucht aus dem Tarifvertrag insgesamt [zu] verhindern“[1129]. Die Legitimation der normativen Bindung ist nach Auffassung des BAG immer noch über die ursprüngliche Mitgliedschaft vermittelt.[1130] Damit wird sowohl der Schutz- wie auch der

---

1124 *Krause,* GS Zachert, 2010, S. 605, 621 f.; a.A. *Franzen,* FS Picker, 2010, S. 929, 936.

1125 BAG, 06.07.2011 – 4 AZR 424/09, NZA 2012, 281, 284 (= AP Nr. 51 zu § 3 TVG); BAG, 04.08.1993 – 4 AZR 499/92, NZA 1994, 34.

1126 Dazu oben, S. 163 ff.; vgl. zum Meinungsstreit, ob die Nachwirkung trotz eines Austritts eintreten soll, *Gamillscheg,* Koll. ArbR I, 1997, S. 729; was aber heute soweit ersichtlich kaum noch bestritten wird, vgl. etwa *Löwisch/Rieble,* § 4 Rn. 691; Moll, MAH Arbeitsrecht-*Hamacher,* § 68 Rn. 111.

1127 BAG, 26.10.1983 – 4 AZR 219/81, AuR 1984, Rn. 90 (= AP Nr. 3 zu § 3 TVG).

1128 Vgl. *Herschel,* ZfA 1973, 183, 192; ähnlich *Franzen,* FS Picker, 2010, S. 929, 931.

1129 BAG, 10.12.1997 – 4 AZR 247/96, NZA 1998, 484 (= AP Nr. 20 zu § 3 TVG).

1130 BAG, 17.05.2000 – 4 AZR 363/99, NZA 2001, 453, 456 (= AP Nr. 8 zu § 3 TVG Verbandsaustritt).

Ordnungsfunktion der Tarifautonomie Rechnung getragen. Denn eine einseitige Lösung eines Arbeitgebers während der Laufzeit eines Tarifvertrags aus der Tarifbindung, etwa durch Verbandaustritt, wird dadurch verhindert.[1131] Gleichzeitig soll dem Arbeitgeber der „Anreiz genommen werden, aus dem Arbeitgeberverband auszutreten und damit mißliebigen Tarifverträgen zu entgehen".[1132] Wenn aber teilweise auch die Sicherung des Bestandes der Arbeitgeberverbände selbst als *ratio legis* angegeben wird, ist das wohl eher Folge als Zweck, denn Anknüpfungspunkt der Norm ist die Tarifbindung.[1133]

Die Nachbindung endet mit dem Ende des Tarifvertrags. Solange der Tarifvertrag fortbesteht, gilt die Nachbindung dagegen prinzipiell unbeschränkt. Allerdings betrachtet die Rechtsprechung bereits eine Änderung des Tarifvertrags als dessen Beendigung i.S.v. § 3 Abs. 3 TVG, genauso wie den Fall, dass ein Betrieb nicht mehr unter den betrieblichen Geltungsbereich des betreffenden Tarifvertrages fällt.[1134] Auch beendet die Änderung eines Verbandstarifvertrags, auf den mittels Firmentarifvertrag dynamisch verwiesen wird, die Nachbindung des Firmentarifvertrags. Auf den verweisenden Tarifvertrag kommt es dann nicht mehr an.[1135]

Strittig ist, ob jede Änderung eines Tarifvertrags die Nachbindung enden lässt. Weitgehend unumstritten endet die Nachbindung, wenn sich die wirtschaftlichen oder rechtlichen Bedingungen des Tarifvertrags erheblich ändern.[1136] Die neuere Rechtsprechung lässt für die Beendigung der Nachbindung darüber hinaus jedoch „jede Änderung" eines Tarifvertrags ausreichen und führt als Begründung die Rechtsklarheit sowie die mitgliedschaftliche Legitimation der Tarifbindung an.[1137] Bloße Klarstellungen stellten jedoch weiterhin keine

---

1131 BAG, 17.05.2000 – 4 AZR 363/99, NZA 2001, 453 (= AP Nr. 8 zu § 3 TVG Verbandsaustritt).

1132 BAG, 10.12.1997 – 4 AZR 247/96, NZA 1998, 484 (= AP Nr. 20 zu § 3 TVG).

1133 So aber *Herschel*, ZfA 1973, 183, 192; wie hier *Melot de Beauregard*, Mitgliedschaft in Arbeitgeberverbänden und Tarifbindung, 2002 (zugl. Würzburg, Univ., Diss 2002), S. 56.

1134 BAG, 04.04.2001 – 4 AZR 237/00, NZA 2001, 1085 (= AP Nr. 29 zu § 3 TVG); BAG, 06.07.2011 – 4 AZR 424/09, NZA 2012, 281, 284 (= AP Nr. 51 zu § 3 TVG); vgl. dazu auch *Hanau*, NZA 2012, 825, 828.

1135 BAG, 17.05.2000 – 4 AZR 363/99, NZA 2001, 453, 456 (= AP Nr. 8 zu § 3 TVG Verbandsaustritt).

1136 *Däubler*, TVR, 1993, Rn. 300; *Gamillscheg*, Koll. ArbR I, 1997, S. 728; Däubler, TVG-*Lorenz*, § 3 Rn. 122.

1137 St. Rspr. seit BAG, 18.03.1992 – 4 AZR 339/91, NZA 1992, 700, 701 (= AP Nr. 13 zu § 3 TVG); BAG, 01.07.2009 – 4 AZR 261/08, NZA 2010, 53, 59 (= AP Nr. 14 zu

materielle Änderung dar, welche die Bindung beenden könnte.[1138] Die ältere Rechtsprechung und ein Teil der Literatur fordern hingegen, dass eine „beträchtliche“ Änderung des Tarifvertrags erfolgt.[1139]

Eine Beurteilung dieser Fälle hat sich am Zweck des § 3 Abs. 3 TVG wie auch an der Natur des Tarifvertrags zu orientieren. Da die Legitimation der Nachbindung über die ursprüngliche Mitgliedschaft im tarifschließenden Verband vermittelt wird, können Änderungen - auch geringfügige - für das ausgetretene Mitglied keine Geltung mehr entfalten. Würde man damit aber die Nachbindung insgesamt enden lassen, wäre dem Zweck dieser Bestimmung nicht ausreichend Rechnung getragen. Es empfiehlt sich daher eher, die Bindung des ehemaligen Verbandsmitglieds zwar an den ursprünglichen Text, nicht aber an die unerhebliche oder punktuelle Änderung bzw. Ergänzung zu erhalten.[1140] Als Maßstab muss dabei gefragt werden, ob die Tarifparteien den Tarifvertrag auch ohne die Änderung noch als angemessenen Interessensausgleich betrachten. Entstehen dabei Lücken, ist nach den Grundsätzen zu verfahren, wie sie auch bei der Nichtigkeit einzelner Normen eines Tarifvertrags angewandt werden.[1141] Denn auch hier wenden weder Rechtsprechung noch Literatur die schuldrechtlichen Grundsätze zur Teilnichtigkeit in § 139 BGB an, was sich schon in Hinblick auf die Doppelnatur des Tarifvertrags verbietet. Vielmehr kommt es auch bei der Nichtigkeit einzelner Tarifbestimmungen ausschließlich darauf an, ob der Tarifvertrag auch ohne die unwirksame Bestimmung „noch eine sinnvolle in sich geschlossene Regelung enthält“.[1142] Protokollnotizen, authentische Interpretationen

---

§ 3 TVG Verbandsaustritt); zuletzt BAG, 22.02.2012 - 4 AZR 8/10, NJOZ 2012, 1507 (= AP Nr. 108 zu § 1 TVG Bezugnahme auf Tarifvertrag).

1138 Vgl. BAG, 01.07.2009 - 4 AZR 261/08, NZA 2010, 53, 59 (= AP Nr. 14 zu § 3 TVG Verbandsaustritt); h.M. vgl. die Nachweise bei JKOS-*Oetker,* § 6 Rn. 74; *Franzen,* NZA-Beilage 2011, 108, 113; a.A. *Löwisch/Rieble,* § 3 Rn. 279.

1139 BAG, 26.10.1983 - 4 AZR 219/81, AP Nr. 3 zu § 3 TVG (= BAGE 44, 191); *Gamillscheg,* Koll. ArbR I, 1997, S. 728; Däubler, TVG-*Lorenz,* § 3 Rn. 122; Kempen/Zachert-*Kempen,* § 3 TVG Rn. 72 f.

1140 *Gamillscheg,* Koll. ArbR I, 1997, S. 728; Kempen/Zachert-*Kempen,* § 3 TVG Rn. 72; a.A. *Löwisch/Rieble,* § 3 Rn. 279 f.; JKOS-*Oetker,* § 6 Rn. 79.

1141 Däubler, TVG-*Lorenz,* § 3 Rn. 122; *Däubler,* TVR, 1993, Rn. 300; i.E. auch Kempen/Zachert-*Kempen,* § 3 TVG Rn. 72; a.A. JKOS-*Oetker,* § 6 Rn. 79.

1142 BAG, 12.12.2007 - 4 AZR 996/06, NZA 2008, 829 (= AP Nr. 39 zu § 1 TVG); vgl. auch BAG, 26.06.1985 - 7 AZR 125/83, BB 1986, 1776 (= AP Nr. 1 zu § 1 TVG Teilnichtigkeit); dazu Däubler, TVG-*Reim/Nebe,* § 1 Rn. 186; *Däubler,* NZA 1996, 225, 227.

oder klarstellende Ergänzungen wie Änderungen des Umfangs einer Leistung ohne inhaltliche Änderung beenden die Nachbindung daher i.d.R. nicht.[1143]

Nicht als Änderung eines Tarifvertrags gilt eine Veränderung, die bereits im ursprünglichen Tarifvertrag verbindlich angelegt war, wie bspw. in Stufentarifverträgen.[1144] Ebenfalls keine Beendigung der Nachbindung tritt ein, wenn die Tarifparteien eine im Tarifvertrag angelegte Beendigungsmöglichkeit verstreichen lassen.[1145] Für eine teleologische Extension, wie sie in der Literatur verschiedentlich vertreten wird,[1146] besteht kein Raum, denn das TVG belässt die Bestimmung der Dauer eines Tarifvertrags bewusst in den Händen der Tarifparteien. Solange sie den Tarifvertrag für einen sachgerechten Ausgleich halten, bleibt die Tarifbindung bestehen. Hier kann auch in Bezug auf § 3 Abs. 3 TVG nichts anderes gelten.[1147]

Während das BVerfG die Nachwirkung bereits für vereinbar mit der negativen Koalitionsfreiheit erklärt hat, steht in Bezug auf die Nachbindung eine verfassungsgerichtliche Entscheidung noch aus. Das BAG hatte hingegen bereits Gelegenheit, sich in dieser Hinsicht zu äußern, und sah allenfalls eine mittelbare Betroffenheit, indem ein Tarifvertrag immer noch normativ anwendbar ist, obwohl die Verbandsmitgliedschaft bereits beendet ist. Einen Verstoß gegen die negative Koalitionsfreiheit kann es dennoch selbst bei prinzipiell unbefristeter Nachbindung nicht erkennen, da der Arbeitgeber die Bindung durch die ursprüngliche Verbandsmitgliedschaft selbst herbeigeführt habe und ihm noch immer die Möglichkeit offenstehe, die Bindung an den Verbandstarifvertrag durch einen Firmentarifvertrag zu beenden.[1148] Entscheidend ist aber vor allem,

---

1143 *Gamillscheg,* Koll. ArbR I, 1997, S. 728; *Berg/Kocher/Platow/Schoof/Schumann,* § 3 Rn. 69; Kempen/Zachert-*Kempen,* § 3 TVG Rn. 72.

1144 BAG, 19.09.2007 – 4 AZR 711/06, NZA 2008, 241; ebenso bei einer dynamischen Verweisung durch Firmentarifvertrag BAG, 15.06.2011 – 4 AZR 563/09, AP Nr. 62 zu § 133 BGB, Rn. 32.; zust. *Melot de Beauregard,* Mitgliedschaft in Arbeitgeberverbänden und Tarifbindung, 2002 (zugl. Würzburg, Univ., Diss 2002), S. 58; a.A. wohl *Schaub,* FS Hromadka, 2008, S. 339, 242. BAG, 17.05.2000 – 4 AZR 363/99, NZA 2001, 453 (= AP Nr. 8 zu § 3 TVG Verbandsaustritt) steht dem jedenfalls nicht entgegen, in diesem Fall musste die konkrete Änderung noch vereinbart werden.

1145 JKOS-*Oetker,* § 6 Rn. 97; a.A. MünchArbR-*Rieble/Klumpp,* § 177 Rn. 27, die in diesem Fall keine mitgliedschaftliche Legitimation mehr gegeben sehen.

1146 Etwa *Franzen,* FS Picker, 2010, S. 929, 943 m.w.N.; *Löw,* Personal 2011, 5.

1147 Vgl. etwa BAG, 07.11.2001 – 4 AZR 703/00, NZA 2002, 748, 749.

1148 Vgl. BAG, 01.07.2009 – 4 AZR 261/08, NZA 2010, 53, 57 f. (= AP Nr. 14 zu § 3 TVG Verbandsaustritt); BAG, 06.07.2011 – 4 AZR 424/09, NZA 2012, 281,

dass der Verbandsaustritt selbst nicht behindert wird. Zwar bleibt das ehemalige Mitglied zu einem Teil der Verbandsmacht ausgesetzt, wenn nämlich der Tarifvertrag nicht automatisch endet, sondern gekündigt werden muss. Letztlich ist dies aber immer noch durch die ursprüngliche Mitgliedschaft legitimiert.

Dennoch wird teilweise rechtspolitisch eine Begrenzung der Nachbindung gefordert. So sprach sich etwa der *Sachverständigenrat zur Begutachtung der Gesamtwirtschaftlichen Entwicklung* in seinem Jahresgutachten 2002/2003 für eine Beschränkung auf ein halbes Jahr aus.[1149] Andere plädieren für ein Jahr.[1150] Vorgebracht wird vor allem, dass die Aussicht auf eine potentiell unendliche Nachbindung die Attraktivität der Verbände mindere und dem Arbeitgeber unzumutbar sei.[1151] Eine „unendlich lange" Wirkung[1152] bzw. „Ewigkeitsbindung"[1153] stelle eine unverhältnismäßige Ausgestaltung der Tarifautonomie dar.

Die Effektivität von § 3 Abs. 3 TVG würde damit jedoch erheblich eingeschränkt und die Tarifbindung zur kurzfristigen Dispositionsmasse des Arbeitgebers gemacht werden. Der Schutz der betroffenen Arbeitgeber ist vielmehr bereits ausreichend durch die bloß statische Weitergeltung des Tarifvertrags gewährleistet. Entgelttarifverträge sind regelmäßig sowieso auf einen relativ kurzen Zeitraum befristet oder zumindest kündbar. In Fällen von Manteltarifverträgen oder anderen unbefristeten und langfristig ungekündigt fortbestehenden Tarifverträgen bietet sich eine Analogie zu § 624 BGB an. Demnach wäre eine Beendigung nach fünf Jahren möglich.[1154]

---

284 (= AP Nr. 51 zu § 3 TVG); Schaub, Hdb. ArbR-*Treber,* § 205 Rn. 35; ErfK-*Linsenmaier,* Art. 9 GG Rn. 36; wohl auch *Melot de Beauregard,* Mitgliedschaft in Arbeitgeberverbänden und Tarifbindung, 2002 (zugl. Würzburg, Univ., Diss 2002), S. 56 f.; kritisch etwa *Lobinger,* JZ 2013, 915, 916 ff.; *Frieges,* NZA 1998, 630, 632; *Reuter,* RdA 1996, 201, 208; auch *Höpfner,* NJW 2010, 2173, 2175, der die negative Koalitionsfreiheit als „Freiheit vom Tarifvertrag" versteht.

1149 Sachverständigenrat, Jahresgutachten 2002/03, 2002, S. 262.

1150 *Dieterich/Hanau/Henssler/Oetker/Wank/Wiedemann,* RdA 2004, 65, 76.

1151 *Höpfner,* NJW 2010, 2173, 2174; i.d.S. auch *Bepler,* in: Deutscher Juristentag, Gutachten zum 70. Deutschen Juristentag, 2014, S. B53 ff.; zustimmend *Giesen*, vgl. Deutscher Juristentag, Thesen der Gutachter und Referenten, 2014, S. 20 These 7.

1152 *Löwisch/Rieble,* § 3 Rn. 270.

1153 *Lobinger,* JZ 2013, 915, 916.

1154 *Däubler,* NZA 1996, 225, 227; Däubler, TVG-*Lorenz,* § 3 Rn. 115; *Walser,* WSI Mitt. 2013, 491, 496; ablehnend, aber dafür eine Parallele zur Nachhaftung eines ausgetretenen Gesellschafters einer Personengesellschaft ziehend (§ 736 Abs. 2 BGB, § 160 HGB) und damit zum selben Ergebnis gelangend: *Höpfner,* NJW 2010,

(2) Arbeitskampfrechtliche Folgen

Tritt ein Verbandsmitglied im Zuge laufender Tarifverhandlungen aus dem Arbeitgeberverband aus oder wechselt in eine OT-Mitgliedschaft, ist die Gewerkschaft nicht gehindert dieses zu bestreiken.[1155] Streikziel darf nach der geltenden BAG-Rechtsprechung dann allerdings nicht die Rückkehr in den Arbeitgeberverband sein,[1156] wohl aber bspw. ein Anerkennungstarifvertrag.[1157] Die Forderung nach der Aufrechterhaltung einer Verbandsmitgliedschaft würde nach überwiegender Meinung hinsichtlich des Austritts gegen die negative Koalitionsfreiheit des Arbeitgebers verstoßen, wie auch seine positive Koalitionsfreiheit verletzen, da sie den Wechsel in einen anderen Verband beschränke.[1158] Folgt man dem, wären (tarif-)vertragliche Vereinbarungen zum Verbleib im Arbeitgeberverband schon aufgrund der positiven Koalitionsfreiheit gemäß Art. 9 Abs. 3 S. 2 GG nichtig. Darauf, ob die negative Koalitionsfreiheit in Art. 9 Abs. 3 GG oder an anderer Stelle zu verorten ist, käme es gar nicht an.[1159] Dementsprechend betrachtet das BAG auch hierauf gerichtete Arbeitskämpfe als unzulässig.[1160]

Umstritten ist, ob während der Phase der Nachbindung nach § 3 Abs. 3 TVG die Friedenspflicht erhalten bleibt. Da die schuldrechtlichen Rechte und Pflichten der Tarifparteien nicht Teil der Nachbindung sind, kann auch die

---

2173, 2177; vgl. außerdem *Melot de Beauregard,* Mitgliedschaft in Arbeitgeberverbänden und Tarifbindung, 2002 (zugl. Würzburg, Univ., Diss 2002), S. 58 f.

1155 BAG, 19.06.2012 – 1 AZR 775/10, NZA 2012, 1372 (= AP Nr. 177 zu Art. 9 GG Arbeitskampf); *Ahrendt,* RdA 2010, 345, 348; Däubler, TVG-*Peter,* § 2 Rn. 123.

1156 BAG, 19.09.2006 – 1 ABR 2/06, NZA 2007, 277 (= AP Nr. 22 zu § 3 TVG Verbandszugehörigkeit); umstr. dazu bereits oben, S. 96.

1157 BAG, 18.02.2003 – 1 AZR 142/02, NZA 2003, 866 (= AP Nr. 163 zu Art. 9 GG Arbeitskampf (m. krit. Anm. Thüsing)); *Bauer/Haußmann,* RdA 2009, 99, 103; *Reichel,* Die Einbeziehung des Außenseiter-Arbeitgebers in den Verbandsarbeitskampf, 2008 (zugl. Göttingen, Univ., Diss. 2007), S. 35 ff., die allerdings eine sog. „Vorabunterwerfung" für unzulässig hält.

1158 BAG, 19.09.2006 – 1 ABR 2/06, NZA 2007, 277 (= AP Nr. 22 zu § 3 TVG Verbandszugehörigkeit); BAG, 10.12.2002 – 1 AZR 96/02, NZA 2003, 734 (= AP Nr. 162 zu Art. 9 GG Arbeitskampf); *Zachert,* FS Wissmann, 2005, S. 202, 204 f.; Däubler, AKR-*Däubler,* § 13 Rn. 16; Kempen/Zachert-*Kempen,* Grundlagen Rn. 329; weiter noch *Löwisch/Rieble,* § 1 Rn. 627, die durch Art. 11 EMRK auch den Schutz vor einem Arbeitskampf um einen Anschlusstarifvertrag vermittelt sehen.

1159 Vgl. *Löwisch/Rieble,* § 1 Rn. 732; dazu auch *Dieterich,* FS Wissmann, 2005, S. 114, 119 f.

1160 BAG, 10.12.2002 – 1 AZR 96/02, NZA 2003, 734 (= AP Nr. 162 zu Art. 9 GG Arbeitskampf); ErfK-*Linsenmaier,* Art. 9 GG Rn. 38.

Friedenspflicht in diesem Zeitraum keine Wirkung entfalten. Hinzu kommt, dass sich der Schutz der Friedenspflicht für den einzelnen Arbeitgeber aus dessen Verbandsmitgliedschaft ableitet, die zu diesem Zeitpunkt gerade nicht mehr besteht.[1161] Nichts anderes kann auch für die OT-Mitgliedschaft gelten.[1162] Für den Zeitraum der Nachwirkung ist der Wegfall der Friedenspflicht bereits höchstrichterlich bestätigt.[1163]

Neben dem Arbeitskampf direkt um einen Firmentarifvertrag kann der ausgetretene Arbeitgeber unter Umständen auch in einen Arbeitskampf um den Verbandstarifvertrag einbezogen werden. Dies ist, wie oben dargestellt, gegebenenfalls im Rahmen eines Unterstützungsstreiks möglich, insbesondere wenn man an die bereits erwähnten Netzwerkstrukturen denkt.[1164] Schließt der Arbeitgeber nach seinem Austritt einen Anerkennungstarifvertrag, schützt ihn, wie ebenfalls bereits dargelegt, seine individuelle Koalitionsfreiheit nicht davor, in einen Arbeitskampf um den Verbandstarifvertrag involviert zu werden.[1165]

c) Zwischenfazit

Der Austritt aus einem Arbeitgeberverband oder der Wechsel in die OT-Mitgliedschaft werden für einen Arbeitgeber umso attraktiver, je zeitnäher und planbarer sich dadurch Kosten senken lassen, insbesondere indem die Tarifbindung beendet wird. Für den ausgetretenen oder den in die OT-Mitgliedschaft gewechselten Arbeitgeber besteht daher ein Interesse an einer möglichst kurzen Austritts- oder Nachbindungsfrist. Hinsichtlich der Austrittsfristen kommt den Verbänden nach hier vertretener Ansicht ein relativ großer Gestaltungsspielraum zu, insbesondere stoßen entgegen der Auffassung des BGH Fristen von

---

1161 JKOS-*Krause,* § 4 Rn. 151; Schaub, Hdb. ArbR-*Treber,* § 193 Rn. 24; Däubler, AKR-*Reinfelder,* § 15 Rn. 11 f.; a.A. Wiedemann-*Oetker,* § 3 Rn. 79; *Gamillscheg,* Koll. ArbR I, 1997, S. 1083.

1162 So auch Däubler, TVG-*Reim/Ahrendt,* § 1 Rn. 1128; a.A. Wiedemann-*Thüsing,* § 1 Rn. 898; *Melot de Beauregard,* Mitgliedschaft in Arbeitgeberverbänden und Tarifbindung, 2002 (zugl. Würzburg, Univ., Diss 2002), S. 59; *Mehrens/Willemsen,* NZA 2009, 169, 173; wohl auch *Schaub,* FS Hromadka, 2008, S. 339, 242.

1163 BAG, 24.04.2007 – 1 AZR 252/06, JA 2008, 543 (mit zust. Anm. Krause) (= AP Nr. 2 zu § 1 TVG Sozialplan).

1164 Vgl. *Franzen,* FS Picker, 2010, S. 929, 936.

1165 BAG, 10.12.2002 – 1 AZR 96/02, NZA 2003, 734 (= AP Nr. 162 zu Art. 9 GG Arbeitskampf); BAG, 18.02.2003 – 1 AZR 142/02, NZA 2003, 866 (= AP Nr. 163 zu Art. 9 GG Arbeitskampf (m. krit. Anm. Thüsing)); entspricht auch der h.M. vgl. *Zachert,* FS Wissmann, 2005, S. 202, 207 m.w.N.

bis zu einem Jahr auf keine Bedenken. Insofern wird dem Bestandsinteresse der Verbände Genüge getan. Auf der anderen Seite haben sie es allerdings auch in der Hand, die Frist auf null herunterzusetzen oder bspw. einen Aufhebungsvertrag zu schließen. Dies macht es für den einzelnen Arbeitgeber möglich, kurzfristig aus einem Verband auszutreten oder in eine OT-Mitgliedschaft zu wechseln. Für ihn ist dies mit keinem größeren Risiko verbunden. Er profitiert immer noch von der Verbandsmitgliedschaft und kann eine eigene Arbeitsvertrags- oder Tarifpolitik verfolgen. Allenfalls kann er – eine entsprechende gewerkschaftliche Stärke vorausgesetzt – über einen Arbeitskampf für einen Anerkennungstarifvertrag wieder gezwungen sein, das vormals bestehende Tarifniveau einzuhalten, womit aber faktisch nur wieder der alte Rechtszustand hergestellt würde.[1166]

Erfolgt der Austritt oder Wechsel im Zuge laufender Tarifverhandlungen, besteht die Obliegenheit gegenüber der Gewerkschaft, diesen unverzüglich anzuzeigen, so dass sich diese auf die veränderten Umstände einstellen kann. Wird die Obliegenheit verletzt, hat dies zur Konsequenz, dass der Austritt oder Wechsel tarifrechtlich unwirksam ist und der betreffende Arbeitgeber an den Tarifvertrag gebunden bleibt. Durch diese Judikatur werden die negativen Folgen der Zulässigkeit von OT-Mitgliedschaften zwar abgemildert, sie verhindert solche Mitgliedschaftsformen jedoch keineswegs und kann insofern auch kaum den Langzeitfolgen der sich etablierenden OT-Modelle entgegenwirken. Geht man entgegen der hier vertretenen Auffassung davon aus, dass OT-Mitgliedschaften grundsätzlich zulässig sein müssen, ist vor allem über Auskunftsrechte der Gewerkschaften über die Verbandsmitgliedschaften nachzudenken. Bislang stellt das BAG in der Anerkennung der OT-Mitgliedschaften die freiheitsrechtliche Dimension[1167] der Koalitionsfreiheit deutlich über seine Ordnungsfunktion und will nur im Rahmen einer punktuellen Exzesskontrolle eingreifen.

Außerordentlich große Bedeutung für die Funktionsfähigkeit der Tarifautonomie kommt der Nachbindung nach § 3 Abs. 3 TVG zu. Sie stellt sicher, dass sich ein Arbeitgeber nicht einseitig aus der normativen Bindung befreien kann. Insofern wird einerseits die Schutzfunktion gegenüber den tarifgebundenen

---

1166 Vgl. *Behrens*, Das Paradox der Arbeitgeberverbände, 2011 (zugl. Göttingen, Univ., Habil. 2010), S. 158 f., der aber auch auf die Verbetrieblichung des Konflikts hinweist.

1167 BAG, 18.07.2006 – 1 ABR 36/05, NZA 2006, 1225 (= AP Nr. 19 zu § 2 TVG Tarifzuständigkeit); ähnlich der 4. Senat: BAG, 04.06.2008 – 4 AZR 316/07, AP Nr. 37 zu § 3 TVG; ErfK-*Linsenmaier*, Art. 9 GG Rn. 58a.

Arbeitnehmern erfüllt, andererseits aber auch der Ordnungsfunktion nachgekommen, indem die Bindung geltender Rechtsnormen nicht zur einseitigen Disposition gestellt wird. Letztlich kommt dies auch den Arbeitgeberverbänden zugute, da eine Verbandsflucht mit dem Motiv einer kurzfristigen Tarifflucht nicht zum Ziel führt. Eine zeitliche Begrenzung der Nachbindung erscheint dagegen weder rechtlich geboten noch rechtspolitisch sinnvoll.

3. Verbandswechsel

Kommen für einen Arbeitgeber mehrere Arbeitgeberverbände aufgrund ihres Zuständigkeitsbereichs für eine Mitgliedschaft infrage, kann auch ein Verbandswechsel mit dem Ziel, von den (für ihn günstigeren) Tarifbedingen des anderen Verbandes zu profitieren, eine Option darstellen.[1168] Ziel ist in diesem Fall zwar nicht die Tariflosigkeit, dennoch kommt hier der Verlust der Bindungswilligkeit des Arbeitgebers in Bezug auf den „alten" Tarifvertrag zum Ausdruck. Daher stellt sich die Frage nach den unmittelbaren Folgen für die Bindung an diesen.

Weitgehend unumstritten ist § 3 Abs. 3 TVG auch im Fall eines Verbandswechsels grundsätzlich anwendbar.[1169] Dies gilt insbesondere dann, wenn der neue Verband keine einschlägigen Tarifverträge abgeschlossen hat. Bei der hier interessierenden Konstellation, dass beim neuen Verband ein Tarifvertrag mit einem niedrigeren Tarifniveau besteht, sind zwei Fallgestaltungen zu unterscheiden: zum einen kann der „neue" Arbeitgeberverband Tarifverträge mit derselben Gewerkschaft abgeschlossen haben wie der „alte". Insbesondere in Bereichen, in denen einzelne Gewerkschaften ein breites Spektrum an Tätigkeiten abdecken und die Abgrenzung für die fachliche Zuordnung eines Unternehmens nicht immer eindeutig ist, wie etwa im Dienstleistungsbereich, kommt es durchaus vor, dass die Gewerkschaft in benachbarten Bereichen Tarifverträge mit unterschiedlichen Niveaus abgeschlossen hat.[1170] Zum anderen kann der „neue" Arbeitgeberverband Tarifverträge mit einer anderen Gewerkschaft abgeschlossen haben. Voraussetzung ist freilich, dass der betreffende Betrieb in beiden Fällen dem fachlichen und räumlichen Geltungsbereich der jeweiligen Tarifverträge unterliegt.

Die eine Meinung geht davon aus, dass Kollisionen der Nachbindung nach § 3 Abs. 3 TVG und der Tarifbindung nach § 3 Abs. 1 TVG, wie im ersten Fall,

---

1168 Dazu etwa *Schmidt/Röbenack/Hinke,* Ind. Beziehungen 2003, 220, 227; *Völkl,* Ind. Beziehungen 1998, 165, 170, 184; Däubler, TVG-*Lorenz,* § 3 Rn. 47.

1169 Vgl. nur *Gamillscheg,* Koll. ArbR I, 1997, S. 727 m.w.N.

1170 Vgl. etwa BAG, 11.05.2005 – 4 AZR 315/04, NZA 2008, 1362.

nach den Grundsätzen der Tarifkonkurrenz aufzulösen sind, also insbesondere nach dem Spezialitätsprinzip, und im Übrigen Tarifpluralität eintritt.[1171] Dagegen bringt die andere Auffassung zu Recht vor, dass dem Arbeitgeber so die Lösung aus der Bindung an einen Tarifvertrag durch einseitigen Akt ermöglicht würde, was dem Zweck des § 3 Abs. 3 TVG entgegenliefe.[1172] Denn dieser will – wie soeben dargelegt[1173] – die einmal eingegangene Bindung an einen Tarifvertrag bis zu dessen Ende erhalten und damit ein einseitiges Unterlaufen vermeiden. Was für den Verbandsaustritt gilt, muss insofern auch für die „Flucht" in einen anderen Tarifvertrag gelten.[1174] Orientiert man sich an diesem Zweck, muss sich folglich in der oben beschriebenen ersten Konstellation in Anlehnung an die zweite Ansicht die Nachbindung nach Art. 3 Abs. 3 TVG durchsetzen. In der oben beschriebenen zweiten Konstellation käme es dagegen zur Tarifpluralität, sofern beide Gewerkschaften im Betrieb vertreten sind. Als Folge bliebe für die bei der „alten" Gewerkschaft organisierten Arbeitnehmer die Tarifbindung aufgrund von § 3 Abs. 3 TVG bestehen, während für die bei der „neuen" Gewerkschaft organisierten Arbeitnehmer die Tarifbindung aufgrund von § 3 Abs. 1 TVG eintritt.[1175]

Endet die Nachbindung in der ersten Konstellation, kommt es jedoch nicht zur Nachwirkung nach § 4 Abs. 5 TVG, da sich dann die Tarifbindung kraft § 3 Abs. 1 TVG durchsetzt.[1176] In der zweiten Konstellation greift für die Mitglieder der Gewerkschaft des vorher geltenden Tarifvertrags die Nachwirkung nach § 4 Abs. 5 TVG sehr wohl, bis sie durch eine andere Vereinbarung ersetzt wird. Der Verbandswechsel ermöglicht daher keine kurzfristige „Tarifflucht" und kann erst mittelfristig dazu führen, dass der zuvor geltende Tarifvertrag durch einen anderen ersetzt wird.

1171 Für den Fall des Verbandsaustritts BAG, 26.10.1983 – 4 AZR 219/81, AuR 1984, Rn. 90 (= AP Nr. 3 zu § 3 TVG); wohl auch BAG, 04.09.1996 – 4 AZR 135/95, NZA 1997, 271, 272 (= AP Nr. 5 zu § 1 TVG Bezugnahme auf Tarifvertrag); vgl. *Gamillscheg,* Koll. ArbR I, 1997, S. 727; Kittner/Zwanziger/Deinert-*Deinert,* § 8 Rn. 230; *Löwisch/Rieble,* § 4 Rn. 286; *Schaub,* FS Hromadka, 2008, S. 339, 345; zur Tarifpluralität und zum Spezialitätsprinzip, S. 130 f., 242 f.

1172 LAG Hessen, 28.09.2010 – 3 Sa 142/10, juris, Rn. 52; Wiedemann-*Oetker,* § 3 Rn. 109; JKOS-*Jacobs,* § 7 Rn. 223; Kempen/Zachert-*Kempen,* § 3 TVG Rn. 80; *Berg/Kocher/Platow/Schoof/Schumann,* § 4 Rn. 69; Däubler, TVG-*Lorenz,* § 3 Rn. 90; *Däubler,* NZA 1996, 225, 230.

1173 Siehe oben, S. 185 ff.

1174 In diesem Sinne auch *Konzen,* ZfA 1975, 401, 429.

1175 Vgl. *Däubler,* NZA 1996, 225, 230; Wiedemann-*Oetker,* § 3 Rn. 109.

1176 Vgl. etwa BAG, 04.09.1996 – 4 AZR 135/95, NZA 1997, 271, 272 (= AP Nr. 5 zu § 1 TVG Bezugnahme auf Tarifvertrag).

4. Umstrukturierung und Veräußerung

a) Grundlagen

(1) Vorbemerkung

Neben dem offenen Verbandsaustritt, -wechsel oder Wechsel in die OT-Mitgliedschaft spielen vor allem die unterschiedlichen Formen der Unternehmensumstrukturierung bzw. Unternehmensveräußerung eine wichtige Rolle in der Erosion der Tarifbindung. Hier existiert eine große Zahl an möglichen Konstellationen, die jeweils unterschiedliche Auswirkungen auf die Tarifbindung haben können.

Die wichtigsten Fallgestaltungen sollen nachfolgend dargestellt werden, dabei interessieren vor allem diejenigen, bei denen durch die Umstrukturierung die Tarifbindung beendet oder verändert werden soll, wobei angesichts der Fragestellung in erster Linie die Verbandstarifbindung zu betrachten ist. Freilich können die Beweggründe für eine Umstrukturierung oder Auslagerung vielfältig sein, insbesondere auch betriebsorganisatorischen oder steuerlichen oder – in Hinblick auf das Arbeitsrecht – betriebsverfassungsrechtlichen oder kündigungsrechtlichen Intentionen geschuldet sein. So kann die steuerrechtliche Behandlung der Umwandlung als Verschmelzung einen Anreiz dafür darstellen, diesen Weg zu wählen, da sich diese weitgehend steuerneutral auswirkt und nicht als Aufgabe des Betriebs i.S.d. § 16 EStG oder Liquidation und Abwicklung i.S.d. § 11 KStG betrachtet wird (§§ 3 ff. UmwStG für Personalgesellschaften bzw. § 12 Abs. 3 S. 2 UmwStG für Kapitalgesellschaften).[1177] Da hier die Intention des Arbeitgebers aber nicht die Tarifbindung betrifft, ist die vorliegende Fragestellung nur mittelbar tangiert, weshalb diese Gesichtspunkte an dieser Stelle außer Acht bleiben sollen.

Grundsätzlich unterschieden werden muss dabei zwischen Formen der Einzel- und Gesamtrechtsnachfolge. Welcher dieser beiden Wege für eine Umstrukturierung gewählt wird, fällt zunächst in die Entscheidungsfreiheit des Unternehmers, sofern die entsprechenden gesetzlichen Voraussetzungen erfüllt sind.[1178] Im Falle der Einzelrechtsnachfolge werden die einzelnen Rechtspositionen des Betriebs oder Betriebsteils durch einzelne Akte übertragen, während

---

1177 Dazu instruktiv bspw. *Kaminski/Strunk,* Einfluss von Steuern auf unternehmerische Entscheidungen, 2012, insb. S. 93 ff.; *Cramer,* Die Umwandlung der GmbH & Co. KG in die AG, 2011 (zugl. Augsburg, Univ., Diss. 2009), S. 190 ff.; Sagasser/Bula/Brünger-*Sagasser,* § 4 Rn. 2 f.

1178 Vgl. aber die Beteiligungsrechte in den §§ 111 ff. BetrVG sowie Informationsrechte nach § 613 a Abs. 5 BGB sowie §§ 14 Abs. 4 S. 2, 35 Abs. 2 S. 2 i.V.m. § 11

bei der Gesamtrechtsübertragung der Betrieb oder Betriebsteil als Vermögensgesamtheit kraft Gesetz auf den Rechtsnachfolger übergeht.[1179] In Bezug auf die Gesamtrechtsübertragung sind vorliegend insbesondere die Verschmelzung (§§ 2 bis 123 UmwG), die Spaltung (§§ 123 bis 173 UmwG) sowie die Vermögensübertragung (§§ 174 bis 189 UmwG) von Interesse, während der vierte vom UmwG vorgesehene Fall, der des reinen Formwechsels (§§ 190 bis 304 UmwG), zumindest tarifrechtlich keine Auswirkungen hat.[1180]

Der Ausgangspunkt für die Wirkung von Tarifnormen ist zunächst für die Einzelrechtsnachfolge wie auch für die Gesamtrechtsnachfolge derselbe: erster Anknüpfungspunkt ist jeweils die normative tarifrechtliche Bindung nach § 3 Abs. 1 TVG wie auch § 3 Abs. 3 TVG.[1181] Nur subsidiär ist auf andere gesetzliche Bestimmungen zurückzugreifen, die sich in erster Linie in § 613a Abs. 1 BGB sowie im UmwG finden.[1182] Dies bedarf genauerer Erörterung.

(2) Betriebsübergang nach § 613a Abs. 1 BGB

(a) Grundsätze

Zunächst sind jedoch einige grundsätzliche Erwägungen zu § 613a Abs. 1 BGB anzustellen. Zwar ordnet bereits § 613a Abs. 1 S. 1 BGB an, dass im Falle eines Übergangs eines Betriebs oder Betriebsteils durch Rechtsgeschäft auch die Rechte und Pflichten aus einem bestehenden Arbeitsverhältnis übergehen. Da hiervon aber normativ wirkende Rechte und Pflichten aus einem Tarifvertrag oder einer Betriebsvereinbarung nicht erfasst sind, wurde 1980 die Vorschrift des § 613a Abs. 1 S. 2 bis 4 BGB eingefügt und damit gleichzeitig die unionsrechtliche Betriebsübergangsrichtlinie umgesetzt.[1183] Aufgrund dieser Bestimmung sind auch die beim Veräußerer geltenden kollektivvertraglichen Normen beim neuen Arbeitgeber anwendbar und dürfen vor Ablauf eines Jahres nicht zum Nachteil des Arbeitnehmers geändert werden. Hierzu muss der Tarifvertrag bereits zum Zeitpunkt des Betriebsübergangs zwischen dem

---

Abs. 2 S. 3 Nr. 2 WpÜG bzw. § 106 Abs. 2 und Abs. 3 Nr. 9a BetrVG oder § 109a BetrVG; vgl. auch Däubler, TVG-*Lorenz,* § 3 Rn. 42.

1179 ErfK-*Preis,* § 613a BGB Rn. 181.

1180 Vgl. *Schaub,* FS Hromadka, 2008, S. 339, 351 f.; *Däubler,* RdA 1995, 136, 145; Däubler, TVG-*Lorenz,* § 3 Rn. 129.

1181 BAG, 22.04.2009 - 4 AZR 100/08, NZA 2010, 41 (= AP Nr. 371 zu § 613a BGB); kritisch *Franzen,* FS Picker, 2010, S. 929, 945.

1182 Vgl. Däubler, TVG-*Lorenz,* § 3 Rn. 146; dazu auch unten S. 204 f.

1183 EG-AnpassungsG, BGBl. I, S. 1308 zur Umsetzung der Richtlinie 77/187/EWG (ABl. Nr. L 61, S. 26), geändert durch Richtlinie 98/50/EG (Abl. Nr. L 201, S. 88); heute als kons. Fassung Richtlinie 2001/23/EG (ABl. Nr. L 82, S. 16); dazu ErfK-*Preis,* § 613a BGB Rn. 1.

Arbeitnehmer und dem Arbeitgeber gegolten haben.[1184] Hierfür reicht aber die Nachbindung nach § 3 Abs. 3 TVG aus und selbst die Nachwirkung nach § 4 Abs. 5 TVG löst, wie erwähnt, die Anwendung von § 613a Abs. 1 S. 2 BGB aus.[1185]

§ 613a Abs. 1 S. 2 bis 4 BGB ist dabei aber keineswegs auf Fälle der Einzelrechtsnachfolge beschränkt. Voraussetzung ist zwar, dass der Übergang rechtsgeschäftlich erfolgt (§ 613a Abs. 1 S. 1 BGB), was bei der Einzelrechtsnachfolge stets erfüllt ist. Dies ist aber auch in Bezug auf die Gesamtrechtsnachfolge zumindest in den hier interessierenden Fällen im Bereich des UmwG nicht anders.[1186] Zudem ordnet § 324 UmwG sogar ausdrücklich an, dass § 613a Abs. 1, 4 bis 6 BGB im Falle einer Verschmelzung, Spaltung oder Vermögensübertragung unberührt bleiben soll. Scheidet also in einer bestimmten Fallkonstellation die Weitergeltung nach § 3 TVG im Falle einer Gesamtrechtsnachfolge nach dem UmwG aus, kommt auch hier § 613a Abs. 1 S. 2 BGB zur Anwendung.[1187]

(b) Individualrechtliche vs. kollektivrechtliche Geltung

Hoch umstritten ist allerdings, in welcher Form die Tarifbestimmungen (Betriebsvereinbarungen sollen für die nachfolgende Betrachtung außer Acht bleiben) beim neuen Arbeitgeber gelten. Die wohl noch h.M. geht davon aus, dass die Tarifnormen Inhalt des Arbeitsvertrages werden und damit ihre kollektivrechtliche Geltung verlieren.[1188] Während früher auch das BAG dieser Auffassung folgte,[1189] geht es nun zwar immer noch von einer Transformation der Tarifbindung in das Arbeitsverhältnis zwischen dem Erwerber und dem Arbeitnehmer aus, allerdings sollen die Bestimmungen ihren kollektivrechtlichen Charakter behalten.[1190] Eine dritte Ansicht kritisiert den unklaren Charakter

---

1184 BAG, 16.05.2012 – 4 AZR 321/10, NZA 2012, 923 (= AP Nr. 431 zu § 613a BGB).

1185 BAG, 27.11.1991 – 4 AZR 211/91, AP Nr. 22 § 4 TVG Nachwirkung (m. zust. Anm. Löwisch, Rieble) (= NZA 1992, 800); Staudinger-*Anuss,* § 613a BGB Rn. 209; a.A. *Heinze,* DB 1998, 1861, 1862.

1186 Däubler, TVG-*Lorenz,* § 3 Rn. 192 f.; noch weiter Wiedemann-*Oetker,* § 3 Rn. 236; a.A. *Düwell,* NZA 1996, 393, 396.

1187 *Däubler,* RdA 1995, 136, 140; ErfK-*Preis,* § 613a BGB Rn. 81; Däubler, TVG-*Lorenz,* § 3 Rn. 147, 163, zur Frage des Erbfalls Rn. 138.

1188 MünchArbR-*Rieble/Klumpp,* § 177 Rn. 75; *Franzen,* FS Picker, 2010, S. 929, 945; Kempen/Zachert-*Kempen,* § 3 TVG Rn. 104; JKOS-*Oetker,* § 6 Rn. 288.

1189 BAG, 13.09.1994 – 3 AZR 148/94, NZA 1995, 740, 741 (= AP Nr. 11 zu § 1 TVG Rückwirkung).

1190 BAG, 22.04.2009 – 4 AZR 100/08, NZA 2010, 41, 46 (= AP Nr. 371 zu § 613a BGB); vgl. Däubler, TVG-*Lorenz,* § 3 Rn. 156; *Schliemann,* NZA Sonderbeilage 16/2003, 3, 11; Staudinger-*Anuss,* § 613a BGB Rn. 197 ff.

dieser Fortgeltung und spricht sich daher überzeugend für das so genannte Sukzessionsmodell aus. Danach ordnet § 613a Abs. 1 S. 2 BGB die Rechtsnachfolge des Erwerbers in die kollektivrechtliche Bindung des Veräußerers an.[1191] Gegen eine rein individualrechtliche Weitergeltung spricht schon § 3 Abs. 3 der Richtlinie 2001/23/EG, nach dem die in einem Kollektivvertrag vereinbarten Arbeitsbedingungen in gleichem Maß aufrecht erhalten werden sollen, wie sie beim Veräußerer vorgesehen waren.[1192] Auch der vom Gesetzgeber intendierte Bestandsschutz der kollektiven Rechte wird durch das Sukzessionsmodell eher sichergestellt.[1193] Im Übrigen spricht auch der Wortlaut des § 613a Abs. 1 S. 2 BGB nicht gegen eine solche Lösung. § 613a Abs. 1 S. 2 BGB ordnet – vergleichbar mit § 1 Abs. 1 TVG – lediglich an, dass die Rechtsnormen des früher geltenden Tarifvertrags Inhalt des Arbeitsverhältnisses werden, aber gerade nicht des Arbeitsvertrags.[1194] Diese Überlegungen sprechen für die Anwendung des Sukzessionsmodells. Im Ergebnis ist auch die Lösung des BAG nicht weit hiervon entfernt, wenn es feststellt, „dass die mit dem Gesetz angeordnete zeitlich begrenzte Sicherung der beim Veräußerer erreichten tariflichen Standards in ihrer Wirkungsweise der Anordnung der Nachbindung gem. § 3 III TVG entspricht".[1195]

Eine Beeinträchtigung der negativen Koalitionsfreiheit des Erwerbers ergibt sich hierdurch nicht, da diese – wie bereits mehrfach dargelegt – nicht davor schützt, mit Tarifnormen in Berührung zu kommen, sondern lediglich einen unverhältnismäßigen Beitrittsdruck zu einer Koalition verbietet, der hier jedoch nicht gegeben ist.[1196] Eine Verletzung der negativen Koalitionsfreiheit durch den Arbeitsvertrag sei zudem schon begrifflich ausgeschlossen – so das BAG. Und zwar sowohl in Hinblick auf den, der die Regelung getroffen hat, wie auch

1191 ErfK-*Preis,* § 613a BGB Rn. 1; *Sagan,* RdA 2011, 163, 169; ähnlich *Rinck,* RdA 2010, 216, 220 f.

1192 EuGH, 04.06.2002 – C-164/00, Slg. 2002, I-4893 (*Beckmann*), Rn. 36; so auch Däubler, TVG-*Lorenz,* § 3 Rn. 127; vgl. aber zur neueren Entwicklung unten, S. 200 ff.

1193 BT-Drs. 8/3317, S. 7; ErfK-*Preis,* § 613a BGB Rn. 112; a.A. Wiedemann-*Oetker,* § 3 Rn. 329.

1194 BAG, 22.04.2009 – 4 AZR 100/08, NZA 2010, 41 (= AP Nr. 371 zu § 613a BGB); Staudinger-*Anuss,* § 613a BGB Rn. 197 f.; anders aber kritisch *Gamillscheg,* Koll. ArbR I, 1997, S. 780.

1195 BAG, 22.04.2009 – 4 AZR 100/08, NZA 2010, 41, 46 (= AP Nr. 371 zu § 613a BGB).

1196 BAG, 24.02.2010 – 4 AZR 691/08, NZA-RR, 530, 534 f. (= AP Nr. 75 zu § 1 TVG Bezugnahme auf Tarifvertrag)

auf einen potentiellen Betriebserwerber.[1197] Dies gilt umso mehr, als trotz der kollektivrechtlichen Weitergeltung durch § 613a Abs. 1 S. 2 BGB keine Dynamik erzeugt wird, vielmehr gelten die Normen auf ihrem Stand zum Zeitpunkt des Betriebsübergangs fort.[1198]

(c) Einzelvertragliche Bezugnahme beim Veräußerer

Gelten die Tarifbedingungen mangels Gewerkschaftsmitgliedschaft in einem Arbeitsverhältnis mit dem Veräußerer nur aufgrund einer Bezugnahmeklausel, gehen diese Bedingungen zwar ebenfalls gemäß § 613a Abs. 1 S. 1 BGB auf den Erwerber über. Für die Anwendung von § 613a Abs. 1 S. 2 BGB bleibt hier allerdings kein Raum, da die normative Tarifgeltung Voraussetzung ist. Der einjährige zwingende Bestandsschutz nach § 613a Abs. 1 S. 2 BGB gilt hier daher nicht. Demnach können die Arbeitsbedingungen jederzeit nach den allgemeinen arbeitsrechtlichen Regeln abgeändert werden.[1199]

Da jedoch die arbeitsvertragliche Bezugnahmeklausel übergeht, gilt diese beim neuen Betriebsinhaber genauso wie beim alten.[1200] Dabei kommt es auf die Formulierung der Klausel, sowie nach der Rechtsprechung des BAG darauf an, ob diese vor oder nach der Schuldrechtsreform am 1.1.2002 angeschlossen worden ist, wie unten noch genauer darzulegen sein wird.[1201] Für Fälle nach der Schuldrechtsreform ist – sofern keine anderen Anhaltspunkte bestehen – von einer konstitutiven dynamischen Verweisung auszugehen. Dementsprechend gilt auch nach dem Betriebsübergang die Bezugnahmeklausel nach § 613a Abs. 1 S. 1 BGB dynamisch weiter fort und verweist auf den ursprünglich geltenden Tarifvertrag in der jeweils geltenden Fassung.[1202] Ein statischer Übergang – so der 4. Senat – würde eine Minderung der Rechte des betroffenen

---

1197 BAG, 24.02.2010 – 4 AZR 691/08, NZA-RR, 530, 535 (= AP Nr. 75 zu § 1 TVG Bezugnahme auf Tarifvertrag).

1198 Vgl. ErfK-*Preis,* § 613a BGB Rn. 112; vgl. auch EuGH, 27.11.2008 – C-396/07, Slg. 2008, I-8883 (*Juuri*), Rn. 31 ff.

1199 Vgl. auch BAG, 24.02.2010 – 4 AZR 691/08, NZA-RR, 530, 534 (= AP Nr. 75 zu § 1 TVG Bezugnahme auf Tarifvertrag).

1200 Kittner/Zwanziger/Deinert-*Bachner,* § 98 Rn. 24.

1201 Dazu unten, S. 337 ff.

1202 Std. Rspr BAG, 24.02.2010 – 4 AZR 691/08, NZA-RR, 530, 532 (= AP Nr. 75 zu § 1 TVG Bezugnahme auf Tarifvertrag).14.12.2005; kritisch aber EuGH, 09.03.2006 – C-499/04, Slg. 2006, I-2397 (*Werhof*) (= NZA 2006, 376) und EuGH, 07.09.2013 – C-426/11, AuR 2013, 498 (m. Anm. Heuschmid) (*Alemo-Herron u. a.*) (= NZA 2013, 835), dazu im Folgenden.

Arbeitnehmers darstellen.[1203] Zutreffend argumentiert der 4. Senat, dass es nicht auf den Willen der Parteien der Veräußerung ankomme, ob eine Verweisung statisch oder dynamisch übergehe, es komme ausschließlich auf die bestehende Rechtslage im veräußernden Betrieb an.[1204] Ist der in Bezug genommene Tarifvertrag für die organisierten Arbeitnehmer günstiger, überlagert § 613a Abs. 1 S. 3 BGB demnach auch für die Gewerkschaftsmitglieder nicht die Bezugnahmeklausel, vielmehr greift hier das Günstigkeitsprinzip nach § 4 Abs. 3 TVG ein.[1205] Tarifflucht wird dadurch erschwert.[1206] Denn zuvor ging das BAG davon aus, dass im Zweifel der beim Arbeitgeber geltende Tarifvertrag in Bezug genommen ist, also nach dem Betriebsübergang der Tarifvertrag der beim Erwerber gilt.[1207]

(d) Dynamische Bezugnahme und Unionsrecht

Teilweise wird hierin allerdings ein Widerspruch zur neueren Rechtsprechung des EuGH in der Rs. *Alemo-Herron*[1208] gesehen.[1209] Dem englischen Ausgangsfall lag die Übertragung einer Abteilung des Londoner Bezirksrats an einen privatrechtlich organisierten Arbeitgeber zugrunde. Der Kläger war bereits vor der Übertragung beim Bezirksrat angestellt, sein Arbeitsvertrag verwies auf einen Kollektivvertrag. Es stellte sich nun die Frage, ob der Kläger auch nach der Privatisierung an Änderungen des Kollektivvertrags dynamisch partizipieren kann. Eine Besonderheit stellt dabei dar, dass es das englische Recht erlaubt, dass die Arbeitsbedingungen von einem Dritten, in diesem Fall dem *National Joint*

1203 BAG, 24.02.2010 – 4 AZR 691/08, NZA-RR, 530, 534 (= AP Nr. 75 zu § 1 TVG Bezugnahme auf Tarifvertrag).

1204 Vgl. bspw. BAG, 24.02.2010 – 4 AZR 691/08, NZA-RR, 530, 534 (= AP Nr. 75 zu § 1 TVG Bezugnahme auf Tarifvertrag); BAG, 15.06.2011 – 4 AZR 563/09, AP Nr. 62 zu § 133 BGB; vgl. auch EuGH, 27.11.2008 – C-396/07, Slg. 2008, I-8883 (*Juuri*); nichts anderes in EuGH, 09.03.2006 – C-499/04, Slg. 2006, I-2397 (*Werhof*) (= NZA 2006, 376).

1205 ErfK-*Preis*, § 613a BGB Rn. 127.

1206 Ebenso Kittner/Zwanziger/Deinert-*Bachner*, § 98 Rn. 26.

1207 BAG, 20.03.1991 – 4 AZR 455/90, NZA 1991, 736 (= AP Nr. 20 zu § 4 TVG Tarifkonkurrenz).

1208 EuGH, 07.09.2013 – C-426/11, AuR 2013, 498 (m. Anm. Heuschmid) (*Alemo-Herron u. a.*) (= NZA 2013, 835).

1209 *Lobinger*, NZA 2013, 945, 947; *Schiefer/Hartmann*, BB 2013, 2613, 2614 f.; *Haußmann*, FD-ArbR 2013, 350356.

Council for Local Government (NJC) festgelegt werden, dem der neue Arbeitgeber nicht angehört und in dem er auch nicht vertreten ist.[1210]

Der EuGH kam nun zu dem Schluss, dass aus der Betriebsübergangsrichtlinie auch folge, dass ein Erwerber in der Lage sein müsse, die für die Fortsetzung seiner Tätigkeit erforderlichen Anpassungen vorzunehmen. Wenn der Erwerber aber nicht die Möglichkeit habe, an den Verhandlungen über Kollektivverträge, die nach dem Übergang geschlossen worden sind, teilzunehmen, könne die Vertragsfreiheit des Erwerbers so erheblich reduziert sein, dass die unternehmerische Freiheit aus Art. 16 GRChr in ihrem Wesensgehalt angetastet werde. Er betont dabei allerdings auch die Besonderheiten bei einem Betriebsübergang aus dem öffentlichen in den privaten Sektor, der beträchtliche Anpassungen erfordere.[1211] Diese Entscheidung ist umso bemerkenswerter, als der Generalanwalt in seinen Schlussanträgen noch zum gegenteiligen Ergebnis kam und befand, dass die Richtlinie 2001/23/EG es den EU-Mitgliedsstaaten nicht verbiete, eine dynamische Bezugnahmeklausel beim Veräußerer auch nach einem Betriebsübergang beim Erwerber als verbindlich anzusehen. Dies stehe auch in Einklang mit der in Art. 16 GRChr geschützten unternehmerischen Freiheit.[1212]

Während der EuGH zwar schon in der *Rs. Werhof* ausgeführt hat, dass „auch wenn gemäß dem Ziel der Richtlinie die Interessen der von dem Übergang betroffenen Arbeitnehmer zu schützen sind, die Interessen des Erwerbers nicht unberücksichtigt bleiben“[1213] dürften, so geht der EuGH nun einen erheblichen Schritt weiter und deutet eine Gleichsetzung der Schutzziele des Arbeitnehmerschutzes und des Ausgleichs der Interessen des Erwerbers und der Arbeitnehmer an.[1214] Eine solche lässt sich allerdings weder aus der Richtlinie 2001/23/EG noch der Ursprungsrichtlinie 77/187/EWG ableiten. Zwar dient beiden als Kompetenzgrundlage das Erfordernis der Angleichung der Rechtsvorschriften (aktuell Art. 115 AEUV), sie verweisen nicht auf das Sozialkapitel. Allerdings

---

1210 EuGH, 07.09.2013 – C-426/11, AuR 2013, 498 (m. Anm. Heuschmid) (*Alemo-Herron u. a.*) (= NZA 2013, 835).

1211 EuGH, 07.09.2013 – C-426/11, AuR 2013, 498 (m. Anm. Heuschmid) (*Alemo-Herron u. a.*), 836 f. (= NZA 2013, 835).

1212 Schlussanträge *Villón* zu EuGH, 07.09.2013 – C-426/11, AuR 2013, 498 (m. Anm. Heuschmid) (*Alemo-Herron u. a.*), Rn. 55 (= NZA 2013, 835) (bisher noch nicht veröffentlicht).

1213 EuGH, 09.03.2006 – C-499/04, Slg. 2006, I-2397 (*Werhof*), Rn. 31 (= NZA 2006, 376).

1214 EuGH, 07.09.2013 – C-426/11, AuR 2013, 498 (m. Anm. Heuschmid) (*Alemo-Herron u. a.*), Rn. 25 (= NZA 2013, 835).

deuten die Erwägungsgründe eindeutig auf das Ziel des Schutzes der Arbeitnehmer beim Betriebsübergang hin (insbesondere Erwägungsgründe 3 bis 6 der Richtlinie 2001/23/EG).

Abgesehen davon stellt sich aber grundsätzlich die Frage, ob sich das Urteil in der Rs. *Alemo-Herron*, das vor dem Hintergrund des englischen Rechts ergangen ist, überhaupt auf die Rechtslage in Deutschland übertragen lässt. Dabei ist zunächst darauf hinzuweisen, dass Kollektivverträge in England von sich aus keine normative Wirkung entfalten und eine vergleichbare Wirkung erst über die Bezugnahme entwickeln.[1215] Allerdings kann im englischen Recht die Bezugnahme bereits dadurch bewerkstelligt werden, dass der Vertrag andernfalls nicht durchführbar wäre.[1216] Unklar ist insofern, ob der EuGH hier von einer mit dem deutschen Recht vergleichbaren normativen Wirkung der Bestimmungen des Kollektivvertrags ausgegangen ist, oder von einer rein schuldrechtlichen.[1217] Diese Unterscheidung ist allerdings wesentlich, denn die Richtlinie verlangt im Fall der kollektivvertraglichen Geltung in § 3 Abs. 3 lediglich, dass der Erwerber bis zum Ende des Kollektivvertrags an dessen Arbeitsbedingungen gebunden ist. Eine solche Beschränkung sieht Art. 3 Abs. 1 der Richtlinie dagegen nicht vor, vielmehr sollen die Rechte und Pflichten des Veräußerers aus einem Arbeitsvertrag vollständig auf den Erwerber übergehen.[1218] Während der erste Fall in Deutschland in § 613a Abs. 1 S. 2 BGB umgesetzt ist, findet sich der zweite Fall in § 613a Abs. 1 S. 1 BGB. Letzterer greift in Deutschland im Fall der einzelvertraglichen Bezugnahmeklauseln, die rein schuldrechtlich wirken. Hier die Fortgeltung zu beschränken, stünde – wie bereits im letzten Punkt dargelegt – aber im Widerspruch zur Richtlinie.[1219]

Aber selbst wenn man an dieser Stelle zu einem anderen Schluss käme, erlaubt Art. 8 der Richtlinie den Mitgliedstaaten, für die Arbeitnehmer günstigere Bestimmungen zu erlassen. Das vom EuGH dagegen vorgebrachte Argument,

---

1215 *Gamillscheg*, Koll. ArbR I, 1997, S. 556; auch *Forst*, DB 2013, 1847.

1216 *Tadd v. Eastwood and the Daily Telegraph Ldt.* [1983] IRLR 320, 327; *Forst*, DB 2013, 1847, 1849.

1217 Dazu auch *Heuschmid*, AuR 2013, 500, 501.

1218 EuGH, 06.09.2011 – C-108/10, Slg. 2010, I-07491 (*Scattolon*), Rn. 75; vgl. auch bereits EuGH, 06.11.2003 – C-4/01, Slg. 2003, I-12859 (*Martin u.a.*), Rn. 48; dazu auch jurisPK-BGB-*Kliemt/Tesch*, § 613a BGB Rn. 109.

1219 Ähnlich *Jacobs/Frieling*, EuZW 2013, 737, 738; *Forst*, DB 2013, 1847; vgl. auch EuGH, 27.11.2008 – C-396/07, Slg. 2008, I-8883 (*Juuri*), Rn. 31 ff., wo der Ausschluss der Dynamik mit Art. 3 Abs. 3 der Richtlinie begründet wird, wo es aber ausdrücklich auf den Willen der Tarifparteien ankommt.

dies erlaube keinen Eingriff in den „Wesensgehalt“ der Unternehmerfreiheit aus Art. 16 GRChr[1220], überzeugt in diesem Kontext nicht, schon gar nicht übertragen auf die deutsche Rechtslage. Denn der Erwerber ist ausschließlich hinsichtlich der beim Betriebsübergang bestehenden Arbeitsverhältnisse gebunden und hat stets die Möglichkeit, einzelvertraglich zu einer neuen Vereinbarung zu kommen. Dies wäre für den Veräußerer nicht anders und auch der Erwerber hat sich privatautonom hierauf eingelassen. Daher kann auch keine Verletzung der negativen Koalitionsfreiheit bestehen.[1221] An dieser Stelle liegt wohl auch der entscheidende Unterschied zwischen der deutschen und der englischen Rechtslage. Denn nach § 4 Abs. 4 der Transfer of Undertakings (Protection of Employment) Regulations 2006[1222] sind alle Änderungen der Arbeitsbedingungen untersagt, die entweder im Betriebsübergang selbst begründet oder mit diesem verbunden sind, sofern nicht eine der dort genannten objektiven Ausnahmen greift.

Daher muss, selbst wenn man, entgegen der hier vertretenen Ansicht, dem EuGH in seiner Auslegung des Art. 3 der Richtlinie 2001/23/EG folgt, zum Schluss kommen, dass sich die Rs. *Alemo-Herron* nicht auf die deutsche Rechtslage übertragen lässt.[1223] Denn auch wenn in Deutschland ebenfalls der Fall eintreten kann, dass ein Erwerber aufgrund einzelvertraglicher Bezugnahme die Bestimmungen eines Tarifvertrags anwenden muss, auf den er auch hypothetisch keinen Einfluss nehmen kann, etwa weil er sich nicht mehr im Zuständigkeitsbereich eines Verbandes befindet, so hat er doch stets die Möglichkeit, einzelvertraglich eine Veränderung der Bedingungen herbeizuführen.

(e) Widerspruchsrecht

Gegen den Willen des einzelnen Arbeitnehmers findet jedoch kein Übergang des Arbeitsverhältnisses statt. Dieser kann dem Übergang nach § 613a Abs. 6 BGB widersprechen.[1224] Auch dies kann potentiell eine Hürde für die Nutzung des Betriebsübergangs als Gestaltungsmittel für die Tarifbindung darstellen. Das gilt vor allem dann, wenn das Widerspruchsrecht kollektiv ausgeübt

---

1220 EuGH, 07.09.2013 – C-426/11, AuR 2013, 498 (m. Anm. Heuschmid) (*Alemo-Herron u. a.*), Rn. 36 (= NZA 2013, 835).

1221 A.A. *Lobinger,* NZA 2013, 945, 945 f.; offen EuGH, 07.09.2013 – C-426/11, AuR 2013, 498 (m. Anm. Heuschmid) (*Alemo-Herron u. a.*), Rn. 31 (= NZA 2013, 835).

1222 Abrufbar unter http://www.legislation.gov.uk/uksi/2006/246/contents/made [zuletzt geprüft: 12.12.2014].

1223 So im Grundsatz auch *Heuschmid,* AuR 2013, 500, 502.

1224 Zu den beim Betriebsübergang bestehenden Informationspflichten *Simon/ Hinrichs,* NZA 2008, 391.

wird.[1225] Allerdings wird nach dem Betriebsübergang, je nach Konstellation, in der Regel das Weiterbeschäftigungsbedürfnis wegfallen, insbesondere wenn die Belegschaft vollständig übertragen wird. Zwar ist eine Kündigung wegen Betriebsübergang nach § 613a Abs. 4 S. 1 BGB unwirksam, aber § 613a Abs. 4 S. 2 BGB lässt ausdrücklich eine Kündigung aus anderen Gründen unberührt. Dies gilt auch dann, wenn der Betriebsübergangs kausal für die weggefallene Beschäftigungsmöglichkeit ist. Daher wird in vielen Fällen eine betriebsbedingte Kündigung möglich sein.[1226] Teilweise wird in diesem Zusammenhang als milderes Mittel die Zurverfügungstellung der Arbeitnehmer als Leiharbeitnehmer an die Tochtergesellschaft angesehen.[1227] Dies wäre praktisch der umgekehrte Fall zu § 9 Abs. 2 AÜG. Allerdings müsste hierfür eine Überlassungserlaubnis nach AÜG vorhanden sein. Innerhalb eines Konzerns wäre auch eine Gestaltung durch einen Betriebsführungsvertrag möglich, da hier nach § 1 Abs. 3 Nr. 2 AÜG eine Erlaubnis nicht erforderlich ist.[1228] Zudem kann je nach Gegebenheit bei einer hinreichend großen Zahl an notwendig werdenden Kündigungen der Arbeitgeber zu einer Betriebsänderung angehalten sein.[1229] Insbesondere wenn die betriebsbedingte Kündigung außerordentlich erfolgen soll, müssen Weiterbeschäftigungsmöglichkeiten geprüft werden.[1230]

Praktisch wird das Widerspruchsrecht den „tarifflüchtigen" Arbeitgeber in der Regel aber nicht aufhalten, weshalb seine Effekte nicht überschätzt werden sollten.

(f) Unterschiede zwischen der Bindung nach § 3 TVG und § 613a Abs. 1 S. 2 BGB

Im Vergleich zur Nachbindung nach § 3 Abs. 3 TVG bietet § 613a Abs. 1 S. 2 BGB für den Arbeitgeber zwei wesentliche Vorteile. Während die Nachbindung grundsätzlich unbefristet bis zum Ende des Tarifvertrags gilt und während

1225 Zur Zulässigkeit insb. zur Rechtsmissbrauchskontrolle nach § 242 BGB BAG, 30.09.2004 – 8 AZR 462/03, NZA 2004, 43, 47 f. (= AP Nr. 275 zu § 613a BGB); vgl. zum Widerspruchsrecht auch EuGH, 16.12.1992 – C-132, 138, 139/91, Slg. 1992, I-06577 (*Katsikas u.a.*), Rn. 35; vgl. ErfK-*Preis*, § 613a BGB Rn. 110 f.; *Däubler*, NZA 1996, 225, 232 f.

1226 Vgl. KR-*Treber*, § 613a BGB Rn. 116 ff.; sowie KR-*Griebeling*, § 1 KSchG Rn. 573 ff.

1227 *Däubler*, NZA 1996, 225, 233.

1228 Vgl. auch Däubler, TVG-*Lorenz*, § 3 Rn. 154.

1229 KR-*Treber*, § 613a BGB Rn. 117.

1230 BAG, 29.03.2007 – 8 AZR 538/06, NZA 2008, 48, 51.

dieses Zeitraums eine Abweichung von den Tarifnormen zuungunsten des Arbeitnehmers ausgeschlossen ist, kann im Falle von § 613a Abs. 1 S. 2 BGB bereits nach einem Jahr von den Tarifbedingungen abgewichen werden und zwar auch mittels Arbeitsvertrags zuungunsten des Arbeitnehmers. Bis eine neue Vereinbarung getroffen wird, gelten die Normen des Tarifvertrags jedoch weiter.[1231] Sofern die Voraussetzungen dafür gegeben sind, ist nach einem Jahr grundsätzlich auch eine Änderungskündigung möglich.[1232] Allerdings reicht hierfür nach der h.M. der Vereinheitlichungswille nicht aus, vielmehr müssen erhebliche betriebsorganisatorische Gründe oder eine andernfalls drohende Beendigungskündigung vorliegen.[1233] Zudem gilt die Nachbindung nach § 3 Abs. 3 TVG auch für die Arbeitnehmer, die erst nach ihrem Beginn neu eingestellt worden oder erst nach Eintritt der Nachbindung der entsprechenden Gewerkschaft beigetreten sind.[1234] § 613a Abs. 1 S. 2 BGB findet dagegen ausschließlich auf die Arbeitnehmer Anwendung, die zum Zeitpunkt des Betriebsübergangs der tarifschließenden Gewerkschaft angehört haben.[1235] Vor Ablauf der jeweiligen Frist ist allerdings in beiden Fällen eine Ablösung der Nachbindung durch einen anderen Tarifvertrag möglich, sofern dieser einschlägig ist.[1236]

Auch wenn nach dem Sukzessionsmodell daher die Wirkung des § 613a Abs. 1 S. 2 TVG nahe an die Wirkung des § 3 Abs. 3 TVG heranreicht, ist sie nicht deckungsgleich. Schon deshalb muss es beim grundsätzlichen Vorrang der tarifrechtlichen Beurteilung der Geltung von Tarifnormen beim Erwerber und einem lediglich subsidiären Rückgriff auf § 613a Abs. 1 S. 2 BGB bleiben.[1237]

Umstritten ist, ob die Fortgeltung von Tarifnormen nach § 613a Abs. 1 S. 2 BGB auch durch eine Betriebsvereinbarung abgelöst werden kann, da die Formulierung des § 613a Abs. 1 S. 3 BGB dies suggeriert („Über-Kreuz-Ablösung"). Diese kann allerdings nach zutreffender Ansicht nur in den Grenzen der §§ 77

1231 BAG, 13.11.1985 – 4 AZR 309/84, NZA 1986, 422, 423.

1232 Zur Vermeidung von Tarifflucht auf diesem Weg fordert *Bepler,* in: Deutscher Juristentag, Gutachten zum 70. Deutschen Juristentag, 2014, S. B59 f. eine Ausdehnung auf zwei Jahre.

1233 Däubler, TVG-*Lorenz,* § 3 Rn. 159 m.w.N.

1234 BAG, 06.07.2011 – 4 AZR 424/09, NZA 2012, 281 (= AP Nr. 51 zu § 3 TVG).

1235 Vgl. *Bauer/Günther,* NZA 2008, 6, 10; *Däubler,* NZA 1996, 225, 232; beachte jedoch § 87 Abs. 1 Nr. 10 BetrVG, dazu unten, S. 341 ff.

1236 Zur Nachbindung oben, S. 185 ff.; im Fall von § 613a Abs. 1 BGB ist dies ausdrücklich in dessen S. 3 normiert, dazu auch unten S. 210 f.

1237 So schon oben, S. 196 f.; a.A. ErfK-*Preis,* § 613a BGB Rn. 113.

Abs. 3 und 87 Abs. 1 BetrVG erfolgen und wird daher praktisch kaum zu diesem Zwecke dienlich sein.[1238]

Dafür greift § 613a Abs. 1 S. 2 bis 4 BGB auch dann ein, wenn sich durch die Veräußerung eine Betriebszweckänderung ergibt und der neue Arbeitgeber nicht mehr unter den fachlichen Geltungsbereich des Tarifvertrages fällt. Dies folgt bereits aus dem Wortlaut der Norm, der gegenüber dieser Frage indifferent ist.[1239] Die Gegenansicht, welche die einjährige Veränderungsfrist nicht gelten lassen möchte, da auch beim Veräußerer lediglich eine Nachwirkung analog § 4 Abs. 5 TVG eintreten würde, vermag dementsprechend nicht zu überzeugen, zumal auch beim früheren Arbeitgeber eher § 3 Abs. 3 TVG analog anzuwenden wäre.[1240]

Änderungen des Tarifvertrags werden nach überwiegender Auffassung in beiden Fällen nicht nachvollzogen. Wie bereits dargestellt, beendet eine grundlegende Änderung des Tarifvertrags die Nachbindung nach § 3 Abs. 3 TVG und nach h.M. reicht hierfür sogar jede Änderung des Tarifvertrags aus.[1241] Danach schließt die Nachwirkung nach § 4 Abs. 5 TVG an, die jederzeit durch eine neue Vereinbarung abgelöst werden kann. Im Falle von § 613a Abs. 1 S. 2 BGB ist, wie erwähnt, ebenfalls von einem statischen Übergang der Tarifnormen auszugehen.[1242] Etwas anderes muss allerdings – entgegen der Rechtsprechung des BAG[1243] und wohl auch der des EuGH[1244] – gelten, wenn beim früheren Inhaber

1238 Vgl. nur BAG, 21.04.2010 – 4 AZR 768/08, AP Nr. 387 zu § 613a BGB (m. abl. Anm. Moll/Krahforst); „nicht unerhebliche Bedenken“ gegen die „Über-Kreuz-Ablösung“ äußert das BAG in BAG, 22.03.2005 – 1 ABR 64/03, NZA 2006, 383, 388 f. (= AP Nr. 26 zu § 4 TVG Geltungsbereich); *Bauer/Günther,* NZA 2008, 6, 8; Kittner/Zwanziger/Deinert-*Bachner,* § 98 Rn. 21a; *Meyer,* NZA-RR 2013, 225, 228 f.; *Däubler,* NZA 1996, 225, 233; nur auf § 77 Abs. 3 BetrVG abstellend *Schaub,* NZA 1998, 617, 623; einschränkend *Bepler,* RdA 2009, 65, 72; dagegen sehen *Kania,* DB 1995, 625, 626; sowie *Meyer,* NZA 2001, 751, 752 in § 613a Abs. 1 S. 2 BGB eine Ausnahmeregelung zu § 77 Abs. 3 BetrVG.

1239 Vgl. Däubler, TVG-*Deinert,* § 4 Rn. 252.

1240 Zur analogen Anwendung von § 3 Abs. 3 TVG: Däubler, TVG-*Deinert,* § 4 Rn. 252; dazu auch unten, S. 215 ff.

1241 Dazu bereits oben, S. 186 ff.

1242 EuGH, 09.03.2006 – C-499/04, Slg. 2006, I-2397 (*Werhof*), Rn. 36 (= NZA 2006, 376); BAG, 14.11.2007 – 4 AZR 828/06, NZA 2008, 420, 421; Wiedemann-*Oetker,* § 3 Rn. 248; *Bauer/Günther,* NZA 2008, 6, 10; a.A. Däubler, TVG-*Lorenz,* § 3 Rn. 198.

1243 BAG, 29.08.2001 – 4 AZR 332/00, NZA 2002, 513 (= RdA 2002, 299 (abl. Anm. Däubler)).

1244 EuGH, 09.03.2006 – C-499/04, Slg. 2006, I-2397 (*Werhof*), Rn. 36 (= NZA 2006, 376); EuGH, 07.09.2013 – C-426/11, AuR 2013, 498 (m. Anm. Heuschmid) (*Alemo-Herron u. a.*) (= NZA 2013, 835).

ein Firmentarifvertag mit einer dynamischen Verweisung auf einen anderen Tarifvertrag gegolten hat. Ziel des § 613a Abs. 1 S. 2 BGB ist es, die Situation des Arbeitnehmers in Bezug auf die Arbeitsbedingungen durch den Betriebsübergang nicht zu verschlechtern. Dies wäre aber bei einer rein statischen Weitergeltung in diesem Fall gegeben und würde die „Tarifflucht" somit erleichtern.[1245]

b) Ausgewählte Formen und Folgen

(1) „Outsourcing"

Wie bereits oben dargestellt, ist insbesondere das so genannte Outsourcing eine verbreitete Form der Umstrukturierung, welche auch zum Zweck der Tarifflucht eingesetzt wird.[1246] Praktisch kann das bspw. so aussehen, dass eine Tochtergesellschaft gegründet wird, auf die dann die ganze oder Teile der Belegschaft übertragen werden oder es wird ein Betrieb oder Betriebsteil ganz veräußert.[1247] Rechtstechnisch kann dies – wie erwähnt – sowohl im Wege der Einzelrechtsübertragung wie auch der Gesamtrechtsübertragung nach dem UmwG erfolgen. Nachfolgend sollen die damit einhergehenden Folgen für die Tarifbindung in vier Konstellationen betrachtet werden: der Betrieb oder Betriebsteil wird nach der Umstrukturierung von einem verbandslosen Rechtsträger getragen (a); der neue Rechtsträger ist selbst Verbandsmitglied oder es besteht ein Firmentarifvertrag (b); der abgebende Rechtsträger war selbst nicht an einen Verbandstarifvertrag, sondern an einen Firmentarifvertrag gebunden (c); der Betrieb wird mehrfach übertragen (d).

(a) Verbandslosigkeit

Zunächst ist der Fall zu betrachten, in dem durch die Betriebsveräußerung oder Gründung einer Tochtergesellschaft, die Tarifbindung vollständig abgelegt werden soll und daher auch keine Verbandsmitgliedschaft mehr besteht. Wäre auch der Erwerber Mitglied desselben Verbandes und befände sich der Betrieb nach dem Übergang im selben räumlichen und fachlichen Geltungsbereich wie zuvor, bliebe nämlich die Tarifbindung nach § 3 Abs. 1 TVG unverändert erhalten.[1248]

1245 Däubler, TVG-*Lorenz,* § 3 Rn. 156; *Däubler,* RdA 2001, 299, 304 f.; zumindest auf eine im Tarifvertrag angelegte Dynamik abstellend *Bepler,* RdA 2009, 65, 67 f.

1246 Vgl. *Völkl,* Ind. Beziehungen 1998, 165, 184.

1247 Vgl. *Däubler,* NZA 1996, 225, 232.

1248 BAG, 26.09.1979 – 4 AZR 819/77, NJW 1980, 1591; Däubler, TVG-*Lorenz,* § 3 Rn. 149.

Die Verbandsmitgliedschaft selbst geht dagegen als höchstpersönliches Recht nicht auf den neuen Rechtsträger über (vgl. § 38 BGB).[1249] Dies kann nur ausnahmsweise anders sein, wenn nämlich die Satzung des Arbeitgeberverbandes eine solche Übertragung der Mitgliedschaft zulässt (vgl. § 38 i.V.m. 40 BGB) und der Rechtsnachfolger nach wie vor dem persönlichen und fachlichen Geltungsbereich des Tarifvertrags unterliegt.[1250] Letzteres ist aber natürlich gerade nicht im Sinn des Arbeitgebers, der durch die Auslagerung der Tarifbindung entkommen möchte. Allerdings gibt es Beispiele, in der Verbände versucht haben, sich diese Möglichkeit zunutze zu machen, um die eigene Bindungsfähigkeit zu erhöhen. Hierbei sollte durch die Satzung die Verpachtung eines Werks durch ein Mitglied nur dann zulässig sein, wenn dieses auch die Mitgliedschaft an den Pächter überträgt. In dem betreffenden Fall wurde die Bestimmung letztlich aufgrund von Widerständen durch die Mitglieder nicht in die Satzung aufgenommen.[1251] Eine entsprechende Norm erscheint auf den ersten Blick rechtlich zwar nicht unproblematisch, aber auch nicht von vornherein unzulässig. So ist die Vermeidung von Tarifflucht durchaus im legitimen Interesse des Arbeitgeberverbandes und Teil seiner kollektiven Koalitionsfreiheit. Denn ein Unternehmen, das Teile seines Unternehmens aus der Tarifbindung herausbewegt, handelt gegen die innerverbandliche Solidarität und verschafft sich einen Wettbewerbsvorteil gegenüber den anderen Mitgliedern. Versucht die Satzung Tarifflucht zu vermeiden, ist dies grundsätzlich Ausdruck der Satzungsautonomie, der sich das Mitglied freiwillig unterworfen hat.[1252] Insofern dürften auch Bedenken in Bezug auf die Berufsfreiheit aus Art. 12 Abs. 1 GG des Veräußerers nicht durchschlagen.[1253] Auch die Koalitionsfreiheit des Erwerbers wird durch die Satzungsbestimmung nicht unmittelbar beeinträchtigt, da nur das Mitglied verpflichtet wird. Allerdings kann er schuldrechtlich nach geltender Rechtsprechung nicht zum Beitritt verpflichtet werden.[1254]

1249 BAG, 04.12.1974 – 5 AZR 75/74, AP Nr. 2 zu § 3 TVG (m. Anm. Wiedemann); Wiedemann-*Oetker*, § 3 Rn. 209.

1250 Vgl. *Düwell*, NZA 1996, 393, 395; Däubler, TVG-*Lorenz*, § 3 Rn. 168; Wiedemann-*Oetker*, § 3 Rn. 208.

1251 *Behrens*, Das Paradox der Arbeitgeberverbände, 2011 (zugl. Göttingen, Univ., Habil. 2010), S. 86.

1252 Vgl. zum Gewerkschaftsausschluss BVerfG, 24.02.1999 – 1 BvR 123/93, BVerfGE 100, 214, 224 (= AP Nr. 18 § 20 BetrVG 1972).

1253 Vgl. i.d.S. die Vereinbarkeit von § 3 Abs. 1 TVG mit § 12 Abs. 1 GG: BVerfG, 01.12.2010 – 1 BvR 2593/09, NZA 2011, 60, 61 (= AP Nr. 146 zu Art. 9 GG).

1254 Dazu oben, S. 190 f.

Erfolgt der Betriebsübergang im Wege der Einzelrechtsnachfolge, kommt § 3 Abs. 3 TVG nicht zur Anwendung, da hierfür der Bestand des Arbeitsverhältnisses beim ursprünglichen Arbeitgeber Voraussetzung wäre.[1255] Daher hat ein Rückgriff auf § 613a Abs. 1 S. 2 BGB zu erfolgen, mit der Konsequenz, dass die Rechtsnormen entsprechend den oben gemachten Ausführungen grundsätzlich bis zu einem Jahr nicht zum Nachteil des Arbeitnehmers geändert werden dürfen.[1256]

Bei einer Abspaltung (§ 123 Abs. 2 UmwG) oder Ausgliederung (§ 123 Abs. 3 UmwG) ist hingegen für den übernehmenden Rechtsträger – sofern sich dieser noch immer im Geltungsbereich des Tarifvertrags befindet – § 3 Abs. 3 TVG einschlägig, da die wirtschaftliche Identität auch nach der Spaltung beibehalten wird und die Arbeitsverhältnisse mit dem ursprünglichen Arbeitgeber fortbestehen.[1257] Bei der Aufspaltung (§ 123 Abs. 1 UmwG) ist dagegen ebenfalls § 613a Abs. 1 S. 2 bis 4 BGB anzuwenden.[1258]

Auch im Fall einer Verschmelzung nach dem Umwandlungsgesetz geht die Verbandsmitgliedschaft als höchstpersönliches Recht nicht auf den anderen bzw. neuen Rechtsträger über, das Mitgliedschaftsverhältnis des/der übertragenden Rechtsträger/s erlischt mit dem Rechtsträger selbst.[1259] Bei der Verschmelzung kann demnach auch § 3 Abs. 3 TVG nicht eingreifen, da der ursprüngliche Rechtsträger nicht mehr besteht.[1260] Ist im Fall der Verschmelzung durch Aufnahme der aufnehmende Rechtsträger Mitglied in einem tarifschließenden Arbeitgeberverband, kann bei entsprechender Gewerkschaftsmitgliedschaft allerdings eine Tarifbindung nach § 3 Abs. 1 TVG entstehen. Ansonsten kommt auch hier § 613a Abs. 2 bis 4 BGB entsprechend zur Anwendung.[1261]

1255 Wiedemann-*Oetker,* § 3 Rn. 210; wohl auch *Däubler,* NZA 1996, 225, 232.

1256 *Däubler,* NZA 1996, 225, 232.

1257 Kempen/Zachert-*Kempen,* § 3 TVG Rn. 151; Däubler, TVG-*Lorenz,* § 3 Rn. 175; *Schubert,* Die Behandlung kollektivvertraglicher Normenkollisionen nach Verschmelzung und Spaltung, 2003 (zugl. Hannover, Univ., Diss. 2002), S. 217 ff.; a.A. Wiedemann-*Oetker,* § 3 Rn. 220; *Düwell,* NZA 1996, 393, 394 f.

1258 *Löwisch/Rieble,* § 3 Rn. 442; Däubler, TVG-*Lorenz,* § 3 Rn. 174.

1259 BAG, 24.06.1998 – 4 AZR 208/97, NZA 1998, 1346, 1347 f.; statt aller Wiedemann-*Oetker,* § 3 Rn. 209.

1260 Däubler, TVG-*Lorenz,* § 3 Rn. 167; a.A. Kempen/Zachert-*Kempen,* § 3 TVG Rn. 154, der hinter dem neuen Rechtsträger immer noch den alten Arbeitgeber als Verfügungsbefugten sieht.

1261 *Löwisch/Rieble,* § 3 Rn. 442; für eine analoge Anwendung Däubler, TVG-*Lorenz,* § 3 Rn. 168 ff.; für eine Anwendung von § 4 Abs. 5 TVG: *Wiedemann,* AP Nr. 2 zu § 3 TVG.

(b) Ablösung durch einen anderen Tarifvertrag

Tritt das neu gegründete Unternehmen einem (anderen) Arbeitgeberverband bei, weil dieser einen für das Unternehmen günstigeren Tarifverträge mit derselben Gewerkschaft abgeschlossen hat, soll nach dem Willen des Gesetzgebers § 613a Abs. 1 S. 2 BGB nicht zur Anwendung kommen (§ 613a Abs. 1 S. 3 BGB). Die Tarifgebundenheit des Arbeitgebers reicht hierfür aber nicht aus, erforderlich ist eine normative Anwendbarkeit des Tarifvertrags und damit auch die Gewerkschaftsmitgliedschaft der betroffenen Arbeitnehmer.[1262] Erforderlich ist zudem, dass der Tarifvertrag beim neuen Inhaber dieselben Regelungsgegenstände erfasst.[1263] Damit will das Gesetz der mitgliedschaftlich legitimierten Tarifbindung den Vorzug geben, eröffnet aber gleichzeitig eine Möglichkeit zur Tarifflucht durch Tarifvertrag.

Dieses Ergebnis kann der Arbeitgeber u.U. auch ohne Verbandstarif dadurch erreichen, dass er mit der Gewerkschaft einen Anerkennungstarifvertrag mit Anpassungen schließt, sofern sich diese darauf einlässt. Ein Firmentarifvertrag mit einer anderen Gewerkschaft hilft ihm hingegen nur bedingt, da in diesem Fall für Gewerkschaftsmitglieder der „alten" Gewerkschaft § 613a Abs. 1 S. 3 BGB nicht eingreift und ihre Arbeitsbedingungen vor Ende der Jahresfrist nach § 613a Abs. 1 S. 2 BGB nicht geändert werden dürfen.[1264]

Das Günstigkeitsprinzip kann hier keine Anwendung finden, da sich Tarifnormen gegenüberstehen.[1265] Dies ist zwar folgerichtige Konsequenz aus der kollektivrechtlichen Konzeption des § 613a Abs. 1 S. 2 bis 4 BGB, kann jedoch in Konflikt mit Art. 3 Abs. 1 der Richtlinie 2001/23/EG geraten, wenn dadurch die Arbeitsbedingungen des Arbeitnehmers verschlechtert werden. So führt der EuGH in der Rs. *Scattolon* aus, dass die Anwendung eines Kollektivvertrags nach einem Betriebsübergang beim Arbeitnehmer nicht zu insgesamt schlechteren Arbeitsbedingungen als vor dem Betriebsübergang führen dürfe.[1266] Liest man

---

1262 BAG, 21.02.2001 – 4 AZR 18/00, NZA 2001, 1318, 1323 (= AP Nr. 20 zu § 4 TVG), wonach auch die Mitgliedschaft in einer anderen DGB-Gewerkschaft nicht ausreicht; vgl. auch ErfK-*Franzen,* § 3 TVG Rn. 3; *Wolf,* FS Kempen, 2013, S. 59, 60; a.A. noch BAG, 26.09.1979 – 4 AZR 819/77, NJW 1980, 1591.

1263 BAG, 20.04.1994 – 4 AZR 342/93 1994, 1140, 1142 (= AP Nr. 108 § 613a BGB); Wiedemann-*Oetker,* § 3 Rn. 255.

1264 Zum Ablösungsprinzip bei einem Firmen- und Verbandstarifvertrag BAG, 08.10.2008 – 5 AZR 8/08, NZA 2008, 98, 99.

1265 BAG, 11.05.2005 – 4 AZR 315/04, NZA 2008, 1362, 1365.

1266 EuGH, 06.09.2011 – C-108/10, Slg. 2010, I-07491 (*Scattolon*), Rn. 75; vgl. auch bereits EuGH, 06.11.2003 – C-4/01, Slg. 2003, I-12859 (*Martin u.a.*), Rn. 48; dazu auch jurisPK-BGB-*Kliemt/Tesch,* § 613a BGB Rn. 109.

dies zusammen mit der Rs. *Collino und Chiappero*, in welcher der EuGH betont, dass eine Abänderung der Arbeitsbedingungen dann nicht ausgeschlossen sei, wenn das nationale Recht diese unabhängig vom Betriebsübergang zulasse und eine solche Änderung auch beim Veräußerer möglich gewesen wäre,[1267] bietet sich eine richtlinienkonforme Auslegung des § 613a Abs. 1 BGB dahingehend an, dass der Zweck des Betriebsübergangs verstärkt in den Blick zu nehmen ist.[1268] Dort, wo der Betriebsübergang auf eine Verminderung des tariflichen Niveaus gerichtet ist, wäre dementsprechend § 613a Abs. 1 S. 2 BGB trotz der Einschlägigkeit eines normativ geltenden Tarifvertrags zugunsten des Arbeitnehmers anzuwenden, um dem Schutzzweck der Richtlinie zu entsprechen.[1269]

Sind dagegen im Geltungsbereich eines anderen Tarifvertrags weder der übernehmende Arbeitgeber noch der Arbeitnehmer Mitglied im zuständigen tarifschließenden Verband bzw. der tarifschließenden Gewerkschaft, kann die Jahresfrist des § 613a Abs. 1 S. 2 BGB durch einzelvertragliche Bezugnahme auf den einschlägigen Tarifvertrag abbedungen werden (§ 613a Abs. 1 S. 4 Alt. 2 BGB).[1270] In Fällen, in denen der Betriebsübergang dazu führt, dass sich der Betrieb nicht mehr im Zuständigkeitsbereich der vorher zuständigen Koalitionen befindet, erfährt die Grundregel des § 613a Abs. 1 S. 2 BGB damit eine wesentliche Schwächung. Zwar muss das betreffende Tarifwerk als Ganzes in Bezug genommen werden, damit die diesem unterstellte Richtigkeitsgewähr zur Geltung kommen kann,[1271] allerdings ist damit nicht die gleiche Stetigkeit wie mit einer Verbandsmitgliedschaft (wie immerhin im Fall von § 613a Abs. 1 S. 3 BGB) verbunden.[1272]

1267 EuGH, 14.09.2000 – C-343/98, Slg. 2000, I-6659 (*Collino und Chiappero*), Rn. 52; dazu auch *Steffan*, NZA 2012, 473, 476.

1268 Angedeutet auch bei *Winter*, RdA 2013, 36, 39.

1269 Vgl. auch EuGH, 06.09.2011 – C-108/10, Slg. 2010, I-07491 (*Scattolon*), Rn. 77 f.; ähnlich wie hier *Klein*, EuZA 2014, 325, 340; krit. *Steffan*, NZA 2012, 473, 476.

1270 Vgl. Däubler, TVG-*Lorenz*, § 3 Rn. 161; a.A. *Seiter*, Betriebsinhaberwechsel, 1980, S. 96, der davon ausgeht, dass die fehlende Arbeitgeberbindung ausreichend und die Mitgliedschaft des Arbeitnehmers in der zuständigen Gewerkschaft insofern irrelevant sei.

1271 ErfK-*Preis*, § 613a BGB Rn. 122.

1272 Angesichts des Verschlechterungsverbots der Richtlinie auf eine teleologische Reduktion der Bestimmung dringend *Klein*, EuZA 2014, 325, 340; auf dem 70. Deuschen Juristentag forderte *Deinert* dann auch die ersatzlose Streichung dieser Ausnahme, vgl. Deutscher Juristentag, Thesen der Gutachter und Referenten, 2014, S. 18, These 6.

(c) *Firmentarifvertrag beim Veräußerer*

Der Bestand eines Firmentarifvertrags wird in der Regel durch einen Betriebsübergang nicht angegriffen. Er gilt zwischen den ursprünglichen Tarifparteien und insbesondere für die nicht übertragenen Unternehmensteile unverändert fort. Stellt ein durch einen Firmentarifvertrag gebundenes Unternehmen seine Geschäftstätigkeit ein, stellt sich die Frage, welche Folgen dies für den Tarifvertrag hat, der nun gegenstandslos geworden ist. Die wohl h.M. geht davon aus, dass er hierdurch zwar nicht beendet wird, jedoch auch keine Wirkung mehr erzeugen kann.[1273] Für die übergegangenen Unternehmensteile lehnt das BAG allerdings einen automatischen Eintritt des Erwerbers in die Stellung als Tarifpartei mit dem Argument ab, dass aufgrund von § 613a Abs. 1 S. 2 BGB keine ausfüllungsbedürftige Regelungslücke bestehe.[1274]

Für den Fall der Einzelrechtsnachfolge hängt die Weitergeltung der Tarifnormen nach § 3 Abs. 1 TVG davon ab, ob die Betriebsidentität erhalten bleibt. Wie bereits dargestellt, ist in § 613a Abs. 1 S. 2 bis 4 BGB auch keine Spezialregelung zu sehen, die eine Tarifbindung nach § 3 Abs. 1 TVG verdrängen könnte.[1275] Bleibt die Betriebsidentität nicht erhalten, etwa weil nur Teile des Betriebs übergehen, findet § 613a Abs. 1 S. 2 BGB dagegen unstrittig Anwendung mit allen oben beschriebenen Auswirkungen.

Einfacher zu beurteilen ist die Rechtslage in Bezug auf die Gesamtrechtsnachfolge, da Firmentarifverträge Verbindlichkeiten i.S.d. § 20 Abs. 1 UmwG darstellen, weshalb die Tarifbindung auf den übernehmenden Rechtsträger übergeht.[1276] Gegebenenfalls kann es bei einem Firmentarifvertrag dabei zur Tarifpluralität kommen, wenn nämlich beim übernehmenden Rechtsträger bereits ein Tarifvertrag gilt, etwa im Zuge einer Verschmelzung zur Aufnahme.[1277]

1273 BAG, 26.08.2009 – 4 AZR 280/08, NZA 2010, 238, 241; Däubler, TVG-*Deinert,* § 4 Rn. 77 m.w.N.; ebenso Wiedemann-*Wank,* § 4 Rn. 78 ff.; a.A. *Hueck/Nipperdey,* Bd. 2/1, 1967, S. 468 f.; auch *Löwisch/Rieble,* § 2 Rn. 385; weiter dagegen Kempen/Zachert-*Kempen,* § 3 TVG Rn. 134; Däubler, TVG-*Peter,* § 2 Rn. 101; die beim Übergang einer „betrieblich-organisatorischen Einheit" diese als eigentliche Tarifpartei sehen und in diesem Fall die Bindung nach § 3 Abs. 1 TVG beim neuen Rechtsträger aufrecht erhalten wollen.

1274 BAG, 10.06.2009 – 4 ABR 21/08, NZA 2010, 51, 52 f.; dazu Kittner/Zwanziger/Deinert-*Deinert,* § 8 Rn. 308a; Däubler, TVG-*Peter,* § 2 Rn. 101.

1275 Däubler, TVG-*Lorenz,* § 3 Rn. 176; *Berg/Kocher/Platow/Schoof/Schumann,* § 3 Rn. 119; weiter noch Kempen/Zachert-*Kempen,* § 3 TVG Rn. 132; eingeschränkt Wiedemann-*Oetker,* § 3 Rn. 200 ff.; a.A. *Löwisch/Rieble,* § 3 Rn. 373.

1276 Statt aller Wiedemann-*Oetker,* § 3 Rn. 193.

1277 Däubler, TVG-*Lorenz,* § 3 Rn. 182; Kempen/Zachert-*Kempen,* § 3 TVG Rn. 154.

Wenn bei der Abspaltung nicht alle Arbeitsverhältnisse übergehen, behält auch der übertragende Teil seine Parteistellung, wodurch ein mehrgliedriger Tarifvertrag entsteht,[1278] dagegen wird der übertragende Rechtsträger bei einer Aufspaltung aufgelöst und verliert auch die Tarifbindung.[1279]

(d) Kettenübertragung

Keine Anwendung soll nach Ansicht des BAG § 613a Abs. 1 S. 2 bis 4 BGB finden, wenn auf einen Übergang nach § 613a Abs. 1 S. 2 BGB ein erneuter Betriebsübergang folgt. In diesem Fall solle lediglich § 613a Abs. 1 S. 1 BGB eingreifen.[1280] Damit eröffnet sich ein erhebliches Missbrauchspotential. Der Arbeitnehmer kann dem nur durch Ausübung seines Widerspruchsrechts nach § 613a Abs. 6 BGB entgegenwirken, dessen Effektivität allerdings, wie erwähnt, dahinsteht.[1281] Folgt man dagegen, wie hier vertreten, dem Sukzessionsmodell, nach dem § 613a Abs. 1 S. 2 BGB eine „normative Fortgeltungsanordnung"[1282] darstellt, kann diese Rechtsprechung des BAG nicht mehr aufrecht erhalten werden. Vielmehr würde der kollektivrechtliche Charakter der Rechtsnormen auch durch die Mehrfachübertragung nicht angetastet, da der Betriebsübergang gerade keinen Rechtsquellenwechsel nach sich zieht. Die Normen haben eben nicht den „Rechtscharakter arbeitsvertraglicher Bestimmungen"[1283].

(2) Transfergesellschaften

In diesem Kontext wird verschiedentlich auch versucht, durch Transfergesellschaften einen Betriebsübergang nach § 613a BGB und damit eine kollektivrechtliche Fortgeltung von Tarifnormen zu vermeiden.[1284] Üblicherweise wird dabei eine dreiseitige Vereinbarung zwischen dem abgebenden Betrieb, dem Arbeitnehmer und der Transfergesellschaft geschlossen, die aus einem Aufhebungsvertrag und einem befristeten Arbeitsvertrag besteht. Die Transfergesellschaft ist dabei ein betriebsorganisatorisch eigenständiger Rechtsträger

---

1278 Däubler, TVG-*Peter,* § 2 Rn. 102; Wiedemann-*Oetker,* § 3 Rn. 196.

1279 Kempen/Zachert-*Kempen,* § 3 TVG Rn. 156; Däubler, TVG-*Peter,* § 2 Rn. 102; rechtspolitische Kritik bei *Gamillscheg,* Koll. ArbR I, 1997, S. 506.

1280 BAG, 20.04.1994 – 4 AZR 342/93 1994, 1140, 1141 f. (= AP Nr. 108 § 613a BGB); Däubler, TVG-*Lorenz,* § 3 Rn. 194.

1281 Dazu oben, S. 203 f.

1282 Staudinger-*Anuss,* § 613a BGB Rn. 198; ähnlich *Rinck,* RdA 2010, 216, 220.

1283 So aber Däubler, TVG-*Lorenz,* § 3 Rn. 194; wie hier ErfK-*Preis,* § 613a BGB Rn. 112.

1284 Vgl. *Fuhlrott,* NZA 2012, 549; *Pils,* NZA 2013, 125; Beck/Depré-*Zobel,* § 28 Rn. 322; Gagel SGB II/III-*Deinert,* § 111 SGB III Rn. 112.

und i.d.R. selbst nicht tarifgebunden. Zudem tritt sie regelmäßig nicht als Rechtsnachfolger des abgebenden Unternehmens auf, weshalb auch ein beim abgebenden Unternehmen geltender Firmentarifvertrag nicht bei der Transfergesellschaft gelten kann.[1285] Der verbleibende Betrieb wird dann ohne Arbeitnehmer übertragen. Im Anschluss stellt der Erwerber alle oder auch nur einen Teil der Arbeitnehmer aus der Transfergesellschaft bei sich an.[1286] § 613a BGB kann dann nicht zur Anwendung kommen, da der Betrieb des Veräußerers nicht fortgeführt wird.[1287]

Die Rechtsprechung hat dieser Konstruktion allerdings Grenzen gesetzt und insbesondere eine Umgehung von § 613a BGB als rechtsmissbräuchlich und damit nach § 134 BGB unwirksam qualifiziert.[1288] Dies hat das BAG etwa dann angenommen, wenn eine Einstellungsgarantie beim übernehmenden Betrieb besteht[1289] oder gleichzeitig ein neues Arbeitsverhältnis mit dem Erwerber geschlossen wird.[1290] Auch eine allzu kurze Verweildauer in der Transfergesellschaft kann auf einen Rechtsmissbrauch hindeuten.[1291] Zudem sind die Arbeitnehmer über den rechtlichen Gehalt von § 613a BGB aufzuklären.[1292]

Wenn eine hohe Wahrscheinlichkeit für die Übernahme gegeben ist, nimmt die Rechtsprechung Rechtsmissbräuchlichkeit an. Im betreffenden Fall bestand bereits ein Sanierungstarifvertrag mit dem Erwerber, woraus sich eine Übernahmewahrscheinlichkeit für die Arbeitnehmer von 93 % ergab.[1293] Die genaue Abgrenzung ist jedoch unklar und sowohl für Arbeitnehmer wie Arbeitgeber nur schwer kalkulierbar.[1294] Diese „Risikobetrachtung" des BAG wird dem Schutzkonzept des § 613a BGB auch nicht gerecht. Entscheidend muss vielmehr eine objektive Betrachtung sein, ob ohne das Zwischenschalten der Transfergesellschaft ein Betriebsübergang nach § 613a BGB anzunehmen gewesen wäre. Ist dies der Fall, muss die widerlegbare Vermutung bestehen, dass es sich um ein Umgehungsgeschäft handelt.

1285 Vgl. Gagel SGB II/III-*Deinert,* § 111 SGB III Rn. 164.

1286 Zum Verfahren: Beck/Depré-*Zobel,* § 28 Rn. 322; *Meyer,* NZS 2002, 578, 580 f.

1287 Statt aller *Pils,* NZA 2013, 125, 126.

1288 BAG, 10.12.1998 – 8 AZR 324/97, NZA 1999, 422, 424.

1289 BAG, 18.08.2005 – 8 AZR 523/04, NZA 2006, 145; dazu auch Beck/Depré-*Zobel,* § 28 Rn. 322.

1290 BAG, 21.05.2008 – 8 AZR 481/07, NZA 2009, 144, 147.

1291 *Fuhlrott,* NZA 2012, 549, 532.

1292 BAG, 18.08.2005 – 8 AZR 523/04, NZA 2006, 145; *Fuhlrott,* NZA 2012, 549, 533.

1293 BAG, 25.10.2012 – 8 AZR 572/11, AP Nr. 436 zu § 613a BGB, 22.

1294 Vgl. auch *Pils,* NZA 2013, 125, 130.

Die Transfergesellschaft selbst ist sowohl tarif- wie arbeitskampffähig und damit auch tarifpolitischen Strategien seitens der Gewerkschaften grundsätzlich zugänglich.[1295]

(3) Herauswachsen und Herauswandern aus dem Geltungsbereich

Die Umstrukturierung oder Betriebsverlagerung kann auch zur Folge haben, dass sich ein Unternehmen oder Betrieb aus dem räumlichen und/oder fachlichen Geltungsbereich eines Tarifvertrags oder sogar aus dem Zuständigkeitsbereich eines Arbeitgeberverbandes bzw. einer Gewerkschaft heraus bewegt.[1296] So kann bspw. die Produktionsverlagerung ins Ausland die Konsequenz nach sich ziehen, dass sich der vormals bestehende Produktionsschwerpunkt eines Betriebes in Deutschland zu einem Schwerpunkt in administrativen Tätigkeiten oder der Forschung und Entwicklung hin verändert. Aber auch schon eine Produktionsumstellung kann u.U. die Branchenzugehörigkeit verändern.[1297]

Eine besondere Variante stellt in diesem Zusammenhang die Strategie dar, eine Betriebsführungsgesellschaft zu gründen, auf welche die Arbeitsverhältnisse übertragen werden und die mit dem Management des Unternehmens betraut wird. Die Betriebsführungsgesellschaft selbst berechnet für die Geschäftsbesorgung allerdings nur den Selbstkostenpreis und vermeidet damit, in den Zuständigkeitsbereich der Verbände der Industrie oder des Handwerks zu fallen, da es an der Gewinnerzielungsabsicht und damit der Gewerbetätigkeit fehlt.[1298] Ein ähnliches Phänomen stellt die „Betriebszwecksverlagerung" dar, nach der eine bisher selbst durchgeführte Tätigkeit nicht mehr selbst erbracht wird, sondern die eigenen Beschäftigten an ein anderes, wirtschaftlich verbundenes, Unternehmen verliehen werden, das nun die Tätigkeit durchführt.[1299]

Wenn ein Unternehmen nicht mehr unter den räumlichen Geltungsbereich eines Tarifvertrags fällt, geht die h.M. davon aus, dass damit die Tarifbindung endet, unabhängig davon, ob es sich um einen Verbands- oder Firmentarifvertrag

---

1295 Zur Tariffähigkeit LAG Brandenburg, 24.02.1994 – 3 Sa 869/93, NZA 1995, 90 (= AP Nr. 45 zu § 2 TVG); Gagel SGB II/III-*Deinert,* § 111 SGB III Rn. 164.

1296 Zum räumlichen Geltungsbereich insbesondere zur Anknüpfung ausführlich Däubler, TVG-*Deinert,* § 4 Rn. 201 ff.

1297 Vgl. etwa die Beispiele bei *Löwisch/Rieble,* § 2 Rn. 267.

1298 Ausführlich beschrieben bei *Rieble,* NZA 2010, 1145, 1046.

1299 Grundlegend: *Wagner,* Die Verlagerung des Betriebszwecks als Fluchtweg aus dem Tarifvertrag? 2003 (zugl. Potsdam, Univ., Diss. 2003); dazu Däubler, TVG-*Deinert,* § 4 Rn. 289a.

handelt.[1300] Dieselbe Rechtsfolge nimmt die h.M. auch für den Fall an, dass sich durch eine Veränderung des Gepräges des Unternehmens auch die Tarifzuständigkeit verändert oder ein Betrieb nicht mehr unter den fachlichen Geltungsbereich des Tarifvertrags fällt.[1301]

Eine unmittelbare Anwendung von § 3 Abs. 3 TVG scheidet hier aus, weil dafür die Zugehörigkeit zum Geltungsbereich des Tarifvertrags Voraussetzung ist. Mangels Betriebsübergangs kann § 613a Abs. 1 BGB ebenfalls nicht zur Anwendung kommen. Die hierdurch entstehende Lücke möchte die h.M. über eine Analogie zu § 4 Abs. 5 TVG schließen.[1302] Die Ordnungsaufgabe der Tarifautonomie werde – so *Gamillscheg* – nicht gestört, da üblicherweise eine andere zuständige kollektive Ordnung an den Platz der alten trete.[1303] Von dieser Prämisse kann zwar angesichts der niedrigen Tarifbindung und komlett tarifloser Bereiche heute kaum mehr ausgegangen werden. Unschädlich sei aber sogar, wenn das Herauswachsen bewusst der Vermeidung der Tarifbindung diene, da hier § 4 Abs. 5 TVG die Schutzfunktion übernehme.[1304] Je nach Art der Tätigkeit und Größe des Unternehmens bzw. Betriebs kann sich damit das (bewusste) Herauswachsen oder Herausbewegen aus dem Geltungsbereich eines Tarifvertrags nach geltender Rechtsprechung als effektives Mittel zur Tarifflucht erweisen.

Die Gegenansicht plädiert daher überzeugend für eine analoge Anwendung des § 3 Abs. 3 TVG, sofern kein anderer Tarifvertrag bereits nach § 3 Abs. 1 TVG einschlägig ist. Argumentiert wird mit der Vorbeugung von Manipulationen durch eine „schleichende und allmähliche Herauslösung aus der Tarifunterworfenheit“ und der Vermeidung von Wertungswidersprüchen zu § 613a BGB.[1305] Im Fall der Betriebszweckverlagerung wird in der Literatur

---

1300 Wiedemann-*Wank,* § 4 Rn. 133; *Gamillscheg,* Koll. ArbR I, 1997, S. 723; *Löwisch/Rieble,* § 2 Rn. 269; *Hueck/Nipperdey,* Bd. 2/1, 1967, S. 539.

1301 So etwa BAG, 10.12.1997 – 4 AZR 247/96, NZA 1998, 484 (= AP Nr. 20 zu § 3 TVG); *Gamillscheg,* Koll. ArbR I, 1997, S. 723; Schaub, Hdb. ArbR-*Treber,* § 204 Rn. 21; *Berg/Kocher/Platow/Schoof/Schumann,* § 4 Rn. 27; JKOS-*Jacobs,* § 5 Rn. 57 f.

1302 BAG, 10.12.1997 – 4 AZR 193/97, NZA 1998, 488; BAG, 18.07.2006 – 1 ABR 36/05, NZA 2006, 1225, 47 (= AP Nr. 19 zu § 2 TVG Tarifzuständigkeit); Wiedemann-*Wank,* § 4 Rn. 143; *Rieble/Klebeck,* BB 2006, 885, 887; wohl auch *Gamillscheg,* Koll. ArbR I, 1997, S. 723.

1303 *Gamillscheg,* Koll. ArbR I, 1997, S. 723.

1304 Ebd.

1305 Däubler, TVG-*Deinert,* § 4 Rn. 219, 288 f.; Kempen/Zachert-*Stein,* § 4 TVG Rn. 149.

teilweise auch ein Umgehungsgeschäft angenommen und für eine analoge Anwendung von § 4 Abs. 1 TVG plädiert, um die Normwirkung zu erhalten.[1306]

Aber auch eine Bindung nach § 3 Abs. 1 TVG kann sich in diesem Fall als effektives Mittel zur „Flucht" aus einem Tarifvertrag erweisen. Dies gilt etwa dann, wenn sich ein Unternehmen oder Betrieb nach dem Herauswachsen oder Herausbewegen aus dem Geltungsbereich eines Tarifvertrags immer noch im Zuständigkeitsbereich derselben Gewerkschaft befindet. Verlagert das Unternehmen seinen Sitz in ein Tarifgebiet mit einem niedrigeren Tarifniveau und tritt dem dort zuständigen Arbeitgeberverband bei, löst der dort geltende Tarifvertrag den zuvor im Unternehmen geltenden ab. Ein Wechsel der Gewerkschaftsmitgliedschaft durch die Arbeitnehmer ist in diesem Fall gerade nicht notwendig.[1307] Ähnliche Konstellationen sind aber grundsätzlich auch hinsichtlich des fachlichen Geltungsbereichs denkbar, vor allem wenn auf Gewerkschaftsseite ein breiter Zuständigkeitsbereich besteht.[1308]

c) *Betriebsverlagerung ins Ausland*

Ein Arbeitgeber kann, wie bereits angesprochen, der (deutschen) Tarifbindung auch dadurch entgehen, dass er seinen Betrieb ins Ausland verlegt. Findet dabei ein Betriebsübergang statt, greift allerdings auch in diesem Fall der § 613a BGB ein. Daran ändert auch nichts, dass sich das Arbeitsvertragsstatut durch den Betriebsübergang regelmäßig ändert.[1309] So bleibt zumindest befristet der Schutz des deutschen Tarifvertrags bestehen. Fehlt es aber an einer solchen Sonderanknüpfung, ist regelmäßig das Vertragsstatut für die Tarifanwendung Voraussetzung.[1310] Zwar kann sich der Geltungsbereich eines Tarifvertrags grundsätzlich auch ins Ausland erstrecken, praktisch relevant ist dies allerdings nur für Fälle

---

1306 *Wagner,* Die Verlagerung des Betriebszwecks als Fluchtweg aus dem Tarifvertrag? 2003 (zugl. Potsdam, Univ., Diss. 2003), S. 121 ff.; Däubler, TVG-*Deinert,* § 4 Rn. 289a; a.A. JKOS-*Jacobs,* § 5 Rn. 59; Schaub, Hdb. ArbR-*Treber,* § 204 Rn. 21.

1307 Däubler, TVG-*Lorenz,* § 3 Rn. 153.

1308 Zum Beispiel des Wechsels vom Industrie- in den Handwerkstarif: *Rieble/Klebeck,* BB 2006, 885 ff.

1309 BAG, 26.05.2011 – 8 AZR 37/10, NZA 2011, 1143; *Deinert,* Internationales Arbeitsrecht, 2013, § 11 Rn. 10; *Kania,* Grenzüberschreitende Betriebsübergänge, 2012 (zugl. Göttingen, Univ., Diss. 2011), S. 110 f.

1310 Vgl. *Deinert,* Internationales Arbeitsrecht, 2013, § 15 Rn. 51; *Gamillscheg,* Koll. ArbR I, 1997, S. 488 f.

der Auslandsarbeit.[1311] In den hier interessierenden Fällen der Produktionsverlagerung wird es regelmäßig an der Anknüpfung zum inländischen Recht fehlen.[1312]

Wie bereits einleitend dargestellt, ist die Aus- und Verlagerung ein weltweites Phänomen, das alle Branchen betrifft. Besonders einfach gestaltet sie sich jedoch im unionsrechtlichen Kontext. Die Niederlassungsfreiheit aus Art. 49 ff. AEUV verbietet den EU-Mitgliedsstaaten, die Niederlassung von Staatsangehörigen eines Mitgliedsstaats in einem anderen Mitgliedsstaat zu beschränken. Dadurch sind unter anderem die Aufnahme und Ausübung selbstständiger Erwerbstätigkeiten sowie die Gründung und Leitung von Unternehmen geschützt. Dies umfasst auch das Recht, Zweigniederlassungen zu gründen. Der Unternehmer soll die freie Standortwahl innerhalb des Binnenmarkts haben und zwar sowohl in Bezug auf den Zuzug als auch den Weggang.[1313] Daher sind bspw. staatliche Maßnahmen, die eine Standortverlagerung eines Unternehmens innerhalb der EU verhindern sollen, nur schwer mit der Rechtsprechung des EuGH in Einklang zu bringen.[1314] Aufgrund der Dienstleistungsfreiheit (Art. 56 ff. AEUV) und der Warenverkehrsfreiheit (Art. 28 ff. AEUV) kann der Arbeitgeber seine Dienstleistungen und Produkte auch nach der Verlagerung ins Ausland beschränkungs- und diskriminierungsfrei weiterhin in Deutschland anbieten.

Nach der Rechtsprechung des EuGH beschränken nicht nur staatliche Maßnahmen, sondern auch Arbeitskampfmaßnahmen durch Koalitionen, die gegen eine grenzüberschreitende Standortverlagerung gerichtet sind, die Niederlassungs- und ggf. auch die Dienstleistungsfreiheit.[1315] Sie sind daher nur zulässig, wenn sie durch zwingende Gründe des Allgemeinwohls gerechtfertigt sind, wozu der EuGH ausdrücklich auch den Schutz der Arbeitnehmer zählt. Dabei erkennt der EuGH den Sozialpartnern grundsätzlich einen weiten Ermessensspielraum

---

1311 Däubler, TVG-*Däubler*, Einl. Rn. 617; anders Wiedemann-*Thüsing*, § 1 Rn. 84, der stets am Arbeitsvertragsstatut anknüpfen möchte.

1312 Vgl. aber den oben, S. 94 ff., beschriebenen Fall der Goethe-Institute, BAG, 11.09.1991 – 4 AZR 71/91, NZA 1992, 321, 323 (= AP Nr. 29 zu Internat. Privatrecht, Arbeitsrecht), wo das BAG zumindest bei einem bestehenden Firmentarifvertrag eine Einwirkungspflicht auf die (ausländische) Zweigstelle, das Tarifniveau einzuhalten, annimmt.

1313 Callies/Ruffert-*Bröhmer*, Art. 49 Rn. 9 ff., 17.

1314 Vgl. nur EuGH, 27.09.1988 – C-81/87, Slg. 1988, 5483 (*Daily Mail*), Rn. 17.

1315 EuGH, 11.12.2007 – C-438/05, Slg. 2007, I-10779 (*Viking*); EuGH, 18.12.2007 – C-341/05, Slg. 2007, I-11767 (*Laval un Partneri*).

hinsichtlich sozialpolitischer Gestaltungen zu.[1316] Auch zeigt der EuGH eine aus deutscher Perspektive bemerkenswerte Offenheit hinsichtlich der zulässigen Mittel und Ziele eines Arbeitskampfs, der nicht etwa auf tarifvertragliche Ziele reduziert sein muss.[1317] Wie oben ausgeführt, belässt er im Gegensatz zum BAG den Koalitionen allerdings nicht die Einschätzungsprärogative hinsichtlich der Erforderlichkeit und Geeignetheit einer Arbeitskampfmaßnahme, sondern führt eine vollständige Verhältnismäßigkeitsprüfung durch. Dies erschwert die koalitionäre Betätigung in Fällen grenzüberschreitender Umstrukturierungen erheblich, vor allem weil so die Arbeitskampfmaßnahmen stets mit der Gefahr der Rechtswidrigkeit konfrontiert sind.[1318]

d) Tarifpolitischer Raum

Neben den Rechtsfolgen der Umstrukturierung stellt sich auch die Frage, welche Möglichkeiten den Tarifparteien zum Umgang mit entsprechenden Gestaltungen offen stehen. Diese sind zu einem großen Teil davon abhängig, wie weit Sachverhalte im Zusammenhang mit einer Umstrukturierung überhaupt zulässiger Regelungsgegenstand eines Tarifvertrags sein können.[1319] Davon leitet sich dann, ausgehend von der geltenden Rechtsprechung des BAG, auch die Zulässigkeit von Arbeitskämpfen ab. Arbeitskämpfe sind – so das BVerfG – zumindest insofern von Art. 9 Abs. 3 GG erfasst, als sie auf den Abschluss eines Tarifvertrags gerichtet sind.[1320] Das BAG hat diese Aussage darauf verengt, dass ein Arbeitskampf auf den Abschluss eines Tarifvertrags gerichtet sein muss.[1321] Auf der anderen Seite hat es in jüngerer Zeit auch mehrfach festgestellt, dass das, was tariflich regelbar,

---

1316 EuGH, 12.10.2010 – C-45/09, Slg. 2010, I-09391 (*Rosenbladt*), Rn. 41.

1317 Vgl. EuGH, 11.12.2007 – C-438/05, Slg. 2007, I-10779 (*Viking*), Rn. 103; dazu *Zimmer,* AuR 2012, 114; *Bryde,* SR 2012, 2, 7 ff.

1318 *Kocher,* AuR 2008, 13, 17 f.; kaum Auswirkungen erwartet dagegen *Schubert,* RdA 2008, 289 f.

1319 Zur Frage des korrekten Kampfgegners *Kocher/Sudhof,* NZA 2013, 875; zur Frage des korrekten Adressaten eines möglichen Widerspruchs nach § 613a Abs. 6 BGB: BAG, 21.08.2014 – 8 AZR 619/13, EzA-SD 2014, Nr. 25, 9-10, Rn. 20.

1320 BVerfG, 10.09.2004 – 1 BvR 1191/03, NZA 2004, 1338, 1339 (= AP Nr. 167 zu Art. 9 GG Arbeitskampf). BVerfG, 06.05.1964 – 1 BvR 79/62, BVerfGE 18, 18, 28; BVerfG, 01.03.1979 – 1 BvR 532/77 u.a., BVerfGE 50, 290, 371 (= AP Nr. 1 zu § 1 MitbestG).

1321 „Hilfsfunktion zur Sicherung der Tarifautonomie": BAG, 24.04.2007 – 1 AZR 252/06, JA 2008, 543 (mit zust. Anm. Krause) (= AP Nr. 2 zu § 1 TVG Sozialplan); *Wank,* FS 50 Jahre ZVK Baugewerbe, 2007, S. 141, 158 zur Vereinbarkeit mit Art. 11 EMRK und Art. 6 Nr. 4 ESC: *Zachert,* FS Wissmann, 2005, S. 202, 208;

grundsätzlich auch erstreikbar ist.[1322] Die Zulässigkeit von Arbeitskampfzielen muss nach der Rechtsprechung des 4. Senats des BAG umso enger beurteilt werden, je näher diese an den Kernbereich strategischer Unternehmensentscheidungen heranreichen und über die Regelung der Arbeitsbedingungen hinausgehen.[1323] Darüber hinaus verbietet sich allerdings eine Inhaltskontrolle, die sonst unweigerlich in eine Tarifzensur münden würde.[1324] So bildet etwa auch die Höhe der Tarifforderungen keinen Gegenstand gerichtlicher Überprüfung.[1325] Die Grenze ist aber da überschritten, wo ein Arbeitskampf auf die wirtschaftliche Existenzvernichtung gerichtet ist.[1326] Wie bereits erwähnt, würde nach Auffassung der Rechtsprechung auch die Forderung nach Aufrechterhaltung oder Begründung der Verbandsmitgliedschaft die negative Koalitionsfreiheit des Arbeitgebers verletzen,[1327] nicht dagegen ein Streik um einen Anerkennungstarifvertrag.[1328]

Bedeutung hat dies im Rahmen von Umstrukturierungen vor allem hinsichtlich des so genannten Sozialplantarifvertrags erlangt. Hier war lange fraglich, ob die Tarifparteien „sozialplanähnliche Inhalte" vereinbaren dürfen, obwohl parallel ein Sozialplan gemäß § 112 BetrVG abgeschlossen wird bzw. erzwingbar wäre.[1329] § 112 BetrVG begrenze aber – so das BAG zutreffend – nicht die Regelungsmacht der Tarifparteien, insbesondere könne kein Umkehrschluss aus § 77 Abs. 3 BetrVG gezogen werden, eine Sperrwirkung durch die Betriebsvereinbarung sei systemfremd.[1330] Konsequenterweise bejaht es dann auch die

---

eine gewisse Offenheit andeutend auch BAG, 19.06.2007 – 1 AZR 396/06, AP Nr. 173 zu Art. 9 GG (= BAGE 123, 134).

1322 Etwa BAG, 06.12.2006 – 4 AZR 798/05, NZA 2007, 821 (= AP Nr. 1 zu § 1 TVG Sozialplan).

1323 BAG, 03.04.1990 – 1 AZR 123/89, NZA 1990, 886 (= AP Nr. 56 zu Art. 9 GG).

1324 BVerfG, 26.06.1991 – 1 BvR 779/85, BVerfGE 84, 212 (= AP Nr. 117 zu Art. 9 GG Arbeitskampf).

1325 BAG, 24.04.2007 – 1 AZR 252/06, JA 2008, 543 (mit zust. Anm. Krause) (= AP Nr. 2 zu § 1 TVG Sozialplan).

1326 BAG, 21.04.1971 – GS 1/68, NJW 1971, 1668 (= AP Nr. 43 zu Art. 9 GG Arbeitskampf); BAG, 24.04.2007 – 1 AZR 252/06, JA 2008, 543 (mit zust. Anm. Krause) (= AP Nr. 2 zu § 1 TVG Sozialplan).

1327 BAG, 10.12.2002 – 1 AZR 96/02, NZA 2003, 734 (= AP Nr. 162 zu Art. 9 GG Arbeitskampf); ErfK-*Linsenmaier*, Art. 9 GG Rn. 131.

1328 Vgl. BVerfG, 10.09.2004 – 1 BvR 1191/03, NZA 2004, 1338, 1339 (= AP Nr. 167 zu Art. 9 GG Arbeitskampf).

1329 Zum Diskussionsstand etwa *Fischinger*, NZA 2007, 310, 311.

1330 BAG, 06.12.2006 – 4 AZR 798/05, NZA 2007, 821 (= AP Nr. 1 zu § 1 TVG Sozialplan).

Erstreikbarkeit eines solchen Tarifvertrags.[1331] Eine strukturelle Verschiebung der Kampfparität zu Lasten der Arbeitgeber(verbände) bei einem Streik um einen Sozialplantarifvertrag durch die parallele Möglichkeit des Betriebsrats, einen Sozialplan nach §§ 111 ff. BetrVG zu vereinbaren, erfolgt nach Ansicht des BAG nicht.[1332] Eine etwaige Konkurrenz zwischen tariflichem und betrieblichem Sozialplan ist nach dem Günstigkeitsprinzip aufzulösen.[1333]

Noch umstrittener ist, ob auch die Standortentscheidung selbst durch einen Tarifvertrag geregelt werden kann. Dabei stehen sich vor allem die Berufsfreiheit aus Art. 12 GG der Arbeitnehmer wie auch die des Arbeitgebers gegenüber.[1334] Je nach Art und Umfang der unternehmerischen Standortentscheidung wie auch der darauf abzielenden tarifvertraglichen Regelung können sowohl die Berufswahl wie auch die Berufsausübung der einen oder anderen Seite in unterschiedlichem Maß betroffen sein.[1335] Die Tarifmacht der Tarifparteien ergibt sich dabei unmittelbar aus Art. 9 Abs. 3 GG sowie dessen Ausgestaltung in den §§ 1 und 4 Abs. 2 TVG.[1336] Dort, wo eine unternehmerische Entscheidung die Arbeitsbedingungen von Arbeitnehmern betrifft, muss sie daher den Arbeits- und Wirtschaftsbedingungen i.S.d. Art. 9 Abs. 3 GG zugerechnet werden und damit grundsätzlich einer tariflichen Regelung zugänglich sein.[1337] Jeglicher

---

1331 BAG, 06.12.2006 – 4 AZR 798/05, NZA 2007, 821 (= AP Nr. 1 zu § 1 TVG Sozialplan); BAG, 24.04.2007 – 1 AZR 252/06, JA 2008, 543 (mit zust. Anm. Krause) (= AP Nr. 2 zu § 1 TVG Sozialplan); a.A. etwa *Rolfs/Clemens,* NZA 2004, 410, 414 ff.; *Picker,* ZfA 2011, 443, 527; kritisch auch *Wolf,* FS Kempen, 2013, S. 59, 61.

1332 BAG, 24.04.2007 – 1 AZR 252/06, JA 2008, 543 (mit zust. Anm. Krause) (= AP Nr. 2 zu § 1 TVG Sozialplan); im Prinzip zust. *Wank,* RdA 2009, 1, 6; *Fischinger,* NZA 2007, 310, 311 f.; a.A. *Rolfs/Clemens,* NZA 2004, 410, 415.

1333 Entsprechend BAG, 06.12.2006 – 4 AZR 798/05, NZA 2007, 821 (= AP Nr. 1 zu § 1 TVG Sozialplan).

1334 Ausführlich zum Meinungstand Däubler, TVG-*Hensche/Heuschmid,* § 1 Rn. 942 ff., dort insbesondere auch Ausführungen zu der von der h.M. in den Fokus gestellten Kollision zwischen der Koalitionsfreiheit und der Unternehmerfreiheit des Arbeitgebers; dazu auch *Fischinger,* NZA 2007, 310, 313 f.

1335 Vgl. zu möglichen Fallgruppen etwa *Däubler,* Unternehmerfreiheit im Arbeitsrecht, 2012, S. 56 ff.

1336 *Krause,* Tarifverträge zur Begrenzung der Leiharbeit, 2012, S. 44 ff.; Wiedemann-*Wiedemann,* Einl. Rn. 421; Kittner/Zwanziger/Deinert-*Deinert,* § 8 Rn. 135; a.A. *Rieble,* ZTR 1993, 54, 55, der die Tarifmacht in § 2 Abs. 1 TVG abschließend geregelt sieht.

1337 Däubler, TVG-*Hensche/Heuschmid,* § 1 Rn. 946 f.; Kittner/Zwanziger/Deinert-*Deinert,* § 8 Rn. 135; i.d.S. auch *Krause,* Tarifverträge zur Begrenzung der Leiharbeit, 2012, S. 59 ff.

Entscheidungsspielraum darf dem Unternehmer freilich nicht genommen werden.[1338] Insbesondere dort, wo die Berufswahlfreiheit des Arbeitgebers betroffen ist, besteht eine Grenze. So kann die grundsätzliche Entscheidung eines Unternehmers, die Tätigkeit ganz einzustellen, weder durch Tarifvertrag noch durch Arbeitskampf verhindert werden.[1339] Sehr wohl können Änderungen in der Unternehmensstruktur, die Auslagerung von Tätigkeiten und Standortentscheidungen in einem Tarifvertrag geregelt und damit gegebenenfalls auch mit einem Streik erkämpft werden.[1340] Auf die unionsrechtlichen Schwierigkeiten wurde bereits hingewiesen.

Praktisch wird in solchen Fällen allerdings häufig bereits eine Bindung an einen Verbandstarifvertrag bestehen. Da dann eine Abweichung von den Tarifbedingungen – wie später noch intensiver zu erläutern sein wird – nur in Form eines Firmentarifvertrags oder firmenbezogenen Verbandstarifvertrags möglich ist, der dann nach den Grundsätzen des Spezialitätsprinzips den Verbandstarifvertrag verdrängt,[1341] wird die Intitiative, einen solchen Verbandstarifvertrag zu schließen, häufig von Seiten des Arbeitgebers erfolgen. Dass eine Gewerkschaft überhaupt zu einem solchen Abschluss zu bewegen ist, ist dann wiederum vielfach mit der Drohung des Arbeitgebers mit der Betriebsschließung oder der Verlagerung des Standortes verknüpft.[1342] Für die Gewerkschaft stellt sich hierbei die Frage, ob sie angesichts der bestehenden Tarifbindung an die relative Friedenspflicht gebunden ist. Schon aus Paritätserwägungen kann das Streikrecht für die Gewerkschaft in diesem Fall aber nicht eingeschränkt sein und zwar unabhängig davon, ob es um die Abwehr der Forderungen des Arbeitgebers oder um eigene Forderungen im Verhandlungsverlauf geht.[1343] Immerhin findet sie sich in dieser Situation schon aufgrund der Dispositionsmöglichkeiten des Arbeitgebers in einer unterlegenen Verhandlungsposition wieder und ist zudem mit dem Problem

---

1338 BAG, 03.04.1990 – 1 AZR 123/89, NZA 1990, 886 (= AP Nr. 56 zu Art. 9 GG).

1339 *Kühling/Bertelsmann* 2005, 1017, 1026 f.; *Däubler,* Unternehmerfreiheit im Arbeitsrecht, 2012, S. 58.

1340 LAG Hamm, NZA-RR 2000, 535, 537; Däubler, TVG-*Hensche/Heuschmid,* § 1 Rn. 946; *Oberberg/Schoof,* AiB 2002, 169, 173; a.A. bspw. LAG Schleswig-Holstein 27.3.2003, AiB 2004, 565, insb. 571; LAG Niedersachsen 2.6.2004, AiB 2004, 636, 638; *Buchner,* DB 2001, Beilage Nr. 9, 9; die tarifliche Regelbarkeit bejahend aber die Erstreikbarkeit verneinend ArbG Gelsenkirchen, AiB 1998, 655, 656; ähnlich auch *Hohenstatt/Schramm,* DB 2004, 2214, 2217.

1341 Dazu unten, S. 257 ff.; zu den Folgen für die Außenseiter in Hinblick auf arbeitsvertragliche Bezugnahmeklauseln, unten S. 337 ff.

1342 *Bepler,* AuR 2010, 234, 242.

1343 Däubler, TVG-*Hensche/Heuschmid,* § 1 Rn. 838.

konfrontiert, dass die Risikobereitschaft der Arbeitnehmer angesichts des Damkolesschwerts des Arbeitsplatzverlusts häufig eher gering sein wird.[1344]

Das Herauswachsen eines Unternehmens aus dem Geltungsbereich eines Tarifvertrags kann durch die Tarifparteien vermieden werden, indem sie den Geltungsbereich des Tarifvertrags erweitern, sofern das ob ihrer Tarifzuständigkeit möglich ist. Dagegen erfordert das Herauswandern aus der Tarifzuständigkeit eines Arbeitgeberverbandes oder einer Gewerkschaft eine Anpassung der Satzung, um die Zuständigkeit zu erhalten.[1345] Da jedoch mit der zwingenden Wirkung des Tarifvertrags auch die Friedenspflicht endet, ist eine Gewerkschaft – sofern sie selbst die Zuständigkeit behält – nicht gehindert, ggf. auch durch Arbeitskampf auf einen Firmentarifvertrag hinzuwirken, der auch auf die Anerkennung der Bedingungen des bisherigen Tarifvertrags gerichtet sein kann.[1346]

e) Bewertung

Die Umstrukturierung bietet unzählige mehr oder weniger kreative Gestaltungsmöglichkeiten, die zur Tarifflucht genutzt werden können. Dementsprechend lückenhaft ist die vorstehende Darstellung. Nur angerissen wurde etwa die Privatisierung öffentlicher Betriebe, die als „kalter Austritt“[1347] insbesondere, aber keineswegs nur in Ostdeutschland mitverantwortlich für die rapide sinkende Tarifbindung war.[1348] Zudem kann bspw. auch eine Betriebsaufgabe[1349], eine Gesellschaftsauflösung und u.U. ebenso eine Insolvenz[1350] dazu genutzt werden, zumindest mittelfristig die Tarifbindung zu beenden.

Die Rechtsordnung setzt hier die Grenzen insbesondere durch die Institute der Nachbindung nach § Abs. 3 TVG sowie der Nachwirkung nach § 4 Abs. 5 TVG, die aber insbesondere in Fällen des Betriebsübergangs, bei denen der Arbeitgeber wechselt, häufig nicht zum Einsatz kommen können. Eine entsprechend große Bedeutung kommt daher in diesen Fällen dem § 613a Abs. 1 S. 2 BGB zu, nach dem die Tarifnormen beim Erwerber so wirken, wie sie beim Veräußerer zum Zeitpunkt des Betriebsübergangs gewirkt haben – also kollektivrechtlich. Sie genießen

1344 *Däubler,* NJW 2005, 30 f.; *Peeters,* Njb 1980, 65, 72.

1345 Vgl. *Löwisch/Rieble,* § 2 Rn. 268.

1346 Vgl. BVerfG, 10.09.2004 – 1 BvR 1191/03, NZA 2004, 1338, 1339 (= AP Nr. 167 zu Art. 9 GG Arbeitskampf); *Löwisch/Rieble,* § 2 Rn. 268 f.

1347 *Schroeder/Ruppert,* WSI Mitt. 1996, 316, 323.

1348 Vgl. *Brandt/Schulten,* WSI Mitt. 2008, 570 ff.

1349 *Gamillscheg,* Koll. ArbR I, 1997, S. 723.

1350 *Schroeder/Ruppert,* WSI Mitt. 1996, 316, 325; allerdings beendet das laufende Insolvenzverfahren die Tarifbindung nicht, vgl. Däubler, TVG-*Peter,* § 2 Rn. 99.

darüber hinaus für ein Jahr Bestandsschutz. Dies gilt allerdings dann nicht, wenn auf das Arbeitsverhältnis beim Erwerber ein Tarifvertrag nach § 3 Abs. 1 TVG anwendbar ist (§ 613a Abs. 1 S. 3 BGB). Tarifflucht durch Tarifvertrag verhindert § 613a Abs. 1 BGB damit nicht. Kritisch einzuschätzen ist aber vor allem § 613a Abs. 1 S. 4 Alt. 2 BGB, nach dem im Fall, dass weder der übernehmende Arbeitgeber noch der Arbeitnehmer Mitglied im zuständigen tarifschließenden Verband bzw. der tarifschließenden Gewerkschaft sind und einzelvertraglich eine Bezugnahme auf den einschlägigen Tarifvertrag erfolgt, der einjährige Bestandsschutz keine Anwendung finden soll. Damit wird die Verbandslosigkeit sogar noch privilegiert.

5. Partielle faktische Beendigung: Drittpersonaleinsatz

Haben die bisher dargestellten Formen der Tarifflucht jeweils das Ziel gehabt, die Tarifbindung für den Betrieb insgesamt zu beenden, ist ein neueres Phänomen im umfangreichen Einsatz von Drittpersonal im eigenen Betrieb zu sehen. Der Begriff des Drittpersonals wird hier weit gefasst verstanden und umfasst neben dem Einsatz von Leiharbeitnehmern etwa auch die Fremdvergabe von Tätigkeiten, bspw. im Rahmen von Werkverträgen (§§ 631 ff. BGB), Dienstverträgen (§§ 611 ff. BGB), Personalleasing-Konstruktionen oder auch durch Einsatz so genannter Soloselbstständiger. Neu ist an dem Phänomen allerdings nicht – wie bereits oben ausgeführt – dass überhaupt Drittpersonal eingesetzt wird, sondern vielmehr der Umfang und die Art der hierdurch ausgeführten Tätigkeiten. In der Metall- und Elektroindustrie arbeitet mittlerweile etwa ein Drittel der Arbeitnehmer als Leiharbeitnehmer oder im Zusammenhang mit einem Werk- oder Dienstvertrag.[1351] Außerdem sind es nicht mehr nur Randtätigkeiten, die auf diese Weise erbracht werden, sie erreichen auch zunehmend so genannte Kerntätigkeiten und reichen quer über alle Branchen hinweg. Genannt sei etwa das häufig zitierte Beispiel des umfangreichen Einsatzes von Leiharbeitnehmern und Fremdfirmen auf dem Werksgelände von *BMW* in Leipzig, wo nur 3000 von 7000 Arbeitnehmern zur Stammbelegschaft gehören,[1352] aber selbst Fluglinien beschäftigen Piloten über Leiharbeitsunternehmen.[1353] Nachfolgend soll daher

1351 Vgl. *Spiegel Online* vom 17.11.2013, abrufbar unter http://www.spiegel.de/wirtschaft/unternehmen/eine-million-beschaeftigte-per-werkvertrag-in-der-metallindustrie-a-933989.html [zuletzt geprüft: 12.12.2014].

1352 Vgl. *FAZ Online* vom 01.06.2013, abrufbar unter http://www.faz.net/aktuell/wirtschaft/konjunktur/ mindestloehne-tarifflucht-aus-notwehr-12202982.html [zuletzt geprüft: 12.12.2014].

1353 So etwa die österreichische *Air Berlin*-Tochter *FlyNiki*, vgl. *Der Standard Online* vom 08.01.2014, abrufbar unter http://derstandard.at/1334132336033/

ein Überblick verschafft werden, auf welche Weise sich dieser Einsatz auf die Tarifbindung der Arbeitgeberseite auswirken kann.

a) Exkurs: Aufgespaltene Arbeitgeberpositionen

Wie bereits oben beschrieben, besteht eine Grundvoraussetzung dafür, dass überhaupt ein Tarifvertrag zur Anwendung kommen kann, darin, dass ein Arbeitsverhältnis (§ 611 BGB) zwischen einem Arbeitgeber und einem Arbeitnehmer vorliegt. Wichtigste Kriterien hierfür sind die persönliche Abhängigkeit des Arbeitnehmers und das Weisungsrecht des Arbeitgebers in Bezug auf Zeit, Dauer und Ort der Leistung. Auf Dreieckskonstellationen wie die Leiharbeit passt dieses Idealmodell dagegen nicht mehr eins zu eins, da in diesem Fall auch dem Arbeitgeber des Einsatzbetriebs ein Weisungsrecht in Bezug auf die Durchführung der Leistung des Arbeitnehmers zukommt.

Tarifrechtlicher Ausgangspunkt für die Bindung an Individualnormen eines Tarifvertrags ist der individualvertragliche Arbeitgeber.[1354] Nachfolgend soll anhand unterschiedlicher Konstellationen, in denen Drittpersonal zum Einsatz kommt, auf die Frage der Tarifbindung eingegangen werden, wobei der Fokus auf Individualnormen liegen soll.

(1) Leiharbeit und andere Formen des Drittpersonaleinsatzes

Zumindest formalrechtlich einfach gestaltet sich der Fremdfirmeneinsatz auf Basis eines Werk- oder Dienstvertrags am Betriebsort des Auftragnehmers durch eigene Arbeitnehmer der Fremdfirma. Das Arbeitsverhältnis der Arbeitnehmer besteht zur Fremdfirma, der Ort der Ausübung der Tätigkeit ist insofern irrelevant. Auch das Weisungsrecht verbleibt uneingeschränkt bei der Fremdfirma. Die Folge hiervon ist, dass unter Umständen zwei Arbeitnehmer nebeneinander arbeiten, für die unterschiedliche oder auch keine Tarifverträge einschlägig sind, je nachdem ob sie beim Einsatz- oder beim entsendenden Unternehmen beschäftigt sind. Durch die enge Anknüpfung der Tarifbindung und -wirkung an das individuelle Arbeitsverhältnis wird das Entstehen paralleler Tarifstrukturen und Tariflosigkeit an einer Produktionsstätte oder in einem Unternehmen begünstigt.

Komplexer wird die Frage, wenn verschiedene Arbeitgeberpositionen auseinanderfallen. Paradebeispiel ist die Leiharbeit. Hier übt der Leiharbeitnehmer

---

Betriebsratswahl-Wollen-an-Personal-Leasing-festhalten [zuletzt geprüft: 12.12.2014].

1354 *Löwisch/Rieble*, § 1 Rn. 170 f.

seine Tätigkeit beim Entleiher als faktischem Arbeitgeber aus, der dementsprechend auch das tätigkeitsbezogene Weisungsrecht sowie die korrespondierenden Fürsorgepflichten inne hat.[1355] Darüber hinaus bleibt aber der Verleiher der arbeitsrechtlich verantwortliche Arbeitgeber sowohl in Bezug auf die Hauptleistungspflichten wie auch die Nebenpflichten (§§ 1 Abs. 2, 3 Abs. 1 AÜG).[1356] Für die Tarifbindung ist damit das Arbeitsverhältnis zum Verleiher entscheidend, die Tarifgeltung beim Entleiher ist insofern unbeachtlich.[1357]

(2) Gemeinschaftsbetriebe

Zudem können zwei oder mehr Arbeitgeber einen Gemeinschaftsbetrieb bilden.[1358] Auch hier kann es vorkommen, dass einzelne Arbeitgeberpositionen, wie etwa das Weisungsrecht, übertragen werden. Damit von einem Gemeinschaftsbetrieb ausgegangen werden kann, kommt es nach der Rechtsprechung des BAG entscheidend auf die einheitliche Organisation und die rechtliche Verbundenheit der beteiligten Unternehmen an. So liegt ein Gemeinschaftsbetrieb insbesondere dann vor, „wenn die in einer Betriebsstätte vorhandenen materiellen oder immateriellen Betriebsmittel für den oder die verfolgten arbeitstechnischen Zwecke zusammengefaßt geordnet und gezielt eingesetzt werden und der Einsatz der menschlichen Arbeitskraft von einem einheitlichen Leitungsapparat gesteuert wird."[1359] Dies gilt insbesondere für die sozialen und personellen Angelegenheiten des BetrVG.[1360] Der Vertragsarbeitgeber für das individuelle Arbeitsverhältnis ändert sich dadurch nicht.[1361] Dennoch sind hier unterschiedliche Konstellationen möglich: So kann nur eines der beteiligten Unternehmen Arbeitnehmer beschäftigen, die Arbeitnehmer können bei unterschiedlichen Unternehmen beschäftigt sein oder es können sogar unterschiedliche Unternehmen gemeinsam Arbeitgeber eines Arbeitnehmers sein.[1362] Der Gemeinschaftsbetrieb ist selbst aber nicht rechts- oder tariffähig.[1363] In Einzelfällen

1355 Schüren, AÜG-*Hamann,* § 1 Rn. 153.

1356 *Löwisch/Rieble,* § 1 Rn. 171; Schüren, AÜG-*Schüren,* Einl. Rn. 175 ff.

1357 Vgl. aber unten in Bezug auf Tarifregelungen beim Entleiher, S. 244.

1358 Vgl. § 1 Abs. 1 Nr. 2 und Abs. 2 BetrVG, § 322 UmwG, dazu bspw. *Gamillscheg,* Koll. ArbR I, 1997, S. 605; Kittner/Zwanziger/Deinert-*Deinert,* § 5 Rn. 48 ff.

1359 BAG, 18.01.1990 – 2 AZR 355/89, NZA 1990, 977, 978 (= AP Nr. 9 zu § 23 KSchG 1969).

1360 Vgl. etwa BAG, 14.12.1994 – 7 ABR 26/94, AP Nr. 3 zu § 5 Rotes Kreuz BetrVG 1972; Kittner/Zwanziger/Deinert-*Deinert,* § 5 Rn. 51.

1361 BAG, 13.08.2008 – 7 ABR 21/07, NZA-RR 2009, 255; *Löwisch/Rieble,* § 1 Rn. 397.

1362 Däubler, TVG-*Deinert,* § 4 Rn. 261 f.

1363 DKKW-*Trümner,* § 1 Rn. 212.

ist es allerdings auch möglich, dass der Arbeitsvertrag mit der Gesellschaft abgeschlossen wird, die den Gemeinschaftsbetrieb führt.[1364]

Fällt also ein Gemeinschaftsbetrieb in den betrieblich-fachlichen Geltungsbereich eines Tarifvertrags, der bei einem oder mehreren beteiligten Unternehmen anwendbar ist, gilt der jeweilige Tarifvertrag auch weiterhin für die bei den einzelnen Arbeitgebern beschäftigten Arbeitnehmer. Durch die Bildung des Gemeinschaftsbetriebs kann sich allerdings der Betriebszweck ändern und nicht mehr vom Geltungsbereich des ursprünglich in den Einzelbetrieben geltenden Tarifvertrags erfasst werden. Die Prüfung, ob ein Gemeinschaftsbetrieb in den betrieblich-fachlichen Geltungsbereich eines Tarifvertrags fällt, erfolgt nach den Grundsätzen zum Mischbetrieb, wonach es auf den überwiegenden arbeitstechnischen Zweck des Betriebs ankommt.[1365] Tritt kein Tarifvertrag mit einschlägigem Geltungsbereich an seinen Platz, kommt die Nachwirkung nach § 4 Abs. 5 TVG für die bestehenden Arbeitsverhältnisse zum Zuge, für neu hinzugekommene Arbeitnehmer entsteht nach h.M. keine Tarifbindung.[1366] Hier ist also eine potentielle Möglichkeit zur Tarifflucht eröffnet. Im Zweifel ist aber bei einem Gemeinschaftsbetrieb davon auszugehen, dass er vom fachlichen Geltungsbereich eines Tarifvertrags erfasst sein soll.[1367]

Dasselbe gilt im Wesentlichen auch dann, wenn die unterschiedlichen Unternehmen gemeinsam Arbeitgeber des Arbeitnehmers sind. Allerdings kommt es hier – abgesehen von dem Fall, dass ein Firmentarifvertrag mit allen Arbeitgebern besteht – zu einer Situation, in der mehrere Tarifverträge nebeneinander gelten und – da die Arbeitsleistung nur einmal geschuldet ist – Gesamtgläubigerschaft nach § 428 Abs. 1 BGB eintritt.[1368]

(3) Gesamthafenbetrieb

Darüber hinaus hat der Gesetzgeber Regelungen geschaffen, welche die Verlagerung von Arbeitgeberpositionen auf eine überbetriebliche Ebene ermöglichen. So ist die oben beschriebene Problematik der Netzwerkstrukturen im Bereich

---

1364 Däubler, TVG-*Deinert,* § 4 Rn. 262.

1365 DKKW-*Trümner,* § 1 Rn. 212; Kittner/Zwanziger/Deinert-*Deinert,* § 8 Rn. 320; *Däubler,* TVR, 1993, Rn. 269; a.A. *Braner,* NZA 2007, 596, 597.

1366 Dazu oben, S. 165 f.

1367 Wiedemann-*Wank,* § 4 Rn. 158 f., dort auch zum Meinungsstand in Bezug auf betriebliche und betriebsverfassungsrechtliche Normen; Däubler, TVG-*Deinert,* § 4 Rn. 265.

1368 Däubler, TVG-*Deinert,* § 4 Rn. 262; *Löwisch/Rieble,* § 2 Rn. 350; a.A. Wiedemann-*Wank,* § 4 Rn. 159.

der Hafenarbeit seit jeher bekannt. Charakteristikum der Hafenarbeit ist, dass es zu erheblichen Schwankungen des Arbeitsanfalls bei den einzelnen Hafenbetrieben kommt, der durch die Betriebe kaum zu beeinflussen ist, womit sich auch der Arbeitskräftebedarf ständig verändert. Dementsprechend werden häufig lediglich kurzfristige Arbeitsverhältnisse eingegangen und vor allem finden häufige Arbeitsplatzwechsel zwischen den verschiedenen Arbeitgebern statt. Für die Arbeitnehmer hat dies insbesondere die negative Konsequenz, dass sie kaum Anwartschaften erwerben können.[1369] In der NS-Zeit wurde durch die 12. DV des Gesetzes zur Ordnung der nationalen Arbeit[1370] die Möglichkeit geschaffen, dass der Treuhänder der Arbeit (§§ 18 ff. Gesetzes zur Ordnung der nationalen Arbeit[1371]) anordnen konnte, dass sämtliche Hafenbetriebe in Bezug auf die arbeitsrechtlichen Fragen als einheitlicher Betrieb gelten (§ 1 Abs. 1 der Verordnung). In der Nachkriegszeit wurde hieran durch das Gesamthafenbetriebsgesetz[1372] (GHfBetrG) angeknüpft, allerdings mit einigen wesentlichen Änderungen. So wird der Gesamthafenbetrieb nun zunächst freiwillig durch Vereinbarung zwischen Arbeitgeberverbänden oder einzelnen Arbeitgebern und Gewerkschaften gebildet, mit dem Zweck, stetige Arbeitsverhältnisse für die Arbeitnehmer zu schaffen (§ 1 Abs. 1 S. 1 GHfBetrG). Der Gesamthafenbetrieb darf allerdings selbst keine erwerbswirtschaftliche Tätigkeit ausführen (§ 1 Abs. 1 S. 2 GHfBetrG). Auf dieser Grundlage wird dann der Gesamthafenbetrieb als gemeinsame Einrichtung der zuständigen Arbeitgeberverbände und Gewerkschaften errichtet.[1373] Sind bei den Mitgliedern der betreffenden Arbeitgeberverbände bzw. einzelnen Arbeitgebern des Gesamthafenbetriebs mindestens die Hälfte der im Hafen tätigen Arbeitnehmern beschäftigt, werden nach § 1 Abs. 2 GHfBetrG automatisch auch alle anderen Betriebe Teil des Gesamthafenbetriebs.

Üblicherweise schließt der einzelne Arbeitnehmer ein Dauerarbeitsverhältnis mit dem Gesamthafenbetrieb, der als „funktioneller Arbeitgeber" fungiert.[1374]

1369 *Weinkopf*, Der Hamburger Gesamthafenbetrieb, 1992, S. 6 ff.; *Assmann*, Rechtsfragen zum Gesamthafenbetrieb, 1965 (zugl. Köln, Univ., Diss. 1965), S. 1 ff.

1370 RGBl. 1935 I, S. 510.

1371 RGBl. 1934 I, S. 45.

1372 BGBl. 1950 I, S. 352.

1373 BAG, 14.12.1988 – 5 AZR 809/87, NZA 1989, 565; *Martens*, NZA 2000, 449; MünchArbR-*Schüren*, § 317 Rn. 26.

1374 *Assmann*, Rechtsfragen zum Gesamthafenbetrieb, 1965 (zugl. Köln, Univ., Diss. 1965), S. 89; die Rechtsfähigkeit des Gesamthafenbetriebs selbst ist allerdings umstritten, üblicherweise besteht aber eine rechtsfähige Organgesellschaft, vgl. etwa LAG Mecklenburg-Vorpommern, 24.01.2012 – 5 Sa 185/11, juris, Rn. 44;

Wird der Arbeitnehmer dann – bspw. für eine Schicht – an einen Einzelbetrieb zugewiesen, kommt auch mit dem Einzelbetrieb ein Arbeitsverhältnis zustande, wobei der Einzelbetrieb dann alle Arbeitgeberfunktionen wahrnimmt und auch die Weisungsbefugnis inne hat.[1375] Während dieser Zeit kommt dem Gesamthafenbetrieb die Arbeitgeberstellung „nur subsidiär“[1376] zu. Die Nachteile kurzfristiger Arbeitsverhältnisse werden damit vermieden. Für die Einzelbetriebe bietet der Gesamthafenbetrieb den Vorteil, dass Schwankungen in der Auftragslage ausgeglichen werden können, die Inanspruchnahme von Kurzarbeit erleichtert wird und in Zeiten der Nichtbeschäftigung von Arbeitnehmern Qualifizierungsmaßnahmen ergriffen werden können.[1377]

(4) Andere gemeinsame Einrichtungen

Nach § 4 Abs. 2 TVG wirken die Tarifnormen über gemeinsame Einrichtungen unmittelbar und zwingend für die Satzung der Einrichtung und für das Verhältnis der Einrichtung zu den tarifgebundenen Arbeitgebern und Arbeitnehmern. Bekanntestes Beispiel sind die Urlaubs- und Lohnausgleichskasse sowie die Zusatzversorgungskasse des Baugewerbes. Ähnlich wie die Gesamthafenbetriebe sollen diese strukturellen Nachteile, die sich aus der Beschäftigungssituation in der Branche ergeben, ausgleichen und in diesem Fall die Urlaubs- und Rentenansprüche der Arbeitnehmer sichern. Denn auch die Baubranche ist von kurzfristigen Arbeitsverhältnissen und einer Saison- und Wetterabhängigkeit geprägt.[1378] Wichtigstes Kennzeichen von Normen über gemeinsame Einrichtungen ist, dass sie neue Rechtsbeziehungen schaffen und zwar nicht nur zwischen den Tarifparteien und zwischen ihren Mitgliedern, sondern auch zwischen den Mitgliedern

---

insofern unklar BAG, 25.11.1992 – 7 ABR 7/92, NZA 1993, 955, 957 (= AP Nr. 8 zu § 1 GesamthafenbetriebsG).

1375 BAG, 19.07.1957 – 1 AZR 161/56, AP Nr. 1 zu § 1 GesamthafenbetriebsG; BAG, 25.11.1992 – 7 ABR 7/92, NZA 1993, 955, 957 (= AP Nr. 8 zu § 1 GesamthafenbetriebsG); teilweise beschränkt sie sich auch auf die Weisungsbefugnis: BAG, 25.01.1989 – 5 AZR 43/88, AP Nr. 5 zu § 1 GesamthafenbetriebsG (m. Anm. Zeuner); dazu auch *Däubler,* Arbeitsrecht 2, 2012, Rn. 1463; Däubler, TVG-*Reim/Nebe,* § 1 Rn. 246; zu den Rechtsverhältnissen im Detail *Assmann,* Rechtsfragen zum Gesamthafenbetrieb, 1965 (zugl. Köln, Univ., Diss. 1965), S. 81 ff.

1376 BAG, 25.11.1992 – 7 ABR 7/92, NZA 1993, 955, 957 (= AP Nr. 8 zu § 1 GesamthafenbetriebsG); Kittner/Zwanziger/Deinert-*Deinert,* § 5 Rn. 44; Staudinger-*Richardi/Fischinger,* Vorbem. § 611 ff. BGB Rn. 495 sprechen von „nebeneinander“.

1377 *Weinkopf,* Der Hamburger Gesamthafenbetrieb, 1992, S. 68 f.; allerdings gibt es auch Fälle von „Hafenflucht“, vgl. *Martens,* NZA 2000, 449.

1378 Däubler, TVG-*Reim/Nebe,* § 1 Rn. 247.

und der gemeinsamen Einrichtung.[1379] Auch hier fungiert die gemeinsame Einrichtung insofern als „funktionaler Arbeitgeber“[1380], als Ansprüche der Arbeitnehmer direkt gegenüber der gemeinsamen Einrichtung begründet werden können.[1381] So kann eine gemeinsame Einrichtung etwa der Durchsetzung von Mindestlohnansprüchen der Arbeitnehmer gegen den Arbeitgeber dienen.[1382]

Partei des Arbeitsverhältnisses ist die gemeinsame Einrichtung aber nicht, weshalb Ansprüche aus dem Arbeitsverhältnis weder von der noch gegen die gemeinsame Einrichtung geltend gemacht werden können.[1383] Vielmehr besteht zwischen dem Arbeitnehmer bzw. dem Arbeitgeber und der gemeinsamen Einrichtung ein unabhängiges Schuldverhältnis. So kommt der gemeinsamen Einrichtung etwa kein Zurückbehaltungsrecht aus Gründen zu, die im einzelnen Arbeitsverhältnis liegen.[1384] Auch im immer wichtiger werdenden Bereich der betrieblichen Altersvorsorge sieht etwa § 1 Abs. 1 S. 3 BetrAVG eine gesetzliche Einstandspflicht des Arbeitgebers vor, auch wenn die Leistungen durch eine gemeinsame Einrichtung erbracht werden.[1385]

(5) Bewertung

Im Ergebnis lässt sich festhalten, dass für die Tarifbindung grundsätzlich allein das Individualarbeitsverhältnis entscheidend ist. Darüber hinaus können die Tarifparteien bestimmte Arbeitgeberpositionen an gemeinsame Einrichtungen übertragen. Eine Arbeitgeberstellung lässt sich dabei allerdings nur in Hinblick auf Gesamthafenbetriebe feststellen. Allerdings können gerade gemeinsame Einrichtungen die Attraktivität einer Tarifbindung erhöhen, auch wenn in sie teilweise heftiger Kritik insbesondere von Arbeitgeberseite ausgesetzt sind.[1386] Die Vorteile für die Arbeitgeber liegen vor allem in einer

---

1379 Däubler, TVG-*Hensche/Heuschmid,* § 1 Rn. 1053.

1380 *Preis,* Kollektivarbeitsrecht, 2012, S. 116; *Löwisch/Rieble,* § 1 Rn. 1577; ähnlich *Däubler,* Arbeitsrecht 2, 2012, Rn. 1463a.

1381 Däubler, TVG-*Hensche/Heuschmid,* § 1 Rn. 1053, die allerdings den Arbeitgeberbegriff nur in Hinblick auf den Gesamthafenbetrieb verwenden.

1382 BAG, 22.10.2003 – 10 AZR 13/03, Nr. 16 zu § 1 TVG Tarifverträge: Gebäudereinigung (m. zust. Anm. Zachert); *Löwisch/Rieble,* § 4 Rn. 73.

1383 *Gamillscheg,* Koll. ArbR I, 1997, S. 618; *Löwisch/Rieble,* § 1 Rn. 1711.

1384 Däubler, TVG-*Deinert,* § 4 Rn. 528.

1385 Vgl. dazu BAG, 19.06.2012 – 3 AZR 408/10, AP Nr. 9 zu § 1 BetrAVG Pensionskasse (m. Anm. Langohr-Plato); auch Däubler, TVG-*Hensche/Heuschmid,* § 1 Rn. 1053.

1386 Dazu *Bührer,* NZA-Beilage 3/2013, 3, 4, 12.

Risikoverteilung in Bezug auf die betreffenden Leistungen und in der Vermeidung von „Schmutzkonkurrenz".[1387]

b) Leiharbeit

Wie oben bereits dargestellt, ist die Leiharbeit eine der wichtigsten Formen des Drittpersonaleinsatzes, die vor allem in den vergangenen zehn Jahren deutliche Spuren in der koalitions- und tarifpolitischen Landschaft hinterlassen hat. Daher soll ihre Entwicklung und Wirkung auf die Tarifbindung der Arbeitgeberseite nachfolgend etwas ausführlicher skizziert werden.

(1) Liberalisierung und tarifdispositives Gleichbehandlungsprinzip

In der Bundesrepublik war die Leiharbeit aufgrund des damaligen § 37 Abs. 3 des Gesetzes über die Arbeitsvermittlung und Arbeitslosenversicherung[1388] (AVAVG) zunächst verboten. Mit Blick auf die Gewerbe- bzw. Berufsfreiheit erklärte das BVerfG dieses Verbot jedoch für verfassungswidrig,[1389] weshalb der Gesetzgeber gefordert war, mit dem AÜG eine entsprechende Regelung zu schaffen. Dieses trat 11. Oktober 1972 in Kraft.[1390] Das AÜG sollte Mindeststandards für die Arbeitnehmer sicherstellen und gleichzeitig das Vermittlungsmonopol der Bundesanstalt für Arbeit gewährleisten. Darüber hinaus wollte der Gesetzgeber verhindern, dass Stammarbeitnehmer durch Leiharbeitnehmer ersetzt werden.[1391] Entsprechend restriktiv war das AÜG in den ersten Stunden ausgestaltet. Die ursprüngliche Überlassungshöchstdauer betrug bspw. lediglich drei Monate. Sie wurde jedoch über die Jahre *peu à peu* verlängert (§ 3 Abs. 1 AÜG a.F.).[1392] Das Arbeitsverhältnis zwischen Leiharbeitnehmer und Verleiher sollte hingegen grundsätzlich unbefristet sein.[1393] Eine weitere Restriktion fand sich im so genannten Synchronisationsverbot. Demnach durfte die Dauer des

1387 Vgl. etwa *Löwisch/Rieble,* § 4 Rn. 322.

1388 BGBl. 1968 I, S. 321.

1389 BVerfG, 04.04.1967 - 1 BvR 84/65, BVerfGE 21, 261, 269; sehr wohl zulässig kann aber ein partielles Verbot sein, wie es früher etwa im Baugewerbe geherrscht hat BVerfG, 06.10.1987 - 1 BvR 1086, 1468, 1623/82, BVerfGE 77, 84, 105 ff. (= NZA 1989, 28)

1390 BGBl. I, S. 1393.

1391 Vgl. den Entwurf BT-Drs. 6/2303, dazu *Burda/Kvasnicka,* PwP 2006, 195, 201.

1392 Zur Entwicklung auch *Wank,* RdA 2003, 1, 5.

1393 In der Praxis endeten jedoch beispielsweise im zweiten Halbjahr 1999 rund 67 % dieser Arbeitsverhältnisse nach weniger als drei Monaten, vgl. BT-Drs. 14/4220, S. 20.

Arbeitsverhältnisses zwischen dem Leiharbeitnehmer und dem Leiharbeitsunternehmen nicht auf eine einzelne Überlassungsmöglichkeit abgestimmt werden. Das wirtschaftliche Risiko sollte eben nicht auf den Arbeitnehmer abgewälzt werden können.

Grundlegend liberalisiert wurde das AÜG durch das Job-AQTIV-Gesetz[1394], das zum 1. Januar 2002 in Kraft getretenen ist. So wurde etwa die Überlassungshöchstdauer von zwölf auf 24 Monate erhöht. Der radikale Bruch wurde aber ein Jahr später mit dem Ersten und Zweiten Gesetz für moderne Dienstleistungen am Arbeitsmarkt[1395] vollzogen, die u.a. eine wirtschaftspolitische Aufwertung der Leiharbeit bezweckten.[1396] Die Überlassungshöchstdauer und das Synchronisationsverbot wurden hierzu vollständig gestrichen, genauso wie das Befristungsverbot, das zuvor die wiederholte Befristung untersagt hatte, sofern für diese nicht ein Sachgrund in der Person des Leiharbeitnehmers vorgelegen hatte. Die Vermutungsregelung für das Vorliegen einer Arbeitsvermittlung ab einer Überlassung von länger als zwölf Monaten in § 1 Abs. 2 AÜG a.F. fiel ebenfalls weg. Auch das Wiedereinstellungsverbot nach § 3 Abs. 1 Nr. 3 und 9 Abs. 3 AÜG a.F., das es untersagte, einen unbefristet beschäftigten Leiharbeitnehmer zu kündigen und ihn dann innerhalb von drei Monaten wieder zu beschäftigen, fand sich im neuen AÜG nicht mehr.[1397]

Durch die AÜG-Reform wurde damit ein Funktionswandel in der Leiharbeit weg von einer bloßen Flexibilitätsreserve befördert, was sie als Mittel zur Tarifflucht überhaupt erst interessant werden ließ.[1398] Tatsächlich stieg die Zahl der Leiharbeitnehmer im Nachgang der Reform rapide. Waren zum Zeitpunkt der ersten AÜG-Reform 1985 erst 41.700 Arbeitnehmer in dieser Form beschäftigt, waren es bei Inkrafttreten des Ersten Gesetzes für moderne Dienstleistungen am Arbeitsmarkt nach insgesamt drei weiteren Reformen bereits 282.400.[1399] Der Höchststand wurde nach einem krisenbedingten Rückgang 2008/2009 mit 927.000 Leiharbeitnehmern bislang im August 2011 erreicht.[1400] Dieses Wachstum ist aber eben nicht nur auf neu geschaffene (Leih-)Arbeitsplätze zurückzuführen. Vielmehr wurden in einem beträchtlichen Maß auch

---

1394 BGBl. 2001 I, S. 3443.

1395 BGBl. 2002 I, S. 4607.

1396 Vgl. BT-Drs. 14/6944, S. 53 f.; dazu auch *Burda/Kvasnicka*, PwP 2006, 195, 196.

1397 S. aber das Verbot einer Austauschkündigung: BAG, 26.09.1996 – 2 AZR 200/96, AP Nr. 80 zu § 1 KSchG 1969 Betriebsbedingte Kündigung.

1398 *Blanke*, DB 2008, 1153; *Seifert/Brehmer*, WSI Mitt. 2008, 335.

1399 Bundesagentur für Arbeit, Der Arbeitsmarkt in Deutschland - Juli, 2014, S. 6.

1400 Bundesagentur für Arbeit, Der Arbeitsmarkt in Deutschland - Juli, 2014, S. 8.

Stammarbeitsplätzen durch Leiharbeitnehmer substituiert. In manchen Betrieben übersteigt gar die Zahl der Leiharbeitnehmer die der Stammbeschäftigten.[1401] Treibende Kraft ist neben personalwirtschaftlicher Flexibilität zumeist auch eine Absenkung des Niveaus der (tariflichen) Arbeitsbedingungen.[1402]

Im Ausgleich zu der Liberalisierung wurde durch die beiden Reformen das Gleichbehandlungsprinzip eingeführt. Demnach müssen dem Leiharbeitnehmer während der Zeit der Überlassung die im Betrieb des Entleihers für einen vergleichbaren Arbeitnehmer des Entleihers geltenden wesentlichen Arbeitsbedingungen gewährt werden (§§ 9 Nr. 2, 10 Abs. 4 AÜG). Die Einhaltung des Gleichbehandlungsprinzips ist im Übrigen die Voraussetzung für die Überlassungserlaubnis (§ 3 Abs. 1 Nr. 3 Nr. 1 AÜG).[1403] Allerdings können in einem Tarifvertrag abweichende Regelungen getroffen werden. Dabei ist die normative Wirkung des Tarifvertrags (§ 4 Abs. 1 TVG) keine Voraussetzung, ausdrücklich ist die arbeitsvertragliche Bezugnahme auf einen solchen Tarifvertrag in seinem Geltungsbereich möglich (§§ 9 Nr. 2, 10 Abs. 4 AÜG).

(2) Funktionsgestörte Tarifautonomie

Tatsächlich war die Leiharbeits-Branche bis 2003 tariflich kaum erfasst. Während sich auf Arbeitgeberseite zumindest Wirtschaftsverbände gebildet hatten, war der gewerkschaftliche Organisationsgrad extrem niedrig.[1404] Daher verknüpfte der Gesetzgeber mit der tarifdispositiven Ausgestaltung des Gleichbehandlungsprinzips neben dem Ziel des Arbeitnehmerschutzes[1405] auch die Erwartung an die Tarifparteien, die Leiharbeitsbranche tarifvertraglich zu regulieren.[1406]

Diese Regelung stieß auf deutliche Kritik. Verfassungsrechtlich wurden Bedenken in Hinblick auf Art. 9 Abs. 3 GG geäußert. Arbeitgeber würden faktisch gezwungen sein, sich für das „geringere Übel" zu entscheiden und den von den

---

1401 *Wassermann/Rudolph*, Leiharbeit als Gegenstand betrieblicher Mitbestimmung, S. 11 f.

1402 Vgl. *Krause*, NZA 2012, 830.

1403 Eine aktuelle Studie aus Österreich zeigt allerdings, dass dort selbst bei Geltung des Gleichbehandlungsprinzips ca. 24 % der Leiharbeitnehmer schlechter in den Kollektivvertrag eingestuft werden, als ihre Kollegen aus der Stammbelegschaft; bei Prämien und Bonifikationen werden sogar 43,3 % der Leiharbeitnehmer benachteiligt, vgl. *Schönbauer*, Leiharbeit, 2014, S. 24 f.

1404 Dazu bereits oben, S. 81 ff.

1405 Kritisch ob der Ernsthaftigkeit dieses Ansinnens: Schüren, AÜG-*Schüren*, § 9 Rn. 118.

1406 BT-Drs. 15/25, S. 24.

Gewerkschaften gewünschten Tarifvertrag abzuschließen. Das komme einem Tarifdiktat gleich.[1407] Das BVerfG folgte dem nicht. Den mittelbaren Druck, Mitglied eines Arbeitgeberverbandes zu werden, um größere Einflussmöglichkeiten zu erlangen, wertet das BVerfG – wie auch in anderen Zusammenhängen – nicht als so erheblich, als dass es die negative Koalitionsfreiheit verletzen könnte. Es stünde den Arbeitgebern sogar noch frei, selbst einen Tarifvertrag zu vereinbaren.[1408] Auch schränke die Tarifdispositivität, so das BVerfG, das Betätigungsrecht der Tarifvertragsparteien nicht ein.[1409] Die Verpflichtung zur Gewährung der gleichen Arbeitsbedingungen bei Nichtabschluss eines Tarifvertrages sei nicht an der negativen Koalitionsfreiheit, sondern am Maßstab der Berufsfreiheit aus Art. 12 Abs. 1 GG zu messen.[1410] Allerdings stellt das BVerfG auch in Bezug auf Art. 12 Abs. 1 GG die Verfassungskonformität fest und argumentiert dabei insbesondere mit der strukturellen Unterlegenheit der Arbeitnehmer.[1411] Das Gleichbehandlungsprinzip diene der Verbesserung der Stellung der Leiharbeitnehmer und damit dem Schutz von deren Berufsfreiheit aus Art. 12 Abs. 1 GG.[1412]

Rechtspolitisch wurde eine massive Verteuerung der Leiharbeit und gar deren „Ende“ befürchtet.[1413] Überhaupt wurde die Bereitschaft der Gewerkschaften zum Abschluss von Tarifverträgen unter diesen Bedingungen in Zweifel gezogen.[1414] Tatsächlich sind in den folgenden Jahren die Kosten sogar eher gesunken.[1415] Dies lag wohl in erster Linie daran, dass bereits bis Ende 2003 vier branchenweit gültige Tarifverträge geschlossen worden waren. Den ersten Abschluss erreichte dabei die CGZP, deren Mitgliedsgewerkschaften über kaum

---

1407 Vgl. nur *Bauer/Krets,* NJW 2003, 537, 539.

1408 BVerfG, 29.12.2004 – 1 BvR 2582/03, 1 BvR 2283/03, 1 BvR 2504/03, NZA 2005, 153, 155 (= AP Nr. 2 zu § 3 AEntG).

1409 BVerfG, 29.12.2004 – 1 BvR 2582/03, 1 BvR 2283/03, 1 BvR 2504/03, NZA 2005, 153, 154 (= AP Nr. 2 zu § 3 AEntG).

1410 BVerfG, 29.12.2004 – 1 BvR 2582/03, 1 BvR 2283/03, 1 BvR 2504/03, NZA 2005, 153, 155 (= AP Nr. 2 zu § 3 AEntG).

1411 BVerfG, 29.12.2004 – 1 BvR 2582/03, 1 BvR 2283/03, 1 BvR 2504/03, NZA 2005, 153, 155 (= AP Nr. 2 zu § 3 AEntG).

1412 BVerfG, 29.12.2004 – 1 BvR 2582/03, 1 BvR 2283/03, 1 BvR 2504/03, NZA 2005, 153, 154 (= AP Nr. 2 zu § 3 AEntG).

1413 Vgl. nur *Rieble/Klebeck,* NZA 2002, 23; kritisch auch *Bayreuther,* NZA 2005, 341, 243; *Waas,* RIW 2003, 265, 272.

1414 *Wank,* RdA 2003, 1, 8.

1415 Stellungnahme iGZ zum 10. Bericht der Bundesregierung, Münster 2005.

eine relevante Mitgliederbasis verfügten,[1416] und die *Interessengemeinschaft Nordbayerischer Zeitarbeitsunternehmen* (INZ) mit deutlich niedrigeren Tarifbedingungen, als sie von der DGB-Tarifgemeinschaft in deren Tarifverhandlungen angestrebt waren. Ihre Rolle wird daher teilweise auch als „Lohndumpingdienstleister für die Arbeitgeberseite“[1417] bezeichnet. Die Verhandlungsposition der DGB-Tarifgemeinschaft geriet dementsprechend unter Druck. Im Ergebnis wiesen alle Tarifabschlüsse ein Niveau auf, das in fast allen potentiellen Einsatzbranchen deutlich unter den Arbeitsbedingungen der jeweiligen Stammbelegschaft lag.[1418]

Daher kamen Zweifel an der Funktionsfähigkeit der tariflichen Interessenvertretung in dieser Branche auf. Noch nie seien Tarifabschlüsse Arbeitgeberinteressen so entgegengekommen.[1419] *Preis/Ulber* bezeichnen die Situation in der Leiharbeit dann auch als „funktionsgestörte Tarifautonomie“.[1420] Auch *Bepler* sieht eine Gefährdung der Tarifautonomie, wenn den Tarifparteien nur noch die Funktion zukomme, das vom Gesetzgeber geschaffene Schutzniveau zu unterschreiten.[1421]

Die Voraussetzungen für den Unterbietungswettbewerb sind dabei bereits in der rechtlichen Gestaltung des AÜG selbst angelegt. Während sich tarifdispositive Normen üblicherweise auf bestimmte Sachmaterien beziehen,[1422] werden hier die Arbeitsbedingungen als Ganzes zur Disposition gestellt. Das geschah zudem vor dem Hintergrund eines extrem niedrigen Organisationsgrades in dieser Branche, die aufgrund der hohen Fluktuation nur schwer organisierbar ist.[1423] Einziger Zweck der tariflichen Regelung kann es dabei sein, von der gesetzlichen Regelung nach unten abzuweichen. Während Art. 5 Abs. 4 der Leiharbeitsrichtlinie 2008/104/EG die Dispositivität daran knüpft, dass der „Gesamtschutz der Arbeitnehmer“ eingehalten wird, findet sich eine solche ausdrückliche

---

1416 Selbst zum Jahresende 2008 waren lediglich 1383 der damals insgesamt 760.604 Leiharbeitnehmer in diesen Gewerkschaften organisiert, vgl. BAG, 14.12.2010 – 1 ABR 19/10, NZA 2011, 289 (= AP Nr. 6 zu § 2 TVG Tariffähigkeit Nr. 6).

1417 *Preis/Ulber*, FS Kempen, 2013, S. 15, 23; *Deinert*, NZA 2009, 1176, 1177.

1418 Siehe bereits oben, S. 121 ff.; außerdem *Bispinck*/WSI-Tarifarchiv, Tarifpolitischer Jahresbericht 2003, 2004, S. 23 ff.; dazu auch *Burda/Kvasnicka*, PwP 2006, 195, 204; *Schüren*, RdA 2007, 231, 232.

1419 *Brors*, BB 2006, 101.

1420 *Preis/Ulber*, FS Kempen, 2013, S. 15, 25.

1421 *Bepler*, FS Kempen, 2013, S. 109, 112 f.

1422 Dazu unten, S. 354 ff.

1423 Dazu grundlegend *Dribbusch*, Gewerkschaftliche Mitgliedergewinnung, 2003; vgl. auch *Waltermann*, NZA 2010, 860, 863.

Einschränkung im AÜG nicht.[1424] Allerdings wird zutreffend angenommen, dass die Tarifparteien die Grundwertung des Gesetzgebers zu beachten haben, weshalb bei einer Abweichung vom Gleichbehandlungsprinzip schon unter der geltenden Rechtslage ein entsprechender Ausgleich zu schaffen sei.[1425] Aufgrund der Koalitionsfreiheit ist den Tarifparteien jedoch eine Einschätzungsprärogative zu gewähren und die Kontrolle auf den Missbrauch zu beschränken.

Angesichts des verschwindend geringen Organisationsgrades der Arbeitnehmer wirken diese Tarifverträge allerdings auf kaum ein Arbeitsverhältnis normativ nach § 4 Abs. 1 TVG.[1426] Es ist damit erst die, ebenfalls im Gesetz angelegte (§§ 9 Nr. 2, 10 Abs. 4 AÜG), Bezugnahmemöglichkeit, welche praktische Auswirkungen erzeugt. Diese war zunächst gar nicht im Gesetz vorgesehen und geht auf eine Initiative des Bundesrates zurück, der den Vermittlungsausschuss angerufen hatte.[1427] Den Arbeitnehmern fehlt dabei aber üblicherweise die Verhandlungsmacht, die Aufnahme einer solchen Klausel zu verhindern, die noch dazu der AGB-rechtlichen Kontrolle nach § 310 Abs. 4 S. 1 BGB entzogen ist.[1428]

Die Auswirkungen auf die Tarifautonomie im Bereich der Leiharbeit ist allerdings nur eine Seite der Medaille. Bereits oben wurde auf die partielle Substitution der Stammarbeitsplätze durch Leiharbeitnehmer hingewiesen. Damit wird einerseits die Tarifgeltung im Betrieb ausgehöhlt, andererseits aber auch Druck auf die Stammbeschäftigten ausgeübt, der sich auch auf Tarifverhandlungen auswirken kann. Hinzu kommen die Folgen für einen Arbeitskampf, wenn Leiharbeitnehmer für Streikarbeit eingesetzt werden. Zwar kommt den Leiharbeitnehmern in diesem Fall ein Leistungsverweigerungsrecht aus § 11 Abs. 5 S. 1 AÜG zu, auf das sie nach § 11 Abs. 5 S. 2 AÜG durch den Verleiher

---

1424 Insofern kritisch in Bezug auf die Vereinbarkeit der deutschen Umsetzung mit den unionsrechtlichen Vorgaben der Richtlinie *Rödl/Ulber,* NZA 2012, 841 ff.

1425 *Ulber,* NZA 2009, 232, 235 f.; *Sansone,* Gleichstellung von Leiharbeitnehmern, 2011 (zugl. Köln, Univ., Diss. 2010), S. 319 ff.; zu tarifdispositivem Recht ausführlich unten, S. 349 ff.

1426 Vgl. etwa *Schüren,* RdA 2007, 231, 232; zu den Zahlen bereits oben, S. 107 f.

1427 Vgl. Pressemeldung Beck, 29.11.2002, becklink 79931; *Rödl/Ulber,* NZA 2012, 841, 842 ff. weisen zudem darauf hin, dass auch die Richtlinie 2008/104/EG die Bezugnahmemöglichkeit nicht erlaubt und erachten die deutsche Rechtslage daher für unionsrechtswidrig.

1428 Vgl. nur *Ulber,* NZA 2009, 232, 233; *Brors,* BB 2006, 101, 102.

auch hinzuweisen sind.[1429] Verboten ist ihr Einsatz allerdings nicht.[1430] Dass in der Praxis während Streikmaßnahmen dennoch Leiharbeitnehmer eingesetzt werden, belegt eine kleine Auswahl an Fällen aus jüngerer Zeit, etwa bei der Warenhauskette *Karstadt*[1431], dem Einzelhandelsunternehmen *Real*[1432] oder beim Verpackungshersteller *Neupack*[1433].

(3) Reaktionen des Gesetzgebers

Der Gesetzgeber hat die Umsetzungsfrist der Leiharbeitsrichtlinie am 5. Dezember 2011 zum Anlass genommen und einige Reformen von 2002/2003 zum 1. Dezember 2011 entschärft.[1434] Ein wesentlicher Punkt war dabei die neu eingeführte Möglichkeit zur Schaffung einer Lohnuntergrenze nach § 3a AÜG, aufgrund derer tarifliche Mindeststundenentgelte eines bundesweiten Tarifvertrags durch das BMAS per Rechtsverordnung auf alle Leiharbeitnehmer erstreckt werden können.[1435] Tarifdispositivität besteht hier nicht, weshalb die Lohnuntergrenze ihrerseits nicht durch Tarifvertrag unterlaufen werden kann. Einem möglichen Unterbietungswettbewerb ist damit zumindest eine unterste Grenze gesetzt. Auch wenn eine unmittelbare Auswirkung auf die Bindungswilligkeit und Bindungsfähigkeit hiervon nicht erkennbar ist, zumal für eine Abweichung vom Gleichbehandlungsprinzip immer noch eine tarifliche Regelung notwendig ist, so ist doch von einer stabilisierenden Wirkung und einem verbesserten

---

1429 Zur fortbestehenden Vergütungspflicht BAG, 01.02.1973 – 5 AZR 382/72, AP Nr. 29 zu § 615 BGB Betriebsrisiko (m. Anm. Mayer-Maly); Schüren, AÜG-*Schüren,* § 11 Rn. 125 f.; zum Fall der konzerninternen Überlassung: Däubler, AKR-*Öğüt,* § 19 Rn. 61 ff.

1430 Für ein Verbot in § 3 Abs. 1 AÜG spricht sich ein Gesetzesentwurf der Fraktion *Die Linke* aus, BT-Drs. 17/3752; wohl auch CDU/CSU/SPD, Koalitionsvertrag 18. Legislaturperiode, 2013, S. 69; im TarifautonomiestärkungsG findet sich allerdings trotz einiger kleinerer Anpassungungen noch keine entsprechende Regelung.

1431 Vgl. *Handelsblatt online* vom 25.10.2013, abrufbar unter http://www.handelsblatt.com/unternehmen/ handel-dienstleister/warnstreik-verdi-spitzt-tarifstreit-mit-karstadt-zu/8984598.html [zuletzt geprüft: 12.12.2014].

1432 Vgl. *rbb online* vom 26.09.2013, abrufbar unter http://www.rbb-online.de/kontraste/archiv/kontraste-vom-26-09-2013/hilflos--leiharbeiter-als-streikbrecher-missbraucht.html [zuletzt geprüft: 12.12.2014].

1433 Vgl. *Kreiszeitung online* vom 8.11.2012, abrufbar unter http://www.kreiszeitung.de/lokales/rotenburg/rotenburg/streik-neupack-holt-leiharbeiter-2601803.html [zuletzt geprüft: 12.12.2014].

1434 BGBl. 2011 I, S. 642.

1435 Zur genauen Ausgestaltung und Funktionsweise unten, S. 300 f.

Arbeitnehmerschutz im untersten Lohnsegment auszugehen.[1436] Bemängelt wird, dass die Beachtung des „Gesamtschutzes der Arbeitnehmer“, wie von Art. 5 Abs. 3 der Leiharbeitsrichtlinie gefordert, noch immer nicht ausdrücklich gewährleistet ist.[1437]

Während – wie oben erwähnt – nach alter Rechtslage nur die *gewerbsmäßige* Überlassung von Arbeitnehmern durch das AÜG erfasst wurde (§ 1 Abs. 1 S. 1 AÜG a.F.), wurde dies im Zuge der Reform auf alle *wirtschaftlichen Tätigkeiten* ausgedehnt (§ 1 Abs. 1 S. 1 AÜG n.F.). Dieser Begriff entstammt Art. 1 Abs. 2 der Leiharbeitsrichtlinie und ist daher unionsrechtlich auszulegen, wobei der EuGH hierunter jede Tätigkeit fasst, durch die Güter und Dienstleistungen auf einem bestimmten Markt angeboten werden.[1438] Insbesondere für die Fälle der Konzernleihe wird damit nochmals unterstrichen, dass sich diese an den Bestimmungen des AÜG messen lassen müssen.[1439]

Ferner gilt die Tarifdispositivität des Gleichbehandlungsprinzips nach § 9 Nr. 2 Hs. 4 AÜG nicht für solche Leiharbeitnehmer, die in den sechs Monaten vor ihrer Überlassung im Einsatzbetrieb oder bei einem mit diesem im Konzernzusammenhang (§ 18 AktG) stehenden Arbeitgeber beschäftigt waren. Die Bestimmung hatte insbesondere Fälle wie das nachfolgend beschriebene „System *Schlecker*“ im Sinn. Die Reform wirkt auf den ersten Blick halbherzig, da sie weiterhin zulässt, dass Arbeitnehmer nach Beendigung ihres Arbeitsverhältnisses als Leiharbeitnehmer wieder auf ihren alten Arbeitsplätzen eingesetzt werden.[1440] Allerdings sind Fälle, in denen die ganze Belegschaft eines Betriebs(teils) übertragen werden und dann wieder als Leiharbeitnehmer eingesetzt werden, nur um die Arbeitsbedingungen zu verschlechtern, wie erwähnt, als rechtsmissbräuchlich einzustufen.[1441]

Eine zusätzliche Barriere in dieser Hinsicht errichtet der ebenfalls aus der Leiharbeitsrichtlinie entstammende (Art. 3 Abs. 1 Bst. b-e der Richtlinie) Begriff „vorübergehend“ in § 1 Abs. 1 S. 2 AÜG.[1442] Entsprechend der oben dargestellten BAG-Rechtsprechung ist damit zumindest der dauerhafte Einsatz von Leiharbeitnehmern auf Dauerarbeitsplätzen untersagt, was die beschriebenen *„sell and*

1436 Vgl. auch *Walser,* WSI Mitt. 2013, 491, 493.

1437 ErfK-*Wank,* § 3a AÜG Rn. 3 f.; *Sansone,* Gleichstellung von Leiharbeitnehmern, 2011 (zugl. Köln, Univ., Diss. 2010), S. 546; *Bepler,* FS Kempen, 2013, S. 109, 113.

1438 EuGH, C-222/04, Slg. 2006, I-289 (*Ministero dell'Economia e delle Finanze*), Rn. 108.

1439 So auch *Hamann,* RdA 2011, 321, 324.

1440 Vgl. BR-Drs. 847/10, S. 9.

1441 Dazu unten, S. 240 ff.

1442 Schaub, Hdb. ArbR-*Koch,* § 120 Rn. 12c f.

lease back“-Konstruktionen[1443] deutlich erschwert. Unionsrechtlich stößt diese Neuregelung auf keine durchgreifenden Bedenken. Zwar müssen Verbote und Einschränkungen nach Art. 4 Abs. 1 der Leiharbeitsrichtlinie hinsichtlich ihrer Rechtfertigung aus Gründen des Allgemeininteresses überprüft werden. Wie die vorstehenden Ausführungen zeigen, ist eine solche Regelung aus Gründen des Arbeitnehmerschutzes gerechtfertigt. Auch GA *Szpunar* verweist in seinen Schlussanträgen zur Rs. *Auto- ja Kuljetusalan Työntekijäliitto AKT ry* darauf, dass sich der Einsatz von Leiharbeit nicht zu Ungunsten der direkten Arbeitsverhältnisse auswirken dürfe, sondern zu sicheren Formen der Arbeit führen müsse.[1444] Und weiter: „Die Aufrechterhaltung von Leiharbeitsbeziehungen über einen längeren Zeitraum, obwohl diese ihrer Natur nach vorübergehend sein müssten, kann somit ein Indiz für einen Missbrauch dieser Arbeitsform sein“.[1445] Eine Beschränkung der Dauer eines Leiharbeitsverhältnisses könne damit aus Gründen des Allgemeininteresses, insbesondere des ordnungsgemäßen Funktionieren des Arbeitsmarktes, gerechtfertigt sein.[1446]

Kaum Auswirkungen wird die Streichung der Ausnahme vom Gleichbehandlungsgrundsatz für zuvor arbeitslose Leiharbeitnehmer entfalten, da sie angesichts der Tarifdispositivität sowieso kaum praktische Relevanz hatte.[1447]

(4) Reaktionen der Rechtsprechung

(a) Tariffähigkeit der Gewerkschaft

Auch die Rechtsprechung reagierte auf die oben genannten Entwicklungen. So fasste sie die Kriterien für die Tariffähigkeit enger und verlangt insbesondere, dass alle Mitgliedsgewerkschaften einer Spitzenorganisation dieser ihre Tariffähigkeit vollständig vermitteln. Sie müssen sich hierzu vollständig miteinander verbunden haben und nicht nur teilweise in Bezug auf eine bestimmte Branche wie etwa die Leiharbeit.[1448] Der Organisationsbereich einer Spitzenorganisation nach § 2 Abs. 3 TVG muss daher mit dem ihrer Mitglieder übereinstimmen, was

---

1443 *Schüren/Wank*, RdA 2011, 1, 11.

1444 Schlussanträge GA Szpunar zu EuGH, 20.11.2014 – C-533/13, EUR-Lex (*Auto- ja Kuljetusalan Työntekijäliitto AKT ry*), Rn. 120.

1445 Schlussanträge GA Szpunar zu EuGH, 20.11.2014 – C-533/13, EUR-Lex (*Auto- ja Kuljetusalan Työntekijäliitto AKT ry*), Rn. 121.

1446 Schlussanträge GA Szpunar zu EuGH, 20.11.2014 – C-533/13, EUR-Lex (*Auto- ja Kuljetusalan Työntekijäliitto AKT ry*), Rn. 124.

1447 Vgl. *Hamann*, RdA 2011, 321, 327.

1448 BAG, 14.12.2010 – 1 ABR 19/10, NZA 2011, 289, 298 f. (= AP Nr. 6 zu § 2 TVG Tariffähigkeit Nr. 6).

bei der *CGZP* nicht der Fall war.[1449] Ein schützenswertes Vertrauen der Betroffenen in die Tariffähigkeit von *CGZP* bestehe nicht.[1450] Der Unterbietungswettbewerb wurde damit zumindest gebremst, aber für die Zukunft nicht verhindert, da lediglich der *CGZP* als Spitzenorganisation die Tariffähigkeit abgesprochen worden ist, was eine Vielzahl an Klagen zur Durchsetzung des *equal pay*-Anspruchs ausgelöst hat[1451]. Die Einzelgewerkschaften der *CGZP* oder auch andere Gewerkschaften können insofern selbst aktiv werden, sofern sie überhaupt die erforderliche Durchsetzungsfähigkeit besitzen.[1452] Hier bieten aber auch die strenger gefassten Kriterien zur Durchsetzungsfähigkeit eine gewisse Handhabe, die verstärkt wieder die Mitgliederzahl der betreffenden Gewerkschaft in den Blick nehmen und damit im Rahmen einer Gesamtbetrachtung zu sachgerechteren Lösungen führen. Eine langjährige Teilnahme am Tarifgeschehen reicht für sich nicht aus.[1453] Angesichts der niedrigen Mitgliederzahlen der in der *CGZP* zusammengeschlossenen Einzelorganisationen ist folglich auch deren Tariffähigkeit zumindest zweifelhaft.[1454]

(b) Konzernleihe

Während der sporadische und einzelfallbezogene Einsatz von Leiharbeit zumindest in Hinblick auf das Tarifsystem keinen größeren Einfluss hat, erweist sich vor allem die dauerhafte Erbringung von Tätigkeiten im Betrieb durch Leiharbeitnehmer als problematisch, wie eingangs bereits ausgeführt wurde. Dies gilt auch für den Fall von konzerninternen Verleihunternehmen, die ihre

---

1449 BAG, 05.10.2010 – 1 ABR 88/09, NZA 2011, 300 (= AP Nr. 7 zu § 2 TVG Tariffähigkeit); BAG, 14.12.2010 – 1 ABR 19/10, NZA 2011, 289 (= AP Nr. 6 zu § 2 TVG Tariffähigkeit Nr. 6); auf die Mitgliederzahl und Durchsetzungsfähigkeit abstellend: *Brors,* BB 2006, 101, 102; Schüren, AÜG-*Schüren,* § 9 Rn. 115; krit. ErfK-*Franzen,* § 2 TVG Rn. 29.

1450 BAG, 14.12.2010 – 1 ABR 19/10, NZA 2011, 289 (= AP Nr. 6 zu § 2 TVG Tariffähigkeit Nr. 6); BAG, 13.03.2013 – 5 AZR 954/11, NZA 2013, 680, 683 (= AP Nr. 31 zu § 10 AÜG); dazu u.a. *Koch,* SR 2012, 159, 161; vgl. dazu bereits oben die abweichende Lehre vom fehlerhaften Tarifvertrag, S. 82.

1451 Stv. BAG, 19.02.2014 – 5 AZR 1047/12, NZA 2014, 915 (= EzA Nr. 25 § 10 AÜG); BAG, 28.05.2014 – 5 AZR 422/12, NZA 2014, 1264 (= EzA Nr. 26 zu § 10 AÜG).

1452 So auch *Deinert/Kittner,* RdA 2013, 257, 263.

1453 Dazu bereits oben, S. 121 ff.

1454 Vgl. die Auflistung der Mitgliederzahlen in BAG, 14.12.2010 – 1 ABR 19/10, NZA 2011, 289 (= AP Nr. 6 zu § 2 TVG Tariffähigkeit Nr. 6); zumindest die Tariffähigkeit der *CGM* noch bejaht hat allerdings BAG, 14.12.2004 – 1 ABR 51/03, NZA 2005, 697 (= AP Nr. 1 zu § 2 TVG Tariffähigkeit).

Leiharbeitnehmer an die anderen konzernangehörigen Unternehmen überlassen. Häufig geschieht dies zum „Selbstkostenpreis".[1455] Nach § 1 Abs. 1 S. 1 AÜG a.F. war nur die gewerbsmäßige Überlassung von Arbeitnehmern durch das AÜG erfasst. Hierfür muss nach der Rechtsprechung des BAG die Tätigkeit selbstständig ausgeführt, auf eine gewisse Dauer angelegt und auf die Erzielung unmittelbarer oder mittelbarer Vorteile gerichtet sein. Es ging dabei früher davon aus, dass der konzerninternen Leihe zum Selbstkostenpreis die Gewinnerzielungsabsicht fehle, weshalb auch keine Überlassungserlaubnis erforderlich sei.[1456] Es stellte damit in dieser Hinsicht auf eine rein subjektive Betrachtung beim überlassenden Konzernunternehmen ab.[1457] Hiervon ist das BAG jedoch abgerückt. Zum einen soll bei Wirtschaftsunternehmen, die keine ideellen Zwecke verfolgen, grundsätzlich angenommen werden, dass sie aus der Arbeitnehmerüberlassung unmittelbare oder mittelbare wirtschaftliche Vorteile zögen. Zum anderen stellt das BAG klar, dass die Ausnahme des § 1 Abs. 3 Nr. 2 AÜG nicht für die hier beschriebenen Unternehmen anwendbar sei.[1458] Darüber hinaus wurde § 1 Abs. 1 S. 1 AÜG neu formuliert und erfasst nun alle Verleiher, die Leiharbeitnehmer im Rahmen ihrer wirtschaftlichen Tätigkeit überlassen.[1459]

Das LAG Brandenburg sieht darüber hinaus zutreffend institutionellen Rechtsmissbrauch gemäß § 242 BGB gegeben, wenn ein Konzernunternehmen nur an andere Konzernunternehmen verleiht, selbst nicht werbend am Markt tätig ist und das Unternehmen nur dazu dient, Lohnkosten zu senken oder den Kündigungsschutz zu umgehen. Als Rechtsfolge kommt dem vermeintlichen Entleiher die Arbeitgeberstellung zu.[1460] In den Blick der Öffentlichkeit ist diese Konstruktion etwa im Zusammenhang mit der Firma *Schlecker* geraten, wo Arbeitnehmer in konzerninterne Leiharbeitsunternehmen überführt worden und dann wieder als Leiharbeitnehmer in der früheren Tätigkeit beschäftigt

---

1455 *Hamann,* RdA 2011, 321, 323.

1456 BAG, 20.04.2005 – 7 ABR 20/04, NZA 2005, 1006.

1457 Vgl. auch *Ragnit/Hansen,* AuA 2011, 8.

1458 BAG, 09.02.2011 – 7 AZR 32/10, NZA 2011, 791 (= AP Nr. 80 zu § 14 TzBfG).

1459 Zur neuen Rechtslage bereits oben, S. 238 ff.; dies gilt im Übrigen auch für bereits bestehende Betriebe ab dem Zeitpunkt am dem Zeitpunkt des Wirksamwerdens der revidierten Erlaubnispflicht, vgl. BAG, 23.07.2014 – 7 AZR 853/12, juris, Rn. 28 (= EzA-SD 2014, Nr. 25, 7).

1460 LAG Berlin-Brandenburg, 09.01.2013 – 15 Sa 1635/12, AuR 2013, 224 mit zust. Anm. Nielebock; vgl. auch LAG Schleswig-Holstein, 05.06.2013 – 3 TaBV 6/12, DB 2013, 2218; anders noch eine andere Kammer des LAG Berlin-Brandenburg, 16.10.2012 – 7 Sa 1182/12, BB 2013, 251 (= LAGE § 1 AÜG Nr 6); vgl. auch *Schüren/Wank,* RdA 2011, 1, 6.

worden sind.[1461] Ausgeschlossen sind konzerninterne Leiharbeitsunternehmen aber immer noch nicht. Wenn das (Konzern-)Verleihunternehmen nämlich auch in erheblichem Umfang am Markt tätig wird, ist auch die konzerninterne Leihe zulässig.[1462]

(c) Betriebsübergang

Unter Umständen kann bei einer Ausgliederung und „Rückleihe" nach der Rechtsprechung des BAG ein Betriebsübergang vorliegen und § 613a Abs. 1 BGB eingreifen. Dies gilt etwa für den Fall, dass ein neues Unternehmen gegründet wird, auf das alle Arbeitnehmer eines Unternehmensteils (bspw. Catering, Reinigung) übertragen werden und dann wieder als Leiharbeitnehmer im ursprünglichen Unternehmen eingesetzt werden.[1463] War vor der Ausgliederung ein Tarifvertrag normativ auf ein Arbeitsverhältnis anwendbar, gelten seine Normen auch nach dem Übergang weiter fort und können frühestens nach einem Jahr geändert werden. Hier sei auf die Ausführungen oben zum Betriebsübergang verwiesen.

(d) Vorübergehende Überlassung

Aktuell hat der 7. Senat des BAG entschieden, dass die Aufnahme des Kriteriums „vorübergehend" in § 1 Abs. 1 S. 2 AÜG[1464] eine verbindliche Rechtsnorm darstellt und daher die Überlassung von Leiharbeitnehmern untersagt ist, wenn sie nicht nur vorübergehend erfolgt, ohne allerdings dieses Kriterium genauer zu definieren.[1465] Jedenfalls ist der unbefristete Einsatz eines Leiharbeitnehmers auf einem Arbeitsplatz, der dauerhaft durch Leiharbeitnehmer ausgefüllt werden soll, unzulässig.[1466] Nach Ansicht des LAG Berlin-Brandenburg soll es dabei für die Unzulässigkeit sogar ausreichen, dass der Leiharbeitnehmer auf einem Dauerarbeitsplatz eingesetzt wird.[1467]

1461 Vgl. *Deinert/Kittner*, RdA 2013, 257, 263.

1462 *Schüren/Wank*, RdA 2011, 1, 6; allerdings nur unter der Maßgabe von § 9 Nr. 2 AÜG, dazu oben, S. 238 ff.

1463 BAG, 21.05.2008 – 8 AZR 481/07, NZA 2009, 144; ggf. kann hier auch eine unzulässige Austauschkündigung vorliegen, *Schüren/Wank*, RdA 2011, 1, 6; beachte aber auch hier § 9 Nr. 2 AÜG.

1464 Dazu im folgenden Punkt.

1465 BAG, 10.07.2013 – 7 ABR 91/11, NZA 2013, 1296.

1466 Vgl. BAG, 10.07.2013 – 7 ABR 91/11, NZA 2013, 1296, 1298 f.; LAG Baden-Württemberg, 22.11.2012 – 11 Sa 84/12, AE 2013, 102; auch *Thüsing*, NZA 2013, 1248.

1467 LAG Berlin-Brandenburg, 09.01.2013 – 15 Sa 1635/12, AuR 2013, 224 mit zust. Anm. Nielebock.

Nicht zu entscheiden hatte der 7. Senat die Rechtsfolge für das betreffende Arbeitsverhältnis.[1468] Das LAG Baden-Württemberg wendet in diesem Fall § 10 Abs. 1 S. 1 AÜG analog an und sieht ein Arbeitsverhältnis zwischen dem Entleiher und dem Arbeitnehmer als zustande gekommen.[1469] Dem widerspricht nun allerdings der 9. Senat des BAG und verweist darauf, dass § 10 Abs. 1 S. 1 AÜG das Zustandekommen eines Arbeitsverhältnisses nur bei fehlender Überlassungserlaubnis fingiere und verneint die Möglichkeit eines Analogieschlusses aufgrund des Fehlens einer planwidrigen Regelungslücke.[1470]

Tatsächlich ist für eine direkte Anwendung von §§ 9 Nr. 1 i.V.m. 10 Abs. 1 S. 1 AÜG kein Raum, wenn eine Überlassungserlaubnis vorhanden ist. Eine solche kann nach § 5 Abs. 1 AÜG nämlich nur für die Zukunft widerrufen werden. Allerdings ist bereits fraglich, ob in diesem Fall überhaupt eine Arbeitnehmerüberlassung erfolgt ist, mangelt es doch gerade am Wesensmerkmal, dass sie vorübergehend erbracht wird. Dies müsste konsequenterweise verneint werden, womit aufgrund des dauerhaften Einsatzes vielmehr von einer Arbeitsvermittlung i.S.d. § 35 Abs. 1 SGB III auszugehen wäre.[1471] Dies gilt selbst dann, wenn § 1 Abs. 2 AÜG nicht einschlägig ist, da der Vermutungstatbestand weitere Fallgestaltungen nicht ausschließt. Dies würde dazu führen, dass bei bereits erbrachter Arbeitsleistung beim Entleiher von einem faktischen Arbeitsverhältnis auszugehen wäre.[1472] Dem Schutzinteresse des Arbeitnehmers wäre damit allerdings nur bedingt gedient, kann sich der faktische Arbeitgeber doch aus diesem durch einfache Lossagung lösen. Zusammen mit der Nichtanwendung der §§ 9 Nr. 1 i.V.m. 10 Abs. 1 S. 1 AÜG würde dies zu dem unbefriedigenden Ergebnis führen, dass der Arbeitnehmer besser gestellt wäre, wenn das Leiharbeitsunternehmen keine Überlassungserlaubnis gehabt hätte. Dies lässt sich kaum mit dem Rechtsgedanken hinter dieser Bestimmung vereinbaren. Entgegen dem BAG ist daher

---

1468 BAG, 10.07.2013 – 7 ABR 91/11, NZA 2013, 1296, 1301.

1469 Vgl. LAG Baden-Württemberg, 22.11.2012 – 11 Sa 84/12, AE 2013, 102; *Düwell*, ZESAR 2011, 449; für eine unmittelbare Anwendung von § 10 Abs. 1 AÜG: LAG Berlin-Brandenburg, 09.01.2013 – 15 Sa 1635/12, AuR 2013, 224; a.A. noch LAG Berlin-Brandenburg, 16.10.2012 – 7 Sa 1182/12, BB 2013, 251 (= LAGE § 1 AÜG Nr 6).

1470 BAG, 10.12.2013 – 9 AZR 51/13, NZA 2014, 196 (= EzA-SD 2014, Nr 4, 7); best. BAG, 03.06.2014 – 9 AZR 111/13, BB 2014, 3007, Rn. 10; BAG, 23.09.2014 – 9 AZR 1025/12, juris, Rn. 28.

1471 Zum Scheinwerkvertrag etwa Schüren, AÜG-*Schüren*, § 10 Rn. 27 ff.; *Dohna-Jaeger*, AuR 2013, 238, 240 ff.

1472 LAG Baden-Württemberg, 22.11.2012 – 11 Sa 84/12, AE 2013, 102; ErfK-*Wank*, § 9 AÜG Rn. 5.

sehr wohl von einer planwidrigen Regelungslücke auszugehen und damit sind die §§ 9 Nr. 1 i.V.m. 10 Abs. 1 S. 1 AÜG analog anzuwenden.[1473] Der Bundesrat möchte in einer Gesetzesinitiative die Fiktion eines Arbeitsverhältnisses auch in dieser Fallkonstellation gesetzlich verankern, was insofern zu begrüßen ist.[1474]

Dürfen Leiharbeitnehmer nicht auf Stammarbeitsplätzen eingesetzt werden, stärkt dies die Tarifbindung im potentiellen Einsatzbetrieb, denn die Substitution der tarifgebundenen Belegschaft durch Leiharbeitnehmer wird damit erschwert.

(5) Weitere tarifpolitische Entwicklungen

Auch die Tarifparteien versuchen abseits der Leiharbeitstarifverträge tarifpolitisch auf die Entwicklung zu reagieren. In manchen Branchen, etwa der Metallindustrie[1475] oder der Chemieindustrie[1476], wurden von den zuständigen DGB-Gewerkschaften mit den Arbeitgeberverbänden der Leiharbeit Branchenzuschläge zwischen 15 und 50 % vereinbart, abhängig von der ununterbrochenen Beschäftigungsdauer im Einsatzbetrieb. Vor allem aber darf der Einsatz von Leiharbeitnehmern die Entgelt-und Arbeitsbedingungen der Stammarbeitnehmer nicht gefährden und muss zeitlich befristet erfolgen.[1477]

Darüber hinaus wurde versucht, die Leiharbeit auf der Seite der Entleiher zu regulieren. Dabei wurden insbesondere die Mitbestimmungsrechte des Betriebsrats ausgedehnt und die Unternehmen verpflichtet, nur entsprechend entlohnte Leiharbeitnehmer einzusetzen.[1478] Angesichts der oben gemachten Ausführungen liegen solche Regelungen durchaus in der Tarifmacht der Tarifparteien. Denn selbst wenn solchen Tarifbestimmungen zu einem Teil Fremdnützigkeit

---

1473 Auch die Ausführungen in den BT-Drs. 6/2303, S. 13; außerdem BT-Drs. 17/4804, S. 12 stehen dem nicht entgegen; a.A. Schüren, AÜG-*Schüren,* § 9 Rn. 20.

1474 Vgl. BR-Drs. 687/13, S. 14.

1475 *BZA/iGZ* und *IG Metall,* Tarifvertrag vom 22.5.2012.

1476 *BZA/iGZ* und *IG BCE,* Tarifvertrag vom 19.6.2012.

1477 Dazu, auch zu den Umgehungsversuchen, *Schwitzer/Schumann,* WSI Mitt. 2013, 297; auch *Bispinck,* WSI Mitt. 2013, 117, 118, 121 f., auch zur Kritik durch andere DGB-Gewerkschaften; *Krause,* NZA 2012, 830.

1478 *Krause,* KJ 2013, 119, 127 ff.; zur dogmatischen Einordnung als Tarifvertrag mit Schutzwirkung zugunsten Dritter i.S.d. § 328 BGB *Karthaus,* AuR 2010, 494, 496; Däubler, TVG-*Hensche/Heuschmid,* § 1 Rn. 793; für weitere Gestaltungsvarianten etwa *Berg/Kocher/Platow/Schoof/Schumann,* § 1 Rn. 207 ff.; zu den bereits bestehenden betriebsverfassungsrechtlichen Einflussmöglichkeiten auf den Einsatz von Leiharbeitnehmern vgl. *Hamann,* RdA 2011, 321, 330 f.; *Schirge,* AiB 2010, 657, 659 f.; zu einer möglichen Quotierung des Einsatzes *Däubler,* Unternehmerfreiheit im Arbeitsrecht, 2012, S. 56.

zukommt, so liegt es doch im unmittelbaren Interesse der Stammarbeitnehmer, keiner Konkurrenz über die Arbeitsbedingungen von anderen Beschäftigtengruppen ausgesetzt zu werden. Der Einsatz von Leiharbeitnehmern kann so nämlich durchaus Einfluss auf die Arbeitsverhältnisse der Stammbeschäftigten nehmen. Zumindest im obligatorischen Teil des Tarifvertrags sind damit Regelungen zur Begrenzung deren Einsatzes zulässig und es können Abschlussnormen hinsichtlich der Übernahme von Leiharbeitnehmern im Einsatzbetrieb vereinbart werden.[1479] Auch der Ausbau von Mitbestimmungsrechten des Betriebsrats ist grundsätzlich zulässig.[1480]

Teilweise wird ein angeblich fehlendes „beschäftigungspolitisches Mandat" der Tarifparteien geltend gemacht.[1481] Dieses Argument vermag jedoch nicht zu überzeugen. Zum einen gehören beschäftigungspolitische Zielsetzungen sogar zum Kernbereich der Tarifpolitik, die Vermeidung von Arbeitslosigkeit spielt regelmäßig eine Rolle im tarifpolitischen Prozess.[1482] Das BAG hat insofern bereits entschieden, dass es den Tarifparteien zumindest keineswegs verwehrt ist, Normen mit beschäftigungspolitischen Auswirkungen zu setzen, die sich auf die dem Tarifvertrag unterworfenen Arbeitsverhältnisse beziehen.[1483] Auch das BVerfG hat zumindest für den Fall einer Verknüpfung von arbeitsmarktpolitischen Zielen mit dem Arbeitnehmerschutz keine Überschreitung der Regelungsmacht durch die Tarifparteien gesehen.[1484] Wie bereits ausgeführt, ist es gerade im Rahmen der entleiherseitigen Regulierung der Leiharbeit (auch) das Ziel der Tarifparteien, über die Regelung der Einsatzbedingungen der Leiharbeitnehmer die Arbeitsbedingungen der Stammarbeitnehmer vor einem Unterbietungswettbewerb zu schützen. Auch insofern sind solche Reglungen von der Regelungsmacht der Tarifparteien gedeckt.

1479 Dazu ausführlich *Krause,* Tarifverträge zur Begrenzung der Leiharbeit, 2012, S. 110 ff., 177 ff.; zudem die Möglichkeit zur normativen Begründung unmittelbarer Zahlungspflichten der Entleiherseite gegenüber Leiharbeitnehmern andeutend *Krause,* in: Bieder/Hartmann, Individuelle Freiheit und kollektive Interessenwahrnehmung, 2012, S. 35, 79.

1480 Vgl. BAG, 27.01.2004 – 1 ABR 7/03, NZA 2004, 556, 558 (= AP Nr. 40 zu § 87 BetrVG 1972 Überwachung).

1481 *Rieble,* ZTR 1993, 54, 57 ff.; *Picker,* ZfA 1998, 573, 660 ff.; eingeschränkt auch *Käppler,* NZA 1991, 745, 748.

1482 ErfK-*Linsenmaier,* Art. 9 GG Rn. 76; *Konzen,* NZA 1995, 913, 917 f.; *Dieterich,* RdA 2002, 1, 10; i.E. wohl auch *Käppler,* NZA 1991, 745, 748.

1483 BAG, 28.06.2001 – 6 AZR 114/00, NZA 2002, 331, 334 (= AP Nr. 24 zu § 611 BGB Arbeitszeit).

1484 BVerfG, 10.09.1991 – 1 BvR 561/89, NZA 1992, 125 (= AP Nr. 27 zu § 5 TVG).

Am 17. September 2013 wurde zudem ein neuer Tarifvertrag zwischen den Verbänden *BAP* und *iGZ* auf der einen und der DGB-Tarifgemeinschaft auf der anderen Seite vereinbart, der deutliche Lohnsteigerungen vor allem bei den Mindestlöhnen vorsieht und außerdem in Punkt 3 Bst. b den Einsatz von Leiharbeitnehmern in Betrieben verbietet, die von Mitgliedsgewerkschaften der DGB-Tarifgemeinschaft bestreikt werden.[1485]

(6) Bewertung

Der gemeinsame Einsatz von Leiharbeitnehmern mit Stammarbeitnehmern in einem tarifgebundenen Betrieb ändert zunächst einmal nichts an der Tarifgebundenheit des Arbeitgebers, solange sich das Gepräge des Betriebs dadurch nicht ändert. Auch wenn eine Absenkung der (tariflichen) Arbeitsbedingungen und insbesondere der Lohnkosten nicht der einzige Beweggrund für den Einsatz von Leiharbeitnehmern sein mag, so kommt ihm doch eine wichtige Rolle zu. Insofern wird der Einsatz von Leiharbeitnehmern in vielen Fällen zumindest eine faktische partielle Tarifflucht darstellen.

Am verbreiteten Einsatz dieser Beschäftigungsform hat der Gesetzgeber einen wesentlichen Anteil, wie bereits aus den sprunghaft gestiegenen Arbeitnehmerzahlen in dieser Branche nach der AÜG-Reform 2002/2003 hervorgeht. Aus Sicht des Tarifsystems hat sich dabei die tarifdispositive Ausgestaltung des Gleichbehandlungsprinzips (§§ 3 Abs. 1 Nr. 3 S. 2, 9 Nr. 2 AÜG) als besonders problematisch erwiesen. Zusammen mit dem niedrigen Organisationsgrad der Leiharbeitnehmer hat dies zu funktionswidrigen Tarifvereinbarungen geführt, da den Tarifverträgen vorrangig die Rolle zukam, das gesetzliche Niveau zu unterbieten. Ob die neuere Rechtsprechung des BAG zur Durchsetzungsfähigkeit von Gewerkschaften ähnliche Zustände künftig vermeiden kann, bleibt abzuwarten.

Die Rechtsprechung zur Konzernleihe, zum Betriebsübergang bei *„sell-and-lease-back"*-Konstruktionen und vor allem zum Verbot des Einsatzes von Leiharbeitnehmern auf Stammarbeitsplätzen ist dagegen zu begrüßen und kann helfen, die potentielle Tarifflucht durch den Einsatz von Leiharbeit einzudämmen, allerdings keineswegs zu verhindern. Dasselbe gilt im Prinzip auch für die gesetzgeberischen Reformen, wobei aufgrund des neu eingeführten § 3a AÜG der tariflichen Unterbietung des Gleichbehandlungsprinzips eine unterste Grenze gesetzt werden kann. In Bezug auf die Vermeidung von Tarifflucht sind auch

1485 Text abrufbar unter http://www.ig-zeitarbeit.de/system/files/verhandlungsergebnis_vgz_dgb-zeitarbeitstarifv-17-09-2013.pdf [zuletzt geprüft: 12.12.2014]; zu weiteren tarifpolitischen Aktivitäten *Deinert,* RdA 2014, 65, 71.

hier die Aufnahme des Kriteriums des vorübergehenden Einsatzes gemäß § 9 Nr. 2 Hs. 4 AÜG und die ausdrückliche Erstreckung des AÜG auf alle wirtschaftlichen Tätigkeiten positiv zu benennen. Im Grundsatz werden die Reformen von 2002/2003 jedoch nicht angetastet. Auch angesichts dessen, dass der im Herbst 2013 abgeschlossene Leiharbeitstarifvertrag immer noch deutlich niedrigere Vergütungssätze vorsieht, als sie in den entsprechenden Einsatzbranchen gelten, kann dieses Beschäftigungsmodell nach wie vor dazu dienen, die Anwendung des Tarifniveaus durch den Einsatz von Drittpersonal zu vermeiden. Hier setzen die bedenkenswerten Vorschläge von *Brors/Schüren* an, die unter anderem eine ausnahmslose Geltung des Gleichbehandlungsprinzips nach einer Einsatzdauer von neun Monaten verlangen und gleichzeitig die Tarifdispositivität des Gleichbehandlungsprinzips auf unbefristete Arbeitsverhältnisse beschränken möchten.[1486] Die Befristung der Tarifdispositivität des Gleichbehandlungsprinzips sieht auch der aktuelle Koalitionsvertrag der Bundesregierung vor, die zudem eine Überlassungshöchstauer von 18 Monaten einführen möchte.[1487]

Dennoch ist die Zahl der Leiharbeitnehmer mittlerweile wieder etwas gesunken, im Juni 2013 waren es noch 852.000. Verglichen mit dem Höchststand von 927.000 Leiharbeitnehmern im August 2011 ist das immerhin ein Rückgang um rund 8 %.[1488] Begründet wird dies mit der aktuell moderaten wirtschaftlichen Dynamik, aber auch mit der Aufnahme von Leiharbeitnehmern in das Stammpersonal der entleihenden Betriebe.[1489] Es steht aber auch zu vermuten, dass die wieder zunehmende Regulierung auf tariflicher, richterlicher und gesetzlicher Ebene sowie die verbreitet aufkommenden so genannten Werkvertragsmodelle hieran einen Anteil haben.[1490]

c) Fremdfirmeneinsatz und Soloselbstständigkeit

(1) Abgrenzungen und Auswirkungen

Das Phänomen, das in der öffentlichen Diskussion vor allem unter dem Begriff der Werkverträge debattiert wird, weist in der Praxis unterschiedliche Formen

1486 *Brors/Schüren,* Missbrauch von Werkverträgen und Leiharbeit verhindern, 2014, S. 5 ff.

1487 CDU/CSU/SPD, Koalitionsvertrag 18. Legislaturperiode, 2013, S. 69; krit. in Bezug auf die zu lange Dauer der Höchstfrist *Deinert,* RdA 2014, 65, 70 f.

1488 Bundesagentur für Arbeit, Der Arbeitsmarkt in Deutschland - Juli, 2014, S. 6; vgl. auch BT-Drs. 18/537, S. 5, 7.

1489 Bundesagentur für Arbeit, Der Arbeitsmarkt in Deutschland - Juli, 2014, S. 9 f.

1490 Vgl. *Karthaus/Klebe,* NZA 2012, 417, 418; *Roggenkamp,* Magazin Mitbestimmung 11/2011, 26.

auf. Sie reichen vom klassischen Werk- oder Dienstvertrag über die Gebrauchsüberlassung von Maschinen mit Betriebspersonal, freier Mitarbeit und andere mehr.[1491] Grob unterschieden werden muss zunächst zwischen den bereits genannten Soloselbstständigen und Unternehmen, die mit ihren Mitarbeitern eine Leistung erbringen. Weitgehend unproblematisch in Hinblick auf das Tarifsystem sind dabei sporadische oder hochspezialisierte Vorgänge, wie das Streichen der Wände oder auch die Erstinstallation und Wartung einer komplexen Maschine. Solche Tätigkeiten werden seit jeher auch in Form von Werkverträgen erbracht.

Auswirkungen auf das Tarifsystem ergeben sich – wie auch bei der Leiharbeit – vor allem dann, wenn diese Formen des Drittpersonaleinsatzes zu einer partiellen Verdrängung der Tarifbindung im Einsatzbetrieb führen, vor allem indem Kerntätigkeiten nicht mehr durch die eigene Belegschaft, sondern durch Fremdfirmen erledigt werden.[1492] Aber auch die Fremdvergabe von Randtätigkeiten, wie Catering, Bewachung oder auch Logistik führen letztlich dazu, dass Tätigkeiten, die vormals unter dem Dach eines Tarifvertrags erbracht worden sind, jetzt tariflos oder zu einem anderen Tarifniveau ausgeführt werden.[1493] Zudem erfolgt durch den Einsatz der Werkvertragsformen eine Erosion des Arbeitgeberbegriffs.[1494]

Dabei kann es einen wesentlichen Unterschied machen, welche Vertragsform für den Drittpersonaleinsatz gewählt wird. Während ein Gebrauchsüberlassungsvertrag mit Betriebspersonal bei Dauerhaftigkeit meist zur Arbeitgebereigenschaft führt und ggf. § 613a BGB zur Anwendung bringt, wird bei Dienst- und Werkverträgen meist – zumindest formal – auf Steuerungsmöglichkeit verzichtet.[1495] Nachfolgend sollen vor allem Formen des Werkvertragseinsatzes besprochen werden.

1491 Ausführlich *Karthaus/Klebe,* NZA 2012, 417, 418; nachfolgend wird der sprachlichen Einfachheit halber vorrangig von Werkverträgen oder Werkvertragsmodellen die Rede sein, gemeint sind aber auch die anderen genannten Vertragstypen.

1492 Vgl. *Koch/Wohlhüter,* Werkverträge in der Arbeitswelt, 2012.

1493 In diesem Sinne auch die Bundesratsinitiative für ein Gesetz zur Bekämpfung des Missbrauchs von Werkverträgen, BR-Drs. 687/13, S. 1, 8; zu den Schwierigkeiten bezüglich der empirischen Erfassung der Problemlagen *Bonin/Zierahn,* Machbarkeitsstudie, 2012.

1494 *Karthaus/Klebe,* NZA 2012, 417, 419; *Däubler,* KJ 2013, 133, 137 spricht insofern vom „partiellen Arbeitgeber".

1495 *Karthaus/Klebe,* NZA 2012, 417, 419.

(a) Werkverträge und Leiharbeit

Im Zentrum der Diskussion steht derzeit die Abgrenzung zwischen Werkvertrag und Leiharbeit. Kernpunkt ist dabei die Praxis, unter dem Deckmantel eines Werkvertrags und unter Umgehung der Bestimmungen des AÜG „verdeckte Leiharbeit" zu betreiben.[1496] Die Abgrenzung gestaltet sich jedoch in der Praxis häufig schwierig. Grundsätzlich besteht bei einem Werkvertrag nach § 631 BGB die Pflicht zur Herstellung eines versprochenen Werks, während bei einem Arbeitsvertrag nach § 611 Abs. 1 BGB die Tätigkeit als solche geschuldet ist. Dabei führt das BAG eine Gesamtwürdigung aller Umstände durch, wobei im Zweifel die tatsächliche Durchführung entscheidend ist. Ein Arbeitsverhältnis wird dabei – wie bereits oben ausgeführt – insbesondere durch die persönliche Abhängigkeit und Weisungsgebundenheit gekennzeichnet.[1497] Wenn es bspw. nicht möglich ist, ein vertraglich abgrenzbares, dem Auftraggeber als eigene Leistung zurechenbares und abnahmefähiges Werk festzulegen, ist i.d.R. nicht von einem Werkvertrag auszugehen.[1498] Wichtige Kriterien sind daneben die Personalhoheit und die Entscheidung über Zeit und Ort der Tätigkeitserbringung.[1499] Da die Kriterien in der Praxis häufig schwer anzuwenden sind, plädiert *Schüren* insbesondere für eine Überprüfung, ob die Ergebnisverantwortung auch gelebt wird.[1500] Möchte ein Arbeitnehmer vor Gericht geltend machen, dass seine Tätigkeit im Rahmen eines Leiharbeitsverhältnisses erbracht worden ist, gilt für die Darlegungs- und Beweislast ein abgestuftes System. Der Arbeitnehmer muss das Vorliegen einer Überlassung schlüssig darlegen, was der Entleiher dann substantiiert widerlegen kann.[1501]

Kommt man in einem Fall zu dem Schluss, dass verdeckte Leiharbeit stattgefunden hat, ist hinsichtlich der Konsequenzen entscheidend, ob der tatsächliche Verleiher über eine Überlassungserlaubnis nach § 1 Abs. 1 AÜG verfügt. Die Überlassung ohne Erlaubnis hat nämlich für den Ver- wie auch den Entleiher gravierende Folgen. Sowohl die Verträge zwischen Ver- und Entleiher wie auch

---

1496 *Francken,* NZA 2013, 1192.

1497 Zur Abgrenzung jüngst BAG, 23.09.2013 – 10 AZR 282/12, DB 2013, 2626 (= EzA-SD 2013, Nr. 24, 9).

1498 BAG, 23.09.2013 – 10 AZR 282/12, DB 2013, 2626 (= EzA-SD 2013, Nr. 24, 9).

1499 *Schirge,* AiB 2010, 657, 658; *Karthaus/Klebe,* NZA 2012, 417, 420.

1500 *Schüren,* NZA 2013, 176, 177; diese könne bereits durch ein Aktenstudium, insbesondere in Bezug auf Haftungsfragen, festgestellt werden.

1501 Vgl. BAG, 13.08.2008 – 7 AZR 269/07, juris, 24 ff. (= AP Nr. 19 zu § 10 AÜG (red. LS)); auch LAG Hamm, 24.07.2013 – 3 Sa 1749/12, juris, Rn. 188 (= AuA 2013, 546 (Kurzwiedergabe)).

zwischen dem Verleiher und dem Leiharbeitnehmer sind dann nach § 9 Nr. 1 AÜG unwirksam. Zum Schutz des Leiharbeitnehmers wird dann nach § 10 Abs. 1 S. 1 AÜG zudem ein Arbeitsverhältnis zum Entleiher fingiert.[1502] Da in diesem Fall nach § 10 Abs. 1 S. 4 AÜG das Gleichbehandlungsprinzip anzuwenden ist, werden regelmäßig auch erhebliche Vergütungsnachforderungen durch den Arbeitnehmer möglich sein. Außerdem kommen hier Ordnungswidrigkeitstatbestände in Betracht, insbesondere § 16 Abs. 1 Nr. 1 AÜG. Um diese Rechtsfolgen abzuwenden, ist es verbreitete Praxis, dass Unternehmen eine Überlassungserlaubnis besitzen, auch wenn sie zumindest offen gar keine Arbeitnehmerüberlassung betreiben („Vorratserlaubnis").[1503] Angesichts der bereits dargestellten wortlautorientierten Anwendung der §§ 9 Nr. 1 i.V.m. 10 Abs. 1 S. 1 AÜG durch das BAG kann sich dies auch als probates Mittel erweisen, um die Risiken bei verdeckter Leiharbeit gering zu halten.[1504] Insofern wird in Politik und Literatur an dieser Stelle zu Recht rechtspolitischer Handlungsbedarf gesehen.[1505]

Bestehende Vorschläge sehen vor allem erweiterte Auskunfts- und Mitbestimmungsrechte und eine erweiterte Zuständigkeit des Betriebsrats beim Einsatz von Fremdfirmen im eigenen Betrieb[1506], eine Vermutungsregelung, dass die Überlassung nicht nur vorübergehend erfolgt, wenn der Einsatz länger als sechs Monate dauert,[1507] sowie eine eindeutige Abgrenzung von Arbeitsvertrag, Werkvertrag und Leiharbeit[1508] und zusätzliche Befugnisse der Finanzkontrolle

---

1502 Vgl. LAG Hamm, 24.07.2013 – 3 Sa 1749/12, juris (= AuA 2013, 546 (Kurzwiedergabe)); *Deinert,* RdA 2014, 65, 73; auch BT-Drs. 6/2303, S. 13.

1503 Krit. etwa *Deinert,* RdA 2014, 65, 73; *Schüren,* NZA 2013, 176, 177; *Timmermann,* BB 2012, 1729; *Francken,* NZA 2013, 1192.

1504 BAG, 10.12.2013 – 9 AZR 51/13, NZA 2014, 196 (= EzA-SD 2014, Nr 4, 7).

1505 Vgl. den Vorschlag von *Schüren,* NZA 2013, 176, 178, ähnlich aber weiter *Francken,* NZA 2013, 1192, 1194; vgl. auch den aktuellen Koalitionsvertrag: CDU/CSU/SPD, Koalitionsvertrag 18. Legislaturperiode, 2013, S. 69.

1506 Vgl. insb. CDU/CSU/SPD, Koalitionsvertrag 18. Legislaturperiode, 2013, S. 69; außerdem Art. 2 der BR-Drs. 687/13; Antrag SPD-Fraktion: BT-Drs. 17/12378, S. 7; Antrag Bündnis 90/Die Grünen BT-Drs. 17/7482, S. 3; Antrag *Die Linke* BT-Drs. 17/7220, S. 2 f.; These 2 der DGB-Thesen für die Abteilung Arbeits-und Sozialrecht des 68. Deutschen Juristentages 2010, abgedruckt in AuR 2010, S. 317, 318 f.; *Brors/Schüren,* Missbrauch von Werkverträgen und Leiharbeit verhindern, 2014, S. 5.

1507 *Brors/Schüren,* Missbrauch von Werkverträgen und Leiharbeit verhindern, 2014, S. 5.

1508 Vgl. insb. CDU/CSU/SPD, Koalitionsvertrag 18. Legislaturperiode, 2013, S. 69; außerdem Art. 1 der BR-Drs. 687/13; Antrag SPD-Fraktion: BT-Drs. 17/12378,

Schwarzarbeit[1509] vor. Der DGB fordert außerdem eine Einbeziehung Soloselbstständiger in das Sozialversicherungssystem mitsamt einer Auftraggeberabgabe.[1510]

In arbeitskampfrechtlicher Hinsicht existiert in Bezug auf den Fremdfirmeneinsatz keine dem § 11 Abs. 5 AÜG vergleichbare Regelung für die Arbeitnehmer der Anbieterunternehmen, welche ihnen die Verweigerung von Streikarbeit ausdrücklich erlauben würde. Allerdings müssen nach zutreffender Auffassung des LAG Baden-Württemberg die arbeitskampfrechtlichen Grundsätze zur Verweigerung von Streikarbeit auch im Fall des Einsatzes von Drittunternehmen gelten. Dogmatisch leitet das LAG dies aus der Koalitionsfreiheit der Gewerkschaft ab. Es betrachtet den Einsatz der Arbeitnehmer durch den Drittunternehmer im bestreikten Betrieb als aktive Beteiligung am Arbeitskampf, da er dem Streik seine Wirksamkeit nimmt, und überträgt dann die bereits langjährige Rechtsprechung des BAG zur Verweigerung von Streikarbeit im bestreikten Betrieb selbst auf das Drittunternehmen. Folglich kann der Arbeitnehmer des Drittunternehmens[1511] die Streikarbeit in Anlehnung an die Wertung der § 11 Abs. 5 AÜG sowie § 36 Abs. 3 SGB III verweigern. Eine anderweitige Ausübung des Direktionsrechts des (Dritt-)Arbeitgebers ginge nach § 106 GewO über das billige Ermessen hinaus.[1512]

S. 6 ff.; Antrag Bündnis 90/Die Grünen BT-Drs. 17/7482, S. 2; Antrag *Die Linke* BT-Drs. 17/7220, S. 2; These 2 und 3 der DGB-Thesen für die Abteilung Arbeits- und Sozialrecht des 68. Deutschen Juristentages 2010, abgedruckt in AuR 2010, S. 317, 318 f.; *Brors/Schüren,* Missbrauch von Werkverträgen und Leiharbeit verhindern, 2014, S. 5.

1509 Vgl. insb. CDU/CSU/SPD, Koalitionsvertrag 18. Legislaturperiode, 2013, S. 69; außerdem Antrag *Bündnis 90/Die Grünen* BT-Drs. 17/7482, S. 2; Antrag SPD-Fraktion: BT-Drs. 17/12378, S. 8.

1510 These 3 der DGB-Thesen für die Abteilung Arbeits-und Sozialrecht des 68. Deutschen Juristentages 2010, abgedruckt in AuR 2010, S. 317, 319.

1511 *Brors/Schüren,* Missbrauch von Werkverträgen und Leiharbeit verhindern, 2014, S. 5.

1512 LAG Baden-Württemberg, 31.07.2013 – 4 Sa 18/13, LAGE § 10 AÜG Nr 10a, 49 ff. (= BB 2013, 2036 (Kurzwiedergabe)); ebenso Däubler, AKR-*Öğüt,* § 19 Rn. 67 f.; *Berg/Kocher/Platow/Schoof/Schumann,* § 3 Rn. 506; *Däubler,* Arbeitsrecht 1, 2006, Rn. 620a; BAG, 25.07.1957 – 1 AZR 194/56, AuR 1958, 125 (= AP Nr. 3 zu § 615 BGB Betriebsrisiko (m. Anm. A. Hueck)); zu den Mobilisierungsschwierigkeiten *Bepler,* FS Kempen, 2013, S. 109, 112; zur Verweigerung von Streikarbeit ursprünglich BAG, 25.07.1957 – 1 AZR 194/56, AuR 1958, 125 (= AP Nr. 3 zu § 615 BGB Betriebsrisiko (m. Anm. A. Hueck)).

(b) Soloselbstständige

Wie bereits oben geschildert, stellen so genannte Soloselbstständige eine zweite wichtige Form des Einsatzes von Werkverträgen dar, durch den potentiell Teile der Kernbelegschaft ersetzt werden können. Allerdings verbergen sich auch hinter diesem Begriff zahlreiche unterschiedliche Gestaltungsvarianten mit unterschiedlichen Auswirkungen auf die Tarifbindung. Regelmäßig wird eine Einzelperson meist auf Grundlage eines Dienstvertrags (§ 611 Abs. 1 BGB) oder Werkvertrags (§ 631 BGB) selbstständig tätig.[1513] Um festzustellen, ob tatsächlich eine Form der Selbstständigkeit vorliegt, ist wiederum zunächst der Arbeitnehmerbegriff zugrunde zu legen, der insbesondere durch die Merkmale der persönlichen Abhängigkeit und Weisungsgebundenheit definiert ist.[1514] Werden diese Merkmale bei einem „Soloselbstständigen" erfüllt, liegt i.d.R. ein Fall der Scheinselbstständigkeit vor, womit das Arbeitsrecht und damit auch das Tarifrecht voll zur Anwendung kommen.[1515] Wird die Tätigkeit allerdings tatsächlich selbstständig erbracht, ist zwischen arbeitnehmerähnlichen Personen und Selbstständigen zu differenzieren.[1516] Zwar handelt es sich in beiden Fällen um Selbstständigkeit, weshalb das Arbeitsrecht grundsätzlich nicht zur Anwendung kommt, allerdings werden eine Reihe arbeitsrechtlicher Normen auf arbeitnehmerähnliche Personen ausgedehnt (vgl. etwa § 2 BUrlG, § 2 Abs. 2 Nr. 3 ArbSchG etc.) und sie erhalten Zugang zu den Arbeitsgerichten (§ 5 ArbGG).[1517] Vor allem aber können für diese Gruppe nach § 12a TVG Tarifverträge abgeschlossen werden.[1518]

Praktisch erfolgt ist dies allerdings nur in der Medien-Branche, weshalb Soloselbstständige zum Großteil nicht von einem Tarifvertrag erfasst sind.[1519] Dies,

---

1513 Zu möglichen anderen Gestaltungsmöglichkeiten Däubler, TVG-*Reinecke,* § 12a Rn. 31 ff.

1514 Zu den Kriterien im Einzelnen *Griebeling,* RdA 1998, 208, 214; allein aus einer detaillierten Beschreibung der Tätigkeit in einem Werkvertrag leitet das BAG allerdings noch kein Weisungsrecht ab, vgl. BAG, 05.03.1991 – 1 ABR 39/90, NZA 1991, 686, 688 f. (= AP Nr. 90 zu § 99 BetrVG 1972); kritisch *Karthaus/Klebe,* NZA 2012, 417, 419.

1515 Dazu ausf. *Lampe,* RdA 2002, 18.

1516 BAG, 30.08.2000 – 5 AZB 12/00, AP Nr. 75 zu § 2 ArbGG 1979.

1517 Vgl. zur Übersicht Kittner/Zwanziger/Deinert-*Deinert,* § 3 Rn. 175.

1518 Eine Ausdehnung befürwortend: *Deinert,* Deutscher Juristentag, Thesen der Gutachter und Referenten, 2014, S. 19, These 8.

1519 Zur Tarifpraxis in Bezug auf § 12a TVG Däubler, TVG-*Reinecke,* § 12a Rn. 9 ff.; vgl. auch Wiedemann-*Wank,* § 12a Rn. 90 zur Zulässigkeit eines einheitlichen Tarifvertrags für Arbeitnehmer und arbeitnehmerähnlichen Personen; a.A. *Lieb,*

verbunden mit dem bereits oben angesprochenen durchschnittlich niedrigeren Einkommen der Soloselbstständigen im Vergleich zu Arbeitnehmern, kann es für einen Arbeitgeber attraktiv erscheinen lassen, Tätigkeiten, die vorher von seinen eigenen tarifgebundenen Arbeitnehmern erbracht worden sind, fortan durch Soloselbstständige erledigen zu lassen.[1520] Sofern die durch das BAG gesetzte Grenze zur persönlichen Abhängigkeit nicht überschritten wird,[1521] ist dies rechtlich auch nicht zu beanstanden, führt aber faktisch zu einer geringeren Reichweite des Tarifvertrags, obwohl der Arbeitgeber seine Tarifbindung beibehält. Dabei ist der massive Anstieg dieser Beschäftigungsform auch auf gesetzgeberisches Handeln zurückzuführen, so wurden durch den Existenzgründungszuschuss nach § 421l SGB III a.F. wie auch die Abschaffung des § 7 Abs. 4 AGB IV, der die Umgehung des Sozialversicherungsrechts unterbinden sollte, Anreize zur Soloselbstständigkeit geschaffen.[1522]

(2) Tarifpolitischer Handlungsspielraum

Wie bereits in Bezug auf die Leiharbeit angedeutet, ist die Frage der nachfrageseitigen Regulierung des Drittpersonaleinsatzes äußerst umstritten. Allerdings wird man mit denselben Überlegungen wie zur Leiharbeit auch hinsichtlich der anderen Formen des Drittpersonaleinsatzes zum Ergebnis kommen müssen, dass Regelungen auf Seiten der Einsatzunternehmen möglich sind. So kann die Frage, ob und in welchem Umfang Tätigkeiten durch eigene Beschäftigte oder durch Fremdfirmen ausgeführt werden, Einfluss auf die Arbeitsbedingungen im Betrieb haben und damit Gegenstand von Tarifvereinbarungen sein.[1523]

RdA 1974, 257, 266; aus unionsrechtlicher/wettbewerbsrechtlicher Sicht wären solche Tarifverträge wohl zulässig, wenn man davon ausgeht, dass unter den vom EuGH verwendeten Begriff der „Scheinselbstständigen" regelmäßig auch die Personengruppen, die im deutschen Recht als „arbeitnehmerähnliche Personen" bezeichnet werden, zu fassen sind, vgl. EuGH, 04.12.2014 – C-413/13, EUR-Lex (*FNV Kunsten Informie en Media*), Rn. 31.

1520 Vgl. auch *Vaneslow/Weinkopf*, WISO direkt Oktober 2008.

1521 Etwa BAG, 20.09.2000 – 5 AZR 61/99, AP Nr. 37 zu § 611 BGB Rundfunk; allerdings wären nach einer Studie des IAB von 1995, unter Anlegung des Abgrenzungsmodells des BAG, 19 % der Soloselbstständigen als Scheinselbstständige zu qualifizieren gewesen und wohl 30 % als arbeitnehmerähnliche Personen, vgl. *Dietrich*, MittAB 1999, 85, 97 ff.; eine Nachfolgestudie liegt soweit ersichtlich bislang nicht vor.

1522 *Nebe*, SR 2013, 1, 7; Wiedemann-*Wank*, § 12a Rn. 49c.

1523 *Däubler*, Unternehmerfreiheit im Arbeitsrecht, 2012, S. 56; *Karthaus/Klebe*, NZA 2012, 417, 425; umstritten ist ferner, ob entsprechende Regelungen in

Besondere Bedeutung kann hier dem Ausbau der betriebsverfassungsrechtlichen Rechte zukommen, da sich die Position des Betriebsrats im Einsatzbetrieb in Fällen der Werkvertragsmodelle deutlich schwächer darstellt als in Fällen der Leiharbeit.[1524] So ist nach gegenwärtiger Rechtsprechung des BAG beim Einsatz von Fremdfirmen nicht von einer mitbestimmungspflichtigen Einstellung i.S.d. § 99 BetrVG auszugehen, da das BAG hierfür einen Arbeitsvertrag als Voraussetzung sieht.[1525]

Darüber hinaus bieten sich auch tarifpolitische Strategien in Bezug auf die Anbieterunternehmen an, insofern sei auf die Ausführungen zur Leiharbeit verwiesen.[1526] Außerdem soll nochmals auf die bereits *de lege lata* zulässigen Formen von Konzerntarifverträgen hingewiesen werden, durch die konzernintern für eine einheitliche Tarifgeltung gesorgt werden kann. Gerade für Fälle, bei denen Tarifflucht der Grund für den (konzerninternen) Fremdfirmeneinsatz ist, wird das aber praktisch nur schwer und lediglich bei entsprechendem gewerkschaftlichen Organisationsgrad durchführbar sein, da es letztlich erforderlich sein wird, in den betroffenen Unternehmen Anerkennungstarifverträge zu erkämpfen.[1527]

d) *Bewertung*

Abgesehen von Fällen, in denen die Belegschaft eines Betriebs oder Betriebsteils als Ganzes an ein anderes Unternehmen übertragen und dann über Werkverträge oder Leiharbeit wieder im ursprünglichen Unternehmen tätig wird, bleibt die Tarifbindung des Arbeitgebers unverändert bestehen. Dennoch löst sich der Arbeitgeber dadurch zumindest faktisch und partiell von der Anwendung der

---

den normativen Teil des Tarifvertrags aufgenommen werden können, dazu Wiedemann-*Thüsing*, § 1 Rn. 337 f.; für die Anwendung tariflicher Betriebsnormen auf die Beschäftigten der Fremdfirma ebenfalls *Däubler*, FS Buchner, 2009, S. 163, 174.

1524 Vgl. zum tarifvertraglichen Ausbau von Mitbestimmungsrechten BAG, 27.01.2004 – 1 ABR 7/03, NZA 2004, 556, 558 (= AP Nr. 40 zu § 87 BetrVG 1972 Überwachung); dazu auch ausführlich *Krause*, NZA 2012, 830, 833 ff.; *Karthaus/Klebe*, NZA 2012, 417 ff.

1525 BAG, 05.03.1991 – 1 ABR 39/90, NZA 1991, 686, 688 f. (= AP Nr. 90 zu § 99 BetrVG 1972); dagegen für eine arbeitsplatzbezogene Einstellungsdefinition plädierend *Karthaus/Klebe*, NZA 2012, 417, 420.

1526 Dazu bereits oben, S. 244 ff.; grundlegend zur nachfrageseitigen Regulierung der Drittbeschäftigung, dort bezogen auf das *equal pay*-Prinzip in der Leiharbeit: *Krause*, Tarifverträge zur Begrenzung der Leiharbeit, 2012.

1527 Zur möglichen Einwirkungspflicht bei einem Firmentarifvertrag, S. 109 f.

für ihn geltenden Tarifverträge, wenn Tätigkeiten, die vormals von tarifgebundenen Arbeitnehmern erbracht worden sind, nun von Arbeitnehmern eines Drittunternehmens oder Soloselbstständigen ausgeführt werden. Dass dies alles andere als ein Randphänomen ist, wurde oben bereits ausgeführt. Die Reichweite der Verbandstarifverträge nimmt damit ab.

Die Leiharbeit ist dabei auch ein eindrückliches Beispiel dafür, wie durch Rechtsetzung überhaupt erst der Einsatz einer bestimmten Beschäftigungsform attraktiv wird. Ferner zeigt die AÜG-Reform von 2002/2003, wie unmittelbar die Rechtsordnung Einfluss auf das Tarifsystem nehmen kann. So hatte die tarifdispositive Ausgestaltung des Gleichbehandlungsprinzips zwar zur Folge, dass ein vormals weitgehend tariffreier Bereich innerhalb kürzester Zeit fast vollständig durch Tarifverträge erfasst worden ist. Der Preis dafür war allerdings ein funktionswidriger Einsatz der Tarifautonomie ausschließlich zur Absenkung des gesetzlichen Niveaus. Angesichts der Tarifabschlüsse der letzten Jahre scheint sich hier zwar Besserung einzustellen, allerdings ist der gewerkschaftliche Organisationsgrad in diesem Bereich immer noch niedrig, weshalb nur in Ansätzen von funktionsfähigen Strukturen auszugehen ist. Rechtsprechung und Gesetzgeber haben hier einige Auswüchse eingedämmt, dennoch stellt die Leiharbeit immer noch eine wirksame Möglichkeit zur Tarifflucht dar.

Auch in Hinblick auf die Werkvertragsmodelle wurden mittlerweile mehrere Regulierungsvorschläge vorgelegt. Effektiv der Tarifflucht entgegenwirken kann dabei allerdings nur eine Beschränkung des Einsatzes im nachfragenden Unternehmen, womit die Bedeutung des Ausbaus der Rechte des Betriebsrats deutlich wird. An dieser Stelle können aber auch die Tarifparteien selbst durch tarifpolitische Gestaltung ansetzen.

Insgesamt zeigt sich beim Drittpersonaleinsatz ein Grunddilemma der Anknüpfung der Tarifbindung an die individuelle Arbeitgeber-Arbeitnehmer Beziehung. Sie führt dazu, dass unter Umständen am selben Ort verschiedene Arbeitnehmer dieselbe Tätigkeit zu völlig unterschiedlichen Tarifbedingungen oder gänzlich ohne Tarifvertrag erbringen. Letztlich ist nur die Tarifbindung des individualvertraglichen Arbeitgebers ausschlaggebend.

6. Zwischenfazit

Im Gegensatz zu diesen Formen der partiellen Beendigung der Tarifbindung führen der Verbandsaustritt und der Wechsel in die OT-Mitgliedschaft eines Verbandes zumindest mittelfristig zu einem vollständigen Ausscheiden aus der (Verbands-)Tarifbindung. Mit der Nachbindung gemäß § 3 Abs. 3 TVG umfasst die Rechtsordnung jedoch ein wichtiges Instrument, um zu verhindern, dass sich ein Arbeitgeber einseitig aus einem geltenden Tarifvertrag lösen kann. Dieses wird nach geltender Rechtsprechung allerdings dadurch geschwächt, dass jede – also auch jede unbedeutende – Änderung eines Tarifvertrags zu dessen Ende i.S.d. § 3 Abs. 3 TVG führen soll. Danach schließt zwar die Nachwirkung nach § 4 Abs. 5 TVG an, hier entfällt jedoch die zwingende Wirkung der Tarifnormen, sie kann auch durch einzelvertragliche Absprache beendet werden.

Mit der höchstrichterlichen Anerkennung der OT-Mitgliedschaften hat sich in den Arbeitgeberverbänden zudem eine Mitgliedschaftsform entwickelt, die es dem Arbeitgeber weitgehend risikolos ermöglicht, aus der Tarifbindung auszuscheiden. Spätestens mit dem Ende der Nachwirkung kann er die Arbeitsverhältnisse in seinem Betrieb einzelvertraglich nach seinen Vorstellungen gestalten, wenn er nicht zuvor schon selbst tarifpolitisch aktiv geworden ist. Die praktischen Auswirkungen der von der Rechtsprechung gezogenen Grenzen, insbesondere der Blitzwechselrechtsprechung und der satzungsmäßigen Trennung von T- und OT-Mitgliedern, dürfen in ihren Auswirkungen nicht überschätzt werden, führen sie doch lediglich zu einer Transparenzobliegenheit, ändern aber nichts an Umfang und Folgen dieser Mitgliedschaftsformen.

Als Mittel zur schnellen Lösung aus der Tarifbindung ohne Nachbindung kann unter Umständen die Umstrukturierung im Unternehmen oder die Auslagerung von Betrieben oder Betriebsteilen dienen. Im Falle eines Betriebsübergangs setzt hier zwar § 613a Abs. 1 S. 2 BGB eine Hürde, indem die Tarifnormen auch beim neuen Rechtsträger zumindest für ein Jahr grundsätzlich nicht abbedungen werden können. Allerdings verhindert auch er die Flucht in einen anderen, für den Arbeitgeber günstigeren, Tarifvertrag nicht, wenn dieser normativ anwendbar ist (§ 613a Abs. 1 S. 3 BGB); ferner muss die Jahresfrist auch bei beiderseitiger Tarifungebundenheit nicht eingehalten werden, wenn im Geltungsbereich eines Tarifvertrags dieser einzelvertraglich in Bezug genommen wird. Bevor § 613a BGB aber überhaupt erwogen wird, ist zu prüfen, ob nach der Umstrukturierung oder Auslagerung eine normative Tarifbindung nach § 3 Abs. 1 oder 3 TVG infrage kommt. So ist etwa in Fällen der Gesamtrechtsübertragung im Falle der Abspaltung (§ 123 Abs. 2 UmwG) oder Ausgliederung (§ 123 Abs. 3 UmwG) aufgrund der Beibehaltung der wirtschaftlichen Identität die Vorschrift § 3 Abs. 3 TVG einschlägig. Dagegen führt bspw. das Herauswandern oder Herauswachsen aus dem Geltungsbereich eines Tarifvertrags entgegen der hier vertretenen Ansicht nach der h.M. lediglich zur analogen Anwendung von § 4 Abs. 5 TVG und damit zur Dispositivität der Tarifnormen durch einzelvertragliche Gestaltung. Keinen Schutz bietet das Tarifrecht im Falle einer Verlagerung ins Ausland, abgesehen von der Bereitstellung tarifpolitischer

Mittel, welche die Folgen einer solchen Verlagerung abmildern können, wie etwa die Möglichkeit, einen Sozialplantarifvertag abzuschließen.

Insofern sind die Auswirkungen von Umstrukturierungen und Auslagerungen auf die Tarifbindung des Arbeitgebers jeweils im Einzelfall zu beurteilen. Abseits der tarifrechtlichen Folgen ergibt sich ihre Attraktivität aus einer Fülle weiterer Faktoren wie Art und Größe des Unternehmens, steuerrechtlichen Folgen etc.

IV. Dezentralisierung und Flexibilisierung

Tarifflucht im hier verstandenen Sinn vollzieht sich, wie bereits angesprochen, nicht nur mit dem Ziel, die Tarifbindung teilweise oder vollständig zu beenden. Arbeitgeber können auch versucht sein, die Tarifbindung durch eine andere kollektive Regelung zu ersetzen, die ihren Interessen näher kommt. Bereits oben wurde der Fall des Verbandstarifwechsels besprochen, wo die Ebene der Tarifbindung noch dieselbe bleibt. Nachfolgend soll untersucht werden, inwiefern kollektive Regelungen auf Ebene des Betriebs oder Unternehmens die Möglichkeit schaffen können, die Bindung an den Verbandstarifvertrag zu beenden oder inhaltliche Änderungen herbeizuführen.

1. Tarifflucht durch Betriebsvereinbarung

a) Grundsatz

Das deutsche System der kollektiven Regelung der Arbeitsbedingungen setzt sich sowohl aus der tariflichen als auch der betrieblichen „Arena“ zusammen.[1528] Somit stellt sich zunächst die Frage, welche Grenzen die Rechtsordnung dem Arbeitgeber setzt, der sich aus dem tariflichen System auf die betriebliche Ebene zurückzuziehen möchte. Bevor daher unten auf Firmentarifverträge bzw. firmenbezogene Verbandstarifverträge eingegangen wird, soll zunächst die betriebsverfassungsrechtliche Ebene dargestellt werden. Wie bereits oben beschrieben,[1529] hat diese nämlich in den vergangenen 20 Jahren ein immer größeres Gewicht in der Festlegung der Arbeitsbedingungen erlangt.

Im Grundsatz gilt der Vorrang der tariflichen Ebene vor der betrieblichen, wie er insbesondere im Tarifvorbehalt des § 77 Abs. 3 BetrVG sowie dem Tarifvorrang in § 87 Abs. 1 BetrVG zum Ausdruck kommt. Eine vergleichbare

---

1528 Den Begriff der Arenen prägend *Müller-Jentsch*, Soziologie der industriellen Beziehungen, 1986, S. 18.

1529 Dazu oben, S. 75 ff.

Regelung findet sich in § 75 Abs. 5 BPersVG. § 77 Abs. 3 BetrVG schließt Betriebsvereinbarungen über Arbeitsentgelte und sonstige Arbeitsbedingungen aus, die bereits durch Tarifvertrag oder auch nur üblicherweise durch Tarifvertrag geregelt sind, sofern der Tarifvertrag keine entsprechende Öffnung vorsieht. Dies gilt für tarifgebundene Betriebe gleichermaßen wie für solche, die selbst nicht tarifgebunden sind. *Ratio legis* von § 77 Abs. 3 BetrVG ist der Schutz der tariflichen Regelungsebene und damit der Tarifautonomie vor konkurrierenden Betriebsvereinbarungen, insbesondere soll eine Konkurrenz zwischen Gewerkschaften und Betriebsräten als „beitragsfreie Ersatzgewerkschaften" vermieden werden, die das Tarifsystem unterlaufen und entwerten könnten.[1530]

Außerdem statuiert § 87 Abs. 1 Eingangss. BetrVG einen Vorrang des Tarifvertrages in Fragen der Mitbestimmung. Das Verhältnis von § 77 Abs. 3 BetrVG und § 87 Abs. 1 BetrVG ist dabei äußerst umstritten. Während nach der sogenannten Zwei-Schranken-Theorie beide Bestimmungen nebeneinander zur Anwendung kämen, hat sich der Große Senat des BAG für die so genannte Vorrangtheorie entschieden, nach der § 87 Abs. 1 BetrVG *Lex specialis* zu § 77 Abs. 3 BetrVG darstellt.[1531] Relevant wird diese Unterscheidung vor allem in Fällen bloßer Tarifüblichkeit. Folgte man der Zwei-Schranken-Theorie, hätte dies zur Konsequenz, dass auch dort, wo zwar keine Tarifnorm besteht, aber üblich ist, keine Betriebsvereinbarung nach § 87 Abs. 1 BetrVG möglich wäre.[1532] Zweck des § 87 Abs. 1 Eingangss. BetrVG ist zwar einerseits ebenso wie bei § 77 Abs. 3 BetrVG der Schutz der Tarifautonomie, hinzu kommt jedoch, dass das Direktionsrecht des Arbeitgebers in Bezug auf die in § 87 Abs. 1 BetrVG genannten Gegenstände zugunsten einer Beteiligung der Arbeitnehmer eingeschränkt werden soll.[1533] Letzteres könnte nicht erreicht werden, wäre eine Betriebsvereinbarung auch in den Fällen ausgeschlossen, in denen kein entsprechender Schutz durch

1530 Vgl. BAG, 20.04.1999 – 1 ABR 72/98, NZA, 887, 890 (= AP Nr. 89 zu Art. 9 GG); BAG, 20.04.1999 – 1 ABR 72/98, NZA, 887, 889 f. (= AP Nr. 89 zu Art. 9 GG); *Wendeling-Schröder,* FS Wissmann, 2005, S. 174, 178; DKKW-*Berg,* § 2 BetrVG Rn. 3, 42 ff.; *Wendeling-Schröder/Schubert,* NZA 2003, 772, 779.

1531 BAG, 03.12.1991 – GS 2/90, NZA 1992, 749, 753 (= AP Nr. 51 zu § 87 BetrVG 1972 Lohngestaltung); dazu etwa JKOS-*Jacobs,* § 7 Rn. 105; *Gamillscheg,* Koll. ArbR I, 1997, S. 329; Kittner/Zwanziger/Deinert-*Deinert,* § 10 Rn. 164 ff.; Kempen/Zachert-*Wendeling-Schröder,* Grundlagen Rn. 464; kritisch etwa Wiedemann-*Wank,* § 4 Rn. 620.

1532 GK-BetrVG-*Kreutz,* § 77 Rn. 141 ff.

1533 BAG, 03.12.1991 – GS 2/90, NZA 1992, 749, 752 (= AP Nr. 51 zu § 87 BetrVG 1972 Lohngestaltung).

einen Tarifvertrag besteht.[1534] Zudem würde damit sogar noch ein Anreiz zur Tarifflucht geschaffen, da sich der Arbeitgeber in den tarifüblichen Bereichen mit dem Tarifvertrag gleich auch noch der Mitbestimmung entledigen könnte. Eine Betriebsvereinbarung ist daher im Fall von § 87 Abs. 1 Eingangss. BetrVG nur ausgeschlossen, wenn ein in § 87 Abs. 1 BetrVG genannter Sachverhalt in einem Tarifvertrag abschließend geregelt ist.[1535]

Die beiden Arenen sind jedoch nicht hermetisch gegeneinander abgeschlossen. Vielmehr besteht weitgehende Offenheit hinsichtlich der Regelung betriebsverfassungsrechtlicher Fragen im Tarifvertrag. Auch das Bestehen von Mitbestimmungsrechten des Betriebsrats schließt eine tarifliche Regelung in diesen Fragen keineswegs aus (vgl. nur § 3 Abs. 2 TVG).[1536] Außerdem bestimmt § 2 Abs. 1 BetrVG ausdrücklich, dass die vertrauensvolle Zusammenarbeit von Arbeitgeber und Betriebsrat unter Beachtung der geltenden Tarifverträge zu erfolgen hat. Diese Zusammenarbeit hat darüber hinaus im Zusammenwirken mit den im Betrieb vertretenen Gewerkschaften und Arbeitgebervereinigungen zu erfolgen, womit dem Betriebsrat die Zusammenarbeit mit den im Betrieb vertretenen Gewerkschaften ermöglicht wird.[1537] Gleichzeitig berührt gemäß § 74 Abs. 2 S. 3 BetrVG die Behandlung tarifpolitischer Fragen explizit nicht das Gebot zur vertrauensvollen Zusammenarbeit zwischen Arbeitgeber und Betriebsrat, zumindest sofern die eigene Belegschaft betroffen ist (vgl. zudem § 45 BetrVG).[1538] Ausdrücklich können durch Tarifvertrag auch die Verhandlungsstrukturen auf Betriebsebene beeinflusst werden (vgl. bspw. §§ 47 Abs. 5, 72 Abs. 5, 76 Abs. 8, 117 Abs. 2 BetrVG).

Es zeigt sich also, dass der tariflichen Ebene zwar grundsätzlich Vorrang vor der betriebsverfassungsrechtlichen eingeräumt wird,[1539] dem Betriebsrat wie auch dem Betriebsverfassungsrecht aber eine wichtige Rolle für die Stabilität der

---

1534 Kempen/Zachert-*Wendeling-Schröder,* Grundlagen Rn. 464; DKKW-*Klebe,* § 87 Rn. 36, 40 f.; wohl auch Däubler, TVG-*Zwanziger,* § 4 Rn. 998; a.A. Wiedemann-*Wank,* § 4 Rn. 620; GK-BetrVG-*Kreutz,* § 77 Rn. 141 ff.; zur Kritik in Bezug auf den durch das BAG nicht gewährten Unterlassungsanspruch nach § 23 Abs. 3 BetrVG und zur neueren Rechtsprechung ausführlicher nachfolgend.

1535 Kittner/Zwanziger/Deinert-*Deinert,* § 10 Rn. 164.

1536 Dazu schon oben, S. 219 ff.

1537 Vgl. DKKW-*Berg,* § 2 BetrVG Rn. 3, 38 ff.

1538 Vgl. DKKW-*Berg,* § 74 BetrVG Rn. 69.

1539 Vgl. auch BAG, 24.04.2007 – 1 AZR 252/06, JA 2008, 543 (mit zust. Anm. Krause) (= AP Nr. 2 zu § 1 TVG Sozialplan).

Tarifordnung zukommen, weshalb das Bild von „kommunizierenden Röhren“[1540] das Verhältnis gut beschreibt.

b) Betriebliche Bündnisse für Arbeit

Besonders relevant ist dieses Verhältnis hinsichtlich der bereits oben angesprochenen betrieblichen Bündnisse für Arbeit, die vor allem ab Anfang der 1990er Jahre zunehmende Verbreitung gefunden haben. Sie bestanden ursprünglich meist aus Vereinbarungen zwischen Arbeitgebern und dem Betriebsrat (bzw. auch mit den Arbeitnehmern selbst) und sahen regelmäßig eine Absenkung tariflich geregelter Arbeitsbedingungen unter das Tarifniveau vor.[1541] Die Motive, ein solches betriebliches Bündnis für Arbeit zu schließen, konnten und können unterschiedlich sein und sowohl auf die Verbesserung der Stellung des eigenen Unternehmens im Wettbewerb abzielen, wie auch eine Reaktion auf eine wirtschaftlich schwierige Situation darstellen. Für die vorliegende Fragestellung sind diese Bündnisse vor allem deshalb von Interesse, weil damit häufig auch die Zielsetzung verbunden ist, mehr Flexibilität und ein niedrigeres Niveau der Arbeitsbedingungen im Verhältnis zum Verbandstarifvertrag zu erreichen.[1542] In ihrer konkreten Ausgestaltung weichen sie dabei erheblich voneinander ab.[1543] Ihre Zulässigkeit und Wirkung wurde insbesondere zwischen Mitte der 1990er und Mitte der 2000er Jahre lebhaft diskutiert.[1544] Ihre praktische Relevanz hat jedoch bis heute nicht abgenommen und zeigt sich etwa darin, dass 58,5 % der Betriebsräte in einer Befragung von 2009 angegeben hat, dass bei ihnen im Betrieb ein „Bündnis zur Beschäftigungssicherung“ bestehe. Die Zahl ist zwar sicherlich krisenbedingt erhöht, aber selbst von den Betrieben, die angaben, nicht von der Wirtschaftskrise betroffen zu sein, hat in 46 % der Fälle ein solches Bündnis bestanden.[1545] Daher soll im Folgenden den Grenzen, die den Betriebs- bzw. auch Tarifparteien dabei auferlegt sind, nachgegangen werden.

1540 *Groeger,* ArbRB 2006, 360.

1541 Vgl. *Bispinck/Schulten,* WSI Mitt. 2003, 157, 160; *Völkl,* Ind. Beziehungen 1998, 165, 180; *Schroeder,* GMH 1996, 601, 604.

1542 *Bogedan/Brehmer/Seifert,* WSI Mitt. 2011, 51, 53; *Haipeter,* WSI Mitt. 2009, 185 f.

1543 Dazu umfassend *Rehder,* Betriebliche Bündnisse, 2003 (zugl. Köln, Univ., Diss. 2001), S. insb. 33 ff.; außerdem *Bergmann/Bürckmann/Dabrowski,* „Reform des Flächentarifvertrags“? 1998.

1544 Vgl. nur *Bauer,* NZA 1999, 957; *Zachert,* AiB 2004, 718; *Dieterich/Hanau/Henssler/Oetker/Wank/Wiedemann,* RdA 2004, 65 f.; *Trappehl/Lambrich,* NJW 1999, 3221; *Dieterich,* RdA 2002, 1.

1545 *Bogedan/Brehmer/Seifert,* WSI Mitt. 2011, 51, 55.

(1) Tarifvorbehalt

Das wohl effektivste Instrument zur einheitlichen Regelung der Arbeitsbedingungen auf Betriebsebene stellt die Betriebsvereinbarung dar, da sie unmittelbar und zwingend auf alle Arbeitsverhältnisse im Betrieb wirkt und hierfür die Betriebszugehörigkeit ausreichen lässt. Eine Gewerkschaftsmitgliedschaft o.ä. ist gerade nicht erforderlich.[1546] Eine vom geltenden Tarifvertrag abweichende Betriebsvereinbarung ist allerdings aufgrund des bereits genannten Tarifvorbehalts des § 77 Abs. 3 BetrVG unwirksam, dies gilt – heute weitgehend unbestritten – auch für ein auf diesem Weg geschlossenes betriebliches Bündnis für Arbeit.[1547] Sofern ein Tarifvertrag einen in § 87 Abs. 1 BetrVG genannten Gegenstand abschließend regelt, ist in dieser Hinsicht, wie bereits gezeigt, die Mitbestimmung ausgeschlossen. Dagegen ist es – wie ebenfalls bereits erwähnt – in Hinblick auf § 77 Abs. 3 BetrVG gerade nicht erforderlich, dass ein Tarifvertrag im entsprechenden Betrieb unmittelbar anwendbar ist. Selbst Arbeitsentgelte und sonstige Arbeitsbedingungen, die üblicherweise durch Tarifvertrag geregelt werden, dürfen nicht Gegenstand einer Betriebsvereinbarung sein, selbst wenn im Einzelfall die konkrete Angelegenheit gar nicht vom einschlägigen Tarifvertrag erfasst ist.[1548] Manche Autoren wollen die Tarifüblichkeit nach § 77 Abs. 3 BetrVG allerdings nur dann annehmen, wenn ein Verbandstarifvertrag zumindest möglich ist, wobei es vor allem auf die Tarifzuständigkeit des betreffenden Verbandes ankomme.[1549] Dagegen wird zu Recht eingewandt, dass § 77 Abs. 3 BetrVG keineswegs auf den Verbandstarifvertrag abstellt, sondern auch ein angestrebter Firmentarifvertrag ausreicht, um die Tarifüblichkeit zu begründen, weshalb es auf einen zuständigen Verband nicht ankommen kann.[1550]

Auch die Mitgliedschaft in einem Arbeitgeberverband ist dementsprechend keine Voraussetzung für die Anwendung der Norm. Ausreichend ist vielmehr, dass eine Mitgliedschaft aufgrund der Satzung eines Verbandes möglich wäre und eine für den Arbeitgeber zuständige Gewerkschaft vorhanden ist.[1551] Nur wenn in einem Bereich keine Tarifverträge geschlossen werden, scheidet

---

1546 Vgl. *Däubler,* Arbeitsrecht 1, 2006, S. 593 ff.

1547 BAG, 20.04.1999 – 1 ABR 72/98, NZA, 887 (= AP Nr. 89 zu Art. 9 GG); vgl. *Dieterich/Hanau/Henssler/Oetker/Wank/Wiedemann,* RdA 2004, 65, 66; *Lessner,* RdA 2005, 285, 286; *Lehmann,* BB 2010, 2821.

1548 Richardi, BetrVG-*Richardi,* § 77 Rn. 267.

1549 Etwa *Kania,* BB 2001, 1091, 1092.

1550 BAG, 1 ABR 9/02, NZA 2003, 1097, 1098; Kittner/Zwanziger/Deinert-*Deinert,* § 10 Rn. 119.

1551 DKKW-*Berg,* § 77 BetrVG Rn. 139.

die Tarifüblichkeit aus.[1552] Diese Auslegung folgt unmittelbar aus der Entstehungsgeschichte wie auch dem Zweck von § 77 Abs. 3 BetrVG, der eine Aushöhlung und Beeinträchtigung der Tarifautonomie durch kollektive Regelungen auf Betriebsebene und damit eine betriebliche Konkurrenz zur tariflichen Ebene verhindern soll.[1553] Im Ergebnis schützt § 77 Abs. 3 BetrVG damit auch die Bindungsfähigkeit der Arbeitgeberverbände, da ein Nichtbeitritt, ein Austritt oder der Wechsel in die OT-Mitgliedschaft eines Verbandes nicht dazu führt, dass mittels Betriebsvereinbarung eine abweichende kollektive Regelung zum Verbandstarifvertrag geschlossen werden kann.[1554] Dasselbe gilt sogar für die Ausgliederung von Betrieben oder Betriebsteilen, sofern sich diese danach immer noch im Zuständigkeitsbereich des betreffenden Arbeitgeberverbandes befinden.[1555] Ein Eingriff in die Koalitionsfreiheit des einzelnen Arbeitgebers ergibt sich dabei weder durch § 77 Abs. 3 S. 1 BetrVG noch durch § 87 Abs. 1 BetrVG.[1556]

Tatsächlich wurde für betriebliche Bündnisse für Arbeit dann auch vorrangig der Weg der vertraglichen Einheitsregelung gewählt, die häufig auf einer Regelungsabrede zwischen dem Arbeitgeber und dem Betriebsrat basierte.[1557] Ob auch eine Regelungsabrede von § 77 Abs. 3 BetrVG untersagt ist, ist umstritten, da dessen Wortlaut zunächst nur auf eine Sperre von Betriebsvereinbarungen hindeutet und nicht auf andere Formen von Vereinbarungen zwischen Arbeitgeber und Betriebsrat. Dementsprechend sieht der 1. Senat des BAG in der so genannten *Burda*-Entscheidung in einer Regelungsabrede keinen Verstoß gegen den Tarifvorbehalt. Er begründet dies vor allem damit, dass § 77 Abs. 3 BetrVG eine Konkurrenz zur tariflichen Normsetzung ausschließen solle, durch Regelungsabrede aber gerade keine Normsetzung stattfinde.[1558] Tatsächlich betrifft eine Regelungsabrede nur das schuldrechtliche Verhältnis zwischen den

---

1552 Bspw. BAG, 20.02.2001 – 1 AZR 322/00, NZA 2001, 1204, 1205; Richardi, BetrVG-*Richardi,* § 77 Rn. 267.

1553 Zu Zweck und Entstehung DKKW-*Berg,* § 77 BetrVG Rn. 126 ff.

1554 Abgesehen von Betriebsvereinbarungen im Rahmen der Mitbestimmung nach § 87 BetrVG sowie Sozialpläne (§ 112 Abs. 1 S. 4 BetrVG), BAG, 20.08.1991 – 1 ABR 85/90, NZA 1992, 317, 319; DKKW-*Berg,* § 77 BetrVG Rn. 132 ff.; Richardi, BetrVG-*Richardi,* § 77 Rn. 294.

1555 Vgl. auch DKKW-*Berg,* § 77 BetrVG Rn. 140.

1556 Vgl. BAG, 13.03.2012 – 1 AZR 659/10, NZA 2012, 990, 991 (= AP Nr. 27 zu § 77 BetrVG 1972 Tarifvorbehalt).

1557 Vgl. *Bauer,* NZA 1999, 957.

1558 BAG, 20.04.1999 – 1 ABR 72/98, NZA, 887, 890 (= AP Nr. 89 zu Art. 9 GG); zust. *Trappehl/Lambrich,* NJW 1999, 3221, 3224; *Bauer,* NZA 1999, 957, 958; kritisch bspw. *Krause,* RdA 2009, 129, 142.

Betriebsparteien und muss erst individualrechtlich umgesetzt werden, damit ihr Inhalt Wirkung auf ein einzelnes Arbeitsverhältnis entfalten kann.[1559]

Dennoch greift die formale Argumentation des 1. Senats zu kurz. Denn die Konkurrenzsituation zwischen betrieblicher und tariflicher Regelungsebene, die § 77 Abs. 3 BetrVG vermeiden soll, wird so gerade nicht ausgeschlossen. Problematisch wird sie insbesondere dann, wenn aus ihr eine vertragliche Einheitsregelung folgt, die nach Auffassung des BAG ebenfalls nicht von § 77 Abs. 3 BetrVG erfasst sein soll. Das BAG begründet dies damit, dass andernfalls Verträge, die mit Billigung des Betriebsrats geschlossen werden, schärfer beurteilt würden als Einzelverträge ohne eine solche Beteiligung.[1560] Dabei stellt es aber auch fest, dass die Grenze dort erreicht sei, wo „eine Tarifnorm als kollektive Ordnung verdrängt und damit ihrer zentralen Funktion beraubt werden soll".[1561] Tatsächlich ist es gerade die Beteiligung des Betriebsrates, die eine solche Vorgehensweise problematisch macht. Der Arbeitgeber ist sogar aufgrund der Regelungsabrede gegenüber dem Betriebsrat verpflichtet, diese einzelvertraglich umzusetzen.[1562] Die Regelungsabrede wird dementsprechend zutreffend auch als „funktionales Äquivalent" zur Betriebsvereinbarung bezeichnet.[1563] Zweck des Tarifvorbehalts ist aber gerade eine Beschränkung der Gestaltungsbefugnis der Betriebsparteien.[1564] § 77 Abs. 3 BetrVG muss daher auch die Regelungsabrede erfassen.[1565] In der *Burda*-Entscheidung löst der 1. Senat die Problematik dagegen dahingehend auf, dass er der Gewerkschaft auf der Ebene der Rechtsdurchsetzung einen Unterlassungsanspruch aus den §§ 1004 Abs. 1 S. 2, 823 BGB i.V.m. Art. 9 Abs. 3 GG zuerkennt.[1566]

(2) Günstigkeitsprinzip

Nicht von § 77 Abs. 3 BetrVG erfasst werden jedenfalls einzelvertragliche Vereinbarungen.[1567] Nach § 4 Abs. 3 TVG sind solche bei geltender Tarifbindung

---

1559 Vgl. MünchArbR-*Matthes,* § 245 Rn. 38.

1560 Vgl. BAG, 20.04.1999 – 1 ABR 72/98, NZA, 887, 890 (= AP Nr. 89 zu Art. 9 GG).

1561 BAG, 20.04.1999 – 1 ABR 72/98, NZA, 887, 892 (= AP Nr. 89 zu Art. 9 GG).

1562 MünchArbR-*Matthes,* § 238 Rn. 69.

1563 DKKW-*Berg,* § 77 BetrVG Rn. 159.

1564 Richardi, BetrVG-*Richardi,* § 77 Rn. 293.

1565 Ebd.; DKKW-*Berg,* § 77 BetrVG Rn. 158 ff.; MünchArbR-*Matthes,* § 238 Rn. 69; a.A. ErfK-*Kania,* § 77 BetrVG Rn. 131; Kempen/Zachert-*Wendeling-Schröder,* Grundlagen Rn. 453.

1566 BAG, 20.04.1999 – 1 ABR 72/98, NZA, 887, 890 f. (= AP Nr. 89 zu Art. 9 GG); dazu unten, S. 283 f.

1567 BAG, 19.03.2003 – 4 AZR 271/02, NZA 2003, 1221 (= AP Nr. 41 zu § 253 ZPO); MünchArbR-*Matthes,* § 238 Rn. 69; DKKW-*Berg,* § 77 BetrVG Rn. 160.

allerdings nur zugunsten des Arbeitnehmers möglich. Dementsprechend wurde in der Literatur der Versuch unternommen, das Günstigkeitsprinzip für die Rechtfertigung der betrieblichen Bündnisse für Arbeit in Stellung zu bringen.[1568] Als Argument diente, dass der Erhalt des Arbeitsplatzes bei verlängerter Arbeitszeit oder einem Lohnverzicht für den einzelnen Arbeitnehmer günstiger sei, als die drohende Arbeitslosigkeit. Ihm sei „das Hemd eines sicheren Arbeitsplatzes wesentlich näher [...] als der unsichere verteilungspolitische Rock der Sockellohnpolitik“[1569]. Abgesehen davon, dass diese These alles andere als empirisch abgesichert ist, wie Studien zur mangelnden Akzeptanz von Tarifabweichungen durch die betroffene Belegschaft zeigen,[1570] besteht mittlerweile eine gefestigte BAG-Rechtsprechung gegen die Instrumentalisierung des Günstigkeitsprinzips in dieser Hinsicht.[1571] Selbst wenn man aber eine entsprechende Betriebsvereinbarung als für den Arbeitnehmer günstiger begriffe, wäre sie aufgrund von § 77 Abs. 3 BetrVG ausgeschlossen, da hier das Günstigkeitsprinzip nicht zur Anwendung kommt.[1572] Denn § 77 Abs. 3 BetrVG ist eben nicht auf den Schutz des einzelnen Arbeitnehmers gerichtet, sondern dient – wie bereits erwähnt – dem Schutz der Tarifautonomie durch eine Beschränkung der betrieblichen Gestaltungsbefugnis.

Aber auch bei einer Umsetzung eines betrieblichen Bündnisses im Wege individualvertraglicher Einheitsregelung hat das BAG die Anwendung von § 4 Abs. 3 TVG zu Recht abgelehnt.[1573] Streitpunkt war insbesondere, wie der Günstigkeitsvergleich durchzuführen ist, bzw. welche Positionen gegeneinander abgewogen werden dürfen. Der Wortlaut von § 4 Abs. 3 TVG schweigt hierzu. In der h.L. sowie der Rechtsprechung hat sich mittlerweile der sogenannte Sachgruppenvergleich durchgesetzt.[1574] Vergleichbar sind demnach

---

1568 So etwa *Bauer,* NZA 1999, 957, 960; *Adomeit,* NJW 1984, 26 f.; *Schliemann,* NZA 2003, 122, 124; a.A. etwa *Körner,* RdA 2000, 140, 145 ff.; *Dieterich,* FS Wissmann, 2005, S. 114, 115.

1569 *Berthold,* Wirtschaftsdienst 1995, 469, 473.

1570 Etwa *Haipeter,* WSI Mitt. 2010, 283, 285.

1571 BAG, 20.04.1999 – 1 ABR 72/98, Nr. 89 zu Art. 9 GG (m. Anm. Richardi).

1572 Vgl. DKKW-*Berg,* § 77 BetrVG Rn. 22.

1573 BAG, 20.04.1999 – 1 ABR 72/98, NZA, 887, 892 f. (= AP Nr. 89 zu Art. 9 GG); dazu etwa *Dieterich,* FS Wissmann, 2005, S. 114, 115.

1574 Vgl. *Gamillscheg,* Koll. ArbR I, 1997, S. 853 ff.; JKOS-*Jacobs,* § 7 Rn. 38; Wiedemann-*Wank,* § 4 Rn. 470 ff.; a.A. *Schliemann,* NZA 2003, 122, 124 ff.; ErfK-*Franzen,* § 4 TVG Rn. 38, die einen „synallagmatischen Günstigkeitsvergleich“ unter Berücksichtigung des Arbeitsplatzrisikos und der Arbeitsplatzsicherheit anstellen möchten, was letztlich einen Gesamtvergleich nahe kommt; dagegen

nur Regelungen, die sachlich denselben Regelungsgegenstand betreffen, bspw. das Entgelt. Eine Beschäftigungsgarantie ist dagegen nach zutreffender Auffassung des BAG nicht mit Arbeitsentgelt und Arbeitszeit zu vergleichen.[1575] Alles andere – so das BAG wörtlich – stelle einen Vergleich von „Äpfel[n] mit Birnen“ dar, es sei methodisch unmöglich, Gegenstände miteinander zu vergleichen, die sich thematisch nicht berührten.[1576] Als tarifpolitische Grundsatzfrage müsse die Entscheidung, wie die Interessen von Arbeitgebern und Arbeitnehmern am besten auszugleichen sind, bei den Tarifparteien verbleiben.[1577]

(3) Rechtspolitischer Diskurs

Tatsächlich wurden vergleichbare Regelungen, auch nachdem sie höchstrichterlich für rechtswidrig erklärt worden waren, weiterhin vereinbart.[1578] Rechtspolitisch wurde daher zunehmend sowohl in der Wissenschaft wie auch auf politischer Ebene eine „Flexibilisierung“ des Tarifrechts und eine „Legalisierung“[1579] des faktischen Zustands angestrebt. Zentrale Forderungen waren dabei eine Aufhebung oder Abschwächung der Sperrwirkung von § 77 Abs. 3 BetrVG sowie eine Neuinterpretation des Günstigkeitsprinzips. Prominent vertreten wurden sie durch den *Sachverständigenrat zur Begutachtung der Gesamtwirtschaftlichen Entwicklung* in seinem Jahresgutachten 2002/2003.[1580]

Däubler, TVG-*Deinert,* § 4 Rn. 663, der sich statt dem Sachgruppenvergleich für einen Einzelvergleich bei analoger Anwendung von § 139 BGB für kompensatorische Bestimmungen ausspricht.

1575 Vgl. BAG, 20.04.1999 – 1 ABR 72/98, NZA, 887, 893 (= AP Nr. 89 zu Art. 9 GG); BAG, 23.05.1984 – 4 AZR 129/82, NZA 1984, 255 (= AP Nr. 9 zu § 339 BGB); kritisch bspw. *Picker,* NZA 2002, 761, 766 ff.

1576 Vgl. BAG, 20.04.1999 – 1 ABR 72/98, NZA, 887, 893 (= AP Nr. 89 zu Art. 9 GG); kritisch etwa *Bauer,* NZA 1999, 957, 960; Arbeitsentgelt und Arbeitszeit müssen dagegen sehr wohl gemeinsam betrachtet werden, so ist nach Ansicht des LAG Berlin-Brandenburg eine kürzere Wochenarbeitszeit zu einem höheren Stundensatz als günstiger i.S.d. § 4 Abs. 3 TVG zu betrachten auch wenn dadurch das Monatseinkommen geringer als tariflich geschuldet ausfällt, vgl. LAG Berlin-Brandenburg, 20.08.2013 – 7 Sa 2002/12, juris.

1577 Vgl. BAG, 20.04.1999 – 1 ABR 72/98, NZA, 887, 893 (= AP Nr. 89 zu Art. 9 GG).

1578 Vgl. *Dieterich/Hanau/Henssler/Oetker/Wank/Wiedemann,* RdA 2004, 65, 66; *Bahnmüller,* in: Bispinck/Schulten, Zukunft der Tarifautonomie, 2010, S. 81, 88.

1579 Vgl. *Völkl,* Ind. Beziehungen 1998, 165, 180.

1580 Sachverständigenrat, Jahresgutachten 2002/03, 2002.

Die Fraktionen von CDU/CSU[1581] und FDP[1582] brachten sogar entsprechende Vorschläge im Bundestag ein.[1583] Auch in der Literatur fanden sich zahlreiche Fürsprecher für diese Überlegungen, wobei unterschiedliche Modelle favorisiert wurden.[1584]

Der CDU/CSU-Entwurf eines Gesetzes zur Modernisierung des Arbeitsrechts (ArbRModG) hätte einen neuen § 88a BetrVG vorgesehen, in dem die betrieblichen Bündnisse für Arbeit normative Anerkennung finden sollten.[1585] Ähnliche Vorschläge wurden bereits auf dem 61. Deutsche Juristentag in Karlsruhe 1996 geäußert.[1586] Andere Initiativen, wie jene der Deregulierungskommission, forderten zumindest die Öffnung des Tarifvertrags in Härtefällen bzw. Notlagen von Betrieben.[1587] Am weitesten gingen Überlegungen hinsichtlich einer generellen Subsidiarität der tariflichen gegenüber der betrieblichen Ebene, was praktisch auf eine Umkehrung des Status quo hinausgelaufen wäre.[1588] Letztlich haben diese Vorschläge jedoch bewusst keinen Eingang in das Reformpaket der damaligen rot-grünen Bundesregierung gefunden.[1589]

Im Nachgang der so genannten Hartz-Reformen der rot-grünen Bundesregierung und dem Antritt der Regierung von CDU/CSU und SPD im Jahr 2005 ist diese Diskussion jedoch weitgehend – wenn auch nicht vollständig – verstummt. *Hromadka* etwa fordert noch stets in Anlehnung an den 61. Deutschen Juristentag

---

1581 Explizite Normierung der Berücksichtigung der Beschäftigungssicherung im Günstigkeitsvergleich, vgl. BT-Drs. 15/1182, S. 5, 13; auch BR-Länderanträge 15/406.

1582 BT-Drs. 14/2612; 15/1225.

1583 Grundsätzliche Kritik etwa bei *Wendeling-Schröder*, FS Wissmann, 2005, S. 174, 181; *Zachert*, in: Bispinck/Schulten, Zukunft der Tarifautonomie, 2010, S. 36, 45 m.w.N.; aber auch Wiedemann-*Wank*, § 4 Rn. 439 f.; ablehnend auch *Dieterich/Hanau/Henssler/Oetker/Wank/Wiedemann*, RdA 2004, 65.

1584 Bspw. *Konzen*, NZA 1995, 913, 915; *Picker*, NZA 2002, 761, 766 ff.; *Lesch*, Sozialer Fortschritt 2005, 13, 20; *Völkl*, Ind. Beziehungen 1998, 165, 180; aber auch *Hromadka*, FS Kempen, 2013, S. 78, 80.

1585 BT-Drs. 15/1182, S. 5, 13.

1586 Abgedruckt in AuR 1996, 440, 441; dazu *Schulze-Doll*, Kontrollierte Dezentralisierung, 2008 (zugl. Halle/Wittenberge, Univ., Diss. 2008), S. 299; vgl. auch die Vorschläge von Konzen, NZA 1995, 919; sowie den Gesetzesentwurf der FDP-Fraktion: BT-Drs. 14/2612.

1587 Deregulierungskommission, Marktöffnung und Wettbewerb, 1991, S. 597; dazu *Ehmann*, in: Lehmann, Krise des Flächentarifvertrags? 2002, S. 59, 61f.

1588 Vgl. etwa Monopolkommission, Zehntes Hauptgutachten 1992/1993, BT-Drs. 12/8323, *Sodan*, JZ 1998, 421, 426.

1589 Vgl. *Wendeling-Schröder*, FS Wissmann, 2005, S. 174, 181.

1996 eine gesetzliche Öffnungsklausel, allerdings beschränkt auf den Rahmen der Notwendigkeit in einer spezifischen wirtschaftlichen Notlage und unter Einhaltung bestimmter verfahrenstechnischer Hürden, wie der Zustimmung des Betriebsrates oder eines bestimmten Prozentsatzes der Arbeitnehmer.[1590]

(4) Bewertung

Aufgrund des Günstigkeitsprinzips in § 4 Abs. 3 TVG, des Tarifvorbehalts aus § 77 Abs. 3 BetrVG sowie des Tarifvorrangs in § 87 Abs. 1 Eingangss. BetrVG bilden weder Betriebsvereinbarungen noch individualvertragliche Absprachen taugliche Instrumente, um auf betrieblicher Ebene von den Normen eines Tarifvertrags abzuweichen, unabhängig davon, ob sie auf einer Regelungsabrede beruhen oder nicht. Während das Günstigkeitsprinzip naturgemäß nur in Aktion treten kann, wenn Tarifbindung besteht, reicht für den Tarifvorbehalt in § 77 Abs. 3 BetrVG die Tarifüblichkeit aus.

Aufgeweicht werden die Anforderungen dadurch, dass es das BAG für zulässig erachtet, dass Betriebsvereinbarungen, die gegen § 77 Abs. 3 BetrVG verstoßen, durch die Tarifvertragsparteien im Nachhinein genehmigt werden.[1591] Hiergegen sprechen jedoch schon systematische Überlegungen. Verstößt eine Betriebsvereinbarung gegen den Tarifvorbehalt, ist sie unwirksam bzw. nichtig.[1592] Die Nichtigkeit muss endgültig sein. Denn weder besteht eine besondere Schutzwürdigkeit der Betroffenen, welche die Annahme einer schwebenden Unwirksamkeit rechtfertigen würde, noch ist dies mit der Konstruktion des § 77 Abs. 3 BetrVG in Einklang zu bringen, wo der dortige Satz 2 eindeutig als Ausnahme zu Satz 1 formuliert ist.[1593] Hinzu kommt, dass vor allem im Zusammenhang mit wirtschaftlichen Krisensituationen in einem Unternehmen der Druck auf die Tarifparteien, einer solchen Vereinbarung nachträglich zuzustimmen, entsprechend hoch ist, ohne dass sie die Möglichkeit gehabt hätten, die betreffende Vereinbarung mit zu verhandeln. Stimmen sie nicht zu, stellen sie sich gegen eine Entscheidung im Betrieb, was organisationspolitisch schwierig ist.

1590 Genauer ausgeführt bei *Hromadka*, FS Kempen, 2013, S. 78, 81; vgl. auch *Grotmann-Höfling*, Personal 2008, 56, 58.

1591 BAG, 20.04.1999 – 1 AZR 631/98, NZA 1999, 1059 (= AP Nr. 12 zu § 77 BetrVG 1972 Tarifvorbehalt); BAG, 29.01.2002 – 1 AZR 267/01, NZA 2002, 927; kritisch etwa Kittner/Zwanziger/Deinert-*Deinert*, § 10 Rn. 143; *ders.*, GS Zachert, 2010, S. 521 ff.; *Kittner*, FS Schaub, 1998, S. 389, 415; GK-BetrVG-*Kreutz*, § 77 Rn. 123.

1592 Vgl. nur BAG, 13.08.1980 – 5 AZR 325/78, AP Nr. 2 zu § 77 BetrVG 1972, Rn. 21 ff. (= DB 1981, 274); GK-BetrVG-*Kreutz*, § 77 Rn. 123 m.w.N.

1593 Ebenso GK-BetrVG-*Kreutz*, § 77 Rn. 123.

Dies schränkt somit auch die Koalitionsfreiheit sowohl der Arbeitgeberverbände wie auch der Gewerkschaften unzulässig ein.[1594] Aber auch darüber hinaus bestehen praktische Schwierigkeiten in der Durchsetzung, auf die unten noch eingegangen wird.[1595]

Für die Bindungsfähigkeit kommt damit im Tarifvertragssystem den drei genannten Bestimmungen eine ganz entscheidende Funktion zu, verhindern sie doch, dass die Tarifautonomie durch betriebliche Vereinbarung oder Einzelvertrag unterlaufen werden kann und zwar im Fall von § 77 Abs. 3 BetrVG sogar dann, wenn gar keine Tarifbindung besteht. Die genannten rechtspolitischen Vorschläge hätten dagegen eine je nach Modell vollständige oder teilweise Aufhebung der zwingenden Wirkung von Tarifverträgen hinsichtlich betrieblicher Vereinbarungen zur Folge gehabt, weshalb erhebliche Auswirkungen auf das Tarifsystem und wohl eine deutliche Verlagerung der Kollektivverhandlungen auf die betriebliche Ebene zu erwarten gewesen wären. Ob eine gesetzliche Öffnungsklausel verfassungsrechtlich überhaupt zulässig wäre, hat das BAG offengelassen.[1596] Die wohl h.M. steht einer Vereinbarkeit der Vorschläge mit der in Art. 9 Abs. 3 GG garantierten Tarifautonomie jedenfalls zu Recht kritisch gegenüber.[1597] Sie stellten einen Angriff auf die Tarifautonomie als Ganzes dar, da Tarifverträge zu bloßen Empfehlungen verkommen würden.[1598] Gegen eine Verlagerung auf die betriebliche Ebene spricht auch, dass es dem Betriebsrat letztlich mangels Streikrechts an Durchsetzungsfähigkeit fehlt, die im BetrVG vorgesehenen Streitbeilegungsverfahren stellen gerade keinen gleichwertigen Schutz dar.[1599]

Zudem lässt sich hier angesichts der mittlerweile verbreiteten Praxis tariflicher Öffnungsklauseln und der damit eröffneten Flexibilität der Verbandstarifverträge kaum ein rechtspolitischer Handlungsbedarf erkennen.[1600] Eine gesetzliche

---

1594 Kittner/Zwanziger/Deinert-*Deinert,* § 10 Rn. 143; ähnlich *Schaub,* NZA 1998, 617, 623; a.A. Däubler, TVG-*Zwanziger,* § 4 Rn. 1012.

1595 Dazu unten, S. 282 ff.

1596 Vgl. BAG, 20.04.1999 – 1 ABR 72/98, NZA, 887, 893 (= AP Nr. 89 zu Art. 9 GG).

1597 Däubler, TVG-*Deinert,* § 4 Rn. 652k m.w.N.; *Konzen,* in: Zohlnhöfer, Tarifautonomie auf dem Prüfstand, 1996, S. 25, 31; auch *Wendeling-Schröder,* FS Wissmann, 2005, S. 174, 182; *Volkmann,* in: Britz/Volkmann, Tarifautonomie in Deutschland und Europa, 2003, S. 1, 25; kritisch wohl auch *Melot de Beauregard,* Mitgliedschaft in Arbeitgeberverbänden und Tarifbindung, 2002 (zugl. Würzburg, Univ., Diss 2002), S. 17.

1598 Däubler, TVG-*Däubler,* Einl. Rn. 63 f.; *Wank,* FS 50 Jahre ZVK Baugewerbe, 2007, S. 141, 162.

1599 *Wank,* FS 50 Jahre ZVK Baugewerbe, 2007, S. 141, 162.

1600 Dazu *Bispinck,* WSI Mitt. 2004, 237.

Öffnung zugunsten tarifabweichender Betriebsvereinbarungen ginge vielmehr mit erheblichem Druck auf die Betriebsparteien, die tariflichen Bedingungen zu unterschreiten, einher und könnte gar zu einer Unterbietungsspirale führen.

Im Ergebnis sind betriebliche Bündnisse aber keineswegs ausgeschlossen. So ist es dem Arbeitgeber unbenommen, mit der zuständigen Gewerkschaft ein solches in einem Firmentarifvertrag zu vereinbaren oder es wird ein firmenbezogener Verbandstarifvertrag geschlossen. Auf diese Möglichkeiten soll nachfolgend eingegangen werden. Zunächst aber wird zu beleuchten sein, inwiefern sich ein Verbandsarifvertrag selbst für betriebliche Vereinbarungen öffnen kann.

2. Tarifabweichung durch Tarifvertrag

a) Öffnung durch Tarifvertrag

(1) Gestaltungsvarianten

Bereits oben wurde dargelegt, dass die Tarifparteien mittlerweile in erheblichem Umfang Öffnungsklauseln zugunsten betriebsindividueller Vereinbarungen in den Verbandstarifverträgen vorsehen.[1601] Illustratives Beispiel für die Gestaltung von Öffnungsklauseln stellt der Tarifvertrag zur Beschäftigungssicherung und zum Beschäftigungsaufbau zwischen *Südwestmetall* und der *IG Metall* Baden-Württemberg vom 19. Mai 2012 dar.[1602] Er geht zumindest teilweise auf die 2004 zunächst für den Bezirk Baden-Württemberg getroffene „Pforzheimer Vereinbarung" zurück, die bereits eine Öffnungsklausel vorsah, aufgrund derer Unternehmen oder Betriebe in wirtschaftlichen Schwierigkeiten unter Mitwirkung der Tarifparteien Abweichungen vom Flächentarifvertrag vereinbaren konnten.[1603] Mittlerweile ist die Vereinbarung in § 2 des genannten Tarifvertrags aufgegangen. Bevor die Öffnungsklausel Anwendung finden kann, müssen die Betriebsparteien ihre Gestaltungsmöglichkeiten ausschöpfen. Danach prüfen die Betriebs- und Tarifparteien gemeinsam, ob abweichende Tarifregelungen erforderlich sind, um „eine nachhaltige Verbesserung der Beschäftigungsentwicklung zu sichern" (§ 2 Abs. 2 des Tarifvertrags). Als Instrumente stehen ergänzende Tarifregelungen zur Verfügung, die gemeinsam mit den Betriebsparteien vereinbart werden oder einvernehmliche befristete tarifliche Abweichungen von den tariflichen Mindeststandards ermöglichen (ebenfalls § 2 Abs. 2 des Tarifvertrags). Darüber hinaus sieht der Tarifvertrag selbst bereits die Möglichkeit vor,

---

1601 Dazu oben, S. 77 ff.

1602 Abrufbar unter http://www.bw.igm.de/tarife/tarifvertrag.html?id=27014 [zuletzt geprüft: 12.12.2014].

1603 Dazu *Huber/Burkhard/Klebe,* WSI Mitt. 2005, 656.

bei Beschäftigungsproblemen durch Betriebsvereinbarung von den Bestimmungen des Tarifvertrags abzuweichen, bspw. die Arbeitszeit befristet abzusenken, um betriebsbedingte Kündigungen zu vermeiden (§ 3 Abs. 1 des Tarifvertrags), wobei für den Fall der Nichteinigung eine tarifliche Schlichtungsstelle gebildet wird (§ 3 Abs. 6 des Tarifvertrags). Über die Schlichtungsstelle hinaus ist keine Beteiligung der Tarifparteien bei der Nutzung der Öffnungsklausel in § 3 des Tarifvertrags vorgesehen. Nur wenn der Ausgleichszeitraum in begründeten Einzelfällen von zwölf auf bis zu 24 Monate ausgedehnt wird, müssen Arbeitgeber und Betriebsrat dies gemeinsam bei den Tarifparteien beantragen (§ 5 Abs. 1 des Tarifvertrags).

Damit deuten sich bereits zwei grundlegend unterschiedliche Gestaltungsvarianten für Öffnungsklauseln an. Im einen Fall wird den Betriebsparteien oder u.U. auch den Arbeitsvertragsparteien in mehr oder weniger engen Grenzen ein Handlungsspielraum eröffnet, Abweichungen vom Tarifvertrag zu vereinbaren, im anderen Fall handeln die Tarifparteien, wobei grundsätzlich sowohl firmenbezogene Verbandstarifverträge wie auch Firmentarifverträge denkbar sind. Nachfolgend soll ein Überblick über die rechtlichen Voraussetzungen gegeben werden.

(2) Öffnungsklauseln zugunsten der Betriebsparteien

Die § 4 Abs. 3 Alt. 1 TVG, § 77 Abs. 3 S. 2 BetrVG lassen eine Öffnung von Tarifverträgen zugunsten von Vereinbarungen auf betrieblicher Ebene explizit zu.[1604] Voraussetzung ist aber eine ausdrückliche Vereinbarung im Tarifvertrag.[1605] Insofern kommt den Tarifparteien ein erheblicher Spielraum zu, über die Wirkung ihrer Regelungen zu entscheiden.[1606] Auch Art. 9 Abs. 3 GG schließt die Regelung der Arbeits- und Wirtschaftsbedingungen auch auf betrieblicher Ebene nicht grundsätzlich aus, ist doch die Betätigung der Koalitionen im Bereich des Betriebsverfassungsrechts sogar verfassungsrechtlich geschützt.[1607] Dementsprechend

---

1604 BAG, 18.08.1987 – 1 ABR 30/86, NZA 1987, 779 (= AP Nr. 23 zu § 77 BetrVG 1972); entsprechendes gilt nach § 75 Abs. 5 BPersVG für eine Dienstvereinbarung, auf die Fälle des BPersVG soll nachfolgend jedoch nicht gesondert eingegangen werden.

1605 *Dieterich*, RdA 2002, 1, 14 ff.; a.A. *Volkmann*, in: Britz/Volkmann, Tarifautonomie in Deutschland und Europa, 2003, S. 1, 28; *Konzen*, NZA 1995, 913, 919.

1606 Vgl. dazu auch BAG, 20.04.1999 – 1 ABR 72/98, NZA, 887, 893 (= AP Nr. 89 zu Art. 9 GG).

1607 Vgl. BVerfG, 01.03.1979 – 1 BvR 532/77 u.a., BVerfGE 50, 290, 371 f. (= AP Nr. 1 zu § 1 MitbestG) für den Bereich der Personalvertretung: BVerfG, 30.11.1965 – 2 BvR 54/62, BVerfGE 19, 303, 311 ff. (= AP Nr. 7 zu Art. 9 GG); eine Grenze für die Verlagerung der Kollektivverhandlungen auf die betriebliche Ebene kann sich aber aufgrund der staatlichen Schutzpflicht für die Tarifautonomie aus Art. 3

kann auch ein betriebliches Bündnisse für Arbeit, das auf einer entsprechenden Öffnungsklausel im Tarifvertrag basiert, zulässig sein.[1608]

Die Wirkung von Öffnungsklauseln, die eine Gestaltung mittels Betriebsvereinbarung zulassen, geht allerdings über den Kreis der Mitglieder der Tarifparteien hinaus, da auch eine aufgrund von Öffnungsklauseln geschlossene Betriebsvereinbarung für die gesamte Belegschaft gilt.[1609] Selbst nicht tarifgebundene Arbeitgeber können von ihnen Gebrauch machen.[1610] Ein Verstoß gegen die negative Koalitionsfreiheit der Außenseiter-Arbeitnehmer ist hierin jedoch nicht zu erkennen. Das BAG argumentiert, dass die Außenseiter nicht durch die Normen des Tarifvertrags erfasst würden, vielmehr sei es die aufgrund des Tarifvertrags erlassene Betriebsvereinbarung, die den Inhalt des Arbeitsverhältnisses gestalte (§ 77 Abs. 4 S. 1 BetrVG).[1611]

Auf der anderen Seite ist aber aufgrund von Art. 9 Abs. 3 GG ausgeschlossen, dass die Kompetenzen der Tarifparteien unbegrenzt auf die betriebliche Ebene übertragen werden.[1612] Eine „Selbstentmündigung“[1613] darf auch mittels Tarifvertrag nicht erfolgen, andernfalls kann die Tarifautonomie ihrer Schutzfunktion nicht gerecht werden. Ausgangspunkt muss auch hier die zwingende Wirkung des Tarifvertrags sein, die eine Funktionsvoraussetzung für den

---

§ 1a und § 3a des Zusatzprotokolls von 1988 zur ESC von 1961 ergeben; dazu Beschwerde AuR 2013, S. 219.

1608 BAG, 20.04.1999 - 1 AZR 631/98, NZA 1999, 1059 (= AP Nr. 12 zu § 77 BetrVG 1972 Tarifvorbehalt); *Wendeling-Schröder*, FS Wissmann, 2005, S. 174, 179; DKKW-*Däubler*, § 92a Rn. 17.

1609 BAG, 18.08.1987 - 1 ABR 30/86, NZA 1987, 779 (= AP Nr. 23 zu § 77 BetrVG 1972); Kittner/Zwanziger/Deinert-*Deinert*, § 10 Rn. 126 f.

1610 DKKW-*Berg*, § 77 BetrVG Rn. 150; Richardi, BetrVG-*Richardi*, § 77 Rn. 303; *Gaumann/Schafft*, NZA 1998, 176, 180 f.

1611 BAG, 18.08.1987 - 1 ABR 30/86, NZA 1987, 779, 782 (= AP Nr. 23 zu § 77 BetrVG 1972); zum Günstigkeitsprinzip: BAG, 16.09.1986 - GS 1/82, NZA 1987, 168, 169 (= AP Nr. 17 zu § 77 BetrVG 1972).

1612 BAG, 20.04.1999 - 1 ABR 72/98, Nr. 89 zu Art. 9 GG (m. Anm. Richardi); BAG, 18.08.1987 - 1 ABR 30/86, NZA 1987, 779 (= AP Nr. 23 zu § 77 BetrVG 1972); vgl. auch *Wendeling-Schröder/Schubert*, NZA 2003, 772, 774 f.; Kittner/Zwanziger/Deinert-*Deinert*, § 10 Rn. 137; zur Diskussion über die entsprechende Heranziehung der Wesensgehaltsgarantie aus Art. 19 Abs. 2 GG sowie dem Bestimmtheitsgebot aus Art. 80 Abs. 1 Satz 2 GG: *Zachert*, KJ 1997, 411, 427; DKKW-*Berg*, § 77 BetrVG Rn. 153, die sich dafür aussprechen; kritisch Däubler, TVG-*Zwanziger*, § 4 Rn. 1007.

1613 *Ulber*, NZA 2009, 232, 237.

Tarifvertrag darstellt.[1614] Sicherzustellen ist dabei entsprechend dem Rechtsgedanken des § 77 Abs. 3 BetrVG, dass die tarifliche Regelungsbefugnis stets Vorrang vor der betrieblichen Regulierung hat. Die tarifliche Norm muss insofern ihrerseits eine eigenständige Wirkung über die bloße Kompetenzerteilung hinaus entfalten, also zumindest den „Normalfall" regeln.[1615] Darüber hinaus sind den Betriebsparteien (bzw. u.U. auch Arbeitsvertragsparteien) hinreichend klare und transparente Vorgaben für deren Handeln zu machen und zwar sowohl hinsichtlich des Gegenstands wie auch des Umfangs der Befugnisübertragung.[1616]

Einen Anspruch auf den Abschluss einer Vereinbarung, die durch eine Öffnungsklausel zugelassen wird, besteht für den Arbeitgeber in der Regel nicht. Unter Umständen kann nach Ansicht des 4. Senats allerdings dann ein (schuldrechtlicher) Anspruch auf Zustimmung zur Nutzung der Öffnungsklausel bestehen, wenn konkrete tariflich definierte Anforderungen erfüllt sind.[1617]

(3) Firmenbezogener Verbandstarifvertrag

Wollen die Tarifparteien die Kontrolle über die Abweichungen vom Verbandstarifvertrag behalten, bieten sich firmenbezogene Verbandstarifverträge an, mit denen eine enge Anbindung an die Verbände und Gewerkschaften und damit an die Tarifautonomie gewährleisten werden kann.[1618] Kennzeichnend für einen solchen Tarifvertrag ist, dass sich sein Geltungsbereich auf ein verbandsangehöriges Unternehmen beschränkt.[1619] Die Bindungsfähigkeit von Arbeitgeberverbänden kann damit erhöht werden, da der einzelne Arbeitgeber innerhalb der Verbandstarifbindung ein Flexibilisierungs- und Härtefallinstrument vorfindet und zu dessen Nutzung die Unterstützung des Arbeitgeberverbandes erfährt – auf die er, zusammen mit einer korrespondierenden Bereitschaft der Gewerkschaft, allerdings auch angewiesen ist.[1620]

1614 In diesem Sinne auch *Preis/Ulber,* FS Kempen, 2013, S. 15, 19.

1615 Vgl. Kittner/Zwanziger/Deinert-*Deinert,* § 10 Rn. 135 ff.

1616 *Zachert,* KJ 1997, 411, 427.

1617 BAG, 20.10.2010 – 4 AZR 105/09, NZA 2011, 468 (= AP Nr. 145 zu Art. 9 GG); vgl. auch Diskussion *Hromadka,* NZA 2012, 585, 591; *Löwisch/Rieble,* § 4 Rn. 451 sehen zudem u.U. die Möglichkeit zu einer richterlichen Zustimmungsersetzung nach § 319 BGB.

1618 Kittner/Zwanziger/Deinert-*Deinert,* § 10 Rn. 125.

1619 Däubler, TVG-*Peter,* § 2 Rn. 148.

1620 Ähnlich Däubler, TVG-*Reim/Nebe,* § 1 Rn. 71 ff.

Ein Verstoß gegen das vereinsrechtliche Gleichbehandlungsprinzip, wie teilweise vertreten,[1621] ist darin nicht zu erkennen, regelmäßig wird bereits ein sachlicher Grund für den Abschluss des firmenbezogenen Verbandstarifvertrags bestehen.[1622] Aber selbst wenn man einen solchen Verstoß annähme, kann eine vereinsrechtliche Schranke im Innenverhältnis des Verbandes keine Außenwirkung auf die Koalitionsbetätigung der Gewerkschaft entfalten.[1623]

b) Firmentarifvertrag

Eine weitere Möglichkeit, auf tariflichem Weg von der Verbandstarifbindung abzuweichen, stellen Firmentarifverträge dar. Eine Beteiligung des Arbeitgeberverbandes ist in diesem Fall im Gegensatz zum firmenbezogenen Verbandstarifvertrag keine Voraussetzung. Dabei ist auch bei einer dreiseitigen Vereinbarung zwischen Arbeitgeber, Betriebsrat und Gewerkschaft im Zweifel von einem Firmentarifvertrag auszugehen.[1624] Hier interessiert vor allem die Frage, ob und wie ein Firmentarifvertrag durch einen verbandstarifgebundenen Arbeitgeber zur Tarifflucht genutzt werden kann, insbesondere um die Nachbindung nach § 3 Abs. 3 TVG abzulösen.

(1) Tarifflucht durch Firmentarifvertrag?

Voranzustellen ist, dass dem Verbandstarifvertrag weder durch Art. 9 Abs. 3 GG noch durch das TVG ein besonderer Schutz gegenüber anderen tarifvertraglichen Vereinbarungen zukommt, dies wurde bereits im Kapitel A dargelegt.[1625] Vielmehr obliegt es den Koalitionen, über die Ebene, auf der ein Tarifvertrag abgeschlossen werden soll, zu entscheiden.[1626]

Dass das BAG seine Rechtsprechung zur Tarifeinheit aufgegeben hat, hat es in diesem Zusammenhang erschwert, durch den Abschluss eines (Unterbietungs-)

1621 Staudinger-*Richardi/Fischinger,* Vorbem. § 611 ff. BGB Rn. 621.

1622 BAG, 24.04.2007 – 1 AZR 252/06, JA 2008, 543 (mit zust. Anm. Krause) (= AP Nr. 2 zu § 1 TVG Sozialplan).

1623 BAG, 24.04.2007 – 1 AZR 252/06, JA 2008, 543 (mit zust. Anm. Krause) (= AP Nr. 2 zu § 1 TVG Sozialplan).

1624 BAG, 02.07.2008 – 10 AZR 386/07, NZA-RR 2009, 145 (= AP Nr. 304 § 1 TVG Tarifverträge: Bau); *Zachert,* NZA 2006, 10, 13 f.; *Ruch,* Dreiseitige Vereinbarungen, 2010 (zugl. Bonn, Univ., Diss. 2009), S. 39 ff.

1625 Vgl. ErfK-*Linsenmaier,* Art. 9 GG Rn. 56; *Melot de Beauregard,* Mitgliedschaft in Arbeitgeberverbänden und Tarifbindung, 2002 (zugl. Würzburg, Univ., Diss 2002), S. 82 ff.; *Walser,* WSI Mitt. 2013, 491, 492.

1626 *Gamillscheg,* Koll. ArbR I, 1997, S. 504.

Tarifvertrags aus der Bindung an einen Verbandstarifvertrag zu entkommen.[1627] Die Anwendung des Spezialitätsprinzips führte nämlich dazu, dass der allgemeinere, also im hier interessierenden Fall für die Arbeitnehmer günstigere (DGB-) Verbandstarifvertrag zugunsten des ungünstigeren aber spezielleren Firmentarifvertrags verdrängt wurde. Dies hat es durchsetzungsschwachen Gewerkschaften erleichtert, tarifpolitische Bedeutung zu erlangen oder überhaupt erst als Tarifpartner infrage zu kommen.[1628] Durch die Aufgabe dieser Rechtsprechung sinkt für den Arbeitgeber die Attraktivität, einen solchen Tarifvertrag abzuschließen, wenn er bereits an einen Verbandstarifvertrag gebunden ist. Da in der Regel beide Tarifverträge parallel im Betrieb anwendbar sind, kommt zumindest in Bezug auf die Mitglieder der DGB-Gewerkschaft nämlich immer noch der Verbandstarifvertrag zur Anwendung und kann so sogar einen Anreiz zum Beitritt zu der betreffenden DGB-Gewerkschaft schaffen.

Praktisch wird der Abschluss eines Firmentarifvertrags mit einer „fremden" Gewerkschaft aber stets mit einem Verbandsaustritt verbunden sein. Andernfalls verhielte sich das Verbandsmitglied regelmäßig satzungswidrig, da es die Tarifpolitik des Verbandes konterkarieren würde, was i.d.R. einen Verbandsausschluss rechtfertigt.[1629] Wie bereits oben dargelegt, würde für die Mitglieder der ursprünglichen Gewerkschaft in diesem Fall zunächst die Nachbindung nach § 3 Abs. 3 TVG eintreten sowie nach dem Ende des Tarifvertrags die dispositive Nachwirkung nach § 4 Abs. 5 TVG.

Nachdem das BAG die Möglichkeit von Tarifpluralität im Betrieb nun anerkannt hat, muss zwar nicht mehr die Frage geklärt werden, welcher Tarifvertrag auf einen bestimmten Betrieb anwendbar ist. Das sagt jedoch noch nichts darüber aus, welcher Tarifvertrag für ein bestimmtes Arbeitsverhältnis einschlägig ist, wenn hierfür mehrere infrage kommen – also Tarifkonkurrenz vorliegt. Die in der Praxis wohl häufigsten Fallkonstellationen sind dann gegeben, wenn ein verbandsangehöriger Arbeitgeber einen Firmentarifvertrag mit derselben Gewerkschaft abschließt, die auch Tarifpartei des Verbandstarifvertrags ist, oder wenn ein Firmen- oder Verbandstarifvertrag neben einem allgemeinverbindlich

---

1627 Zur Entwicklung der Rechtsprechung bereits oben, S. 148 f.

1628 In diesem Sinne auch *Preis/Ulber,* FS Kempen, 2013, S. 15, 23; *Klebe,* Magazin Mitbestimmung 2010, 44 f.; ähnlich wohl auch Däubler, TVG-*Zwanziger,* § 4 Rn. 933.

1629 Vgl. bspw. §§ 5 Abs. 3 i.V.m. 6 Abs. 1 der Satzung des *Einzelhandel Verbandes Nord e.V.* vom 04.10.2013, abrufbar unter http://www.ehv-nord.de/fileadmin/customers-data/inhalte/verband/04.10.13_EHV-Satzung_FINAL.pdf [zuletzt geprüft: 12.12.2014].

erklärten Tarifvertrag besteht.[1630] Da ein Arbeitsverhältnis immer nur von einem Tarifvertrag erfasst sein kann, muss eine solche Konkurrenz aufgelöst werden.[1631] Dabei ist nach Ansicht der Rechtsprechung und h.L. auch hier das Spezialitätsprinzip anzuwenden.[1632] Spezieller ist nach der h.M. der Tarifvertrag, der dem Betrieb sachlich, örtlich und persönlich am ehesten entspricht.[1633] Ein einschlägiger Firmentarifvertrag mit derselben Gewerkschaft geht dementsprechend einem Verbandstarifvertrag vor.[1634] Das Günstigkeitsprinzip kann hier nicht greifen, da Normen auf gleicher Ebene bestehen und es dem Tarifvertrag bzw. -werk als Gesamtwerk widersprechen würde, einzelne Bestimmungen herauszugreifen.[1635]

Damit ist es zwar möglich, mittels Firmentarifvertrag das Tarifniveau im Betrieb zu verändern. Soll die Wirkung unmittelbar eintreten, muss aber die Gewerkschaft beteiligt sein, die auch Partei des Verbandstarifvertrags ist, weshalb dies nur im Fall von Sanierungstarifverträgen praktische Relevanz entfalten dürfte. Denn die Gewerkschaft wird regelmäßig nur ein Interesse am Abschluss eines solchen Tarifvertrags haben, wenn er aufgrund der Lage des Unternehmens unbedingt notwendig ist.[1636]

1630 Bspw. *Wank*, FS 50 Jahre ZVK Baugewerbe, 2007, S. 141, 157.

1631 BAG, 07.07.2010 – 4 AZR 549/08, NZA 2010, 1068, 1078 (= AP Nr. 140 zu Art. 9 GG).

1632 Vgl. auch BAG, 23.01.2008 – 4 AZR 312/01, NZA 2008, 771 (= AP Nr. 36 zu § 3 TVG (abl. Anm. Höpfner)); *Hanau*, NZA 2012, 825, 827; Däubler, TVG-*Zwanziger*, § 4 Rn. 928; *Gamillscheg*, Koll. ArbR I, 1997, S. 755; Kempen/Zachert-*Wendeling-Schröder*, § 4 TVG Rn. 227 f.; *Wank*, FS 50 Jahre ZVK Baugewerbe, 2007, S. 141, 158; im Prinzip auch *Löwisch/Rieble*, § 4 Rn. 277; einschränkend *Buchner*, FS Schaub, 1998, S. 75, 91 f.; dazu umfassend *Jacobs*, Tarifeinheit und Tarifkonkurrenz, 1999 (zugl. Mainz, Univ., Diss. 1998), S. 257 ff., der allerdings letztlich ebenso wie *Etzel*, NZA-Beilage 1/1987, 19 f. auf ein Wahlrecht des Arbeitnehmers abstellt; für eine zeitliche Konkurrenzregel *Waas*, Tarifkonkurrenz und Tarifpluralität, 1999, S. 98 ff.

1633 BAG, 20.03.1991 – 4 AZR 455/90, NZA 1991, 736 (= AP Nr. 20 zu § 4 TVG Tarifkonkurrenz); Däubler, TVG-*Zwanziger*, § 4 Rn. 931 möchte dagegen auf den Tarifvertrag abstellen, der dem einzelnen Arbeitsverhältnis am nächsten kommt, was jedoch kaum auf ein anderes Ergebnis hinauslaufen dürfte.

1634 BAG, 04.04.2001 – 4 AZR 237/00, NZA 2001, 1085, 1086 (= AP Nr. 29 zu § 3 TVG); BAG, 20.03.1991 – 4 AZR 455/90, NZA 1991, 736 (= AP Nr. 20 zu § 4 TVG Tarifkonkurrenz); BAG, 29.11.1978 – 4 AZR 304/77, AP Nr. 12 zu § 4 TVG Tarifkonkurrenz.

1635 *Gamillscheg*, Koll. ArbR I, 1997, S. 755.

1636 Vgl. für weitere Formen „gewillkürter Tarifpluralität“ etwa *Henssler*, RdA 2011, 65, 67; vgl. zur Verhandlungssituation bei Sanierungstarifverträgen auch *Bepler*, AuR 2010, 234, 242.

(2) Betriebsnormen

Die Tarifpluralität stößt allerdings dort an ihre Grenzen, wo eine betriebseinheitliche Regelung notwendig ist.[1637] Dies gilt in erster Linie für Betriebsnormen und betriebsverfassungsrechtliche Normen nach § 3 Abs. 2 TVG (einschließlich Tarifverträgen nach § 3 BetrVG),[1638] gemeinsame Einrichtungen i.S.d. § 4 Abs. 2 TVG und die Frage des Tarifvorrangs in Bezug auf § 87 Abs. 1 Eingangss. BetrVG. All diesen Fällen ist gemein, dass sie ihre Funktionalität nur betriebseinheitlich entfalten können. Anknüpfungspunkt ist daher nach weit überwiegender Meinung die Tarifgebundenheit des Arbeitgebers. Die Geltung der Normen entfaltet sich dann aber auf den gesamten Betrieb. Die Legitimität dieser Erstreckung auf die Außenseiter-Arbeitnehmer ergibt sich wiederum aus der Notwendigkeit der einheitlichen Geltung.[1639] Ein weiterer Erklärungsansatz für die Zulässigkeit der Betriebsnormen liegt etwa darin, dass sich deren rechtliche Bindung auf den Arbeitgeber beschränkt und die Arbeitnehmer insofern nur reflexartig betroffen sind.[1640]

Auf jeden Fall erstreckt sich hier eine mögliche Konkurrenz damit automatisch auf alle Arbeitsverhältnisse. Grundsätzlich wäre auch hier eine Lösung nach dem Spezialitätsprinzip möglich.[1641] Dementsprechend würden Betriebsnormen oder betriebsverfassungsrechtliche Normen des spezielleren Tarifvertrags durch solche des allgemeineren verdrängt. Auch wenn diese Lösung in Bezug auf die Auflösung einer Tarifkonkurrenz in Bezug auf Inhalts-, Abschluss- und Beendigungsnormen als vorzugswürdig erscheint, da sie der mitgliedschaftlichen Legitimation des jeweiligen Tarifvertrags größtmöglichen Ausdruck verleiht und zudem i.d.R. zu der sachgerechteren, weil betriebsnäheren Lösung führt, ist sie in Bezug auf Betriebsnormen oder betriebsverfassungsrechtliche Normen ungeeignet.[1642] Der Arbeitgeber könnte durch den Abschluss eines Firmentarifvertrags

---

1637 *Hanau,* NZA 2012, 825, 827; Kittner/Zwanziger/Deinert-*Deinert,* § 8 Rn. 282; *Preis/Ulber,* FS Kempen, 2013, S. 15, 24.

1638 Zu den Begriffen BAG, 21.01.1987 – 4 AZR 547/86, NZA 1987, 233, 234 (= AP Nr. 47 zu Art. 9 GG).

1639 Kittner/Zwanziger/Deinert-*Deinert,* § 8 Rn. 285; JKOS-*Jacobs,* § 7 Rn. 230; *Schmidt,* NZA-Beilage 4/2012, 123, 123.

1640 Vgl. JKOS-*Krause,* § 4 Rn. 54 m.w.N.; vgl. auch MünchArbR-*Rieble/Klumpp,* § 172 Rn. 8.

1641 So für den Fall, dass ein Tarifvertrag neben betrieblichen und betriebsverfassungsrechtlichen Normen auch Inhalts- und Abschlussnormen enthält: Wiedemann-*Wank,* § 4 Rn. 299g.

1642 Vgl. auch Schaub, Hdb. ArbR-*Treber,* § 204 Rn. 54.

mit einer durchsetzungsschwächeren Gewerkschaft für die Verdrängung der ihm unliebsamen Betriebsnormen sorgen, da es allein auf seine Tarifgebundenheit ankommt. Die Wirkung würde sich aber trotz eines geringeren Organisationsgrades der betreffenden Gewerkschaft in seinem Betrieb auf alle Arbeitnehmer erstrecken.

Abzulehnen ist auch die Auffassung, dass sich der Tarifvertrag durchsetzen solle, der von der nach den Berufen ihrer Mitglieder und der Art der erfassten Unternehmen sachnäheren Gewerkschaft abgeschlossen worden ist.[1643] Einerseits bietet ein eng definierter Mitglieder- und Zuständigkeitsbereich keineswegs die Gewähr, dass auch sachnähere Tarifergebnisse produziert werden. Andererseits würde dies auf eine sachlich kaum begründbare Privilegierung von Berufsgewerkschaften hinauslaufen. Sie würde vielmehr in Widerspruch zu Art. 9 Abs. 3 GG geraten, da es den Arbeitnehmern überlassen bleiben muss, zu entscheiden, welche Koalitionsweise sie für die richtige und beste halten.[1644]

Daher ist in diesem Fall mit der h.M. eine Auflösung nach dem Mehrheitsprinzip naheliegender, da hierdurch die Legitimation der Regelung und zudem die Anbindung im Betrieb erhöht werden.[1645] Besteht im Betrieb keine klare Mehrheit, wird überwiegend eine Auflösung nach dem Prinzip der Zeitkollision vorgeschlagen. Allerdings ist umstritten, ob der ältere oder der neuere Tarifvertrag zum Zuge kommen soll.[1646] Vorzugswürdig erscheint hier eine dritte Ansicht, die auf den Mitgliederbestand in der Branche abstellen möchte, denn angesichts dessen, dass die Tarifnormen von unterschiedlichen Normgebern geschaffen worden sind, sagt der Zeitpunkt ihres Abschlusses wenig über ihre Legitimität aus. Der größere Mitgliederbestand der Gewerkschaft deutet aber zumindest auf eine tiefere Verankerung in der Branche hin.[1647] Das Mehrheitsprinzip

---

1643 Wiedemann-*Wank*, § 4 Rn. 299h.

1644 Ähnlich *Gamillscheg*, Koll. ArbR I, 1997, S. 756; Däubler, TVG-*Zwanziger*, § 4 Rn. 936.

1645 Kempen/Zachert-*Wendeling-Schröder*, § 4 TVG Rn. 229; Däubler, TVG-*Zwanziger*, § 4 Rn. 935; JKOS-*Jacobs*, § 7 Rn. 232; *Preis/Ulber*, FS Kempen, 2013, S. 15, 24; Schaub, Hdb. ArbR-*Treber*, § 204 Rn. 54; ähnlich Kittner/Zwanziger/Deinert-*Deinert*, § 8 Rn. 285; *Löwisch/Rieble*, § 4 Rn. 295; in Bezug auf Tarifverträge nach § 3 BetrVG eine verpflichtende Tarifgemeinschaft vorschlagend *Fitting*, BetrVG, § 3 Rn. 16 f.; dagegen aber zu Recht BAG, 29.07.2009 – 7 ABR 27/08, NZA 2009, 1424, 1428 (= AP Nr. 7 zu § 3 BetrVG 1972).

1646 Offen BAG, 09.12.2009 – 4 AZR 190/08, NZA 2010, 712; auf den späteren Tarifvertrag abstellend Däubler, TVG-*Zwanziger*, § 4 Rn. 934 f.; auf den früheren abstellend Kittner/Zwanziger/Deinert-*Deinert*, § 8 Rn. 285.

1647 DKKW-*Klebe*, § 87 Rn. 38.

stößt zudem an seine Grenzen, wo zwei Tarifverträge derselben Gewerkschaft im Betrieb kollidieren, etwa aufgrund eines parallel zum Verbandstarifvertrag abgeschlossenen Firmentarifvertrags. In diesem Fall ist dann tatsächlich eine Auflösung nach dem Spezialitätsprinzip geboten.[1648] Dies folgt aus der positiven Koalitionsfreiheit der Gewerkschaft, welche die Freiheit haben muss, selbst über die aus ihrer Sicht beste Lösung zu befinden, auch was den Abschluss eines Firmentarifvertrags angeht.

3. Bewertung

Die Einschätzungen zu den Auswirkungen der Dezentralisierung und Flexibilisierung auf die Tarifbindung gehen deutlich auseinander und sind letztlich schwer zu fassen. Insofern verbietet sich auch eine pauschale Beurteilung.

Als Ausgangspunkt bieten sich mit §§ 77 Abs. 3, 87 Abs. 1 Eingangss. BetrVG sowie § 4 Abs. 3 TVG effektive Instrumente gegen die unkontrollierte Verlagerung der Kollektivverhandlungen auf die betriebsverfassungsrechtliche Ebene. So wird heute kaum noch bestritten, dass ein betriebliches Bündnis für Arbeit bei bestehender Tarifbindung bzw. u.U. sogar Tarifüblichkeit nur unter Beteiligung der Tarifparteien zulässig ist. Hier ist auch die so genannte *Burda*-Entscheidung des BAG zu nennen, die der Gewerkschaft einen Unterlassungsanspruch aus den §§ 1004 Abs. 1 S. 2, 823 BGB i.V.m. Art. 9 Abs. 3 GG bei tarifwidrigem Verhalten der Betriebsparteien zuerkennt.

Um die rechtspolitischen Vorschläge zur Veränderung des Tarifvorrangs und des Günstigkeitsprinzips ist es zu Recht wieder relativ still geworden. Die Betriebsparteien eignen sich auch kaum als Ersatz für die Tarifparteien, da ihnen bereits die erforderlichen Mittel zur Durchsetzung fehlen. So sind etwa Arbeitskampfmaßnahmen zwischen Arbeitgeber und Betriebsrat gemäß § 74 Abs. 2 BetrVG unzulässig.[1649] Wollte man eine Änderung im Verhältnis von tariflicher und betrieblicher Ebene, müssten auch die Methoden der Konfliktlösung angepasst werden.[1650] Abgesehen davon wäre eine weitgehende Verlagerung der Kollektivverhandlungen auf die betriebliche Ebene kaum mit den Vorgaben des internationalen Rechts[1651] und Art. 9 Abs. 3 GG in Einklang zu bringen.

1648 Vgl. *Löwisch/Rieble,* § 4 Rn. 296.

1649 Vgl. auch *Dieterich,* RdA 2002, 1, 16; *Däubler,* FS Wlotzke, 1996, S. 257, 272.

1650 *Zachert,* FS Wissmann, 2005, S. 202, 203.

1651 Insbesondere Art. 5 des ILO-Übereinkommens Nr. 135 und dem Verbot der Bildung beitragsfreier Ersatzgewerkschaften in Art. 6 ESC, dazu auch *Wendeling-Schröder/Schubert,* NZA 2003, 772.

Ambivalent ist vor allem die Rolle der Öffnungsklauseln. Will man sie beurteilen, ist wiederum zwischen den einzelnen Typen zu unterscheiden. So behalten die Tarifparteien die Kontrolle über die Abweichungen, wenn etwa Härtefallklauseln einen firmenbezogenen Verbandstarifvertrag für die Abweichung vom Verbandstarifvertrag vorsehen. Die Tarifparteien müssen aber selbst hier einen Spagat bewältigen. Zum einen sind sie ihren Mitgliedern verpflichtet und haben ein dementsprechend großes Interesse am Bestand der Unternehmen wie auch der Arbeitsplätze. Zum anderen müssen sie die anderen Verbandsmitglieder im Blick haben, deren wettbewerbliche Situation sich unter Umständen im Verhältnis zu dem Arbeitgeber, der vom Verbandstarif abweicht, verschlechtert.[1652] Dies kann schnell zu einer Kettenreaktion führen, durch die auch den übrigen Arbeitgebern ähnliche Vergünstigungen zu gewähren sind, wenn nicht entsprechend enge Voraussetzungen für die Nutzung einer Öffnungsklausel bereits im Tarifvertrag definiert sind. Aus Sicht der Tarifautonomie und der Arbeitgeberbindung positiv erweisen kann sich dabei, dass die Arbeitgeber auf die Gewerkschaften und Arbeitgeberverbände angewiesen sind, wollen sie im Sanierungsfall eine kollektive Regelung erreichen.[1653]

Auch Öffnungsklauseln, die eine Abweichung durch Betriebsvereinbarung zulassen, sind seit jeher bekannt und in vielen Fällen notwendig, um eine abstrakte Regelung auf Verbandstarifniveau auf die Bedürfnisse des einzelnen Betriebs anzupassen. Problematisch werden sie da, wo eine weitgehende Kompetenzverlagerung auf die Ebene des Betriebs erfolgt, weil bspw. keine ausreichenden Vorgaben über den Umfang der Öffnung gemacht werden. U.U. können Öffnungsklauseln dann einen Verstoß gegen Art. 9 Abs. 3 GG darstellen. Insgesamt muss jedoch konstatiert werden, dass die massiven Erosionstendenzen im Tarifvertragssystem wohl auch durch den verbreiteten Einsatz der Öffnungsklauseln abgeschwächt wurden.

Tarifflucht durch Firmentarifvertrag ist nach der Aufgabe der BAG-Rechtsprechung zur Tarifeinheit weniger attraktiv geworden, da ein solcher weder die Bindung nach § 3 Abs. 1 TVG noch die Nachbindung nach § 3 Abs. 3 TVG der Mitglieder der Gewerkschaft des Verbandstarifvertrags verdrängt. Durch die Anwendung des Mehrheitsprinzips ist auch eine Verdrängung von Betriebsnormen oder betriebsverfassungsrechtlichen Normen durch einen

1652 So auch BAG, 20.10.2010 - 4 AZR 105/09, NZA 2011, 468 (= AP Nr. 145 zu Art. 9 GG).

1653 *Bayreuther*, DZWir 2010, 353.

Tarifvertrag, der mit einer im Betrieb schwach repräsentierten Gewerkschaft abgeschlossen worden ist, i.d.R. nicht möglich.

Insgesamt ist aber dennoch festzuhalten, dass die Dezentralisierung und Flexibilisierung in all ihren Facetten dem Verbandstarifvertrag zu einem gewissen Teil seine Steuerungswirkung als verbindliches und überbetriebliches Regelungssystem nehmen, was langfristig auch seine Attraktivität schmälert, da er eben nicht mehr uneingeschränkt für einheitliche Wettbewerbsbedingungen in einer Branche sorgen kann.[1654]

V. Tarifbruch

Eine besondere Form der Tarifflucht stellt der Tarifbruch dar, also die Missachtung der geltenden Tarifnormen bei bestehender Tarifbindung. Bereits oben wurde dargestellt, dass dieses Phänomen in der Praxis durchaus eine relevante Rolle spielt.[1655] Teilweise wird unumwunden zugegeben, dass die Aktivitäten der Unternehmen gerade im Rahmen von Beschäftigungspakten „nicht immer im Einklang mit dem Arbeitsrecht"[1656] stehen. Gleichzeitig sei dies Ausdruck „der Willensbildung mündiger Personen", die „keine Bevormundung hinnehmen".[1657] Abgesehen davon, dass diese Position aus rechtsstaatlicher Warte bedenklich ist, lebt die Attraktivität des Verbandstarifvertrags davon, dass Tarifnormen in einem Großteil der Branche einheitlich wirken. Halten sich einzelne Unternehmen nicht daran, erlangen sie einen Wettbewerbsvorteil gegenüber den Mitbewerbern. Allerdings betrachtet der BGH den Tarifbruch nicht als unlauteren Wettbewerb, der mit den entsprechenden Mitteln des Wettbewerbsrechts bekämpft werden könnte,[1658] was in der Literatur allerdings umstritten ist.[1659] Auch die kollektive Selbsthilfe im Wege des Arbeitskampfs ist in Deutschland nach der h.M. in Bezug auf Rechtskonflikte ausgeschlossen.[1660]

1654 Vgl. *Volkmann,* in: Britz/Volkmann, Tarifautonomie in Deutschland und Europa, 2003, S. 1, 32; so auch hinsichtlich übertariflicher Ansprüche *Kania,* BB 2001, 1091.

1655 Dazu oben, S. 84 f.

1656 *Lehmann,* BB 2010, 2821.

1657 Ebd.

1658 BGH, 03.12.1992 – I ZR 276/90, NJW 1993, 1010 (= AP Nr. 10 zu § 1 UnlWG).

1659 Für eine Anwendung der §§ 3, 4 Nr. 11 UWG etwa Däubler, TVG-*Deinert,* § 4 Rn. 539 m.w.N.; dagegen MünchArbR-*Rieble/Klumpp,* § 185 Rn. 20; i.E. auch Kempen/Zachert-*Stein,* § 4 TVG Rn. 284.

1660 BAG, 14.02.1978 – 1 AZR 76/76, NJW 1979, 236, 237; ablehnend m.w.N. Däubler, AKR-*Däubler,* § 13 Rn. 24.

Dennoch kann das Tarifvertragssystem nur dann als funktionsfähig angesehen werden, wenn das geltende Recht auch durchgesetzt werden kann, andernfalls würde die Mitgliedschaft in einer Koalition in Hinblick auf die Tarifbindung nutzlos. Dementsprechend entscheidend ist der Rechtsschutz einerseits gegen die Missachtung von Tarifbestimmungen im individuellen Arbeitsverhältnis und andererseits auch gegen Eingriffe in die Koalitionsfreiheit und Tarifautonomie durch Tarifbruch.[1661] Daher stellt sich die Frage, wie effektiv die bestehenden Durchsetzungsinstrumente für die Tariftreue sind.

1. Arbeitnehmer und Arbeitgeber

In erster Linie ist es der einzelne Arbeitnehmer (und ggf. Arbeitgeber), der seine Rechte aus dem Tarifvertrag durchsetzen muss (§ 2 Abs. 1 Nr. 3 ArbGG).[1662] Zwar können die Tarifparteien die Durchsetzung des Tarifrechts durch Arbeitgeber und Arbeitnehmer dadurch verbessern, dass sie Selbsthilferechte wie Zurückbehaltungsrechte, Aufrechnungsmöglichkeiten, Schadenersatzansprüche etc. im Rahmen der schuldrechtlich zulässigen Möglichkeiten erweitern.[1663] Allerdings zeigt die Praxis, dass Arbeitnehmer ihre Rechte in einem laufenden Arbeitsverhältnis nur äußerst selten durchsetzen.[1664] Der weit überwiegende Teil der Klagen im Arbeitsrecht wird erst nach der Beendigung des Arbeitsverhältnisses geführt. Die Gründe hierfür können vielfältig sein und reichen von einer Unkenntnis der bestehenden Rechte, über ein schwer wägbares Prozessrisiko, die Angst um den Arbeitsplatz bis hin zur Vermeidung der Offenlegung der Gewerkschaftsmitgliedschaft.[1665] Im Falle einer tarifwidrigen Betriebsvereinbarung kommt noch hinzu, dass der Arbeitnehmer sich nicht nur gegen den Arbeitgeber sondern auch gegen den eigenen Betriebsrat wenden müsste.[1666] Die effektive Durchsetzung tariflicher Ansprüche wird in der Praxis zudem dadurch

---

1661 So auch *Dieterich,* FS Wissmann, 2005, S. 114, 123 f.

1662 Vgl. MünchArbR-*Rieble/Klumpp,* § 185 Rn. 1.

1663 MünchArbR-*Rieble/Klumpp,* § 185 Rn. 2.

1664 Vgl. *Dieterich,* FS Wissmann, 2005, S. 114, 115.

1665 Dazu etwa *Höland,* FS Bepler, 2012, S. 221, 239; *Grotmann-Höfling,* AuR 2013, 478; *Pfarr/Kocher,* Kollektivverfahren, 1998, S. 21 f.; vgl. auch jüngst zur Rechtswidrigkeit des Versuchs, mittels einer Befragung der Arbeitnehmer bezüglich ihrer Zugehörigkeit zu einer bestimmten Gewerkschaft in einem tarifpluralen Betrieb in laufenden Tarifverhandlungen Druck auf die Gewerkschaft auszuüben: BAG, 18.11.2014 – 1 AZR 257/13, juris.

1666 Vgl. auch Kittner/Zwanziger/Deinert-*Deinert,* § 10 Rn. 169.

erschwert, dass in den Tarifverträgen regelmäßig Ausschlussklauseln vereinbart sind.[1667]

Da auf diesem Weg die Einhaltung des Tarifniveaus deswegen nur beschränkt gewährleistet ist, muss überlegt werden, inwiefern die Tarifparteien, der Betriebsrat oder gegebenenfalls auch der Staat hier eingreifen können.

2. Tarifparteien

Hinsichtlich der Tarifparteien interessieren vor allem zwei Punkte. Zum einen haben sie ein Interesse daran, dass die Betriebsparteien ihre Vereinbarung nicht unterlaufen. Insofern ist zu fragen, welche Mittel ihnen zur Verfügung stehen, sich gegen tarifwidrige betriebliche Regelungen zur Wehr zu setzen. Daneben können vor allem auch Gewerkschaften ein Interesse daran haben, gegen tarifwidriges Verhalten in Bezug auf das individuelle Arbeitsverhältnis vorzugehen.

a) Rechtsverletzung auf kollektiver Ebene

Unstreitig besteht ein Tariferfüllungsanspruch der Gewerkschaft im Falle eines Firmentarifvertrags gegenüber dem einzelnen Arbeitgeber, da dieser dann selbst Tarifpartei ist.[1668] Handelt es sich dagegen um einen Verbandstarifvertrag, fehlt die Parteistellung. Allerdings kann nach Auffassung des BAG die betroffene Gewerkschaft in diesem Fall die Durchführung einer gegen § 77 Abs. 3 BetrVG verstoßenden Betriebsvereinbarung nach § 23 Abs. 3 BetrVG untersagen lassen.[1669] Dies wird von Teilen der Literatur vor allem in Bezug auf den Schutzzweck von § 23 Abs. 3 BetrVG kritisiert, der auf die betriebsverfassungsrechtliche Ordnung gerichtet sei und nicht in erster Linie auf die Koalitions- bzw. Koalitionsbetätigungsfreiheit.[1670] Jedoch stellt ein Verstoß gegen § 77 Abs. 3 BetrVG immer gleichzeitig auch eine Störung der betrieblichen Ordnung dar, denn die Betriebsparteien überschreiten dabei ihre Regelungsmacht, deren Einhaltung zu

1667 Vgl. BVerfG, 01.12.2010 – 1 BvR 1682/07, NZA 2011, 354 (= AP Nr. 196 zu § 4 TVG Ausschlussfristen); Zum Überblick hinsichtlich der Zulässigkeit und Reichweite Kittner/Zwanziger/Deinert-*Bantle,* § 12 Rn. 15 ff.; außerdem zu Ausschlussfristen im Zsh. mit dem KSchG: KR-*Spilger,* § 11 KSchG Rn. 22.

1668 Vgl. JKOS-*Krause,* § 4 Rn. 123; MünchArbR-*Rieble/Klumpp,* § 185 Rn. 7.

1669 BAG, 20.08.1991 – 1 ABR 85/90, NZA 1992, 317; BAG, 18.08.1987 – 1 ABR 30/86, NZA 1987, 779 (= AP Nr. 23 zu § 77 BetrVG 1972); Däubler, TVG-*Reim/Ahrendt,* § 1 Rn. 1172; a.A. MünchArbR-*Rieble/Klumpp,* § 185 Rn. 10.

1670 MünchArbR-*Rieble/Klumpp,* § 185 Rn. 10; zum Schutzzweck BAG, 20.04.1999 – 1 ABR 72/98, NZA, 887, 891 (= AP Nr. 89 zu Art. 9 GG).

ihren betriebsverfassungsrechtlichen Pflichten gehört.[1671] § 23 Abs. 3 BetrVG soll nach Auffassung des BAG dagegen keine Anwendung in Bezug auf Betriebsvereinbarungen finden, die der zwingenden Mitbestimmung nach § 87 Abs. 1 BetrVG unterliegen, da hier § 77 Abs. 3 BetrVG aufgrund der Vorrangtheorie nicht anwendbar sei.[1672]

Wie bereits oben angedeutet, hat das BAG im so genannten *Burda*-Beschluss allerdings einen Unterlassungsanspruch der Gewerkschaft gegen die Verdrängung des Tarifvertrags durch eine betriebliche Regelung aus den §§ 1004 i.V.m. 823 BGB und Art. 9 Abs. 3 GG angenommen.[1673] Grundlage hierfür ist die Drittwirkung der Koalitionsfreiheit (Art. 9 Abs. 3 S. 2 GG) und die Nichtigkeit privatrechtlicher Abreden, die auf die Beschränkung oder Behinderung der Koalitionsfreiheit gerichtet sind, weshalb das BAG folgerichtig auch die koalitionsmäßige Betätigung unter den Schutzbereich des § 823 BGB i.V.m. Art. 9 Abs. 3 GG stellt.[1674] Dementsprechend können – wie bereits ausgeführt – auch tarifwidrige betriebseinheitliche Regelungen gegen die Koalitionsfreiheit der Tarifparteien verstoßen.[1675] Da das BAG darauf abstellt, dass der Tarifvertrag als kollektive Ordnung im Betrieb verdrängt wird, wird aber verlangt, dass zumindest eine bedeutende Gruppe an Gewerkschaftsmitgliedern im Betrieb betroffen sein muss. Die tarifwidrige Behandlung einzelner Arbeitnehmer reiche jedenfalls nicht aus.[1676]

1671 Däubler, TVG-*Reim/Ahrendt,* § 1 Rn. 1172; DKKW-*Trittin,* § 23 Rn. 256; i.E. auch *Bayreuther,* DZWir 2010, 353; vgl. auch *Dieterich/Hanau/Henssler/Oetker/Wank/Wiedemann,* RdA 2004, 65, 66.

1672 BAG, 20.08.1991 – 1 ABR 85/90, NZA 1992, 317; Däubler, TVG-*Reim/Ahrendt,* § 1 Rn. 1173; kritisch Kittner/Zwanziger/Deinert-*Deinert,* § 10 Rn. 167, der zu Recht darauf hinweist, dass sich eine derartige Einschränkung des § 23 Abs. 3 BetrVG aus dem Gesetz nicht ableiten lässt.

1673 BAG, 20.04.1999 – 1 ABR 72/98, NZA, 887 (= AP Nr. 89 zu Art. 9 GG); *Wendeling-Schröder,* FS Wissmann, 2005, S. 174, 179; *Dieterich,* FS Wissmann, 2005, S. 114, 121; Kittner/Zwanziger/Deinert-*Deinert,* § 10 Rn. 173 ff.; kritisch *Hampe/Längler,* DB 2008, 1681, 1682 m.w.N; zum spiegelbildlichen Anspruch des Arbeitgeberverbandes gegenüber der Gewerkschaft: BAG, 24.04.2007 – 1 AZR 252/06, JA 2008, 543 (mit zust. Anm. Krause) (= AP Nr. 2 zu § 1 TVG Sozialplan); BAG, 22.09.2009 – 1 AZR 972/08, NZA 2009, 1347 (= AP Nr. 174 zu Art. 9 GG Arbeitskampf).

1674 BAG, 20.04.1999 – 1 ABR 72/98, NZA, 887, 891 (= AP Nr. 89 zu Art. 9 GG).

1675 Ebd.

1676 Vgl. *Dieterich,* FS Wissmann, 2005, S. 114, 126 f. mit einem Überblick über die unterschiedlichen Ansätze; vgl. auch Kittner/Zwanziger/Deinert-*Deinert,* § 10 Rn. 177; zu den Bestimmtheitsanforderungen der §§ 253 Abs. 3 Nr. 2, 313 Abs. 1

Darüber hinaus kann jede Tarifpartei im Wege der Einwirkungsklage von der jeweils anderen Tarifpartei verlangen, auf deren Mitglieder einzuwirken, dass diese sich tarifkonform verhalten.[1677] Die Tarifparteien haben ihrerseits einen Erfüllungsanspruch gegenüber ihren Mitgliedern, sich an den Tarifvertrag zu halten. Eine explizite Regelung hierzu in der Verbandssatzung ist nicht notwendig.[1678] Der Anspruch geht damit weiter als der Unterlassungsanspruch nach § 1004 BGB, denn er ist auch auf das tarifgemäße Verhalten insgesamt ausgerichtet.[1679] Allerdings ist diese Möglichkeit in der praktischen Durchführbarkeit nur bedingt effektiv und hilfreich, zumal hier der Verband gegen sein eigenes Mitglied vorgehen muss, wie selbst das BAG zu bedenken gibt.[1680] Zudem muss nach Auffassung des BAG bei unklarer Rechtslage zunächst ein arbeitsgerichtliches Urteil oder eine verbindliche Entscheidung einer Schiedsstelle vorliegen, bevor ein solcher Anspruch geltend gemacht werden kann.[1681]

Schließlich besteht für Arbeitgeberverbände und Gewerkschaften noch die Möglichkeit, den sich tarifwidrig verhaltenden Arbeitgeber bzw. das sich tarifwidrig verhaltende Gewerkschaftsmitglied aus dem Verband oder der Gewerkschaft auszuschließen.[1682] Während ersteres tarifpolitisch i.d.R. kaum sinnvoll sein wird, würde doch das Mitglied dem Zugriff des Verbandes damit völlig entzogen, ist auch letzteres als *Ultima Ratio* allenfalls in Extremfällen wahrscheinlich und durch einmaliges Fehlverhalten i.d.R. wohl auch nicht gerechtfertigt.[1683] Unter Umständen kann der Abschluss einer tarifwidrigen Betriebsvereinbarung

---

Nr. 4 ZPO: BAG, 19.03.2003 – 4 AZR 271/02, NZA 2003, 1221, 1223 (= AP Nr. 41 zu § 253 ZPO).

1677 H.M. vgl. JKOS-*Krause,* § 4 Rn. 126; zur Reichweite der Einwirkungspflicht *Hampe/Längler,* DB 2008, 1681.

1678 *Löwisch/Rieble,* § 1 Rn. 446.

1679 Vgl. BAG, 20.04.1999 – 1 ABR 72/98, NZA, 887, 892 (= AP Nr. 89 zu Art. 9 GG).

1680 BAG, 20.04.1999 – 1 ABR 72/98, NZA, 887, 892 (= AP Nr. 89 zu Art. 9 GG); vgl. auch *Walker,* FS Schaub, 1998, S. 743, 758 f.; Kittner/Zwanziger/Deinert-*Deinert,* § 10 Rn. 171; a.A. MünchArbR-*Rieble/Klumpp,* § 185 Rn. 8.

1681 BAG, 29.04.1992, NZA 1992, 846, 849 (= AP Nr. 3 zu § 1 TVG Durchführungspflicht).

1682 Zur Rechtfertigung eines Gewerkschaftsausschlusses eines Betriebsrates aufgrund einer Kandidatur auf einer fremden Liste: BVerfG, 24.02.1999 – 1 BvR 123/93, BVerfGE 100, 214, 222 ff. (= AP Nr. 18 § 20 BetrVG 1972); vgl. auch *Krause,* RdA 2009, 129, 136 f.

1683 *Krause,* RdA 2009, 129, 137; zum Verbandsausschluss *Hampe/Längler,* DB 2008, 1681, 1683.

auch ein Verfahren auf Auflösung des Betriebsrats nach § 23 Abs. 1 BetrVG rechtfertigen.[1684]

b) Rechtsverletzung auf individueller Ebene

Nicht durchsetzen konnten sich bislang Überlegungen, die den Gewerkschaften die Durchsetzung von Ansprüchen aus der Verletzung individueller Rechte der Arbeitnehmer eröffnen würden. Aus den §§ 1004 i.V.m. 823 BGB und Art. 9 Abs. 3 GG ergibt sich über den genannten Unterlassungsanspruch hinaus auch ein Folgenbeseitigungsanspruch, umstritten ist allerdings, ob es dieser der Gewerkschaft auch ermöglicht, die Erfüllung der vorenthaltenen Ansprüche der Arbeitnehmer zu verlangen.[1685] Das BAG lehnt dies ab.[1686]

Bisweilen wird zudem eine Prozessstandschaft der Gewerkschaften für die Ansprüche der Arbeitnehmer in Anlehnung an § 25 HAG vorgeschlagen.[1687] In Bezug auf Arbeitgeberverbände, die deliktische Ansprüche ihrer Mitgliedsunternehmen auf Unterlassen gegen eine Gewerkschaft in eigenem Namen gerichtlich geltend machen wollten, lehnte das BAG jedoch eine Prozessstandschaft ab.[1688]

Nur zum Teil hilfreich für den hier interessierenden Zweck ist auch die „Verbandsklage“ nach § 9 TVG i.V.m. § 2 Abs. 1 Nr. 1 ArbGG, da hier zwar Inhalt und Gültigkeit eines Tarifvertrags verbindlich festgestellt werden können,[1689] tarifwidrig vorenthaltene Ansprüche danach aber immer noch individuell durchgesetzt werden müssen. Den Tarifparteien verbleibt in Bezug auf die individuellen Ansprüche damit nur die Rechtsberatung und Prozessvertretung, die

---

1684 Ggf. auch nach § 23 Abs. 1 BetrVG aufgrund grober Pflichtverletzung DKKW-*Trittin,* § 23 Rn. 41.

1685 Kittner/Zwanziger/Deinert-*Deinert,* § 10 Rn. 180; a.A. ErfK-*Franzen,* § 1 TVG Rn. 90.

1686 BAG, 17.05.2011 – 1 AZR 473/09, NZA 2011, 1169 (= AP Nr. 148 zu Art. 9 GG); bereits BAG, 20.04.1999 – 1 ABR 72/98, NZA, 887, 892 (= AP Nr. 89 zu Art. 9 GG).

1687 Kempen/Zachert-*Stein,* § 4 TVG Rn. 261; a.A. MünchArbR-*Rieble/Klumpp,* § 185 Rn. 8 nennt dies polemisch eine prozessuale Entmündigung der tarifgebundenen Arbeitnehmer.

1688 BAG, 12.09.1984 – 1 AZR 342/83, NZA 1984, 393, 396 (= AP Nr. 81 zu Art. 9 GG Arbeitskampf); BAG, 29.01.1985 – 1 AZR 179/84, AuR 1985, 227 (= AP Nr. 83 zu Art. 9 GG Arbeitskampf).

1689 BAG, 07.11.1995 – 3 AZR 676/94, NZA 1996, 1214; ErfK-*Franzen,* § 9 TVG Rn. 1; kritisch in Bezug auf den Begriff der Verbandsklage in diesem Zusammenhang und die Heranziehung von § 2 Abs. 1 Nr. 1 ArbGG: Däubler, TVG-*Reinecke,* § 9 Rn. 9 f.; ähnlich GMP-*Schlewig,* § 2 ArbGG Rn. 17.

ihnen im Rahmen ihrer Koalitionsbetätigung zusteht[1690] oder die Arbeitnehmer treten ihre Ansprüche an die Gewerkschaft ab, damit diese aus eigenem Recht tätig werden kann.[1691]

3. Betriebsrat

Noch vor dem Staat ist es vorrangige Aufgabe der Betriebsparteien, die Einhaltung der Tarifverträge zu überwachen (§ 80 Abs. 1 Nr. 1 BetrVG bzw. § 25 Abs. 1 SprAuG und § 68 Abs. 1 Nr. 2 BPersVG). Dies gilt auch für die Jugend- und Auszubildendenvertretung (§ 70 Abs. 1 Nr. 2 BetrVG, § 70 Abs. 1 Nr. 2 BPersVG) bzw. die Schwerbehindertenvertretung (§ 95 Abs. 1 Nr. 1 SGB IX). Dementsprechend kann der Betriebsrat etwa die Zustimmung zu einer personellen Einzelmaßnahme u.a. dann verweigern, wenn diese gegen eine Bestimmung aus einem Tarifvertrag verstößt (§ 99 Abs. 2 Nr. 1 BetrVG bzw. §§ 75, 76, 77 Abs. 2 Nr. 1 BPersVG). Dies ist praktisch insbesondere für Fragen der Eingruppierung relevant.[1692]

Zudem hat der Betriebsrat nach § 85 Abs. 1 BetrVG Beschwerden des Arbeitnehmers entgegen zu nehmen und – sofern er sie für berechtigt erachtet – an den Arbeitgeber weiterzuleiten und auf Abhilfe hinzuwirken. Sofern allerdings tarifliche (Rechts-)Ansprüche betroffen sind, steht das Einigungsstellenverfahren nicht zur Verfügung (§ 85 Abs. 3 S. 3 BetrVG).[1693]

4. Staat

Staatliche Überwachung zur Einhaltung von geltendem Tarifrecht durch die Verwaltung findet lediglich in Teilbereichen statt. So hat etwa die Zollbehörde, genauer die Finanzkontrolle Schwarzarbeit, die Einhaltung der auf Tarifverträgen basierenden Mindestentgelte nach dem AEntG (§§ 16 ff. AEntG sowie das Ordnungswidrigkeitsverfahren nach § 23 AEntG) sowie dem AÜG (§§ 17 Abs. 2, 17a AÜG) zu überwachen.[1694] Ferner kommen der Arbeitszeitaufsicht Überwachungsaufgaben nach § 17 ArbZG zu, die dabei auch die tariflichen Vorgaben beachten muss.[1695] Wird das geltende Tarifrecht nicht eingehalten,

---

1690 MünchArbR-*Rieble/Klumpp*, § 185 Rn. 3.

1691 BVerfG, 26.06.1991 – 1 BvR 779/85, BVerfGE 84, 212 (= AP Nr. 117 zu Art. 9 GG Arbeitskampf); *Walker*, FS Schaub, 1998, S. 743, 760.

1692 BAG, 03.05.1994 – 1 ABR 58/93, AP Nr. 20 zu § 101 BetrVG 1972; MünchArbR-*Rieble/Klumpp*, § 185 Rn. 6.

1693 MünchArbR-*Rieble/Klumpp*, § 185 Rn. 4.

1694 Schüren, AÜG-*Hamann*, § 17 Rn. 2 f.

1695 ErfK-*Wank*, § 17 ArbZG Rn. 4 f.; *Löwisch/Rieble*, § 1 Rn. 110, § 4 Rn. 98 ff.

ist dies ein Grund für den Ausschluss von der Vergabe von öffentlichen Aufträgen (vgl. § 6 AEntG, § 5 SchwarzarbeitsbekämpfungsG). Darüber hinaus bildet die Einhaltung des Tarifniveaus ein Kriterium für das Vorliegen der Zuverlässigkeit im Gewerberecht, die wiederum Voraussetzung für die Erteilung oder Beibehaltung einer Gewerbeerlaubnis ist (vgl. § 35 GewO, § 25 Abs. 2 PBefG etc.).[1696] In Bezug auf die Tariftreuevorschriften der Länder sei auf unten verwiesen.

5. Bewertung

Praktisch kommen Verstöße gegen die Tarifautonomie und das BetrVG häufig vor, geahndet werden sie allerdings nur selten.[1697] Das Risiko von höheren Konflikt- und Verfahrenskosten wird auf Arbeitgeberseite z.T. mit Blick auf die erwarteten Vorteile sogar bewusst hingenommen.[1698] Auch *Rieble/Klumpp* weisen aufgrund der beschränkten Durchsetzungsmöglichkeiten daher auf die Gefahr der „Tarifflucht durch Tarifbruch" hin.[1699] Rechtspolitisch wird daher immer wieder eine Verbesserung der Durchsetzungsinstrumente gefordert, u.a. die Möglichkeit einer „echten" Verbandsklage der Gewerkschaften auch zur Durchsetzung individueller Ansprüche.[1700] Auf dem 70. Deutschen Juristentag schlug *Deinert* außerdem die Einführung eines Klagerechts der Gewerkschaft zur Herstellung tarifgerechter Zustände im Falle eines Tarifbruchs durch den Arbeitgeber vor.[1701]

Dennoch bietet auch die Frage der Durchsetzung des Tarifrechts in Hinblick auf die Bindungswilligkeit des einzelnen Arbeitgebers eine gewisse Ambivalenz. So gibt *Behrens* ein Interview mit einem Präsidenten eines Verbandes des Groß- und Außenhandels wieder, der darin explizit einen Zusammenhang zwischen der BAG-Rechtsprechung in der *Burda*-Entscheidung und der Einführung der OT-Option in seinem Verband herstellt. Gerade das kollektive Klagerecht

---

1696 MünchArbR-*Rieble/Klumpp,* § 185 Rn. 21 f.

1697 *Bahnmüller,* in: Bispinck/Schulten, Zukunft der Tarifautonomie, 2010, S. 81, 88; *Dieterich/Hanau/Henssler/Oetker/Wank/Wiedemann,* RdA 2004, 65, 66.

1698 Vgl. *Völkl,* Ind. Beziehungen 1998, 165, 180.

1699 MünchArbR-*Rieble/Klumpp,* § 185 Rn. 7.

1700 Eine Verbandsklage fordernd etwa *Gamillscheg,* Koll. ArbR I, 1997, S. 633 f.; *Pfarr/Kocher,* Kollektivverfahren, 1998, S. 222 ff.; *Däubler,* AuR 1995, 305; vgl. auch den Entwurf von *Kocher,* Verbandsklage im Arbeitsrecht, 2002.

1701 Deutscher Juristentag, Thesen der Gutachter und Referenten, 2014, S. 18; ings. ablehnend allerdings *Giesen*, ebd., S. 20, These 4; und *Bepler,* in: Deutscher Juristentag, Gutachten zum 70. Deutschen Juristentag, 2014, S. B33.

mache es für manche Unternehmen attraktiv, nicht mehr der Tarifbindung zu unterliegen.[1702]

Der Schluss hieraus kann allerdings nicht die Einschränkung der effektiven Rechtsdurchsetzung sein, sondern eher deren Ausbau. Denn durch den kalkulierten Tarifbruch verlieren Tarifnormen ihren Wert. Das deutsche Tarifvertragssystem lebt aber von deren zwingender Wirkung.

VI. Zwischenfazit

Zusammenfassend lässt sich feststellen, dass sich die Rechtsordnung eine Vielzahl an Stellschrauben geschaffen hat, über die sie auf unterschiedliche Weise auf die Tarifbindung auf Arbeitgeberseite einwirkt oder einwirken kann. Kennzeichnend für das deutsche Tarifvertragssystem ist dabei, dass Grenzen vor allem beim Zugang wie auch beim Austritt aus dem Tarifsystem gezogen werden, innerhalb derer den Akteuren ein weitgehender Handlungsspielraum belassen wird.

Die Zugangsbarrieren sind auf Arbeitgeberseite allerdings niedrig gesetzt, so ist nach § 2 Abs. 1 TVG jeder Arbeitgeber automatisch tariffähig. In Bezug auf die Verbände kommt es wesentlich auf die Tarifwilligkeit an. Dies führt nach Ansicht des BAG auch dazu, dass die Verbände die Tarifbindung für einzelne ihrer Mitglieder ausschließen können (OT-Mitgliedschaften). Auf der anderen Seite erhalten die Verbände durch die weitgehende Satzungsautonomie Steuerungsmöglichkeiten, um auf ihre Bindungsfähigkeit gegenüber ihren Mitgliedern einzuwirken (bspw. Sanktionsmechanismen, Austrittsfristen). Außerdem ist die Organisationsweise der Koalitionen diesen selbst überlassen, weshalb sie ihre Zuständigkeit selbst festlegen können. Das ermöglicht einerseits die Reaktion auf neue wirtschaftliche Entwicklungen, führt andererseits aber auch dazu, dass bestimmte Bereiche nicht von Verbandsstrukturen erfasst sind. Eine wesentliche Grenze hinsichtlich der infrage kommenden Tarifparteien stellt die Voraussetzung der Arbeitgebereigenschaft dar. Diese erweist sich gerade in komplexen Organisationszusammenhängen, wo mehrere unterschiedliche Arbeitgeber und Beschäftigungsformen in Konzern- und Netzwerkstrukturen zusammentreffen, als hinderlich, um diese tarifpolitisch zu erfassen.

Auf Arbeitnehmerseite setzt die Rechtsprechung die Hürden höher, was unmittelbar aus den Anforderungen an ein funktionsfähiges Tarifsystem folgt. Nachdem sich zunehmend durchsetzungsschwache „Gewerkschaften“ durch

1702 Vgl. die Wiedergabe des Interviews bei *Behrens*, Das Paradox der Arbeitgeberverbände, 2011 (zugl. Göttingen, Univ., Habil. 2010), S. 160 f.

tarifliche Unterbietung zu etablieren versucht haben, hat das BAG die Kriterien zur sozialen Mächtigkeit wieder enger gefasst. Auf der anderen Seite formieren sich in bestimmten Wirtschaftsbereichen Berufsverbände neben den etablierten Gewerkschaften, die zwar eine große Durchsetzungsmacht aufweisen, gleichzeitig aber den „Konsens“ des Industrieverbandsprinzips infrage stellen.

Innerhalb der Tarifautonomie wird den Koalitionen ein großer Spielraum belassen. Dies bezieht sich auf die Tarifinhalte, über die zumindest mittelbar auf die Tarifbindung hingewirkt werden kann (bspw. die Regulierung des Einsatzes von Leiharbeitnehmern oder die Fremdvergabe von Tätigkeiten, der Abschluss von Sozialplantarifverträgen). Auch bei den Mitteln zur Durchsetzung dieser Inhalte gewährt die Rechtsprechung im Arbeitskampfrecht weitgehende Freiheiten (Unterstützungsstreik, Flashmob, Partizipationsstreik etc.), zumal den Gewerkschaften hier eine Einschätzungsprärogative zukommt. Als problematisch erweist sich aber insbesondere § 160 SGB III. Schwer abschätzbar sind die Folgen einer möglichen Arbeitskampfpluralität. Sie kann einerseits das Interesse des einzelnen Arbeitgebers an einem Verbandsbeitritt und einer einheitlichen Gestaltung der Arbeitsbedingungen fördern, um eine Gefährdung des Betriebsfriedens durch unterschiedliche Arbeitsbedingungen sowie ein erhöhtes Arbeitskampfrisiko zu vermeiden. Gleichzeitig besteht die Gefahr einer Zersplitterung der Gewerkschaftslandschaft und einer damit einhergehenden Schwächung der Gewerkschaften.

Während die Rechtsordnung die Barrieren für den Eintritt in die Rechtsordnung niedrig ansetzt, baut sie beim Austritt aus dem System eine Reihe von Hürden auf. Die Gründe sind auch hier zum einen im Erhalt der Funktionsfähigkeit des Tarifsystems, insbesondere seiner Schutz- und Ordnungsfunktion, zu finden, zum anderen aber auch in der damit zusammenhängenden Eigenschaft des Tarifvertrags (auch) als Normwerk. Eine einmal eingegangene und mitgliedschaftlich bzw. durch Parteistellung legitimierte Tarifbindung soll nicht zur einseitigen Disposition des Normunterworfenen gestellt werden. Entscheidend wichtige Instrumente sind dabei die Nachbindung nach § 3 Abs. 3 TVG und die Nachwirkung nach § 4 Abs. 5 TVG sowie im Falle eines Betriebsübergangs insbesondere § 613a Abs. 1 S. 2 BGB. Genannt werden kann in diesem Zusammenhang noch die Blitzwechsel-Rechtsprechung des BAG, die allerdings lediglich auf die Transparenz eines Wechsels oder Austritts gerichtet ist und daher in ihren Auswirkungen keinen großen Einfluss auf die Tarifbindung ausüben wird.

Neben dem offenen Austritt aus einem Arbeitgeberverband oder einem Wechsel in die OT-Mitgliedschaft erweist sich vor allem die schleichende Erosion der Tarifbindung als besonders heikel, da sie nicht auf den ersten Blick als solche zu erkennen ist. Hierzu gehören zunächst die Formen der Auslagerung von Betrieben und Betriebsteilen sowie die Umstrukturierung der Unternehmen, aber auch der Drittpersonaleinsatz durch Leiharbeit, Soloselbstständigkeit und Fremdfirmeneinsatz. Im Falle der Auslagerung und Umstrukturierung bestehen mit den zuvor genannten Instrumenten zwar Mittel, die ein unmittelbares Ausscheiden aus der Tarifbindung verhindern können. Abgesehen von den wenigen Fällen, in denen auch nach der Auslagerung oder Umstrukturierung noch eine Bindung nach § 3 Abs. 1 TVG besteht, können diese allerdings nur einen temporären Schutz vermitteln.

Die daneben bestehende Tendenz zur Dezentralisierung und Flexibilisierung der Kollektivverhandlungen gefährden zwar in der Regel nicht unmittelbar die Tarifbindung als solche, allerdings schwächt sie die Normierungskraft des Verbandstarifvertrags und verändert mittel- und langfristig das System der Arbeitsbeziehungen. Mit den §§ 77 Abs. 3, 87 Abs. 1 Eingangss. BetrVG bestehen wirksame Instrumente zumindest gegen eine unkontrollierte Dezentralisierung durch die Betriebsparteien. Dennoch nimmt die Bedeutung dezentraler Verhandlungen zu, wie die stark wachsende Zahl an Firmentarifverträgen und auch die zahlreichen Formen von Öffnungsklauseln belegen.

Wenig ausgeprägt sind dagegen die Durchsetzungsinstrumente im Falle des Tarifbruchs. Als Hürde erweist sich vor allem das Faktum, dass im bestehenden Arbeitsverhältnis Ansprüche nur selten gerichtlich geltend gemacht werden und tarifliche Rechte zudem häufig mit einer Ausschlussklausel versehen sind. Ein Verbandsklagerecht wie in anderen Rechtsgebieten[1703] und Rechtsordnungen[1704] besteht hinsichtlich individueller Ansprüche nicht. Verstoßen die Betriebsparteien gegen die Tarifautonomie, etwa in Bezug auf § 77 Abs. 3 TVG oder § 87 Abs. 1 Eingangss. BetrVG, stehen den Tarifparteien zwar Rechtsmittel zur Verfügung. Letztlich sind aber auch diese immer mit dem kaum zu überbrückenden Makel behaftet, dass sich die Tarifparteien gegen einen Konsens auf Betriebsebene und damit häufig gegen ihre eigenen Mitglieder wenden müssen.

1703 Etwa § 63 SGB IX, dazu Deinert/Neumann-*Hoffmann*, § 24 Rn. 5 ff.

1704 Zu Frankreich, Schweden, Kanada, der Schweiz, Japan und Italien *Gamillscheg*, Koll. ArbR I, 1997, S. 635.

C. Erweiterung der Bindungswirkung des Tarifvertrags

Wie bereits oben gezeigt, zieht der Tarifvertrag in Deutschland seine Legitimation wesentlich aus dem mitgliedschaftlichen Prinzip, weshalb grundsätzlich sowohl Arbeitgeber wie auch Arbeitnehmer Mitglied des tarifschließenden Verbandes bzw. der tarifschließenden Gewerkschaft sein müssen, damit die Rechtsnormen eines Tarifvertrags auf ein konkretes Arbeitsverhältnis unmittelbar anwendbar sind (§§ 3 Abs. 1, 4 Abs. 1 TVG). Dieses Prinzip wird allerdings an mehreren Stellen durch die Erstreckung von Tarifnormen auf Außenseiter durchbrochen.[1705] Bereits angesprochen worden sind Betriebsnormen und betriebsverfassungsrechtliche Normen. Damit diese zur Anwendung kommen können, ist aber immer noch die Bindung des Arbeitgebers Voraussetzung. Nachfolgend sollen hingegen zunächst Formen der Außenseitererstreckung beleuchtet werden, die auch bei fehlendem Bindungswillen eines Arbeitgebers eine unmittelbare Bindung an Tarifnormen erzeugen. Im Anschluss wird auf die einzelvertragliche Bezugnahme auf Tarifverträge einzugehen sein, da diese die Wirkung von Tarifbestimmungen zumindest faktisch ebenfalls über den Kreis der mitgliedschaftlich gebundenen Personen hinaus erweitert.

I. Allgemeinverbindlicherklärung

Im Fall der Allgemeinverbindlicherklärung von Tarifverträgen (AVE) wird die normative Wirkung von Tarifnormen im Geltungsbereich des Tarifvertrags auf alle Arbeitsverhältnisse ausgedehnt, also sowohl auf die Außenseiter-Arbeitnehmer wie auch die von Außenseiter-Arbeitgeber. Mittlerweile haben sich neben der „klassischen" Variante in § 5 TVG noch andere Formen der AVE herausgebildet, die nachfolgend ebenfalls auf ihr Potential für die Beeinflussung des Bindungsverhaltens der Arbeitgeber hin überprüft werden sollen.

1. Formen

a) Allgemeinverbindlicherklärung nach § 5 TVG

Bereits die §§ 2 bis 6 TVVO sahen in der Weimarer Republik die Möglichkeit vor, Tarifverträge für allgemeinverbindlich zu erklären. Diese Regelung

---

1705 *Hanau*, NZA 2012, 825.

wurde dann im Wesentlichen in § 5 Abs. 1 in das TVG vom 9. April 1949 übernommen, der im Gegensatz zur Vorgängerregelung die Voraussetzungen für die AVE konkreter und damit auch enger definiert. Erklärt das BMAS einen Tarifvertrag nach § 5 Abs. 1 TVG für allgemeinverbindlich, gelten die Rechtsnormen dieses Tarifvertrags in dessen Geltungsbereich unmittelbar auch für alle Arbeitnehmer und Arbeitgeber, die nicht kraft Mitgliedschaft an diesen Tarifvertrag gebunden sind. *De lege lata* ist eine Ausdehnung des Geltungsbereichs eines Tarifvertrags nach überwiegender Meinung nicht möglich, erhöht wird dementsprechendlediglich die Tarifbindung innerhalb des Geltungsbereichs.[1706]

Die Rechtsnatur der AVE nach § 5 Abs. 1 TVG war zunächst umstritten. Das BVerwG betrachtete sie zunächst als Rechtsverordnung,[1707] in der Literatur wurde daneben die These vertreten, es handle sich um einen Verwaltungsakt oder um eine Doppelnatur aus einem unselbstständigen Mitwirkungsakt an einem autonomen Rechtsetzungsverfahren und einem Verwaltungsakt.[1708] Das BAG hat die AVE dann jedoch als einen „Rechtssetzungsakt eigener Art"[1709] zwischen autonomer Regelung und Rechtsetzung durch den Staat qualifiziert, der seine Grundlage in Art. 9 Abs. 3 GG findet. Das BVerfG hat sich dem angeschlossen, da zwar der Schwerpunkt der inhaltlichen Gestaltung wie auch die Initiative bei den Tarifparteien liege, die Letztentscheidung über das Zustandekommen aber die Exekutive in einem von der Legislative vorgegebenen Rahmen treffe.[1710] Diese Qualifikation, die soweit ersichtlich kaum noch bestritten wird, ist insofern mehr als nur von akademischem Interesse, als sich daran Fragen des richtigen Rechtswegs knüpfen.[1711] Vor allem aber ist sie entscheidend dafür, welche Voraussetzungen an das korrekte Zustandekommen einer AVE und an ihre Verfassungsmäßigkeit gestellt werden.

1706 Vgl. LAG Berlin, 07.10.1998 – 6 Sa 59/98, juris, Rn. 14 ff.; auch *Herschel,* ZfA 1973, 183, 195 f.

1707 BVerwG, 06.06.1958 – VII CB 187.57, NJW 1958, 1794, 1795 (= AP Nr. 6 zu § 5 TVG (m. Anm. Tophoven)).

1708 Vgl. Nachweise bei BVerfG, 24.05.1977 – 2 BvL 11/74, BVerfGE 44, 322, 338 f. (= AP Nr. 15 zu § 5 TVG).

1709 BAG, 10.10.1973 – 4 AZR 68/73, AP Nr. 13 zu § 5 TVG (m. zust. Anm. Wiedemann).

1710 Vgl. BVerfG, 24.05.1977 – 2 BvL 11/74, BVerfGE 44, 322, 340 ff. (= AP Nr. 15 zu § 5 TVG).

1711 Vgl. BVerwG, 06.06.1958 – VII CB 187.57, NJW 1958, 1794, 1795 (= AP Nr. 6 zu § 5 TVG (m. Anm. Tophoven)).

Das Verfahren für die AVE hat durch das am 16. August 2014 in Kraft getretene Tarifautonomiestärkungsgesetz (TarifautonomiestärkungsG)[1712] einige wesentliche Änderungen erfahren. Das Initiativrecht für die AVE liegt bei den Tarifparteien, von sich selbst aus kann der Minister nicht tätig werden. Er ist zudem an deren Antrag gebunden und kann nicht über diesen hinausgehen.[1713] Unter der alten Rechtslage mussten nach § 5 Abs. 1 TVG a.F. für die AVE darüber hinaus die drei wesentlichen Voraussetzungen erfüllt sein, dass die Vertreter der Spitzenorganisationen der Arbeitgeber und Arbeitnehmer im Tarifausschuss der AVE zugestimmt haben, dass die tarifgebundenen Arbeitgeber mindestens 50 % der unter den Geltungsbereich des Tarifvertrags fallenden Arbeitnehmer beschäftigen und dass die AVE im öffentlichen Interesse liegt. Das Quorum als solches findet sich im neu gefassten § 5 TVG nicht mehr wieder. Stattdessen reicht nun das Vorliegen eines öffentlichen Interesses aus. Dieses wird durch § 5 Abs. 1 S. 2 TVG konkretisiert. Zum einen soll es vorliegen, wenn der Tarifvertrag in seinem Geltungsbereich für die Gestaltung der Arbeitsbedingungen überwiegende Bedeutung erlangt hat, oder zum anderen, wenn die Absicherung der Wirksamkeit tarifvertraglicher Normsetzung gegen die Folgen wirtschaftlicher Fehlentwicklung eine AVE verlangt. Die Voraussetzungen müssen nicht kumulativ gegeben sein. Die Abschaffung des 50%-Quorums begründet die Bundesregierung mit der abnehmenden Tarifbindung und der Notwendigkeit „eines funktionierenden Instruments zur Stützung der tariflichen Ordnung".[1714]

Für die Bestimmung der in § 5 Abs. 1 S. 2 Nr. 1 TVG genannten überwiegenden Bedeutung sollen sowohl die mitgliedschaftliche Tarifbindung herangezogen werden, als auch alle anderen Arbeitsverhältnisse, die „tarifgemäß ausgestaltet sind".[1715] Gemeint sind damit sowohl Anschlusstarifverträge, vertragliche Inbezugnahmen sowie die anderweitige Orientierung des Arbeitsverhältnisses am Tarifvertrag. Dies ist zwar neu – bis zur Neuregelung kam es nur auf die unmittelbare Tarifgebundenheit der Arbeitgeber an (§ 5 Abs. 1 Nr. 1 TVG a.F.) – erscheint aber im Grundsatz sachgerecht, da so die tatsächliche Bedeutung eines Tarifvertrags in einem bestimmten Bereich besser zum Ausdruck

1712 BGBl. 2014 I, S. 1348.

1713 Mit der Folge der Teilnichtigkeit der über den Antrag hinausgehenden Teile, BAG, 12.05.2010 – 10 AZR 559/09, NZA 2010, 953, 955; vgl. auch Däubler, TVG-*Lakies*, § 5 Rn. 158; *Gamillscheg*, Koll. ArbR I, 1997, S. 898 f.; einschränkend *Löwisch/Rieble*, § 5 Rn. 28.

1714 BT-Drs. 18/1558, S. 48.

1715 Ebd.

kommt.[1716] Allerdings muss dies nicht in allen Fällen zutreffen. Zu denken ist etwa an ein Szenario wie in der Leiharbeit, mit einer arbeitnehmerseitig extrem niedrigen unmittelbaren Tarifbindung nach § 3 TVG, aber dennoch einer hohen Tarifanwendungsquote. Eine überwiegende Bedeutung (fast) ganz ohne mitgliedschaftliche Bindung wäre daher abzulehnen. Hier bietet die Formulierung des § 5 Abs. 1 S. 2 Nr. 1 TVG durch die Einschränkung „in der Regel" aber ausreichend Spielraum.

Weniger klar ist, wann die Absicherung der Wirksamkeit tarifvertraglicher Normsetzung gegen die Folgen wirtschaftlicher Fehlentwicklung eine AVE verlangt (§ 5 Abs. 1 S. 2 Nr. 2 TVG). Die Bundesregierung sieht solche Fehlentwicklungen insbesondere dann gegeben, wenn „die Aushöhlung der tariflichen Ordnung den Arbeitsfrieden gefährdet" oder „in Regionen oder Wirtschaftszweigen Tarifstrukturen erodieren".[1717] Da das Kriterium des sozialen Notstands aus § 5 Abs. 1 S. 2 TVG a.F. in § 5 Abs. 1 TVG nicht mehr aufscheint, ist davon auszugehen, dass die Schwelle der wirtschaftlichen Fehlentwicklungen jedenfalls unterhalb dessen anzusiedeln ist. Unter der früheren Rechtslage stellten § 5 Abs. 1 S. 1 Nr. 1 und 2 TVG a.F. (50 %-Quorum und öffentliches Interesse) keine Voraussetzung für eine AVE dar, wenn durch sie ein sozialer Notstand beseitigt werden sollte. Diese Möglichkeit wurde erst durch das Gesetz zur Änderung des Tarifvertragsgesetzes vom 11. Januar 1952[1718] geschaffen und fand sich in der TVVO noch nicht.[1719] Allerdings wurde auf dieser Grundlage nie eine Allgemeinverbindlicherklärung vorgenommen.[1720] Gleichzeitig trat im Übrigen auch das MiArbG[1721] in Kraft, das trotz der Änderung im Jahr 2009 ebenfalls keine praktische Anwendung fand. Durch Art. 14 TarifautonomiestärkungsG wurde das MiArbG vollständig abgeschafft. Die Bundesregierung begründet diesen Schritt in erster Linie mit der fehlenden Notwendigkeit des Gesetzes nach Einführung des Mindestlohns und der Ausweitung des AEntG.[1722]

Ferner soll der neue § 5 Abs. 1a TVG die AVE von Tarifverträgen über gemeinsame Einrichtungen erleichtern, wenn hierfür ein gemeinsamer Antrag der Tarifparteien vorliegt und der Tarifvertrag einen in der § 5 Abs. 1a Nr. 1 bis 5 TVG genannten Gegenstände regelt. Die Voraussetzungen des § 5 Abs. 1 TVG

1716 So auch schon *Hanau*, SR 2011, 3, 10 f.

1717 BT-Drs. 18/1558, S. 49.

1718 BGBl. 1952 I, S. 19.

1719 Vgl. dazu *Schelp*, BArbBl 1953, 333, 334.

1720 Vgl. ErfK-*Franzen*, § 5 TVG Rn. 14 (14. Aufl.).

1721 BGBl. 1952 I, S. 17; geändert durch BGBl. 2009 I, S. 818; dazu auch unten S. 325 f.

1722 BT-Drs. 18/1558, S. 57.

müssen dann nicht erfüllt sein. § 5 Abs. 4 S. 2 TVG-E soll zudem ausrücklich bestimmen, dass auch ein Arbeitgeber, der bereits durch einen Tarifvertrag nach § 3 TVG gebunden ist, einen allgemeinverbindlicherklärten Tarifvertrag nach § 5 Abs. 1a TVG-E einzuhalten hat.[1723] Wird keiner der in § 5 Abs. 1a Nr. 1 bis 5 TVG genannten Gegenstände durch den allgemeinverbindlich zu erklärenden Tarifvertrag geregelt, soll nach Auffassung der Bundesregierung noch stets eine AVE nach Maßgabe des § 5 Abs. 1 TVG möglich sein, allerdings ohne die Wirkung des § 5 Abs. 4 S. 2 TVG.[1724]

Neben diesen Erleichterungen wurde mit der Neufassung allerdings auch eine zusätzliche Hürde eingezogen. Während verfahrenstechnisch nach § 5 Abs. 1 TVG a.F. noch der Antrag einer Tarifpartei ausgereicht hat, muss ein solcher nun von beiden gemeinsam gestellt werden (§ 5 Abs. 1 S. 1 TVG). Zur Begründung wird angeführt, dass so gewährleistet sei, dass die Abstützung der tariflichen Ordnung durch die AVE aus Sicht beider Tarifparteien erforderlich sei.[1725] Während im Koalitionsvertrag noch eine Reform des Tarifausschusses vorgesehen war, erfolgte durch das TarifautonomiestärkungsG insofern keine Änderungen. Eine Abschaffung der Vetomöglichkeit, wie vielfach gefordert,[1726] war aber bereits im Koalitionsvertrag nicht ausdrücklich erwähnt, allerdings sollten die antragstellenden Tarifparteien „an den Beratungen und Entscheidungen des Tarifausschusses beteiligt werden können".[1727] Das BVerfG führte bereits zur alten Rechtslage in Hinblick auf § 5 TVG aus, dass dieses Verfahren gewählt worden sei, um der Intention des Art. 9 Abs. 3 GG möglichst nahezukommen, indem

---

1723 Vgl. hierzu auch bereits den Vorschlag von *Greiner/Hanau/Preis,* SR Sonderdruck 2014, 2, 34.

1724 BT-Drs. 18/1558, S. 49.

1725 BT-Drs. 18/1558, S. 48.

1726 Bspw. *Zachert,* WSI Mitt. 2003, 413, 417; *Wiedemann,* RdA 2007, 65, 70; Vorschlag erwogen aber fallen gelassen durch *Dieterich/Hanau/Henssler/Oetker/Wank/Wiedemann,* RdA 2004, 65, 74, die sich aber ebenfalls gegen eine Präzisierung des öffentlichen Interesses aussprechen; DGB Bundesvorstand, Positionspapier: Gewerkschaftliche Anforderungen an eine Reform der AVE, 15.11.2012, S. 2 danach differenzierend, ob der Antrag nur von einer oder von beiden Tarifparteien eingebracht worden ist. Ist er von beiden eingebracht worden, könnte er nur mit der Mehrheit der Stimmen abgelehnt werden, Anträge nur von einer Tarifpartei bedürften der Zustimmung des Tarifausschusses. Der Koalitionsvertrag der Vorgängerregierung zwischen *CDU, CSU* und *FDP* sah dagegen noch vor, dass eine AVE einvernehmlich im Kabinett verabschiedet werden sollte, nachdem sich im Tarifausschuss eine Mehrheit dafür ausgesprochen hatte, S. 21.

1727 CDU/CSU/SPD, Koalitionsvertrag 18. Legislaturperiode, 2013, S. 67.

eine tiefgreifende Beteiligung der Tarifparteien und Spitzenorganisationen im Verfahren gewährt wird, die in der vollständigen inhaltlichen Gestaltung durch die Tarifparteien, der Unabänderlichkeit ihres Antrags sowie der Vetoposition der Spitzenorganisationen im Tarifausschuss zum Ausdruck komme.[1728] Da insbesondere durch die neue Anforderung des gemeinsamen Antrags die Rolle der (bzw. beider) Tarifparteien im Verfahren eher noch intensiviert worden ist und der Tarifausschuss keine Änderung erfahren hat, hat sich insofern auch die verfassungsrechtliche Bewertung von § 5 TVG nicht geändert. Dennoch ist – in Übereinstimmung mit der Rechtsprechung des BVerfG – nicht ausgeschlossen, dass auch eine weitergehende Regelung verfassungskonform wäre.[1729]

Einen Fortschritt in Bezug auf die Transparenz für die Normunterworfenen bietet § 5 Abs. 7 S. 2 TVG, da künftig nicht nur die AVE als solche, sondern auch die erfassten Rechtsnormen bekannt gemacht werden müssen.

Zudem wurde durch das TarifautonomiestärkungsG der bereits vielfach geäußerte Forderung nach einer einheitlichen Rechtswegzuweisung für die Überprüfung der AVE sowohl nach dem TVG wie auch nach dem AEntG und dem AÜG an die Arbeitsgerichtsbarkeit nachgekommen (§§ 2a Abs. 1 Nr. 5, 98 ArbGG).[1730]

b) Rechtsverordnung nach den §§ 7 und 7a AEntG

Neben den genannten Anforderungen, die bislang eine AVE in vielen Fällen schwierig gemacht haben und auch nach der Reform noch erhebliche Hürden darstellen können,[1731] hat die AVE nach § 5 Abs. 1 TVG den Nachteil, dass sie auf Arbeitsverhältnisse von Arbeitnehmern, die aus dem Ausland nach Deutschland entsandt werden, bspw. im Rahmen der Dienstleistungsfreiheit aus dem

---

1728 Vgl. BVerfG, 24.05.1977 – 2 BvL 11/74, BVerfGE 44, 322, 345 f. (= AP Nr. 15 zu § 5 TVG).

1729 Vgl. BVerfG, 24.05.1977 – 2 BvL 11/74, BVerfGE 44, 322, 247 f. (= AP Nr. 15 zu § 5 TVG).

1730 So bereits die Forderungen von DGB Bundesvorstand, Positionspapier: Gewerkschaftliche Anforderungen an eine Reform der AVE, 15.11.2012, S. 2 f.; der Bundestagsfraktion der SPD, BT-Drs. 17/8459, S. 3; sowie der Bundestagsfraktion *Bündnis 90/Die Grünen,* BT-Drs. 17/4437, S. 4; vgl. zur Frage der Darlegungs- und Beweislas und der Erforderlichkeit eines substantiierten Parteienvortrags, sofern die Wirksamkeit einer AVE in Zweifel gezogen wird: BAG, 10.09.2014 – 10 AZR 959/13, NZA 2014, 1282 ff.; auf den Auslegungszusammenhang zwischen den §§ 97 und 98 ArbGG verweisend BAG, 20.08.2014 – 10 AZN 573/14, juris, Rn. 3 (= AuR 2014, 441).

1731 Dazu unten, S. 321 f.

EU-Ausland (Art. 56 ff. AEUV), gemäß Art. 3 und 9 Rom I-Verordnung[1732] regelmäßig keine Anwendung findet, wenn nicht das deutsche Tarifnormstatut zur Anwendung kommt.[1733] Diese Lücke soll das AEntG schließen, das zugleich die deutsche Umsetzung der Entsenderichtlinie 96/71/EG[1734] darstellt. Dieses ermöglicht die AVE von Tarifverträgen auf Basis der §§ 7 oder 7a AEntG mittels Rechtsverordnung. Erfolgt eine AVE auf diesem Weg, finden die Rechtsnormen eines solchen Tarifvertrags auf alle Arbeitsverhältnisse in seinem Geltungsbereich Anwendung, unabhängig davon, ob ein Arbeitgeber seinen Sitz im In- oder Ausland hat.

Ein wesentlicher Unterschied zur AVE nach § 5 Abs. 1 TVG besteht allerdings darin, dass nur Mindestentgeltsätze (§ 5 Nr. 1 AEntG), Bestimmungen über die Dauer des Erholungsurlaubes, des Urlaubsentgelts oder ein zusätzliches Urlaubsgeld (§ 5 Nr. 2 AEntG) sowie darauf gerichtete Beiträge zu bzw. Leistungen von Urlaubskassen als gemeinsamen Einrichtungen (§ 5 Nr. 3 AEntG), sowie die in § 2 Nr. 3 bis 7 AEntG genannten Arbeitsbedingungen einer entsprechenden AVE nach den §§ 7 bzw. 7a AEntG zugänglich sind. In Bezug auf das Entgelt können folglich jeweils nur im untersten Lohnsegment der erfassten Branchen einheitliche Arbeitsbedingungen geschaffen werden.[1735] Außerdem können i.d.R. nur bundesweite Tarifverträge auf der Basis dieser Bestimmungen für allgemeinverbindlich erklärt werden.[1736]

In seiner ursprünglichen Fassung vom 26. Februar 1996[1737] beschränkte sich der Anwendungsbereich des AEntG noch auf allgemeinverbindlich erklärte Tarifverträge des Bauhaupt- und Baunebengewerbes (§ 1 Abs. 1 AEntG a.F.) sowie

---

1732 Verordnung (EG) Nr. 593/2008 des Europäischen Parlaments und des Rates vom 17.6.2008 über das auf vertragliche Schuldverhältnisse anzuwendende Recht (Rom I), ABl. L 177/6 v. 4.7.2008.

1733 Vgl. BAG, 09.07.2003 – 10 AZR 593/02, RdA 2004, 175 (= AP Nr. 261 zu § 1 TVG Tarifverträge: Bau); dazu *Deinert*, Internationales Arbeitsrecht, 2013, § 5 Rn. 27, § 15 Rn. 52, 60.

1734 Richtlinie 96/71/EG des Europäischen Parlaments und des Rates vom 16. Dezember 1996 über die Entsendung von Arbeitnehmern im Rahmen der Erbringung von Dienstleistungen, ABl. L 18/1 v. 21.1.1997.

1735 Vgl. auch ErfK-*Schlachter,* § 7 AEntG Rn. 1 f.

1736 In Bezug auf Tarifbestimmungen zur Dauer des Erholungsurlaubs, dem Urlaubsentgelt oder einem zusätzlichen Urlausgeld sowie in Bezug auf Urlaubskassenregelungen und Urlaubskassen (§ 5 Nr. 2 und 3 AEntG) ist es ausreichend, wenn sich regionale Tarifverträge zusammengefasst auf das ganze Bundesgebiet erstrecken (§ 3 S. 2 AEntG); dazu *Schwarze,* ZfA 2011, 867, 869.

1737 BGBl. I, 227.

der Seeschifffahrtsassistenz (§ 1 Abs. 2 AEntG a.F.). Letztere wurde später wieder gestrichen[1738], auf der anderen Seite wurden sukzessive weitere Branchen in das Gesetz aufgenommen.[1739] Nach der Neufassung des AEntG im Jahr 2009 wurden diese in § 4 AEntG aufgelistet, zuletzt wurde zum 29. Mai 2014 das Schlachten und die Fleischverarbeitung ergänzt (jetzt in § 4 Abs. 1 Nr. 9 AEntG).[1740] Das TarifautonomiestärkungsG hat nun den Anwendungsbereich des AEntG auf alle Branchen ausgeweitet.[1741] Die bisherige Formulierung des § 4 AEntG a.F. wurde zu dessen Abs. 1, während Abs. 2 die Möglichkeit eröffnet, auch Tarifverträge in allen nicht in Abs. 1 genannten Branchen zu erstrecken, wenn dies im öffentlichen Interesse geboten ist. Das soll insbesondere geschehen – so die Formulierung der Bestimmung – um „einem Verdrängungswettbewerb über die Lohnkosten entgegen zu wirken". Abgesehen von dieser Zweckbestimmung spielt die Unterscheidung zwischen den in § 4 Abs. 1 AEntG genannten Branchen und den übrigen Branchen nach § 4 Abs. 2 AEntG vor allem angesichts der unterschiedlichen Verfahren für eine AVE eine Rolle.

Das Verfahren für die AVE in den Branchen nach § 4 Abs. 1 AEntG ist in § 7 AEntG verankert und wurde durch das TarifautonomiestärkungsG nur geringfügig geändert. Es ist vor allem etwas beschleunigt worden.[1742] Im Vergleich zur AVE nach § 5 Abs. 1 TVG sind die formalen Anforderungen für eine AVE auf Basis einer Rechtsverordnung nach den §§ 7 und 7a AEntG in wesentlichen Punkten erleichtert. So verlangt § 7 Abs. 1 AEntG nach wie vor einen gemeinsamen Antrag der Tarifparteien auf die AVE eines Tarifvertrags. Gegenüber § 5 Abs. 1 TVG ist deren Rolle aber insofern aufgewertet, als der Einfluss der Spitzenorganisationen über den Tarifausschuss geringer ist und insbesondere ihre Blockademöglichkeiten in diesem Gremium[1743] abgeschwächt sind. Der Tarifausschuss nach § 5 Abs. 1 TVG wird gemäß § 7 Abs. 5 AEntG nur beim erstmaligen Antrag auch im Falle einer Rechtsverordnung nach § 7 Abs. 1 AEntG befasst. Wenn der Antrag dort keine Mehrheit enthält, aber zumindest zwei oder drei Ausschussmitglieder dafür stimmen, kann die Verordnung zwar nicht mehr

---

1738 Gesetz vom 25.4.2007, BGBl. I, S. 576.

1739 Dazu bspw. *Waltermann*, NZA-Beilage 2009, 110, 115.

1740 BGBl. I, S. 538.

1741 So bereits bspw. die Forderungen von Antrag der SPD-Bundestagsfraktion vom 19.5.2010, BT-Drs. 17/1770; ebenso Antrag der Bundestagsfraktion *Die Linke*, BT-Drs. 17/8148; dagegen Sachverständigenrat, Jahresgutachten 2013/14, 2013, S. 4, 286 f.

1742 Vgl. dazu auch die Ausführungen in BT-Drs. 18/1558, S. 51 f.

1743 Dazu unten, S. 322.

durch das BMAS, wohl aber durch die Bundesregierung erlassen werden (§ 7 Abs. 5 S. 3 AEntG).

Für die übrigen Branchen wurde das Verfahren dagegen weitergehend modifiziert, wofür ein neuer § 7a AEntG geschaffen wurde. Die Bundesregierung erachtet dies offensichtlich für notwendig, um trotz der mangelnden Beschränkung auf bestimmte Branchen, für welche die Notwendigkeit einer Erstreckung gesetzlich festgestellt ist, den Bestimmtheitsanforderungen der Artt. 80, 82 GG zu genügen.[1744] Daher gelten im Vergleich zu § 7 AEntG in § 7a AEntG die zusätzlichen Voraussetzungen, dass die Erstreckung des Tarifvertrags geeignet scheint, dem Verdrängungswettbewerb über die Lohnkosten entgegen zu wirken (§ 7a Abs. 1 AEntG). Auch die „möglicherweise" betroffenen Personen und Verbände erhalten ein Anhörungsrecht nach § 7a Abs. 3 AEntG und das Verfahren nach § 7 Abs. 5 AEntG muss im Fall von § 7a AEntG stets angewandt werden und nicht nur beim erstmaligen Antrag (§ 7a Abs. 4 AEntG).

Eine weitere wesentliche Änderung durch das TarifautonomiestärkungsG betrifft das Verhältnis der AVE nach dem AEntG zur AVE nach § 5 TVG. In seiner ursprünglichen Fassung von 1996 war im AEntG noch gar keine eigenständige Möglichkeit zur AVE von Tarifverträgen vorgesehen. Es nahm für die in § 1 Abs. 1 und 2 AEntG a.F. genannten Branchen Bezug auf die bereits nach dem TVG erfolgte AVE und erklärte diese auch auf Arbeitsverhältnisse mit Arbeitgebern mit Sitz im Ausland für anwendbar, wenn sie sich im Geltungsbereich des Tarifvertags befanden. Erst mit Wirkung vom 1. Januar 1999 wurde dann in § 1 Abs. 3a AEntG a.F. die Möglichkeit geschaffen, einen Tarifvertrag auch mittels Rechtsverordnung ohne Zustimmung des Bundesrates für allgemeinverbindlich zu erklären. Dennoch wurden damals durch das AEntG immer noch auch die Tarifverträge erfasst, die auf Basis des TVG für allgemeinverbindlich erklärt worden sind, sofern sie unter die § 1 Abs. 1 bis 3 AEntG a.F. subsumiert werden konnten. Dies wurde so im Prinzip auch bei der Neufassung des AEntG m.W.v. 24.4.2009[1745] beibehalten, allerdings wurde das Verfahren für die AVE mittels Rechtsverordnung neu in § 7 AEntG a.F. geregelt. Durch das TarifautonomiestärkungsG wurde diese Doppelgleisigkeit nun weitgehend abgeschafft. Soll die AVE eine Wirkung nach § 3 S. 1 AEntG entfalten, muss sie mittels Rechtsverordnung nach den §§ 7 oder 7a AEntG erfolgt sein. Begründet wird dies mit einer besseren Abgrenzung der unterschiedlichen gesetzlichen Regelungen und ihrer

1744 BT-Drs. 18/1558, S. 52.
1745 BGBl. I, S. 277.

zentralen Erstreckungsmechanismen.[1746] Eine Ausnahme existiert nur für Tarifverträge des Bauhaupt- und Baunebengewerbes i.S.d. § 4 Abs. 1 Nr. 1 AEntG, für die nach wie vor eine AVE nach § 5 TVG ausreichend ist.

c) Rechtsverordnung nach § 3a AÜG

Die jüngste Form der Außenseitererstreckung findet sich in § 3a AÜG.[1747] Streng genommen liegt hier kein Fall der AVE vor, da nicht ein Tarifvertrag auf Außenseiter erstreckt wird, sondern lediglich die Mindeststundenentgelte.[1748] Zumindest hinsichtlich der Mindeststundenentgelte ist die Wirkung jedoch mit den beiden oben beschriebenen Instrumenten vergleichbar. Nach § 3a AÜG können auf gemeinsamen Vorschlag von Gewerkschaften und Arbeitgeberverbänden Mindeststundenentgelte aus einem Leiharbeitstarifvertrag durch das BMAS auf alle Leiharbeitnehmer im Geltungsbereich per Rechtsverordnung ohne Zustimmung des Bundesrates erstreckt werden, wenn dies im öffentlichen Interesse geboten erscheint.[1749] Das Verfahren ähnelt dem in § 7 AEntG, enthält jedoch einige Abweichungen.[1750]

Auch § 3a Abs. 2 Satz 2 AÜG erlaubt es dem Verordnungsgeber nicht, den Vorschlag der Tarifparteien abzuändern. Zwar muss es sich auch hier um einen bundesweiten Tarifvertrag handeln, der darüber hinaus einheitliche Mindeststundenentgelte für Verleihzeiten und verleihfreie Zeiten vorsieht, allerdings können diese regional unterschiedlich ausgestaltet sein (§ 3a Abs. 1 S. 1 und 2 AÜG). Die Festlegung eines Tarifgitters als Lohnuntergrenze mit unterschiedlichen tariflichen Entgeltstufen, wie von Gewerkschaftsseite gefordert, soll dagegen nicht möglich sein.[1751] Das Ermessen des Verordnungsgebers wird außerdem durch § 3 Abs. 3 AÜG eingeschränkt, der die Erwägungspunkte für dessen Entscheidung definiert. Voraussetzung für den Erlass der Rechtsverordnung ist das Vorliegen eines öffentlichen Interesses (§ 3a Abs. 3 S. 1 AÜG i.V.m. § 5 Abs. 1 Nr. 2 TVG). Zusätzlich muss der Verordnungsgeber prüfen, ob durch die

---

1746 BT-Drs. 18/1558, S. 50.

1747 Eingefügt durch Art. 1 Nr. 6 des Gesetzes vom 28.4.2011, BGBl. I 2011, 642; vgl. auch schon oben, S. 237 f.

1748 Vgl. ErfK-*Wank*, § 3a AÜG Rn. 5.

1749 Letzteres Kriterium wurde durch das TarifautonomiestärkungsG eingeführt, stellt aber nur eine redaktionelle Anpassung dar, vgl. BT-Drs. 18/1558, S. 55. Im Übrigen wurde § 3a AÜG druch das TarifautonomiestärkungsG nur geringfügig geändert.

1750 Kritisch zur Zersplitterung der Instrumente etwa *Böhm*, NZA 2010, 1218, 1219 f.

1751 Vgl. auch BT-Drs. 17/576, S. 6; dazu *Hamann*, RdA 2011, 321, 330.

Rechtsverordnung die Stabilität der sozialen Sicherungssysteme gewährleistet werden kann (§ 3a Abs. 3 S. 2 AÜG). Außerdem hat er etwaige konkurrierende bundesweite Tarifverträge in der Leiharbeit sowie die Repräsentativität der Tarifvertragsparteien in Betracht zu ziehen (§ 3a Abs. 3 S. 3 AÜG). Darüber hinaus sieht § 3a Abs. 5 AÜG ein Verfahren zur Stellungnahme für die Betroffenen vor Erlass der Verordnung vor, das weitgehend § 7 Abs. 4 und 5 AEntG sowie § 11 Abs. 3 AEntG entspricht.

Eine auf diese Weise geschaffene Lohnuntergrenze stellt zwar keine AVE i.S.d. § 3 S. 1 AEntG dar, sie ist aber sehr wohl als Regelung über Mindestentgeltsätze i.S.d. § 2 Nr. 4 AEntG zu betrachten, weshalb diese auch auf Leiharbeitnehmer anzuwenden sind, die aus dem Ausland nach Deutschland entsandt werden.[1752] Eine Aufnahme der Leiharbeit in das AEntG, wie teilweise gefordert, erfolgte dagegen nicht.[1753]

2. Sinn und Zweck

Die Effektivität eines auf Mitgliedschaft basierenden Systems der autonomen Aushandlung der Arbeitsbedingungen ist naturgemäß beschränkt. Zum einen ist es abhängig von einem möglichst hohen Mitgliederbestand in den jeweiligen Verbänden. Ist der Organisationsgrad insbesondere bei den Arbeitgebern niedrig, können Lücken ohne oder mit einer nur schwach ausgeprägten Tarifbindung entstehen. Zum anderen kann es Ergebnisse liefern, die unter dem Standard liegen, den die Gesellschaft als Minimum ansieht. Dementsprechend sprachen sich schon in der Weimarer Republik gewichtige Stimmen dafür aus, dass der Tarifvertrag in bestimmten Fällen auch auf Personen erstreckt werden muss, die sich ihm nicht durch freiwillige Mitgliedschaft unterworfen haben.[1754]

a) Schutz der Arbeitnehmer

An erster Stelle soll die AVE den Schutz der Arbeitnehmer durch angemessene Arbeitsbedingungen sicherstellen, wo sich der Individualvertrag als unzulänglich erweist.[1755] Durch die AVE kommt der Staat damit seiner subsidiären

---

1752 Vgl. *Hamann,* RdA 2011, 321, 330; ErfK-*Wank,* § 3a AÜG Rn. 5.

1753 Etwa *Böhm,* NZA 2010, 1218, 1219.

1754 Dazu *Schulten/Bispinck,* in: Bispinck/Schulten, Zukunft der Tarifautonomie, 2010, S. 7, 8; Däubler, TVG-*Lakies,* § 5 Rn. 6; insbesondere mit Verweis auf *Sinzheimer*.

1755 BVerfG, 24.05.1977 - 2 BvL 11/74, BVerfGE 44, 322, 342 (= AP Nr. 15 zu § 5 TVG); BAG, 24.01.1979 - 4 AZR 377/77, AP Nr. 16 zu § 5 TVG; ErfK-*Franzen,* § 5 TVG Rn. 1; *Löwisch/Rieble,* § 1 Rn. 3; Wiedemann-*Wank,* § 5 Rn. 1.

Zuständigkeit für die Ordnung der Arbeits- und Wirtschaftsbedingungen nach.[1756] Die Schwelle zum sozialen Notstand muss für eine AVE jedenfalls nicht erreicht sein, Ziel müssen nur angemessene Arbeitsbedingungen sein.[1757]

Während damit teilweise der Hauptzweck der AVE im Schutz der Außenseiter gesehen wird,[1758] lehnt dies etwa *Gamillscheg* ab und sieht lediglich organisierte Arbeitnehmer geschützt.[1759] Rechtsprechung und h.L. erkennen hierin zumindest einen Teilzweck.[1760]

Den Schutz der Außenseiter als Hauptzweck der AVE nach § 5 Abs. 1 TVG zu begreifen, lässt sich spätestens mit der Konkretisierung des öffentlichen Interesses in § 5 Abs. 1 S. 2 TVG nicht mehr aufrecht erhalten. Denn dieser taucht dort nicht auf. Auch die Gesetzesbegründung stellt insofern vorrangig auf die „Abstützung der tariflichen Ordnung" ab.[1761] Anders ist dies allerdings im Bereich des AEntG und noch stärker im Bereich des AÜG (dazu im Folgenden).

b) Ordnungsfunktion und Verhinderung von Außenseiterwettbewerb

In der Weimarer Republik wurde der Schwerpunkt des Zwecks der AVE noch im Schutz der organisierten Arbeitnehmer vor der „Schmutzkonkurrenz" Nichtorganisierter gesehen.[1762] Tatsächlich kann eine AVE effektiv ein einheitliches Wettbewerbsniveau sowohl für die Arbeitnehmer- wie auch Arbeitgeberseite in Bezug auf die Arbeitsbedingungen schaffen.[1763] Dementsprechend wird ihr auch eine Ordnungs- und Befriedungsfunktion zugeschrieben. Der Außenseiterwettbewerb über die Lohnkosten soll verhindert werden.[1764] In Bezug auf das AEntG

1756 BVerfG, 24.05.1977 – 2 BvL 11/74, BVerfGE 44, 322, 342 (= AP Nr. 15 zu § 5 TVG).

1757 BAG, 28.03.1990 – 4 AZR 536/89, NZA 1990, 781, 783; *Löwisch/Rieble,* § 1 Rn. 3.

1758 So wohl BVerfG, 24.05.1977 – 2 BvL 11/74, BVerfGE 44, 322, 342 (= AP Nr. 15 zu § 5 TVG); wohl auch ErfK-*Franzen,* § 1 TVG Rn. 2.

1759 *Gamillscheg,* Koll. ArbR I, 1997, S. 886 f.

1760 BVerwG, 03.11.1988 – 7 C 115.86, AP Nr. 23 zu § 5 TVG; *Sittard,* Voraussetzungen und Wirkungen der Tarifnormerstreckung, 2010 (zugl. Köln, Univ., Diss 2009), S. 94 m.w.N.

1761 BT-Drs. 18/1558, S. 49.

1762 Vgl. Däubler, TVG-*Lakies,* § 5 Rn. 6; zu Entwicklung und „Funktionswandel" auch Kempen/Zachert-*Seifert,* § 5 TVG Rn. 2 ff.; *Wiedemann,* RdA 2007, 65, 69.

1763 So auch *Sittard,* Voraussetzungen und Wirkungen der Tarifnormerstreckung, 2010 (zugl. Köln, Univ., Diss 2009), S. 113 f.; Wiedemann-*Wank,* § 5 Rn. 4 f.

1764 *Preis/Ulber,* FS Kempen, 2013, S. 15, 26; *Gamillscheg,* Koll. ArbR I, 1997, S. 885 f.

und das AÜG kommt insbesondere noch die Verhinderung des Lohnkostenwettbewerbs durch grenzüberschreitende Entsendung hinzu.[1765]

Bereits die Entstehung des TVG zeigt, dass der Außenseiterwettbewerb hier eine wichtige Rolle spielt. In der Begründung zur Aufnahme der AVE im „Lemgoer Entwurf“ zum TVG vom März 1948 wurde argumentiert, dass es nicht hinnehmbar sei, „daß undisziplinierte Außenseiter die Möglichkeit haben, das demokratische Gesetzgebungswerk der überwiegenden Mehrheit der Beteiligten zu durchkreuzen“[1766]. Zudem wurde mehrfach betont, dass die AVE nur dann erfolgen soll, „wenn die soziale Ordnung es erfordert“[1767]. Auch das TarifautonomiestärkungsG sieht die AVE als Instrument zur Stabilisierung des Tarifsystems an.[1768] In diesem Sinne führt auch das BVerfG aus, die AVE diene u.a. der Stabilisierung der Tarifautonomie, indem „die Effektivität der tariflichen Normsetzung gegen die Folgen wirtschaftlicher Fehlentwicklungen gesichert“ wird.[1769] In ähnlicher Weise soll das AEntG gespaltene Arbeitsmärkte und daraus resultierende soziale Spannungen sowie die Gefährdung der Tarifautonomie verhindern. Durch die Anwendung ausländischer Bestimmungen in einem ganzen Wirtschaftsbereich werde die Ordnungs- und Befriedungsfunktion der Tarifautonomie untergraben.[1770] Die Tarifautonomie verfolgt eben auch ein öffentliches Interesse.[1771]

Fraglich ist allerdings, ob es auch Zweck einer AVE ist, die organisierten Arbeitgeber vor der Unterbietung durch Außenseiter zu schützen. BGH und Teile der Literatur lehnen die Berücksichtigung von Gesichtspunkten des Wettbewerbs bei einer AVE ausdrücklich ab. Sie stelle einzig ein Instrument zum Schutz der Arbeitnehmer dar und solle keinen Schutz vor Konkurrenz bieten.[1772]

1765 Vgl. auch BT-Drs. 17/576, S. 6.

1766 Materialien zur Entstehung des Tarifvertragsgesetzes, ZfA 1973, 129, 135.

1767 Materialien zur Entstehung des Tarifvertragsgesetzes, ZfA 1973, 129, 161.

1768 BT-Drs. 18/1558, S. 26 f.

1769 BVerfG, 24.05.1977 – 2 BvL 11/74, BVerfGE 44, 322, 342 (= AP Nr. 15 zu § 5 TVG).

1770 BT-Drs. 13/2414, S. 2.

1771 Vgl. *Schwarze,* ZfA 2011, 867, 873; vgl. insofern auch BVerfG, 24.05.1977 – 2 BvL 11/74, BVerfGE 44, 322, 340 f. (= AP Nr. 15 zu § 5 TVG).

1772 BGH, 03.12.1992 – I ZR 276/90, NJW 1993, 1010, 1012 (= AP Nr. 10 zu § 1 UnlWG); nach Wiedemann-*Wank,* § 5 Rn. 5 soll hierin jedoch für sich genommen noch kein öffentliches Interesse liegen; die Verfolgung dieses Zwecks ganz ablehnend ErfK-*Franzen,* § 5 TVG Rn. 2; nur zugunsten der Arbeitnehmer bzw. des Tarifvertragssystems *Sittard,* Voraussetzungen und Wirkungen der Tarifnormerstreckung, 2010 (zugl. Köln, Univ., Diss 2009), S. 109 ff.

Der angesprochene Schutz der Tarifautonomie wird aber letztlich nur durch die Ausschaltung von Außenseiterkonkurrenz in Bezug auf die Arbeitsbedingungen auch auf Arbeitgeberseite erreicht. Man kann zwar insofern den Standpunkt vertreten, dass dies nur einen Reflex darstelle und nicht selbst Zweck sei, auch wenn diese Aufgliederung künstlich erscheint. Insofern stellt nämlich auch die Begründung zum TarifautonomiestärkungsG ausdrücklich darauf ab, dass durch die Außenseitererstreckung vermieden werden soll, „dass Unternehmen im Wettbewerb mit Konkurrenten nicht deshalb benachteiligt sind, weil sie zur Vergütung ihrer Arbeitnehmerinnen und Arbeitnehmer nach Tarif verpflichtet sind."[1773] Letzlich kommt es in der Praxis nicht darauf an, da die Bezugnahme auf die Zwecke Arbeitnehmerschutz und Schutz der Tarifautonomie regelmäßig zum selben Ergebnis führen wird.

c) Stützung der Organisationsfähigkeit

Eng verknüpft damit ist die wichtige Funktion der AVE, die Organisationsfähigkeit der Verbände zu erhalten, die ebenfalls durch das BVerfG anerkannt wird.[1774] Zwar ist es nicht die Aufgabe des Staates als „Organisationshelfer"[1775] für die Koalitionen zu fungieren. Wo es strukturelle Gegebenheiten und die Funktionsfähigkeit der Tarifautonomie erfordern, können allerdings durchaus Maßnahmen notwendig sein, um die Bindungsfähigkeit der Verbände zu erhalten.[1776]

Die positiven Auswirkungen der AVE ergeben sich in diesem Zusammenhang zum einen aus der Aufwertung der Tarifparteien als Institutionen, da sie materielle Regeln über die Arbeitsbedingungen für den gesamten Geltungsbereich des Tarifvertrags schaffen.[1777] Zum anderen kann die Verbandsabstinenz oder ein Wechsel in die OT-Mitgliedschaft nicht mehr zur Vermeidung der Tarifbindung eingesetzt werden, wenn diese aufgrund der AVE dennoch eintritt bzw. bestehen bleibt. *Behrens* nennt in diesem Zusammenhang das Beispiel der Branche des Einzelhandels, in der erst das Ende der AVE die OT-Mitgliedschaft als Mittel zur

---

1773 BR-Drs. 147/14, S. 27.

1774 BVerfG, 24.05.1977 – 2 BvL 11/74, BVerfGE 44, 322, 342 (= AP Nr. 15 zu § 5 TVG); *Dieterich/Hanau/Henssler/Oetker/Wank/Wiedemann*, RdA 2004, 65, 74.

1775 *Traxler*, Ind. Beziehungen 1997, 101, 111.

1776 BVerfG, 01.03.1979 – 1 BvR 532/77 u.a., BVerfGE 50, 290, 369 (= AP Nr. 1 zu § 1 MitbestG).

1777 *Sittard*, Voraussetzungen und Wirkungen der Tarifnormerstreckung, 2010 (zugl. Köln, Univ., Diss 2009), S. 114 ff.

Flucht aus der Tarifbindung praktisch relevant gemacht hat.[1778] Besteht in einer Branche, wie etwa der Baubranche, ein verbreiteter Einsatz dieses Instruments, sinkt dagegen die Häufigkeit der OT-Mitgliedschaften, da sie aufgrund der automatischen Tarifbindung weniger attraktiv werden.[1779]

Darüber hinaus steigt mit der Tarifbindung die Attraktivität einer Verbandsmitgliedschaft für den Arbeitgeber, da er hierdurch Einfluss auf die für ihn bindenden Regelungen nehmen kann.[1780] *Traxler* kommt in einem internationalen Vergleich der Tarifsysteme zu dem Schluss, dass schon die Möglichkeit, Tarifverträge allgemein verbindlich zu erklären, ausreicht, um einen Anreiz für Unternehmen zu schaffen, Mitglied eines Arbeitgeberverbandes zu werden.[1781]

d) Ergänzung sozialpolitischer Gestaltung

Besondere Bedeutung erlangt die AVE hinsichtlich gemeinsamer Einrichtungen, da diese – je nach Zweck – nur effektiv funktionieren können, wenn der Tarifvertrag zu ihrer Errichtung alle Arbeitsverhältnisse in seinem Geltungsbereich erfasst.[1782] Hier nimmt die AVE eine Ergänzungsfunktion zur sozialpolitischen Gestaltung des Staates ein.[1783] Würden gemeinsame Einrichtungen, wie etwa die bereits angesprochenen Sozialkassen des Baugewerbes, nur auf die unmittelbar tarifgebundenen Arbeitgeber Anwendung finden, hätte dies für sie deutliche Wettbewerbsnachteile[1784] gegenüber nicht tarifgebundenen Arbeitgebern zur Folge, da diese nämlich keine Beiträge zu den gemeinsamen Einrichtungen leisten müssten.[1785] Hierin liegt auch die besondere Gefahr der abnehmenden Tarifbindung und der derzeitigen Schwäche des Instruments der AVE. Zumindest in Bezug auf die Sozialkassentarifverträge ist sie nun aber entschärft worden,

1778 *Behrens,* Das Paradox der Arbeitgeberverbände, 2011 (zugl. Göttingen, Univ., Habil. 2010), S. 179 f.

1779 *Behrens,* Das Paradox der Arbeitgeberverbände, 2011 (zugl. Göttingen, Univ., Habil. 2010), S. 200.

1780 Vgl. *Traxler,* Das deutsche Tarifsystem im internationalen Vergleich, 2006, S. 3 f.

1781 *Traxler,* Ind. Beziehungen 1997, 101, 111 f.; im Ergebnis wohl auch *Kohaut/Schnabel,* Ind. Beziehungen 2003, 193, 215 f.

1782 BVerfG, 15.07.1980 – 1 BvR 24/74, 1 BvR 439/79, BVerfGE 55, 7, 23 f. (= AP Nr. 17 zu § 5 TVG); BAG, 28.03.1990 – 4 AZR 536/89, NZA 1990, 781; Däubler, TVG-*Lakies,* § 5 Rn. 11; Kempen/Zachert-*Seifert,* § 5 TVG Rn. 7 f.

1783 *Preis/Ulber,* FS Kempen, 2013, S. 15, 26; Wiedemann-*Wank,* § 5 Rn. 3a.

1784 *Greiner/Hanau/Preis,* SR Sonderdruck 2014, 2, 10.

1785 *Däubler,* TVR, 1993, Rn. 1153.

da nun in § 5 Abs. 1a TVG für die AVE solcher Tarifverträge das Quorum von 50 % tarifgebundener Arbeitgeber nicht mehr erfüllt werden muss.[1786] Sonst würde deren fundamentale Rolle zur Sicherung der Ansprüche der Arbeitnehmer gefährdet.

3. Verfassungsrechtlicher Rahmen für die Allgemeinverbindlicherklärung

a) Demokratische Legitimation

Nach der Rechtsprechung des BVerfG ist für die Legitimation der Tarifbindung entweder die freiwillig erklärte Mitgliedschaft oder ein staatlich-demokroatischer Rechtsetzungsakt notwendig.[1787] Im Falle der AVE sieht das BVerfG die demokratische Legitimation in der staatlichen Mitwirkung entweder im Rahmen des Verfahrens zur Allgemeinverbindlicherklärung nach § 5 Abs. 1 TVG bzw. im Erlass der Verordnung nach § 7 Abs. 1 AEntG selbst.[1788] In der Wahl der Rechtsform der Außenseitererstreckung ist der Gesetzgeber grundsätzlich frei.[1789]

Das BVerfG erkennt in § 5 TVG auch keine „erweiterte Autonomie" der Koalitionen, vielmehr erfolge die AVE durch staatlichen Hoheitsakt, der über eine bloße Zustimmungserklärung hinausgehe. Insbesondere betont das BVerfG die Möglichkeit des Bundesministers, die AVE selbstständig abzulehnen, sowie die Tatsache, dass die zu prüfenden Interessen über die Interessen der Tarifparteien hinausgehen.[1790] Bei der AVE handelt es sich damit letztlich um staatliche Rechtsetzung.[1791]

Der Rückgriff auf eine tarifliche Regelung ist indes zulässig, er darf nur nicht dazu führen, „daß der Bürger schrankenlos der normsetzenden Gewalt der Tarifvertragsparteien ausgeliefert wird, die ihm gegenüber weder staatlich-demokratisch noch mitgliedschaftlich legitimiert sind".[1792] Außerdem muss der

---

1786 Zur Bedeutung unter der früheren Rechtslage Kempen/Zachert-*Seifert,* § 5 TVG Rn. 8; Däubler, TVG-*Hensche/Heuschmid,* § 1 Rn. 1061.

1787 BVerfG, 24.05.1977 – 2 BvL 11/74, BVerfGE 44, 322 (= AP Nr. 15 zu § 5 TVG); *Filges,* FS Bauer, 2010, S. 303, 309.

1788 BVerfG, 18.07.2000 – 1 BvR 948/00, NZA 2000, 948, 949 (= AP Nr. 4 zu § 1 AEntG).

1789 Ebd.

1790 Vgl. BVerfG, 24.05.1977 – 2 BvL 11/74, BVerfGE 44, 322, 344 (= AP Nr. 15 zu § 5 TVG); dazu auch *Schwarze,* ZfA 2011, 867, 894 f.

1791 *Schwarze,* ZfA 2011, 867, 871.

1792 Vgl. BVerfG, 14.06.1983 – 2 BvR 488/80, BVerfGE 64, 208 (= AP Nr. 21 zu § 9 BergmannsVersorgScheinG NRW); ähnlich BVerfG, 24.05.1977 – 2 BvL 11/74,

Inhalt der Tarifnormen feststehen, auf die verwiesen wird.[1793] Ob Tarifverträge von jeder Koalition, also auch völlig unbedeutenden, erstreckt werden können, ließ das BVerfG bislang ausdrücklich offen.[1794]

Darüber hinaus überschreiten die Tarifparteien ihre Befugnis zur Normsetzung aus Art. 9 Abs. 3 GG auch dadurch nicht, dass sie bspw. gemeinsame Einrichtungen von Anfang an darauf auslegen, dass sie für alle Angehörigen des Berufskreises Anwendung finden. Denn dieser Effekt ergibt sich erst aus dem staatlichen Akt der AVE.[1795]

b) *Tarifautonomie und Betätigungsfreiheit*

Indem der Staat somit durch eine AVE selbst auf dem Gebiet der Arbeits- und Wirtschaftsbedingungen tätig wird, greift er in die Tarifautonomie ein. Teilweise werden daher verfassungsrechtliche Bedenken aufgeworfen.[1796] Auch wird die Auffassung vertreten, die AVE schwäche die Tarifautonomie mehr, als dass sie diese stärke, da sich der Staat an die Stelle der autonomen Tarifvertragsparteien setze.[1797]

Da ein nach § 5 Abs. 1 TVG allgemeinverbindlich erklärter Tarifvertrag aber keinen automatischen Vorrang vor anderen Tarifverträgen beansprucht, sondern die allgemeinen Regeln zur Tarifkonkurrenz anwendbar sind, erkennt das BVerfG in der AVE zu Recht keinen Verstoß gegen die kollektive Koalitionsfreiheit.[1798] Zwar sind die Mindestbedingungen nach dem AEntG gemäß § 8 Abs. 2 AEntG bzw. in Bezug auf das AÜG nach § 3a Abs. 1 AÜG nicht dispositiv, abseits

---

BVerfGE 44, 322, 348 (= AP Nr. 15 zu § 5 TVG); BAG, 29.07.2009 - 7 ABR 27/08, NZA 2009, 1424, 1426 (= AP Nr. 7 zu § 3 BetrVG 1972).

1793 BVerfG, 14.06.1983 - 2 BvR 488/80, BVerfGE 64, 208 (= AP Nr. 21 zu § 9 BergmannsVersorgScheinG NRW).

1794 Vgl. BVerfG, 18.07.2000 - 1 BvR 948/00, NZA 2000, 948, 949 (= AP Nr. 4 zu § 1 AEntG).

1795 Vgl. BVerfG, 15.07.1980 - 1 BvR 24/74, 1 BvR 439/79, BVerfGE 55, 7, 23 (= AP Nr. 17 zu § 5 TVG).

1796 Etwa *Sodan/Zimmermann*, NJW 2009, 2001, 2003 ff.; zu den Bedenken in Bezug auf § 3a AÜG: *Hamann*, RdA 2011, 321, 329 m.w.N.

1797 Vgl. *Kohaut/Schnabel*, Ind. Beziehungen 2003, 193, 216; ähnlich *Schnabel*, NZA-Beilage 2011, 56, 60.

1798 Vgl. BVerfG, 24.05.1977 - 2 BvL 11/74, BVerfGE 44, 322, 352 f. (= AP Nr. 15 zu § 5 TVG); BVerfG, 15.07.1980 - 1 BvR 24/74, 1 BvR 439/79, BVerfGE 55, 7, 24 (= AP Nr. 17 zu § 5 TVG); BVerfG, 18.07.2000 - 1 BvR 948/00, NZA 2000, 948 f. (= AP Nr. 4 zu § 1 AEntG); *Greiner*, Rechtsfragen der Koalitions-, Tarif- und Arbeitskampfpluralität, 2011 (zugl. Köln, Univ., Habil. 2009), S. 121 ff. m.w.N.; zur Frage der Tarifkonkurrenz auch unten, S. 313 ff.

der Mindestbedingungen ist ihnen eine eigenständige tarifpolitische Aktivität aber unbenommen, auch günstigere Bedingungen können vereinbart werden.[1799] Dies rechtfertigt sich schon daraus, dass das BMAS ein öffentliches Interesse für die Festsetzung der Mindestbedingungen feststellen muss.[1800] Eine Unterbietung dieser Bedingungen hätte daher zur Folge, dass dieses öffentliche Interesse nicht erreicht würde, selbst wenn sie durch Tarifvertrag erfolgt.[1801] Mögliche tatsächliche Schwierigkeiten für die Gründung neuer Koalitionen hält das BVerfG nicht für verfassungsrechtlich relevant.[1802]

Dem BVerfG ist darüber hinaus zuzustimmen, wenn es feststellt, dass die Regelung des § 5 TVG in Hinblick auf die Tarifautonomie eine äußerst schonende Gestaltung darstelle.[1803] Das Gericht betont dabei insbesondere den maßgeblichen Einfluss der Koalitionen im Tarifausschuss.[1804] Zwar hat es in seinem Beschluss von 1977 noch explizit offengelassen, ob die Regelung des § 5 TVG verfassungsrechtlich geboten ist oder ob auch ein stärkerer staatlicher Einfluss noch mit Art. 9 Abs. 3 GG vereinbar wäre.[1805] Das BVerfG erklärte im Jahr 2000 dann aber auch die AVE per Rechtsverordnung nach dem AEntG für vereinbar mit der Koalitionsfreiheit. Auch hier stellt es auf das Initiativrecht und weitere Formen der Verfahrensbeteiligung der Tarifparteien und Spitzenorganisationen ab (§ 7 Abs. 4 und 5 AEntG, ähnlich auch § 7a Abs. 3 und 4 AEntG sowie § 3a Abs. 5 und 6 AÜG).[1806] Darüber hinaus ist der Eingriff in Bezug auf §§ 7 Abs. 1, 7a Abs. 1 AEntG und § 3a Abs. 1 AÜG insofern schwächer, als nur Mindestbedingungen erstreckt werden.[1807]

1799 ErfK-*Schlachter,* § 8 AEntG Rn. 3 f.; *Sittard,* Voraussetzungen und Wirkungen der Tarifnormerstreckung, 2010 (zugl. Köln, Univ., Diss 2009), S. 437; a.A. *Willemsen/Sagan,* NZA 2008, 1216, 1219.

1800 Ähnlich ErfK-*Wank,* § 3a AÜG Rn. 10 f.

1801 Ähnlich ErfK-*Schlachter,* § 8 AEntG Rn. 3.

1802 BVerfG, 15.07.1980 – 1 BvR 24/74, 1 BvR 439/79, BVerfGE 55, 7, 24 (= AP Nr. 17 zu § 5 TVG).

1803 Vgl. auch BVerfG, 24.05.1977 – 2 BvL 11/74, BVerfGE 44, 322, 346 (= AP Nr. 15 zu § 5 TVG).

1804 BVerfG, 24.05.1977 – 2 BvL 11/74, BVerfGE 44, 322, 346 (= AP Nr. 15 zu § 5 TVG).

1805 Vgl. BVerfG, 24.05.1977 – 2 BvL 11/74, BVerfGE 44, 322, 346 (= AP Nr. 15 zu § 5 TVG).

1806 Vgl. BVerfG, 18.07.2000 – 1 BvR 948/00, NZA 2000, 948, 949 (= AP Nr. 4 zu § 1 AEntG).

1807 *Preis/Ulber,* FS Kempen, 2013, S. 15, 32; a.A. *Sodan/Zimmermann,* NJW 2009, 2001, 2003 ff.; *Willemsen/Sagan,* NZA 2008, 1216, 1219.

c) Negative Koalitionsfreiheit?

Auch ein Verstoß gegen die negative Koalitionsfreiheit durch die Außenseitererstreckung von Tarifnormen wird durch Teile der Literatur immer wieder erwogen.[1808] Arbeitgeber würden praktisch zum Beitritt in den Arbeitgeberverband gedrängt, um entsprechende Mitspracherechte in Bezug auf den Tarifvertrag zu erlangen.[1809] Das BVerfG hat diese Sichtweise jedoch schon früh abgelehnt und die negative Koalitionsfreiheit als Fernbleiberecht der Außenseiter betont.[1810] Von einer AVE könne daher keine Verletzung der negativen Koalitionsfreiheit ausgehen, da sich der Staat lediglich der von den Koalitionen vereinbarten Normen bediene. Die Außenseiter würden hingegen nicht deren Regelungsmacht unterstellt.[1811]

Der Schutzbereich der negativen Koalitionsfreiheit ist mithin – wie bereits dargestellt – nicht darauf gerichtet, von Tarifnormen unbehelligt zu bleiben, allein der freie Ein- und Austritt in oder aus einer Koalition ist geschützt. Zwar wird die Attraktivität eines Verbandsaustritts oder eines Wechsels in die OT-Mitgliedschaft durch die AVE tatsächlich gemindert, wenn sie die Tarifgebundenheit bestehen lässt oder erzeugt.[1812] Allerdings wird der Austritt oder Wechsel durch die AVE selbst nicht behindert. Den mittelbaren Druck auf einen Arbeitgeber,

1808 Etwa *Wisskirchen,* FS Buchner, 2009, S. 984, 991; *Höfling/Rixen,* RdA 2007, 360, 362.

1809 *Höfling/Rixen,* RdA 2007, 360, 361.

1810 Siehe oben, S. 35 ff.

1811 Vgl. BVerfG, 20.07.1971 – 1 BvR 13/69, BVerfGE 31, 297, 302 (= AP Nr. 34 zu § 11 ArbGG 1953); BVerfG, 24.05.1977 – 2 BvL 11/74, BVerfGE 44, 322, 343, 348, 352 (= AP Nr. 15 zu § 5 TVG); BVerfG, 24.05.1977 – 2 BvL 11/74, BVerfGE 44, 322, 348 (= AP Nr. 15 zu § 5 TVG); BVerfG, 15.07.1980 – 1 BvR 24/74, 1 BvR 439/79, BVerfGE 55, 7, 21 ff. (= AP Nr. 17 zu § 5 TVG); BVerfG, 14.06.1983 – 2 BvR 488/80, BVerfGE 64, 208 (= AP Nr. 21 zu § 9 BergmannsVersorgScheinG NRW); BVerfG, 18.07.2000 – 1 BvR 948/00, NZA 2000, 948, 949 (= AP Nr. 4 zu § 1 AEntG); BVerfG, 29.12.2004 – 1 BvR 2582/03, 1 BvR 2283/03, 1 BvR 2504/03, NZA 2005, 153, 155 (= AP Nr. 2 zu § 3 AEntG); zum Fernbleiberecht: BVerfG, 01.03.1979 – 1 BvR 532/77 u.a., BVerfGE 50, 290, 367 (= AP Nr. 1 zu § 1 MitbestG); ebenso ErfK-*Linsenmaier,* Art. 9 GG Rn. 36; *Preis/Ulber,* FS Kempen, 2013, S. 15, 34; wohl auch *Lesch,* Sozialer Fortschritt 2005, 13, 20. a.A. *Sittard,* Voraussetzungen und Wirkungen der Tarifnormerstreckung, 2010 (zugl. Köln, Univ., Diss 2009), S. 307 f., der eine Auflösung nach den Grundsätzen der praktischen Konkordanz für notwendig hält.

1812 Vgl. *Behrens,* Das Paradox der Arbeitgeberverbände, 2011 (zugl. Göttingen, Univ., Habil. 2010), S. 179.

Mitglied eines Arbeitgeberverbandes zu werden, um ein Mitspracherecht hinsichtlich der Gestaltung der Normen zu erhalten, hält das BVerfG folgerichtig für verfassungsrechtlich unerheblich.[1813] Entsprechend lehnt das BVerfG auch in Bezug auf § 7 Abs. 1 AEntG einen Eingriff in die negative Koalitionsfreiheit ab. Weder erfolge eine zwangsweise Mitgliedschaft in einem Verband, noch werde es unmöglich gemacht, sich in anderen Koalitionen gemäß Art. 9 Abs. 3 GG zusammenzuschließen.[1814]

Im Zehnten Hauptgutachten der Monopolkommission 1992/1993 wurden zudem Bedenken in Bezug auf die angebliche zwangsweise Mitgliedschaft in gemeinsamen Einrichtungen für Außenseiter vorgebracht.[1815] Jedoch hat auch hierzu das BVerfG schon früher entschieden, dass durch die AVE eines Tarifvertrags über gemeinsame Einrichtungen keine Begründung einer Mitgliedschaft durch Beitragszahlung oder ein Zusammenwirken irgendeiner Art erfolge.[1816]

d) Bestimmtheitsgebot

Während ein Tarifvertrag selbst nicht an den Artt. 80 und 82 GG zu messen ist,[1817] war dies hinsichtlich der AVE nach § 5 TVG umstritten. So wurde teilweise in Frage gestellt, ob die unterschiedlichen Formen der AVE den Anforderungen der Artt. 80 und 82 GG an die Bestimmtheit genügen.[1818] In seiner Entscheidung zur AVE von 1977 bezweifelt das BVerfG dann auch tatsächlich in einem *Obiter Dictum*, ob die AVE nach § 5 Abs. 1 TVG diesen Anforderungen gerecht würde, wertete man sie als Rechtsverordnung. Insbesondere fehle es an der inhaltlichen Steuerung durch das Gesetz, außerdem würden lediglich

---

1813 BVerfG, 18.07.2000 – 1 BvR 948/00, NZA 2000, 948, 949 (= AP Nr. 4 zu § 1 AEntG); BVerfG, 29.12.2004 – 1 BvR 2582/03, 1 BvR 2283/03, 1 BvR 2504/03, NZA 2005, 153, 155 (= AP Nr. 2 zu § 3 AEntG); Däubler, TVG-*Bepler,* § 4 Rn. 885; gar kein Eintrittsdruck geht durch die AVE nach Ansicht von ErfK-*Linsenmaier,* Art. 9 GG Rn. 36 aus.

1814 Vgl. BVerfG, 18.07.2000 – 1 BvR 948/00, NZA 2000, 948, 949 (= AP Nr. 4 zu § 1 AEntG).

1815 BT-Drs. 12/8323, S. 380.

1816 Vgl. BVerfG, 15.07.1980 – 1 BvR 24/74, 1 BvR 439/79, BVerfGE 55, 7, 21 f. (= AP Nr. 17 zu § 5 TVG)

1817 Maunz/Dürig-*Maunz,* Art. 80 GG Rn. 52; dennoch bestehen Anforderungen an die Bestimmtheit, damit die Tarifgebundenen den Inhalt der Normen erkennen können, vgl. Schaub, Hdb. ArbR-*Treber,* § 200 Rn. 19.

1818 Bspw. *Giesen,* BB 2002, 1480, 1485 f.

die AVE, nicht aber der Tarifvertrag selbst gemäß § 5 Abs. 7 TVG a.F. im Bundesanzeiger bekannt gemacht (vgl. auch § 11 TVGDV a.F.).[1819] Letzteres wurde durch das TarifautonomiestärkungsG mittlerweile behoben. Nun ist die AVE selbst ebenfalls zu veröffentlichen (vgl. § 5 Abs. 7 TVG bzw. § 11 TVGDV). Das BVerfG argumentierte jedoch schon unter der früheren Rechtslage, dass es sich um einen Rechtsetzungsakt *sui generis* handle, der nicht an den Artt. 80 und 82 GG zu messen sei. Ihre Grundlage finde die AVE dagegen in Art. 9 Abs. 3 GG.[1820] In seinem Nichtannahmebeschluss zur Verfassungsmäßigkeit des AEntG sah das BVerfG in der Verordnungsermächtigung aus § 7 Abs. 1 AEntG (damals § 1 Abs. 3a AEntG) jedoch keinen Verstoß gegen das Bestimmtheitsgebot. Zur Begründung führt es an, dass sich die Verordnungsermächtigung nur auf bereits tariflich vereinbarte Arbeitsbedingungen in einer bestimmten Branche beziehe, nur die dort erfassten Bereiche (Entgeltbedingungen, Urlaubs- und Urlaubskassenregelungen) betreffe und nur für bestimmte Arbeitgeber gelte (damals noch nur solche, die überwiegend Bauleistungen i.S.v. § 101 Abs. 2 SGB III erbringen). Damit sei klar, welche Arten von Tarifverträgen mit welchen Inhalten und welchen Regelungsgegenständen auf welchen Personenkreis erstreckt werden könnten.[1821] Da die § 7a AEntG und § 3a AÜG noch enger gefasst sind, dürften auch hier keine Bedenken bestehen.

Ob damit die Grenze des Zulässigen bereits erreicht ist, sagt das BVerfG allerdings nicht. Insbesondere die Neufassung des AEntG von 2009 dürften indes unproblematisch sein, haben sie doch an der Substanz wenig verändert, sondern vor allem eine Ausdehnung der erfassten Branchen in § 4 Abs. 1 AEntG bewirkt. Die Bestimmtheit tangiert diese Ausdehnung nicht. Zudem hat § 7 Abs. 1 AEntG im Vergleich zu § 1 Abs. 3a AEntG a.F. eine Präzisierung dahingehend erfahren, dass nun klar gestellt ist, dass alle Arbeitnehmer im Geltungsbereich des Tarifvertrags der Verordnung unterfallen, mithin auch die anders tarifgebundenen (neu: „nicht an ihn gebundenen" statt früher: „nicht tarifgebundenen"). Unter der alten Rechtslage wurde teilweise noch bezweifelt, ob sich eine Verordnung nach § 1 Abs. 3a AEntG a.F. auch auf anders gebundene Arbeitnehmer beziehen

1819 BVerfG, 24.05.1977 – 2 BvL 11/74, BVerfGE 44, 322, 343 f. (= AP Nr. 15 zu § 5 TVG); in ähnlicher Weise in Bezug auf die Festsetzungen der Heimarbeitsausschüsse: BVerfG, 27.02.1973 – 2 BvL 27/69, BVerfGE 34, 307 (= AP Nr. 7 zu § 19 HAG).

1820 Vgl. auch Maunz/Dürig-*Maunz,* Art. 80 GG Rn. 52.

1821 BVerfG, 18.07.2000 – 1 BvR 948/00, NZA 2000, 948, 949 (= AP Nr. 4 zu § 1 AEntG); zweifelnd OVG Berlin-Brandenburg, 18.12.2008 – OVG 1 B 13.08, ZTR 2009, 207, 208.

kann.[1822] Auch die Auswahlentscheidung im Falle mehrerer infrage kommender Tarifverträge ist hinsichtlich einer vorrangig quantitativen Betrachtung der Repräsentativität präzisiert (§ 7 Abs. 2 S. 2 AEntG).[1823]

Zwar ist die Aufnahme von zusätzlichen Branchen in § 4 Abs. 1 AEntG von der Ausweitung auf alle Branchen in § 4 Abs. 2 AEntG insofern zu unterscheiden, als der Gesetzgeber dem Verordnungsgeber keinen konkret abgesteckten Wirtschaftsbereich mehr vorgibt, für den er einen Tarifvertrag mittels Rechtsverordnung für allgemeinverbindlich erklären kann. Allerdings scheint dies verfassungsrechtlich auch nicht notwendig. Denn § 7a Abs. 1 AEntG macht konkrete Vorgaben, in welcher Situation eine solche Rechtsverordnung erlassen werden kann. Eigenmächtiges Handeln der Exekutive ist damit ausgeschlossen.

Insofern scheint der Gestaltungsspielraum des Gesetzgebers noch gar nicht ausgereizt, insbesondere nicht in Bezug auf § 5 TVG aber auch nicht hinsichtlich der §§ 7, 7a AEntG. Hierbei ist insbesondere der Zweck des Art. 80 GG vor Augen zu führen. Dieser entstand vor dem Hintergrund der Erfahrung einer ausufernden gesetzlichen Ermächtigung der Exekutive, die im Ermächtigungsgesetz von 1933[1824] ihren Höhepunkt gefunden und der Demokratie der Weimarer Republik faktisch ein Ende gesetzt hat.[1825] Das Handeln der Exekutive muss daher im Rahmen des Grundgesetzes stets auf einer gesetzlichen Grundlage basieren, eine Selbstermächtigung durch die Exekutive darf nicht möglich sein.[1826] Die Ermächtigung muss dementsprechend begrenzt und bestimmt sein und darf es nicht der Exekutive selbst überlassen, die Grenzen zu definieren.[1827] Im Rahmen der AVE ist der Minister aber inhaltlich bereits durch den betreffenden Tarifvertrag und verfahrenstechnisch durch die intensive Beteiligung der Koalitionen in seiner Gestaltungsmacht beschränkt.[1828] Insofern ist ein autonomes Handeln des

---

1822 Etwa OVG Berlin-Brandenburg, 18.12.2008 – OVG 1 B 13.08, ZTR 2009, 207, 208.

1823 Dazu bereits *Hunnekuhl/Dohna-Jaeger,* NZA 2007, 954, 956.

1824 RGBl. 1933 I, S. 83.

1825 Dazu bspw. *Blanke u. a.* (Hrsg.), Quellentexte Bd. II, 1975, 14 ff.; siehe auch schon oben S. 8 f.

1826 Maunz/Dürig-*Maunz,* Art. 80 GG Rn. 3.

1827 Bereits BVerfG, 18.03.1958 – 2 BvL 18/56, BVerfGE 7, 282, 301 f.; vgl. in Bezug auf die Normsetzungsbefugnis der Tarifparteien nach § 3 Abs. 1 Nr. 1 bis 3 BetrVG für Außenseiter, der nach Ansicht des BAG „noch“ bestimmt genug ist, BAG, 29.07.2009 – 7 ABR 27/08, NZA 2009, 1424, 1427 (= AP Nr. 7 zu § 3 BetrVG 1972).

1828 So auch *Wonneberger,* Die Funktionen der Allgemeinverbindlicherklärung, 1992 (zugl. Uni Köln, Univ., Diss. 1991), S. 52 f.; zur Frage, welche Koalitionen zu berücksichtigen sind *Schwarze,* ZfA 2011, 867, 887, 895 ff.; vgl. hier auch die

Ministers von vornherein ausgeschlossen. Dies gilt es bei der Beurteilung der unterschiedlichen Formen der AVE zu beachten.

e) *Zwischenfazit*

In jedem Fall erhalten bleiben muss die Letztentscheidung des Ministers, basierend auf einer gesetzlichen Grundlage, um die demokratische Legitimation der AVE sicherzustellen. Außerdem müssen die Tarifparteien in irgendeiner Form am Verfahren beteiligt werden, sonst ließe sich auch die Anbindung an Art. 9 Abs. 3 GG kaum mehr aufrechterhalten.[1829] Ferner muss für eine AVE stets auch ein öffentliches Interesse gegeben sein, andernfalls ließe sich der mit ihr stets verbundene Eingriff in die Berufsfreiheit wie auch in die Tarifautonomie nicht rechtfertigen.[1830] Hinsichtlich der Form der Ausgestaltung verbleibt dem Gesetzgeber aber ein großer Spielraum insbesondere auch in Bezug auf die Intensität der Beteiligung der Tarifparteien und Spitzenorganisationen.[1831]

4. Tarifkonkurrenz

Auch im Zusammenhang mit einer AVE stellt sich die Frage, wie eine etwaige Tarifkonkurrenz aufzulösen ist, da hiervon abhängt, ob in diesem Fall die „Flucht" aus dem allgemeinverbindlich erklärten Tarifvertrag in einen anderen, dem Arbeitgeber günstiger erscheinenden, Tarifvertrag möglich ist. Die Anwendung des Spezialitätsprinzips ist im Zusammenhang mit einer AVE äußerst umstritten. Die Befürworter verweisen darauf, dass das TVG nicht nach Geltungsgrund der Tarifbindung differenziere und sich dementsprechend eine solche Unterscheidung verbiete.[1832] Die Gegenansicht möchte dagegen aufgrund

---

Argumentation des BVerfG in Bezug auf § 19 Abs. 2 HAG: BVerfG, 27.02.1973 – 2 BvL 27/69, BVerfGE 34, 307, 316 (= AP Nr. 7 zu § 19 HAG); sowie die Argumentation des BAG in Bezug auf die ausreichende Bestimmtheit von § 3 Abs. 1 Nr. 1 bis 3 BetrVG: BAG, 29.07.2009 – 7 ABR 27/08, NZA 2009, 1424, 1427 (= AP Nr. 7 zu § 3 BetrVG 1972); *Giesen*, BB 2002, 1480, 1485 f.

1829 Enger aber etwa *Dieterich*, in: Bieback, et al., Tarifgestützte Mindestlöhne, 2007, S. 103 ff.; *Schwarze*, ZfA 2011, 867, 897.

1830 BVerfG, 15.07.1980 – 1 BvR 24/74, 1 BvR 439/79, BVerfGE 55, 7, 24 f. (= AP Nr. 17 zu § 5 TVG); vgl. auch *Löwisch/Rieble*, § 5 Rn. 87 f.

1831 Zu den Reformen durch das TarifautonomiestärkungsG unten, S. 318 ff.

1832 Dafür BVerfG, 24.05.1977 – 2 BvL 11/74, BVerfGE 44, 322, 352 f. (= AP Nr. 15 zu § 5 TVG); BVerfG, 15.07.1980 – 1 BvR 24/74, 1 BvR 439/79, BVerfGE 55, 7, 24 (= AP Nr. 17 zu § 5 TVG); BVerfG, 18.07.2000 – 1 BvR 948/00, NZA 2000, 948 f. (= AP Nr. 4 zu § 1 AEntG); Däubler, TVG-*Zwanziger*, § 4 Rn. 926 ff.; Däubler,

des verfassungsrechtlichen Schutzes der Tarifautonomie autonom zustande gekommenen Tarifverträgen einen Vorrang vor der staatlich verfügten Tarifbindung einräumen. § 5 TVG legitimiere nicht zum Eingriff in den autonomen Tarifvertrag, nur für die besondere gesetzliche Anordnung in § 8 Abs. 2 AEntG und § 3a AÜG sowie für gemeinsame Einrichtungen müsse anderes gelten.[1833]

Wenn die zweite Ansicht darauf verweist, dass die mit der AVE bezweckte Ausdehnung des sozialen Schutzes auf Außenseiter nicht erforderlich sei, da dieser bereits durch den autonomen Tarifvertrag gewährleistet sei,[1834] wird verkannt, dass sich der Zweck des § 5 Abs. 1 TVG nicht im Außenseiterschutz erschöpft. Zuzugestehen ist der ersten Ansicht auch, dass die Berücksichtigung der Interessen der Außenseiter durch die Prüfung des öffentlichen Interesses (§ 5 Abs. 1 TVG) sowie durch eine Beteiligung am Verfahren (§ 5 Abs. 2 TVG) garantiert wird.[1835] Letztlich erscheint aber dennoch die zweite Ansicht vorzugswürdig, da sie die tarifautonome Gestaltung der Arbeitsbedingungen besser zur Geltung kommen lässt und zudem einen Eingriff in die individuelle Koalitionsfreiheit der betroffenen Arbeitgeber und Arbeitnehmer vermeidet, deren, kraft Mitgliedschaft legitimierter, Tarifvertrag andernfalls verdrängt würde.[1836]

Die Anwendung des Günstigkeitsprinzips wird im Rahmen der AVE bei einer Tarifkonkurrenz dagegen zu Recht abgelehnt, gerade weil es sich um im Grundsatz gleichrangige Normen handelt.[1837] Dies kann nur anders sein, wenn

---

TVG-*Lakies*, § 5 Rn. 166; Kempen/Zachert-*Seifert*, § 5 TVG Rn. 82; Schaub, Hdb. ArbR-*Treber*, § 205 Rn. 78; *Moll*, RdA 2010, 321, 323; ebenso hinsichtlich der fehlenden Unterscheidung nach Geltungsgrund BAG, 08.10.2008 – 5 AZR 8/08, NZA 2008, 98; hier stimmen auch *Löwisch/Rieble*, § 4 Rn. 287 f. zu; vgl. auch Ergänzungsvorschlag der Tarifvertragsparteien der Bauwirtschaft zum BDA/DGB-Entwurf zur Regelung der Tarifeinheit, vom 9. September 2010, der in § 4a TVG das Spezialitätsprinzip festschreiben wollte.

1833 *Löwisch/Rieble*, § 4 Rn. 288; *Sittard*, Voraussetzungen und Wirkungen der Tarifnormerstreckung, 2010 (zugl. Köln, Univ., Diss 2009), S. 273 f.; JKOS-*Jacobs*, § 7 Rn. 228; Kittner/Zwanziger/Deinert-*Deinert*, § 8 Rn. 276; *Greiner*, Rechtsfragen der Koalitions-, Tarif- und Arbeitskampfpluralität, 2011 (zugl. Köln, Univ., Habil. 2009), S. 363 f.; kritisch *Hanau*, NZA 2012, 825, 827.

1834 JKOS-*Jacobs*, § 7 Rn. 228.

1835 Kempen/Zachert-*Wendeling-Schröder*, § 4 TVG Rn. 232.

1836 JKOS-*Jacobs*, § 7 Rn. 228.

1837 Däubler, TVG-*Lakies*, § 5 Rn. 166; für eine Verankerung des Günstigkeitsprinzips bei einer Tarifkonkurrenz mit einem allgemeinverbindlichen Tarifvertrag: SPD-Fraktion, BT-Drs. 17/8459, S. 3.

wie im Rahmen des AEntG in § 8 Abs. 2 AEntG eine spezielle Kollisionsnorm existiert. Hier verdrängen die Normen des allgemeinverbindlich erklärten Tarifvertrags (§§ 3 S. 1, 7 Abs. 1 bzw. 7a Abs. 1 AEntG) abweichende, ungünstigere Bedingungen, auch wenn sie in einem Tarifvertrag festgelegt sind.[1838]

Auf die Frage der Tarifflucht wirken sich beide Ansichten im Ergebnis kaum aus. Zwar würde sowohl nach dem Spezialitätsprinzip wie auch nach dem Prinzip der tarifautonomen Legitimation ein Firmentarifvertrag den allgemeinverbindlich erklärten Tarifvertrag verdrängen[1839], die Gefahr der Tarifflucht ist in diesem Falle allerdings beschränkt. Denn der Tarifvertrag würde ausschließlich für die Mitglieder der tarifschließenden Gewerkschaft gelten. Handelt es sich um eine durchsetzungsschwache (noch tariffähige) Gewerkschaft, wird sie im Betrieb nicht viele Mitglieder haben, dementsprechend unattraktiv wäre ein solcher Tarifvertrag auch für den Arbeitgeber. Handelt es sich um eine durchsetzungsstarke Gewerkschaft, wird sie regelmäßig keinen Tarifvertrag abschließen, der ausschließlich der Unterbietung der AVE dient, sofern nicht außergewöhnliche Umstände dies erfordern.

Hier deutet sich allerdings ein anderes Problem an, das bei beiden Lösungsvarianten entsteht. So ist es durchaus möglich, dass die tarifschließende Gewerkschaft des allgemeinverbindlich erklärten Tarifvertrags im Geltungsbereich des Tarifvertrags bspw. einen Sanierungstarifvertrag mit einem Unternehmen schließt.[1840] Die Konsequenz hiervon ist, dass die Gewerkschaftsmitglieder an den Sanierungstarifvertrag gebunden sind, während sich die Außenseiter auf den günstigeren allgemeinverbindlich erklärten Tarifvertrag berufen können, selbst wenn aufgrund einer arbeitsvertraglichen Bezugnahmeklausel der Inhalt des Sanierungstarifvertrags Anwendung finden würde.[1841] Für die Außenseiter liegt nämlich kein Fall der Tarifkonkurrenz vor, da hierfür zwingend zwei normativ geltende Tarifverträge konkurrieren müssen. Dementsprechend ist das Günstigkeitsprinzip aus § 4 Abs. 3 TVG anzuwenden.[1842] Diese Folge ließe

---

1838 Dazu JKOS-*Jacobs,* § 7 Rn. 229; verfassungsrechtliche Bedenken bei *Moll,* RdA 2010, 321, 328 f.

1839 BAG, 08.10.2008 – 5 AZR 8/08, NZA 2008, 98.

1840 BAG, 12.05.2010 – 10 AZR 559/09, NZA 2010, 953.

1841 Schaub, Hdb. ArbR-*Treber,* § 205 Rn. 79; *Löwisch/Rieble,* § 5 Rn. 29; anders noch unter der Prämisse der Tarifeinheit BAG, 23.03.2005 – 4 AZR 203/04, NZA 2005, 1003.

1842 BAG, 07.07.2010 – 4 AZR 1023/08, RdA 2011, 244 (m. Anm. Grau), 246 (= NZA-RR 2011, 30); JKOS-*Jacobs,* § 7 Rn. 209 f.; Kittner/Zwanziger/Deinert-*Deinert,* § 8 Rn. 278.

sich allerdings durch eine Einschränkungsklausel vermeiden, durch die der Geltungsbereich der AVE eingeschränkt wird,[1843] wofür aber der Abschluss des Sanierungstarifvertrags zum Zeitpunkt der AVE entweder bereits absehbar gewesen sein muss, andernfalls muss die AVE nachträglich geändert werden.[1844]

5. Rechtliche Hürden für die Allgemeinverbindlicherklärung

Ein Blick über die deutschen Grenzen hinaus zeigt, wie wichtig das Instrument der AVE für die Stabilität eines Tarifsystems aber auch für die Verbände und deren Bindungsfähigkeit sein kann. Staaten, die verbreitet unterschiedliche Formen der AVE oder funktional äquivalente Instrumente einsetzen, weisen tendenziell eine (zum Teil deutlich) höhere Tarifbindungsquote auf.[1845] Dieses Potential wird in Deutschland jedoch kaum ausgeschöpft,[1846] so sind mit Stand vom 1. Oktober 2014 lediglich 501 der insgesamt rund 70.000 Tarifverträgen für allgemeinverbindlich erklärt, davon sind nur 233 Tarifverträge Ursprungstarifverträge. Die anderen 268 sind Änderungs- oder Ergänzungstarifverträge.[1847] Selbst zu Zeiten des umfangreichsten Einsatzes der AVE in der Bundesrepublik Ende der 1970er bis Anfang der 1980er Jahre waren nur knapp über 600 Tarifverträge für allgemeinverbindlich erklärt.[1848] Nur 28 Tarifverträge sind 2012 neu für allgemeinverbindlich erklärt worden, 2010 waren es sogar nur zehn. 1992 wurden noch 205 Tarifverträge neu für allgemeinverbindlich erklärt.[1849] Dagegen waren in der

---

1843 Vgl. etwa BAG, 19.07.2000 – 10 AZR 918/98, NZA-RR 2001, 148, 151 (= AP Nr. 232 zu § 1 TVG Tarifverträge: Bau); BAG, 02.07.2008 – 10 AZR 386/07, NZA-RR 2009, 145, 148 (= AP Nr. 304 § 1 TVG Tarifverträge: Bau); Schaub, Hdb. ArbR-*Treber,* § 205 Rn. 76 f.

1844 BAG, 12.05.2010 – 10 AZR 559/09, NZA 2010, 953; zur nachträglichen Einschränkung des Geltungsbereichs Schaub, Hdb. ArbR-*Treber,* § 205 Rn. 77, 82, der einen weiteren Lösungsweg andeutet, nämlich in diesem Fall den allgemeinverbindlich erklärten Tarifvertrag auch für die organisierten Arbeitnehmer aufgrund des Art. 20 Abs. 1 GG und der Schaffung zwingender Mindestentgelte wirken zu lassen (Rn. 79).

1845 Dazu ausführlich *Schulten,* WSI Mitt. 2012, 485.

1846 Vgl. dazu bspw. auch *Zachert,* WSI Mitt. 2003, 413; *Dieterich/Hanau/Henssler/Oetker/Wank/Wiedemann,* RdA 2004, 65, 74 f.; *Hanau,* NZA 2012, 825, 825 f; *Horn/Herzog-Stein/Tober/Truger,* Den Bann durchbrechen, 2012, S. 10.

1847 Bundesministerium für Arbeit und Soziales, Verzeichnis der für allgemeinverbindlich erklärten Tarifverträge, Stand 1. Oktober 2014, S. 4.

1848 Dazu *Bispinck,* WSI Mitt. 2012, 496, 499 f.

1849 Vgl. *Bispinck,* WSI Mitt. 2012, 496, 501.

Weimarer Republik teilweise über die Hälfte aller tariflich geregelten Arbeitsverhältnisse von einem allgemeinverbindlich erklärten Tarifvertrag erfasst.[1850]

Dieses Bild verschärft sich noch, wenn man nur die Entgelttarifverträge betrachtet. Waren 1949/1950 noch 59,8 % der für allgemeinverbindlich erklärten Ursprungstarifverträge Entgelttarifverträge, so waren es 1991 nur noch 30 % und 2011 sogar nur noch 15 %, das sind 1,5 % aller Entgelttarifverträge, die aber nur etwa 245.000 Beschäftigte erfassen.[1851] Dieses Bild relativiert sich nur bedingt, wenn man auch die in zwölf Branchen per Rechtsverordnung nach § 7 AEntG erstreckten Mindestlohntarifverträge sowie die Rechtsverordnung über das Mindestentgelt nach § 3a AÜG mit betrachtet, da hier eben nur Mindestbedingungen erstreckt werden können.[1852]

Die Gründe für diese geringe praktische Anwendung der AVE sind vielschichtig, wobei insbesondere den rechtlichen Hürden eine wichtige Rolle beigemessen wird.[1853] An erster Stelle ist die Vetoposition der beiden Spitzenorganisationen im Tarifausschuss zu nennen, die sich in der jüngeren Vergangenheit oft als unüberbrückbare Hürde erwiesen hat.[1854] So hat die BDA auf einen möglichst restriktiven Einsatz des Instruments der AVE bspw. im Einzelhandel hingewirkt.[1855] Selbst da, wo eine AVE erfolgt ist, wird stets nur eine Entgeltgruppe für allgemeinverbindlich erklärt.[1856] Hier stellt auch die politische Stimmung einen wichtigen Faktor dar. Denn trotz des Nischendaseins der AVE in der Bundesrepublik war sie aufgrund ihrer Kartellwirkung und einer angeblich negativen beschäftigungspolitischen Wirkung teils heftiger Kritik ausgesetzt.[1857]

1850 Vgl. Däubler, TVG-*Lakies,* § 5 Rn. 6.

1851 Vgl. *Bispinck,* WSI Mitt. 2012, 496, 501 f.

1852 Die Höhe dieser Mindestentgeltregelungen bewegten sich 2012 zwischen 7,00 und 13,40 EUR, *Bispinck*/WSI-Tarifarchiv, Tarifliche Vergütungsgruppen im Niedriglohnbereich, 2013, S. 9; für eine Übersicht über die entsprechenden Verordnungen Bundesministerium für Arbeit und Soziales, Verzeichnis der für allgemeinverbindlich erklärten Tarifverträge, Stand 1. Oktober 2014, S. 5.

1853 Dazu etwa *Bispinck,* WSI Mitt. 2012, 496 ff.

1854 Vgl. *Zachert,* WSI Mitt. 2003, 413, 413 ff.; *Bispinck,* WSI Mitt. 2003, 395, 402; *Waltermann,* NZA 2010, 860, 115; *Wiedemann,* RdA 2007, 65, 70.

1855 Vgl. *Behrens,* Das Paradox der Arbeitgeberverbände, 2011 (zugl. Göttingen, Univ., Habil. 2010), S. 182.

1856 DGB Bundesvorstand, Positionspapier: Gewerkschaftliche Anforderungen an eine Reform der AVE, 15.11.2012, S. 2.

1857 *Schnabel,* NZA-Beilage 2011, 56, 60; *Lesch,* Sozialer Fortschritt 2005, 13, 19 f.; *Kohaut/Schnabel,* Ind. Beziehungen 2003, 193, 216; Monopolkommission, Zehntes

Den zweiten wesentlichen Faktor stellte bislang das 50 %-Quorum dar. Entscheidend für die Erfüllung des Quorums war die Arbeitgeberbindung (vgl. § 5 Abs. 1 S. 1 Nr. 1 TVG a.F.), weshalb sich hier die abnehmende Tarifbindung auf Arbeitgeberseite besonders negativ auswirkte.[1858] Für die Erfüllung des Quorums reichte in der Vergangenheit häufig die Glaubhaftmachung durch den Arbeitgeberverband aus.[1859] Bei einem einseitig durch die Gewerkschaft gestellten Antrag gestaltete sich dies naturgemäß schwieriger. Allerdings sind es gerade die Branchen, in denen ein geringer Organisationsgrad besteht, in denen der Einsatz der AVE besonders sinnvoll ist, in erster Linie aus Gesichtspunkten des Arbeitnehmerschutzes, aber auch ordnungspolitisch, um einen Wettbewerb über die Arbeitsbedingungen zu unterbinden und die Verbands- und Tarifflucht zu begrenzen.[1860] *Preis/Ulber* bezeichnet es zutreffend als „grotesk“[1861], den mangelnden Organisationsgrad als Vorwand für den Schutz der Tarifautonomie zu verwenden. Zusätzliche Schwierigkeiten ergeben sich, wenn die Tarifpluralität in einzelnen Branchen tatsächlich zunehmen sollte, denn dann kann das 50 %-Quorum, das sich nur auf den allgemeinverbindlich zu erklärenden Tarifvertrag bezieht, noch schwerer erreicht werden. Hier hat das TarifautonomiestärkungsG Linderung verschafft, das Problem aber nicht vollständig beseitigt. Zumindest § 5 Abs. 1 S. 2 Nr. 1 TVG stellt immer noch auf die „überwiegende Bedeutung“ eines Tarifvertrags ab. Wie oben[1862] bereits ausgeführt, ergibt sich diese nicht mehr allein durch die durch Mitgliedschaft gebundenen Arbeitgeber, sondern soll nach den Erläuterungen zum Gesetz durch „sämtliche Arbeitsverhältnisse, die tarifgemäß gestaltet sind“, bestimmt werden.[1863] Dies kann durchaus als Verbesserung gewertet werden, da sich so die tatsächliche Bedeutung eines Tarifvertrags besser wiederspiegelt. Hinzu kommt, dass fakultativ zur überwiegenden Bedeutung eines Tarifvertrags eine AVE nach § 5 Abs. 1 TVG

Hauptgutachten 1992/1993, BT-Drs. 12/8323, S. 380; FDP Bundestagsfraktion, BT-Drs. 14/2612, S. 4.

1858 *Preis/Ulber,* FS Kempen, 2013, S. 15, 21; vgl. auch LSG Berlin-Brandenburg, 29.10.2010 – L 1 KR 24/04, juris (= NZA 2011, 88 (Zusammenfassung)); *Zachert,* WSI Mitt. 2003, 413 f.

1859 Vgl. etwa für den Fall des Einzelhandels *Behrens,* Das Paradox der Arbeitgeberverbände, 2011 (zugl. Göttingen, Univ., Habil. 2010), S. 176.

1860 So auch *Preis/Ulber,* FS Kempen, 2013, S. 15, 27; a.A. wohl *Bepler,* Deutscher Juristentag, Thesen der Gutachter und Referenten, 2014, S. 18, These 5.3.

1861 *Preis/Ulber,* FS Kempen, 2013, S. 15, 27.

1862 Vgl. oben, S. 293 ff.

1863 BT-Drs. 18/1558, S. 49.

auch dann möglich ist, wenn die Absicherung der Wirksamkeit der tariflichen Normsetzung gegenüber wirtschaftlichen Fehlentwicklungen dies verlangt.

6. Reformdiskussion

Die Diskussion um eine Reform der AVE wurde in Literatur und Politik stets intensiv geführt, hat in den vergangenen Jahren aber deutlich an Fahrt aufgenommen. Trotz der stets relativ niedrigen Zahl an allgemeinverbindlich erklärten Tarifverträgen war sie neben der Neudefinition des Günstigkeitsprinzips und einer Abschaffung des Tarifvorrangs eines der Hauptangriffsziele in der Flexibilisierungsdiskussion nach der deutschen Wiedervereinigung. So hielt die Monopolkommission in ihrem Zehnten Hauptgutachten 1992/1993 die völlige Abschaffung des Instruments für vertretbar.[1864] Die FDP stand der AVE seit jeher kritisch gegenüber und sprach sich bereits 1948 vor dem Erlass des TVG dafür aus, § 5 TVG aus dem Entwurf zu streichen.[1865] Die FDP-Fraktion wiederholte dieses Ansinnen bspw. in einem Antrag im Bundestag im Jahr 2000, wo sie ebenfalls forderte, die AVE nach § 5 TVG wie auch nach § 7 AEntG ersatzlos zu streichen und für die Sozialkassen eine neue Regelung zu finden.[1866] Aber auch in der Wissenschaft werden vergleichbare Forderungen formuliert.[1867]

Die Diskussion hat sich – wie bereits oben beschrieben – angesichts der zunehmenden internen Flexibilisierung der Tarifverträge sowie der noch immer sinkenden Tarifbindung gewandelt. Daher wird in der jüngeren Diskussion eher auf die Ermöglichung eines breiteren Einsatzes der AVE gedrungen. Hierzu bestehen zahlreiche Reformvorschläge aus Wissenschaft[1868], Politik (Vorlagen der Fraktionen von SPD[1869], Bündnis 90/Die Grüne[1870] und Die Linke[1871]) und Gewerkschaften[1872]. Angesichts der oben beschriebenen Problemlagen bei der

---

1864 Monopolkommission, Zehntes Hauptgutachten 1992/1993, BT-Drs. 12/8323, S. 380.

1865 Vgl. Materialien zur Entstehung des Tarifvertragsgesetzes, ZfA 1973, 129, 169.

1866 FDP-Fraktion, BT-Drs. 14/2612, S. 4.

1867 Etwa *Lesch*, Sozialer Fortschritt 2005, 13, 19 f.

1868 *Hanau*, SR 2011, 3, 10; *Bispinck*, GS Zachert, 2010, S. 479, 485 ff.; *Däubler*, WSI Mitt. 2012, 508, 511 ff.; *Zachert*, WSI Mitt. 2003, 413 f; Überblick bei *Däubler*, WSI Mitt. 2012, 508, 511; *Dieterich/Hanau/Henssler/Oetker/Wank/Wiedemann*, RdA 2004, 65, 74 f.

1869 BT-Drs. 17/8459.

1870 BT-Drs. 17/4437.

1871 BT-Drs. 17/8148.

1872 DGB Bundesvorstand, Positionspapier: Gewerkschaftliche Anforderungen an eine Reform der AVE, 15.11.2012.

AVE standen folgerichtig eine Senkung oder Abschaffung des Quorums[1873] wie auch Reformen des Tarifausschusses und eine einheitliche Rechtswegzuweisung an die Arbeitsgerichtsbarkeit bei den übrigen Reformvorschlägen im Mittelpunkt der Diskussion.[1874] Die Frage des Quorums hat – wie bereits dargestellt – Eingang in den aktuellen Koalitionsvertrag der Bundesregierung[1875] und schließlich Niederschlag im TarifautonomiestärkungsG gefunden. Die Frage der Reform des Tarifausschusses bleibt aktuell.

Während sich diese Reformvorschläge und die durch das TarifautonomiestärkungsG umgesetzten Reformen auf Korrekturen innerhalb des bestehenden Systems beschränken, werden auch Modelle diskutiert, die deutlich darüber hinausgehen. Am weitesten geht dabei wohl der Vorschlag von *Kamanabrou*, der eine *erga omnes*-Erstreckung von Tarifverträgen vorsieht.[1876] Einen ähnlichen Effekt hätte der Vorschlag der Fraktion *Die Linke*, der eine automatische AVE des jeweils repräsentativen Tarifvertrags verlangt.[1877]

7. Bewertung

Wie das Beispiel Frankreich zeigt, kann auch ein sehr niedriger gewerkschaftlicher Organisationsgrad mit einer relativ hohen Reichweite der Tarifbindung einhergehen. So waren 2011 zwar nur 8 % der Arbeitnehmer in Frankreich

---

1873 CDU/CSU/SPD, Koalitionsvertrag 18. Legislaturperiode, 2013, S. 67; ähnlich bereits bspw. DGB Bundesvorstand, Positionspapier: Gewerkschaftliche Anforderungen an eine Reform der AVE, 15.11.2012, S. 2; in der vergangenen Legislaturperiode hatte die Bundestagsfraktion der SPD ursprünglich noch für die Aufnahme eines Repräsentativitätskriteriums geworben: BT-Drs. 17/8459, S. 3; die Bundestagsfraktion *Bündnis 90/Die Grünen* hat eine Senkung auf 40 % vorgeschlagen: BT-Drs. 17/4437, S. 3; *Zachert,* WSI Mitt. 2003, 413, 414 plädierte für eine Senkung um 5-10 %, lehnt dagegen eine Konkretisierung des Begriffs des öffentlichen Interesses ab.

1874 Für einen Überblick über weitere Reformvorschläge etwa *Däubler,* WSI Mitt. 2012, 508.

1875 CDU/CSU/SPD, Koalitionsvertrag 18. Legislaturperiode, 2013, S. 67.

1876 *Kamanabrou,* in: Kamanabrou, Erga-Omnes-Wirkung von Tarifverträgen, 2011, S. 3; vergleichbare Formen sind in Europa durchaus verbreitet, vgl. *Rebhahn,* RdA 2002, 214, 215 ff.; *Wiedemann,* RdA 2007, 65, 70 schlägt eine Anknüpfung an der Regelung des § 1 Abs. 2 TarifVO 1918 vor und möchte auf diesem Weg eine unmittelbare Bindung der Außenseiter erreichen; *Däubler,* WSI Mitt. 2012, 508, 515 erwägt Tarifverträge auch über ihren Geltungsbereich hinaus erstrecken zu können, was etwa in Frankreich, Österreich und Spanien möglich ist, vgl. *Rebhahn,* RdA 2002, 214, 217.

1877 Bundestagsfraktion *Die Linke,* BT-Drs. 17/8148.

organisiert, dennoch erreichte die Tarifbindung 93 % der Arbeitsverhältnisse. Von den 1241 Branchen- und branchenübergreifenden Tarifverträgen werden durchschnittlich zwischen 85 und 90 % für allgemeinverbindlich erklärt, wobei in Bezug auf Entgelttarifverträge diese Quote bei fast 100 % liegt.[1878] Im Gegensatz zu Deutschland hat sich die Zahl der jährlich für allgemein verbindlich erklärten Tarifverträge in Frankreich in den letzten zehn Jahren fast verdoppelt und wird vor allem auch von den Vertretern der Arbeitgeberverbände getragen.[1879] Fast alle EU-Staaten, welche die AVE oder funktional äquivalente Instrumente häufig einsetzen, können eine höhere Tarifbindungsquote vorweisen, als Deutschland.[1880] Besteht in einer Branche, wie etwa der Baubranche, ein verbreiteter Einsatz des Instruments der AVE, zeigt sich auch in Deutschland, dass zumindest die Häufigkeit der OT-Mitgliedschaften sinkt.[1881]

Aus verfassungsrechtlicher Sicht begegnen die Reformen des TarifautonomiestärkungsG in Bezug auf die AVE keinen durchschlagenden Bedenken. Das Quorum von 50 % Tarifbindung hat in der bisherigen Rechtsprechung des BVerfG zur AVE keine Rolle gespielt und erscheint verfassungsrechtlich auch nicht geboten.[1882] Die Legitimation dieser Form der Rechtsetzung ist vorrangig einerseits durch die Letztentscheidung des Ministers und andererseits durch die verfahrensmäßige Beteiligung der Koalitionen vermittelt. Zwar zieht das BVerfG im Zusammenhang mit der AVE nach dem AEntG in Zweifel, ob auch die Erstreckung eines völlig unbedeutenden Tarifvertrags zulässig wäre. Dass dies nicht passiert, ist durch das Kriterium des öffentlichen Interesses aber bereits sichergestellt. Hintergrund des Quorums war bei seiner Einführung die Vermeidung der staatlichen Lohnkostenkontrolle, wie sie in der NS-Zeit gegolten hat, weshalb sich insbesondere die Gewerkschaften bei der Schaffung des TVG dafür ausgesprochen haben, dass ein für allgemeinverbindlich zu erklärender Tarifvertrag „überwiegende Bedeutung“ haben müsse.[1883] Dabei macht es Sinn, sich nochmals vor Augen zu führen, dass die relativ restriktive Ausgestaltung des § 5

1878 *Dufresne/Maggi-Germain,* WSI Mitt. 2012, 534, 534.

1879 *Dufresne/Maggi-Germain,* WSI Mitt. 2012, 534, 535, 537.

1880 *Schulten,* WSI Mitt. 2012, 485, 492; für einen schematischen Überblick *Rebhahn,* EuZA 2010, 62, 65.

1881 Vgl. bereits oben, S. 69 ff.

1882 BVerfG, 15.07.1980 – 1 BvR 24/74, 1 BvR 439/79, BVerfGE 55, 7 (= AP Nr. 17 zu § 5 TVG); BVerfG, 24.05.1977 – 2 BvL 11/74, BVerfGE 44, 322 (= AP Nr. 15 zu § 5 TVG); vgl. auch *Greiner/Hanau/Preis,* SR Sonderdruck 2014, 2, 21 ff.; *Hanau,* SR 2011, 3, 10; *Nielebock,* in DGB, einblick 21/2012, 3; *Walser,* WSI Mitt. 2013, 491, 497.

1883 Vgl. Materialien zur Entstehung des Tarifvertragsgesetzes, ZfA 1973, 129, 148.

TVG sich zum Teil auch dadurch erklärt, dass der Alliierte Kontrollrat, der das TVG erlassen hat, der AVE äußerst kritisch gegenüberstand und das Institut gar nicht in das Gesetz aufnehmen wollte.[1884]

Ob es rechtspolitisch sinnvoll ist, das öffentliche Interesse zu konkretisieren, ist allerdings fraglich.[1885] Insbesondere der Begriff der „wirtschaftlichen Fehlentwicklungen" schafft eher wieder neue Auslegungsprobleme. Grundsätzlich stellt sich der § 5 Abs. 1 TVG jedoch deutlich offener dar als die bisherige Regelung, was die Wahrscheinlichkeit erhöht, dass eine AVE dort, wo sie notwendig ist, zustande kommt und damit begrüßenswert ist. Das gilt sowohl für die Abkehr von dem starren 50 %-Quorum, wie auch für die Möglichkeit der AVE bei „wirtschaftlichen Fehlentwicklungen". Letzteres könnte sich als besonders stabilisierend erweisen, da damit auch tariflich schwach ausgeprägte Bereiche erreicht werden können. Das gilt vor allem auch für die Erstreckung des AEntG auf alle Branchen.

Kritikwürdig ist dagegen die fehlende Reform des Tarifausschusses. Dies kann das komplette Vorhaben ad absurdum führen, da im Tarifausschuss noch stets eine Blockadehaltung möglich ist. Insbesondere die Beteiligung der Branchenvertreter könnte sich dagegen als hilfreich erweisen, um den Anforderungen der jeweiligen Branche größeres Gewicht zu verleihen. Hiermit wäre deutlich mehr gewonnen als mit der Abänderung des § 5 Abs. 1 TVG, nach der nur mehr ein gemeinsamer Antrag der Tarifparteien zu einer AVE führen kann. Effektiv kann eine solche Reform allerdings nur sein, wenn gleichzeitig die Vetopositionen im Tarifausschuss überwunden werden können, hier sei bspw. auf den abgestuften Vorschlag des DGB verwiesen.[1886]

II. Formen der gesetzlichen Außenseitererstreckung

1. Erhalt der Wirkung von Tarifnormen

Neben diesen drei Formen der Allgemeinverbindlicherklärung durch staatlichen Akt ordnet das Gesetz an einigen Stellen unter bestimmten Voraussetzungen direkt eine Außenseitererstreckung an. Bereits oben wurden die Formen der Nachbindung und Nachwirkung (§§ 3 Abs. 3, 4 Abs. 5 TVG bzw. § 613a Abs. 1 BGB)

1884 Vgl. *Herschel,* ZfA 1973, 183, 195; Materialien zur Entstehung des Tarifvertragsgesetzes, ZfA 1973, 129, 160.

1885 Zur Auslegung des Begriffs BAG, 24.01.1979 – 4 AZR 377/77, AP Nr. 16 zu § 5 TVG; ablehnend hinsichtlich einer Kodifizierung auch *Zachert,* WSI Mitt. 2003, 413, 414; *Dieterich/Hanau/Henssler/Oetker/Wank/Wiedemann,* RdA 2004, 65, 74.

1886 DGB Bundesvorstand, Positionspapier: Gewerkschaftliche Anforderungen an eine Reform der AVE, 15.11.2012, S. 2.

dargestellt, die jeweils die Tarifbestimmungen auch über die mitgliedschaftliche Bindung hinaus wirken lassen. Zwischen den drei Instrumenten besteht allerdings ein wesentlicher Unterschied in der zwingenden Wirkung. Während diese im Fall von § 3 Abs. 3 TVG vollständig erhalten bleibt, endet sie bei § 613a Abs. 1 S. 2 BGB nach einem Jahr. Die Nachwirkung nach § 4 Abs. 5 TVG kann jederzeit auch durch einzelvertragliche Vereinbarung beendet werden. Dennoch kommt allen drei Normen eine besondere Bedeutung für die Stabilität des Tarifvertragssystems zu, wie bereits oben beleuchtet worden ist.[1887]

Dasselbe gilt im Prinzip für die Blitzwechsel-Rechtsprechung des BAG hinsichtlich des Verbandsaustritts bzw. des Wechsels in die OT-Mitgliedschaft oder einen OT-Verband, die in ihrer Wirkung aber deutlich schwächer ist, da sie lediglich eine rechtzeitige Information über den Austritt oder Wechsel erfordert.[1888]

In beiden Fällen ist der Anknüpfungspunkt die ursprünglich durch die Mitgliedschaft erteilte Legitimation der Tarifbindung, die lediglich, im Falle des Betriebsübergangs bei einem neuen Arbeitgeber, prolongiert wird.

2. Betriebsnormen und betriebsverfassungsrechtliche Normen

Auch die bereits genannten Betriebsnormen oder betriebsverfassungsrechtlichen Normen gelten kraft gesetzlicher Anordnung im Betrieb stets einheitlich (§§ 3 Abs. 2, 4 Abs. 1 S. 2 TVG), d.h. sie finden auf die die gesamte Belegschaft Anwendung, womit auch die nicht und anders organisierten Arbeitnehmer erfasst werden. Entscheidend ist, wie bereits erwähnt, allein die Tarifbindung des Arbeitgebers.[1889] Dies gilt auch für Tarifverträge nach § 3 BetrVG.[1890] Die sachliche

---

1887 Dazu oben, S. 163 ff.; 185 ff.; 195 ff.

1888 Dazu oben, S. 180 ff.

1889 BAG, 29.07.2009 – 7 ABR 27/08, NZA 2009, 1424, 1429 (= AP Nr. 7 zu § 3 BetrVG 1972); DKKW-*Trümner,* § 3 Rn. 14; Kittner/Zwanziger/Deinert-*Deinert,* § 8 Rn. 98; in Bezug auf gemeinsame Einrichtungen: Däubler, TVG-*Hensche/Heuschmid,* § 1; a.A. ErfK-*Franzen,* § 3 TVG Rn. 17; MünchArbR-*Rieble/Klumpp,* § 177 Rn. 37, nach denen zumindest ein Arbeitnehmer Gewerkschaftsmitglied sein muss; für eine Beschränkung auf organisierte Arbeitnehmer *Buchner,* Tarifvertragsgesetz und Koalitionsfreiheit, 1964 (zugl. München, Univ., Diss. 1964), S. 69 ff.; für eine gesetzliche Konkretisierung auf positive Normen, die nur betriebseinheitlich geregelt werden können *Dieterich/Hanau/Henssler/Oetker/Wank/Wiedemann,* RdA 2004, 65, 73 f.; grundsätzliche Kritik an der Außenseiterwirkung von Betriebsnormen: Monopolkommission, Zehntes Hauptgutachten 1992/1993, BT-Drs. 12/8323, S. 380.

1890 DKKW-*Trümner,* § 3 Rn. 14, 217 ff.

Rechtfertigung für die Außenseitererstreckung ergibt sich für das BAG, wie oben ebenfalls bereits angedeutet, daraus, dass die betreffende Bestimmung aus tatsächlichen oder rechtlichen Gründen im Betrieb nur einheitlich gelten kann.[1891] Ausreichend für die Vereinbarkeit mit der negativen Koalitionsfreiheit sowie dem Rechtsstaats- und Demokratieprinzip sei, dass „eine individualvertragliche Regelung wegen evident sachlogischer Unzweckmäßigkeit" ausscheide.[1892]

Die Problemfragen in Bezug auf die Tarifpluralität und Tarifkonkurrenz wurden bereits behandelt.[1893] Darüber hinaus dürfte alleine die Möglichkeit, betriebliche oder betriebsverfassungsrechtliche Normen in einen Tarifvertrag aufzunehmen, die Tarifbindung der Arbeitgeberseite kaum beeinflussen. Grundsätzlich wird zwar das Feld potentieller Regelungsgegenstände erweitert, was sich positiv auf Tarifverhandlungen auswirken kann, da die Kompromissfindung wahrscheinlicher wird.[1894] Außerdem können Betriebsnormen im Rahmen tariflicher Regelungen zur Beschäftigungssicherung Bedeutung erlangen, wenn sie bspw. die Möglichkeit zur Arbeitszeitverkürzung vorsehen und ob ihrer Eigenschaft als Betriebsnormen auf die gesamte Belegschaft Anwendung finden. Auch hieran ist ein Interesse der Arbeitgeberseite gegeben.[1895] Da jedoch Betriebsnormen im Übrigen die Organisationsgewalt des Arbeitgebers einschränken, liegen sie regelmäßig nicht in dessen unmittelbarem Interesse.[1896] Dies gilt

---

1891 Vgl. BAG, 21.01.1987 – 4 AZR 547/86, NZA 1987, 233, 234 (= AP Nr. 47 zu Art. 9 GG); BAG, 07.11.1995 – 3 AZR 676/94, NZA 1996, 1214; JKOS-*Krause,* § 4 Rn. 50; vgl. auch *Heinze,* NZA 1989, 41, 46 f.

1892 BAG, 26.04.1990 – 1 ABR 84/87, NZA 1990, 850, 853 (= AP Nr. 57 zu Art. 9 GG); in Bezug auf § 3 Abs. 1 BetrVG BAG, 13.03.2013 – 7 ABR 70/11, NZA 2013, 738, 741 f.; BAG, 29.07.2009 – 7 ABR 27/08, NZA 2009, 1424, 1427 (= AP Nr. 7 zu § 3 BetrVG 1972); ErfK-*Koch,* § 3 BetrVG Rn. 1; DKKW-*Trümner,* § 3 Rn. 14; ErfK-*Linsenmaier,* Art. 9 GG Rn. 36; zur Verfassungsmäßigkeit *Dieterich,* FS Däubler, 1999, S. 451, 455 ff.; a.A. *Reuter,* DZWir 1995, 353, 355 f., der v.a. einen Verstoß gegen die negative Koalitionsfreiheit sieht; in Bezug auf § 3 Abs. 1 BetrVG auch *Giesen,* BB 2002, 1480, 1484 f.; für eine Präzisierung des Gesetzes *Dieterich/Hanau/Henssler/Oetker/Wank/Wiedemann,* RdA 2004, 65, 72 ff.

1893 Dazu oben, S. 276 ff.

1894 Dazu auch unten, S. 352 ff.

1895 Allerdings knüpft das BAG hier enge Voraussetzungen an die Ausgestaltung, vgl. BAG, 01.08.2001 – 4 AZR 388/99, AP Nr. 5 zu § 3 BetrVG Betriebsnormen (m. Anm. Wiedemann); dazu Däubler, TVG-*Lorenz,* § 3 Rn. 72.

1896 Vgl. etwa BAG, 03.04.1990 – 1 AZR 123/89, NZA 1990, 886 (= AP Nr. 56 zu Art. 9 GG); vgl. auch zur Diskussion *Reuter,* DZWir 1995, 353, 355; *Giesen,* BB 2002, 1480, 1482.

auch für Tarifverträge nach § 3 BetrVG und andere betriebsverfassungsrechtliche Normen nach § 3 Abs. 2 TVG, die in erster Linie auf eine wirkungsvolle Arbeitnehmervertretung entsprechend den betrieblichen Gegebenheiten ausgerichtet sind.[1897]

3. Exkurs: Ersatzordnungen

Die Außenseitererstreckung von Tarifverträgen nach den oben beschriebenen Verfahren stößt in Teilbereichen der Wirtschaft, in denen keine Tarifverträge bestehen und auch nicht wahrscheinlich sind, weil gar keine entsprechenden Arbeitgeberverbände oder Gewerkschaften vorhanden sind, an ihre Grenze. Wie bereits dargestellt, verbietet die Tarifautonomie nicht jegliches Tätigwerden des Gesetzgebers im Bereich der Arbeits- und Wirtschaftsbedingungen. Für Bereiche, in denen keine Strukturen vorhanden sind, die die Ausübung der Tarifautonomie ermöglichen würden, kann es die Verwirklichung des Sozialstaatsprinzips sogar erforderlich machen, dass eine staatliche „Ersatzordnung“[1898] geschaffen wird.[1899]

Den weitesten Anwendungsbereich umfasste hier das mittlerweile abgeschaffte MiArbG. Dort, wo im Geltungsbereich eines Tarifvertrags weniger als 50 % der Arbeitnehmer bei einem tarifgebundenen Arbeitgeber arbeiten, konnten grundsätzlich Mindestarbeitsentgelte festgelegt werden (§ 1 Abs. 2 MiArbG a.F.).[1900] Dieses Gesetz wurde zwar bereits 1952 verabschiedet und 2009 sogar neu gefasst[1901], hat aber niemals praktische Anwendung gefunden, abgesehen von einem Antrag von 1952, der schließlich jedoch nicht zu einer Festsetzung eines Mindestarbeitsentgeltes geführt hat.[1902] Es unterstrich in § 1 Abs. 1 MiArbG a.F. zunächst seine Subsidiarität zur tariflichen Gestaltung der Arbeitsbedingungen,[1903] wenn es aber zur Anwendung gekommen wäre, hätte seine Rückbindung an das Tarifvertragssystem nur noch über die Beteiligung der Arbeitgeberverbände und Gewerkschaften im Hauptausschuss bzw. in

1897 BT-Drs. 14/5741, S. 34; BAG, 29.07.2009 – 7 ABR 27/08, NZA 2009, 1424 (= AP Nr. 7 zu § 3 BetrVG 1972); DKKW-*Trümner*, § 3 Rn. 11.

1898 Däubler, TVG-*Däubler*, Einl. Rn. 119.

1899 BVerfG, 27.02.1973 – 2 BvL 27/69, BVerfGE 34, 307 (= AP Nr. 7 zu § 19 HAG).

1900 Dazu etwa *Nebe*, SR 2013, 1, 13.

1901 BGBl. I 2009, 818.

1902 ErfK-*Franzen*, § 1 MiArbG Rn. 1 (14. Aufl.); Däubler, TVG-*Däubler*, Einl. Rn. 119.

1903 Dies stellte allerdings lediglich eine Rekapitulation der verfassungsrechtlichen Ausgangslage dar und hatte keinen eigenen Regelungsgehalt, vgl. auch ErfK-*Franzen*, § 1 MiArbG Rn. 4 (14. Aufl.).

den Fachausschüssen (§§ 2 Abs. 3, 5, 6 MiArbG a.F.) bestanden sowie über die entsprechende Anwendung des Tarifrechts (§ 8 Abs. 1 S. 2 MiArbG a.F.). Der automatische Vorrang von Tarifverträgen, wie er noch in § 8 Abs. 2 MiArbG (1952) a.F. vorgesehen war, wurde in der Neufassung aufgegeben (vgl. aber den Bestandsschutz in § 8 Abs. 2 MiArbG (2009) a.F.).[1904]

Bereits 1951 wurde durch das HAG im Bereich der Heimarbeit die Möglichkeit geschaffen, eine Ersatzordnung zu erlassen. Gemäß § 19 HAG können Heimarbeitsausschüsse i.S.v. § 4 HAG Entgelte und sonstige Vertragsbedingungen für Heimarbeiter bzw. Zwischenmeister und fremde Hilfskräfte (§§ 21, 22 HAG) bindend festlegen, sofern keine Gewerkschaften oder Vereinigungen von Auftraggebern bestehen oder diese nur eine Minderheit der Heimarbeiter oder Auftraggeber organisieren. So wird dann in der Begründung für das HAG auf die unübersichtliche Struktur und starke Abhängigkeit von Konjunkturschwankungen verwiesen sowie auf die „Gefahr besonderer sozialer Mißstände"[1905]. Ferner führt das BVerfG aus: „Dieses Prinzip [der Vorrang der tariflichen Rechtsetzung nach Art. 9 Abs. 3 GG; ergänzt d. Verf.] setzt voraus, daß es ‚überall', wo ein Bedürfnis dafür besteht, also der Individualarbeitsvertrag ein unzureichendes Instrument zur Begründung eines sozial angemessenen Arbeitsverhältnisses darstellt, solche organisierten Tarifparteien gibt."[1906] Da es in Wirtschaftszweigen, in denen Heimarbeit üblich ist, teilweise an organisierten Tarifparteien fehle, sei es zulässig, den Heimarbeitern zunächst den Abschluss von Tarifverträgen zu ermöglichen (§ 17 HAG), darüber hinaus aber auch einen möglichst nah an das Tarifrecht angelehnten Ersatz zu schaffen (§ 19 HAG).[1907]

Darüber hinaus existieren noch weitere Formen der staatlichen Mindestentgeltfestsetzung, die das Arbeitsreicht allerdings i.d.R. nur peripher berühren (§ 92a HGB, § 26 BORA u.a.).[1908]

Grundsätzlich mindert die staatliche Festsetzung von Arbeitsbedingungen für die Arbeitnehmer- wie Arbeitgeberseite die Notwendigkeit, zu tariflichen Regelungen zu kommen. Allerdings kann, vergleichbar mit der AVE, der Bindungswille insbesondere auf Arbeitgeberseite dadurch geweckt werden, dass

---

1904 Vgl. BT-Drs. 16/10485, S. 10 f., 15; dazu auch BeckOK ArbR-*Gussen,* § 8 MiArbG Rn. 5 (Stand 2013).

1905 BT-Drs. 1/1357, S. 17.

1906 BVerfG, 27.02.1973 – 2 BvL 27/69, BVerfGE 34, 307 (= AP Nr. 7 zu § 19 HAG).

1907 Ebd.

1908 Vgl. für einen Überblick über staatliche Mindestentgelte *Lakies,* NZA-RR 2002, 337 ff.

eine staatliche Regulierung vermieden werden soll.[1909] Aufgrund der Subsidiarität der staatlichen Regelung der Arbeitsbedingungen durch Ersatzordnungen und dem sparsamen Einsatz in Randbereichen, in denen ein Zustandekommen von Tarifverträgen sowieso unwahrscheinlich ist, dürften die Auswirkungen der bestehenden Ersatzordnungen auf die Tarifbindung allerdings marginal sein. Dies gilt im Bereich des HAG umso mehr, als dort die Förderung des Zustandekommens von Tarifverträgen sogar ausdrückliche Aufgabe des Heimarbeitsausschusses ist (§ 18 Bst. a HAG).[1910]

III. Einzelvertragliche Bezugnahme

1. Problembeschreibung

Die praktisch bedeutsamste Form der „Außenseitererstreckung" stellt die arbeitsvertragliche Bezugnahme auf einen Tarifvertrag dar – die freilich keine normative Wirkung des Tarifvertrags (§ 4 Abs. 1 TVG) nach sich zieht. Es ist allgemein bekannt, dass praktisch jeder tarifgebundene Arbeitgeber die Tarifnormen auch auf die nichtorganisierten Arbeitnehmer erstreckt. Das hat für ihn die praktischen Vorteile einer einfacheren Administration durch einheitliche Arbeitsbedingungen, was wiederum niedrigere Transaktionskosten nach sich zieht, verhindert aber vor allem, dass die nichtorganisierten Arbeitnehmer einen Anreiz erhalten, in die Gewerkschaft einzutreten.[1911] Regelmäßig verfolgen Arbeitgeber mit arbeitsvertraglichen Bezugnahmeklauseln daher das Ziel, die Arbeitnehmer so zu stellen, als ob sie tarifgebunden wären und damit eine einheitliche Anwendung des einschlägigen Tarifvertrags, unabhängig von der Gewerkschaftsmitgliedschaft der Arbeitnehmer, zu ermöglichen.[1912] Bereits oben wurde auf die große praktische Bedeutung der einzelvertraglichen Bezugnahme für den Verbreitungsgrad von Tarifbestimmungen hingewiesen.[1913]

Allerdings beziehen sich nicht nur tarifgebundene Arbeitgeber auf Tarifverträge, nach den Zahlen des IAB orientieren sich, bezogen auf die Zahl der Beschäftigten, rund die Hälfte der nichttarifgebundenen Betriebe an einem Branchentarifvertrag. Dies betrifft in Westdeutschland rund 21 % der Beschäftigten

---

1909 Dazu oben, S. 304 f.

1910 Dazu unten, S. 377 ff.

1911 Insbesondere den letzten Punkt in der Vordergrund stellend BAG, 26.09.2001 – 4 AZR 544/00, NZA 2002, 634, 636 (= AP Nr. 21 zu § 1 TVG Bezugnahme auf Tarifvertrag).

1912 Vgl. bspw. BAG, 04.06.2008 – 4 AZR 316/07, AP Nr. 37 zu § 3 TVG.

1913 Siehe oben S. 48 f.

und in Ostdeutschland rund 25 %.[1914] Treffen diese Zahlen zu und zählt man die durch Firmentarifvertrag gebundenen Arbeitgeber hinzu, kämen in Westdeutschland 81 % der Beschäftigten und auch in Ostdeutschland immerhin rund 72 % der Beschäftigten in den Genuss von Tarifbedingungen.[1915]

Die Beweggründe der Arbeitgeber, Bezugnahmeklauseln einzusetzen, deuten bereits darauf hin, dass es in erster Linie die Gewerkschaften sind, die durch diese Praxis organisationspolitische Nachteile erfahren.[1916] Für die Arbeitnehmer sinkt die Notwendigkeit in eine Gewerkschaft einzutreten.[1917] Daher wird die Problematik auch vorrangig unter diesem Aspekt diskutiert.[1918] Für die vorliegende Fragestellung ist dieser Gesichtspunkt aber lediglich mittelbar hinsichtlich der Stärke bzw. Schwäche des tarifpolitischen Gegenspielers der Arbeitgeber und ihrer Verbände von Bedeutung. Vorranging interessiert hier daher die Frage, welche Auswirkungen Bezugnahmeklauseln auf die Arbeitgebertarifbindung haben. Insbesondere dann, wenn auch Außenseiter-Arbeitgeber sich die Früchte der Tarifpolitik zunutze machen („Trittbrettfahrer"), kann sich das nachteilig auf die Organisationsfähigkeit der Arbeitgeberverbände auswirken.[1919]

Nachfolgend soll zunächst untersucht werden, welche Mittel den Tarifparteien zur Verfügung stehen, den Tarifvertrag als „exklusives Gut"[1920] und damit die Notwendigkeit zur unmittelbaren Bindung zu erhalten. Danach soll geprüft werden, ob und inwiefern die einzelvertragliche Bezugnahme selbst Tarifflucht begünstigen oder erschweren kann.

1914 Vgl. *Ellguth/Kohaut,* WSI Mitt. 2014, 286, 287.

1915 Eigene Berechnung auf Basis der Zahlen bei *Ellguth/Kohaut,* WSI Mitt. 2014, 286, 287; allerdings jeweils nur bezogen auf Betriebe ab fünf Beschäftigten, da nur diese durch die IAB-Befragung erfasst werden. Auf die Unschärfe insbesondere begründet durch die Eigenauskunft und das unklare Bezugsobjekt bzw. die Vollständigkeit der Bezugnahme wurde oben bereits hingewiesen, Fn. 411.

1916 Vgl. dazu etwa BAG, 21.01.1987 - 4 AZR 486/86, DB 1987, 492 (= AP Nr. 46 zu Art. 9 GG).

1917 Vgl. nur *Wendeling-Schröder,* in: Zimmer, Tarifliche Unterbietungskonkurrenz, 2011, S. 13, 19.

1918 Bspw. *Däubler/Heuschmid,* RdA 2013, 1; *Gamillscheg,* Koll. ArbR I, 1997, S. 353 ff.; ErfK-*Linsenmaier,* Art. 9 GG Rn. 34.

1919 *Traxler,* Ind. Beziehungen 1997, 101, 109, der die Überwindung der Trittbrettfahrerproblematik als zentrale Herausforderung für den Bestand des Verbandstarifvertragssystems ansieht.

1920 Zur Begriffsbildung *Leydecker,* Der Tarifvertrag als exklusives Gut, 2005 (zugl. Hannover, Univ., Diss. 2004), S. 31 ff.

2. Rechtliche Grundlagen

a) *Verfassungsrechtlicher Rahmen*

Die Freiheit, einzelvertraglich die Anwendung von Tarifnormen zu vereinbaren, wird allgemein als Ausdruck der Vertragsfreiheit aus Art. 2 Abs. 1 GG betrachtet. Ein Verstoß gegen die Koalitionsfreiheit wird zwar vereinzelt erwogen, letztlich aber nicht weiterverfolgt.[1921] Welcher Tarifvertrag dabei in Bezug genommen wird, ist nach Auffassung des BAG den Parteien des Arbeitsvertrags überlassen. Ob der Tarifvertrag von einer für den Betrieb zuständigen Gewerkschaft abgeschlossen ist, sei dabei ohne Belang.[1922] Ein Anspruch auf Gleichbehandlung besteht für die Außenseiter-Arbeitnehmer in Bezug auf die Anwendung der Tarifbedingungen aber nicht.[1923] Sie sind insofern auf die vertragliche Gestaltung angewiesen.

Eine Verletzung der negativen Koalitionsfreiheit verneint das BAG mit dem Hinweis, dass die Bezugnahme „Ausdruck privatautonomer Gestaltungsmacht" sei.[1924] Weder für den Arbeitnehmer noch für den Arbeitgeber sei die Verwendung von Bezugnahmeklauseln Ausdruck der Ausübung der Koalitionsfreiheit.[1925] Ein Verstoß gegen die negative Koalitionsfreiheit könne nur dann vorliegen, wenn es um die von arbeitsvertraglichen Vereinbarungen unabhängige kollektivrechtliche Wirkungsweise der tariflichen Normen gehe.[1926] Darüber hinaus führt der 5. Senat des BAG aus, dass es dem einzelnen Arbeitnehmer unbenommen bleibe, von einer einzelvertraglichen Bezugnahme auf einen Tarifvertrag Abstand zu nehmen.[1927]

1921 Allenfalls die Einschränkung derselben durch Art. 9 Abs. 3 GG erwägend *Däubler/Heuschmid,* RdA 2013, 1, 3, die letztlich allerdings auch auf die praktische Notwendigkeit von Bezugnahmeklauseln verweisen und daher vorrangig Differenzierungsklauseln zum Umgang mit dem Problem betrachten.

1922 BAG, 21.09.2011 – 5 AZR 520/10, NZA 2012, 31, 33 (= AP Nr. 215 zu § 242 BGB Gleichbehandlung).

1923 BAG, 21.01.1987 – 4 AZR 486/86, DB 1987, 492 (= AP Nr. 46 zu Art. 9 GG).

1924 BAG, 24.02.2010 – 4 AZR 691/08, NZA-RR, 530, 534 f. (= AP Nr. 75 zu § 1 TVG Bezugnahme auf Tarifvertrag).

1925 BAG, 22.10.2008 – 4 AZR 793/07, NZA 2009, 323, 325 (= AP Nr. 67 zu § 1 TVG Bezugnahme auf Tarifvertrag); BAG, 21.10.2009 – 4 AZR 396/08, NZA-RR 2010, 361, 365 (= AP Nr. 72 zu § 1 TVG Bezugnahme auf Tarifvertrag); BAG, 14.12.2011 – 5 AZR 675/10, NZA 2011, 618, 619 (= AP Nr. 217 zu § 242 BGB Gleichbehandlung) BAG; vgl. auch schon ähnlich BVerfG, 23.04.1986 – 2 BvR 487/80, BVerfGE 73, 261, 270 (= AP Nr. 28 zu Art. 2 GG).

1926 BAG, 10.11.2010 – 5 AZR 633/09, NJOZ 2011, 367, 377 (= ZTR 2011, 150).

1927 Vgl. BAG, 13.03.2013 – 5 AZR 157/12, juris, Rn. 6.

Auch wenn Letzteres kaum überzeugt, so geht von der einzelvertraglichen Bezugnahme an sich kein Zwang oder Druck auf den Arbeitnehmer aus, einer Koalition beizutreten. Ein solcher Druck kann auch nicht daraus abgeleitet werden, dass ein Arbeitnehmer nur über die Gewerkschaftsmitgliedschaft potentiell Einfluss auf die Tarifpolitik nehmen kann. Dieser Druck wäre vielmehr – wie bereits mehrfach dargelegt – rein faktischer Natur und greift daher nicht in den Schutzbereich der negativen Koalitionsfreiheit ein.[1928]

b) Privilegierung im einfachen Recht

Diese Offenheit der Rechtsordnung für die einzelvertragliche Inbezugnahme von Tarifnormen auf verfassungsrechtlicher Ebene setzt sich im einfachen Recht sogar noch verstärkt fort. Hier werden Privilegierungen für Tarifverträge nämlich an verschiedenen Stellen auch auf in Bezug genommene Tarifnormen ausgedehnt.

Zum einen stellt § 310 Abs. 4 S. 3 BGB Tarifnormen den Rechtsnormen nach § 307 Abs. 3 BGB gleich, weshalb eine Inhaltskontrolle nach den §§ 307 Abs. 1 und 2, 308, 309 BGB selbst bei einer dynamischen Inbezugnahme nicht erfolgt.[1929] Hintergrund ist die dem Tarifvertrag zugeschriebene Richtigkeitsvermutung.[1930] Folgerichtig darf die Ausnahme von der Inhaltskontrolle aber nur im Falle einer Verweisung auf den räumlich und fachlich einschlägigen Tarifvertrag zur Anwendung kommen, da andernfalls die Angemessenheit kaum unterstellt werden kann.[1931] Umstritten ist allerdings, ob hierzu auf den Tarifvertrag als Ganzes verwiesen werden muss oder ob auch nur einzelne Bestimmungen in Bezug genommen werden können. Weitgehende Einigkeit besteht darin, dass eine punktuelle Einzelverweisung die Ausnahme nicht rechtfertigen kann. Streitig ist aber, ob

---

1928 Ähnlich BAG, 29.07.2009 – 7 ABR 27/08, NZA 2009, 1424, 1426 (= AP Nr. 7 zu § 3 BetrVG 1972); ähnlich BAG, 24.02.2010 – 4 AZR 691/08, NZA-RR, 530, 535 (= AP Nr. 75 zu § 1 TVG Bezugnahme auf Tarifvertrag).

1929 BAG, 20.08.2013 – 3 AZR 959/11, NZA 2014, 36, 40; BAG, 09.02.2011 – 7 AZR 91/10, NZA-RR 2012, 232; dazu *Bayreuther*, DZWir 2010, 353, 354 f.; das gilt jedoch nicht für die Transparenzkontrolle, dazu BT-Drs. 14/6857, S. 54; ErfK-*Preis*, § 310 BGB Rn. 15 m.w.N.

1930 ErfK-*Preis*, § 310 BGB Rn. 13; *Wiedemann*, BB 2013, 1397, 1400; *Diehn*, NZA 2004, 129, 130.

1931 Schaub, Hdb. ArbR-*Linck*, § 35 Rn. 21a; ErfK-*Preis*, § 310 BGB Rn. 13 ff.; einschränkend JKOS-*Oetker*, § 6 Rn. 263.

eine Teilverweisung auf ganze Regelungskomplexe ausreicht.[1932] Allerdings kann auch hier die Angemessenheit nicht unterstellt werden, da ein Regelungskomplex innerhalb eines Tarifvertrags bzw. u.U. sogar eines Tarifwerks nicht isoliert betrachtet werden kann. Dies würde der Komplexität des tarifvertraglichen Verhandlungsmechanismus nicht gerecht, dessen Kompromissbildung sich eben nicht auf einen einzelnen Regelungskomplex reduzieren lässt. Daher kann nach zutreffender Ansicht die Inhaltskontrolle nur bei einer Globalverweisung ausscheiden.[1933] Hinsichtlich der Bezugnahmeklausel selbst ist allerdings eine vollständige Inhaltskontrolle durchzuführen, auf sie findet die Ausnahme des § 310 Abs. 4 BGB keine Anwendung.[1934]

Zum anderen betrifft dies den Großteil des tarifdispositiven Gesetzesrechts, das i.d.R. keine normative Tarifgebundenheit erfordert, sondern in den meisten Fällen sogar ausdrücklich auch der einzelvertraglichen Inbezugnahme entsprechender Tarifverträge offensteht.[1935] Voraussetzung ist aber auch in diesem Fall, dass das jeweilige Arbeitsverhältnis unter den Geltungsbereich des in Bezug genommenen Tarifvertrags fällt, da ansonsten die Richtigkeitsvermutung nicht unterstellt werden kann.[1936] Nicht erforderlich ist nach dem Wortlaut mehrerer dieser Gesetzesbestimmungen, so etwa § 13 Abs. 1 S. 2 und Abs. 2 S. 2 BUrlG, § 7 Abs. 3 ArbZG, § 4 Abs. 4 S. 2 EFZG, § 622 Abs. 4 S. 2 BGB, dass die Einbeziehung durch Globalverweisung erfolgt.[1937]

c) Tarifliche Differenzierung

Um die organisationspolitischen Auswirkungen der einzelvertraglichen Bezugnahme abzuschwächen, können die Tarifparteien versucht sein, bestimmte tarifliche Vorteile nur ihren Mitgliedern zu gewähren. Wie bereits angesprochen, wird diese Frage weitgehend beschränkt auf die Arbeitnehmerseite diskutiert.[1938] Daher soll zunächst ein kurzer Überblick über den Meinungsstand in dieser

---

1932 So etwa BAG, 06.05.2009 – 10 AZR 390/08, AP Nr. 44 zu § 307 BGB; Schaub, Hdb. ArbR-*Linck*, § 35 Rn. 21a; wohl auch JKOS-*Oetker*, § 6 Rn. 263.

1933 ErfK-*Preis*, § 310 BGB Rn. 13 ff., 17 f.; Däubler/Bonin/Deinert-*Däubler*, § 310 Rn. 52; *Diehn*, NZA 2004, 129, 132; insofern nicht eindeutig BT-Drs. 14/6857, S. 54.

1934 JKOS-*Oetker*, § 6 Rn. 214; ErfK-*Preis*, § 310 BGB Rn. 12.

1935 Dazu unten, S. 360 ff.

1936 Umstr., dazu unten, S. 362 ff.

1937 Vgl. ErfK-*Preis*, § 310 BGB Rn. 18.

1938 Vgl. etwa *Däubler/Heuschmid*, RdA 2013, 1; *Schubert*, ZTR 2011, 579; *Leydecker*, Der Tarifvertrag als exklusives Gut, 2005 (zugl. Hannover, Univ., Diss. 2004);

Hinsicht gegeben werden, bevor auf Differenzierungsmöglichkeiten auf Arbeitgeberseite eingegangen wird.

Die einzelvertragliche Bezugnahme hat – wie erwähnt – auf Arbeitnehmerseite stets zur Folge, dass die Notwendigkeit, in eine Gewerkschaft einzutreten, sinkt und zwar unabhängig davon, ob die Bezugnahme bei einem verbandsgebundenen oder einem nicht verbandsgebundenen Arbeitgeber erfolgt, zumal der einzelne Arbeitnehmer so auch von den Mitgliedsbeiträgen entlastet wird.[1939] Um dem entgegen zu wirken, treten in den letzten Jahren wieder vermehrt Differenzierungsklauseln als tarifpolitisches Mittel ins Zentrum der Aufmerksamkeit.[1940] Sie sollen bestimmte tarifliche Ansprüche von der Gewerkschaftsmitgliedschaft abhängig machen und so einen Beitrittsanreiz schaffen.[1941] Unterschieden werden solche Bestimmungen in vier Grundtypen: einfache Differenzierungsklauseln, Spannenklauseln, Ausschlussklauseln und Absperrklauseln. Während einfache Differenzierungsklauseln einen Anspruch zwar an die Gewerkschaftsmitgliedschaft knüpfen, es dem Arbeitgeber aber unbenommen bleibt, diesen Vorteil auch den nichtorganisierten Arbeitnehmern zu gewähren,[1942] schreiben Spannenklauseln einen gewissen Abstand zwischen Leistungen für Gewerkschaftsmitglieder und für nichtorganisierte Arbeitnehmer vor.[1943] Ausschlussklauseln verbieten einem Arbeitgeber die Gleichstellung der nichtorganisierten Arbeitnehmer im Betrieb[1944], Absperrklauseln („closed shop"-Vereinbarungen) verbieten prinzipiell die Einstellung nicht- oder andersorganisierter Arbeitnehmer. Letzterer Typus wird in Deutschland weitgehend unbestritten für unvereinbar mit der negativen Koalitionsfreiheit wie auch mit der Berufsfreiheit des

---

Kocher, NZA 2009, 119; *Greiner/Suhre,* NJW 2010, 131; Däubler, TVG-*Hensche/Heuschmid,* § 1 Rn. 981 ff. m.w.N.

1939 Vgl. auch *Wendeling-Schröder,* in: Zimmer, Tarifliche Unterbietungskonkurrenz, 2011, S. 13, 19.

1940 So etwa ausdrücklich im tarifpolitischen Programm von *ver.di*: Vereinte Dienstleistungsgewerkschaft, Tarifpolitisches Programm vom 28. März 2007, 2007, S. 38; allerdings ist dies gewerkschaftsintern durchaus umstritten, besonders vehement wurde die Debatte in den 1970er Jahren geführt, vgl. *Zachert,* WSI Mitt. 2009, 179, 180.

1941 *Kocher,* NZA 2009, 119; *Schubert,* ZTR 2011, 579 f.; *Preis/Ulber,* FS Kempen, 2013, S. 15, 29.

1942 Vgl. etwa BAG, 18.03.2009 – 4 AZR 64/08, NZA 2009, 1028 (= AP Nr. 41 zu § 3 TVG).

1943 Vgl. etwa BAG, 23.03.2011 – 4 AZR 366/09, NZA 2011, 920.

1944 Vgl. etwa BAG, 29.11.1967 – GS 1/67, AP Nr. 13 zu Art. 9 GG.

betroffenen Arbeitnehmers angesehen.[1945] In Hinblick auf die anderen Typen ist die Zulässigkeit umstritten.

Nachdem der Große Senat des BAG in seiner Entscheidung von 1967 Differenzierungsklauseln noch für unzulässig erachtet hat,[1946] ist mittlerweile deutlich Bewegung in diese Frage gekommen. Das BAG hat zumindest einfache Differenzierungsklauseln für zulässig erklärt,[1947] nicht jedoch Spannenklauseln.[1948] Rechtsprechung und h.M. nehmen hier zu Unrecht an, dass in der Vereinbarung von Spannenklauseln eine Überschreitung der Tarifmacht der Tarifparteien und eine Verletzung der Vertragsfreiheit der Arbeitgeber bzw. der nicht- oder andersorganisierten Arbeitnehmern zu sehen sei.[1949] Denn Spannenklauseln regeln die Arbeitsverhältnisse der Außenseiter-Arbeitnehmer gerade nicht, vielmehr muss den organisierten Arbeitnehmern lediglich der Abstand zu deren Ansprüchen gewährt werden.[1950]

Ausschlussklauseln können dagegen nicht normativ wirken und damit nur schuldrechtlich vereinbart werden, was sie allenfalls für einen Einsatz im Firmentarifvertrag interessant macht. Sie können aber letztlich auch dort nur

---

1945 Kempen/Zachert-*Wendeling-Schröder,* § 3 TVG Rn. 297; *Däubler,* Arbeitsrecht 1, 2006, S. Rn. 413; *Gamillscheg,* Koll. ArbR I, 1997, S. 379, 388; Kittner/Zwanziger/Deinert-*Deinert,* § 8 Rn. 160; auch EGMR, 13.08.1981 – 7601/76, EuGRZ 1981, 559 (*Young, James and Webster*) (= EGMR-E 1, 554); wobei in Hinblick auf Art. 11 EMRK entsprechende Vereinbarungen zwar weitgehend aber nicht stets unzulässig sind, dazu *Heuschmid,* KJ 2014, 384, 387; für eine grundsätzliche Unzulässigkeit aber *Löwisch/Rieble,* § 1 Rn. 625; entsprechende „closed shop"-Regelungen sind nun auch in England unzulässig, zur Entwicklung *Geppert,* Thatchers konservative Revolution, 2002 (zugl. FU Berlin, Univ., Diss. 2000), S. 376.

1946 BAG, 29.11.1967 – GS 1/67, AP Nr. 13 zu Art. 9 GG, 146; kritisch zum früheren Verbot *Gamillscheg,* Koll. ArbR I, 1997, S. 380 f., 386; ErfK-*Linsenmaier,* Art. 9 GG Rn. 34.

1947 BAG, 18.03.2009 – 4 AZR 64/08, NZA 2009, 1028 (= AP Nr. 41 zu § 3 TVG); zust. *Däubler/Heuschmid,* RdA 2013, 1, 4; *Schubert,* ZTR 2011, 579; *Kocher,* NZA 2009, 119, 120 ff.; krit. *Giesen,* ZfA 2010, 657, 674 ff.; krit. in Bezug auf den Gleichbehandlungsgrundsatz: *Richardi,* NZA 2010, 417, 420 f.; krit. in Bezug auf die Zulässigkeit nach Art. 11 EMRK: *Löwisch/Rieble,* § 1 Rn. 601.

1948 BAG, 23.03.2011 – 4 AZR 366/09, NZA 2011, 920, 922 ff.; krit. *Schubert,* ZTR 2011, 579, 920; *Däubler/Heuschmid,* RdA 2013, 1, 8 f.; *Deinert,* RdA 2014, 129, 131; auch schon *Kocher,* NZA 2009, 119, 124.

1949 BAG, 23.03.2011 – 4 AZR 366/09, NZA 2011, 920; *Bauer/Arnold,* NZA 2009, 1169, 1173; *Löwisch/Rieble,* § 1 Rn. 1885 m.w.N.

1950 Däubler, TVG-*Hensche/Heuschmid,* § 1 Rn. 998 ff.; *Berg/Kocher/Platow/Schoof/Schumann,* § 3 Rn. 224; Kittner/Zwanziger/Deinert-*Deinert,* § 8 Rn. 136.

etwaige vereinbarte Sanktionen auslösen, nicht aber den Abschluss anderslautender Arbeitsverträge verhindern.[1951] Als Alternative besteht etwa die Möglichkeit, dass der Arbeitgeber die Exklusivleistungen nicht direkt an das einzelne Gewerkschaftsmitglied erbringt, sondern an eine externe Einrichtung, wie bspw. einen Fonds, eine gemeinsame Einrichtung oder die Gewerkschaft selbst. Das einzelne Gewerkschaftsmitglied erhält dann einen Anspruch gegen die Einrichtung.[1952]

Die Diskussion soll an dieser Stelle nicht vertieft werden, da die Relevanz der Differenzierungsklauseln, wie bereits erwähnt, nur mittelbar gegeben ist, indem sie den Mitgliederbestand der Gewerkschaften und damit deren Organisationsstärke potentiell stützen. Ein direkter Einfluss auf den Bindungswillen des einzelnen Arbeitgebers ist dagegen eher nicht anzunehmen. Denn die Situation verbandsgebundener Arbeitgeber und Außenseiter-Arbeitgeber ist im Prinzip mit oder ohne Differenzierungsklausel dieselbe. Bei einer vollumfänglichen arbeitsvertraglichen Bezugnahme durch einen Außenseiter-Arbeitgeber auf einen solchen Tarifvertrag hätte auch das bei ihm beschäftigte Gewerkschaftsmitglied einen Anspruch auf die entsprechende Leistung, während einem Außenseiter-Arbeitnehmer ein solcher zunächst verwehrt bliebe.[1953] Allerdings können die Arbeitsvertragsparteien freilich bei fehlender gegenseitiger Tarifgebundenheit im Arbeitsvertrag diese Klausel für nicht anwendbar erklären, dies unterscheidet Differenzierungsklauseln aber nicht von anderen Bestimmungen im Tarifvertrag, die ein Außenseiter-Arbeitgeber von der Inbezugnahme ausschließen möchte.

Interessanter ist dagegen die bisher kaum beachtete Frage, ob ein Tarifvertrag zugunsten der tarifgebundenen Arbeitgeber differenzieren darf.[1954] Zumindest in Bezug auf Differenzierungsklauseln, die zugunsten organisierter Arbeitnehmer wirken, hat das BAG anerkannt, dass diese ihre Rechtfertigung u.a. darin finden können, dass sie „Tarifflucht" auf Arbeitnehmerseite verhindern können.

1951 Vgl. *Löwisch/Rieble,* § 1 Rn. 1879 f.; Däubler, TVG-*Hensche/Heuschmid,* § 1 Rn. 986; *Kocher,* NZA 2009, 119, 124.

1952 Vgl. für ein aktuelles Beispiel einer entsprechenden Vereinbarung zwischen der *Adam Opel GmbH* und der *IG Metall*: BAG, 21.05.2014 – 4 AZR 50/13, juris (= AuR 2014, 251); dazu auch Däubler, TVG-*Hensche/Heuschmid,* § 1 Rn. 1012 ff. m.w.N.

1953 Ebenso für den Fall einer möglichen AVE: BAG, 18.03.2009 – 4 AZR 64/08, NZA 2009, 1028, 1036 (= AP Nr. 41 zu § 3 TVG); kritisch in Bezug auf eine mögliche AVE: *Bauer/Arnold,* NZA 2009, 1169, 1171.

1954 Dazu etwa *Preis/Ulber,* FS Kempen, 2013, S. 15, 29.

Im betreffenden Fall wurde in einem Sanierungstarifvertrag den Mitgliedern der tarifschließenden Gewerkschaft eine Ausgleichszahlung für die befristete Aussetzung einer tariflichen Jahressonderzahlung gewährt. Das BAG führt in der Entscheidung dazu aus: „Die Legitimität ihres [der Gewerkschaft; ergänzt d. Verf.] Organisationsinteresses an Verhinderung weiterer Schwächung durch die Sicherung des Mitgliederbestandes muss vor diesem Hintergrund hoch bewertet werden. Sie kann um der Effektivität des Tarifvertragssystems als Ganzem auch bei der Erfüllung der den Gewerkschaften gemeinsam mit den Arbeitgebern und Arbeitgeberverbänden obliegenden Aufgabe der Regelung der Arbeitsbedingungen Berücksichtigung finden."[1955]

Da die Regelung der Rechtsbeziehungen von Außenseitern nicht in die Regelungsmacht der Tarifparteien fällt,[1956] sind die Möglichkeiten, die den Tarifparteien in dieser Hinsicht zur Verfügung stehen, allerdings beschränkt. Diskutiert wird, die Flexibilisierungsmöglichkeiten in einem Tarifvertrag an die Verbandsmitgliedschaft zu knüpfen.[1957] Relevant ist dies praktisch nur in Hinblick auf das tarifdispositive zwingende Gesetzesrecht, da im Übrigen die betreffenden Tarifbestimmungen auch arbeitsvertraglich vereinbart werden könnten.[1958] Erreicht werden könnte dies etwa durch eine Beschränkung des Geltungsbereichs des Tarifvertrags auf die Verbandsmitglieder.[1959] Organisationspolitisch hätte das aus gewerkschaftlicher Sicht die negative Konsequenz, dass Arbeitnehmer bei organisierten Arbeitgebern schlechter stünden als bei nichtorganisierten.[1960] Andererseits bietet die Verbandsmitgliedschaft eine zumindest relative Stabilität

---

1955 BAG, 18.03.2009 – 4 AZR 64/08, NZA 2009, 1028, 1037 (= AP Nr. 41 zu § 3 TVG).

1956 Vgl. nur *Löwisch/Rieble*, § 1 Rn. 1880.

1957 *Preis/Ulber*, FS Kempen, 2013, S. 15, 30.

1958 Vgl. insofern den Vorschlag von *Deinert* auf dem 70. Deutschen Juristentag, die Abweichung von zwingendem Recht zu Lasten der Arbeitnehmer schon gesetzlich nur mehr durch Tarifvertrag zu ermöglichen und die einzelvertragliche Bezugnahmemöglichkeit für Außenseiter-Arbeitgeber auszuschließen, vgl. Deutscher Juristentag, Thesen der Gutachter und Referenten, 2014, S. 19, These 9.

1959 Zur Zulässigkeit einer solchen Geltungsbereichsbeschränkung BAG, 22.03.2005 – 1 ABR 64/03, NZA 2006, 383, 386 f. (= AP Nr. 26 zu § 4 TVG Geltungsbereich); Däubler, TVG-*Deinert*, § 4 Rn. 230a; dagegen verlangt aber der 4. Senat, dass Tarifverträge grundsätzlich für allgemeinverbindlich erklärbar sein müssten, was einer oben bereits abgelehnten Gemeinwohlbindung nahe käme, vgl. BAG, 23.03.2005 – 4 AZR 203/04, NZA 2005, 1003, 1004 f.; insoweit ablehnend auch *Löwisch/Rieble*, § 4 Rn. 241, die dann jedoch eine „Fremdnutzungsberechtigung" dort sehen, wo das Gesetzesrecht eine Bezugnahme explizit zulässt, Rn. 243.

1960 So auch *Preis/Ulber*, FS Kempen, 2013, S. 15, 30.

in Bezug auf die Tarifbindung. Diese organisationspolitische Frage müssen die Koalitionen zunächst selbst beurteilen.

Eine Form der tariflichen Differenzierung können zudem firmenbezogene Verbandstarifverträge darstellen. Sie kommen zum einen – wie oben dargestellt – im Falle einer krisenhaften Situation bei einem verbandsangehörigen Unternehmen zum Einsatz,[1961] können aber auch darauf gerichtet sein, eine niedrige Nivellierung des Verbandstarifniveaus aufgrund der unterschiedlichen Leistungsfähigkeit der Verbandsmitglieder dadurch auszugleichen, dass in ihnen für die Arbeitnehmer besonders leistungsfähiger Unternehmen bessere Bedingungen vereinbart werden.[1962] Die Zulässigkeit solcher Tarifverträge wurde bereits oben dargelegt und entspricht der wohl h.M.[1963] Beide Situationen sind geeignet, die Bindungswilligkeit zu beeinflussen. Einerseits wird durch sie ein eher niedriges Niveau des Verbandstarifvertrags sichergestellt, das einzelne Unternehmen nicht überfordert, andererseits kann die befristete Abweichung den einzelnen Arbeitgeber davon abhalten, die Verbandsmitgliedschaft zu beenden.[1964]

Praktisch wird die tarifliche Differenzierung vor allem in der letzten Konstellation das Bindungsinteresse der Arbeitgeber beeinflussen können. Die Differenzierung auf Arbeitnehmerseite wirkt sich allenfalls mittelbar aus. Auf Arbeitgeberseite ist dagegen das Instrumentarium sehr eingeschränkt.

3. Tarifflucht

a) Mittel zur Tarifflucht?

Die normative Bindung an Tarifbestimmungen kann, außer in dem bereits diskutierten Fall des § 613a Abs. 1 S. 4 Alt. 2 BGB, freilich nicht durch eine einzelvertragliche Bezugnahme auf einen Tarifvertrag abgelöst werden. Auch eine Verdrängung eines allgemeinverbindlich erklärten Tarifvertrags ist auf diesem Weg selbst dann nicht möglich, wenn der in Bezug genommene Tarifvertrag spezieller ist, da die privatautonome die normative Bindung nicht verdrängen kann.[1965] Umgekehrt schadet die beiderseitige normative Gebundenheit an einen Tarifvertrag nicht der Anwendbarkeit der günstigeren einzelvertraglichen

1961 *Ahrendt,* RdA 2012, 129, 130; dazu auch oben, S. 77 ff.
1962 *Däubler,* TVR, 1993, Rn. 613.
1963 Däubler, TVG-*Peter,* § 2 Rn. 148 m.w.N.
1964 So auch Däubler, TVG-*Reim/Nebe,* § 1 Rn. 71.
1965 BAG, 07.07.2010 – 4 AZR 1023/08, RdA 2011, 244 (m. Anm. Grau) (= NZA-RR 2011, 30).

Ansprüche.[1966] Das Günstigkeitsprinzip (§ 4 Abs. 3 TVG) ist auch bei einem allgemeinverbindlich erklärten Tarifvertrag sehr wohl anwendbar, weshalb eine für den Arbeitnehmer günstigere Regelung der allgemeinverbindlichen vorgeht, auch wenn diese in der Bezugnahme auf einen anderen Tarifvertrag besteht.[1967] Als Mittel zur Tarifflucht eignet sich die einzelvertragliche Bezugnahme für den Arbeitgeber daher nicht.

b) Gleichstellungsabrede vs. dynamische Verweisung

Dennoch haben sich Bezugnahmeklauseln im Kontext der Tarifflucht als relevante Größe erwiesen. Es stellt sich nämlich die Frage, wie sich ein Verbandsaustritt und eine Beendigung der Tarifbindung auf diese auswirken. Dies hängt wesentlich damit zusammen, was mit der Klausel konkret bezweckt und wie diese damit auszulegen ist. Hier hat sich in den vergangenen Jahren ein bemerkenswerter Wandel in der Rechtsprechung des BAG ergeben.[1968] In einem Urteil vom 14. Dezember 2005 hatte der 4. Senat des BAG die Frage zu entscheiden, ob eine Klausel, die auf die einschlägigen Tarifverträge in ihrer jeweiligen Fassung verweist, entsprechend der damals ständigen Rechtsprechung[1969] als einfache Gleichstellungsklausel auszulegen ist, womit die Dynamik der Tarifentwicklung mit dem Ende der Tarifbindung des Arbeitgebers geendet hätte, oder – und hierfür sprach der Wortlaut – eine Geltung der Tarifverträge ohne Rücksicht auf die Tarifbindung des Arbeitgebers erzeugen sollte. Der 4. Senat folgte der breiten Kritik in der Literatur an der bis dahin geltenden Rechtsprechung[1970] und kündigte eine Rechtsprechungsänderung an: fortan sollte vor allem der Wortlaut einer Verweisungsklausel für deren Interpretation herangezogen werden.[1971] Vollzogen wurde die Änderung dann in seiner Entscheidung vom 18.

1966 BAG, 22.02.2012 – 4 AZR 24/10, AP Nr. 109 zu § 1 TVG Bezugnahme auf Tarifvertrag.

1967 BAG, 24.02.2010 – 4 AZR 691/08, NZA-RR, 530, 534 (= AP Nr. 75 zu § 1 TVG Bezugnahme auf Tarifvertrag); MünchKommBGB-*Müller-Glöge,* § 611 BGB Rn. 345.

1968 Dazu bspw. *Hanau,* NZA 2012, 825, 829.

1969 BAG, 14.12.2005 – 4 AZR 536/04, NZA 2006, 607, 609 (= JA 2006, 819 (m. Anm. Krause)) m.w.N.

1970 Bspw. *Däubler,* NZA 1996, 225, 228; *Hanau,* NZA 2005, 489, 490 f.; *Deinert,* Anmerkung zu BAG, 01.12.2004 - 4 AZR 50/04, AP Nr. 34 zu § 1 TVG Bezugnahme auf Tarifvertrag; *Gamillscheg,* Koll. ArbR I, 1997, S. 731 f.

1971 BAG, 14.12.2005 – 4 AZR 536/04, NZA 2006, 607, 609 (= JA 2006, 819 (m. Anm. Krause)).

April 2007.[1972] Wird in einem Arbeitsvertrag dynamisch auf einen Tarifvertrag verwiesen, nimmt das BAG nun dementsprechend eine konstitutive Verweisung an, außer für den Arbeitnehmer ist eindeutig erkennbar, dass die Tarifgebundenheit des Arbeitgebers auflösende Bedingung für die Bezugnahme sein soll.

Aus Gründen des Vertrauensschutzes soll dies allerdings nur für Klauseln gelten, die ab dem 1. Januar 2002, also dem Tag des Inkrafttretens der Schuldrechtsreform und damit des neuen AGB-Rechts, geschlossen worden sind. Für ältere Klauseln soll immer noch im Zweifel von einer Gleichstellungsabrede ausgegangen werden.[1973] Dies erfährt in der Literatur zu Recht Kritik. Abseits von grundsätzlichen Bedenken, da in diesen Fällen stets das Vertrauen einer Partei auf die falsche Rechtsauffassung höher gewichtet wird, als die nach richtiger Rechtsauffassung bestehenden Rechte der anderen Partei,[1974] kann im vorliegenden Fall umso weniger von einem schützenswerten Vertrauen ausgegangen werden, als die Rechtslage schon lange äußerst umstritten war und es die Arbeitgeber selbst in der Hand hatten, durch eine verständliche Formulierung der Bezugnahmeklausel eine Gleichstellungsabrede zu erreichen.[1975] Der 4. Senat des BAG entschärft die Problematik der „Altverträge", indem er einen „Neuvertrag" bereits dann annimmt, wenn Bestimmungen dieser Verträge nach dem 1. Januar 2002 geändert worden sind und „die Klausel zum Gegenstand der rechtsgeschäftlichen Willensbildung der Vertragsparteien gemacht worden ist"[1976]. Der Senat lässt dann allerdings offen, ob hierzu ein allgemeiner Verweis auf den Altvertrag ausreicht. Ausreichend ist jedenfalls, dass in der Vertragsänderung ausgeführt ist, dass die übrigen Bestimmungen (darunter die Verweisungsklausel) unberührt blieben.[1977]

1972 BAG, 18.04.2007 – 4 AZR 652/05, NZA 2007, 965 (= AP Nr. 53 zu § 1 TVG Bezugnahme auf Tarifvertrag); BAG, 04.06.2008 – 4 AZR 316/07, AP Nr. 37 zu § 3 TVG.

1973 St. Rspr. Seit BAG, 14.12.2005 – 4 AZR 536/04, NZA 2006, 607, 609 (= JA 2006, 819 (m. Anm. Krause)); BAG, 18.04.2007 – 4 AZR 652/05, NZA 2007, 965 (= AP Nr. 53 zu § 1 TVG Bezugnahme auf Tarifvertrag); BAG, 04.06.2008 – 4 AZR 316/07, AP Nr. 37 zu § 3 TVG; jüngst BAG, 11.12.2013 – 4 AZR 473/12, NZA 2014, 900 (= EzA § 3 TVG Bezugnahme auf Tarifvertrag Nr. 59).

1974 Vgl. dazu etwa *Koch*, SR 2012, 159 ff.; zur mangelnden Eignung Richterrechts als Rechtsquelle auch Staudinger-*Merten*, Art. 2 EGBGB Rn. 39 ff.

1975 Kittner/Zwanziger/Deinert-*Deinert*, § 8 Rn. 338; a.A. etwa *Krause*, JA 2006, 819, 821; zu früh angesetzt halten den Stichtag dagegen *Höpfner*, NZA 2008, 91, 92 ff.; ErfK-*Preis*, § 611 BGB Rn. 230 m.w.N.

1976 BAG, 18.11.2009 – 4 AZR 514/08, NZA 2010, 170, 172 (= AP Nr. 70 zu § 1 TVG Bezugnahme auf Tarifvertrag); kritisch *Bayreuther*, DZWir 2010, 353, 354.

1977 BAG, 18.11.2009 – 4 AZR 514/08, NZA 2010, 170, 172 (= AP Nr. 70 zu § 1 TVG Bezugnahme auf Tarifvertrag).

Die Rechtsprechungsänderung ist aber eben nicht nur für die Kautelarpraxis und das AGB-Recht relevant, sondern kann vor allem auch im Kontext der Tarifflucht Wirkung entfalten und zwar unabhängig davon, ob diese zur Tariflosigkeit oder zur Geltung eines anderen Tarifvertrags führt. Tritt ein Arbeitgeber aus dem tarifschließenden Verband aus oder findet ein Betriebsübergang statt, gelten die Regeln der §§ 3 Abs. 3, 4 Abs. 5 TVG bzw. § 613a Abs. 1 BGB, weshalb nach der h.M. eine lediglich statische Weitergeltung des Tarifvertrags erfolgt.[1978] Wird durch eine Bezugnahmeklausel eine Gleichstellung der nicht tarifgebundenen Arbeitnehmer bezweckt, ergibt sich auch für sie nichts anderes.[1979]

Nimmt man dagegen eine konstitutive Verweisung an, kann diese auf einzelvertraglicher Ebene die normative statische Weitergeltung überwinden. Auch in diesem Fall gilt für organisierte und nichtorganisierte Arbeitnehmer das gleiche. Denn hier ist das Günstigkeitsprinzip nach § 4 Abs. 3 TVG anzuwenden,[1980] womit auch für die Gewerkschaftsmitglieder die jeweils günstigeren Bedingungen des sich weiterentwickelnden, vorher anwendbaren Tarifvertrags auf arbeitsvertraglicher Grundlage Anwendung finden.[1981] Die negative Koalitionsfreiheit wird hierdurch nicht berührt, da die Inbezugnahme auf einer privatautonomen Entscheidung der Arbeitsvertragsparteien beruht bzw. in Hinblick auf § 613a Abs. 1 BGB auf der privatautonomen Entscheidung, in die Rechtspositionen des Vorgängers einzutreten.[1982]

1978 Zum Betriebsübergang etwa BAG, 29.08.2001 – 4 AZR 332/00, NZA 2002, 513 (= RdA 2002, 299 (abl. Anm. Däubler)); zu den Detailfragen oben, S. 185 ff.

1979 BAG, 04.06.2008 – 4 AZR 316/07, AP Nr. 37 zu § 3 TVG m.w.N.; jüngst BAG, 11.12.2013 – 4 AZR 473/12, NZA 2014, 900 (= EzA § 3 TVG Bezugnahme auf Tarifvertrag Nr. 59).

1980 BAG, 21.09.2011 – 5 AZR 520/10, NZA 2012, 31, 33 (= AP Nr. 215 zu § 242 BGB Gleichbehandlung) m.w.N.

1981 Vgl. BAG, 21.09.2011 – 5 AZR 520/10, NZA 2012, 31, 33 (= AP Nr. 215 zu § 242 BGB Gleichbehandlung) m.w.N.; auch *Bayreuther*, DZWir 2010, 353, 354; freilich ist es grundsätzlich auch möglich, dass sich die Tarifbedingungen im in Bezug genommenen Tarifvertrag verschlechtern, vgl. *Krause*, JA 2006, 819, 821; dies ist auch der Grund, weshalb auch für die Dynamisierung stets die Zustimmung des Arbeitnehmers erforderlich ist, vgl. BAG, 23.02.2011 – 4 AZR 439/09, NZA-RR 2012, 253, 255 f. (= AP Nr. 60 zu § 133 BGB).

1982 Dazu bereits oben, S. 35 ff.; BAG, 23.09.2009 – 4 AZR 331/08, NZA 2010, 513, 515 (= AP Nr. 71 zu § 1 TVG Bezugnahme auf Tarifvertrag); BAG, 24.02.2010 – 4 AZR 691/08, NZA-RR, 530, 354 f. (= AP Nr. 75 zu § 1 TVG Bezugnahme auf Tarifvertrag).

Dementsprechend kann sich die geänderte Rechtsprechungslinie auch auf die „Tarifflucht durch Tarifvertrag" auswirken und damit allerdings auch auf Sanierungstarifverträge. Denn auch hier gilt Günstigkeitsprinzip aus § 4 Abs. 3 TVG.[1983] Daher können selbst organisierte Arbeitnehmer trotz des Sanierungstarifvertrags in den Genuss der „alten" – günstigeren – Tarifbedingungen kommen, wenn die Bezugnahmeklausel auf diesen Tarifvertrag verweist.

Allerdings bedeutet dies weder das „Ende von Sanierungs-Haustarifverträgen"[1984], noch darf der Einfluss der geänderten Rechtsprechung auf das Bindungsverhalten der Arbeitgeber überschätzt werden.[1985] Das BAG hat die Gleichstellungsabrede nämlich keineswegs untersagt, die Grundlage der Überlegungen des BAG ist vorrangig im Transparenzgebot des AGB-Rechts zu finden und nicht in koalitionspolitischen Erwägungen. Entscheidend sind daher die Formulierung der Klausel und ihre Anknüpfung an der unmittelbaren Tarifbindung des Arbeitgebers sowie die Erkennbarkeit des Zwecks der Klausel für den Arbeitnehmer.[1986] Sofern von einer Gleichstellungsabrede auszugehen ist, verbleibt es entweder bei der statischen Nachbindung oder Nachwirkung, bzw. es kommt zur Anwendung der Bestimmungen des Sanierungstarifvertrags auch für die Arbeitnehmer-Außenseiter.[1987] Dies soll auch für einen Anerkennungstarifvertrag gelten, dessen Dynamik mit der

1983 BAG, 21.09.2011 – 5 AZR 520/10, NZA 2012, 31, 33 (= AP Nr. 215 zu § 242 BGB Gleichbehandlung) m.w.N.

1984 So aber *Klebeck*, NZA 2006, 15, 18.

1985 So auch *Bayreuther*, DZWir 2010, 353, 354.

1986 BAG, 14.12.2005 – 4 AZR 536/04, NZA 2006, 607, 609 (= JA 2006, 819 (m. Anm. Krause)); dazu *Bayreuther*, DZWir 2010, 353, 354; *Hanau/Kania*, FS Schaub, 1998, S. 239, 245 ff.; AGB-rechtlichen Zulässigkeit der großen dynamischen Verweisung BAG, 15.04.2008 – 9 AZR 159/07, NZA-RR 2008, 586; zu den Anforderungen Schaub, Hdb. ArbR-*Treber*, § 206 Rn. 25, 28; dazu auch Kittner/Zwanziger/Deinert-*Deinert*, § 8 Rn. 345, der zutreffend darauf hinweist, dass in Fällen von Tarifflucht in einen für den Arbeitgeber günstigeren Tarifvertrag die Tarifwechselklausel i.d.R. der Inhaltskontrolle nach § 307 Abs. 1 BGB nicht standhalten wird.

1987 BAG, 22.04.2009 – 4 AZR 100/08, NZA 2010, 41, 44 f. (= AP Nr. 371 zu § 613a BGB); vgl. auch *Preis/Greiner*, NZA 2007, 1073, 1078 f.; *Seel*, öAT 2012, 243, 246; vgl. außerdem BAG, 11.10.2006 – 4 AZR 486/05, AP Nr. 24 § 1 TVG Rückwirkung (m. Anm. Houben) (= NZA 2007, 634), wonach mit einer dynamischen Verweisung auf die einschlägigen Verbandstarifverträge im Zweifel auch ein firmenbezogener Verbandstarifvertrag gemeint ist.

Kündigung endet.[1988] Einen eindämmenden Effekt hinsichtlich der Tarifflucht wird die geänderte Rechtsprechung dementsprechend vor allem im Falle von Arbeitsverträgen haben, die zwischen 2002 und der Ankündigung der Rechtsprechungsänderung Ende 2005 geschlossen worden sind, also einen überschaubaren Zeitraum.[1989]

4. Bewertung

Die Wirkung der einzelvertraglichen Bezugnahme auf Tarifnormen ist in Hinblick auf die Tarifbindung der Arbeitgeber wie auch der Arbeitnehmer widersprüchlich. Einerseits erweitern sie die Schutzwirkung eines Tarifvertrags zumindest faktisch auch auf solche Arbeitnehmer, die ihm normativ nicht unterworfen sind und vergrößern damit die praktische Wirkung der Tarifnormen. Andererseits vermindern sie insbesondere auf Seiten der Gewerkschaften aber auch bei Arbeitgeberverbänden die Notwendigkeit zum Koalitionsbeitritt. Darüber hinaus ist die geänderte Rechtsprechung des BAG zur Auslegung von Bezugnahmeklauseln als dynamische Verweisung durchaus geeignet, Tarifflucht unattraktiv zu machen, da die Bindung an die vorher geltenden Tarifbestimmungen zumindest privatautonom bestehen bleibt. Da zur Vermeidung dieser Folge eine transparente Formulierung von Gleichstellungsklauseln im Arbeitsvertrag ausreicht, wird der Effekt dieser Rechtsprechung auf die Tarifbindung allerdings kaum nachhaltig sein.

IV. Subsidiäre Tarifnormwirkung

Während Betriebsnormen und betriebsverfassungsrechtliche Normen – wie bereits dargestellt – aufgrund der Notwendigkeit der betriebseinheitlichen Geltung auch auf nichtorganisierte Arbeitnehmer ausgedehnt werden, führt eine neuere Tendenz in der BAG-Rechtsprechung dazu, dass u.U. auch tarifliche Inhaltsnormen eine subsidiäre betriebseinheitliche Wirkung erlangen können – bislang insbesondere in Bezug auf tarifliche Vergütungsordnungen.[1990] Das BAG argumentiert dabei mit der betriebsverfassungsrechtlichen Verpflichtung des Arbeitgebers, eine geltende Vergütungsordnung im Betrieb anzuwenden. Voraussetzung hierfür war jedoch nach der früheren Rechtsprechung stets, dass

---

1988 BAG, 11.12.2013 – 4 AZR 473/12, NZA 2014, 900 (= EzA § 3 TVG Bezugnahme auf Tarifvertrag Nr. 59).

1989 So bspw. auch *Bayreuther,* DZWir 2010, 353, 354.

1990 Dazu kritisch *Salamon,* NZA 2012, 899.

die Vergütungsordnung für den betreffenden Arbeitnehmer auch unmittelbar gilt.[1991] Solange eine normative Tarifbindung besteht, ist das unproblematisch und auch bei einer einzelvertraglichen Bezugnahme auf einen im Betrieb geltenden Tarifvertrag leuchtet dies unmittelbar ein.

1. Ausgangspunkt des BAG

Fraglich ist allerdings, wie der Fall zu beurteilen ist, bei dem weder das eine noch das andere gegeben ist. Dabei stellt sich zunächst die Frage, inwiefern der Arbeitgeber nach Beendigung der normativen Tarifbindung die Entlohnungsgrundsätze im Betrieb abändern kann, insbesondere ob ein Mitbestimmungsrecht des Betriebsrates besteht. Relevant wird dies bereits in der Phase der Nachwirkung nach § 4 Abs. 5 TVG, da nach der h.M. bereits in diesem Zeitraum aus § 87 Abs. 1 Eingangss. BetrVG keine Verdrängung der Mitbestimmung mehr folgt.[1992]

Bereits 2002 entschied der 1. Senat des BAG, dass die tarifliche Vergütungsordnung auch nach dem Ende der normativen Bindung maßgeblich ist und ab diesem Zeitpunkt der Mitbestimmung des Betriebsrats bedarf (§ 87 Abs. 1 Nr. 10 BetrVG).[1993] Eine einseitige Änderung durch den Arbeitgeber schloss der 1. Senat somit aufgrund dieser Bestimmung schon bislang aus, auch wenn der ursprüngliche Geltungsgrund weggefallen ist.[1994] Dementsprechend ist selbst ein Betriebserwerber zur Änderung einer Vergütungsordnung auf die Mitwirkung des Betriebsrats angewiesen. Basierte die Vergütungsordnung beim Veräußerer auf einem Tarifvertrag, soll diese allerdings nur statisch fortgelten, sofern der Erwerber nicht selbst tarifgebunden ist.[1995] Für die bereits im Betrieb beschäftigten Arbeitnehmer verbietet sich damit ein einzelvertraglicher Eingriff in die Vergütungsstruktur, auch wenn die Tarifbindung nach § 3 TVG bzw. die einjährige

---

1991 BAG, 23.09.2003 – 1 ABR 35/02, Nr. 27 zu § 1 BetrVG 1972 Gemeinsamer Betrieb, 19, 25; BAG, 08.12.2009 – 1 ABR 66/08, NZA 2002, 404, 405 f. (= AP Nr. 380 zu § 613a BGB).

1992 Vgl. Wiedemann-*Wank,* § 4 Rn. 596; Kittner/Zwanziger/Deinert-*Deinert,* § 10 Rn. 152 jeweils m.w.N.

1993 BAG, 11.06.2002 – 1 AZR 390/01, NZA 2003, 570, 572 (= AP Nr. 113 zu § 87 BetrVG 1972 Lohngestaltung); BAG, 02.03.2004 – 1 AZR 271/03, NZA, 852, 855.

1994 BAG, 08.12.2009 – 1 ABR 66/08, NZA 2002, 404, 406 (= AP Nr. 380 zu § 613a BGB); BAG, 12.12.2006 – 1 ABR 38/05, NJOZ 2007, 2450, 2454 (= AP Nr. 27 zu § 1 BetrVG 1972 Gemeinsamer Betrieb); BAG, 11.06.2002 – 1 AZR 390/01, NZA 2003, 570 (= AP Nr. 113 zu § 87 BetrVG 1972 Lohngestaltung).

1995 BAG, 08.12.2009 – 1 ABR 66/08, NZA 2002, 404, 406 (= AP Nr. 380 zu § 613a BGB).

Veränderungssperre nach § 613a Abs. 1 S. 2 BGB nicht mehr anwendbar sind. Dies gilt gleichermaßen für neu eingestellte Arbeitnehmer, zumindest sofern deren Gehalt an die tarifliche Vergütung angelehnt wird und überwindet dementsprechend auch für diese die tarifrechtlichen Einschränkungen der § 4 Abs. 5 TVG und § 613a Abs. 1 BGB, nach denen die neu eingestellten Arbeitnehmer an der Nachwirkung gerade nicht mehr partizipieren.[1996]

Beruht die Vergütungsordnung dagegen auf einzelvertraglicher Bezugnahme oder betrieblicher Übung, kann die Fortgeltung unter Umständen auch dynamisch erfolgen, dies hängt – wie oben besprochen – von der Art der Bezugnahme ab, da hier ein eigener Geltungsgrund geschaffen worden ist.[1997] Dies gilt im Übrigen sogar für Arbeitgeber, die selbst nie normativ an einen Tarifvertrag gebunden waren, aber dennoch in ihren Arbeitsverträgen auf einen Tarifvertrag verweisen.[1998]

2. Rechtsprechungsänderung

Während der 1. und der 7. Senat des BAG damit früher davon ausgegangen sind, dass entweder ein Tarifvertrag, eine Betriebsvereinbarung nach § 87 Abs. 1 Nr. 10 BetrVG, eine allgemein eingegangene einzelvertragliche Verpflichtung oder eine einseitige Praxis des Arbeitgebers als Geltungsgrund für die Vergütungsordnung vorgelegen haben muss,[1999] änderten beide Senate in neueren Entscheidungen ihre Rechtsprechung. Die Transparenz der innerbetrieblichen Lohngerechtigkeit – so der 7. Senat – verlange, eine tarifliche Vergütungsordnung auch auf nichtorganisierte Arbeitnehmer nach § 99 Abs. 1 S. 2 BetrVG anzuwenden und den Betriebsrat nach § 99 Abs. 1 S. 1 BetrVG zu beteiligen, da der Zweck dieser Bestimmung nicht in erster Linie die Prüfung individueller Vergütungsansprüche sei, sondern die Beachtung der kollektiv geltenden Vergütungsordnung und damit die innerbetrieblichen Transparenz und Lohngerechtigkeit.[2000]

1996 BAG, 02.03.2004 – 1 AZR 271/03, NZA, 852, 856; *Bayreuther*, DZWir 2010, 353, 358; teilweise auch schon BAG, 11.06.2002 – 1 AZR 390/01, NZA 2003, 570 (= AP Nr. 113 zu § 87 BetrVG 1972 Lohngestaltung).

1997 BAG, 08.12.2009 – 1 ABR 66/08, NZA 2002, 404, 406 (= AP Nr. 380 zu § 613a BGB).

1998 Ebd.; vgl. auch zur Verpflichtung zur Gewährung von sog. „Strukturkomponenten" in diesem Fall, BAG, 12.06.2013 – 4 AZR 969/11 - u.a., juris (= AuR 2013, 331 (Kurzwiedergabe)).

1999 BAG, 23.09.2003 – 1 ABR 35/02, Nr. 27 zu § 1 BetrVG 1972 Gemeinsamer Betrieb, Rn. 25.

2000 BAG, 04.05.2011 – 7 ABR 10/10, NZA 2011, 1239, 1242 (= AP Nr. 55 zu § 99 BetrVG 1972 Eingruppierung).

Entscheidend ist damit nur mehr die Bindung des Arbeitgebers an eine im Betrieb kollektiv geltende Vergütungsordnung basierend auf einem der oben genannten Geltungsgründe. Das einzelne Arbeitsverhältnis ist damit nicht mehr Anknüpfungspunkt.

Auch der 1. Senat des BAG geht davon aus, dass die Bindung des Arbeitgebers an eine im Betrieb geltende Vergütungsordnung ausreicht, damit eine Eingruppierung nach § 99 Abs. 1 BetrVG erforderlich wird.[2001] Er sieht darüber hinaus eine Schutzlücke zu Lasten der nichttarifgebundenen Arbeitnehmer in Hinblick auf den Schutzzweck von § 87 Abs. 1 Nr. 10 BetrVG, die sich durch die Verdrängung der Mitbestimmung aufgrund von § 87 Abs. 1 Eingangss. BetrVG ergebe.[2002] Deshalb sei ein tarifliches Lohnsystem auch auf nichttarifgebundene Arbeitnehmer anzuwenden, sofern dieses der Mitbestimmung nach § 87 Abs. 1 Nr. 10 BetrVG unterliege. Dies folge auch aus der negativen Koalitionsfreiheit der nichttarifgebundenen Arbeitnehmer. Um sich vor einseitigen Maßnahmen des Arbeitgebers zu schützen, müssten die Arbeitnehmer andernfalls in die tarifschließende Gewerkschaft eintreten oder wechseln, die vom Arbeitgeber ausgewählt worden sei.[2003] Differenzierungen im Vergütungssystem hätten nicht nach Gewerkschaftszugehörigkeit, sondern tätigkeitsbezogen zu erfolgen.[2004] In seiner früheren Rechtsprechung hat das BAG noch hinsichtlich der Verdrängung der Mitbestimmung des Betriebsrats durch Tarifnormen argumentiert, der Außenseiter habe es selbst in der Hand, ob er sich dem tariflichen Schutz unterstellen möchte oder nicht.[2005]

3. Folgen

Das BAG betont stets, dass lediglich die Vergütungsstruktur einzuhalten sei, weshalb der Arbeitgeber im Grundsatz frei bleibe, die konkrete Entgelthöhe in

---

2001 BAG, 18.10.2011 – 1 ABR 25/10, NZA 2012, 392, 394 ff. (= AP Nr. 141 zu § 87 BetrVG 1972 Lohngestaltung); krit. *Reichold,* RdA 2013, 108, 109.

2002 BAG, 04.05.2011 – 7 ABR 10/10, NZA 2011, 1239 (= AP Nr. 55 zu § 99 BetrVG 1972 Eingruppierung); zust. *Ahrendt,* jurisPR-ArbR 19/2012 Anm. 3, unter C; kritisch *Salamon,* NZA 2012, 899; *Schmitt-Rolfes,* AuA 2012, 263.

2003 BAG, 18.10.2011 – 1 ABR 25/10, NZA 2012, 392, 394 ff. (= AP Nr. 141 zu § 87 BetrVG 1972 Lohngestaltung); BAG, 18.10.2011 – 1 ABR 34/10, NJOZ 2012, 1614, 1615 f. (= AP Nr. 142 zu § 87 BetrVG 1972 Lohngestaltung).

2004 BAG, 18.10.2011 – 1 ABR 25/10, NZA 2012, 392, 395 (= AP Nr. 141 zu § 87 BetrVG 1972 Lohngestaltung).

2005 BAG, 24.02.1987 – 1 ABR 18/85, AP Nr. 21 zu § 77 BetrVG 1972 (m. Anm. Richardi) (= NZA 1987, 639).

Bezug auf einen nicht tarifgebundenen Arbeitnehmer festzulegen.[2006] Ein individualrechtlicher Anspruch auf den Tariflohn besteht für den einzelnen nichttarifgebundenen Arbeitnehmer damit nicht.[2007] Damit trifft auch die Kritik nicht zu, dass hier ein Anspruch ohne Anspruchsgrundlage geschaffen worden sei, der die Unternehmerfreiheit *contra legem* einschränke.[2008] Verstößt der Arbeitgeber durch eine Änderung der Entgeltgrundsätze allerdings gegen das Mitbestimmungsrecht des Betriebsrats aus § 87 Abs. 1 Nr. 10 BetrVG, kann der Arbeitnehmer mindestens das Entgelt entsprechend der Entgeltgrundsätze fordern, das ihm vor der Änderung zugestanden hätte, womit sich zumindest Auswirkungen auf die Höhe der Vergütung im Gefüge der Vergütungsordnung ergeben.[2009] Denn dem Arbeitnehmer steht zumindest die Vergütung der Entgeltgruppe zu, in die er eingruppiert worden ist.[2010]

Auf der einen Seite wird somit Tarifflucht erschwert, da auch nach dem Ende der normativen Tarifbindung die tarifliche Vergütungsordnung bestehen bleibt und für ein Abweichen die Mitbestimmung des Betriebsrats erforderlich ist. Daher ist diese Rechtsprechungslinie durchaus geeignet, die Tarifbindung auf Arbeitgeberseite mittelbar zu stärken. Da somit aber gleichzeitig eine faktische Außenseitererstreckung *ex lege* erfolgt, da eine solche Vergütungsordnung ebenso für neu hinzugekommene Arbeitnehmer trotz anders lautender arbeitsvertraglicher Vereinbarung gilt, ergeben sich dieselben

---

2006 Jüngst die abstrakt-generelle Natur der entsprechenden Lohngrundsätze betonend BAG, 03.09.2014 – 5 AZR 109/13, juris, Rn. 19; vgl. auch BAG, 30.10.2012 – 1 ABR 61/11, NZA 2013, 281; dazu *Bertzbach,* jurisPR-ArbR 15/2013 Anm. 3, unter C; auch BAG, 04.05.2011 – 7 ABR 10/10, NZA 2011, 1239 (= AP Nr. 55 zu § 99 BetrVG 1972 Eingruppierung); *Ahrendt,* jurisPR-ArbR 19/2012 Anm. 3, unter C; krit. DKKW-*Klebe,* § 87 Rn. 311.

2007 BAG, 04.05.2011 – 7 ABR 10/10, NZA 2011, 1239 (= AP Nr. 55 zu § 99 BetrVG 1972 Eingruppierung); BAG, 18.10.2011 – 1 ABR 25/10, NZA 2012, 392, 396 (= AP Nr. 141 zu § 87 BetrVG 1972 Lohngestaltung).

2008 So aber *Bayreuther,* DZWir 2010, 353, 358; *Schmitt-Rolfes,* AuA 2012, 263; wie hier *Ahrendt,* jurisPR-ArbR 19/2012 Anm. 3, unter C; kritisch zum Ganzen *Salamon,* NZA 2012, 899; *Reichold,* BB 2009, 1470, der hier gar einen „Systemfehler" sieht.

2009 BAG, 22.06.2010 – 1 AZR 853/08, NZA 2010, 1243, 1244 f. (= AP Nr. 136 zu § 87 BetrVG 1972 Lohngestaltung); vgl. auch *Ahrendt,* jurisPR-ArbR 19/2012 Anm. 3, unter C.

2010 BAG, 18.10.2011 – 1 ABR 25/10, NZA 2012, 392, 396 (= AP Nr. 141 zu § 87 BetrVG 1972 Lohngestaltung); DKKW-*Bachner,* § 99 Rn. 257; *Bayreuther,* DZWir 2010, 353, 358.

koalitionspolitischen Bedenken in Bezug auf die Arbeitnehmer wie bei den anderen Formen der Außenseitererstreckung. Dies ist allerdings ausreichend dadurch kompensiert, dass der einzelne nichttarifgebundene Arbeitnehmer keinen individualrechtlich einklagbaren Anspruch erhält, sondern vielmehr darauf verwiesen ist, dass der Betriebsrat etwaige Verstöße des Arbeitgebers nach § 23 Abs. 3 BetrVG geltend macht.[2011] Dass der Arbeitgeber nach Beendigung der Tarifbindung in die „Traufe des Betriebsrats“[2012] gerät, ist damit nur folgerichtige Konsequenz aus dem Zusammenspiel einer tariflichen Vergütungsordnung mit dem Zweck der Mitbestimmung nach den §§ 87 Abs. 1 Nr. 10, 99 Abs. 1 S. 2 BetrVG. Den ursprünglichen Geltungsgrund hierfür hat der Arbeitgeber selbst geschaffen.

V. Zwischenfazit

Obwohl die Tarifbindung in Deutschland scheinbar fest mit der Mitgliedschaft in einem tarifschließenden Verband verknüpft ist, zeigt sich die eigentliche Stabilität des Tarifvertragssystems häufig gerade dort, wo diese Verknüpfung durchbrochen wird und der Verbandstarifvertrag auch auf Nichtmitglieder Anwendung findet.[2013]

Durch die dargestellten Formen der AVE können Tarifnormen vermittelt über den staatlichen Rechtsetzungsakt auch Außenseiter-Arbeitgeber erreichen. Damit wird Tarifflucht im Geltungsbereich eines allgemeinverbindlich erklärten Tarifvertrags verhindert, weshalb zumindest die Vermeidung der Tarifbindung keinen Grund mehr zur Verbandsflucht darstellt. Insofern kann die AVE positiv auch auf die unmittelbare Tarifbindung nach § 3 TVG wirken. Negativ können sich dagegen Trittbrettfahrereffekte auswirken. Allerdings zeigt ein Blick auf andere EU-Staaten, dass selbst dort, wo die AVE oder funktionale Äquivalente häufig eingesetzt werden, sowohl der Organisationsgrad der Arbeitgeber wie auch der Arbeitnehmer meistens höher liegen als in Deutschland.[2014] Insbesondere auf Arbeitgeberseite wirkt sich eine hohe Verbreitung der AVE in diesen Staaten in den meisten Fällen positiv auf die Zahl der Verbandsmitglieder aus.[2015]

2011 Vgl. dazu auch *Ahrendt*, jurisPR-ArbR 19/2012 Anm. 3, unter C.; kritisch aber etwa *Reichold*, FS Picker, 2010, S. 1079 ff.

2012 So kritisch *Schmitt-Rolfes*, AuA 2012, 263.

2013 Kritisch etwa *Seiwerth*, EuZA 2014, 450, 462 ff.; *Reichold*, NJW 2014, 2534, 2535 f.; *Waltermann*, NZA 2013, 1041, 1048.

2014 *Schulten*, WSI Mitt. 2012, 485, 492 f.

2015 *Schulten*, WSI Mitt. 2012, 485, 493; *Traxler*, Ind. Beziehungen 1997, 101 ff.

Die Bindungskraft des Tarifvertrags wird außerdem verstärkt, indem die Rechtsordnung Barrieren errichtet, die eine einseitige Lösung von einem Tarifvertrag erschweren oder verhindern. Vor allem betrifft das die §§ 3 Abs. 3, 4 Abs. 5 TVG bzw. § 613a Abs. 1 BGB. Auch hier beeinflusst die Rechtsordnung das Bindungsverhalten vor allem dadurch, dass sie die kurzfristige Tarif- und Verbandsflucht unterbindet und damit die Bindungskraft erhöht.

Abgesehen von den drei beschriebenen Formen der AVE ist in diesen Fällen aber stets eine zumindest ursprüngliche Legitimation durch die Mitgliedschaft in einem Verband oder die Eigenschaft als Tarifpartei erforderlich. Allerdings soll sich auch der Arbeitgeber, der zwar nicht Verbandsmitglied ist, aber sich dennoch der Ergebnisse von Tarifverhandlungen bedient, nicht auf seine Verbandsabstinenz berufen können. In diesem Zusammenhang ist insbesondere die Zulässigkeit des Partizipationsstreiks zu nennen, wonach eine dynamische Verweisung auf einen Verbandstarifvertrag in einem Firmentarifvertrag aufgrund der Rechtsprechung dazu führt, dass der betreffende Arbeitgeber im Falle eines Arbeitskampfes kein unbeteiligter Dritter mehr ist.[2016] Eine ähnliche Wirkung geht im Ergebnis auch von der geänderten Auslegung des BAG von Bezugnahmeklauseln als im Zweifel dynamische konstitutive Verweisung sowie von der subsidiären Tarifnormwirkung im Falle tariflicher Vergütungsordnungen aus. Allerdings ist hier der Begründungsstrang ein anderer und basiert im Wesentlichen auf der Transparenz der jeweiligen Bezugnahmeklausel, weshalb der Arbeitgeber die Rechtsfolgen durch entsprechende Formulierung der Arbeitsverträge vermeiden kann. Dennoch können auch diese Rechtsprechungslinien die Tarifflucht zumindest erschweren. Da diese Effekte aber lediglich einen Reflex der betreffenden arbeitsvertraglichen Gestaltung bzw. der betriebsverfassungsrechtlichen Ordnung darstellen, können die Tarifparteien in dieser Hinsicht kaum selbst Einfluss nehmen.

2016 Dazu oben, S. 142 ff.

D. Rechtliche Anreize für die Tarifbindung

Wenn auch der Staat somit die Wirkung von Tarifnomen unter bestimmten Umständen direkt beeinflussen kann, so beruht es letztlich doch auf einer Entscheidung der Tarifparteien, ob sie von ihrem Recht zur tariflichen Gestaltung der Arbeitsbedingungen Gebrauch machen oder nicht. Direkte Druckmittel sind dem Staat aufgrund von Art. 9 Abs. 3 GG versagt. Zwar sind den Tarifparteien selbst Druckmittel an die Hand gegeben, insbesondere in Form des Arbeitskampfrechts. Wo die Kampfstärke jedoch nicht ausreicht, bleiben oder entstehen häufig tariflose oder tarifarme Bereiche.[2017] Frappierendes Beispiel hierfür war, wie bereits mehrfach angesprochen, die Leiharbeits-Branche bis 2003. Wie ebenfalls bereits oben erörtert, ist sie gleichzeitig auch ein prominentes Beispiel für den Versuch, durch die Ausgestaltung der Rechtsordnung, positive Anreize für die Tarifbindung zu schaffen. Im Fall der Leiharbeit geschah dies in Form der tarifdispositiven Ausgestaltung des Gleichbehandlungsprinzips in den §§ 9 Nr. 2, 10 Abs. 4 AÜG. Dies führte zwar unmittelbar zu einer fast hundertprozentigen Tarifanwendung in der Leiharbeit, aufgrund des gegen null tendierenden Organisationsgrades der Leiharbeitnehmer allerdings fast ausschließlich durch einzelvertragliche Bezugnahme und nicht durch normative Bindung nach § 3 Abs. 1 TVG. Die Gründe hierfür wurden bereits dargelegt.[2018]

Nachfolgend soll daher untersucht werden, wo die Rechtsordnung für Arbeitgeber Anreize bereit hält, sich tariflich zu binden, wie sich diese gestalten und welchen Beschränkungen der Gesetzgeber dabei unterliegt. Zunächst soll dabei auf das tarifdispositive Gesetzesrecht eingegangen werden.

I. Tarifdispositives Gesetzesrecht

1. Verhältnis von Gesetz und Tarifnormen

Für die Betrachtung tarifdispositiver Normen ist zunächst grundsätzlich das Verhältnis von Tarifvertrag und Gesetz zu klären. Hierzu sei weitgehend auf das oben Gesagte verwiesen.[2019] Lange ging die h.M. davon aus, dass Gesetze grundsätzlich hierarchisch über Tarifverträgen stehen und – sofern

---

2017 *Behrens,* Das Paradox der Arbeitgeberverbände, 2011 (zugl. Göttingen, Univ., Habil. 2010), S. 76; *Traxler,* Interessenverbände, 1986, S. 75 f.

2018 Dazu oben, S. 233 ff.

2019 Oben, S. 31 ff.

dies ausdrücklich bestimmt ist – einem für den Arbeitnehmer günstigeren Tarifvertrag vorgehen.[2020] Dies kommt auch in der Rechtsprechung des BAG zum Ausdruck, wonach ein Tarifvertrag nur darauf hin zu überprüfen sei, „ob er gegen die Verfassung, zwingendes Gesetzesrecht, die guten Sitten und tragende Grundsätze des Arbeitsrechts verstößt“[2021]. Mittlerweile hat das BAG die Formel allerdings modifiziert: „Die Gerichte haben sie [Tarifverträge; ergänzt d. Verf.] nur daraufhin zu überprüfen, ob sie gegen das Grundgesetz oder anderes höherrangiges Recht verstoßen“[2022]. Neben dem Grundgesetz wird damit nur noch unspezifisch auf höherrangiges Recht verwiesen, womit wohl auch das Unionsrecht mit umfasst sein soll. Ob damit tatsächlich auch eine Änderung des Prüfungsmaßstabs in Bezug auf das Verhältnis zum Gesetz verbunden ist, lässt sich aus der bisherigen Rechtsprechung noch nicht eindeutig ablesen.[2023]

Die pauschale Unterwerfung von Tarifnormen unter „höherrangiges“ Gesetzesrecht stößt in der Literatur jedenfalls zunehmend auf Kritik, da sie die Verfassungsrechtsprechung zu wenig im Blick habe, die den Tarifparteien eine Normsetzungsprärogative zugestehe und dem Staat selbst nur unter Beachtung des Verhältnismäßigkeitsprinzips eine subsidiäre Zuständigkeit zum Schutz der Grundrechte Dritter einräume.[2024] Vielmehr solle der Zweck der Grund-

---

2020 BAG, 25.04.1979 – 4 AZR 791/77, AP Nr. 49 zu § 611 BGB Dienstordnungs-Angestellte; vgl. *Hanau,* NZA 1993, 817, 820; dazu ausführlich *Zachert,* NZA 1994, 529 f.

2021 Vgl. BAG, 30.01.1970 – 3 AZR 44/68, NJW 1970, 1620, 1623 (= AP Nr. 142 zu § 242 BGB Ruhegehalt).

2022 Zunächst BAG, 20.02.2001 – 3 AZR 515/99, NJOZ 2002, 114, 116 f. (= NZA 2002, 54).

2023 Die umfangreiche Rechtsprechung zum BetrAVG deutet auf eine Betonung der Tarifautonomie hin, vgl. etwa BAG, 18.09.2012 – 3 AZR 382/10, AP Nr. 56 zu § 1 BetrAVG Ablösung; eher dem alten Prüfungsschema folgend BAG, 22.07.2010 – 6 AZR 847/07, NZA 2011, 634, 638 f. (= AP Nr. 55 zu § 611 BGB Kirchendienst), allerdings in Hinblick auf den „Dritten Weg“.

2024 Kittner/Zwanziger/Deinert-*Deinert,* § 8 Rn. 179 f. mit Verweis auf BVerfG, 24.05.1977 – 2 BvL 11/74, BVerfGE 44, 322 (= AP Nr. 15 zu § 5 TVG); BVerfG, 24.04.1996 – 1 BvR 712/86, BVerfGE 94, 268 (= AP Nr. 2 zu § 57a HRG); in diesem Sinne auch BAG, 16.12.2008 – 9 AZR 985/07, NZA-RR 2010, 32, 36 (= AP Nr. 33 § 1 TVG Vorruhestand); ähnlich *Zachert,* NZA 1994, 529, 533; a.A. etwa Maunz/Dürig-*Scholz,* Art. 9 GG Rn. 269, der aus der Normsetzungsprärogative keinen Vorrang in Bezug auf die Kompetenzen ableiten möchte; wohl auch *Hueck/Nipperdey,* Bd. 2/1, 1967, S. 392; *Löwisch/Rieble,* § 1 Rn. 509 ff.

rechtsverwirklichung in den Mittelpunkt gerückt werden und von einer Fokussierung auf die institutionelle Ausgestaltung abgerückt werden.[2025] Der engere Bereich der Arbeits- und Wirtschaftsbedingungen sei nämlich „besonders eingriffsfest“[2026].

Auch unter Beachtung dieser Überlegungen ist es dem Staat allerdings nicht verwehrt, selbst auf dem Gebiet der Arbeits- und Wirtschaftsbedingungen tätig zu werden. Tut er dies in zwingender Weise, schränkt er aber rechtfertigungsbedürftig die sich aus Art. 9 Abs. 3 GG ergebende und in dessen Ausformung in den §§ 1 Abs. 1 und 4 Abs. 2 TVG weit gefasste Tarifmacht der Koalitionen ein.[2027] Dabei genießen nach Auffassung des BVerfG bestehende tarifliche Bestimmungen einen größeren Schutz durch die Tarifautonomie als Bereiche, welche die Tarifparteien ungeregelt gelassen haben.[2028]

Grundsätzlich können in diesem Zusammenhang vier Grundtypen gesetzlicher Regelungen unterschieden werden: zweiseitig zwingende Normen, einseitig zwingende Normen, tarifdispositive Normen und allgemein dispositive Normen.[2029] Während einseitig bindende Normen nur ein Abweichen zum Nachteil des Arbeitnehmers untersagen, lassen zweiseitig bindende Normen keinerlei Abweichungen vom Gesetz durch die Tarifparteien zu. Im letzteren Fall ist der Eingriff in die Tarifautonomie folgerichtig am größten. Dementsprechend selten sind solche Normen in der Rechtsordnung (vgl. aber bspw. § 3 BPersVG[2030]).[2031] Als Auslegungsregel soll im Zweifel bei arbeitsrechtlichen Schutzgesetzen von einseitig zwingendem Recht und bei arbeitsrechtlichen Organisationsgesetzen von zweiseitig bindenden Normen ausgegangen werden.[2032] Dispositive Normen ermöglichen es sowohl den Arbeitsvertragsparteien wie auch in gleichem

---

2025 Sinngemäß wohl *Zachert,* NZA 1994, 529, 532.

2026 *Zachert,* NZA 1994, 529, 534; ähnlich Kittner/Zwanziger/Deinert-*Deinert,* § 8 Rn. 183; *Henssler,* ZfA 1998, 1, 33.

2027 Vgl. schon oben S. 33 ff.; außerdem *Maschmann,* Tarifautonomie im Zugriff des Gesetzgebers, 2007 (zugl. Passau, Univ., Habil. 2003), S. 198 f.

2028 BVerfG, 24.04.1996 – 1 BvR 712/86, BVerfGE 94, 268, 285 (= AP Nr. 2 zu § 57a HRG).

2029 Wiedemann-*Wiedemann,* Einl. Rn. 350.

2030 Kritisch zur Verfassungsmäßigkeit *Däubler,* AuR 1973, 233, 234 f.; a.A. Richardi/Dörner/Weber-*Richardi,* § 3 BPersVG Rn. 6 f.; vgl. in Bezug auf § 97 BPersVG mit einer ähnlichen Argumentation Richardi/Dörner/Weber-*Kersten,* § 97 BPersVG Rn. 1 f.

2031 Vgl. ErfK-*Franzen,* § 1 TVG Rn. 13.

2032 Wiedemann-*Wiedemann,* Einl. Rn. 351; enger wohl Kittner/Zwanziger/Deinert-*Deinert,* § 8 Rn. 183.

Maß den Tarifparteien, von der gesetzlichen Regel abzuweichen (vgl. etwa § 106 GewO). Alle drei Konstellationen sind für die hier interessierende Fragestellung lediglich dahingehend von Interesse, als sie den Gestaltungsspielraum der Tarifparteien beschränken bzw. im Fall des dispositiven Rechts offenhalten. Daher sind Auswirkungen auf den Bindungswillen allenfalls mittelbar gegeben, da ein Koalitionsbeitritt oder der Abschluss eines Tarifvertrags dem Arbeitgeber keine Regelungsoptionen eröffnet, die ihm privatautonom nicht ohnehin schon möglich sind.

2. Legitimation, Zweck und Wirkung des tarifdispositiven Rechts

Anders ist dies bei tarifdispositiven Normen. Grundgedanke hinter der tarifdispositiven Ausgestaltung von Gesetzesrecht ist es, einerseits die Grundrechte und das Schutzinteresse der Arbeitnehmer dort, wo der Individualarbeitsvertrag an seine Grenzen stößt, durch ein- oder zweiseitig zwingendes Recht zu sichern, und gleichzeitig die Tarifautonomie so weit wie möglich zur Entfaltung zu bringen, indem die Tür für tarifliche Regelungen offen bleibt.[2033] Damit wird durch das tarifdispositive Recht die Subsidiarität staatlicher Normsetzung gegenüber der tariflichen Regelungsebene anerkannt.[2034]

Die Bezeichnung des tarifdispositiven Rechts als „Notrecht zu Gunsten tariffreier Bereiche des Arbeitslebens"[2035] greift allerdings dennoch zu kurz, da die tarifdispositive Norm auch in tariflich geregelten Bereichen wirkt, sofern die Tarifparteien keine Abweichung von der gesetzlichen Regel vereinbart haben. Der Gesetzgeber verwirklicht damit seine Schutzpflicht gegenüber den Arbeitnehmern, die sich aus unterschiedlichen Verfassungsbestimmungen und - grundsätzen ergeben kann (Sozialstaatsprinzip, Art. 12 Abs. 1 GG, u.a.). Die staatliche Norm kommt nur zur Anwendung, wenn keine tarifliche Norm existiert. Dementsprechend wird dem tarifdispositiven Recht auch eine Stärkung der Tarifautonomie zugeschrieben.[2036] Dabei spielen vor allem der Gedanke der größeren Sachnähe der Tarifparteien und die flexibleren Anpassungsmöglichkeiten tariflicher gegenüber gesetzlicher Regelungen in Rechtsprechung und Literatur eine

---

2033 Vgl. BVerfG, 29.12.2004 – 1 BvR 2582/03, 1 BvR 2283/03, 1 BvR 2504/03, NZA 2005, 153, 154 (= AP Nr. 2 zu § 3 AEntG); ähnlich *Ulber,* Tarifdispositives Gesetzesrecht, 2010 (zugl. Köln, Univ., Diss. 2010), S. 587, 589; *Kothe,* FS Bepler, 2012, S. 287, 299; *Bepler,* FS Kempen, 2013, S. 109, 110 f.

2034 *Zachert,* NZA 1994, 529, 533; Wiedemann-*Wiedemann,* Einl. Rn. 380.

2035 *Bepler,* FS Kempen, 2013, S. 109, 110.

2036 *Sieber,* Tarifdispositives Recht, 1996 (zugl. St. Gallen, Univ., Diss. 1996), S. 181.

wichtige Rolle.[2037] Dahinter steht das Vertrauen in die Richtigkeit tarifvertraglich ausgehandelter Lösungen.[2038]

Tatsächlich wird hier der Handlungsspielraum der Tarifparteien trotz des Tätigwerdens des Gesetzgebers offengehalten.[2039] Das erleichtert auf der einen Seite die Konsensbildung durch die erweiterte Verhandlungsmaterie und schafft ein Interesse auf Arbeitgeberseite überhaupt über einen Tarifvertrag zu verhandeln und so den rechtlichen Spielraum auszunutzen.[2040] Auf der anderen Seite wird der Tarifvertrag damit zumindest teilweise dafür eingesetzt, die gesetzlichen Rechte der Arbeitnehmer zu verkürzen, was eigentlich seiner Funktion widerspricht.[2041] Die Aussage, dass das tarifdispositive Recht Organisationssicherung für Gewerkschaften bewirke, da ihre Existenz zwingende Voraussetzung für den Abschluss von Tarifverträgen sei,[2042] ist dementsprechend mit Vorsicht zu genießen. Für die Gewerkschaften entsteht nämlich die organisationspolitische Schwierigkeit, eine Absenkung gesetzlicher Mindestbedingungen vereinbaren und gegenüber den Mitgliedern verantworten zu müssen.[2043] Besonders extrem kann sich das auswirken, wenn in einer Branche die strukturellen Voraussetzungen für eine funktionierende Tarifautonomie nicht bestehen, wie das Beispiel AÜG zeigt.

Die grundsätzliche verfassungsrechtliche Zulässigkeit tarifdispositiven Gesetzesrechts in Hinblick auf Art. 9 Abs. 3 GG wird allgemein bejaht.[2044] In Bezug auf die Arbeitnehmer ist heute im Grundsatz auch anerkannt, dass ein Arbeitgeber eine tarifliche Abweichung vom Gesetz auch auf Außenseiter anwendbar

---

2037 BAG, 28.03.2006 – 1 ABR 58/04, NZA 2006, 1112 (= AP Nr. 4 zu § 2 Tariffähigkeit); Wiedemann-*Wiedemann,* Einl. Rn. 380; *Sieber,* Tarifdispositives Recht, 1996 (zugl. St. Gallen, Univ., Diss. 1996), S. 181; vgl. auch die Begründung zum AÜG: BT-Drs. 15/25, S. 38; sowie zum ArbZG: BT-Drs. 12/5888, S. 20, 25 f., 51.

2038 Vgl. ErfK-*Franzen,* § 1 TVG Rn. 14; Wiedemann-*Wiedemann,* Einl. Rn. 380; Kittner/Zwanziger/Deinert-*Deinert,* § 8 Rn. 208.

2039 Teilweise ist die Rede von „erweitert", so etwa Däubler, TVG-*Schiek,* Einl. Rn. 325; was jedoch dem Umstand nicht gerecht wird, dass eigentlich durch das Tätigwerden des Gesetzgebers in die Tarifautonomie eingegriffen wird.

2040 *Sieber,* Tarifdispositives Recht, 1996 (zugl. St. Gallen, Univ., Diss. 1996), S. 184; *Gamillscheg,* Koll. ArbR I, 1997, S. 699.

2041 In Bezug auf das Günstigkeitsprinzip und damit auf Rechte aus dem Arbeitsvertrag: BAG, 16.09.1986 – GS 1/82, NZA 1987, 168, 173 (= AP Nr. 17 zu § 77 BetrVG 1972).

2042 *Sieber,* Tarifdispositives Recht, 1996 (zugl. St. Gallen, Univ., Diss. 1996), S. 181 f.

2043 *Gamillscheg,* Koll. ArbR I, 1997, S. 698.

2044 Statt aller Däubler, TVG-*Schiek,* Einl. Rn. 325.

machen kann.[2045] Eine Ausdehnung der Tarifmacht der Tarifparteien ist hierin nicht zu sehen, da die Bezugnahme immer noch privatautonom legitimiert ist. Auch der mittelbare Druck, der von solchen Normen auf Arbeitgeber ausgehen könnte, Mitglied einer Koalition zu werden, reicht nach zutreffender Auffassung des BVerfG nicht aus, um einen Verstoß gegen die negative Koalitionsfreiheit zu begründen.[2046] Dies gilt umso mehr, als der Arbeitgeber ggf. auch aufgrund eines Firmentarifvertrags von tarifdispositivem Gesetzesrecht abweichen kann.[2047]

3. Vorkommen

Tarifdispositive Normen sind in den unterschiedlichsten Bereichen zu finden und der Gesetzgeber macht immer häufiger von dieser Gestaltungsform Gebrauch.[2048] Der Großteil der tarifdispositiven Normen findet sich dabei im Bereich des Arbeitsschutzrechts. Besonders vielfältig sind die Regelungen zur Arbeitszeit – auch in ihrer Ausgestaltung. Gemäß § 7 Abs. 1, 2 und 2a ArbZG kann in einem Tarifvertrag oder aufgrund eines Tarifvertrags in einer Betriebs- oder Dienstvereinbarung von den gesetzlichen Regeln zur täglichen Arbeitszeit sowie zu den Ruhepausen und Ruhezeiten abgewichen werden. Unter ähnlichen Voraussetzungen können gemäß § 12 ArbZG Abweichungen zu den Regelungen zur Sonn- und zur Feiertagsarbeit vereinbart werden. Eine vergleichbare Regelung findet sich zudem in § 21a Abs. 1 JArbSchG.[2049]

Während die Vorschriften des BUrlG in Bezug auf individualvertragliche Absprachen zwingend ausgestaltet sind,[2050] kann von den meisten Bestimmungen mittels Tarifvertrag abgewichen werden. Ausgenommen hiervon sind lediglich der Urlaubsanspruch an sich, der sich aus § 1 BUrlG ergibt, sowie der persönliche Geltungsbereich in § 2 BUrlG und der jährliche Mindesturlaub von 24

2045 Dazu unten, S. 360 ff.; vgl. auch Wiedemann-*Wiedemann*, Einl. Rn. 380.

2046 BVerfG, 29.12.2004 – 1 BvR 2582/03, 1 BvR 2283/03, 1 BvR 2504/03, NZA 2005, 153, 155 (= AP Nr. 2 zu § 3 AEntG).

2047 Ebd.

2048 Vgl. Däubler, TVG-*Schiek*, Einl. Rn. 325; Wiedemann-*Wiedemann*, Einl. Rn. 380.

2049 Vgl. darüber hinaus § 19 ArbZG für den öffentlichen Dienst; § 21 S. 2 ArbZG für die Binnenschifffahrt; § 21 a Abs. 6 ArbZG für den Straßentransport; § 49 SeeArbG bzw. § 54 SeeArbG für die Seeschifffahrt.

2050 Mit Ausnahme von § 7 Abs. 2 Satz 2 BUrlG, vgl. § 13 Abs. 1 S. 3 BUrlG.

Werktagen (§ 13 Abs. 1 S. 1 BUrlG). Beschränkungen für die tarifliche Abweichung sind in § 13 Abs. 1 BUrlG darüber hinaus nicht vorgesehen.[2051]

Umfangreiche Abweichungsmöglichkeiten bestehen auch im Bereich des Teilzeit- und Befristungsrechts. Insbesondere lässt § 14 Abs. 2 S. 1 TzBfG die sachgrundlose Befristung nur bis zu einer Dauer von zwei Jahren zu, wobei in dieser Zeit höchstens eine dreimalige Verlängerung eines kalendermäßig befristeten Arbeitsvertrages zulässig ist. Durch Tarifvertrag kann gemäß § 14 Abs. 2 S. 3 TzBfG die Anzahl der Verlängerungen oder die Höchstdauer der Befristung hiervon abweichend festgelegt werden.[2052] Aufgrund von § 8 Abs. 4 Satz 3 TzBfG können außerdem die Ablehnungsgründe des Arbeitgebers für einen Antrag auf Verringerung der Arbeitszeit in einem Tarifvertrag festgelegt werden, was für den Arbeitgeber Rechtssicherheit schafft. Durch Arbeitsvertrag oder Betriebsvereinbarung ist eine solche Konkretisierung dagegen nicht möglich.[2053] Außerdem ermöglicht § 2 Abs. 2 Nr. 1 Alt. 2 AltTZG Vereinbarungen über Altersteilzeit auch durch Tarifvertrag oder durch eine aufgrund eines Tarifvertrags vereinbarte Betriebsvereinbarung und privilegiert diese insofern, als auch unterschiedliche wöchentliche Arbeitszeiten bzw. eine unterschiedliche Lage der wöchentlichen Arbeitszeiten vereinbart werden können, und hinsichtlich des Durchrechnungszeitraums mehr Flexibilität eröffnet wird.

In der Praxis von großer Bedeutung ist neben den arbeitszeitrechtlichen Vorschriften auch das Kündigungsschutzrecht. Gemäß § 622 Abs. 4 BGB kann bspw. von den Kündigungsfristen des § 622 Abs. 1 bis 3 BGB in einem Tarifvertrag abgewichen werden. Auch mehrere entgeltrelevante Normen sind tarifdispositiv ausgestaltet. So ist hinsichtlich der Bemessungsgrundlage für das fortzuzahlende Arbeitsentgelt im Krankheitsfall (§ 4 Abs. 1, 1a, 3 EFZG) eine Abweichung durch Tarifvertrag möglich (§ 4 Abs. 4 EFZG). Auch sieht § 6 Abs. 5 ArbZG verpflichtend Zuschläge für die Nachtarbeit vor, allerdings können stattdessen

---

2051 Vgl. außerdem für das Baugewerbe und sonstige Wirtschaftszweige mit häufigen Ortswechseln und kurzfristigen Arbeitsverhältnissen unter einem Jahr: § 13 Abs. 1 BUrlG; sowie für die *Deutsche Bahn AG* und die *Deutsche Post AG*: § 13 Abs. 3 BurlG.

2052 Zur unionsrechtlichen und verfassungsrechtlichen Zulässigkeit etwa BAG, 22.01.2014 – 7 AZR 243/12, NZA 2014, 483, Rn. 34 (= EzA Nr. 102 zu § 14 TzBfG); BAG, 19.03.2014 – 7 AZR 828/12, NZA-RR 2014, 462, Rn. 26 ff.; vgl. außerdem § 1 Abs. 1 S. 3 WissZeitVG; § 8 Abs. 4 S. 3 TzBfG.

2053 Vgl. Meinel/Heyn/Herms-*Heyn,* § 8 TzBfG Rn. 80; ErfK-*Preis,* § 8 TzBfG Rn. 58; vgl. darüber hinaus für den Fall der Abrufarbeit § 12 Abs. 1 und 2 TzBfG und zum „Jobsharing“ § 13 Abs. 4 TzBfG.

tarifvertraglich „Ausgleichsregelungen" getroffen werden.[2054] Ferner erlaubt § 48 Abs. 2 S. 3 ArbGG den Tarifvertragsparteien eine Festlegung des Gerichtsstands im Tarifvertrag auch über die Beschränkungen in § 38 Abs. 2 und 3 ZPO hinaus. Auch die zweimonatige Frist, innerhalb derer ein Anspruch aufgrund eines Verstoßes gegen das Benachteiligungsverbot gegen einen Arbeitgeber geltend gemacht werden muss (§ 15 Abs. 1 und 2 AGG) kann durch die Tarifvertragsparteien anders – auch zum Nachteil des Arbeitnehmers – geregelt werden (§ 15 Abs. 4 S. 1 Alt. 2 AGG).[2055] Zudem umfasst auch das UrhG tarifdispositiv ausgestaltete Normen (§§ 20b Abs. 2, 32 Abs. 4, § 32a Abs. 4 UrhG).

Noch weiter geht § 24 Abs. 1 MiLoG, der vom gesetzlichen Mindestlohn abweichende Regelungen eines repräsentativen Tarifvertrags ohne Schranke nach unten zulässt, eine solche wird erst ab dem 1. Januar 2017 auf Höhe des derzeitigen Mindestlohns (EUR 8,50) eingezogen werden. Allerdings ist die Bestimmung bis zum 31. Dezember 2017 befristet.[2056]

Die wohl meistdiskutierte tarifdispositive Regelung der vergangenen Jahre ist das Gleichbehandlungsprinzip in der Leiharbeit (§§ 9 Nr. 2, 10 Abs. 4 AÜG). Diese Regelung wurde oben bereits erörtert.[2057]

Nicht tarifdispositiv ausgestaltet ist dagegen § 613a Abs. 1 S. 2 BGB, von ihm kann nicht zuungunsten des Arbeitnehmers abgewichen werden. Vielmehr greift § 613a S. 3 BGB nur dann ein, wenn beim Erwerber die Arbeitsbedingungen durch Rechtsnormen eines anderen Tarifvertrags geregelt werden und auch der Arbeitnehmer normativ an diesen gebunden ist.[2058] Dieser stellt damit angesichts der kollektivrechtlichen Fortgeltung der Tarifnormen des „alten" Tarifvertrags nach § 613a Abs. 1 S. 2 BGB eher eine Kollisionsregel dar.

Wo eine ausdrückliche Regelung hinsichtlich der Dispositivität fehlt („verdeckt tarifdispositives Recht"), muss durch Auslegung ermittelt werden, ob eine solche besteht, wobei die h.M. in der Regel von einseitig zwingendem Recht ausgeht.[2059] Allerdings wird die verdeckte Dispositivität nur in Bezug auf sehr

---

2054 Vgl. auch § 51 Abs. 1 S. 2, Abs. 3 S. 3 SeeArbG.

2055 Hk-AGG-*Deinert,* § 15 Rn. 104; dazu auch unten S. 367 ff.

2056 Kritisch *Bepler,* in: Deutscher Juristentag, Gutachten zum 70. Deutschen Juristentag, 2014, S. B 61 ff.

2057 Dazu oben, S. 233 ff.

2058 Vgl. BAG, 21.02.2001 – 4 AZR 18/00, NZA 2001, 1318, 1323 f. (= AP Nr. 20 zu § 4 TVG); dazu auch oben, S. 196 ff.

2059 Ausführlich und insbesondere auch den Ordnungsgedanken des Arbeitsrechts betonend *Maschmann,* Tarifautonomie im Zugriff des Gesetzgebers, 2007 (zugl. Passau, Univ., Habil. 2003), S. 202 ff.

wenige Bestimmungen diskutiert und soll nur ausnahmsweise angenommen werden.[2060]

4. Ausgestaltung

Es deutet sich also bereits ein bunter Strauß an tarifdispositiven Regelungen an. Wie die vorstehende Zusammenschau zeigt, ist auch die Ausgestaltung dieser Normen vielfältig, was auch mit der jeweiligen Eigenart der betreffenden Regelungsmaterie zusammenhängt. Vorliegend rücken insbesondere drei Punkte in den Vordergrund, die das Interesse der Arbeitgeberseite an tarifdispositivem Recht beeinflussen können: (1) der Umfang der Regelungsbefugnis und damit der Flexibilisierungsmöglichkeit, welche die betreffende Norm bietet, (2) die Frage, inwiefern hierdurch ein „exklusives Gut" geschaffen wird, also die normative Bindung an einen Tarifvertrag Voraussetzung ist und (3) welche Handlungsmöglichkeiten sich auf betrieblicher Ebene hierdurch ergeben.

a) Umfang der tariflichen Regelungsbefugnis

Für den Gesetzgeber besteht das Dilemma, dass die gesetzgeberische Gestaltungsvorstellung umso eher zur Geltung kommt, je enger die Dispositivität begrenzt ist. Auf der anderen Seite steigt damit spiegelbildlich auch die Eingriffsintensität in Bezug auf die Tarifautonomie. Die verfassungsrechtlichen Grenzen der gesetzlichen Ausgestaltung tarifdispositiven Rechts ergeben sich dementsprechend sowohl aus dem Übermaßverbot hinsichtlich der Einschränkung der Tarifautonomie und damit der Betätigungsfreiheit der Koalitionen wie auch aus dem Untermaßverbot hinsichtlich der zulässigen Abweichung zulasten der Arbeitnehmer, wo verfassungsrechtliche oder unionsrechtliche Vorschriften ein entsprechendes Schutzniveau fordern.[2061]

Wie weit die Regelungsbefugnis der Tarifparteien aufgrund des tarifdispositiven Rechts reicht, hängt zudem wesentlich vom Vorverständnis in Bezug auf das Verhältnis von Tarifvertrag und Gesetz ab, sowie von der Antwort auf die Frage,

---

2060 Überwiegende Ablehnung bereits in Bezug auf §§ 74 ff. HGB und folgerichtig heute in Bezug auf § 110 GewO, vgl. Wiedemann-*Wiedemann,* Einl. Rn. 399; *Löwisch/Rieble,* § 1 Rn. 938, die sich jedoch für eine Tarifdispositivität als Folge teleologischer Reduktion oder verfassungskonformer Auslegung bei bestimmten Entgeltvorschriften aussprechen; ähnlich und eine restriktive Auslegung tarifdispositiven Rechts ablehnend Kittner/Zwanziger/Deinert-*Deinert,* § 8 Rn. 210.

2061 Vgl. Wiedemann-*Wiedemann,* Einl. Rn. 378, 388.

welcher Zweck mit dem tarifdispositiven Recht verfolgt wird. Die wohl h.M. geht von einer restriktiven Auslegung der jeweiligen Norm aus.[2062]

Nach dieser Ansicht sind die Tarifparteien auch in der inhaltlichen Ausgestaltung tariflicher Regelungen nicht völlig frei, wenn sie auf Grundlage einer tarifdispositiven Norm handeln. Sofern das Gesetz selbst inhaltliche Vorgaben macht, ist dies augenscheinlich. So werden teilweise (häufig unionsrechtlich definierte) Untergrenzen festgelegt (bspw. § 7 Abs. 8 und 9 ArbZG, § 21a JArbSchG, § 13 Abs. 1 S. 1 BUrlG) oder es muss ein Ausgleich für die Tarifabweichung geschaffen werden (bspw. die genannten Arbeitszeitbedingungen sowie § 12 Abs. 3 TzBfG, § 13 Abs. 4 TzBfG, §§ 20b Abs. 2, 32 Abs. 4, § 32a Abs. 4 UrhG). An manchen Stellen wird insgesamt nur ein enger und konkret bestimmter Rahmen (bspw. § 1 Abs. 1 S. 1 und 2 WissZeitVG[2063], § 21 a Abs. 6 ArbZG, § 51 Abs. 3 S. 3 SeeArbG) bzw. ein bestimmter Zweck (bspw. § 13 Abs. 2 S. 1 BUrlG) eröffnet oder ein bestimmter persönlicher Anwendungsbereich (bspw. § 7 Abs. 2 ArbZG, § 49 Abs. 1 Nr. 4 und 5, Ans. 3 SeeArbG, § 13 Abs. 2 und 3 BurlG) vorgegeben. Teilweise macht das Gesetz keine oder allenfalls generalklauselartige Vorgaben (bspw. § 622 Abs. 4 BGB[2064], § 21 S. 2 ArbZG, § 7 Abs. 2 und 2a ArbZG[2065]). An einigen Stellen wird auch nur die Subsidiarität der gesetzlichen Regelung festgestellt (bspw. § 51 Abs. 1 S. 2 SeeArbG, § 19 ArbZG, § 21 Abs. 2 GastG; § 20 Abs. 2 ArbnErfG[2066]). Aber auch darüber hinaus sollen sich die Tarifparteien an der Wertung des Gesetzes wie auch an der verfassungsrechtlichen und unionsrechtlichen Wertung orientieren müssen.[2067] So müssen nach der Rechtsprechung des BAG die in § 14 Abs. 1 TzBfG zum Ausdruck kommenden Wertungsmaßstäbe auch bei einer tariflichen Erweiterung

---

2062 Kempen/Zachert-*Kempen,* Grundlagen Rn. 377; Däubler, TVG-*Schiek,* Einl. Rn. 327; a.A. Kittner/Zwanziger/Deinert-*Deinert,* § 8 Rn. 210; MünchArbR-*Rieble/Klumpp,* § 169 Rn. 139; lediglich in Bezug auf ältere Gesetzesnormen *Gamillscheg,* Koll. ArbR I, 1997, S. 699.

2063 Vgl. dazu *Joussen*, in: *Joussen/WissZeitVG,* Wissenschaftszeitvertragsgesetz; KR-*Treber,* § 1 WissZeitVG Rn. 62, 65; *Preis, WissZeitVG,* § 1 Rn. 51; ErfK-*Müller-Glöge,* § 1 WissZeitVG Rn. 18; zur verfassungsrechtlichen Zulässigkeit BVerfG, 24.04.1996 – 1 BvR 712/86, BVerfGE 94, 268, 285 (= AP Nr. 2 zu § 57a HRG).

2064 Dazu auch *Schwarze,* ZfA 2011, 867, 877.

2065 Allerdings kombiniert mit der Untergrenze der § 7 Abs. 8 und 9 ArbZG.

2066 Vgl. NK-ArbNErfG-*Schwab,* § 20 Rn. 6 ff.

2067 Vgl. BAG, 15.08.2012 – 7 AZR 184/11, NZA 2013, 45 (= AP Nr. 101 zu § 14 TzBfG); ErfK-*Franzen,* § 1 TVG Rn. 14; *Waltermann,* NZA 2010, 860, 863; dazu auch *Bepler,* FS Kempen, 2013, S. 109, 111.

der Befristungsgründe des § 14 Abs. 1 S. 2 TzBfG beachtet werden.[2068] Zwar ist § 14 Abs. 1 S. 2 TzBfG allgemein dispositiv ausgestaltet, allerdings hat das BAG dasselbe auch in Bezug auf den rein tarifdispositiven § 14 Abs. 2 S. 3 TzBfG entschieden, wonach sowohl der systematische Gesamtzusammenhang wie auch Sinn und Zweck des TzBfG sowie verfassungs- und unionsrechtliche Gründe eine „immanente Beschränkung" der Dispositionsbefugnis der Tarifparteien gebieten würden. Insbesondere dürfe nicht die grundlegende Entscheidung des Gesetzgebers, dass Befristungen nur mit Sachgrund möglich sind, ausgehebelt werden.[2069] Auch in Bezug auf § 4 Abs. 4 EFZG, der hinsichtlich der Bemessungsgrundlage für das fortzuzahlende Arbeitsentgelt im Krankheitsfall eine Abweichung von den gesetzlichen Bestimmungen (§ 4 Abs. 1, 1a, 3 EFZG) mittels Tarifvertrag zulässt, betonte das BAG, dass durch die tarifliche Abweichung die im Übrigen zwingende Wirkung des EFZG (§ 12 EFZG) weder unmittelbar noch mittelbar beeinträchtigt werden dürfe: „Die durch die eingeschränkte Öffnungsklausel des § 4 IV EFZG eingeräumte Gestaltungsmacht findet ihre Grenze dort, wo der Anspruch auf Entgeltfortzahlung in seiner Substanz angetastet wird."[2070]

Eine vergleichbare Argumentation findet sich in der Literatur auch im Zusammenhang mit dem AÜG. Die Tarifparteien hätten nicht die Befugnis, die Grundwertung des Gesetzgebers aufzuheben. Dabei müsse beachtet werden, dass § 9 Nr. 2 AÜG den Zweck verfolge, einer Diskriminierung der Leiharbeitnehmer während der Überlassung vorzubeugen. Daher müsse durch die Tarifnormen den Arbeitnehmern innerhalb der gesetzlichen Wertung ein vergleichbarer Schutz zukommen. Grundgedanke der Tarifdispositivität sei es, dass die Tarifparteien den Besonderheiten der Leiharbeit besser Rechnung tragen könnten als ein branchenübergreifendes Gleichbehandlungsprinzip. Diese Besonderheiten müssten insofern auch die Grundlage der tariflichen Regelung bilden.[2071]

Dies ist im Ergebnis überzeugend. Zwar wird der Handlungsspielraum der Tarifparteien eingeschränkt, wenn sie sich an der Wertung des Gesetzes

---

2068 BAG, 09.12.2009 – 7 AZR 399/08, NZA 2010, 495, 498 (= AP Nr. 67 zu § 14 TzBfG).

2069 BAG, 15.08.2012 – 7 AZR 184/11, NZA 2013, 45, 47 (= AP Nr. 101 zu § 14 TzBfG); BAG, 05.12.2012 – 7 AZR 698/11, NZA 2013, 515, 517 (= AP Nr. 102 zu § 14 TzBfG).

2070 BAG, 24.03.2004 – 5 AZR 346/03, NZA 2004, 1042, 1044 (= AP Nr. 66 zu § 4 EntgeltFG).

2071 *Ulber,* NZA 2009, 232, 235 f.; *Waltermann,* NZA 2010, 860, 287; *Riechert,* NZA 2013, 303, 306.

orientieren müssen. Der damit verbundene Eingriff rechtfertigt sich aber bereits durch den mit dem jeweiligen Gesetz verbundenen Schutz der verfassungsrechtlich geschützten Güter Dritter. Insofern hat der Gesetzgeber bereits beim Erlass entsprechender Normen eine Verhältnismäßigkeitsprüfung durchzuführen. Den Tarifparteien muss aber eine Einschätzungsprärogative zukommen, wobei sich die gerichtliche Kontrolle auf offensichtlich dem Zweck eines Gesetzes zuwiderlaufende Gestaltung zu beschränken hat – das folgt aus der verfassungsrechtlichen Gewährleistung der Tarifautonomie.[2072]

b) *Bezugnahmemöglichkeit*

(1) Grundlagen

Die Ambivalenz des tarifdispositiven Rechts liegt – wie erwähnt – auch darin, dass seine Bedeutung vor allem in der Schlechterstellung der betroffenen Arbeitnehmer durch den Tarifvertrag im Vergleich zur gesetzlichen Regel liegt. Denn abgesehen von der Minderheit der zweiseitig bindenden gesetzlichen Vorschriften ist i.d.R. eine Abweichung zugunsten des Arbeitnehmers auch ohne Tarifvertrag möglich.[2073] Ist der Tarifvertrag in einem Betrieb normativ anwendbar, hätte die fehlende Möglichkeit zur einzelvertraglichen Bezugnahme zur Folge, dass die organisierten Arbeitnehmer, für die der Tarifvertrag nach § 4 Abs. 1 TVG unmittelbar wirkt, gegenüber den nichtorganisierten Arbeitnehmern schlechter gestellt wären.[2074] Diese koalitionspolitisch unerwünschte Folge, die auch in Hinblick auf Art. 9 Abs. 3 GG höchst bedenklich wäre,[2075] wird dadurch vermieden, dass der weit überwiegende Teil der tarifdispositiven Normen explizit die Bezugnahme auf einen abweichenden Tarifvertrag auch bei fehlender normativer Tarifgebundenheit zulässt. Dies gilt etwa für § 13 Abs. 1 S. 2 und Abs. 2 S. 2 BUrlG, § 49 Abs. 2, § 54 Abs. 2 SeeArbG, § 8 Abs. 4 S. 3 und 4 TzBfG, § 12 Abs. 3 TzBfG, § 13 Abs. 4 Satz 2 TzBfG, § 14 Abs. 2 S. 3 TzBfG, § 15 Abs. 3 TzBfG, § 22 Abs. 2 TzBfG, § 8 Abs. 4 Satz 3 AltTZG, § 1 Abs. 1 S. 4 WissZeitVG, § 310 Abs. 4 BGB, § 613a Abs. 1 S. 4 Alt. 2 BGB, § 622 Abs. 4 S. 2 BGB, § 3 Abs. 1 Nr. 3 S. 3, 9 Nr. 2 AÜG, § 15 Abs. 4 Satz 1 Alt. 2 AGG, § 101 Abs. 2 S. 2 ArbGG, § 25a Abs. 1 Nr. 4 KWG, § 45 Abs. 2 Nr. 6 KWG, § 25a Abs. 1 Nr. 4 KWG, § 53 n Abs. 3 Nr. 5 KWG, § 64b Abs. 6 VAG, § 81b Abs. 1a S. 1 Hs. 2 VAG, § 4 Abs. 5 Satz 1 Gesetz zur Errichtung eines Restrukturierungsfonds für Kreditinstitute, § 10 Abs. 2c

---

2072 So auch *Riechert,* NZA 2013, 303, 306.

2073 Wiedemann-*Wiedemann,* Einl. Rn. 378.

2074 ErfK-*Franzen,* § 1 TVG Rn. 14.

2075 Ähnlich auch Däubler, TVG-*Schiek,* Einl. Rn. 326.

S. 1 Gesetz zur Errichtung eines Finanzmarktstabilisierungsfonds.[2076] Den Arbeitgeber durch Tarifvertrag zur Außenseitererstreckung im Betrieb durch einzelvertragliche Bezugnahme zu verpflichten, ist allerdings nach Auffassung des BAG nicht zulässig.[2077] Dass die Erstreckung aber trotzdem fast immer erfolgt, wurde bereits oben dargestellt.

Erst die Bezugnahmemöglichkeit macht das tarifdispositive Recht damit für den einzelnen Arbeitgeber interessant und mag in Hinblick auf die Arbeitsverhältnisse bei tarifgebundenen Aurbeitgebern auch aufgrund der Koalitionsfreiheit geboten sein, da ansonsten die Gewerkschaftmitglieder schlechter stünden als die Außenseiter-Arbeitnehmer, für die das gesetzliche Niveau gelten würde.[2078] Auf der anderen Seite wird dadurch erst der Boden für Fehlentwicklungen bereitet wie bspw. im Bereich der Leiharbeit, wo der erforderliche Organisationsgrad auf Arbeitnehmerseite fehlt. Ferner sehen sich, wie bereits oben erwähnt, Gewerkschaften dazu gedrängt, eine Absenkung gesetzlicher Mindestbedingungen zu vereinbaren, was bei Vorliegen der unterstellten Durchsetzungsfähigkeit[2079] noch hinnehmbar erscheinen mag. Allerdings macht dies deutlich, dass die Ausgestaltung tarifdispositiver Normen immer auch die Struktur der Branche bzw. des Regelungsbereichs im Blick haben muss. Ein vorsichtiges Gegensteuern ist im Bereich der Leiharbeit, wie dargestellt, sowohl auf Seiten der Rechtsprechung wie auch des Gesetzgebers erkennbar.

Ein zweiter Problempunkt in Hinblick auf die Bezugnahmemöglichkeit liegt in der bereits erwähnten „Trittbrettfahrerproblematik". Die Verbandsmitgliedschaft oder Stellung als Tarifpartei des Arbeitgebers ist nämlich in keiner der genannten Normen Voraussetzung für die Inbezugnahme. Die stimulierende Wirkung des tarifdispositiven Rechts beruht aber wesentlich drauf, dass die Tarifbindung hinsichtlich einer bestimmten Regelungsmaterie die Möglichkeit schafft, branchen-, tätigkeits- oder mitunter auch betriebsspezifische Lösungen zu erreichen. Daher wird diese Wirkung deutlich relativiert, wenn auch Außenseiter-Arbeitgeber auf einen abweichenden Tarifvertrag verweisen

---

2076 Genannt sind an dieser Stelle nicht nur die tarifdispositiven Normen, sondern auch die privilegierenden Normen, die auf S. 367 ff. behandelt werden, da die Bezugnahmemöglichkeit hier dieselbe Wirkung auf die Attraktivität der Tarifbindung für Arbeitgeber auslöst.

2077 BAG, 10.12.2002 – 1 AZR 96/02, NZA 2003, 734, 740 (= AP Nr. 162 zu Art. 9 GG Arbeitskampf).

2078 In diesem Sinne auch *Bepler*, FS Kempen, 2013, S. 109, 115.

2079 Dazu oben S. 121 ff.

können. Der betreffende Arbeitgeber verliert lediglich die Gelegenheit, über die Verbandsgremien an der tariflichen Regelung mitzuwirken.

(2) Voraussetzungen

In diesem Zusammenhang stellt sich ferner die Frage, welche Voraussetzungen an eine Bezugnahme geknüpft sind, denn je enger der Arbeitgeber durch die Verweisung auf einen Tarifvertrag an diesen gebunden wird, desto weniger lohnt sich für ihn gegebenenfalls ein Verbandsaustritt, um der Tarifbindung zu entkommen. Gleichzeitig würden die tarifpolitischen Auswirkungen zwar nicht formal aber doch praktisch abgemildert, da die Tarifbestimmungen zumindest vermittelt durch den Arbeitsvertrag Wirkung erlangen.

Festzuhalten ist zunächst, dass die Bezugnahmemöglichkeit nur die fehlende Tarifbindung ersetzen soll.[2080] Daraus folgt, dass auch hier nur auf einen fachlich, räumlich und zeitlich einschlägigen Tarifvertrag verwiesen werden darf.[2081] Denn nur in diesem Fall kann die „Richtigkeit" der betreffenden Regelungen unterstellt werden, die zum einen die Abweichung vom Gesetz und zum anderen die bereits angesprochene Nichtdurchführung der Inhaltskontrolle (§ 310 Abs. 4 BGB) rechtfertigt. Außerdem kann auch nur so der Zweck der sachnäheren Regelungen erreicht werden.[2082] Dies ist in den meisten gesetzlichen Bestimmungen auch ausdrücklich festgelegt (§§ 8 Abs. 4, 12 Abs. 3, 13 Abs. 4 TzBfG, § 613a Abs. 1 S. 4 BGB, § 13 Abs. 1 BUrlG u.a.).

Umstrittener ist dagegen auch hier, ob eine punktuelle Verweisung auf die vom Gesetz abweichende Tarifbestimmung ausreicht oder ob der ganze Tarifvertrag in Bezug genommen werden muss. Teilweise wird eine punktuelle Verweisung für ausreichend erachtet.[2083] Die h.M. geht allerdings davon aus, dass alle Regelungen aus dem jeweiligen Sachzusammenhang übernommen werden müssen, selbst wenn sich dieser auf unterschiedliche Tarifverträge erstreckt. Andernfalls könnte nach der „Rosinentheorie" nur auf die für den Arbeitnehmer

---

2080 Vgl. auch *Franzen*, FS Picker, 2010, S. 929, 950.

2081 Vgl. Däubler, TVG-*Schiek*, Einl. Rn. 326; *Bepler*, FS Kempen, 2013, S. 109, 117; Wiedemann-*Wiedemann*, Einl. Rn. 394; zu § 4 Abs. 4 S. 2 EFZG: MünchKommBGB-*Müller-Glöge*, § 4 EFZG Rn. 31; ErfK-*Reinhard*, § 4 EFZG Rn. 28; zu § 1 Abs. 1 WissZeitVG etwa BT-Drs. 15/4132, S. 18 f.; KR-*Treber*, § 1 WissZeitVG Rn. 68; eine beschränkte Ausnahme bildet § 22 Abs. 2 TzBfG.

2082 *Bepler*, FS Kempen, 2013, S. 109, 117; *Zimmer*, in: Zimmer, Tarifliche Unterbietungskonkurrenz, 2011, S. 25, 28; *Giesen*, ZfA 2010, 657, 663 ff.

2083 *Bepler*, FS Kempen, 2013, S. 109, 116.

nachteilige Abweichung zum Gesetz Bezug genommen werden.[2084] Dies entspricht in einigen Fällen der geltenden Gesetzeslage, so verlangt etwa § 13 Abs. 1 S. 2 BUrlG, dass auf die „einschlägige[n] Urlaubsregelung“ verwiesen werden muss (ähnlich § 4 Abs. 4 S. 2 EFZG, § 8 Abs. 4 S. 3 TzBfG u.a.). Andere gesetzliche Regelungen wie § 7 Abs. 3 S. 1 ArbZG, § 622 Abs. 4 S. 2 BGB oder § 4 Abs. 4 EFZG bestimmen dies nicht ausdrücklich. Allerdings leitet sich bereits aus dem mit der zwingenden Ausgestaltung der jeweiligen gesetzlichen Vorschrift bezweckten Arbeitnehmerschutz ab, dass zumindest eine punktuelle Bezugnahme ausscheidet.[2085]

Dennoch ist fraglich, ob eine Verweisung auf den jeweiligen Sachzusammenhang überhaupt ausreicht, denn die Kompromissbildung des tarifvertraglichen Verhandlungsmechanismus wird sich in den meisten Fällen – wie oben bereits ausgeführt – nicht auf einen einzelnen Regelungskomplex beschränken. Die Richtigkeit kann sich demnach nicht aus einem einzelnen Sachzusammenhang ergeben.[2086] Wenn man dem Tarifvertrag eine Richtigkeitsgewähr unterstellt bzw. ihm ein „Richtigkeitsvertrauen“[2087] entgegenbringt, kann sich diese dementsprechend i.d.R. nur auf den ganzen Tarifvertrag und u.U. – wo ein innerer Zusammenhang besteht – sogar nur auf das ganze Tarifwerk beziehen.[2088] Ein Komplettverweis ist bislang ausdrücklich allerdings nur in § 48 Abs. 2 ArbGG gefordert.[2089] Wo eine gesetzliche Bestimmung nicht ausdrücklich die Beschränkung der Inbezugnahme auf den betreffenden Sachzusammenhang erlaubt, muss daher – entgegen der h.M. – entsprechend dem Schutzzweck der jeweiligen tarifdispositiv ausgestalteten Norm zumindest der betreffende Tarifvertrag, u.U. aber auch das ganze Tarifwerk, in Bezug genommen werden.[2090] Wird

2084 Vgl. *Gamillscheg,* Koll. ArbR I, 1997, S. 705 f.; Wiedemann-*Wiedemann,* Einl. Rn. 394 f.; etwa zu § 4 Abs. 4 S. 2 EFZG: MünchKommBGB-*Müller-Glöge,* § 4 EFZG Rn. 31.

2085 So auch Wiedemann-*Wiedemann,* Einl. Rn. 395.

2086 *Bepler,* in: Deutscher Juristentag, Gutachten zum 70. Deutschen Juristentag, 2014, S. B66; so etwa auch in Bezug auf § 15 AGG: Schaub, Hdb. ArbR-*Linck,* § 36 Rn. 95; Hk-AGG-*Deinert,* § 15 Rn. 94; *Diehn,* NZA 2004, 129, 131.

2087 BAG, 15.08.2012 – 7 AZR 184/11, NZA 2013, 45, 48 (= AP Nr. 101 zu § 14 TzBfG).

2088 Dazu bereits oben, S. 330 f.

2089 Vgl. auch *Bepler,* FS Kempen, 2013, S. 109, 117.

2090 So auch, allerdings beschränkt auf einen Tarifvertrag Däubler, TVG-*Schiek,* Einl. Rn. 326; stets eine Übernahme des gesamten Tarifvertrags verlangend Kempen/ Zachert-*Brecht-Heitzmann,* § 3 TVG Rn. 212; zumindest in Bezug auf § 1 Abs. 1 WissZeitVG auch KR-*Treber,* § 1 WissZeitVG Rn. 68; in Bezug auf das AÜG:

dagegen nur auf einzelne Sachbereiche verwiesen, muss dementsprechend zumindest eine gerichtliche Inhaltskontrolle erfolgen, so als ob es sich um eine einzelvertragliche Abrede handelte.[2091]

c) *Tarifliche oder betriebliche Ebene*

Vorgaben hinsichtlich der Art des Tarifvertrags machen die tarifdispositiven Normen nicht, auch eine Hierarchisierung ist nicht vorgesehen, so sind neben Verbandstarifverträgen gleichberechtigt auch Firmentarifverträge möglich.[2092] Damit ist es dem einzelnen Arbeitgeber grundsätzlich auch möglich, selbstständig mit einer Gewerkschaft eine Abweichung vom tarifdispositiven Gesetzesrecht zu vereinbaren und diese gegebenenfalls über die einzelvertragliche Bezugnahme auf die ganze Belegschaft auszudehnen.

Zudem lässt ein großer Teil dieser gesetzlichen Bestimmungen ausdrücklich eine Öffnung der Tarifverträge zugunsten von Dienst- oder Betriebsvereinbarungen zu (bspw. §§ 7 Abs. 1–2a, 12 ArbZG, § 21 a Abs. 1 JArbSchG, § 2 Abs. 2 AltTZG).[2093] Während solche Bestimmungen angesichts der Möglichkeit zur betriebsnahen Lösung das Potential haben, die Tarifbindung positiv zu beeinflussen, wird dies durch § 7 Abs. 3 ArbZG wieder dadurch eingeschränkt, dass auch in nicht tarifgebundenen Betrieben die abweichende tarifliche Regelung im Geltungsbereich des Tarifvertrags übernommen werden kann. Sofern kein Betriebsrat besteht, kann dies sogar einzelvertraglich erfolgen.

Noch weiter geht § 7 Abs. 5 ArbZG, der Abweichungen zu § 7 Abs. 1, 2, und 2a ArbZG in Bereichen, in denen Tarifverträge üblicherweise nicht getroffen werden, dennoch zulässt, wenn sie durch die Aufsichtsbehörde bewilligt werden, die Abweichung aus betrieblichen Gründen erforderlich ist und die Gesundheit der Arbeitnehmer nicht gefährdet wird. In den Materialen zum ArbZG werden beispielhaft Rechtsanwälte und Notare, Wirtschaftsprüfer, Unternehmens- und Steuerberater, Arbeitgeber - und Unternehmerverbände, Gewerkschaften sowie Industrie- und Handelskammern genannt.[2094]

Schüren, AÜG-*Schüren,* § 9 Rn. 160 f.; a.A. und einen unzutreffenden Vergleich zum Sachgruppenvergleich beim Günstigkeitsprinzip ziehend *Gamillscheg,* Koll. ArbR I, 1997, S. 705 f.

2091 So auch Däubler, TVG-*Schiek,* Einl. Rn. 326.

2092 Vgl. DKKW-*Trümner,* § 3 Rn. 14; Wiedemann-*Wank,* § 4 Rn. 299a.

2093 Zu § 7 Abs. 1-2a ArbZG etwa ErfK-*Wank,* § 7 ArbZG Rn. 3.

2094 BT-Drs. 12/5888, S. 28.

5. Bewertung

Zwingendes staatliches Recht im Bereich der Arbeits- und Wirtschaftsbedingungen stellt immer einen Eingriff in die Tarifautonomie dar. Es soll daher nur dort eingesetzt werden, wo es notwendig ist, weil auf tariflichem Weg das erforderliche Schutzniveau nicht flächendeckend gewährleistet werden kann. Ob die hierfür erforderliche Subsidiaritätsprüfung – wie sie etwa vom europäischen Gesetzgeber in Bezug auf die Mitgliedsstaaten stets und formalisiert durchgeführt wird – derzeit immer in ausreichendem Maß erfolgt, kann an dieser Stelle dahinstehen. Infrage gestellt wird der staatliche Eingriff zulasten der Tarifparteien in der Literatur etwa in Bezug auf das Beschäftigungsförderungsgesetz, das Ladenschlussgesetz[2095] oder sogar die Entgeltfortzahlung im Krankheitsfall[2096].

Wo allerdings die Festlegung von Mindestbedingungen geboten ist, stellt die tarifdispositive Ausgestaltung eine wichtige Möglichkeit dar, den Eingriff in die Tarifautonomie verhältnismäßig zu gestalten. Damit eine gesetzliche Öffnung nicht zu einer bloßen Unterschreitung gesetzlich zwingender Schutzstandards genutzt wird, müssen sowohl die strukturellen Voraussetzungen im betreffenden Bereich gegeben sein wie auch eine hinreichende Konkretisierung der betreffenden Norm erfolgen.[2097] Dass dies nicht immer der Fall ist, zeigt eindrücklich das Beispiel des AÜG.[2098] Dennoch wird man den tarifdispositiven Normen nicht gerecht, wenn sie lediglich als „Fehlanreize“[2099] betrachtet werden. Denn zum einen bietet dieses Instrument das Potential, in bestimmten Bereichen, wo die gesetzliche Gestaltung an ihre Grenzen gerät, branchengerechte Lösungen zu finden, zu denken ist etwa an die Lage der Arbeitszeit oder auch das Urlaubsrecht. Zum anderen – und das ist vorliegend besonders von Interesse – kann es für den einzelnen Arbeitgeber einen Anreiz schaffen, sich überhaupt tariflich zu binden. Ziel darf allerdings nicht die Tarifbindung um jeden Preis sein.

Als besonders problematisch hat sich dabei die Bezugnahmemöglichkeit auf verschlechternde Tarifverträge abseits der normativen Bindung erwiesen. Einerseits hat dies den Nachteil, dass der Arbeitgeber nicht tarifgebunden sein muss, aber dennoch in den Genuss einer ansonsten den Tarifparteien vorbehaltenen Abweichung vom Gesetzesrecht kommen kann. Andererseits wurde

2095 *Grotmann-Höfling*, Personal 2008, 56.
2096 Kittner/Zwanziger (5. Aufl.)-*Kittner*, Geschichte Rn. 4.
2097 Vgl. *Nebe*, SR 2013, 1, 13.
2098 *Bepler*, FS Kempen, 2013, S. 109, 115.
2099 *Nebe*, SR 2013, 1, 13.

hierdurch der Missbrauch der Tarifautonomie durch durchsetzungsschwache Gewerkschaften im Bereich der Leiharbeit erst ermöglicht. In Bezug auf die Leiharbeit wird daher teilweise gefordert, die Bezugnahme auf Leiharbeitstarifverträge abzuschaffen.[2100] Eine komplette Abschaffung der Bezugnahmemöglichkeit würde zur negativen Konsequenz führen, dass die organisierten Arbeitnehmer im tarifgebundenen Betrieb gegenüber den nichtorganisierten benachteiligt würden, und ist daher abzulehnen. Viel eher ist an der Ausgestaltung der jeweiligen Norm anzusetzen, etwa durch enger gefasste Kriterien für die Inanspruchnahme, Anforderungen hinsichtlich Ausgleichsregelungen o.ä. (wie etwa im Bereich des ArbZG) oder gar eine Einschränkung der Bezugnahmemöglichkeit auf normativ gebundene Arbeitgeber. Der Gutachter für den 70. Deutschen Juristentag hat insofern gefordert, grundsätzlich die Möglichkeit zur Abweichung von zwingendem Recht zu Lasten der Arbeitnehmer in Bezug auf wichtigen Gegenständen wie das Arbeitsentgelt, die Arbeitszeit oder das Befristungsrecht mittels Tarifvertrags nicht zu eröffnen.[2101] Darüber hinausgehend schlug dort *Deinert* vor, dass Abweichungen von zwingendem Recht zu Lasten der Arbeitnehmer nur durch Tarifvertrag möglich sein sollten, nicht aber auf Basis einer Bezugnahme auf den Tarifvertrag. Selbst Abweichungen durch Firmentarifvertrag sollten nur in dem Rahmen zugelassen werden, den ein Verbandstarifvertrag eröffnet.[2102]

Tarifdispositives Recht bietet insgesamt das Potential, gesetzliche Schutzstandards unter Wahrung der Tarifautonomie zu definieren, und ist daher eine im Grundsatz begrüßenswerte Gestaltungsform.[2103] Entscheidend ist allerdings, dass Einsatz und Ausgestaltung mit Augenmaß erfolgen, hier bieten die Vorschläge des Gutachters und der Referenten am 70. Deutschen Juristentag einen guten Ausgangspunkt.

2100 *Waltermann,* NZA 2010, 860, 863; a.A. *Schüren/Wank,* RdA 2011, 1, 5; vgl. auch den Vorschlag von *Richardi,* FS Wissmann, 2005, S. 159, 172, der für eine großzügige Handhabe der Tariffähigkeit plädiert, dafür aber Tarifverträge in Bezug auf bestimmte Normen, wie etwa tarifdispositive Normen nur bei Erfüllung weiterer Kriterien anzuerkennen.

2101 *Bepler,* in: Deutscher Juristentag, Gutachten zum 70. Deutschen Juristentag, 2014, S. B61 ff.; zust. *Giesen,* Deutscher Juristentag, Thesen der Gutachter und Referenten, 2014, S. 21, These 11; a.A. *Reichold,* NJW 2014, 2534, 2537; *Lobinger,* JZ 2014, 810, 816.

2102 Deutscher Juristentag, Thesen der Gutachter und Referenten, 2014, S. 19, These 9.

2103 Im Grundsatz auch *Wendeling-Schröder,* AuR 2013, 192, 197.

II. Privilegierung tariflicher Regelungen

1. Besserstellung gegenüber der individuellen Vetragsbeziehung

Neben der Möglichkeit, aufgrund tariflicher Regelungen von zwingenden gesetzlichen Regelungen abzuweichen, bietet die Rechtsordnung an verschiedenen Stellen eine Privilegierung von Tarifverträgen gegenüber der individuellen Vertragsbeziehung.

Allen voran ist die Ausnahme der Tarifverträge von der Anwendung des AGB-Rechts nach § 310 Abs. 4 S. 1 BGB zu nennen. Wie bereits oben dargestellt, werden Tarifverträge dabei gemäß § 310 Abs. 4 S. 3 BGB Rechtsvorschriften i.S.v. § 307 Abs. 3 BGB gleichgestellt. Zwar wird hier die tarifliche Normsetzung gegenüber dem privatautonomen Vertragsrecht privilegiert, allerdings soll – wie ebenfalls bereits dargestellt – diese Privilegierung auch dann zur Anwendung kommen, wenn individualvertraglich auf einen solchen Tarifvertrag Bezug genommen wird.[2104] Eine normative Wirkung des Tarifvertrags auf Arbeitgeber aufgrund von Verbandsmitgliedschaft oder Stellung als Tarifpartei (§ 4 Abs. 1 TVG) ist damit nicht erforderlich, weshalb allenfalls eine eingeschränkte Anreizwirkung für die Tarifbindung von § 310 Abs. 4 BGB ausgehen dürfte.

§ 1 Abs. 3 S. 1 KSchG nennt eine Reihe an sozialen Kriterien, die im Rahmen einer betriebsbedingten Kündigung zu beachten sind. Werden in einem Tarifvertrag (sowie einer Betriebsvereinbarung nach § 95 BetrVG oder einer Richtlinie nach dem Personalvertretungsgesetz) Richtlinien über die Bewertung dieser sozialen Gesichtspunkte festgelegt, können diese bei einer betriebsbedingten Kündigung gerichtlich nur auf grobe Fehlerhaftigkeit hin überprüft werden werden (§ 1 Abs. 4 KSchG). § 1 Abs. 3 KSchG steht dabei weder zur Disposition der Arbeitsvertragsparteien noch der Tarif- bzw. Kollektivvertragsparteien. Denn auch wenn hier ein milderer Prüfungsmaßstab angelegt wird, so wird den Parteien durch das Gesetz keine Abweichungsmöglichkeit eingeräumt. Die Aufgabe der Tarifparteien (bzw. Kollektivvertragsparteien) liegt hier vorrangig in der Konkretisierung der staatlichen Grundentscheidung.[2105] Entsprechende tarifvertragliche Bestimmungen stellen Betriebsnormen dar.[2106]

2104 Dazu oben, S. 330 f.

2105 Vgl. BAG, 05.06.2008 – 2 AZR 907/06, NZA 2008, 1120, 1123 f.; KR-*Griebeling*, § 1 KSchG Rn. 31 ff., 697; KDZ-*Deinert*, § 1 KSchG Rn. 674; APS-*Dörner/Vossen*, § 1 KSchG Rn. 5 f., 778.

2106 KR-*Griebeling*, § 1 KSchG Rn. 695; *Jacobs*, NZA 2008, 325, 332; ErfK-*Oetker*, § 1 KSchG Rn. 352 m.w.N.

Da Betriebsnormen nur dann einer Bezugnahme zugänglich sind, wenn sie auch Bestandteil eines Arbeitsvertrags sein können,[2107] scheidet eine Bezugnahme in diesem Fall aufgrund des kollektiven Charakters der Regelung aus. Hier liegt also tatsächlich eine Privilegierung der tariflichen Regulierung vor, auch wenn nur eine beschränkte Gestaltungskompetenz der Tarifparteien gegeben ist.

Eine praktisch wichtige Bestimmung stellt auch die reduzierte Nachweispflicht beim Abschluss eines Arbeitsvertrags dar, wenn die Arbeitsbedingungen in einem auf das Arbeitsverhältnis anwendbaren Tarifvertrag bzw. einer Betriebs- oder Dienstvereinbarung beruhen (vgl. §§ 2 Abs. 1 Nr. 10 und 3, 3 NachwG sowie § 82 Abs. 1, 3 Nr. 12, 6, 7 SeeArbG). Umstritten ist allerdings, ob der Hinweis nach § 2 Abs. 1 Nr. 10 NachwG schon ausreicht, um auch den Inhalt der betreffenden Kollektivvereinbarung nachzuweisen.[2108] Letztlich ist die Anreizwirkung jedenfalls nur beschränkt vorhanden, da auch hier die normative Gebundenheit keine Voraussetzung darstellen soll, sondern die einzelvertragliche Verweisung genügt.[2109]

Daneben besteht in § 15 Abs. 3 AGG ein Haftungsprivileg, wonach der Arbeitgeber bei der Anwendung kollektivrechtlicher Regelungen nur bei Vorsatz oder grober Fahrlässigkeit für einen Verstoß gegen das Benachteiligungsverbot haften muss, zumindest sofern er diese richtig anwendet.[2110] Dass unter kollektivrechtlichen Regelungen neben Tarifverträgen auch Betriebsvereinbarungen zu verstehen sind, mindert angesichts des § 77 Abs. 3 BetrVG die Anreizwirkung für eine Tarifbindung des einzelnen Arbeitgebers nicht unbedingt, da zumindest bei Tarifüblichkeit keine betriebliche Regelung zulässig ist. Allerdings greift auch das Haftungsprivileg bereits bei einzelvertraglicher Bezugnahme.[2111] Diese Bestimmung erfährt in der Literatur gleich in mehrfacher Hinsicht Kritik. Zum einen wird sie verbreitet als unionsrechtswidrig und damit unanwendbar angesehen, da sie zumindest in Bezug auf die

2107 Däubler, TVG-*Lorenz*, § 3 Rn. 241.

2108 Dafür BAG, 17.04.2002 – 5 AZR 89/01, NZA 2002, 1096, 1097 f., MünchKommBGB-*Müller-Glöge*, § 611 BGB Rn. 662; a.A. ErfK-*Preis*, § 1 NachwG Rn. 25.

2109 BT-Drs. 13 /1753, S. 14; zu den konkreten Anforderungen an den Hinweis im Arbeitsvertrag ErfK-*Preis*, § 1 NachwG Rn. 29 f.

2110 Schaub, Hdb. ArbR-*Linck*, § 36 Rn. 95; *Nebling/Miller*, RdA 2007, 289, 292 f.; zum Inhalt auch Hk-AGG-*Deinert*, § 15 Rn. 89a ff.; dort auch zum Streit, ob auch der materielle Schadensersatz erfasst sein soll.

2111 ErfK-*Schlachter*, § 15 AGG Rn. 14.

Entschädigung für immaterielle Schäden die unionsrechtliche Vorgabe zur verschuldensunabhängigen Haftung teilweise aushebelt.[2112] Aber selbst wenn man der Norm einen stimulierenden Effekt in Bezug auf die Tarifbindung unterstellte und sie für anwendbar hielte, stößt sie zu Recht auf rechtspolitische Bedenken, da sich die vom Gesetzgeber unterstellte Richtigkeitsgewähr eines Tarifvertrags nicht auf dessen Rechtsmäßigkeit sondern auf seine inhaltliche Angemessenheit in der Austauschbeziehung von Arbeitgeber und Arbeitnehmer bezieht.[2113] Einer Rechtskontrolle ist ein Tarifvertrag aber durchaus zugänglich, hier wird die Richtigkeit gerade nicht unterstellt.[2114] Ferner weist *Jacobs* noch darauf hin, dass bei einem Firmentarifvertrag oder einer Betriebsvereinbarung, auf welche Art. 15 Abs. 3 AGG ebenfalls Anwendung finden soll, der Arbeitgeber selbst Vertragspartei ist, was die Intention hinter dem Haftungsprivileg in dieser Konstellation umso zweifelhafter erscheinen lässt.[2115]

Während § 11 Abs. 6 VermBG hinsichtlich der Modalitäten der Anlage von Teilen des Arbeitslohns weder eine tarifdispositive Regelung noch eine Privilegierung des Tarifvertrags darstellt, da der hierdurch eröffnete Regelungsspielraum in Bezug auf § 11 Abs. 3 bis 5 VermBG auch den Arbeitsvertragsparteien offen steht,[2116] ermöglicht es § 12 S. 2 VermBG die Wahlfreiheit in Bezug auf die Anlageart durch Tarifvertrag zu beschränken.[2117] Entsprechende Bestimmungen werden zwar aufgrund ihres eingeschränkten Anwendungsbereichs von sich aus die grundsätzliche Bereitschaft, eine Tarifbindung einzugehen, kaum beeinflussen, können aber im Zusammenwirken mit anderen privilegierenden Normen durchaus die Attraktivität einer Tarifbindung erhöhen.

2112 Vgl. nur EuGH, 22.04.1997 – C-180/95, Slg. 1997, S. I-2195 (*Draehmpaehl*), Rn. 17; zu den unionsrechtlichen Vorgaben KR-*Treber,* § 15 AGG Rn. 12 sowie 45 zur Unionsrechtswidrigkeit; zur Unanwendbarkeit EuGH, 19.01.2010 – C-555/07, Slg. 2010, S. I-365 (*Kücükdeveci*), Rn. 53; Hk-AGG-*Deinert,* § 15 Rn. 93; *Kamanabrou,* RdA 2006, 321, 337; wohl auch *Roetteken,* NZA-RR 2013, 337, 344; i.E. auch MünchKommBGB-*Thüsing,* § 2 AGG Rn. 27.

2113 Vgl. aber BT-Drs. 16/1780, S. 38; dagegen *Kamanabrou,* RdA 2006, 321, 337 f.; Hk-AGG-*Deinert,* § 15 Rn. 89.

2114 Hk-AGG-*Deinert,* § 15 Rn. 89.

2115 *Jacobs,* RdA 2009, 193, 197.

2116 Blümich-*Treiber,* § 11 VermBG Rn. 39.

2117 Blümich-*Treiber,* § 12 VermBG Rn. 15; ähnlich auch im Bereich des SGB IV: §§ 7d Abs. 3 S. 2 Nr. 1, 7e Abs. 1 S. 2 SGB IV.

2. Privilegierung gemeinsamer Einrichtungen

Auf die Wirkung der Möglichkeit, gemeinsame Einrichtungen zu errichten, wurde bereits oben eingegangen.[2118] Diese werden auch über das Tarifrecht hinaus privilegiert (vgl. bspw. § 5 Abs. 1 Nr. 22 KstG hinsichtlich der Befreiung von der Körperschaftssteuer bzw. § 3 Nr. 29 GewStG zur Befreiung von der Gewerbesteuer; § 4 Nr. 6 VersStG hinsichtlich der Ausnahme von der Versicherungssteuer einer Lohnausgleichskasse zur Unterstützung bei Arbeitsunfällen; § 118b Abs. 4 VAG hinsichtlich des Status als „regulierte Pensionskasse"). Je attraktiver und kostengünstiger, etwa durch Steuervergünstigungen, gemeinsame Einrichtungen gestaltbar sind, desto eher können deren oben beschriebene Vorteile zum Tragen kommen und damit sowohl das Interesse der Tarifparteien wie auch des einzelnen Arbeitgebers an den Einrichtungen erhöhen.

3. Betriebsverfassungsrecht

Eine Sonderstellung nehmen die Normen des BetrVG ein, die den Tarifparteien Abweichungen zu betriebsorganisatorischen gesetzlichen Regelungen erlauben. Abweichende tarifliche Regelungen können ausdrücklich etwa aufgrund der §§ 3, 21a Abs. 1 S. 4, 38 Abs. 1 S. 3, 47 Abs. 4, 55 Abs. 4, 72 Abs. 4 und 8, 76 Abs. 8, 76a Abs. 5, 77 Abs. 3 S. 2 und Abs. 4 S. 3, 86, 117 Abs. 2 BetrVG, § 325 Abs. 2 UmwG getroffen werden. Diese stellen allerdings keine tarifdispositiven Normen i.e.S. dar, da eine einzelvertragliche Abweichung vom Gesetz gar nicht erst in Betracht kommt. Es handelt sich vielmehr um eine betriebsverfassungsrechtliche Zuständigkeit der Tarifparteien.[2119]

Da die meisten dieser Normen eher auf eine Stärkung der Arbeitnehmervertretung im Betrieb gerichtet sind, sind sie aber sowieso kaum geeignet, das Interesse eines Arbeitgebers an einer tariflichen Regelung zu erhöhen.[2120] Durchaus im Interesse der Arbeitgeberseite kann aber bspw. eine Regelung nach § 77 Abs. 4 S. 3 BetrVG sein, nach der Ausschlussfristen für die Geltendmachung von Rechten aus einer Betriebsvereinbarung genauso wie die Abkürzung von Verjährungsfristen nur in einem Kollektivvertrag vereinbart werden dürfen. Dies ist zwar praktisch äußerst relevant und geschieht häufig, allerdings ist ein

---

2118 Dazu oben, S. 229 ff.

2119 Vgl. Wiedemann-*Wiedemann,* Einl. Rn. 383.

2120 Vgl. etwa in Bezug auf § 3 BetrVG DKKW-*Trümner,* § 3 Rn. 11; allerdings ist dies freilich nicht in Bezug auf alle Normen zwingend, so kann etwa die Mitgliederzahl im Gesamtbetriebsrat nach § 47 Abs. 4 BetrVG durchaus auch verkleinert werden, vgl. DKKW-*Trittin,* § 47 Rn. 102 ff.

Tarifvertrag eben keine zwingende Voraussetzung, vielmehr können die Ausschlussfristen auch in einer Betriebsvereinbarung festgelegt werden.[2121]

Besonders im Interesse der Arbeitgeber sind i.d.R. tarifliche Öffnungsklauseln, die aufgrund von § 77 Abs. 3 S. 2 BetrVG ausdrücklich zulässig sind und die Sperrwirkung von § 77 Abs. 3 S. 1 BetrVG aufheben können. Hier sei auf das oben Gesagte verwiesen.[2122] Zwar gilt § 77 Abs. 3 S. 1 BetrVG auch für nicht tarifgebundene Betriebe, wenn in ihrem Bereich Arbeitsentgelte und sonstige Arbeitsbedingungen üblicherweise durch Tarifvertrag geregelt werden,[2123] allerdings ist für die Nutzung einer Öffnungsklausel die normative Gebundenheit an einen Tarifvertrag keine zwingende Voraussetzung.[2124] Allerdings deckt nicht jede einzelvertragliche Bezugnahme auch die Öffnungsklausel ab.[2125] Außerdem haben die Tarifparteien die Möglichkeit, die Nutzung der Öffnungsklausel von ihrer Zustimmung abhängig zu machen und damit die Inanspruchnahme zu steuern.[2126]

4. Andere Privilegierungen

Nach § 25a Abs. 1 Nr. 4 KWG müssen Institute im Sinne des KWG durch die Vergütungssysteme für ihre Geschäftsleiter und ihre Mitarbeiter eine angemessene, transparente und nachhaltige Entwicklung sicherstellen, außer die Vergütung ist in einem Tarifvertrag oder aufgrund eines Tarifvertrags in einer Betriebs- oder Dienstvereinbarung geregelt. In § 45 Abs. 2 Nr. 6 KWG ist zudem eine Beschränkung der Kontrollkompetenz der BaFin vorgesehen, wenn die Vergütungsbestandteile in einem Tarifvertrag geregelt sind. Eine ähnliche Vorschrift existiert in Bezug auf die Liquiditätsanforderungen der Verordnung (EU) Nr. 648/2012[2127] in § 53 a Abs. 3 Nr. 5 KWG. Vergleichbare Vorschriften finden sich darüber hinaus in § 64b Abs. 6 VAG, § 4 Abs. 5 S. 1 Gesetz zur Errichtung eines Restrukturierungsfonds für Kreditinstitute, § 10 Abs. 2c S. 1 Gesetz zur Errichtung eines Finanzmarktstabilisierungsfonds.

2121 Vgl. auch DKKW-*Berg,* § 77 BetrVG Rn. 91.

2122 Dazu oben, S. 257 ff.

2123 MünchArbR-*Matthes,* § 238 Rn. 64.

2124 *Gaumann/Schafft,* NZA 1998, 176, 180 f.; ein Anspruch auf die Nutzung von Tarifrecht für Außenseiter besteht grundsätzlich aber auch nicht, vgl. auch *Löwisch/Rieble,* § 4 Rn. 243.

2125 Richardi, BetrVG-*Richardi,* § 77 Rn. 309.

2126 In diesem Zusammenhang eine richterliche Zustimmungsersetzung nach §§ 319, 317 BGB erwägend *Löwisch/Rieble,* § 4 Rn. 451 ff.

2127 ABl. 2012 L 201, S. 1.

Eine eher gewerberechtlich einzustufende Privilegierung enthält darüber hinaus § 1 Abs. 3 Nr. 1 AÜG, der die Erlaubnisfreiheit der Leiharbeit für den Fall bestimmt, dass Arbeitgeber desselben Wirtschaftszweiges sich gegenseitig zur Vermeidung von Kurzarbeit oder Entlassungen Arbeitnehmer überlassen, sofern ein für den Entleiher und den Verleiher geltender Tarifvertrag dies vorsieht. Die praktische Relevanz dieser Bestimmung ist allerdings gering.[2128]

5. Bewertung

Tarifliche Normen werden in der Rechtsordnung an vielen Stellen privilegiert. Insbesondere gelten verschiedene Schutzvorschriften, die in Bezug auf Arbeitsverträge zwingend sind, nicht für Tarifverträge. Dies kann die Attraktivität einer Tarifbindung für den einzelnen Arbeitgeber erhöhen. Allerdings wird die Stimulans wesentlich dadurch geschmälert, dass in der Regel eine Bezugnahme auf einen solchen Tarifvertrag ausreichend ist, um in den Genuss der Privilegierung zu kommen. Insofern sei auf das oben in Bezug auf die tarifdispositiven Normen Gesagte verwiesen. Eine exklusive Privilegierung findet sich aber bspw. in Bezug auf § 1 Abs. 4 KSchG.

III. Tariftreuevorschriften

Bereits im Jahr 2001 wurde auf Bundesebene der Versuch unternommen, die faktische Wirkung von Tarifverträgen über den Umweg des Vergaberechts über ihre normative Wirkung hinaus zu erweitern.[2129] Danach sollte ein neuer § 5a TVG die Landesgesetzgeber ermächtigen, die öffentliche Vergabe von Bauaufträgen an Unternehmen zu beschränken, die sich verpflichteten, ihre eigenen Arbeitnehmer und diejenigen von Subunternehmen, nach dem am Ort der Ausführung geltenden Tarifvertrag zu entlohnen. Das Gesetz scheiterte letztlich am Grundsatz der Diskontinuität.[2130] Ziel dieser Regelung war es, einerseits die Vorbildfunktion der öffentlichen Hand, andererseits aber auch deren großes Gewicht in bestimmten Sektoren zu nutzen, um eine breite Anwendung des tariflich vereinbarten Niveaus zu erreichen und damit dem „Lohn- und Sozialdumping“, das sich

2128 Kritisch zu der Bestimmung Schüren, AÜG-*Hamann,* § 1 Rn. 482 f.

2129 Entwurf eines Gesetzes zur tariflichen Entlohnung bei öffentlichen Aufträgen und zur Errichtung eines Registers über unzuverlässige Unternehmen, BT-Drs. 14/7796; BT-Drs. 14/8285.

2130 *Klumpp,* NJW 2008, 3473, 3474.

letztlich auch auf die Tarifautonomie auswirkt, entgegenzuwirken.[2131] Müssen die Unternehmen das Tarifniveau sowieso einhalten, macht, wie bereits mehrfach ausgeführt, ein Verbandsaustritt mit dem Ziel der Tarifflucht wenig Sinn.

Hintergrund der Initiative war auch, dass der BGH den damaligen § 1 Abs. 1 S. 2 des Berliner Vergabegesetzes[2132], der die Vergabe öffentlicher Aufträge an die Einhaltung des Tarifvertragsniveaus knüpfte, als einen Verstoß gegen das Gleichbehandlungsgebot aus dem damaligen § 20 Abs. 1 GWB a.F. (heute §§ 18 i.V.m. 19 Abs. 1 GWB) wertete, wenn der öffentliche Auftraggeber eine marktbeherrschende Stellung einnahm. Zudem sah der BGH die negative Koalitionsfreiheit der Außenseiter verletzt, da es an einem besonderen staatlichen Akt wie bei der AVE nach § 5 TVG fehlte, ein Anbieter aber dennoch gezwungen wurde, sich an tarifliche Normen zu halten.[2133] Die Bedenken wurden letztlich durch das BVerfG zu Recht verworfen. Es hält – entsprechend seiner früheren Rechtsprechung[2134] – die negative Koalitionsfreiheit nicht für betroffen. Das BVerfG sieht weder einen faktischen Zwang, noch einen erheblichen Druck zum Beitritt.[2135] Es betont, das „Grundrecht der negativen Koalitionsfreiheit schützt nicht dagegen, dass der Gesetzgeber die Ergebnisse von Koalitionsvereinbarungen zum Anknüpfungspunkt gesetzlicher Regelungen nimmt [...]. Allein dadurch, dass jemand den Vereinbarungen fremder Tarifvertragsparteien unterworfen wird, ist ein spezifisch koalitionsrechtlicher Aspekt nicht betroffen."[2136] Auch die positive Koalitionsfreiheit sei nicht verletzt, da keine staatliche Normsetzung erfolge.[2137] Einen Verstoß gegen die Berufsfreiheit verneinte das BVerfG gleichfalls.[2138]

2131 *Dieterich/Ulber,* Zur Verfassungsmäßigkeit von Tariftreuepflicht, Mai 2012, S. 4 f.; vgl. auch *Preis/Ulber,* FS Kempen, 2013, S. 15, 35.

2132 GVBl. 1999, S. 369.

2133 Vgl. BGH, 18.01.2000 – KVR 23/98, NZA 2000, 327, 330, 333 (= AP Nr. 1 zu § 20 GBW).

2134 Dazu oben, S. 36 ff.

2135 Vgl. BVerfG, 11.07.2006 – 1 BvL 4/00, BVerfGE 116, 202, 218 (= AP Nr. 129 zu Art. 9 GG); zust. ErfK-*Linsenmaier,* Art. 9 GG Rn. 36; ErfK-*Franzen,* § 5 TVG Rn. 19; *Dieterich/Ulber,* Zur Verfassungsmäßigkeit von Tariftreuepflicht, Mai 2012, S. 20 ff.; a.A. *Löwisch/Rieble,* § 1 Rn. 128; *Volkmann,* in: Britz/Volkmann, Tarifautonomie in Deutschland und Europa, 2003, S. 1, 23; *Höfling/Rixen,* RdA 2007, 360, 362 f.

2136 BVerfG, 11.07.2006 – 1 BvL 4/00, BVerfGE 116, 202, 218 f. (= AP Nr. 129 zu Art. 9 GG).

2137 BVerfG, 11.07.2006 – 1 BvL 4/00, BVerfGE 116, 202, 220 (= AP Nr. 129 zu Art. 9 GG).

2138 Vgl. BVerfG, 11.07.2006 – 1 BvL 4/00, BVerfGE 116, 202, 220 ff. (= AP Nr. 129 zu Art. 9 GG); ErfK-*Franzen,* § 5 TVG Rn. 19; krit. *Höfling/Rixen,* RdA 2007, 360, 363 f.

Nach dem Scheitern des Vorstoßes auf Bundesebene haben die Länder wieder selbst Initiativen zum Erlass von Tariftreuebestimmungen ergriffen. Die niedersächsische Regelung wurde allerdings durch den EuGH als Verstoß gegen die Dienstleistungsfreiheit (heute Art. 56 AEUV) sowie die Entsenderichtlinie 96/71/EG qualifiziert. Als problematisch sah der EuGH vor allem an, dass ein nicht allgemeinverbindlicher Tarifvertrag ausschließlich im öffentlichen Sektor als Mindestlohnregelung und damit Vergabevoraussetzung wirken soll. Da dieser nicht einheitlich auch in der Privatwirtschaft gelte, stelle er keine Mindestlohnregelung i.S.d. Art. 3 Abs. 1 Bst. c der Entsenderichtlinie dar.[2139] Die Bundesländer haben mit einer Anpassung ihrer Regelungen reagiert. Aktuell bestehen in 14 Ländern Tariftreuevorschriften. Darüber hinaus gilt in zwölf dieser Länder auch ein vergabespezifischer Mindeststundenlohn oder ist zumindest geplant, der sich zwischen EUR 8,50 in den meisten dieser Länder und EUR 9,18 in Schleswig-Holstein bewegt.[2140] Die stabilisierende Wirkung, die von diesem Instrument ausgehen kann, liegt vor allem im beträchtlichen Anteil des öffentlichen Auftragswesens in der Gesamtwirtschaft sowie der Vorbildfunktion des Staates.[2141]

Allerdings hat der EuGH kürzlich § 4 des nordrhein-westfälischen Tariftreue- und Vergabegesetzes (TVgG-NRW), nach dem ein Anbieter von seinen Nachunternehmen verlangen muss, den im Gesetz vorgesehenen Mindestlohn von

---

2139 EuGH, 3.4.2008 – C-346/06, Slg. 2008, I-1989 (*Rüffert*); krit. insb. hinsichtlich der Gewichtung von Grundfreiheiten und Koalitionsfreiheit *Kocher*, DB 2008, 1042; *Koberski/Schierle*, RdA 2008, 233, 237; krit. in Bezug auf die Vereinbarkeit mit ILO-Übereinkommen Nr. 94 *Heuschmid*, SR 2014, 1, 12.

2140 Vgl. für einen aktuellen Überblick http://www.boeckler.de/index_tariftreue.htm [zuletzt geprüft: 12.12.2014]; für einen Überblick über die Anforderungen im Einzelnen auch *Krebber*, EuZA 2013, 435, 453; zur Verfassungsmäßigkeit *Dieterich/Ulber*, ZTR 2013, 179; krit. insb. in Bezug auf das Repräsentativitätskriterium dagegen *Greiner*, ZTR 2013, 647.

2141 Vgl. auch *Dieterich/Ulber*, Zur Verfassungsmäßigkeit von Tariftreuepflicht, Mai 2012, S. 4; aber auf die Ambivalenz hinsichtlich der „Trittbrettfahrerproblematik" hinweisend BVerfG, 11.07.2006 – 1 BvL 4/00, BVerfGE 116, 202, 220 (= AP Nr. 129 zu Art. 9 GG); skeptisch in Bezug auf die Vereinbarkeit der neuen Regelungen mit den Vorgaben des EuGH *Krebber*, EuZA 2013, 435, 444 ff.; *Halm*, GewArch 2013, 63, 66; zweifelnd und daher für eine Ausweitung auf den privaten Sektor auch *Glaser/Kahl*, ZHR 2013, 643; grundsätzlich ablehnend in Bezug auf das Instrument *Giesen*, Deutscher Juristentag, Thesen der Gutachter und Referenten, 2014, S. 20, These 5; vgl. für einen Vergleich mit anderen Staaten Europäische Kommission, Industrial Relations 2010, 2013, S. 112 ff.

EUR 8,62 zahlen, um bei der Vergabe eines öffentlichen Auftrags berücksichtigt zu werden, aus unionsrechtlicher Sicht als kritisch eingestuft. Er sieht darin zumindest dann einen Verstoß gegen die Dienstleistungsfreiheit aus Art. 56 AEUV, wenn das Nachunternehmen den Auftrag vollständig in einem anderen EU-Mitgliedstaat erbringt.[2142] Die Einschränkung erklärt sich aus den besonderen Umständen des Ausgangsfalls; in einem *Obiter Dictum* deutet der Gerichtshof allerdings an, dass er an seiner Argumentation in der Rs. *Rüffert* festhält und damit auch bei einer Auftragserbringung im Inland grundsätzlich ein Verstoß gegen die Dienstleistungsfreiheit möglich ist.[2143] Darüber hinaus liegt dem EuGH eine Vorlagefrage des OLG Koblenz vor, in der die Vereinbarkeit des rheinland-pfälzischen Landestariftreuegesetzes (LTTG) mit der Dienstleistleistungsfreiheit infrage steht.[2144]

Die derzeitige Rechtsprechungslinie des EuGH ist in mehrerlei Hinsicht kritikwürdig. Zunächst verkennt sie vollständig die Anerkennung so genannter „Arbeitsklauseln" in von Behörden abgeschlossenen Verträgen im internationalen Recht, insbesonde dem ILO-Übereinkommen Nr. 94[2145]. Nach dessen Art. 2 Abs. 1 Bst. a *muss* bei der öffentlichen Vergabe die Einhaltung von Löhnen, Arbeitszeit und sonstigen Arbeitsbedingungen, wie sie in Tarifverträgen festgelegt sind, gewährleistet sein. Zwar haben nicht alle EU-Mitgliedstaaten das Übereinkommen ratifiziert, hierunter auch die Bundesrepublik Deutschland. Dennoch entsprechen die landesrechtlichen Vergaberegelungen der Logik des Übereinkommens. Tarifunterbietung soll durch den Staat eben nicht aktiv unterstützt werden.[2146] In diesem Geist wurde den EU-Mitgliedstaaten auch bereits in Art. 26 der Vergabekoordinationsrichtlinie 2004/18/EG[2147] und Art. 38 der Sektorenkoordinationsrichtlinie 2004/17/EG[2148] die Möglichkeit eröffnet,

2142 EuGH, 18.9.2014 – C-549/13, NZA 2014, 1129 (*Bundesdruckerei*), Rn. 36.

2143 EuGH, 18.9.2014 – C-549/13, NZA 2014, 1129 (*Bundesdruckerei*), Rn. 32; a.A. etwa *Däubler*, NZA 2014, 694, 697 ff.

2144 EuGH, C-115/14, EUR-Lex, anhängig (*RegioPost*), dazu *Krus*, VergabeR 2014, 578 ff.; *Däubler*, NZA 2014, 694 ff.

2145 Übereinkommen Nr. 94 über die Arbeitsklauseln in den von Behörden abgeschlossenen Verträgen von 1949.

2146 Vgl. dazu ausf. *Bruun/Jacobs*, AuR 2008, 417 ff.; *Däubler*, NZA 2014, 694, 699 ff.; *Heuschmid*, SR 2014, 1 ff.

2147 Richtlinie 2004/18/EG des Europäischen Parlaments und des Rates vom 31. März 2004 über die Koordinierung der Verfahren zur Vergabe öffentlicher Bauaufträge, Lieferaufträge und Dienstleistungsaufträge, ABl. L 134, 114.

2148 Richtlinie 2004/17/EG des Europäischen Parlaments und des Rates vom 31. März 2004 zur Koordinierung der Zuschlagserteilung durch Auftraggeber im Bereich

soziale Kriterien bei der Vergabe von Aufträgen zu berücksichtigen. Dies wurde in der Neufassung der beiden Richtlinien nochmals verstärkt. Nun *müssen* gemäß Art. 18 Abs. 2 der Neufassung der Vergabekoordinationsrichtlinie 2014/24/EU[2149] sowie Art. 36 Abs. 2 der Sektorenkoordinationsrichtlinie 2014/25/EU[2150] sozial- und arbeitsrechtliche Bestimmungen zwingend beachtet werden. Freilich ist damit aber die unionsrechtliche Überprüfung nationaler Vorschriften an den weiteren Vorgaben des Unionsrechts – insbesondere den Grundfreiheiten – nicht ausgeschlossen.[2151] Zumindest aber stehen die Vergabegesetze der Länder im Einklang mit dem europäischen Vergaberecht. Ebenso liegt weder ein Verstoß gegen die Dienstleistungsfreiheit aus Art. 56 AEUV noch gegen die Entsenderichtlinie 96/71/EG vor. Selbst wenn man dem EuGH in seiner Argumentation in der Rs. *Rüffert* folgt, demzufolge in der damals infrage stehenden niedersächsischen Tariftreueklausel keine Mindestlohnregelung i.S.d. Art. 3 Abs. 1 der Richtlinie zu sehen sei, da nicht auf einen allgemeinverbindlich erklärten Tarifvertrag abgestellt worden sei und damit kein allgemeiner Mindestlohn vorgelegen habe,[2152] kann dies zumindest nicht für die in den neuen Vergabegesetzen vorgesehenen Vergabemindestlöhne gelten. Diese beziehen sich zwar nicht auf alle Wirtschaftsbereiche, allerdings ist das bei vielen nationalen Mindestlohnregelungen der Fall und die Richtlinie verlangt dementsprechend eine allgemeine *erga omnes* Wirkung nur für tarifliche (Art. 3 Abs. 8 der Richtlinie) nicht aber gesetzliche Regelungen.[2153]

IV. Vereinheitlichungsinteresse

Grundsätzlich spielt das Vereinheitlichungsinteresse, wie bereits mehrfach angedeutet, eine wichtige Rolle für das Interesse des Arbeitgebers an der Tarifbindung. Die Rechtsordnung ermöglicht dies über die normative Wirkung der

der Wasser-, Energie- und Verkehrsversorgung sowie der Postdienste, ABl. L 134, 1.

2149 Richtlinie 2014/24/EU des Europäischen Parlaments und des Rates vom 26. Februar 2014 über die öffentliche Auftragsvergabe und zur Aufhebung der Richtlinie 2004/18/EG, ABl. L 94, 65.

2150 Richtlinie 2014/25/EU des Europäischen Parlaments und des Rates vom 26. Februar 2014 über die Vergabe von Aufträgen im Bereich der Wasser-, Energie- und Verkehrsversorgung sowie der Postdienste und zur Aufhebung der Richtlinie 2004/17/EG, ABl. L 94, 243.

2151 Vgl. auch *Däubler*, NZA 2014, 694, 696.

2152 EuGH, 3.4.2008 – C-346/06, Slg. 2008, I-1989 (*Rüffert*), Rn. 24.

2153 Vgl. ausführlich *Däubler*, NZA 2014, 694, 696 ff.; a.A. etwa *Klumpp*, NJW 2008, 3473 ff.

Tarifnormen (§ 4 Abs. 1 TVG) und die Möglichkeit der Bezugnahme auf einen Tarifvertrag. Besondere Bedeutung kann das in Situationen erlangen, wo die einheitliche Regelung eines Sachverhalts im Betrieb Anspruchsvoraussetzung für staatliche Leistungen ist. Als Beispiel sei hier das Instrument der Kurzarbeit (§§ 95 ff. SGB III) genannt, deren verbreiteter Einsatz im Zuge der aktuellen Finanzkrise bewiesen hat, dass staatliche Regulierung einen stimulierenden Effekt auf den Abschluss von Tarifverträgen haben kann.[2154] Die Kurzarbeit setzt zwar keine tarifvertragliche Regelung voraus, vielmehr ist auch eine einzelvertragliche Regelung oder Betriebsvereinbarung möglich.[2155] Eine einseitige Anordnung ist dem Arbeitgeber aber grundsätzlich untersagt,[2156] nur unter ganz engen Voraussetzungen ist eine im ursprünglichen Arbeitsvertrag vorgesehene Kurzarbeitsklausel, die eine solche Anordnung erlaubt, wirksam oder gar eine Änderungskündigung möglich. Zu beachten ist dabei insbesondere, dass eine solche Klausel das Mitbestimmungsrecht des Betriebsrats nicht aushebeln darf, dass die kündigungsschutzrechtlichen Vorschriften nicht umgangen und das AGB-rechtliche Benachteiligungs- und Transparenzgebot eingehalten werden (§§ 307 Abs. 2, 310 Abs. 4 S. 2 BGB).[2157] Daher wird Kurzarbeit in der Praxis in der Regel mittels Tarifvertrag oder Betriebsvereinbarung eingeführt.[2158]

V. Heimarbeitsausschuss

Eine exotische Stellung im deutschen Tarifrecht nehmen die oben bereits angesprochenen Heimarbeitsausschüsse nach § 4 HAG ein. Da Heimarbeiter nicht als Arbeitnehmer betrachtet werden, verdankt der Bereich der Heimarbeit die Möglichkeit, in ihrem Bereich überhaupt Tarifverträge wirksam schließen zu können, § 17 Abs. 1 HAG. Nach Ansicht des BAG fehlen üblicherweise die Merkmale der persönlichen Abhängigkeit und das Direktionsrecht des

---

2154 *Nebe*, SR 2013, 1, 12; *Glassner*, WSI Mitt. 2010, 480, 481 ff.; allerdings ist auch im Falle tariflicher Kurzarbeitsregelungen das Günstigkeitsprinzip zu beachten, ist die Kurzarbeit also einzelvertraglich ausgeschlossen, setzt sich die einzelvertragliche Regelung als günstigere durch, dazu Däubler, TVG-*Deinert*, § 4 Rn. 733.

2155 Vgl. Kittner/Zwanziger/Deinert-*Schoof*, § 27 Rn. 160 ff., die einzelvertragliche Vereinbarung setzt voraus, dass keine wirksame tarifliche Regelung besteht und kein Betriebsrat existiert, da ansonsten die Zustimmung des Betriebsrats auf Basis einer Betriebsvereinbarung erforderlich ist.

2156 Vgl. etwa BAG, 12.10.1994 – 7 AZR 398/93, NZA 1995, 641, 642.

2157 Dazu bspw. Gagel SGB II/III-*Bieback*, § 95 SGB III S. 133 ff.

2158 Vgl. Däubler, TVG-*Hensche/Heuschmid*, § 1 Rn. 634.

Arbeitgebers.[2159] Ohne die Spezialregelung würden sie damit nicht in den Anwendungsbereich des TVG fallen.[2160] Heimarbeitsausschüsse bestehen aus je drei Mitgliedern von Seiten der Auftraggeber und der Beschäftigten und einem von der zuständigen Arbeitsbehörde bestimmten Vorsitzenden. Es handelt sich dabei zwar um Organe der Selbstverwaltung, die von der Arbeitsbehörde unabhängig agieren, sie nehmen jedoch hoheitliche Aufgaben wahr.[2161] Die Exotik ergibt sich daraus, dass sie gemäß § 18 Bst. a HAG unter anderem die Aufgabe haben, auf das Zustandekommen von Tarifverträgen hinzuwirken und darüber hinaus gemäß § 18 Bst. b HAG sogar den Tarifparteien auf Antrag einer Partei Vorschläge zum Abschluss eines Tarifvertrags unterbreiten können. Das BVerfG erkennt dabei ausdrücklich das Ziel an, durch diese Bestimmung auf eine Förderung der Entwicklung des Tarifwesens in diesem Bereich hinzuwirken.[2162]

Zwar existieren in einigen Bereichen der Heimarbeit Tarifverträge[2163], insgesamt bedeutsamer ist allerdings die subsidiäre Möglichkeit des Heimarbeitsausschusses zur bindenden Festlegung von Entgelten und anderen Vertragsbedingungen nach § 19 Abs. 1 HAG, welche die gleichen Normen wie Tarifverträge enthalten sowie unmittelbar und zwingend auf die unterworfenen Rechtsverhältnisse wirken. Erforderlich ist allerdings nach § 19 Abs. 2 S. 1 HAG die Zustimmung der Arbeitsbehörde.[2164] Das BVerfG sieht in diesem Verfahren „nicht so sehr eine Anomalie gegenüber dem Tarifvertrag, der zu seiner Wirksamkeit keiner behördlichen Zustimmung bedarf, sondern wiederum eine durchaus sinnvolle Anpassung an das Tarifvertragsrecht“, betont aber, dass sich die Rechtsnormqualität aus der staatlichen Anerkennung wie auch der Verwurzelung in Art. 9 Abs. 3 GG ergebe.[2165]

Praktisch ist nur eine relativ kleine Zahl von Personen durch diese Regelungen betroffen[2166], allerdings ist die korporatistische Form der Regelsetzung und vor allem auch ihre Anerkennung durch das BVerfG bemerkenswert und

---

2159 BAG, 10.07.1963 – 4 AZR 273/62, AuR 1964, 91.

2160 Schaub, Hdb. ArbR-*Vogelsang,* § 163 Rn. 9.

2161 Erbs/Kohlhaas-*Ambs,* § 4 HAG Rn. 1.

2162 BVerfG, 27.02.1973 – 2 BvL 27/69, BVerfGE 34, 307 (= AP Nr. 7 zu § 19 HAG).

2163 Etwa für den Bereich Eisen, Metall und Elektro, dazu *Otten,* NZA 2011, 1140.

2164 BVerfG, 27.02.1973 – 2 BvL 27/69, BVerfGE 34, 307, 316 (= AP Nr. 7 zu § 19 HAG) dazu Kittner/Zwanziger/Deinert-*Becker,* § 117 Rn. 43 ff.

2165 BVerfG, 27.02.1973 – 2 BvL 27/69, BVerfGE 34, 307, 319 (= AP Nr. 7 zu § 19 HAG); dazu auch bereits oben, S. 325 ff.

2166 Vgl. GMBl. 2013, S. 697.

zeigt zumindest auf, dass in Bereichen, die strukturelle Schwächen in Bezug auf die Tarifbindung aufweisen, ein förderndes Eingreifen des Staates statthaft sein kann.[2167]

VI. Bedeutung des Tarifvertrags als Referenzwert

1. Unmittelbarer Referenzwert

Wie bereits mehrfach betont, regelt ein Tarifvertrag zunächst einmal nur die Beziehungen zwischen den Tarifparteien und deren Mitgliedern - auch wenn seine Bedeutung faktisch über den Kreis dieser Mitglieder hinausgeht. Tatsächlich bedient sich die Rechtsordnung auch abseits der Formen der AVE nach § 5 TVG, § 7, 7a AEntG, § 3a AÜG an mehreren Stellen tariflicher Regelungen. Vor allem das tarifliche Lohnniveau dient dabei als Referenzwert für ein bestimmtes Niveau von Arbeitsbedingungen und/oder der Leistungsgewährung.[2168] *Rödl* nennt den Tarifvertrag dann auch die einzige Möglichkeit, den „gerechten Lohn" zu bestimmen.[2169]

Wichtigste Bestimmung in diesem Kontext ist § 612 Abs. 2 BGB, wo der (Verbands-)Tarifvertrag als Bezugspunkt für die Bestimmung des üblichen Entgelts herangezogen wird, sofern ein solcher überhaupt besteht.[2170] Eine ähnliche Bedeutung kommt dem Tarifvertrag bei der Bestimmung des sittenwidrigen Entgelts nach § 138 Abs. 1 BGB zu, auch wenn hier von einer Sittenwidrigkeit erst ausgegangen wird, wenn das Tarifniveau (bzw. übliche Entgelt) um mehr als ein

---

2167 Ähnlich auch *Schwarze,* ZfA 2011, 867, 886; vgl. in diesem Zusammenhang auch die Sonderregelungen für die Pflege nach den §§ 10 ff. AEntG.

2168 Vgl. für einen Rechtsvergleich in diesem Zusammenhang *Dorssemont,* ArA 2/2014, 26, 38 ff.

2169 *Rödl,* in: Bieder/Hartmann, Individuelle Freiheit und kollektive Interessenwahrnehmung, 2012, S. 81, 92; ähnlich *Gamillscheg,* Koll. ArbR I, 1997, S. 506; a.A. allerdings BAG, 17.08.2011 - 5 AZR 406/10, AP Nr. 55 zu § 307 BGB, das in der „üblichen Vergütung" den objektiven Wert der Arbeit sieht, auch wenn diese unter dem Tariflohn liegt.

2170 Vgl. BAG, 27.10.1960 - 5 AZR 427/59, AP Nr. 21 § 611 BGB Ärzte, Gehaltsansprüche, *Gamillscheg,* Koll. ArbR I, 1997, S. 506; allerdings kann die übliche Vergütung auch vom Tarifniveau abweichen, vgl. BAG, 26.05.1993 - 5 AZR 184/92, NZA 1994, 413, 414, BAG, 14.06.1994 - 9 AZR 89/93, NZA 1995, 178, 180 (= AP Nr. 2 zu § 3 TVG Verbandsaustritt), wo aber auf das unionsrechtliche Diskriminierungsverbot bzw. eine Abweichung zugunsten des Arbeitnehmers angedeutet wird; dazu Staudinger-*Fischinger,* § 612 Rn. 49.

Drittel unterschritten wird.[2171] Dafür muss der Tariflohn allerdings „üblich" sein, weshalb sich auch an dieser Stelle die sinkende Tarifbindung besonders negativ auswirken kann.[2172]

Daneben existieren auch noch weitere gesetzliche Bestimmungen, in denen der Tarifvertrag direkt als Referenzwert zum Tragen kommt, die allerdings lediglich punktuelle Bedeutung entfalten (vgl. §§ 34 Abs. 3, 67 Abs. 3, 91 Abs. 1 S. 1 Nr. 1, 151 Abs. 5 S. 3, 109 Abs. 2 Satz 2, § 101 Abs. 1 Nr. 1 SGB III; § 90 Abs. 1, 90 Abs. 2, § 92 Abs. 5 Satz 2 SGB VII). Auf die Ortsüblichkeit wird ebenfalls an einigen anderen Stellen verwiesen (§§ 28 Abs. 2, 28f Abs. 2 SGB IV; § 10 Abs. 1 AusglV; § 32 Abs. 2 KFürsV; § 3 Abs. 2 DV § 82 SGB XII), nur selten wird ausdrücklich auch auf das tarifliche Entgelt abgestellt (§ 48 SGB IX; § 67 Abs. 3 SGB III; § 4 RAG 6; §§ 19 Abs. 1, 26 Abs. 2 HAG).

Im Arbeitsrecht nimmt etwa § 2 Abs. 1 S. 4 TzBfG für die Frage der Bestimmung der regelmäßigen wöchentlichen Arbeitszeit für die Definition der Teilzeitbeschäftigung auf den anwendbaren Tarifvertrag Bezug, wenn im Betrieb kein vergleichbarer Vollzeitarbeitnehmer beschäftigt ist. Entsprechend wird bezüglich der Befristung verfahren (§ 3 Abs. 2 TzBfG).[2173]

2. Mittelbare Auswirkungen auf das Tarifniveau

Durch das Näheverhältnis von Arbeits- und Sozialrecht besteht auch in Hinblick auf sozialrechtliche Normen eine Wechselbeziehung zum Arbeitsrecht.[2174] Auf § 160 SGB III wurde im Rahmen des Arbeitskampfrechts oben schon eingegangen.[2175] Exemplarisch kann außerdem die Zumutbarkeitsregelung in § 140 Abs. 2 SGB III genannt werden, die festlegt, welche Arbeit für einen Bezieher von Arbeitslosengeld nach § 136 SGB III zumutbar ist. Während bis zum 31. März 1997 gemäß § 5 Abs. 1 Nr. 2 Zumutbarkeit-AO[2176] noch eine Beschäftigung als unzumutbar abgelehnt werden konnte, wenn das Arbeitsentgelt unter

---

2171 BAG, 22.04.2009 – 5 AZR 436/08, NZA 2009, 837, 838 (= AP Nr. 64 zu § 138 BGB); dazu etwa Moll, MAH Arbeitsrecht-*Boudon*, § 19 Rn. 28 ff.; ErfK-*Preis*, § 612 BGB Rn. 38.

2172 BAG, 17.08.2011 – 5 AZR 406/10, AP Nr. 55 zu § 307 BGB.

2173 Vgl. außerdem § 8 Abs. 1 Nr. 1 AltPflG, sowie § 4 Abs. 3 BPVG.

2174 Vgl. *Deinert*, Privatrechtsgestaltung durch Sozialrecht, 2007 (zugl. Rostock, Univ., Habil. 2006), insb. S. 170 f.

2175 Oben, S. 145 f.

2176 Zumutbarkeitsanordnung vom 16.03.1982, Amtl. Nachr. der BA, S. 523; ähnlich auch § 90 Abs. 2 Nr. 1 AVAVG v. 16.07.1927, RGBl. I, S. 187.

dem tariflichen, oder in Ermangelung desselben, des ortsüblichen Arbeitsentgelts gelegen hatte, ist heute die Beschäftigung gemäß § 140 Abs. 2 SGB III nur dann unzumutbar, wenn sie gegen geltende gesetzliche oder tarifliche Normen bzw. eine Betriebsvereinbarung verstößt. Voraussetzung ist damit heute allerdings die normative Geltung des Tarifvertrags nach § 3 Abs. 1 oder 3 TVG oder aufgrund einer AVE zwischen dem Arbeitgeber und dem Arbeitnehmer, eine bloße Bezugnahme im Arbeitsvertrag ist nicht ausreichend.[2177] Die Rechtslage in Bezug auf das SGB II ist im Prinzip dieselbe. Zwar findet sich für die Empfänger von Grundsicherung nach dem SGB II keine dem § 140 Abs. 2 SGB III entsprechende Bestimmung, allerdings kann der Beschäftigung nach § 10 Abs. 1 Nr. 5 SGB II ein „sonstiger wichtiger Grund" entgegenstehen, worunter auch Verstöße gegen gesetzliche oder tarifliche Vorschriften zu fassen sind.[2178] Vielfach ist daher die Vermittlung von Arbeitsuchenden in untertarifliche Beschäftigung möglich. Die Funktion des Tarifvertrags als Referenzwert für die gesellschaftlich als angemessen angesehenen Arbeitsbedingungen, die diesem in der Zumutbarkeit-AO noch zugedacht war, findet sich in der Regelung des § 140 Abs. 2 SGB III nicht mehr wieder. Da durch diese Bestimmungen mittelbar festgelegt wird, ab wann es sich überhaupt wirtschaftlich lohnt zu arbeiten, erleichtert die fehlende Anbindung an das Tarifniveau die Unterschreitung der Tarifbestimmungen und erhöht damit die Attraktivität der Tariflosigkeit für den Arbeitgeber.[2179]

Noch weiter ging die im Zuge der Eingliederung der Gebiete der ehemaligen DDR in die Bundesrepublik eingeführte Lohnabstandsklausel des § 249h AFG[2180] bzw. deren Nachfolgeregelung in den §§ 275, 265 SGB III a.F. Nach dieser Regelung wurde ein Zuschuss zur Finanzierung des Arbeitsentgelts für schwer vermittelbare Arbeitslose an die Träger von Arbeitsbeschaffungsmaßnahmen nur in voller Höhe gewährt, wenn das vereinbarte Arbeitsentgelt 80 Prozent der Tariflöhne für vergleichbare Tätigkeiten nicht überstieg. Der hiervon ausgehende Druck auf untertarifliche Bezahlung und der damit verbundene Eingriff in die Tarifautonomie wurden durch das BVerfG aufgrund des Zwecks

---

2177 Gagel SGB II/III-*Steinmeyer*, § 140 SGB III Rn. 64 f.

2178 Vgl. Gagel SGB II/III-*Bender*, § 10 SGB II Rn. 32.

2179 Vgl. daher auch den Vorschlag von *Deinert* hinsichtlich der Rückführung auf den früheren Rechtsstand, Deutscher Juristentag, Thesen der Gutachter und Referenten, 2014, S. 19, These 14.

2180 BGBl. 1992 I, S. 2044; aufgeh. durch BGBl. 1997 I, S. 594, m.W.v. 01.01.1998.

der Bekämpfung von Arbeitslosigkeit als gerechtfertigt angesehen.[2181] Die Regelung wurde mittlerweile abgeschafft.[2182]

Auf der anderen Seite wird im Bereich des SGB XI durch den Gesetzgeber versucht, die Einhaltung des Tarifniveaus zumindest zu ermöglichen. So dürfen Pflegekassen Versorgungsverträge nur mit Pflegeeinrichtungen schließen, welche die Gewähr dafür bieten, eine „ortsübliche Arbeitsvergütung" an ihre Beschäftigten zu zahlen (§ 72 Abs. 3 S. 1 Nr. 2 SGB XI). Die Erläuterungen zum Gesetz verweisen dabei ausdrücklich auf den jeweils einschlägigen Tarifvertrag zur Bestimmung des ortsüblichen Entgelts.[2183] Unterstrichen wird dies durch § 84 Abs. 2 S. 4 SGB XI, nach dem Pflegesätze für Pflegeheime eine wirtschaftliche Betriebsführung und die Finanzierung der Aufwendungen ermöglichen müssen. Das BSG betont in diesem Zusammenhang ausdrücklich, dass die Zahlung des Tariflohns als wirtschaftliche Betriebsführung anzusehen ist und die Einrichtung nicht etwa darauf verwiesen ist, lediglich die nach einer Verordnung auf Grundlage von § 11 AEntG festgelegten Mindestentgelte zu gewähren.[2184] Darüber hinaus betont das BSG, dass es u.a. Sinn dieser Vorschrift sei, den Anreiz zu verringern, „kollektive Tarifverträge zu verlassen (Tarifflucht) und auf Leiharbeit, die Auslagerung von Aufgaben (Outsourcing) oder ähnliche Kosten senkende - aber die Stammbelegschaft benachteiligende - Maßnahmen auszuweichen".[2185]

3. Bewertung

Insgesamt zeigt sich damit, dass die Rechtsordnung durchaus in vielen Bereichen Tarifverträgen eine Referenzwertfunktion zuerkennt, von denen aber fast

---

2181 BVerfG, 27.04.1999 – 1 BvR 2203/93, 1 BvR 897/95, BVerfGE 100, 271, 283 f. (= NZA 1999, 992); dazu *Deinert,* Privatrechtsgestaltung durch Sozialrecht, 2007 (zugl. Rostock, Univ., Habil. 2006), S. 170 f.; krit. *Zachert,* NZA 1994, 529, 531; *Mayer,* AuR 1993, 309; vgl. im Übrigen auch § 15 Abs. 3 ArbZG, dessen Anwendungsbereich allerdings auf den Verteidigungsfall bzw. einen ihm vorangehenden Zeitraum beschränkt ist, vgl. ErfK-*Wank,* § 15 ArbZG Rn. 11 f.

2182 BGBl. 2011 I, S. 2854.

2183 BT-Drs. 16/7439, S. 67 (zu Nr. 40).

2184 BSG, 29.01.2009 – B 3 P 7/08 R, NZS 2010, 35, 41 (= BSGE 102, 227); BSG, 16.05.2013 – B 3 P 2/12 R, Sozialrecht aktuell 2013, 251 (= SozR 4-3300 § 85 Nr 4); dazu auch KassKomm-*Leitherer,* § 72 SGB XI Rn. 19a.

2185 BSG, 25.11.2010 – B 3 KR 1/10 R, BSGE 107, 123 (= SozR 4-2500 § 132a Nr 5); ebenso BSG, 16.05.2013 – B 3 P 2/12 R, Sozialrecht aktuell 2013, 251 (= SozR 4- 3300§ 85 Nr 4).

alle kaum einen spürbaren Einfluss auf die Tarifbindung ausüben dürften. Die meisten sozialrechtlichen Bestimmungen wirken nur punktuell in Sonderbereichen. Einzig die Bestimmungen der §§ 72 Abs. 3 S. 1 Nr. 2, 84 Abs. 2 S. 4 SGB XI können im Bereich der Pflege tatsächlich einen positiven Einfluss auf die Tarifbindung haben. Auch die Rechtsprechung zum sittenwidrigen Lohn ist kaum geeignet, die Tarifbindung positiv zu beeinflussen, erlaubt sie doch eine erhebliche Unterschreitung des Tarifniveaus.

Insbesondere die veränderten Zumutbarkeitsregeln im Rahmen des SGB II und III mindern sogar den Anreiz, eine Tarifbindung einzugehen, während unter der alten Rechtslage zumindest die Unterbietung des Tarifniveaus schwieriger war, da ein Arbeitsloser eine entsprechende angebotene Stelle ablehnen konnte.

VII. Zwischenfazit

Das System der Bundesrepublik ist anders als noch das der Weimarer Republik geprägt von einer weitgehenden Zurückhaltung des Staates hinsichtlich der kollektiven Festlegung der Arbeitsbedingungen. Dennoch setzt er in mehreren Bereichen Anreize, die mehr oder weniger geeignet sind, ein Interesse der Arbeitgeberseite an der Tarifbindung zu wecken. Allen voran zu nennen ist die tarifdispositive Ausgestaltung des Gesetzesrechts. Zwar ist das Vorhandensein eines Tarifvertrags Grundvoraussetzung dafür, dass von der gesetzlichen Regel abgewichen werden kann, da jedoch auch die einzelvertragliche Bezugnahme auf einen solchen Tarifvertrag ausreicht, wird der Anreiz für den einzelnen Arbeitgeber, eine Tarifbindung einzugehen, deutlich abgeschwächt. Besonders kritisch erweist sich dieses Instrument in Bereichen und Branchen, in denen die Strukturen für eine funktionierende Tarifautonomie nicht vorhanden sind.

Ähnlich zu beurteilen sind die verschiedenen Formen der Privilegierung tariflicher Regelungen. Zwar ergeben sich etwa aus der Ausnahme von der Inhaltskontrolle nach § 310 Abs. 4 BGB, dem Haftungsprivileg des § 15 Abs. 3 AGG oder der reduzierten Nachweispflicht bei der Anwendung von Tarifbedingungen durchaus relevante Vorteile für den einzelnen Arbeitgeber im Vergleich zum einfachen Arbeitsvertrag, allerdings ist auch hier jeweils eine Bezugnahme auf einen Tarifvertrag ausreichend.

Eine stabilisierende Wirkung ist auch in Bezug auf die Tariftreuegesetze der Länder anzunehmen, da diese den Wettbewerb über die Sozialkosten zumindest in einem Teilbereich der Wirtschaft partiell ausschalten und damit die Verbands- und Tarifflucht aus wirtschaftlichen Motiven obsolet machen.

Eine Wirkung kann sich demnach aber nur in den betroffenen Bereichen ergeben.

Je schwächer allerdings die Tarifbindung ist, desto weniger kann der Tarifvertrag auch als Referenzwert für den „gerechten Lohn“ dienen. Hinzu kommt, dass in Bereichen wie dem Arbeitslosengeld nach dem SGB III und SGB II, die eine zentrale Steuerungsfunktion für den Arbeitsmarkt inne haben, die tarifgerechte Bezahlung keine Voraussetzung mehr für die Zumutbarkeit einer Beschäftigung darstellt.

E. Fazit

I. Zusammenfassung in Thesen

1. Ausgangslage

1. Das Grundrecht der Koalitionsfreiheit hat in Deutschland insbesondere durch die Erfahrungen der Weimarer Republik und des Nationalsozialismus ein hohes Maß an freiheitlicher Orientierung erfahren, die vor allem durch eine strikte Autonomie der Koalitionen gegenüber dem Staat geprägt ist. Der im Kern der Koalitionsfreiheit gewährleisteten Tarifautonomie kommt dennoch neben der Schutzfunktion auch eine Ordnungsfunktion zu. Dem Staat obliegt dabei die Aufgabe, den Koalitionen einen Rahmen zur Verfügung zu stellen, innerhalb dessen sich die Tarifautonomie entfalten kann. Insofern ist mit Art. 9 Abs. 3 GG auch eine Ordnungsvorstellung verbunden, die zwar nicht die Koalitionen verpflichtet, wohl aber eine Ausgestaltung des Tarifsystems verlangt, in der die Schutz- und Ordnungsfunktion der Tarifautonomie zur Geltung kommen können. Dort, wo dies nicht gelingt, kann und ggf. muss der Staat selbst tätig werden.
2. Geschützt ist ferner auch die negative Koalitionsfreiheit, die jedoch entgegen der h.M. nicht aus Art. 9 Abs. 3 GG, sondern vorrangig aus Art. 2 Abs. 1 GG ggf. auch Art. 12 GG abzuleiten ist. Sie gewährt dem einzelnen Arbeitgeber (und Arbeitnehmer) ein Fernbleiberecht von den Koalitionen, versagt es dem Staat jedoch bspw. nicht, dort, wo er auf dem Gebiet der Arbeits- und Wirtschaftsbedingungen selbst tätig wird, Rückgriff auf tarifliche Regelungen zu nehmen.
3. Insbesondere die starken Arbeitgeberverbände galten lange als Garant für ein stabiles Tarifvertragssystem in Deutschland. 2013 waren dagegen in Westdeutschland nicht einmal mehr ein Drittel und in Ostdeutschland nicht einmal mehr ein Fünftel der Arbeitgeber unmittelbar an einen Verbandstarifvertrag gebunden. Eine partielle Abkehr vom Tarifsystem ist dabei nicht nur auf Ebene der einzelnen Arbeitgeber zu konstatieren, sondern auch auf Ebene vieler Verbände selbst, die mit der Einführung von OT-Mitgliedschaftsformen tarifpolitisch nur noch für einen Teil ihrer Mitglieder tätig werden.
4. Die Erosion der Tarifbindung auf Arbeitgeberseite kann jedoch nicht nur zwischen den beiden Extremen der vollständigen (Verbands-)Tarifbindung und der völligen Tariflosigkeit betrachtet werden. Sie ist vielmehr gekennzeichnet durch einen zunehmenden Verlust an Normierungskraft des

Verbandstarifvertrags insgesamt. Dies betrifft zum einen den Verbandstarifvertrag selbst, der sich immer mehr dezentralen Gestaltungsmöglichkeiten öffnet. Darüber hinaus war in den vergangenen zwei Jahrzehnten auch eine massive Zunahme an Firmentarifverträgen zu verzeichnen. In beiden Fällen bleibt aber zumindest die unmittelbare Bindung des Arbeitgebers an einen Tarifvertrag erhalten.

5. Das gilt zwar im Grundsatz auch für den Drittpersonaleinsatz in Form von Leiharbeit, Fremdfirmeneinsatz oder Soloselbstständigkeit im Betrieb. Vor allem dann, wenn durch diese Beschäftigungsformen aber Teile der Stammbelegschaft ersetzt werden, findet zumindest eine faktische partielle Abkehr vom Tarifvertrag statt. Außer in den Fällen, in denen damit auch ein Betriebsübergang verbunden ist, greifen hier die vorhandenen Mechanismen zur Stabilisierung des Tarifsystems, insbesondere die Nachbindung und Nachwirkung, nicht. Hier wird damit der Wettbewerb über die Arbeits- und Wirtschaftsbedingungen wieder eröffnet, der durch den Verbandstarifvertrag eigentlich ausgeschaltet werden soll.
6. Dabei ist gerade die Deregulierung der Leiharbeit ein illustratives Beispiel dafür, wie sich staatliche Rechtsetzung auf das Tarifsystem auswirkt. Das gilt auf der einen Seite insofern, als die weitreichende Liberalisierung des AÜG die Attraktivität dieser Beschäftigungsform deutlich gesteigert und zu einem sprunghaften Anstieg der Arbeitnehmerzahlen in dieser Branche im Nachgang der AÜG-Reform 2002/2003 geführt hat. Zu nennen sind etwa die Aufhebung des Synchronisationsverbots oder die Aufhebung der Höchstüberlassungsdauer. Auf der anderen Seite hat die tarifdispositive Ausgestaltung des Gleichbehandlungsprinzips (§§ 3 Abs. 1 Nr. 3 S. 2, 9 Nr. 2 AÜG) zur Folge gehabt, dass ein vormals weitgehend weißer Fleck auf der tarifpolitischen Landkarte innerhalb kürzester Zeit fast vollständig durch Tarifverträge erfasst worden ist. Da jedoch die strukturellen Voraussetzungen für eine funktionierende Tarifautonomie in diesem Bereich fehlten, da weder eine tarifpolitische Tradition noch ein relevanter gewerkschaftlicher Organisationsgrad gegeben waren, und darüber hinaus die Bezugnahme auf einen abweichenden Tarifvertrag ausreichend ist, kommt diesen Tarifverträgen nur mehr die funktionswidrige Rolle zu, das gesetzlich vorgesehene Niveau der Arbeitsbedingungen zu unterbieten.

Der Gesetzgeber und die Rechtsprechung haben reagiert und dabei bestimmte Formen des Einsatzes der Leiharbeit erschwert, die besonders gravierende Auswirkungen auf das Tarifsystem haben können. Dies gilt vor allem für die grundsätzliche Unterwerfung der so genannten Konzernleihe unter das AÜG, die erleichterte Anwendung der Grundsätze zum Betriebsübergang bei *„sell-and-lease-back“*-Konstruktionen, die zwingende Anwendung des Gleichbehandlungsprinzips bei einer Vorbeschäftigung im Betrieb oder einem Konzernunternehmen (§ 9 Nr. 2 Hs. 4 AÜG), die Möglichkeit zur Festsetzung einer Lohnuntergrenze nach § 3a AÜG und vor allem für das Verbot des Einsatzes von Leiharbeitnehmern auf Stammarbeitsplätzen. Wirksam erweisen können sich diese Reformen vor allem dort, wo durch Leiharbeit die Tarifflucht vollständig erfolgen soll, etwa durch die Übertragung der gesamten Belegschaft an einen anderen Rechtsträger, die dann wieder an den ursprünglichen Arbeitgeber zurücküberlassen wird. Im Übrigen können diese Reformen die partielle Tarifflucht aber nicht verhindern, zumal abgesehen von der Lohnuntergrenze und der Ausnahme in Fällen der Vorbeschäftigung in einem verbundenen Unternehmen die Tarifdispositivität des Gleichbehandlungsprinzips unverändert geblieben ist. Dafür belässt die Rechtsordnung aber auch den Tarifparteien in diesem Bereich einen weiten Handlungsspielraum. Sie sind weder im Bereich der Leiharbeit noch im Bereich des Fremdfirmeneinsatzes tarifpolitisch auf die Regulierung der Arbeitsbedingungen bei den Anbieterunternehmen beschränkt, vielmehr können sie auch auf Seiten der Einsatzunternehmen etwa über den Ausbau betriebsverfassungsrechtlicher Rechte oder sogar durch eine Quotierung des Einsatzes tätig werden.

7. Einer unkontrollierten Verlagerung der Kollektivverhandlungen auf die betriebliche Ebene setzen der Tarifvorbehalt aus § 77 Abs. 3 BetrVG sowie der Tarifvorrang in § 87 Abs. 1 Eingangss. BetrVG und das Günstigkeitsprinzip in § 4 Abs. 3 TVG Grenzen. Insbesondere durch die Flankierung mit Unterlassungsanspruch aus § 23 Abs. 3 BetrVG sowie den §§ 1004 Abs. 1 S. 2, 823 BGB i.V.m. Art. 9 Abs. 3 GG kann tarifwidriges Verhalten der Betriebsparteien vor allem im Rahmen der so genannten betrieblichen Bündnisse für Arbeit entgegengetreten werden. Aufgeweicht werden die Anforderungen dadurch, dass es das BAG für zulässig erachtet, dass zum einen Betriebsvereinbarungen, die gegen § 77 Abs. 3 BetrVG verstoßen, durch die Tarifvertragsparteien im Nachhinein genehmigt werden, und dass zum anderen die Regelung, welche die Nachwirkung beenden soll, bereits vor deren Eintritt durch eine so genannte „Vorratsabrede“ vereinbart werden kann. Insgesamt wird so jedoch eine engere Anbindung der Arbeitgeber an das Tarifsystem gewährleistet, da sich diese i.d.R. auch in einer wirtschaftlichen Krisensituation der Mitwirkung der Tarifparteien an der Vereinbarung über Sanierungsmaßnahmen in Bezug auf tariflich geregelte oder üblicherweise tariflich geregelte Bereiche nicht entziehen können.
8. Insofern ist auch hinsichtlich der Rolle von tariflichen Öffnungsklauseln bei der abnehmenden Normierungskraft des Verbandstarifvertrags zu differenzieren. Ist eine Abweichung vom Verbandstarifniveau nur bei Vorliegen

eines Härtefalls und aufgrund eines firmenbezogenen Verbandstarifvertrags möglich, behalten die Tarifparteien weitgehend die Kontrolle. Sollen die Betriebsparteien ermächtigt werden, selbst abweichende oder konkretisierende Vereinbarungen zu treffen, folgt aus Art. 9 Abs. 3 GG, dass die Regelungsmacht nicht pauschal von den Tarifparteien übertragen werden darf. Sie müssen zumindest die Grundsätze einer Bestimmung selbst regeln.

9. Der Wert einer Norm bemisst sich auch danach, inwieweit sie praktisch durchgesetzt werden kann. Hier bestehen *de lege lata* erhebliche Defizite. Dies gilt insbesondere für die Fälle des individuellen Tarifbruchs. Während im Rahmen von Verstößen gegen die §§ 77 Abs. 3, 87 Abs. 1 Eingangss. BetrVG sowie beim Tarifbruch auf kollektiver Ebene die Gewerkschaft von sich aus tätig werden kann, müssen individuelle Ansprüche durch die Arbeitnehmer selbst geltend gemacht werden. Neben den bekannten praktischen Problemen der Rechtsdurchsetzung im laufenden Arbeitsverhältnis tritt hier die Schwierigkeit hinzu, dass Tarifverträge üblicherweise Ausschlussfristen für die Durchsetzung tariflicher Ansprüche vorsehen. Das mit einem Tarifbruch für den Arbeitgeber verbundene Risiko sinkt damit.

2. Zustandekommen der Tarifbindung

10. Die Rechtsordnung nimmt vor allem in zweifacher Hinsicht Einfluss auf das Zustandekommen der Tarifbindung: Zum einen schafft sie den Rahmen, innerhalb dessen die sozialen Gegenspieler aufeinander einwirken können, zum anderen setzt sie auch selbst Anreize für den Abschluss von Tarifverträgen.

11. Hier ist zunächst von Bedeutung, welche Parteien überhaupt berechtigt sind, Tarifverträge abzuschließen. Dabei zeigt sich eine differenzierte Herangehensweise der Rechtsprechung. Auf Arbeitgeberseite wird den Gewerkschaften stets ein potentieller Tarifpartner zur Verfügung gestellt, da nach § 2 Abs. 1 TVG jeder Arbeitgeber als Tarifpartei infrage kommt und dessen zunächst fehlender Bindungswille für sich genommen das Zustandekommen eines Tarifvertrags nicht verhindern kann. In Bezug auf die Arbeitgeberverbände ist die Bindungswilligkeit dagegen Voraussetzung für die Tariffähigkeit. Ob diese besteht, beurteilt sich allerdings nicht nur nach der formalen Satzungsgestaltung, sondern vor allem durch das faktische Gebaren des Verbandes. Auf Seiten der Gewerkschaften ist die durch die Rechtsprechung wieder stärker in den Mittelpunkt gerückte Gesamtbetrachtung der sozialen Mächtigkeit einer Arbeitnehmerorganisation zu begrüßen, da sie einerseits das Entstehen neuer Gewerkschaften zulässt, andererseits aber

den Unterbietungswettbewerb beschränkt. Die Tariffähigkeit ist damit ein wesentliches Element für die Funktionsfähigkeit der Tarifautonomie.

12. Dem steht aber die mittlerweile gefestigte Rechtsprechung und h.M. zur Zulässigkeit von OT-Mitgliedschaften teilweise entgegen. Hier wird den einzelnen Arbeitgebern eine relativ risikolose Möglichkeit zur Tarifflucht eröffnet. Sie können von den Vorteilen der Verbandsmitgliedschaft profitieren, ohne sich der Tarifbindung unterwerfen zu müssen. Gleichzeitig profitiert der Verband von den materiellen und ideellen Ressourcen des Mitglieds, die ihm auch im Rahmen der tarifpolitischen Aktivitäten zugutekommen. Zudem erhalten die Verbände ein tarifpolitisches Druckmittel, indem sie mit dem Übertritt ihrer Mitglieder in die OT-Mitgliedschaft drohen können. Der letzte Punkt wurde durch die Rechtsprechung zum Blitzwechsel zwar entschärft, aber lediglich an eine Transparenzobliegenheit geknüpft. Im Übrigen sind die Anforderungen an die Trennung der T- und OT-Mitglieder in der bestehenden Rechtsprechung unzureichend, was bspw. die Finanzierung des Arbeitskampffonds, die tarifpolitische Beratung der OT-Mitglieder oder personelle Überschneidungen in den Verbandsstrukturen angeht. Die Zulässigkeit der OT-Mitgliedschaften begegnet in Bezug auf die sogenannten Stufenmodelle aber auch grundsätzlichen Bedenken, die vor allem durch die mangelnde Dispositivität des § 3 Abs. 1 TVG begründet sind.

13. Die neueren Tendenzen in zahlreichen Wirtschaftsbereichen zur netzwerkförmigen Reorganisation vieler Unternehmen, vor allem auch in personalpolitischer Hinsicht, und die damit verbundene Fremdvergabe von Kerntätigkeiten machen die tarifpolitische Erfassung dieser Zusammenhänge schwierig. Aufgrund der damit einhergehenden unterschiedlichen Arbeitgeberpositionen ist unter den gegebenen Umständen eine Fragmentierung der Tarifbindung kaum zu vermeiden. Betrachtet man etwa den Bereich der Industriedienstleistungen, sind die Strukturen auf Seiten der (großen) Anbieter hoch komplex und erstrecken sich über die traditionellen Branchenstrukturen hinweg. Auf der anderen Seite teilt sich die Belegschaft am Standort des Einsatzunternehmens häufig in drei oder mehr Teile auf: Stammarbeitnehmer, Leiharbeitnehmer und Beschäftigte der Fremdfirma. Dabei rückt insbesondere die Tarifzuständigkeit ins Blickfeld des Interesses. Denn einerseits erschwert die traditionelle Organisationsweise nach dem Industrieverbandsprinzip sowohl auf Seiten der Arbeitgeberverbände als auch der Gewerkschaften die tarifpolitische Handhabe, da das große Industrieunternehmen, das einer Branche zugeordnet werden kann und alle Kerntätigkeiten wie auch zu deren Erfolg erforderlichen peripheren Aufgaben unter seinem Dach versammelt, immer weniger Realität ist. Andererseits eröffnet

die weitgehende Freiheit zur autonomen Festlegung der Zuständigkeit die nötige Flexibilität, um auf diese Entwicklungen zu reagieren. Diese Reaktion hat dann allerdings auf Ebene der Koalitionen zu erfolgen. Auf Ebene der Rechtsordnung ist die Entscheidung zu treffen, wie weit das Entstehen dieser komplexen Beschäftigungsmodelle etwa in Form von Anreizen bzw. Einschränkungen zum Einsatz von Leiharbeit, dem Fremdfirmeneinsatz oder der Soloselbstständigkeit zugelassen werden soll.

14. Wichtigstes Druckmittel auf Seiten der Gewerkschaften, um zu einer Tarifeinigung zu kommen, stellt das Arbeitskampfrecht dar. Sie sind dabei in der Wahl der Mittel weitgehend frei. Auch hinsichtlich der Ziele eines Arbeitskampfs belässt die Rechtsprechung weitgehende Freiheit, solange das Ziel tariflich regelbar ist. Das gilt auch für den schuldrechtlichen Teil des Tarifvertrags. Den Gewerkschaften kommt die Einschätzungsprärogative in Bezug auf die Geeignetheit und Erforderlichkeit von Arbeitskämpfen zu. Hieran ändert auch die mit der Tarifpluralität einhergehende potentielle Möglichkeit zur Arbeitskampfpluralität nichts. Solange hierdurch keine tatsächlich feststellbare Verschiebung des Verhandlungsgleichgewichts nachweisbar ist, erscheinen über die Missbrauchskontrolle hinausgehende Einschränkungen weder notwendig noch sinnvoll. Auf unionsrechtlicher Ebene scheint hier der EuGH aber eine eingeschränktere Sichtweise aufzuweisen und Arbeitskämpfe einer vollen gerichtlichen Kontrolle zu unterwerfen.
15. Trotz der weitgehenden Zurückhaltung des Staates auf dem Gebiet der Arbeits- und Wirtschaftsbedingungen bietet die Rechtsordnung in mehreren Bereichen Anreize, für die Arbeitgeberseite eine Tarifbindung einzugehen. Dies gilt zunächst für die tarifdispositive Ausgestaltung des Gesetzesrechts. Allerdings ist hier die normative Bindung regelmäßig keine Voraussetzung, vielmehr reicht meistens eine einzelvertragliche Bezugnahme auf einen einschlägigen Tarifvertrag aus, um von der betreffenden Gesetzesbestimmung abweichen zu können. In ähnlicher Weise privilegiert die Rechtsordnung an einigen Stellen tarifliche Regelungen, wenn bspw. die Bewertung der sozialen Gesichtspunkte, die in einem Tarifvertrag festgelegt sind, aufgrund von § 1 Abs. 4 KSchG nur auf grobe Fehlerhaftigkeit überprüft werden können. Ebenso sind die Ausnahme von der Inhaltskontrolle nach § 310 Abs. 4 BGB oder das Haftungsprivileg des § 15 Abs. 3 AGG zu nennen. Zumindest in Bezug auf Branchen, in denen das öffentliche Auftragswesen eine wichtige Rolle einnimmt, dürften sich auch die vergaberechtlichen Vorschriften zur Tariftreue stabilisierend auf die Tarifbindung auswirken, da sie den Wettbewerb über die Sozialkosten in diesem Bereich mindern.

3. Beendigung der Tarifbindung

16. Legt man den Fokus auf den Aspekt der Tarifflucht, ist von entscheidender Bedeutung, auf welche Weise und vor allem wie schnell sich ein Arbeitgeber wieder aus einer bestehenden Tarifbindung lösen kann. Je zeitnäher und kalkulierbarer sich mit einem Austritt aus einem Arbeitgeberverband oder einem Wechsel in eine OT-Mitgliedschaft Kosten senken lassen, desto attraktiver wird dieser Schritt im Einzelfall sein. Organisationspolitisch steht den Verbänden dabei in Bezug auf die satzungsmäßige Gestaltung der Austrittsfristen ein großer Spielraum zu. Kurze Fristen können in diesem Zusammenhang als tarifpolitisches Druckmittel gegenüber den Gewerkschaften eingesetzt werden, lange Fristen stärken dagegen die Bindungsfähigkeit des Verbandes. Während kurze Austrittsfristen weitgehend im Ermessen der Verbände liegen, allerdings unter Beachtung der Transparenzobliegenheit der so genannten Blitzwechsel-Rechtsprechung, ist die Rechtsprechung zu den Höchstaustrittsfristen der Gewerkschaften angesichts der strukturellen Unterschiede entgegen der Auffassung des BGH nicht auf die Arbeitgeberverbände übertragbar. Eine zu lange Dauer kann jedoch gegen die individuelle Koalitionsfreiheit eines Arbeitgebers verstoßen. Die Grenze ist dabei bei einem Jahr zu verorten.
17. Auch wenn der Verbandsaustritt selbst damit weitgehend in der Autonomie der Verbände bzw. des einzelnen Arbeitgebers liegt, entspricht es der Aufgabe des Staates zur Gewährleistung der Funktionsfähigkeit der Tarifautonomie – und zwar sowohl in Hinblick auf dessen Schutz- wie auch Ordnungsfunktion –, dass sich ein Arbeitgeber nicht einseitig aus einer einmal eingegangenen und mitgliedschaftlich legitimierten normativen Tarifbindung ohne weiteres lösen kann. Die Instrumente hierzu finden sich insbesondere in der Nachbindung gemäß § 3 Abs. 3 TVG bis der Tarifvertrag selbst beendet wird, sowie der daran anschließenden Nachwirkung nach § 4 Abs. 5 TVG, der jedoch keine zwingende Wirkung mehr zukommt. Das gilt auch für den Fall der Verbandsauflösung. In den Fällen eines Betriebsübergangs, in denen § 3 Abs. 1 oder 3 TVG nicht zur Anwendung kommt, greift hinsichtlich der kollektivrechtlichen Fortgeltung der Tarifbestimmungen beim Erwerber die Vorschrift § 613a Abs. 1 S. 2 BGB, sofern zum Zeitpunkt des Betriebsübergangs ein Tarifvertrag normativ auf ein Arbeitsverhältnis anwendbar war. Dieser vermittelt einen einjährigen Bestandsschutz.
18. Wesentliche Schwäche des § 3 Abs. 3 TVG ist, dass er keine Anwendung findet, wenn im Falle einer Umstrukturierung oder Auslagerung die Identität des vormaligen Rechtsträgers nicht erhalten bleibt. Ferner soll er nach der h.M. und

entgegen der hier vertretenen Ansicht auch dann nicht analog anzuwenden sein, wenn sich ein Betrieb durch Herauswachsen oder Herauswandern aus dem Geltungsbereich eines Tarifvertrags entfernt. Zudem soll nach geltender Rechtsprechung jede – also auch unbedeutende – Änderung eines Tarifvertrags zu dessen Ende i.S.d. § 3 Abs. 3 TVG führen. Sofern in diesen Fällen auch § 613a Abs. 1 S. 2 BGB nicht eingreift, soll § 4 Abs. 5 TVG zur Nachwirkung führen, die dann aber zur Disposition durch einzelvertragliche Vereinbarung steht. Alle drei Normen können jedoch im Fall des Drittpersonaleinsatzes durch Leiharbeit oder den Fremdfirmeneinsatz keinen Schutz entfalten, sofern damit nicht auch gleichzeitig ein Betriebsübergang verbunden ist.

19. Schwächen des § 613a Abs. 1 S. 2 BGB sind zunächst in dessen relativ kurzem Bestandsschutz von einem Jahr, vor allem aber in den Ausnahmen des § 613a Abs. 1 S. 3 und 4 BGB zu finden. Dabei ermöglicht es § 613a Abs. 1 S. 3 BGB zwar, den § 613a Abs. 1 S. 2 BGB durch einen anderen Tarifvertrag zu ersetzen, was aber immerhin noch durch eine beiderseitige Mitgliedschaft in einer tarifschließenden Partei legitimiert ist. Dagegen bietet § 613a Abs. 1 S. 4 Alt. 2 BGB sogar in einem Fall, in dem weder der Erwerber noch der Arbeitnehmer Mitglied im zuständigen tarifschließenden Verband bzw. der tarifschließenden Gewerkschaft sind, die Möglichkeit, durch einzelvertragliche Bezugnahme auf den jeweils einschlägigen Tarifvertrag den einjährigen Bestandsschutz zu beenden. Hier wird eine Option zur Tarifflucht eröffnet und gleichzeitig sogar noch die Verbandslosigkeit privilegiert.

4. Erweiterung der Tarifwirkung

20. Diese drei Normen machen die Mitgliedschaft in einem tarifschließenden Verband zwar nicht mehr zur Voraussetzung für die Tarifbindung, nehmen aber dennoch die ursprüngliche Mitgliedschaft des Arbeitgebers bzw. des Veräußerers zur Grundlage ihrer Legitimation. Sie können die Wirkung der Tarifflucht verzögern, sie aber nicht verhindern. Anders ist dies in den Fällen der AVE, zumindest solange der Betrieb im Geltungsbereich eines Tarifvertrags verbleibt. Ihre Legitimität erlangt diese Form der Außenseiterstreckung sowohl im Fall von § 5 Abs. 1 TVG wie auch in den Fällen der AVE mittels Rechtsverordnung nach § 7 Abs. 1 AEntG bzw. § 3a Abs. 1 AÜG aus dem staatlichen Rechtsetzungsakt, auch wenn eine Beteiligung der Tarifparteien und deren Spitzenorganisationen erfolgt. Zwar ist damit für die Wirkung der Tarifnomen keine Verbandsmitgliedschaft notwendig, allerdings zeigt der europäische Vergleich, dass ein verstärkter Einsatz der AVE sowie funktionaler Äquivalente die Mitgliedschaft in Verbänden

positiv beeinflusst. In Deutschland erfolgt die AVE nach § 5 Abs. 1 TVG allerdings nur selten und in wenigen Bereichen. Verantwortlich sind hier u.a. die rechtlichen Hürden, insbesondere die Möglichkeit zum Veto im Tarifausschuss. Das 50 %-Quorum wurde mittlerweile durch das TarifautonomiestärkungsG weitgehend abgeschafft. Die AVE nach den §§ 7 Abs. 1, 7a Abs. 1 AEntG bzw. § 3a Abs. 1 AÜG ist dagegen auf bestimmte Mindestbedingungen bzw. Mindestentgelte eingeschränkt.

21. Die weitaus größte Bedeutung in der Außenseitererstreckung kommt der einzelvertraglichen Bezugnahme auf Tarifnormen zu. Sie ist Ausdruck der Privatautonomie der Arbeitsvertragsparteien, mindert aber insbesondere auf Seiten der Arbeitnehmer die Notwendigkeit zum Koalitionsbeitritt. Zwar eröffnet die richtige neuere Rechtsprechung den Tarifparteien die Möglichkeit, durch einfache Differenzierungsklauseln Ansprüche an der Gewerkschaftsmitgliedschaft anzuknüpfen. Entgegen der hier vertretenen Ansicht sind nach der Rechtsprechung des BAG allerdings Spannenklauseln, die den Vorteil für die Gewerkschaftsmitglieder sichern könnten, nicht zulässig. Die Instrumente, die einer Differenzierung auf Arbeitgeberseite zugunsten der Mitglieder eines Arbeitgeberverbandes zur Verfügung stehen, sind aus der Natur der Sache heraus beschränkt.

22. Darüber hinaus kann die einzelvertragliche Bezugnahme in mehrerlei Hinsicht Folgen für die Tarifflucht nach sich ziehen. Zu nennen ist hier die geänderte Rechtsprechung des BAG zur Auslegung von Bezugnahmeklauseln als im Zweifel dynamische Verweisung. Diese darf allerdings in ihren Folgen nicht überschätzt werden, da eine transparente Formulierung einer Bezugnahmeklausel als Gleichstellungsklausel im Arbeitsvertrag ausreicht, um diese Rechtsfolge zu vermeiden. Eine ähnliche Wirkung kann die neuere Rechtsprechung des BAG zur Fortgeltung einer tariflichen Vergütungsordnung entfalten, wonach eine Vergütungsordnung im Betrieb auch nach Wegfall des ursprünglichen Geltungsgrunds erhalten bleibt und – nach Wegfall der Tarifbindung – zu ihrer Änderung der Mitbestimmung des Betriebsrats nach § 87 Abs. 1 Nr. 10 BetrVG bedarf. Beide Rechtsprechungslinien verhindern, dass sich der Arbeitgeber von der (wenn auch privatautonom/betriebsverfassungsrechtlich vermittelten) Wirkung von Tarifbestimmungen einseitig lösen kann, und erschweren damit die Tarifflucht. Insofern kann die These von der „sehr starke[n] Verrechtlichung des deutschen Systems industrieller Beziehungen […] als Barriere gegen den Rückfall in einen Marktindividualismus"[2186], wie sie *Däubler* 1988 formulierte, tatsächlich zum Tragen kommen.

2186 *Däubler,* NZA 1988, 857, 862.

II. Schlussfolgerungen

Der Einfluss der Rechtsordnung auf die Tarifbindung der Arbeitgeberseite erweist sich damit als äußerst komplex. So haben die einzelnen Instrumente häufig das Potential sowohl positiv wie auch negativ auf die Tarifbindung einzuwirken. Hinzu kommt, dass die Anforderungen in einer kleinteilig organisierten Branche wie dem Handwerk andere sind als bspw. in der industriell geprägten Chemieindustrie. Während in letzterer traditionell sozialpartnerschaftliche Verhandlungsstrukturen vorherrschen, sind diese in der Metallindustrie wiederum eher konfliktorientiert ausgestaltet. Dennoch weisen beide Branchen konstant relativ hohe Tarifbindungsgrade auf.[2187] Während OT-Modelle im Fall von starken Verbänden deren Bindungskraft kaum gefährden, können sie bei schwachen Verbänden gravierende Folgen haben. Diese Liste ließe sich noch lange weiterführen.

Das Bild weitet sich noch mehr, wenn man angrenzende Rechtsgebiete mit in den Blick nimmt. So wurde schon oben an einigen Stellen der Einfluss steuerrechtlicher Vorschriften auf das Tarifsystem angedeutet. Auch wirken sich kündigungsschutzrechtliche Vorschriften auf die Tarifflucht aus und können sich gerade im Fall einer Betriebsschließung als relevante Größe erweisen, zu denken ist etwa an die Vorschriften zur Massenentlassung (insb. durch § 17 KSchG und § 111 BetrVG). Auch gesellschafts- und wettbewerbsrechtliche Gesichtspunkte können eine Rolle spielen, der Einfluss des Sozialrechts wurde ebenfalls angedeutet. Auch diese Liste ließe sich leicht fortführen.

Als Folge hiervon kann sich bspw. auch ein Instrument wie die AVE in einer Branche als wirksames Instrument gegen die Tarif- und Verbandsflucht erweisen, während sie in einer anderen Branche gar nicht notwendig ist und in wieder einer anderen aufgrund der rechtlichen Voraussetzungen nicht zum Einsatz kommen kann. Während in einer mittelständisch oder durch Großbetriebe geprägten Branche eher eine Antwort auf den Einsatz von Drittpersonal gefunden werden muss, ist in anderen Branchen verstärkt die Anbieterseite zu betrachten. In kleinteilig organisierten Branchen besteht häufig das Problem, überhaupt eine Tarifbindung zu erzeugen, während bei mittleren und größeren Betrieben vielmehr das Problem der vollständigen oder partiellen Tarifflucht besteht.

Nun ist es freilich nicht Aufgabe der Rechtsordnung, für jede einzelne Fallkonstellation eine passgenaue Lösung zu finden. Sie hat aber ein System bereit zu halten, in dem die Tarifparteien zu solchen Lösungen finden können. Dabei ist die angedeutete Komplexität stets im Blick zu behalten, wenn der Rahmen für

---

2187 *Haipeter*, WSI Mitt. 2009, 185, 190 f.

die Tarifautonomie gestaltet oder auf dem Gebiet der Arbeits- und Wirtschaftsbedingungen eingegriffen wird. Im Fall des AÜG wurden die Folgen für das Tarifsystem offensichtlich unterschätzt, will man dem Gesetzgeber nicht unterstellen, dass er sie billigend in Kauf genommen habe. Gerade bei der Schaffung tarifdispositiven Gesetzesrechts ist dementsprechend darauf zu achten, dass dieses nicht den eigentlichen Zweck eines Gesetzes untergräbt und somit zu einem funktionswidrigen Einsatz der Tarifautonomie führt. Sind die entsprechenden Kriterien aber klar formuliert, kann es sich als durchaus effektiv erweisen, um einerseits dem Schutzinteresse der Arbeitnehmer zu entsprechen und andererseits den Eingriff in die Tarifautonomie gering zu halten, ja sogar den Abschluss von Tarifverträgen zu stimulieren.

Die tarifpolitischen Antworten auf die wirtschaftlichen Entwicklungen müssen in erster Linie die Koalitionen selbst finden.[2188] Die Rechtsordnung kann und – wo es zu strukturellen Veränderungen kommt – muss aber stabilisierend eingreifen. Dies kann sowohl durch punktuelle Interventionen (bspw. im Betriebsübergangsrecht), externe Stabilisierung, durch direkten staatlichen Einfluss (z.B. durch die AVE) oder eine systeminterne Stabilisierung durch Stärkung der Koalitionen erfolgen.[2189] Die vielschichtigen Gründe für die abnehmende Tarifbindung legen es nahe, dass auch die Ansatzpunkte für eine etwaige Reform des Tarifvertragssystems auf verschiedenen Ebenen erfolgen müssen, damit dessen Verbindlichkeit erhalten bleibt. Im Endeffekt handelt es sich um ein Wechselspiel: Die Rechtsordnung reagiert auf tatsächliche Entwicklungen und gestaltet diese auch selbst aktiv oder passiv durch Unterlassen mit.

III. Ausblick

„Der Flächentarifvertrag ist auch heute ein Modell für die Zukunft“[2190], meinte der damalige Zweite Vorsitzende der *IG Metall Riester* 1995 und auch der damalige *Gesamtmetall*-Hauptgeschäftsführer *Kirchner* bezeichnete das Verbandstarifvertragssystem in Anlehnung an *Churchill* bei aller Kritik als „die beste aller möglichen Regelungsformen für die wichtigsten Arbeitsbedingungen“.[2191] Dabei hat sich das Tarifrecht bislang trotz einer ständig aus unterschiedlichen Interessenslagen heraus geführten Reformdiskussion als außerordentlich beständig erwiesen.[2192]

2188 So auch *Bispinck,* WSI Mitt. 2005, 301, 306.

2189 *Blanke,* KJ 2004, 2, 16.

2190 *Riester,* Wirtschaftsdienst 1995, 466, 469.

2191 *Kirchner,* Wirtschaftsdienst 1995, 463.

2192 Vgl. etwa *Dreschers,* Die Entwicklung des Rechts des Tarifvertrags, 1994 (zugl. Freiburg, Univ., Diss. 1993), S. 533.

Nachdem in der Wissenschaft bereits vielfach auf eine Stabilisierung des Tarifsystems durch den Staat gedrungen worden ist, scheint sich angesichts der oben referierten Reformen und Vorhaben der aktuellen Bundesregierung, die z.T. bereits vorliegen oder zumindest im aktuellen Koalitionsvertrag vorgesehen sind, auch die Politik diesen Aussagen wieder anzuschließen. Forderungen nach beschränkenden gesetzlichen Eingriffen in die Tarifautonomie, wie sie bspw. im bereits referierten Vorschlag für das ArbRModG durch die Bundestagsfraktion des CDU/CSU formuliert worden waren, sind weitgehend abgeklungen.[2193] Dafür hält der Koalitionsvertrag zwischen CDU, CSU und SPD neben dem bereits umgesetzen TarifautonomiestärkungsG und der damit erfolgten Reform der AVE nach § 5 TVG sowie der Erweiterung des AEntG eine ganze Reihe weiterer Vorhaben bereit, die eine Stärkung des tariflichen Verhandlungsmechanismus nach sich ziehen können. Dazu gehören etwa die Regulierung des Fremdfirmeneinsatzes oder auch weitere Beschränkungen im Rahmen der Leiharbeit, wie bspw. das Verbot des Streikbrechereinsatzes. Hierzu sei auf die Ausführungen an den jeweiligen Stellen verwiesen. Die Vorhaben sind hinsichtlich der Stabilität der Tarifautonomie und damit auch der Tarifbindung auf Arbeitgeberseite ausdrücklich zu begrüßen.

Die geschilderten Instrumente haben jedoch den Nachteil, dass sie kein flächendeckend einheitliches Schutzniveau in Bezug auf die Arbeitsbedingungen erzeugen können. Der AVE nach § 5 TVG, § 7, 7a AEntG, § 3a AÜG sowie den Regelungen des HAG kann dies zumindest in den jeweiligen Teilbereichen gelingen, das mittlerweile abgeschaffte MiArbG hat niemals Anwendung gefunden.[2194] Daher verwundert es nicht, dass sich auch in Deutschland nicht nur eine Diskussion um die Einführung eines Mindestlohns entwickelt hat,[2195] sondern dass der allgemeine, bundeseinheitliche gesetzliche Mindestlohn sogar zur zentralen arbeits- und sozialpolitischen Agenda der aktuellen Bundesregierung geworden ist und damit auch den Kern des TarifautonomiestärkungsG darstellt.

2193 Dazu oben, S. 265 ff.; zur Diskussion und krit. zur Zulässigkeit vgl. die Nachweise bei Däubler, TVG-*Deinert,* § 4 Rn. 652k; *Wendeling-Schröder,* FS Wissmann, 2005, S. 174, 182; *Blanke,* KJ 2004, 2, 16; kritisch wohl auch *Melot de Beauregard,* Mitgliedschaft in Arbeitgeberverbänden und Tarifbindung, 2002 (zugl. Würzburg, Univ., Diss 2002), S. 17.

2194 Vgl. zur Übersicht Kittner/Zwanziger/Deinert-*Bachner,* § 9; *Bispinck,* WSI Report 4/2010, 8 ff.; *Hanau,* NZA 2012, 825, 829 f.

2195 Vgl. für einen europäischen Überblick *Schulten,* WSI Mitt. 2013, 126 ff.; zur Diskussion *Nielebock,* FS Kempen, 2013, S. 181 ff.; dagegen etwa *Giesen,* FS Kempen, 2013, S. 216 ff.

Diese Diskussion ist auch vor dem Hintergrund deutlicher internationaler Kritik am deutschen Lohngefüge und der deutschen Lohnpolitik zu sehen.[2196]

Seit dem 1. Januar 2015 hat jeder Arbeitnehmer Anspruch auf einen Bruttostundenlohn von mindestens EUR 8,50 (§ 1 MiLoG). Dieser ist unabdinger, steht auch nicht zur Disposition der Tarifparteien (§ 3 MiLoG) und er genießt sogar Vorrang vor ihn unterschreitenden allgemeinverbindlich erklärten Tarifverträgen (§ 1 Abs. 3 MiLoG).[2197] Er gilt für alle im Inland beschäftigen Arbeitnehmer, unabhängig vom Sitz des Arbeitgebers und ist insofern als zwingendes Recht i.S.d. Art. 9 Rom-I Verordnung anzusehen.[2198] Dadurch soll zunächst der Anreiz zum Lohnunterbietungswettbewerb zulasten der Arbeitnehmer und der sozialen Sicherungssysteme unterbunden werden.[2199] Denn die Tarifparteien seien aus eigener Kraft nicht mehr durchgehend in der Lage, einer Verbreitung unangemessen niedriger Löhne entgegen zu wirken, argumentiert die Bundesregierung in der Gesetzesbegründung.[2200] Dort wird jedoch auch betont, dass der Mindestlohn lediglich den Lohnkostenwettbewerb unterhalb eines bestimmten Niveaus verhindern, dieser aber nicht den Schutz durch einen Tarifvertrag insgesamt ersetzen könne.[2201]

Wie bereits oben ausgeführt, wird zudem eine Kommission gebildet, für deren Besetzung Arbeitnehmer- und Arbeitgebervertreter vorschlagsberechtigt sind und die der Bundesregierung zunächst mit Wirkung vom 1. Januar 2017 und dann jährlich eine Anpassung der Höhe des Mindestlohns vorschlagen kann (§§ 1 Abs. 2, 4, 5, 9 MiLoG). Die Anpassung erlässt die Bundesregierung durch Rechtsverordnung ohne Zustimmung des Bundesrates, wobei sie in der Höhe an den Vorschlag der Mindestlohnkommission gebunden ist (§ 11 Abs. 1 MiLoG). Keine Geltung soll der Mindestlohn für bestimmte Formen des Praktikums

---

2196 Dazu etwa *Bryde,* SR 2012, 2 f.; vgl. auch die Beschwerde der belgische Regierung vom März 2013 bei der Europäischen Kommission wegen mutmaßlichem „Sozialdumping" insbesondere durch Werkvertragsmodelle in der deutschen Fleischindustrie, vgl. AuR 2013, S. 211 f.; dazu die Kleine Anfrage der Bundestagsfraktion Bündnis 90/Die Grünen, BT-Drs. 17/14029.

2197 Vgl. auch *Preis/Ulber,* Ausschlussfristen und Mindestlohngesetz, 2014, S. 21 ff.; dagegen wird tw. sogar dafür plädiert, dass aus einem Verstoß die Unwirksamkeit der Lohnabrede folgt, womit ein Anspruch auf die angemessene Vergütung nach § 612 BGB entstünde, so etwa *Däubler,* NJW 2014, 1924, 1927; *Bayreuther,* NZA 2014, 865, 866.

2198 *Lakies,* ArbRAktuell 2014, 189, 191.

2199 Vgl. BT-Drs. 18/1558, S. 1 f.

2200 BT-Drs. 18/1558, S. 27 f.

2201 BT-Drs. 18/1558, S. 28.

(§ 22 Abs. 1 MiLoG) entfalten sowie für Personen i.S.v. § 2 Abs. 1 und 2 JArbSchG ohne abgeschlossene Berufsausbildung (§ 22 Abs. 2 MiLoG), für Personen in Berufsausbildung, für ehrenamtliche Tätigkeiten (§ 22 Abs. 3 MiLoG) und für Langzeitarbeitslose i.S.d. § 18 SGB III in den ersten sechs Monaten der Beschäftigung. Eine befristete Ausnahme ist ferner für Zeitungszusteller vorgesehen, wo eine stufenweise Angleichung bis zum 31. Dezember 2017 an den gesetzlichen Mindestlohn nach § 1 Abs. 2 MiLoG erfolgt.[2202]

Die Relevanz für die vorliegende Fragestellung ergibt sich vor allem daraus, dass ein Mindestlohn Tarifflucht und den auf den Arbeits- und Sozialkosten basierenden Wettbewerb zumindest im untersten Lohnsegment begrenzen kann und zwar sowohl in Bezug auf in- wie ausländische Unternehmen.[2203] Dabei zeigt sich gerade in Branchen mit hohem Lohndruck, in denen bereits Mindestlohninstrumente bestehen, eine hohe Zustimmung zu diesen Instrumenten auch auf Seiten der Unternehmen.[2204] Zwar standen sowohl Arbeitgeberverbände wie auch Gewerkschaften einem allgemeinen Mindestlohn lange skeptisch gegenüber. Angesichts der abnehmenden Tarifbindung und der Ausbreitung von Niedriglöhnen selbst in Bereichen, in denen Tarifverträge bestehen[2205], wird der gesetzliche Mindestlohn auf Seiten der Gewerkschaften mittlerweile als „Notwehr gegen die Zerstörung der Tarifautonomie“[2206] angesehen. Durch ihn sollen existenzsichernde Löhne garantiert werden.[2207] Wer weniger als 8,50 Euro

---

2202 Verfassungsrechtlich ist die Ausnahme keineswegs erforderlich, vgl. *Preis/Ulber,* Verfassungsmäßigkeit des Mindestlohns, 2014, S. 149; tw. wird sogar die Verfassungswidrigkeit der Bestimmung angenommen, etwa *Di Fabio,* Mindestlohn und Pressefreiheit, 2014; dagegen aber *Pieroth,* Mindestlohnausnahme für Zeitungszusteller? 2014, S. 116.

2203 So auch *Preis/Ulber,* FS Kempen, 2013, S. 15, 34 f.; vgl. auch BT-Drs. 18/1558, S. 28.

2204 45,2 % der Unternehmen der Baubranche stimmen in einer aktuellen Befragung einem gesetzlichen Mindestlohn zu, insgesamt waren es 21,9 % Zustimmung, vgl. *Nicklich/Helfen,* Wirtschaftsverbände in Deutschland 2012/2013, 2013, S. 16; eine andere Befragung von 2005 ergab eine Zustimmung auf Seiten der Unternehmen von 29 %, vgl. *Paul/Stegbauer,* Soziale Marktwirtschaft, Mitbestimmung und Tarifpolitik aus Sicht der Arbeitgeber, 2006, S. 16.

2205 Nach Definition der OECD fallen hierunter Löhne unterhalb von zwei Dritteln des nationalen Medianlohns, in Deutschland waren dies 2010 24,1 % der Beschäftigten, vgl. *Rhein,* IAB-Kurzbericht 15/2013, 1, 3; *Bispinck,* WSI Report 4/2010, 1 f.

2206 In: DGB, einblick 11/2013, 3.

2207 *Sommer,* in: Bispinck/Schulten, Zukunft der Tarifautonomie, 2010, S. 13, 16 f.

die Stunde bezahle, sei ein „Schmutzarbeitgeber".[2208] Auf der anderen Seite wird aber eine Schwächung oder gar Gefährdung der Tarifautonomie befürchtet.[2209] Eine dritte Ansicht schätzt die Effekte auf die Tarifautonomie neutral ein[2210] oder sieht eine Unterstützung der Tarifautonomie zumindest insofern, als eine Grundlage für Tarifverhandlungen geschaffen wird.[2211] Tatsächlich ist die Forderung nach einem gesetzlichen Mindestlohn auch ein Zeichen der Durchsetzungsschwäche von Gewerkschaften und Ausdruck davon, dass auf tariflichem Weg nicht mehr überall das erforderliche Mindestniveau gesichert werden kann.[2212] Die konkreten Auswirkungen des Mindestlohns auf die Tarifautonomie lassen sich angesichts der Komplexität der Frage im Detail nur schwer voraussagen.[2213] Angesichts dessen, dass ein Mindestlohn nur eine unterste Linie einzieht und über diesem Niveau der tarifpolitische Gestaltungsspielraum offen bleibt, ist der Mindestlohn zumindest im Grundsatz verfassungsrechtlich nicht zu beanstanden und bewegt sich im Rahmen der gesetzgeberischen Einschätzungsprärogative.[2214] So betont – wie oben bereits ausgeführt – das BVerfG, dass

---

2208 DGB Vorsitzender *Sommer* auf *Spiegel Online* vom 25.12.2013, abrufbar unter http://www.spiegel.de/wirtschaft/soziales/mindestlohn-debatte-dgb-chef-sommer-wettert-gegen-schmutzarbeitgeber-a-940815.html [zuletzt geprüft: 12.12.2014].

2209 Vgl. bspw. *Lobinger*, JZ 2014, 810, 812 ff.; *Wolf*, BB 2014, 1216; *Hundt*, Pressekonferenz vom 28.7.2009, abrufbar unter http://www.bda-online.de/www/arbeitgeber.nsf/res/DH-Rede_BPK_28-07-09.pdf/$file/DH-Rede_BPK_28-07-09.pdf [zuletzt geprüft: 12.12.2014]; insofern auch verfassungsrechtliche Bedenken bei *Huke*, APuZ 2010, 7, 10; *Thüsing*, FS Bepler, 2012, S. 549, 553 f.

2210 *Preis/Ulber*, FS Kempen, 2013, S. 15, 32, sowie 34 in Bezug auf die Auswirkungen im Rahmen des AEntG; zudem soll sich zumindest die Höhe des Mindestlohns nicht auf die Tarifbindung auswirken, vgl. *Bosch/Weinkopf*, WSI Mitt. 2013, 393, 395 f.; *Kalina/Weinkopf*, IAQ-Report 6/2010, 8 f.

2211 Vgl. *Bispinck/Schulten*, WSI Mitt. 2008, 151 f.

2212 *Preis/Ulber*, FS Kempen, 2013, S. 15, 33; kritisch *Bepler*, FS Richardi, 2007, S. 189, 199.

2213 *Bosch/Weinkopf*, WSI Mitt. 2013, 393 ff.; vgl. zu den wirtschaftlichen Auswirkungen etwa *Apel/Bachmann/Vom Berge/König/Kröger/Paloyo, et al.*, IAB-Kurzbericht 4/2012, 1; die darlegen, dass die Einführung des Mindestlohns im Bauhauptgewerbe keine Auswirkungen auf die Beschäftigung nach sich zog; zu keinen negativen beschäftigungspolitischen Auswirkungen kommt auch *Bosch* 2010, 404 ff.; dagegen aber etwa *Schuster*, Mindestlohn, 2013; Institut der deutschen Wirtschaft, iwd 6/2010; eine höhere Jugendarbeitslosigkeit befürchtet die BDA, Arbeitgeber aktuell 9/2012, 5, 14; grundsätzlich negative Beschäftigungseffekte befürchtend *Wolf*, BB 2014, 1216.

2214 Vgl. *Fischer-Lescano*, Verfassungs-, völker- und europarechtlicher Rahmen für die Gestaltung von Mindestlohnausnahmen, 2014; *Preis/Ulber*, Verfassungsmäßigkeit des Mindestlohns, 2014; *Nielebock*, FS Kempen, 2013, S. 181, 187; kritisch aber

die Tarifautonomie den Tarifvertragsparteien zwar Normsetzungsvorrechte verleihe, jedoch kein Normsetzungsmonopol.[2215] Gemeinwohlbelange können die Koalitionsfreiheit sehr wohl einschränken,[2216] wobei dem Gesetzgeber ein weiterer Gestaltungsspielraum zukommt.[2217] Letztlich zielt der Mindestlohn darauf, dass der Staat dort, wo die Tarifautonomie ihre Schutz- und Ordnungsfunktion nicht erfüllen kann, seine subsidiäre Zuständigkeit auf dem Gebiet der Arbeits- und Wirtschaftsbedingungen wahrnimmt und bereitet damit auch den Boden für ein funktionierendes Tarifsystem.[2218]

Auch wenn die Einführung des Mindestlohns damit positive Auswirkungen auf die Tarifautonomie und damit auch auf die Tarifbindung der Arbeitgeberseite nach sich ziehen kann, bewegt sich dieses Instrument außerhalb des Tarifsystems.

Wo sind also erfolgsversprechende systemimmanente Lösungen zu suchen? Wie bereits oben dargelegt, belegt die sozialwissenschaftliche und rechtsvergleichende Forschung,[2219] dass insbesondere Instrumenten eine besonders stabilisierende Wirkung zukommt, durch die der Staat Tarifnormen auch auf Außenseiter erstrecken kann. Hier stellen die Reformen der aktuellen Bundesregierung zur erleichterten AVE von Tarifverträgen und zur Ausdehnung des AEntG schon einen wesentlichen Fortschritt dar, ob sie weit genug gehen, ist allerdings fraglich.

---

bspw. *Fischer*, ZRP 2007, 20, 21 f.; kritisch bereits in Bezug auf die bereits vor Einführung des gesetzlichen Mindestlohns bestehenden Mindestlohninstrumente etwa *Sodan/Zimmermann*, NJW 2009, 2001, 2003 ff.

2215 BVerfG, 29.12.2004 – 1 BvR 2582/03, 1 BvR 2283/03, 1 BvR 2504/03, NZA 2005, 153, 154 (= AP Nr. 2 zu § 3 AEntG).

2216 BVerfG, 26.06.1991 – 1 BvR 779/85, BVerfGE 84, 212, 228 (= AP Nr. 117 zu Art. 9 GG Arbeitskampf); BVerfG, 01.03.1979 – 1 BvR 532/77 u.a., BVerfGE 50, 290, 371 (= AP Nr. 1 zu § 1 MitbestG); BVerfG, 29.12.2004 – 1 BvR 2582/03, 1 BvR 2283/03, 1 BvR 2504/03, NZA 2005, 153, 154 f. (= AP Nr. 2 zu § 3 AEntG); krit. in Bezug auf die Leiharbeit *Lembke*, BB 2005, 495, 499.

2217 BVerfG, 29.12.2004 – 1 BvR 2582/03, 1 BvR 2283/03, 1 BvR 2504/03, NZA 2005, 153, 154 (= AP Nr. 2 zu § 3 AEntG); BVerfG, 04.07.1995 – 1 BvF 2/86 u. a., BVerfGE 92, 365, 394 (= AP Nr. 4 § 116 AFG); BVerfG, 27.04.1999 – 1 BvR 2203/93, 1 BvR 897/95, BVerfGE 100, 271 (= NZA 1999, 992), wo das Gericht ausführt, dass sogar eine den Tarifparteien entgegenstehende Einschätzung des Gesetzgebers zulässig sein kann.

2218 BT-Drs. 18/1588, S. 27 f.; insofern trifft die Reduktion des Mindestlohns auf seine Entlastungsfunktion in Bezug auf den Sozialstaat sowie die Vertragsfreiheit der Arbeitnehmer nicht zu, so aber etwa *Picker*, RdA 2014, 25, 31.

2219 Dazu oben, S. 57 ff.

Dies betrifft zum einen die nicht erfolgte Reform des Tarifausschusses, womit den Spitzenorganisationen immer noch die Option einer Blockadepolitik in diesem Gremium verbleibt. Zum anderen haben all diese Instrumente den wesentlichen Nachteil, dass sie die vielzitierten „weißen Flecken“[2220] in der Tariflandschaft nicht erreichen. Denn selbst wenn nun eine AVE auch zur „Absicherung der Wirksamkeit der tariflichen Normsetzung gegen die Folgen wirtschaftlicher Fehlentwicklungen“ (§ 5 Abs. 1 Nr. 2 TVG) möglich ist, ist ein Mindestmaß an tarifpolitischer Erschlossenheit der betroffenen Bereiche Voraussetzung. Will man auch in die Bereiche der „weißen Flecken“ vordringen, sind neue Denkansätze gefragt. Hier kann der Blick in andere Rechtsordnungen hilfreich sein. So existiert etwa in Frankreich[2221] und Österreich[2222] die Möglichkeit, Kollektivvertäge auch über den räumlichen und fachlichen Geltungsbereich hinaus in kollektivvertraglich nicht erfasste, aber strukturell vergleichbare Bereiche zu erstrecken.[2223]

Die Instrumente der AVE bieten zwar durch die Erstreckung von Tarifnormen eine unmittelbare Anknüpfung an das Tarifsystem, letztlich handelt es sich dabei aber immer noch um staatliche Rechtsetzung. Daher ist weiter zu fragen, wo die Rechtsordnung Anreize für das Zustandekommen von Tarifbindung setzen kann. Hier besteht noch ein erhebliches Potential an Verbesserungsmöglichkeiten. Insbesondere rückt dabei das tarifdispositive Gesetzesrecht ins Blickfeld, welches einerseits eine gesetzliche Mindestsicherung für die Arbeitnehmer schaffen kann und gleichzeitig die Tür für flexible branchen- und betriebsgerechte tarifliche Lösungen offen hält. Wie das Beispiel des AÜG zeigt, hat die Rechtsordnung so zwar durchaus das Potential, das Entstehen von Tarifverträgen zu fördern, allerdings zeigt dieses Beispiel auch die Risiken auf, die insbesondere in der Umkehrung des Schutzzwecks der Tarifautonomie zu einem Instrument der Unterbietung des gesetzlichen Niveaus liegen. Insofern kommt es ganz wesentlich auf die Ausgestaltung dieser Normen und die Frage an, an welchen Stellen es überhaupt eingesetzt wird. Insofern sei auf die Ausführungen oben verwiesen.[2224] Bei tarifdispositivem Gesetzesrecht und ähnlichen Anreizinstrumenten stellt sich ferner stets die Frage, inwiefern sie Exklusivität

---

2220 So zuletzt etwa auch der Koalitionsvertrag der CDU/CSU/SPD, Koalitionsvertrag 18. Legislaturperiode, 2013, S. 67 f.

2221 Sog. *élargissement*, Art. L 133-8 bis L 133-17 Code du Travail.

2222 § 18 Abs. 3 ArbVG.

2223 Ähnlich auch *Däubler*, WSI Mitt. 2012, 508, 515; vgl. entsprechend auch den Vorschlag von *Deinert*, Deutscher Juristentag, Thesen der Gutachter und Referenten, 2014, S. 19, These 15.

2224 Vgl. oben, S. 365 f.

schaffen. Dass bislang i.d.R. auch Außenseiter-Arbeitgeber durch Bezugnahme auf einen Tarifvertrag von entsprechenden Regelungen profitieren können, mindert deren Anreizwirkung enorm. Insofern ist durchaus Verbesserungsbedarf gegeben. Andere Rechtsordnungen gehen in der Schaffung von Anreizen noch deutlich weiter und eröffnen Verbänden bspw. durch die Übertragung bestimmter Aufgaben wie etwa die Zuteilung von Fördermitteln neue verbandspolitische Spielräume.[2225]

Darüber hinaus kann der Staat auch ohne AVE die Tarifunterbietung eindämmen. Hier bestehen mit den Tariftreueregelungen in den meisten Bundesländern schon wichtige Ansätze. Ferner scheinen hier Reformen im Bereich der Arbeitsförderung und Grundsicherung angezeigt. So sollte es künftig entsprechend der Rechtslage vor dem 1. April 1997 Arbeitslosen wieder ermöglicht werden, eine Beschäftigung abzulehnen, wenn sie zu untertariflichen Bedingungen erfolgt. Dies ist nach der gegenwärtigen Rechtslage entsprechend den § 140 Abs. 2 SGB III und § 10 Abs. 1 Nr. 5 SGB II nämlich nur dann möglich, wenn auf das Arbeitsverhältnis unmittelbar ein Tarifvertrag anwendbar ist. Hierdurch würde mittelbar die Einhaltung der Tarifbedingungen durch die Arbeitgeber gefördert.

Schließlich ist noch die Tarifflucht in den Blick zu nehmen, die auch in der Vermeidung der Anwendung von Tarifverträgen liegen kann. Letzteres betrifft insbesondere den verbreiteten Einsatz von Fremdpersonal, insbesondere durch Leiharbeit sowie Werk- und Dienstverträge. Dieser führt sowohl zu Tariffragmentierung wie auch zu verbreiteter Tariflosigkeit. Hier hat es der Gesetzgeber in der Hand, zu entscheiden, in welcher Form und in welchem Umfang er diese Beschäftigungsformen zulassen will, die oftmals auch eine partielle Tarifflucht darstellen.[2226] Auch die Frage des Betriebsübergangs spielt in diesem Zusammenhang eine wesentliche Rolle, da er ebenfalls häufig dazu dient, die Anwendung von Tarifbedingungen zu vermeiden. Hier ist insbesondere über Verbesserungen bei § 613a BGB nachzudenken. So privilegiert etwa § 613a Abs. 1 S. 4 Alt. 2 BGB die Verbandslosigkeit, indem er bei fehlender beiderseitiger Tarifgebundenheit im Geltungsbereich eines anderen Tarifvertrags die Möglichkeit schafft, durch eine Bezugnahme auf diesen, die einjährige Veränderungssperre nach § 613a Abs. 1 S. 2 BGB vorzeitig zu beenden. Darüber hinaus ist eine zeitliche Befristung von Nachbindung und Nachwirkung gerade in Hinblick auf die Erleichterung von Tarifflucht dagegen abzulehnen.

2225 Dazu bereits oben, S. 61 ff.

2226 Einige Konzepte in dieser Hinsicht wurden bereits oben dargestellt, vgl. S. 247 ff.

Es zeigen sich also durchaus zahlreiche Stellschrauben, über welche die Rechtsordnung auf die Tarifbindung der Arbeitgeberseite einwirken kann. In der öffentlichen Debatte hat lange ein Blick auf das Tarifvertragssystem dominiert, der dieses vor allem als Eingriff in die Freiheit des Arbeitgebers betrachtet hat. Entscheidend ist, dass künftig die Schutz- und Ordnungsfunktion von Tarifverträgen wieder stärker zur Geltung kommen. Hierzu stellt das TarifautonomiestärkungsG einen ersten Schritt dar.

Literaturverzeichnis

Adomeit, Klaus, Das Günstigkeitsprinzip - neu verstanden, NJW 1984, 26–27.

Ahrendt, Martina, Zum Anspruch der Gewerkschaft gegen den Arbeitgeberverband auf Auskunft über tarifgebundene und OT-Mitglieder, RdA 2010, 345–351.

Ahrendt, Martina, Firmentarifvertrag und firmenbezogener Verbandstarifvertrag. Ein aktueller Rechtsprechungsüberblick, RdA 2012, 129–139.

Ahrendt, Martina, Pflicht des Arbeitgebers zur Eingruppierung eines nicht tarifgebunden Arbeitnehmers in betriebliche Vergütungsordnung. Anm. zu BAG 1. Senat, Beschluss vom 18.10.2011–1 ABR 25/10, jurisPR-ArbR 19/2012 Anm. 3.

Annuß, Georg (Hrsg.), Festschrift für Reinhard Richardi zum 70. Geburtstag, München 2007.

Anzinger, Rudolf/Wank, Rolf (Hrsg.), Entwicklungen im Arbeitsrecht und Arbeitsschutzrecht. Festschrift für Otfried Wlotzke zum 70. Geburtstag, München 1996.

Apel, Helmut/Bachmann, Ronald/Vom Berge, Philipp/König, Marion/Kröger, Hanna/Paloyo, Alfredo/Schaffner, Sandra/Umkehrer, Matthias/Wolter, Stefanie, Folgen für die Beschäftigung blieben aus. Mindestlohn im Bauhauptgewerbe, IAB-Kurzbericht 4/2012, 1–8.

Arrowsmith, James/Marginson, Paul/Sisson, Keith, Externalisation and Internalisation of Collective Bargaining in Europe: Variation in the role of large companies, Ind. Beziehungen 2003, 363–392.

Ascheid, Reiner/Preis, Ulrich/Schmidt, Ingrid (Hrsg.), Kündigungsrecht. Großkommentar zum gesamten Recht der Beendigung von Arbeitsverhältnissen, 4. Aufl., München 2012 (zitiert: APS-*Bearbeiter*).

Assmann, Jürgen, Rechtsfragen zum Gesamthafenbetrieb, Köln 1965 (zugl. Köln, Univ., Diss. 1965).

Badura, Peter, Das Verwaltungsrecht des liberalen Rechtsstaates. Methodische Überlegungen zur Entstehung des wissenschaftlichen Verwaltungsrechts, Göttingen 1967.

Badura, Peter, Der Regierungsentwurf eines Mitbestimmungsgesetzes, ZfA 1974, 357–382.

Baeck, Ulrich/Hauck, Friedrich/Preis, Ulrich/Rieble, Volker/Röder, Gerhard/Schunder, Achim (Hrsg.), Festschrift für Jobst-Hubertus Bauer zum 65. Geburtstag, München 2010.

Bahnmüller, Reinhard, Dezentralisierung der Tarifpolitik - Re-Stabilisierung des Tarifsystems? in: Bispinck, Reinhard/Schulten, Thorsten (Hrsg.), Zukunft der Tarifautonomie, Hamburg 2010, S. 81–113.

Bauer, Jobst-Hubertus, Flucht aus Tarifverträgen: Königs- oder Irrweg, in: Schlachter, Monika/Ascheid, Reiner/Friedrich, Hans-Wolf (Hrsg.), FS Schaub, München 1998, S. 19–46.

Bauer, Jobst-Hubertus, Betriebliche Bündnisse für Arbeit vor dem Aus? NZA 1999, 957–962.

Bauer, Jobst-Hubertus/Arnold, Christian, Tarifliche Differenzierungsklauseln - Gewerkschaften auf Abwegen! NZA 2005, 1209–1213.

Bauer, Jobst-Hubertus/Arnold, Christian, Differenzierungsklauseln – Entscheidung des Großen Senats auf der Kippe? NZA 2009, 1169.

Bauer, Jobst-Hubertus/Günther, Jens, Bezugnahmeklauseln bei Verbandswechsel und Betriebsübergang – Ein Irrgarten? NZA 2008, 6–12.

Bauer, Jobst-Hubertus/Haußmann, Katrin, Blitzaustritt und Blitzwechsel: Wirksam, aber ohne Wirkung? Die kurzfristige Beendigung oder Änderung der Verbandsmitgliedschaft von Arbeitgebern und ihre Folgen für die Tarifbindung, RdA 2009, 99–106.

Bauer, Jobst-Hubertus/Kort, Michael/Möllers, Thomas M.J./Sandmann, Bernd (Hrsg.), Festschrift für Herbert Buchner zum 70. Geburtstag, München 2009.

Bauer, Jobst-Hubertus/Krets, Jerome, Gesetze für moderne Dienstleistungen am Arbeitsmarkt, NJW 2003, 537–545.

Bayreuther, Frank, Tarifautonomie als kollektiv ausgeübte Privatautonomie. Tarifrecht im Spannungsfeld von Arbeits-, Privat- und Wirtschaftsrecht, München 2005 (zugl. Erlangen-Nürnberg, Univ., Habil. 2004).

Bayreuther, Frank, Tarifpolitik im Spiegel der verfassungsgerichtlichen Rechtsprechung. Zum „equal-pay"-Beschluss des BVerfG, NZA 2005, 341–343.

Bayreuther, Frank, Tarif- und Arbeitskampfrecht in der Neuorientierung, NZA 2008, 12–18.

Bayreuther, Frank, Tarifbindung und „Tarifflucht": Eine Skizze der jüngeren Rechtsprechung des BAG, DZWir 2010, 353–359.

Bayreuther, Frank, Funktionsfähigkeit eines Tarifeinheitsgesetzes in der arbeitsrechtlichen Praxis? NZA 2013, 1395–1400.

Bayreuther, Frank, Der gesetzliche Mindestlohn, NZA 2014, 865–873.

Beck, Siegfried/Depré, Peter (Hrsg.), Praxis der Insolvenz. Ein Handbuch für die Beteiligten und ihre Berater, 2. Aufl., München 2010 (zitiert: Beck/Depré-*Bearbeiter*).

Behrens, Martin, New Forms of Employers' Collective Interest Representation? Ind. Beziehungen 2004, 77–91.

Behrens, Martin, Formen der Dezentralisierung: Auswirkungen tarifpolitischer Entwicklungen auf die Effektivität der Betriebsratsarbeit, WSI Mitt. 2009, 102–108.

Behrens, Martin, Das Paradox der Arbeitgeberverbände. Von der Schwierigkeit, durchsetzungsstarke Unternehmensinteressen kollektiv zu vertreten, Berlin 2011 (zugl. Göttingen, Univ., Habil. 2010).

Behrens, Martin, Arbeitgeberverbände – auf dem Weg in den Dualismus? WSI Mitt. 2013, 473–481.

Behrens, Martin/Helfen, Markus, Innerverbandliche Heterogenität und die Vertretungswirksamkeit deutscher Arbeitgeberverbände, Ind. Beziehungen 2009, 5–24.

Belling, Detlev W., Die außerordentliche Anpassung von Tarifverträgen an veränderte Umstände, NZA 1996, 906–913.

Ben-Israel, Ruth, International Labour Standards: The Case of Freedom to Strike, Deventer u.a. 1988.

Benner, Christiane (Hrsg.), Crowdwork - zurück in die Zukunft? Perspektiven digitaler Arbeit, Frankfurt a.M. 2015.

Bepler, Klaus, Problematische Arbeitsverhältnisse und Mindestlohn, in: Annuß, Georg (Hrsg.), FS Richardi, München 2007, S. 189–204.

Bepler, Klaus, Tarifverträge im Betriebsübergang, RdA 2009, 65–76.

Bepler, Klaus, Probleme um den Sanierungstarifvertrag, AuR 2010, 234–242.

Bepler, Klaus, Tarifeinheit im Betrieb. Eine Skizze der bisherigen Rechtsprechung, NZA-Beilage 3/2010, 99–104.

Bepler, Klaus, Tarifdispositives Gesetzesrecht, in: Schubert, Jens M. (Hrsg.), FS Kempen, Baden-Baden 2013, S. 109–122.

Bepler, Klaus, Stärkung der Tarifautonomie - Welche Änderungen des Tarifvertragsrechts empfehlen sich? in: Deutscher Juristentag (Hrsg.), Gutachten zum 70. Deutschen Juristentag, München 2014.

Berg, Peter, Gesetzlich verordnete Tarifeinheit reloaded - das Streikrecht in Gefahr, KJ 2014, 72–80.

Berg, Peter/Kocher, Eva/Platow, Helmut/Schoof, Christian/Schumann, Dirk (Hrsg.), Tarifvertragsgesetz und Arbeitskampfrecht. Kompaktkommentar, 4. Aufl., Frankfurt am Main 2013.

Bergmann, Joachim/Bürckmann, Erwin/Dabrowski, Hartmut, „Reform des Flächentarifvertrags"? Betriebliche Realitäten, Verhandlungssysteme, gewerkschaftliche Politik, Hamburg 1998.

Berthold, Norbert, Betriebsnähere Tarifverhandlungen - Nur eine Frage der Zeit! Wirtschaftsdienst 1995, 469–473.

Bertzbach, Martin, Keine Mitbestimmung bei arbeitsvertraglich vereinbarter Vergütung, jurisPR-ArbR 15/2013 Anm. 3.

Besgen, Nicolai, Mitgliedschaft im Arbeitgeberverband ohne Tarifbindung, Baden-Baden 1998 (zugl. Bonn, Univ., Diss. 1997).

Besgen, Nicolai, OT-Mitgliedschaft - offene Fragen, SAE 2007, 293–295.

Bettermann, Karl August/Neumann, Franz Leopold/Nipperdey, Hans Carl (Hrsg.), Handbuch der Theorie und Praxis der Grundrechte. Die Wirtschafts- und Arbeitsverfassung, Bd. 3, Halbbd. 1, 2. Aufl., Berlin 1972.

Bieback, Karl-Jürgen/Dieterich, Thomas/Hanau, Peter/Kocher, Eva/Schäfer, Claus (Hrsg.), Tarifgestützte Mindestlöhne, Baden-Baden 2007.

Bieder, Marcus/Hartmann, Felix (Hrsg.), Individuelle Freiheit und kollektive Interessenwahrnehmung im deutschen und europäischen Arbeitsrecht. Assistententagung im Arbeitsrecht 2011 in Osnabrück, Tübingen 2012.

Bischoff, Werner, Tarifpolitik der IG BCE - Bilanz und Ausblick, in: Bispinck, Reinhard/Schulten, Thorsten (Hrsg.), Zukunft der Tarifautonomie, Hamburg 2010, S. 73–78.

Bispinck, Reinhard, Das deutsche Tarifsystem in Zeiten der Krise - Streit um Flächentarif, Differenzierung und Mindeststandards, WSI Mitt. 2003, 395–404.

Bispinck, Reinhard, Kontrollierte Dezentralisierung der Tarifpolitik - Eine schwierige Balance, WSI Mitt. 2004, 237–245.

Bispinck, Reinhard, Betriebsräte, Arbeitsbedingungen und Tarifpolitik, WSI Mitt. 2005, 301–307.

Bispinck, Reinhard, 60 Jahre Tarifvertragsgesetz - Stationen der Tarifpolitik von 1949 bis 2009, in: Bispinck, Reinhard/Schulten, Thorsten (Hrsg.), Zukunft der Tarifautonomie, Hamburg 2010, S. 20–35.

Bispinck, Reinhard, Von der Erosion zur Restabilisierung? Entwicklungstendenzen des deutschen Tarifsystems, in: Dieterich, Thomas/Le Friant, Martine/Nogler, Luca u. a. (Hrsg.), GS Zachert, Baden-Baden 2010, S. 479–489.

Bispinck, Reinhard, Niedriglöhne und der Flickenteppich von (unzureichenden) Mindestlöhnen in Deutschland, WSI Report 4/2010.

Bispinck, Reinhard, Allgemeinverbindlicherklärung - vom Niedergang zur Reform? WSI Mitt. 2012, 496–507.

Bispinck, Reinhard, Tarifpolitischer Jahresbericht 2012: Höhere Tarifabschlüsse und Erfolge bei Leiharbeit und Ausbildung, WSI Mitt. 2013, 117–125.

Bispinck, Reinhard, Tarifvergütung für berufsfachlich qualifizierte Beschäftigte, WSI Mitt. 2013, 201–209.

Bispinck, Reinhard, Tarifpolitischer Jahresbericht 2013: Reale Tarifsteigerung und Anhebung von Niedriglöhnen, Düsseldorf 2014.

Bispinck, Reinhard/Dribbusch, Heiner, Collective bargaining, decentralisation and crisis management in the German metalworking industries since 1990, WSI Discussion Paper Nr. 177, Düsseldorf 2011.

Bispinck, Reinhard/Schulten, Thorsten, Verbetrieblichung der Tarifpolitik? Aktuelle Tendenzen und Einschätzungen aus Sicht von Betriebs- und Personalräten, WSI Mitt. 2003, 157–166.

Bispinck, Reinhard/Schulten, Thorsten, Deutschland vor dem tarifpolitischen Systemwechsel? WSI Mitt. 2005, 466–472.

Bispinck, Reinhard/Schulten, Thorsten, Aktuelle Mindestlohndebatte, WSI Mitt. 2008, 151–158.

Bispinck, Reinhard/Schulten, Thorsten, Das Tarifsystem stabilisieren – wie soll das gehen? Magazin Mitbestimmung 7+8/2011, 27–30.

Bispinck, Reinhard/Schulten, Thorsten (Hrsg.), Zukunft der Tarifautonomie. 60 Jahre Tarifvertragsgesetz: Bilanz und Ausblick, Hamburg 2010.

Bispinck, Reinhard/WSI-Tarifarchiv, Tarifpolitischer Jahresbericht 2003: Konflikt um Tarifautonomie - Kampf um Lohnprozente, Düsseldorf 2004.

Bispinck, Reinhard/WSI-Tarifarchiv, Tarifliche Vergütungsgruppen im Niedriglohnbereich. Eine Untersuchung in 41 Wirtschaftszweigen, Elemente qualitativer Tarifpolitik, Bd. 75, Düsseldorf 2013.

Blanke, Thomas, Flankenschutz für die Tarifautonomie. Die tarif- und arbeitskampfrechtliche Rechtsstellung des Einzelarbeitgebers nach den Urteilen des BAG vom 10.12.2002 und vom 18.2.2003, AuR 2004, 130–135.

Blanke, Thomas, Thesen zur Zukunft des Arbeitsrechts, KJ 2004, 2–20.

Blanke, Thomas, Die betriebsverfassungsrechtliche Stellung der Leiharbeit, DB 2008, 1153–1159.

Blanke, Thomas, Gestaltwandel der Tarifautonomie. Zwischen Dezentralisierung und Re-Stabiliesierung, in: Bispinck, Reinhard/Schulten, Thorsten (Hrsg.), Zukunft der Tarifautonomie, Hamburg 2010, S. 114–123.

Blanke, Thomas/Erd, Rainer/Mückenberger, Ulrich/Stascheid, Ulrich (Hrsg.), Kollektives Arbeitsrecht. Quellentexte zur Geschichte des Arbeitsrechts in Deutschland. Bd. I: 1840–1932, Hamburg 1975.

Blanke, Thomas/Erd, Rainer/Mückenberger, Ulrich/Stascheid, Ulrich (Hrsg.), Kollektives Arbeitsrecht. Quellentexte zur Geschichte des Arbeitsrechts in Deutschland. Bd. II: 1933 bis zur Gegenwart, Hamburg 1975.

Bleicher, André/Fischer, Joachim/Gensior, Sabine/Steiner, Roald, Auswirkungen von Outsourcing auf Beschäftigung und Arbeitsbeziehungen, WSI Mitt. 2002, 403–409.

Blümich, Walter (Begr.); *Heuermann, Bernd/Brandis, Peter/Blümich, Walter* (Hrsg.), EStG, KStG, GewStG. Einkommensteuergesetz, Körperschaftsteuergesetz, Gewerbesteuergesetz, München 1984 (Stand: 125. EL Oktober 2014) (zitiert: Blümich-*Bearbeiter*).

Bochmann, Günter, Die Entwicklung des Tarifrechts im Land Berlin seit dem Ausschluss aus den Arbeitgeberverbänden 1994, ZTR 2011, 459–471.

Böckenförde, Ernst-Wolfgang, Grundrechtstheorie und Grundrechtsinterpretation, NJW 1974, 1529–1538.

Bogedan, Claudia/Brehmer, Wolfram/Seifert, Hartmut, Wie krisenfest sind betriebliche Bündnisse zur Beschäftigungssicherung? WSI Mitt. 2011, 51–59.

Böhm, Wolfgang, 1. 5. 2011: Europa-Tag für die Zeitarbeit, NZA 2010, 1218–1222.

Bonin, Holger/Zierahn, Ulrich, Machbarkeitsstudie zur Erfassung der Verbreitung und Problemlagen der Nutzung von Werkverträgen, BMAS Forschungsbericht 432, Mannheim 2012.

Bosch, Gerhard, Beschäftigung und Mindestlöhne – Neue Ergebnisse der empirischen Mindestlohnforschung 2010, 404–411.

Bosch, Gerhard/Weinkopf, Claudia, Wechselwirkungen zwischen Mindest- und Tariflöhnen, WSI Mitt. 2013, 393–404.

Brandl, Bernd, Die Repräsentativität von Arbeitgeberverbänden in Europa: Eine Standortbestimmung des „deutschen Modells", WSI Mitt. 2013, 510–518.

Brandt, Torsten/Schulten, Thorsten, Liberalisierung und Privatisierung öffentlicher Dienstleistungen und die Erosion des Flächentarifvertrags, WSI Mitt. 2008, 570–576.

Braner, Achim, Die Geltung von Tarifverträgen im gemeinsamen Betrieb, NZA 2007, 596–600.

Brecht-Heitzmann, Holger/Kempen, Otto Ernst/Schubert, Jens M./Seifert, Achim (Hrsg.), Tarifvertragsgesetz, 5. Aufl., Frankfurt am Main 2014 (zitiert: Kempen/Zachert-*Bearbeiter*).

Brenke, Karl, Allein tätige Selbständige: starkes Beschäftigungswachstum, oft nur geringe Einkommen, DIW Wochenbericht 7/2013, 3–16.

Britz, Gabriele, Tarifautonomie in der Europäischen Union, in: Britz, Gabriele/ Volkmann, Uwe (Hrsg.), Tarifautonomie in Deutschland und Europa, Tübingen 2003, S. 34–64.

Britz, Gabriele/Volkmann, Uwe (Hrsg.), Tarifautonomie in Deutschland und Europa. Grundfragen, Probleme, Perspektiven, Tübingen 2003.

Brockner, Ulrich, Ende der Tarifeinheit aus betrieblicher Sicht, NZA-Beilage 2010, 121–126.

Brors, Christiane, Zweifelhafte Zulässigkeit der gestaffelten individualvertraglichen Verweisung auf die Zeitarbeitstarifverträge der Christlichen Gewerkschaft und des DGB, BB 2006, 101–105.

Brors, Christiane/Schüren, Peter, Missbrauch von Werkverträgen und Leiharbeit verhindern. Vorschläge für eine gesetzliche Regelung zur Eindämmung von Missbräuchen beim Fremdpersonaleinsatz und zur Umsetzung der Leiharbeitsrichtlinie, Düsseldorf 2014.

Brummer, Paul/Butz, Benjamin, Große Hürden für junge Gewerkschaften, ArbRAktuell 2012, 271–274.

Bruun, Niklas/Jacobs, Antoine, Das ILO-Übereinkommen 94 am Morgen nach Rüffert, AuR 2008, 417–423.

Bryde, Brun-Otto, Europäisches Grundrecht der Tarifautonomie und europäisches Sozialstaatsprinzip als Schranken europäischer Wirtschaftsregulierung, SR 2012, 2–16.

Buchner, Herbert, Tarifvertragsgesetz und Koalitionsfreiheit. Zur verfassungsrechtlichen Problematik der §§ 3 Abs. 2, 3 Abs. 3, 5 und 9 Abs. 1 TVG, München 1964 (zugl. München, Univ., Diss. 1964).

Buchner, Herbert, Mitgliedschaft in Arbeitgeberverbänden ohne Tarifbindung, NZA 1994, 2–12.

Buchner, Herbert, Vereinheitlichung tariflicher Strukturen im Unternehmens- und Konzernbereich, in: Schlachter, Monika/Ascheid, Reiner/Friedrich, Hans-Wolf (Hrsg.), FS Schaub, München 1998, S. 75–94.

Buchner, Herbert, Unternehmensbezogene Tarifverträge – tarif-, verbands- und arbeitskampfrechtlicher Spielraum, DB 2001, Beilage Nr. 9.

Buchner, Herbert, Anmerkung zu BAG, 10.12.2002–1 AZR 96/02, RdA 2003, 363.

Buchner, Herbert, Streik um Firmentarifvertrag. Anmerkung zu BAG, 10.12.2002–1 AZR 96/02, RdA 2003, 356–368.

Bührer, Werner, 15 Jahre Mindestlohn in der Bauwirtschaft, NZA-Beilage 3/2013, 3–13.

Bührig, Erich, Der Weg zum neuen Tarifrecht, RdA 1948, 11–18.

Bundesagentur für Arbeit, Der Arbeits- und Ausbildungsmarkt in Deutschland. Dezember 2013, Nürnberg 2014.

Bundesagentur für Arbeit, Der Arbeitsmarkt in Deutschland - Zeitarbeit - Aktuelle Entwicklungen. Arbeitsmarktberichterstattung – Juli 2014, Nürnberg 2014.

Bundesärztekammer, 117. Deutscher Ärztetag. Beschlussprotokoll. Düsseldorf, 27. bis 30. Mai 2014, Berlin 2014.

Bundesvereinigung der Deutschen Arbeitgeberverbände, Geschäftsbericht 2013, Berlin 2013.

Burda, Michael C./Kvasnicka, Michael, Zeitarbeit in Deutschland: Trends und Perspektiven, PwP 2006, 195–225.

Busch, Hans Werner/Frey, Hans Paul/Hüther, Michael/Rehder, Britta/Streeck, Wolfgang (Hrsg.), Tarifpolitik im Umbruch, Köln 2005.

Calliess, Christian/Ruffert, Matthias/Blanke, Hermann-Josef/Kluth, Winfried (Hrsg.), EUV/AEUV. Das Verfassungsrecht der Europäischen Union mit Europäischer Grundrechtecharta. Kommentar, 4. Aufl., München 2011 (zitiert: Callies/Ruffert-*Bearbeiter*).

Carl Friedrich von Weizsäcker-Stiftung, Tarifpluralität als Aufgabe des Gesetzgebers, München 2011.

Clasen, Jochen/Viebrock, Elke, Das Genter System der Arbeitslosenversicherung – immer noch gewerkschaftliches Rekrutierungsinstrument oder sozialpolitisches Auslaufmodell? ZSR 2006, 351–371.

Cramer, Andreas, Die Umwandlung der GmbH & Co. KG in die AG, Baden-Baden 2011 (zugl. Augsburg, Univ., Diss. 2009).

Crouch, Colin/Traxler, Franz (Hrsg.), Organized industrial relations in Europe. What future? 2. Aufl., Aldershot u.a. 1995.

Dannenbring, Jan, Die Tarifpartnerschaft im Handwerk. Ursprünge, Strukturen und aktuelle Herausforderungen, WiVerw 2012, 156–168.

Däubler, Wolfgang, Weniger Mitbestimmung im öffentlichen Dienst. Zum Entwurf der Fraktionen der SPD und FDP zu einem neuen Bundespersonalvertretungsgesetz, AuR 1973, 233–243.

Däubler, Wolfgang, Individuum und Kollektiv im Arbeitsrecht, NZA 1988, 857–866.

Däubler, Wolfgang, Tarifvertragsrecht. Ein Handbuch, 3. Aufl., Baden-Baden 1993.

Däubler, Wolfgang, Das Arbeitsrecht im neuen Umwandlungsgesetz, RdA 1995, 136–147.

Däubler, Wolfgang, Kollektive Durchsetzung individueller Rechte? AuR 1995, 305–312.

Däubler, Wolfgang, Betriebsrat und Gewerkschaften, in: Anzinger, Rudolf/Wank, Rolf (Hrsg.), FS Wlotzke, München 1996, S. 257–277.

Däubler, Wolfgang, Tarifausstieg - Erscheinungsformen und Rechtsfolgen, NZA 1996, 225–233.

Däubler, Wolfgang, Anmerkung zu BAG, 29.08.2001–4 AZR 332/00, RdA 2001, 299–306.

Däubler, Wolfgang, Offshoring und die Hilflosigkeit des Arbeitsrechts, NJW 2005, 30–31.

Däubler, Wolfgang, Das Arbeitsrecht 1. Die gemeinsame Wahrung von Interessen im Betrieb, 16. Aufl., Reinbek bei Hamburg 2006.

Däubler, Wolfgang, Das partielle Arbeitsverhältnis, in: Bauer, Jobst-Hubertus/Kort, Michael/Möllers, Thomas M.J. u. a. (Hrsg.), FS Buchner, München 2009, S. 163–176.

Däubler, Wolfgang, Die gemeinsame Initiative von DGB und BDA zur Schaffung einer neuen Form von „Tarifeinheit". Verfassungsrechtliche und völkerrechtliche Probleme, Bremen 2010.

Däubler, Wolfgang, Arbeitsrecht 2. Das Arbeitsverhältnis: Rechte und Pflichten, Kündigungsschutz, 13. Aufl., Reinbek bei Hamburg 2012.

Däubler, Wolfgang, Die Unternehmerfreiheit im Arbeitsrecht - eine unantastbare Größe? HSI-Schriftenreihe, Bd. 5, Saarbrücken 2012.

Däubler, Wolfgang, Reform der Allgemeinverbindlicherklärung - Tarifrecht in Bewegung? WSI Mitt. 2012, 508–516.

Däubler, Wolfgang, Der Arbeitgeber - ein Fixpunkt des Arbeitsrechts? KJ 2013, 133–144.

Däubler, Wolfgang, Der gesetzliche Mindestlohn – doch eine unendliche Geschichte? NJW 2014, 1924–1929.

Däubler, Wolfgang, Der vergaberechtliche Mindestlohn im Fadenkreuz des EuGH – Auf dem Weg zu Rüffert II? NZA 2014, 694–701.

Däubler, Wolfgang, Crowdworker - Schutz auch außerhalb des Arbeitsrechts? in: Benner, Christiane (Hrsg.), Crowdwork - zurück in die Zukunft? Frankfurt a.M. 2015, S. 243–274.

Däubler, Wolfgang (Hrsg.), Arbeitskampfrecht, 3. Aufl., Baden-Baden 2011 (zitiert: Däubler, AKR-*Bearbeiter*).

Däubler, Wolfgang (Hrsg.), Tarifvertragsgesetz. Mit Arbeitnehmer-Entsendegesetz, 3. Aufl., Baden-Baden 2012 (zitiert: Däubler, TVG-*Bearbeiter*).

Däubler, Wolfgang/Bertzbach, Martin (Hrsg.), Allgemeines Gleichbehandlungsgesetz. Handkommentar, 3. Aufl., Baden-Baden 2013 (zitiert: Hk-AGG-*Bearbeiter*).

Däubler, Wolfgang/Bonin, Birger/Deinert, Olaf (Hrsg.), AGB-Kontrolle im Arbeitsrecht. Kommentar zu den §§ 305 bis 310 BGB, 4. Aufl., München 2014 (zitiert: Däubler/Bonin/Deinert-*Bearbeiter*).

Däubler, Wolfgang/Heuschmid, Johannes, Tarifverträge nur für Gewerkschaftsmitglieder? RdA 2013, 1–9.

Däubler, Wolfgang/Kittner, Michael/Klebe, Thomas/Wedde, Peter (Hrsg.), BetrVG. Betriebsverfassungsgesetz mit Wahlordnung und EBR-Gesetz, 14. Aufl., Frankfurt am Main 2014 (zitiert: DKKW-*Bearbeiter*).

Davies, Anne C.L, Trade Union Recognition and Collective Bargaining in English Law, EuZA 2010, 37–47.

Deinert, Olaf, Anmerkung zu BAG, 29.08.2007–4 AZR 767/06, AP Nr. 29 zu § 4 TVG.

Deinert, Olaf, Anmerkung zu BAG, 01.12.2004–4 AZR 50/04, AP Nr. 34 zu § 1 TVG Bezugnahme auf Tarifvertrag.

Deinert, Olaf, Der europäische Kollektivvertrag. Rechtstatsächliche und rechtsdogmatische Grundlagen einer gemeineuropäischen Kollektivvertragsautonomie, Baden-Baden 1999 (zugl. Rostock, Univ., Diss. 1998).

Deinert, Olaf, Zur Tariffähigkeit einer Arbeitnehmerkoalition, AuR 2004, 212–217.

Deinert, Olaf, Zur Zulässigkeit von OT-Mitgliedschaften in Arbeitgeberverbänden, AuR 2006, 217–224.

Deinert, Olaf, Privatrechtsgestaltung durch Sozialrecht. Begrenzungen des Akzeptanz- und Vermögenswertprinzips durch sozialrechtliche Regelungen, Baden-Baden 2007 (zugl. Rostock, Univ., Habil. 2006).

Deinert, Olaf, Schranken der Satzungsgestaltung beim Abstreifen der Verbandstarifbindung durch OT-Mitgliedschaften, RdA 2007, 83–91.

Deinert, Olaf, Arbeitsrechtliche Herausforderungen einer veränderten Gewerkschaftslandschaft, NZA 2009, 1176–1184.

Deinert, Olaf, Abweichung vom Tarifvertrag durch verdrängte Vertragsabrede oder Vorratsvereinbarung, in: Dieterich, Thomas/Le Friant, Martine/Nogler, Luca u. a. (Hrsg.), GS Zachert, Baden-Baden 2010, S. 521–531.

Deinert, Olaf, Gibt es Neues zum „Streikparagraphen"? Arbeitskampf zwischen Arbeitsrecht und Sozialrecht, AuR 2010, 290–298.

Deinert, Olaf, Folgen der Tarifpluralität für das Arbeitskampfrecht, RdA 2011, 12–23.

Deinert, Olaf, Internationales Arbeitsrecht. Deutsches und europäisches Arbeitskollisionsrecht, Tübingen 2013.

Deinert, Olaf, Kernbelegschaften - Randbelegschaften - Fremdbelegschaften. Herausforderungen für das Arbeitsrecht durch Reduzierung von Stammbelegschaften, RdA 2014, 65–77.

Deinert, Olaf, Negative Koalitionsfreiheit. Überlegungen am Beispiel der Differenzierungsklausel, RdA 2014, 129–135.

Deinert, Olaf/Kittner, Michael, Die arbeitsrechtliche Bilanz der schwarz-gelben Koalition 2009–2013, RdA 2013, 257–268.

Deinert, Olaf/Neumann, Volker (Hrsg.), Rehabilitation und Teilhabe behinderter Menschen. Handbuch SGB IX, 2. Aufl., Baden-Baden 2009 (zitiert: Deinert/Neumann-*Bearbeiter*).

Deregulierungskommission, Marktöffnung und Wettbewerb: Deregulierung als Programm? Berichte 1990 und 1991, Stuttgart 1991.

Deutscher Juristentag, Thesen der Gutachter und Referenten, Bonn 2014.

Deutscher Juristentag (Hrsg.), Verhandlungen des 70. Deutschen Juristentages: Hannover 2014. Gutachten, Bd. 1, München 2014.

Dewald, Wilma, Die Anwendung des Unionsrechts auf den deutschen Tarifvertrag, Baden-Baden 2012 (zugl. Augsburg, Univ., Diss. 2011).

DGB, Für sozialen und betrieblichen Frieden, einblick 21/2012, 3.

DGB, Einfallstor für schlechte Arbeit, einblick 4/2012, 5.

DGB, Politik soll Farbe bekennen, einblick 11/2013, 3.

DGB, Der Osten wartet weiter, einblick 14/2014, 5.

DGB Bundesvorstand, Positionspapier: Gewerkschaftliche Anforderungen an eine Reform der Allgemeinverbindlicherklärung von Tarifverträgen, Berlin 15.11.2012.

Di Fabio, Udo, Gesetzlich auferlegte Tarifeinheit als Verfassungsproblem. Rechtsgutachten erstellt im Auftrag des Marburger Bundes Verband der angestellten und beamteten Ärztinnen und Ärzte Deutschlands e.V., Bonn 2014.

Di Fabio, Udo, Mindestlohn und Pressefreiheit. Zu den Auswirkungen eines allgemeinen gesetzlichen Mindestlohns auf den Pressevertrieb deutscher Zeitungshäuser. Rechtsgutachten, Bonn 2014.

Diehn, Thomas, AGB-Kontrolle von arbeitsrechtlichen Verweisungsklauseln, NZA 2004, 129–135.

Dieterich, Thomas, Die Grundrechtsbindung der Tarifverträge, in: Schlachter, Monika/Ascheid, Reiner/Friedrich, Hans-Wolf (Hrsg.), FS Schaub, München 1998, S. 117–134.

Dieterich, Thomas, Verfassungsmäßigkeit tariflicher Betriebsnormen, in: Klebe, Thomas/Wedde, Peter/Wolmerath, Martin (Hrsg.), FS Däubler, Frankfurt am Main 1999, S. 451–464.

Dieterich, Thomas, Flexibilisiertes Tarifrecht und Grundgesetz, RdA 2002, 1–17.

Dieterich, Thomas, Arbeitsgerichtlicher Schutz der kollektiven Koalitionsfreiheit, in: Kohte, Wolfhard/Dörner, Hans-Jürgen/Anzinger, Rudolf (Hrsg.), FS Wissmann, München 2005, S. 114–132.

Dieterich, Thomas, Verfassungsmäßigkeit tarifgestützter Mindestlöhne bei Zeitarbeit, in: Bieback, Karl-Jürgen/Dieterich, Thomas/Hanau, Peter u. a. (Hrsg.), Tarifgestützte Mindestlöhne, Baden-Baden 2007, S. 103–126.

Dieterich, Thomas, Gesetzliche Tarifeinheit als Verfassungsproblem, AuR 2011, 46–51.

Dieterich, Thomas/Hanau, Peter/Henssler, Martin/Oetker, Hartmut/Wank, Rolf/Wiedemann, Herbert, Empfehlungen zur Entwicklung des Tarifvertragsrechts, RdA 2004, 65–78.

Dieterich, Thomas/Hanau, Peter/Schaub, Günter (Begr.); *Müller-Glöge, Rudi/Preis, Ulrich/Schmidt, Ingrid* (Hrsg.), Erfurter Kommentar zum Arbeitsrecht, 15. Aufl., München 2015 (zitiert: ErfK-*Bearbeiter*).

Dieterich, Thomas/Le Friant, Martine/Nogler, Luca/Kezuka, Katsutoshi/Pfarr, Heide (Hrsg.), Individuelle und kollektive Freiheit im Arbeitsrecht. Gedächtnisschrift für Ulrich Zachert, Baden-Baden 2010.

Dieterich, Thomas/Ulber, Daniel, Zur Verfassungsmäßigkeit von Tariftreuepflicht und Repräsentativitätserfordernis in § 4 Abs. 2 i.V.m. § 21 Abs. 1 und 2 TVgG NRW. Rechtsgutachten auf Ersuchen des WSI, Kassel/Köln Mai 2012.

Dieterich, Thomas/Ulber, Daniel, Zur Verfassungsmäßigkeit von Tariftreuepflicht und Repräsentativitätserfordernis. Am Beispiel von § 4 Abs. 2 i.V.m. § 21 Abs. 1 und 2 TVgG NRW, ZTR 2013, 179–188.

Dietrich, Hans, Empirische Befunde zur selbständigen Erwerbstätigkeit unter besonderer Berücksichtigung scheinselbständiger Erwerbsverhältnisse, MittAB 1999, 85–101.

Dietz, Rolf, Die Koalitionsfreiheit, in: Bettermann, Karl August/Neumann, Franz Leopold/Nipperdey, Hans Carl (Hrsg.), Hdb. der Grundrechte, 2. Aufl., Berlin 1972, S. 417–473.

Dohna-Jaeger, Verena zu, Die Renaissance des Werkvertrages, AuR 2013, 238–243.

Dorndorf, Eberhard, Das Verhältnis von Tarifautonomie und individueller Freiheit als Problem dogmatischer Theorie, in: Heinze, Meinhard/Söllner, Alfred (Hrsg.), FS Kissel, München 1994, S. 139–160.

Dorssemont, Filip, De binding van werkgevers aan collectieve arbeidsovereenkomsten. Enkele beschouwingen over juridische factoren die binding bevorderen of verzwakken, ArA 2/2014, 26–49.

Döttger, Doreen, Der Schutz tariflicher Normsetzung. Zur Erforderlichkeit einer Erweiterung der bestehenden Handlungsinstrumentarien der Tarifvertragsparteien und einen Unterlassungsanspruch gegen tarifwidriges Handeln vor dem Hintergrund des Art. 9 Abs. 3 GG, Berlin 2003 (zugl. Jena, Univ., Diss. 2002).

Dreschers, Martin, Die Entwicklung des Rechts des Tarifvertrags in Deutschland. Eine rechtshistorische Untersuchung über den Verlauf der Durchsetzung des Kollektivvertragsgedankens, Frankfurt a.M. 1994 (zugl. Freiburg, Univ., Diss. 1993).

Dribbusch, Heiner, Gewerkschaftliche Mitgliedergewinnung im Dienstleistungssektor. Ein Drei-Länder-Vergleich im Einzelhandel, Berlin 2003.

Dribbusch, Heiner, Konkurrierende Tarifpolitik: Herausforderung für die DGB-Gewerkschaften, WSI Mitt. 2009, 193–199.

Dribbusch, Heiner, Tarifkonkurrenz als gewerkschaftspolitische Herausforderung: Ein Beitrag zur Debatte um die Tarifeinheit, WSI Diskussionspapier, Düsseldorf 2010.

Dufresne, Anne/Maggi-Germain, Nicole, Zwischen Staatsinterventionismus und Tarifautonomie - Die Allgemeinverbindlicherklärung von Tarifverträgen in Frankreich, WSI Mitt. 2012, 534–540.

Düwell, Franz Josef, Umwandlung von Unternehmen und arbeitsrechtliche Folgen. Das Arbeitsrecht im Gesetz zur Bereinigung des Umwandlungsrechts, NZA 1996, 393–399.

Düwell, Franz Josef, Die vorübergehende Überlassung im Ersten AÜG-Änderungsgesetz, ZESAR 2011, 449–455.

Ehmann, Horst, Diskussion zum Thema: Tariflandschaft im Wandel, in: Lehmann, Friedrich-Wilhelm (Hrsg.), Krise des Flächentarifvertrags? München und Meringen 2002, S. 59–63.

Ellguth, Peter/Kohaut, Susanne, Auf der Flucht? Tarifaustritte und die Rolle von Öffnungsklauseln, Ind. Beziehungen 2010, 345–371.

Ellguth, Peter/Kohaut, Susanne, Tarifbindung und betriebliche Interessenvertretung: Aktuelle Ergebnisse aus dem IAB-Betriebspanel 2011, WSI Mitt. 2012, 297–305.

Ellguth, Peter/Kohaut, Susanne, Tarifbindung und betriebliche Interessenvertretung: Ergebnisse aus dem IAB-Betriebspanel 2013, WSI Mitt. 2014, 286–295.

Engels, Andreas, Die verfassungsrechtliche Dogmatik des Grundsatzes der Tarifeinheit, RdA 2008, 331–336.

Erbs, Georg/Kohlhaas, Max/Ambs, Friedrich (Hrsg.), Strafrechtliche Nebengesetze, München 1979 (199. EL Juli 2014) (zitiert: Erbs/Kohlhaas-*Bearbeiter*).

Erdmann, Gerhard, Die deutschen Arbeitgeberverbände im sozialgeschichtlichen Wandel der Zeit, Neuwied, Berlin 1966.

Etzel, Gerhard, Tarifordnung und Arbeitsvertrag, NZA-Beilage 1/1987, 19–31.

Etzel, Gerhard/Bader, Peter/Fischermeier, Ernst/Friedrich, Hans-Wolf/Gallner, Inken/Griebeling, Jürgen/Kreft, Burghard/Link, Christian/Lipke, Gert-Albert/Rost, Friedhelm/Spilger, Andreas Michael/Treber, Jürgen/Vogt, Norbert/Weigand, Horst (Hrsg.), KR. Gemeinschaftskommentar zum Kündigungsschutzgesetz und zu sonstigen kündigungsschutzrechtlichen Vorschriften, 10. Aufl., Köln 2013 (zitiert: KR-*Bearbeiter*).

Europäische Kommission, Industrial Relations in Europe 2012, Luxemburg 2013.

Fabricius, Fritz/Kraft, Alfons/Thiele, Wolfgang (Begr.); *Wiese, Günther/Kreutz, Peter/Oetker, Hartmut/Raab, Thomas/Weber, Christoph/Franzen, Martin* (Hrsg.), Betriebsverfassungsgesetz. Gemeinschaftskommentar, 10. Aufl., Neuwied 2014 (zitiert: GK-BetrVG-*Bearbeiter*).

Filges, Axel C., Einvernehmliche Tarifflucht - Das Spannungsverhältnis zwischen vereinsrechtlicher Freiheit und koalitionsrechtlicher Bindung, in: Baeck, Ulrich/Hauck, Friedrich/Preis, Ulrich u. a. (Hrsg.), FS Bauer, München 2010, S. 303–313.

Fischer, Matthias G., Gesetzlicher Mindestlohn - Verstoß gegen die Koalitionsfreiheit? ZRP 2007, 20–22.

Fischer, Ulrich, Tarifeinheit? ZRP 2013, 222.

Fischer-Lescano, Andreas, Verfassungs-, völker- und europarechtlicher Rahmen für die Gestaltung von Mindestlohnausnahmen. Rechtsgutachten im Auftrag des WSI und des DGB, Bremen 2014.

Fischinger, Philipp S., Die Tarif- und Arbeitskampffähigkeit des verbandsangehörigen Arbeitgebers, ZTR 2006, 518–530.

Fischinger, Philipp S., Streik um Tarifsozialpläne? NZA 2007, 310–313.

Fitting, Karl (Begr.); *Engels, Gerd/Schmidt, Ingrid/Trebinger, Yvonne/Linsenmaier, Wolfang* (Hrsg.), Betriebsverfassungsgesetz. Handkommentar, 27. Aufl., München 2014 (zitiert: Fitting-*Bearbeiter*).

Forst, Gerrit, Betriebsübergang: Ende der Dynamik einer arbeitsvertraglichen Bezugnahme auf einen Tarifvertrag? DB 2013, 1847–1850.

Francken, Johannes Peter, Erforderliche Nachbesserungen im Arbeitnehmerüberlassungsgesetz, NZA 2013, 1192–1194.

Franzen, Martin, Das Ende der Tarifeinheit und die Folgen, RdA 2008, 193–205.

Franzen, Martin, Gesetzesbindung und Tarifvertragsrecht, in: Richardi, Reinhard/Wilhelm, Jan/Lobinger, Thomas (Hrsg.), FS Picker, Tübingen 2010, S. 929–952.

Franzen, Martin, Gesetzesbindung im Tarifvertragsrecht, NZA-Beilage 2011, 108–117.

Frieges, Holger M., Der Verbandsaustritt: Unwägbarkeiten und verfassungsrechtliche Grenzen der zwingenden Fortgeltung von Tarifbestimmungen, NZA 1998, 630–633.

Fuhlrott, Michael, Zwischengeschaltete Transfergesellschaften zur Vermeidung von Betriebsübergängen, NZA 2012, 549–554.

Gagel, Alexander (Begr.); *Knickrehm, Sabine/Deinert, Olaf* (Hrsg.), SGB II/SGB III: Grundsicherung und Arbeitsförderung, München 2009 (Stand: 55. EL Oktober 2014) (zitiert: Gagel SGB II/III-*Bearbeiter*).

Gamillscheg, Franz, „Betrieb" und „Bargaining unit". Versuch des Vergleichs zweier Grundbegriffe, ZfA 1975, 357–400.

Gamillscheg, Franz, Kollektives Arbeitsrecht. Grundlagen, Koalitionsfreiheit, Tarifvertrag, Arbeitskampf und Schlichtung, Bd. 1, München 1997.

Gaul, Björn/Janz, Alexandra, Chancen und Risiken tariflicher Lösungen, NZA-Beilage 2/2010, 60–68.

Gaumann, Ralf/Schafft, Marcus, Tarifvertragliche Öffnungsklauseln - ein sinnvolles Flexibilisierungsinstrument, NZA 1998, 176–187.

Geppert, Dominik, Thatchers konservative Revolution. Der Richtungswandel der britischen Tories (1975–1979), München 2002 (zugl. FU Berlin, Univ., Diss. 2000).

Germelmann, Claas-Hinrich/Künzl, Reinhard/Matthes, Hans-Christoph/Müller-Glöge, Rudi/Prütting, Hanns/Schlewig, Anja/Spinner, Günter (Hrsg.), Arbeitsgerichtsgesetz. Kommentar, 8. Aufl., München 2013 (zitiert: GMP-*Bearbeiter*).

Giesen, Richard, Betriebsersetzung durch Tarifvertrag? BB 2002, 1480–1486.

Giesen, Richard, Die Auslegung von Bezugnahmeklauseln im Konflikt um Tarifanwendung und Tarifvermeidung, ZfA 2010, 657–680.

Giesen, Richard, Rechtspolitik des Mindestlohns, in: Schubert, Jens M. (Hrsg.), FS Kempen, Baden-Baden 2013, S. 216–234.

Gitter, Wolfgang, Durchsetzungsfähigkeit als Kriterium der Tariffähigkeit für einzelne Arbeitgeber und Arbeitgeberverbände, in: Heinze, Meinhard/Söllner, Alfred (Hrsg.), FS Kissel, München 1994, S. 265–279.

Glaser, Andrea/Kahl, Wolfgang, Zur Europarechtskonformität kombinierter Tariftreue- und Mindestlohnklauseln in Landesvergabegesetzen. Am Beispiel von § 4 Abs. 1 S. 1 und Abs. 3 TVgG, ZHR 2013, 643–678.

Glassner, Vera, Tarifparteien und Regierungen in Europa: Mit Tarifverträgen gegen den Abschwung? WSI Mitt. 2010, 480–485.

Grabenwarter, Christoph/Pabel, Katharina, Europäische Menschenrechtskonvention. Ein Studienbuch, 5. Aufl., München 2012.

Greiner, Stefan, Rechtsfragen der Koalitions-, Tarif- und Arbeitskampfpluralität, München 2011 (zugl. Köln, Univ., Habil. 2009).

Greiner, Stefan, Die Ausgestaltung eines „Tarifeinheitsgesetzes“ und der Streik am Frankfurter Flughafen, NZA 2012, 529–535.

Greiner, Stefan, Vergaberegeln im öffentlichen Personennahverkehr - ein Angriff auf die Tarifautonomie. Erwiderung auf Dieterich/Ulber, Zur Verfassungsmäßigkeit von Tariftreuepflicht und Repräsentativitätserfordernis (ZTR 2013, 179), ZTR 2013, 647–652.

Greiner, Stefan, Werkvertrag und Arbeitnehmerüberlassung – Abgrenzungsfragen und aktuelle Rechtspolitik, NZA 2013, 697–703.

Greiner, Stefan/Hanau, Peter/Preis, Ulrich, Die Sicherung der Allgemeinverbindlichkeit bei gemeinsamen Einrichtungen der Tarifvertragsparteien, SR Sonderdruck 2014, 2–35.

Greiner, Stefan/Suhre, Nadja, Tarifvertragliche Exklusivleistungen für Gewerkschaftsmitglieder nach der Rechtsprechungsänderung des BAG, NJW 2010, 131–134.

Griebeling, Gert, Der Arbeitnehmerbegriff und das Problem der „Scheinselbständigkeit“, RdA 1998, 208–216.

Groeger, Axel, Anm. zu BAG, Beschluss vom 28.02.2006–1 ABR 4/05, ArbRB 2006, 360.

Grotmann-Höfling, Günter, Illusion Tarifpartnerschaft, Personal 2008, 56–58.

Grotmann-Höfling, Günter, Die Arbeitsgerichtsbarkeit 2012 im Lichte der Statistik, AuR 2013, 478–482.

Haft, Fritjof, Reformbedarf beim System der gesetzlichen Sozialversicherung, ZRP 2002, 457–462.

Haipeter, Thomas, Tarifregulierung zwischen Fläche und Betrieb: Koordinierung und Praxis in der Chemie- und der Metallindustrie, WSI Mitt. 2009, 185–192.

Haipeter, Thomas, Erneuerung aus der Defensive? Gewerkschaftliche Perspektive der Tarifabweichung, WSI Mitt. 2010, 283–290.

Haipeter, Thomas/Schilling, Gabi, Von der Einfluss- zur Mitgliedschaftslogik. Die Arbeitgeberverbände und das System der industriellen Beziehungen in der Metallindustrie, Ind. Beziehungen 2006, 21–42.

Halm, Christian, Das Tariftreue- und Vergabegesetz Nordrhein-Westfalen (TVgG NRW) – Überblick und Kritik, GewArch 2013, 63–67.

Hamann, Wolfgang, Die Reform des AÜG im Jahr 2011, RdA 2011, 321–341.

Hampe, Ingrid-Beate/Längler, Alexander, Tarifflucht durch Tarifbruch - Handlungsoptionen der Tarifvertragsparteien, DB 2008, 1681–1684.

Hanau, Peter, Die Entwicklung der Betriebsverfassung, NZA 1993, 817–822.

Hanau, Peter, Die Rechtsprechung des BAG zur arbeitsvertraglichen Bezugnahme auf Tarifverträge. Wem sie nützt, wem sie schadet und wie man das ändern kann, NZA 2005, 489–494.

Hanau, Peter, Neues Tarifrecht im Werden, SR 2011, 3–20.

Hanau, Peter, Der Kampf um die Verknüpfung von Tarifgeltung und Verbandsmitgliedschaft, NZA 2012, 825–830.

Hanau, Peter/Kania, Thomas, Die Bezugnahme auf Tarifverträge durch Arbeitsverträge und betriebliche Übung, in: Schlachter, Monika/Ascheid, Reiner/Friedrich, Hans-Wolf (Hrsg.), FS Schaub, München 1998, S. 239–262.

Hanau, Peter/Steinmeyer, Heinz-Dietrich/Wank, Rolf (Hrsg.), Handbuch des europäischen Arbeits- und Sozialrechts, München 2002 (zitiert: HSW-*Bearbeiter*).

Hanau, Peter/Thüsing, Gregor, Streik um Anschlußtarifverträge, ZTR 2002, 506–511.

Hartmann, Felix, Negative Tarifvertragsfreiheit im deutschen und europäischen Arbeitsrecht, Tübingen 2014 (zugl. Heidelberg, Univ., Habil. 2012).

Haußmann, Katrin, EuGH: Hat der Erwerber eines Betriebs nicht die Möglichkeit, an Verhandlungen über Kollektivverträge teilzunehmen, dürfen dynamische Verweisungsklauseln ihn an diese nicht binden, FD-ArbR 2013, 350356.

Heidack, Clemens (Hrsg.), Arbeitsstrukturen im Umbruch. Festschrift für Prof. Dr. Dr. h.c. Friedrich Fürstenberg, München 1995.

Heinze, Meinhard, Betriebsvereinbarung versus Tarifvertrag? NZA 1989, 41–48.

Heinze, Meinhard, Arbeitsrechtliche Probleme bei der Umstrukturierung von Unternehmen, DB 1998, 1861–1867.

Heinze, Meinhard/Söllner, Alfred (Hrsg.), Arbeitsrecht in der Bewährung. Festschrift für Otto Rudolf Kissel zum 65. Geburtstag, München 1994.

Helfen, Markus, Tarifpolitische Parallelwelten, Magazin Mitbestimmung 2011, 20–23.

Helfen, Markus, Neue Dreiecksverhältnisse, Magazin Mitbestimmung 2013, 32–35.

Helfen, Markus, Netzwerkförmige Tertialisierung und triangularisierte Beschäftigung: Braucht es eine interorganisationale Personalpolitik, in: Sydow, Jörg/ Conrad, Peter/Sadowski, Dieter (Hrsg.), Managementforschung 24, Wiesbaden 2014, S. 139–174.

Helfen, Markus/Nicklich, Manuel, Dienstleistungsorientierte Projektifizierung und tarifpolitische Fragmentierung: Zwei Fallstudien aus dem Maschinen- und Anlagenbau, Ind. Beziehungen 2013, 142–161.

Helfen, Markus/Nicklich, Manuel, Gewerkschaften zwischen Konkurrenz und Kooperation? Inter-organisationale Beziehungen in der Facility Services-Branche, Ind. Beziehungen 2014, 181–204.

Henneberger, Fred/Rosdücher, Jörg, Zur Integration ostdeutscher Arbeitgeberinteressen in das gesamtdeutsche Verbändesystem: Ein Vergleich zwischen Privatwirtschaft und öffentlichem Dienst, Ind. Beziehungen 1995, 293–311.

Hensche, Detlef, Verfassungsrechtlich bedenkliche Neujustierung des Verhältnisses zwischen Individualwille und kollektiver Ordnung, NZA 2009, 815–820.

Henssler, Martin, Tarifautonomie und Gesetzgebung, ZfA 1998, 1–40.

Henssler, Martin, Unternehmensumstrukturierung durch Tarifrecht, in: Schlachter, Monika/Ascheid, Reiner/Friedrich, Hans-Wolf (Hrsg.), FS Schaub, München 1998, S. 311–336.

Henssler, Martin, Soziale Mächtigkeit und organisatorische Leistungsfähigkeit als Voraussetzungen der Tariffähigkeit von Gewerkschaften. Das Beispiel der Christlichen Gewerkschaft Metall. Rechtsgutachten, Baden-Baden 2006.

Henssler, Martin, Ende der Tarifeinheit – Eckdaten eines neuen Arbeitskampfrechts, RdA 2011, 65–76.

Henssler, Martin, Die Wiedereinführung der Tarifeinheit - Keine Rechtssicherheit ohne flankierende Regelung des Streikrechts, BB 2014, Heft 40, I.

Henssler, Martin/Willemsen, Heinz Josef/Kalb, Heinz-Jürgen (Hrsg.), Arbeitsrecht Kommentar, 5. Aufl. 2012 (zitiert: HWK-*Bearbeiter*).

Herschel, Wilhelm, Zur Entstehung des Tarifvertragsgesetzes, ZfA 1973, 183–200.

Heuschmid, Johannes, Dynamische Bezugnahmeklausel beim Betriebsübergang, AuR 2013, 500–502.

Heuschmid, Johannes, Von der negativen Koalitionsfreiheit zur negativen Tarifvertragsfreiheit und zurück. Eine Betrachtung im europäischen Mehrebenensystem, KJ 2014, 384–395.

Heuschmid, Johannes, Zur Bedeutung der IAO-Normen für das EU-Arbeitsrecht, SR 2014, 1–13.

Hinkers, Franz, Rechte und Pflichten im Arbeitgeberverband bei einseitigen Austritten und einvernehmlichen Aufhebungen der Mitgliedschaft sowie bei Wechseln aus der Vollmitgliedschaft in eine OT-Mitgliedschaft, Berlin 2012 (zugl. Münster, Univ., Diss. 2011).

Hochmuth, Elke/Krüsemann, Markus, Für'n Appel und'n Ei?! Branchenanalysen Niedriglöhne in Niedersachsen, Göttingen 2009.

Höfling, Wolfram/Rixen, Stephan, Tariftreue oder Verfassungstreue? Von der „gewährleistungsstaatlichen" Relativierung des Grundrechtsschutzes am Beispiel der Tariftreue-Entscheidung des BVerfG, RdA 2007, 360–366.

Hohenstatt, Klaus-Stefan/Schramm, Nils, Erstreikbarkeit von „ tariflichen Sozialplänen"? Zur Rechtmäßigkeit von Arbeitskampfmaßnahmen im Zusammenhang mit Betriebsänderungen, DB 2004, 2214–2218.

Hohenstatt, Klaus-Stefan/Schramm, Nils, Zulässigkeit eines Verbandsarbeitskampfs gegen einen Außenseiter-Arbeitgeber? Zugleich Anmerkung zum BVerfG-Beschluss vom 10.9.2004–1 BvR 1191/03, DB 2005, 774–778.

Höland, Armin, Kollektiver Rechtsschutz im Arbeitsrecht und im Verbraucher- und Wettbewerbsrecht - Vergleichende Überlegungen, in: Thüsing, Gregor/ Creutzfeldt, Malte/Hanau, Peter u. a. (Hrsg.), FS Bepler, München 2012, S. 221–240.

Honig, Gerhart/Knörr, Matthias (Hrsg.), Handwerksordnung. Mit Berufsbildungsrecht, 4. Aufl., München 2008.

Höpfner, Clemens, Vertrauensschutz bei Änderung der Rechtsprechung zu arbeitsvertraglichen Bezugnahmeklauseln, NZA 2008, 91–95.

Höpfner, Clemens, Blitzaustritt und Blitzwechsel in die OT-Mitgliedschaft, ZfA 2009, 541–573.

Höpfner, Clemens, Die unbegrenzte Nachbindung an Tarifverträge, NJW 2010, 2173–2177.

Höpfner, Clemens, Normativer und schuldrechtlicher Konzerntarifvertrag - Gestaltungsformen einer konzerneinheitlichen Tarifbindung, in: Rieble, Volker (Hrsg.), Arbeitsrecht im Konzern, München 2010, S. 113–148.

Horn, Gustav/Herzog-Stein, Alexander/Tober, Silke/Truger, Achim, Den Bann durchbrechen. Wirtschaftspolitische Herausforderungen 2012, IMK Report 70, Düsseldorf 2012.

Hromadka, Wolfgang, Ein viertel Jahrhundert Passauer Arbeitsrechtssymposion, NZA 2012, 585–593.

Hromadka, Wolfgang, Änderung von Kollektivregelungen - eine Skizze, in: Schubert, Jens M. (Hrsg.), FS Kempen, Baden-Baden 2013, S. 78–87.

Huber, Berthold/Burkhard, Oliver/Klebe, Thomas, Tarifpolitik ist Betriebspolitik, Betriebspolitik ist Tarifpolitik, WSI Mitt. 2005, 656–662.

Hueck, Alfred/Nipperdey, Hans Carl, Lehrbuch des Arbeitsrechts. Bd. 2: Kollektives Arbeitsrecht, 7. Aufl., Berlin u.a. 1967.

Huke, Rainer, Zukunft der Sozialpartnerschaft in Deutschland, APuZ 2010, 7–10.

Hunnekuhl, Peter/Dohna-Jaeger, Verena zu, Ausweitung des Arbeitnehmer-Entsendegesetzes auf die Zeitarbeitsbranche – Im Einklang mit der Verfassung? NZA 2007, 954–958.

Institut der deutschen Wirtschaft, Mindestlöhne: versteckte Nebenwirkungen, iwd 6/2010.

Ipsen, Knut (Hrsg.), Völkerrecht, 6. Aufl., München 2014 (zitiert: Ipsen-*Bearbeiter*).

Ittermann, Peter/Abel, Jörg, Gratwanderung zwischen Tradition und Innovation, Ind. Beziehungen 2002, 463–470.

Jacobs, Matthias, Tarifeinheit und Tarifkonkurrenz, Berlin 1999 (zugl. Mainz, Univ., Diss. 1998).

Jacobs, Matthias, Die Erkämpfbarkeit von firmenbezogenen Tarifverträgen mit verbandsangehörigen Arbeitgebern, ZTR 2001, 249–257.

Jacobs, Matthias, Tarifpluralität statt Tarifeinheit. Aufgeschoben ist nicht aufgehoben! NZA 2008, 325–332.

Jacobs, Matthias, Grundprobleme des Entschädigungsanspruchs nach § 15 Abs. 2 AGG, RdA 2009, 193–204.

Jacobs, Matthias/Frieling, Tino, Keine dynamische Weitergeltung von kleinen dynamischen Bezugnahmeklauseln nach Betriebsübergängen, EuZW 2013, 737–740.

Jacobs, Matthias/Krause, Rüdiger/Oetker, Hartmut/Schubert, Claudia (Hrsg.), Tarifvertragsrecht, 2. Aufl., München 2013 (zitiert: JKOS-*Bearbeiter*).

Jöris, Heribert, Tarifautonomiestärkungsgesetz: Thema verfehlt! ZRP 2014, 124.

Joussen, Jacob (Hrsg.), Wissenschaftszeitvertragsgesetz, Baden-Baden 2012 (zitiert: Joussen/WissZeitVG-*Bearbeiter*).

Junker, Abbo, Kollektives Arbeitsrecht in Europa - Überblick über das Arbeitskampfrecht und das Tarifsystem der Mitgliedsstaaten, RdA-Beil. 5/2009, 4–10.

Kalina, Thorsten/Weinkopf, Claudia, Niedriglohnbeschäftigung 2008: Stagnation auf hohem Niveau - Lohnspektrum franst nach unten aus, IAQ-Report 6/2010.

Kamanabrou, Sudabeh, Die arbeitsrechtlichen Vorschriften des Allgemeinen Gleichbehandlungsgesetzes, RdA 2006, 321–339.

Kamanabrou, Sudabeh, Erga-Omnes-Wirkung von Tarifverträgen, in: Kamanabrou, Sudabeh (Hrsg.), Erga-Omnes-Wirkung von Tarifverträgen, Tübingen 2011, S. 3–120.

Kamanabrou, Sudabeh (Hrsg.), Erga-Omnes-Wirkung von Tarifverträgen, Tübingen 2011.

Kaminski, Bert/Strunk, Günther, Einfluss von Steuern auf unternehmerische Entscheidungen, 2. Aufl., Wiesbaden 2012.

Kania, Marcus, Grenzüberschreitende Betriebsübergänge aus europarechtlicher Sicht. Arbeitsrechtliche Folgen von Betriebsverlagerungen ins Ausland und die Qualifikation von Umsetzungsnormen als Eingriffsrecht zur vollständigen Richtlinienumsetzung, Baden-Baden 2012 (zugl. Göttingen, Univ., Diss. 2011).

Kania, Thomas, Tarifbindung bei Ausgliederung und Aufspaltung eines Betriebs, DB 1995, 625–631.

Kania, Thomas, § 77 Abs. 3 Betriebsverfassungsgesetz auf dem Rückzug - auch mit Hilfe der Verbände, BB 2001, 1091–1093.

Käppler, Renate, Tarifvertragliche Regelungsmacht, NZA 1991, 745–754.

Karthaus, Boris, „Der Kampf um die Leiharbeitslöhne hat gerade erst begonnen." Tarifvertrag zur Bezahlung von Leiharbeitnehmern in der nordwestdeutschen Eisen- und Stahlindustrie, AuR 2010, 494–499.

Karthaus, Boris/Klebe, Thomas, Betriebsratsrechte bei Werkverträgen, NZA 2012, 417–426.

Keller, Berndt K., International vergleichende Arbeitsbeziehungen: USA - Deutschland, in: Heidack, Clemens (Hrsg.), FS Fürstenberg, München 1995, S. 209–233.

Kempen, Otto Ernst, Die „Tarifeinheit" der Koalitionsfreiheit - ein Zwischenruf, in: Maschmann, Frank (Hrsg.), FS Hromadka, München 2008, S. 177–188.

Kempen, Otto Ernst, Der BDA/DGB-Vorschlag für eine gesetzliche Tarifeinheits-Regelung und die staatliche Schutzpflicht gegenüber Art. 9 Abs. 3 GG, AuR 2011, 51–57.

Kemper, Michael, Die Bestimmung des Schutzbereichs der Koalitionsfreiheit (Art. 9 Abs. 3 GG). Zugleich ein Beitrag zur Lehre von der Einrichtungsgarantien, Heidelberg 1990 (zugl. Köln, Univ., Diss. 1988).

Kessler, Gerhard, Die deutschen Arbeitgeber-Verbände, Leipzig 1907.

Kilg, Doris/Muschal, Hendrik, Haustarifverträge - Vertretung von Konzernunternehmen durch die Konzernobergesellschaft beim Abschluss, BB 2007, 1670–1675.

Kirchner, Dieter, Der Flächentarifvertrag bedarf der Anpassung an die heutigen Bedingungen, Wirtschaftsdienst 1995, 463–466.

Kissel, Otto Rudolf, Arbeitsrecht und Staatsvertrag, NZA 1990, 545–552.

Kittner, Michael, Öffnung des Flächentarifvertrags, in: Schlachter, Monika/Ascheid, Reiner/Friedrich, Hans-Wolf (Hrsg.), FS Schaub, München 1998, S. 389–420.

Kittner, Michael, Arbeitskampf. Geschichte, Recht, Gegenwart, München 2005.

Kittner, Michael, Kommen die »Gelben« zurück? in: Dieterich, Thomas/Le Friant, Martine/Nogler, Luca u. a. (Hrsg.), GS Zachert, Baden-Baden 2010, S. 595–604.

Kittner, Michael/Däubler, Wolfgang/Zwanziger, Bertram (Hrsg.), KSchR. Kündigungsschutzrecht. Kündigungen und andere Formen der Beendigung des Arbeitsverhältnisses, 9. Aufl., Frankfurt a.M. 2014 (zitiert: KDZ-*Bearbeiter*).

Kittner, Michael/Deinert, Olaf, Arbeits- und Sozialordnung, 39. Aufl., Frankfurt a.M. 2014.

Kittner, Michael/Zwanziger, Bertram (Hrsg.), Arbeitsrecht. Handbuch für die Praxis, 5. Aufl., Frankfurt am Main 2009 (zitiert: Kittner/Zwanziger (5. Aufl.)-*Bearbeiter*).

Kittner, Michael/Zwanziger, Bertram/Deinert, Olaf (Hrsg.), Arbeitsrecht. Handbuch für die Praxis, 7. Aufl., Frankfurt am Main 2013 (zitiert: Kittner/Zwanziger/Deinert-*Bearbeiter*).

Klebe, Thomas, Keine Angst vorm Vierten Senat, Magazin Mitbestimmung 2010, 44–45.

Klebe, Thomas/Neugebauer, Julia, Crowdsourcing: Für eine Handvoll Dollar oder Workers of the crowd unite? AuR 2014, 4–7.

Klebe, Thomas/Wedde, Peter/Wolmerath, Martin (Hrsg.), Recht und soziale Arbeitswelt. Festschrift für Wolfgang Däubler zum 60. Geburtstag, Frankfurt am Main 1999.

Klebeck, Ulf, Unklarheiten bei arbeitsvertraglicher Bezugnahmeklausel. Zur angekündigten Anwendbarkeit des § 305c II BGB auf arbeitsvertragliche Bezugnahmeklauseln, NZA 2006, 15–21.

Klein, Thomas, Die Weitergeltung von kollektivvertraglichen Normen nach der Betriebsübergangsrichtlinie, EuZA 2014, 325–341.

Klumpp, Steffen, Dienstleistungsfreiheit versus Tariftreue, NJW 2008, 3473–3477.

Kluth, Winfried, Die Zulässigkeit einer Mitgliedschaft ohne Tarifbindung in Handwerksinnungen und Landesinnungsverbänden. Eine handwerks- und verfassungsrechtliche Untersuchung, Hans Böckler Stiftung Arbeitspapier, Bd. 283, Düsseldorf 2013.

Koberski, Wolfgang/Schierle, Florian, Balance zwischen Dienstleistungsfreiheit und Arbeitnehmerschutz gewahrt? Zugleich Besprechung zum Urteil des EuGH v. 3. 4. 2008 – Rs. C-346/06 – Rüffert, RdA 2008, 233–238.

Koch, Andreas/Rosemann, Martin/Späth, Jochen, Soloselbstständige in Deutschland. Strukturen, Entwicklungen und soziale Sicherung bei Arbeitslosigkeit, WISO Diskurs, Bonn 2011.

Koch, Andreas/Wohlhüter, Andreas, Werkverträge in der Arbeitswelt, OBS-Arbeitspapier Nr. 2, Frankfurt am Main 2012.

Koch, Ulrich, Die Bewältigung von selbst- und fremdbestimmten Rechtsprechungsänderungen durch das Bundesarbeitsgericht, SR 2012, 159–168.

Kocher, Eva, Gesetzentwurf für eine Verbandsklage im Arbeitsrecht, Edition der Hans Böckler Stiftung, Bd. 72, Düsseldorf 2002.

Kocher, Eva, Die Tariftreueerklärung vor dem EuGH, DB 2008, 1042–1045.

Kocher, Eva, Kollektivverhandlungen und Tarifautonomie - welche Rolle spielt das europäische Recht? AuR 2008, 13–18.

Kocher, Eva, Differenzierungsklauseln: Neue Orientierungen, NZA 2009, 119–124.

Kocher, Eva/Sudhof, Clemens, Die Unternehmensumwandlung im Streik, NZA 2013, 875–879.

Kocsis, Andrea, Erfolgreiche Tarifpolitik und guter Organisationsgrad – zwei Seiten einer Medaille, in: Kocsis, Andrea/Sterkel, Gabriele/Wiedemuth, Jörg (Hrsg.), Organisieren am Konflikt, Hamburg 2013, S. 12–18.

Kocsis, Andrea/Sterkel, Gabriele/Wiedemuth, Jörg (Hrsg.), Organisieren am Konflikt. Tarifauseinandersetzungen und Mitgliederentwicklung im Dienstleistungssektor, Hamburg 2013.

Kohaut, Susanne/Schnabel, Claus, Zur Erosion des Flächentarifvertrags: Ausmaß, Einflussfaktoren und Gegenmaßnahmen, Ind. Beziehungen 2003, 193–219.

Kohte, Wolfhard/Dörner, Hans-Jürgen/Anzinger, Rudolf (Hrsg.), Arbeitsrecht im Sozialen Dialog. Festschrift für Hellmut Wissmann zum 65. Geburtstag, München 2005.

Königsheim, Arthur W., Das Koeniglich Sächsische Gewerbegesetz nebst den dazu gehörigen Ausführungs-Gesetzen und Verordnungen vom 15. October 1861, Leipzig u.a. 1861.

Konzen, Horst, Tarifbindung, Friedenspflicht und Kampfparität beim Verbandswechsel des Arbeitgebers, ZfA 1975, 401–436.

Konzen, Horst, Die Tarifautonomie zwischen Akzeptanz und Kritik, NZA 1995, 913–920.

Konzen, Horst, Die Tarifautonomie zwischen Akzeptanz und Kritik, in: Zohlnhöfer, Werner (Hrsg.), Tarifautonomie auf dem Prüfstand, Berlin 1996, S. 25–42.

Konzen, Horst, Fünfzig Jahre richterliches Arbeitskampfrecht - Grundlagen, Bilanz, Weiterentwicklung, in: Oetker, Hartmut/Preis, Ulrich/Rieble, Volker (Hrsg.), FS 50 Jahre Bundesarbeitsgericht, München 2004, S. 515–556.

Koop, Stefan, Das Tarifvertragssystem zwischen Koalitionsmonopolismus und Koalitionspluralismus, Berlin 2009 (zugl. Hannover, Univ., Diss 2008).

Körner, Marita, Zum Verständnis des tarifvertraglichen Günstigkeitsprinzips, RdA 2000, 140–147.

Kothe, Wolfhard, Tarifdispositives Arbeitszeitrecht - zwischen respektierter Tarifautonomie und eingeschränktem Gestaltungsspielraum, in: Thüsing, Gregor/Creutzfeldt, Malte/Hanau, Peter u. a. (Hrsg.), FS Bepler, München 2012, S. 287–302.

Krause, Rüdiger, Bezugnahme auf Tarifvertrag. Auslegungsregel zur Gleichstellungsabrede – Ankündigung einer Rechtsprechungsänderung. Anmerkung zu BAG, 14.12.2005–4 AZR 536/04, JA 2006, 819–821.

Krause, Rüdiger, Gewerkschaften und Betriebsräte zwischen Kooperation und Konfrontation, RdA 2009, 129–143.

Krause, Rüdiger, »Blitzaustritt« und »Blitzwechsel« von Arbeitgebern als Herausforderung des Tarifrechts, in: Dieterich, Thomas/Le Friant, Martine/Nogler, Luca u. a. (Hrsg.), GS Zachert, Baden-Baden 2010, S. 605–623.

Krause, Rüdiger, Neue tarifvertragliche Regeln für die Leiharbeit in der Metallindustrie, NZA 2012, 830–836.

Krause, Rüdiger, Tarifverträge zur Begrenzung der Leiharbeit und zur Durchsetzung von Equal Pay, HSI-Schriftenreihe, Bd. 2, Saarbrücken 2012.

Krause, Rüdiger, Tarifvertragliche Regulierung der Leiharbeit auf der Entleiherseite, in: Bieder, Marcus/Hartmann, Felix (Hrsg.), Individuelle Freiheit und kollektive Interessenwahrnehmung, Tübingen 2012, S. 35–80.

Krause, Rüdiger, Arbeit in der Holzklasse. Gesetzliche und kollektivvertragliche Rahmung der Leiharbeit, KJ 2013, 119–132.

Krebber, Sebastian, Vergabegesetze der Länder und Dienstleistungsfreiheit, EuZA 2013, 435–458.

Kreßel, Eckhard, Neutralität des Staates im Arbeitskampf. Zur Entscheidung des BVerfG vom 4. 7. 1995, NZA 1995, 1121–1126.

Krus, Alexander, Anmerkung zum Beschluss des OLG Koblenz vom 19.02.2014 (1 Verg 8/18; VergabeR 2014, 573) - Zur Mindestlohnerklärung, VergabeR 2014, 578–582.

Kuck, Norbert/Meine, Hartmut/Müller, Thomas, Vom Fachkräftemangel in Ostdeutschland zum Comeback des Flächentarifvertrages? Ein Praxisbericht aus Sachsen-Anhalt, WSI Mitt. 2010, 646–649.

Kühling, Jürgen/Bertelsmann, Klaus, Tarifautonomie und Unternehmerfreiheit. Arbeitskampf aus Anlass von Standortentscheidungen 2005, 1017–1027.

Lakies, Thomas, Inhaltskontrolle von Vergütungsvereinbarungen im Arbeitsrecht, NZA-RR 2002, 337–344.

Lakies, Thomas, Das „Tarifautonomiestärkungsgesetz“: Der Mindestlohn ist auf dem Weg, ArbRAktuell 2014, 189–193.

Lampe, Christian, Arbeitsrechtliche Folgen der aufgedeckten „Scheinselbstständigkeit“, RdA 2002, 18–28.

Lehmann, Friedrich-Wilhelm, Betriebliches Bündnis für Arbeit mit und ohne Arbeitsrecht und mit dem EuGH als gesetzlichem Richter, BB 2010, 2821–2827.

Lehmann, Friedrich-Wilhelm (Hrsg.), Krise des Flächentarifvertrags? Unternehmens- und betriebsnahe Module und alternative Gestaltungsformen des Flächentarifvertrags, München und Meringen 2002.

Leimeister, Jan Marco/Zogaj, Shkodran/Blohm, Ivo, Crowdwork - digitale Wertschöpfung in der Wolke, in: Benner, Christiane (Hrsg.), Crowdwork - zurück in die Zukunft? Frankfurt a.M. 2015, S. 9–41.

Leitherer, Stephan (Hrsg.), Kasseler Kommentar Sozialversicherungsrecht. Sozialversicherungsrecht, München 1990 (Stand: 83. EL Oktober 2014) (zitiert: KassKomm-*Bearbeiter*).

Lembke, Mark, Verfassungsmäßigkeit der AÜG-Reform. Anmerkung zu BVerfG v. 29.12.2004–1 BvR 2283/03, BB 2005, 495–500.

Lembke, Mark, CGZP-Sachverhalte vor dem 14. 12. 2010: Aussetzen oder Durchentscheiden? NZA 2011, 1062–1068.

Lesch, Hagen, Die Allgemeinverbindlichkeit von Tarifverträgen aus ordnungspolitischer und empirischer Sicht, Sozialer Fortschritt 2005, 13–20.

Lessner, Jan, Chancen dezentraler Tarifpolitik - Herausforderungen für die gewerkschaftliche Willensbildung, RdA 2005, 285–295.

Leydecker, Philipp, Der Tarifvertrag als exklusives Gut. Die rechtliche Zulässigkeit und Erstreikbarkeit von Differenzierungsklauseln, Berlin 2005 (zugl. Hannover, Univ., Diss. 2004).

Lieb, Manfred, Die Schutzbedürftigkeit arbeitnehmerähnlicher Personen. Überlegungen zur individual- und kollektivrechtlichen Stellung sogenannter freier Mitarbeiter aus Anlaß des geplanten TVG § 12a, RdA 1974, 257–269.

Lieb, Manfred, Die Rechtsstellung des Außenseiterarbeitgebers im Arbeitskampf, in: Heinze, Meinhard/Söllner, Alfred (Hrsg.), FS Kissel, München 1994, S. 653–678.

Lobinger, Thomas, EuGH zur dynamischen Bezugnahme von Tarifverträgen beim Betriebsübergang. Rechtsprechung des BAG erneut zu korrigieren, NZA 2013, 945–947.

Lobinger, Thomas, Ewige Bindung an Tarifverträge? Versuch einer methodengerechten Entschärfung von § 5 Abs. 3 TVG, JZ 2013, 915–924.

Lobinger, Thomas, Stärkung oder Verstaatlichung der Tarifautonomie? JZ 2014, 810–821.

Lörcher, Klaus, Das Menschenrecht auf Kollektivverhandlung und Streik – auch für Beamte, AuR 2009, 229–242.

Löw, Hans-Peter, Tarifverträge im Betrieb, Personal 2011, 5.

Löwisch, Manfred, Die Voraussetzungen der Tariffähigkeit, ZfA 1970, 295–318.

Löwisch, Manfred, Referentenentwurf eines Tarifeinheitsgesetzes - hofft Nahles auf das Bundesverfassungsgericht? BB 2014, Heft 48, I.

Löwisch, Manfred/Rieble, Volker (Hrsg.), Tarifvertragsgesetz. Kommentar, 3. Aufl., München 2012.

Mager, Ute, Einrichtungsgarantien. Entstehung, Wurzeln, Wandlungen und grundgesetzgemäße Neubestimmung einer dogmatischen Figur des Verfassungsrechts, Tübingen 2003 (zugl. Berlin, Univ., Habil. 2002).

Mann, Thomas, Zeitliche Austrittsbeschränkungen in Tarifverbänden, Berlin 1995 (zugl. FU Berlin, Univ., Diss. 1995).

Marhold, Franz/Friedrich, Michael, Österreichisches Arbeitsrecht, 2. Aufl., Wien 2012.

Martens, Klaus-Peter, Hafenbetrieb und Hafenarbeit nach dem Gesamthafenbetriebsgesetz, NZA 2000, 449–453.

Maschmann, Frank, Tarifautonomie im Zugriff des Gesetzgebers. Verfassungsrechtliche Grundlagen einer Änderung des Tarifrechts und Möglichkeiten zur Anpassung von Tarifverträgen an geändertes Gesetzesrecht, München 2007 (zugl. Passau, Univ., Habil. 2003).

Maschmann, Frank (Hrsg.), Festschrift für Wolfgang Hromadka zum 70. Geburtstag, München 2008.

Matthes, Hans-Christoph, Der Arbeitgeber als Tarifpartei, in: Schlachter, Monika/Ascheid, Reiner/Friedrich, Hans-Wolf (Hrsg.), FS Schaub, München 1998, S. 477–485.

Maunz, Theodor/Dürig, Günter (Begr.); *Herzog, Roman/Scholz, Rupert/Herdegen, Matthias/Klein, Hans H.* (Hrsg.), Grundgesetz: Kommentar, München 1958 (72. EL Juli 2014) (zitiert: Maunz/Dürig-*Bearbeiter*).

Mayer, Udo R., ABM und tarifliche Entlohnung in den neuen Bundesländern, AuR 1993, 309–316.

Mehrens, Christian/Willemsen, Heinz Josef, Die Friedenspflicht im Zeitraum der Nachbindung, NZA 2009, 169–173.

Meinel, Gernod/Heyn, Judith/Herms, Sascha (Hrsg.), Teilzeit- und Befristungsgesetz. Kommentar, 4. Aufl., München 2012 (zitiert: Meinel/Heyn/Herms-*Bearbeiter*).

Meissinger, Hermann, Tarifhoheit in der sozialen Selbstverwaltung, RdA 1951, 46–49.

Meißner, Heinz-Rudolf/Bochum, Ulrich, „Industrie- und Produktions-Services". Studie zu einer Branche „under cover", Berlin 2011.

Melot de Beauregard, Paul R., Mitgliedschaft in Arbeitgeberverbänden und Tarifbindung, Frankfurt am Main 2002 (zugl. Würzburg, Univ., Diss 2002).

Melot de Beauregard, Paul R., Fluch und Segen arbeitsvertraglicher Verweisungen auf Tarifverträge, NJW 2006, 2522–2525.

Merten, Detlef/Papier, Hans-Jürgen (Hrsg.), Handbuch der Grundrechte in Deutschland und Europa. Grundrechte in Deutschland. Einzelgrundrechte II, Bd. V, Heidelberg 2013.

Meyer, Cord, Modifikation von Tarifrecht durch Betriebsvereinbarungen beim Betriebsübergang, NZA 2001, 751–755.

Meyer, Cord, Transfergesellschaften an der Schnittstelle zwischen Arbeits- und Sozialrecht, NZS 2002, 578–583.

Meyer, Cord, Zur Kontrolle der Tariffähigkeit neu gegründeter Gewerkschaften. Zugleich Anmerkung zu BAG vom 5.10.2010–1 ABR 88/09, DB 2011 S. 481, DB 2011, 1920–1922.

Meyer, Cord, Aktuelle Gestaltungsfragen beim Betriebsübergang, NZA-RR 2013, 225–232.

Moll, Wilhelm, Staatliche Vergütungsregulierung zwischen Tarifautonomie und Gemeinschaftsrecht, RdA 2010, 321–337.

Moll, Wilhelm (Hrsg.), Münchener Anwalts-Handbuch Arbeitsrecht, 3. Aufl., München 2012 (zitiert: Moll, MAH Arbeitsrecht-*Bearbeiter*).

Müller, Gerhard, Tarifautonomie und gesetzliche Regelung des Arbeitskampfrechts, DB 1992, 269–274.

Müller, Hans-Peter/Wilke, Manfred, Verdrängte Beruflichkeit - Renaissance des Berufsprinzips? Ind. Beziehungen 2008, 376–401.

Müller-Jentsch, Walther, Soziologie der industriellen Beziehungen. Eine Einführung, Frankfurt am Main 1986.

Müller-Jentsch, Walther, Auf dem Prüfstand: Das deutsche Modell der industriellen Beziehungen, Ind. Beziehungen 1995, 11–24.

Müller-Jentsch, Walther, Strukturwandel der industriellen Beziehungen. ‚Industrial Citizenship' zwischen Markt und Regulierung, Wiesbaden 2007.

Murmann, Klaus, Tarifautonomie und Wettbewerbsordnung, in: Zohlnhöfer, Werner (Hrsg.), Tarifautonomie auf dem Prüfstand, Berlin 1996, S. 43–47.

Mutschler, Bernd/Bartz, Ralf/Schmidt-De Caluwe, Reimund (Hrsg.), Sozialgesetzbuch III. Arbeitsförderung, 4. Aufl., Baden-Baden 2012 (zitiert: NK-SGB III-*Bearbeiter*).

Natzel, Ivo, Tarifzuständigkeit der IG-Metall, SAE 2001, 43–49.

Nebe, Katja, Spaltung des Arbeitsmarktes durch Krisengesetzgebung - eine kritische Analyse des deutschen Arbeits- und Sozialrechts vor und nach der Krise, SR 2013, 1–16.

Nebling, Martin/Miller, Anemon, Die materielle Richtigkeitsgewähr des Tarifvertrages im Lichte der Haftungsfalle des § 15 Abs. 3 AGG, RdA 2007, 289–294.

Neumann, Dirk, Der Schutz der negativen Koalitionsfreiheit, RdA 1989, 243–246.

Nicklich, Manuel/Helfen, Markus, Wirtschaftsverbände in Deutschland 2012/2013. Mitgliedergewinnung und -bindung als zentrale Herausforderung, Berlin 2013.

Nielebock, Helga, Allgemeinverbindliche und gesetzliche Mindestentgelte und Mindestarbeitsbedingungen - ausgewählte Aspekte, in: Schubert, Jens M. (Hrsg.), FS Kempen, Baden-Baden 2013, S. 181–195.

Nienhüser, Werner/Hoßfeld, Heiko, Alles auf Betriebsebene regeln? Dezentralisierung der Tarifbeziehungen aus Sicht betrieblicher Akteure, WSI Mitt. 2010, 126–134.

Nikisch, Arthur, Koalitionsrecht, Arbeitskampfrecht und Tarifvertragsrecht, Bd. 2, 2. Aufl., Tübingen 1959.

Novitz, Tonia, International and European Protection of the Right to Strike. A Comparative Study of Standards Set by the International Labour Organization, the Council of Europe and the European Union, Oxford u.a. 2003.

Oberberg, Max/Schoof, Christian, Erstreikbarkeit eines Ergänzungstarifvertrags für den Betrieb eines verbandsangehörigen Arbeitgebers, AiB 2002, 169–186.

Oetker, Hartmut, Die Beendigung der Mitgliedschaft in Arbeitgeberverbänden als tarifliche Vorfrage, ZfA 1998, 41–82.

Oetker, Hartmut/Preis, Ulrich/Rieble, Volker (Hrsg.), 50 Jahre Bundesarbeitsgericht, München 2004.

Oetker, Hartmut/Preis, Ulrich/Steinmeyer, Heinz-Dietrich (Hrsg.), Soziale Sicherheit durch Sozialpartnerschaft. Festschrift zum 50-jährigen Bestehen der Zusatzversorgungskasse des Baugewerbes, München 2007.

Ohl, Kay, Die Ost-West-Tarifangleichung in der Metall- und Elektroindustrie, WSI Mitt. 2009, 627–630.

Oppolzer, Alfred/Zachert, Ulrich, Zur Zukunft des Tarifvertrages: Versuch einer Synthese, in: Oppolzer, Alfred/Zachert, Ulrich (Hrsg.), Krise und Zukunft des Flächentarifvertrages, Baden-Baden 2000, S. 215–231.

Oppolzer, Alfred/Zachert, Ulrich (Hrsg.), Krise und Zukunft des Flächentarifvertrages, Baden-Baden 2000.

Otten, August Wilhelm, Festlegung der Referenztarifverträge, der neuen Entgeltdifferenzierung, der Bezugsentgelte nebst Tarifentgeltabstand im Heimarbeitsbereich „Eisen-, Metall- und Elektroartikel, Uhren usw.“, NZA 2011, 1140–1141.

Otto, Hansjörg, Das konturlose Arbeitskampfrecht des BAG - Vom Arbeitskampf als ultima ratio zur nahezu unbeschränkten Kampffreiheit? RdA 2010, 135–148.

Otto, Hansjörg (Hrsg.), Arbeitskampf- und Schlichtungsrecht, München 2006.

Otto, Sven-Joachim, Die rechtliche Zulässigkeit einer tarifbindungsfreien Mitgliedschaft in Arbeitgeberverbänden, NZA 1996, 624–631.

Palley, Thomas, Die wirtschaftliche Logik des Outsourcings und die Handlungsoptionen der Politik, WSI Mitt. 2006, 665–673.

Paul, Gerd/Stegbauer, Christian, Soziale Marktwirtschaft, Mitbestimmung und Tarifpolitik aus Sicht der Arbeitgeber in Deutschland. Auswertung einer Befragung der Bertelsmann Stiftung Herbst 2005, Gütersloh 2006.

Peeters, J.A.J., Het recht op collectieve actie van werknemers, Njb 1980, 65–74.

Pfarr, Heide/Kocher, Eva, Kollektivverfahren im Arbeitsrecht. Arbeitnehmerschutz und Gleichberechtigung durch Verfahren, Baden-Baden 1998.

Picker, Christian, Niedriglohn und Mindestlohn, RdA 2014, 25–36.

Picker, Eduard, Tarifmacht und tarifvertragliche Arbeitsmarktpolitik, ZfA 1998, 573–714.

Picker, Eduard, Tarifautonomie - Betriebsautonomie - Privatautonomie, NZA 2002, 761–770.

Picker, Eduard, Der Arbeitskampf in der Rechts- und Wirtschaftsordnung. Zu einer Dogmatik des Arbeitskampfrechts. Teile I und II, ZfA 2010, 499–631.

Picker, Eduard, Der Arbeitskampf in der Rechts- und Wirtschaftsordnung - Zu einer Dogmatik des Arbeitskampfrechts. Teil III, ZfA 2011, 443–552.

Pieroth, Bodo, Mindestlohnausnahme für Zeitungszusteller? Ein Rechtsgutachten zur Verfassungsmäßigkeit eines allgemeinen Mindestlohnes am Maßstab der Pressefreiheit erstattet der Vereinten Dienstleistungsgewerkschaft ver.di, Münster 2014.

Pils, Michael Johannes, Umgehung von § 613 a BGB durch Einsatz einer Transfergesellschaft. Erneuter Prüfstand der Transfergesellschaft? NZA 2013, 125–130.

Plander, Harro, Tarifflucht durch kurzfristig vereinbarten Verbandsaustritt? NZA 2005, 897–902.

Preis, Ulrich, Arbeitsrecht: Kollektivarbeitsrecht. Lehrbuch für Studium und Praxis, 3. Aufl., Köln 2012.

Preis, Ulrich (Hrsg.), WissZeitVG. Kommentar zum Wissenschaftszeitvertragsgesetz, Köln 2008 (zitiert: Preis-*Bearbeiter*).

Preis, Ulrich/Greiner, Stefan, Vertragsgestaltung bei Bezugnahmeklauseln nach der Rechtsprechungsänderung des BAG, NZA 2007, 1073–1079.

Preis, Ulrich/Ulber, Daniel, Funktionen und Funktionsfähigkeit der Tarifautonomie, in: Schubert, Jens M. (Hrsg.), FS Kempen, Baden-Baden 2013, S. 15–37.

Preis, Ulrich/Ulber, Daniel, Ausschlussfristen und Mindestlohngesetz. Der Mindestlohn als unabdingbarer Sockelanspruch, HSI-Schriftenreihe, Bd. 12, Frankfurt am Main 2014.

Preis, Ulrich/Ulber, Daniel, Die Verfassungsmäßigkeit des allgemeinen gesetzlichen Mindestlohns. Rechtsgutachten auf Ersuchen der Hans-Böckler-Stiftung, Köln 2014.

Prigge, Wolfgang-Ulrich, Metallindustrielle Arbeitgeberverbände in Großbritannien und der Bundesrepublik Deutschland. Eine systemtheoretische Analyse, Opladen 1987 (zugl. Mainz, Univ., Habil. 1984).

Ragnit, Regina/Hansen, Leif H., Neue Regeln für die Zeitarbeit, AuA 2011, 8–12.

Rasch, Harold, Sind Streik und Streikandrohung noch zeitgemäß? ZRP 1976, 181–185.

Rebhahn, Robert, Rechtsvergleichendes zur Tarifbindung ohne Verbandsmitgliedschaft, RdA 2002, 214–218.

Rebhahn, Robert, Die Zukunft der Kollektivautonomie in Europa - Tarifautonomie im Rechtsvergleich, EuZA 2010, 62–87.

Rehder, Britta, Betriebliche Bündnisse für Arbeit in Deutschland. Mitbestimmung und Flächentarif im Wandel, Frankfurt/Main u.a. 2003 (zugl. Köln, Univ., Diss. 2001).

Rehder, Britta/Deinert, Olaf/Callsen, Raphaël, Arbeitskampfmittelfreiheit und atypische Arbeitskampfformen. Rechtliche Bewertung atypischer Arbeitskampfformen und Grenzen der Rechtsfortbildung, HSI-Schriftenreihe, Bd. 1, Saarbrücken 2012.

Reichel, Mandy, Die Einbeziehung des Außenseiter-Arbeitgebers in den Verbandsarbeitskampf, Frankfurt a.M. 2008 (zugl. Göttingen, Univ., Diss. 2007).

Reichold, Hermann, Entgeltmitbestimmung beim tariffreien Arbeitgeber: nur „Erfurter Allerlei"? BB 2009, 1470–1472.

Reichold, Hermann, Entgeltmitbestimmung und „betriebliche Vergütungsordnung“ - Ein Lehrstück kollektiver Fremdbestimmung durch Richterrecht, in:

Richardi, Reinhard/Wilhelm, Jan/Lobinger, Thomas (Hrsg.), FS Picker, Tübingen 2010, S. 1079–1094.

Reichold, Hermann, Folgen gesetzlicher Tarifeinheit für die Tarifpluralität im öffentlichen Dienst, öAT 2010, 219–222.

Reichold, Hermann, Tarifliche Vergütungsordnung – Betriebliche „Allgemeinverbindlichkeit" kraft Mitbestimmungspflicht. Besprechung des Urteils BAG v. 18. 10. 2011–1 ABR 25/10, RdA 2013, 108–110.

Reichold, Hermann, Stärkung in Tiefe und Breite – wie viel Staat verkraftet die Tarifautonomie? NJW 2014, 2534–2538.

Reitze, Serge, Der Austritt aus Gewerkschaft und Arbeitgeberverband - Vereinbarkeit von Kündigungsfristen (§ 39 BGB) mit Art. 9 III GG, NZA 1999, 70–73.

Reuter, Dieter, Möglichkeiten und Grenzen der tarifvertraglichen Gestaltung durch Betriebsnormen - Beispiel Arbeitszeit, DZWir 1995, 353–361.

Reuter, Dieter, Die Mitgliedschaft ohne Tarifbindung (OT-Mitgliedschaft) im Arbeitgeberverband, RdA 1996, 201–209.

Reuter, Dieter, Können verbandsangehörige Arbeitgeber zum Abschluss von Haustarifverträgen gezwungen werden? NZA 2001, 1097–1107.

Rhein, Thomas, Deutsche Geringverdiener im europäischen Vergleich, IAB-Kurzbericht 15/2013, 1–10.

Richardi, Reinhard, Der CGM-Beschluss des ArbG Stuttgart: Tariffähigkeit und Tarifzensur, NZA 2004, 1025–1029.

Richardi, Reinhard, Koalitionsfähigkeit und Tariffähigkeit, in: Kohte, Wolfhard/Dörner, Hans-Jürgen/Anzinger, Rudolf (Hrsg.), FS Wissmann, München 2005, S. 159–173.

Richardi, Reinhard, Gewerkschaftszugehörigkeit als Maßstab für die Verteilungsgerechtigkeit im Betrieb, NZA 2010, 417–421.

Richardi, Reinhard (Hrsg.), Betriebsverfassungsgesetz mit Wahlordnung. Kommentar, 14. Aufl., München 2014 (zitiert: Richardi, BetrVG-*Bearbeiter*).

Richardi, Reinhard/Dörner, Hans-Jürgen/Weber, Christoph (Hrsg.), Personalvertretungsrecht. Bundespersonalvertretungsgesetz mit Erläuterungen zu den Personalvertretungsgesetzen der Länder, 4. Aufl., München 2012 (zitiert: Richardi/Dörner/Weber-*Bearbeiter*).

Richardi, Reinhard/Wilhelm, Jan/Lobinger, Thomas (Hrsg.), Festschrift für Eduard Picker zum 70. Geburtstag am 3. November 2010, Tübingen 2010.

Richardi, Reinhard/Wißmann, Hellmut/Wlotzke, Otfried/Oetker, Hartmut (Hrsg.), Münchener Handbuch zum Arbeitsrecht, 3. Aufl., München 2009 (zitiert: MünchArbR-*Bearbeiter*).

Ricken, Oliver, Autonomie und tarifliche Rechtsetzung. Die Tarifzuständigkeit als Wirksamkeitserfordernis des Tarifvertrages, München 2006 (zugl. Bonn, Univ., Habil. 2004).

Rieble, Volker, Beschäftigungspolitik durch Tarifvertrag, ZTR 1993, 54–61.

Rieble, Volker, Arbeitsniederlegung zur Standorterhaltung, RdA 2005, 200–205.

Rieble, Volker, „Blitzaustritt" und tarifliche Vorbindung, RdA 2009, 280–286.

Rieble, Volker, Kollektivarbeitsrechtliche Regulierung beim Entleiher, in: Rieble, Volker (Hrsg.), Zukunft der Zeitarbeit, München 2009, S. 65–112.

Rieble, Volker, Betriebsführungsvertrag als Gestaltungsinstrument, NZA 2010, 1145–1150.

Rieble, Volker, CGZP-Tarifunfähigkeit und Vertrauensschutz, BB 2012, 2945–2951.

Rieble, Volker (Hrsg.), Zukunft der Zeitarbeit. 6. ZAAR-Kongress München, 8. Mai 2009, München 2009.

Rieble, Volker (Hrsg.), Arbeitsrecht im Konzern. 2. ZAAR-Tagung Hamburg 10. September 2010, München 2010.

Rieble, Volker/Klebeck, Ulf, Lohngleichheit für Leiharbeit, NZA 2002, 23–29.

Rieble, Volker/Klebeck, Ulf, Tarifwechsel ins Handwerk, BB 2006, 885–891.

Riechert, Christian, Grenzen tariflicher Abweichung vom Equal Pay-Grundsatz des AÜG, NZA 2013, 303–309.

Riesenhuber, Karl, Tarifbindung und Ausgliederung von Unternehmensteilen. Zur ‚Goethe-Institut'-Entscheidung des BAG vom 11.9.1991, BB 1993, 1001–1007.

Riester, Walter, Flächentarifvertrag - ein Modell für die Zukunft, Wirtschaftsdienst 1995, 466–469.

Rinck, Ursula, Kollision von fortwirkenden Tarifnormen und Bezugnahmeklauseln und Betriebsübergang, RdA 2010, 216–225.

Rödl, Florian, Privatrechtliche Gerechtigkeit und arbeitsrechtliche Tarifautonomie, in: Bieder, Marcus/Hartmann, Felix (Hrsg.), Individuelle Freiheit und kollektive Interessenwahrnehmung, Tübingen 2012, S. 81–101.

Rödl, Florian/Ulber, Daniel, Unvereinbarkeit von § 9 Nr. 2 Halbs. 4 AÜG mit der Leiharbeitsrichtlinie, NZA 2012, 841–845.

Roetteken, Thorsten von, Unionsrechtliche Aspekte des Schadensersatzes und der Entschädigung bei Diskriminierungen, NZA-RR 2013, 337–346.

Roggenkamp, Hendrik, Im Schatten der Industriekonzerne, Magazin Mitbestimmung 11/2011, 26.

Rolfs, Christian/Clemens, Fabian, Entwicklungen und Fehlentwicklungen im Arbeitskampfrecht, NZA 2004, 410–417.

Rolfs, Christian/Giesen, Richard/Kreikebohm, Ralf/Udsching, Peter (Hrsg.), Beck'scher Online-Kommentar Arbeitsrecht, München Stand: 01.12.2014 (zitiert: BeckOK ArbR-*Bearbeiter*).

Rösner, Hans Jürgen, Global Competition - Konsequenzen für die Tarifpolitik? Wirtschaftsdienst 1995, 475–483.

Ruch, Kristina, Dreiseitige Vereinbarungen zwischen Arbeitgeber, Gewerkschaft und Betriebsrat, Frankfurt a.M. 2010 (zugl. Bonn, Univ., Diss. 2009).

Ruppert, Burkhard/Koch, Thomas, Herausforderungen für den Flächentarifvertrag in Ostdeutschland. Entwicklungen in der Tarifpolitik am Beispiel der Metall- und Elektroindustrie in Sachsen, Otto-Brenner-Stiftung Arbeitsheft Nr. 28, Berlin 2002.

Rüßmann, Helmut/Herberger, Maximilian/Martinek, Michael/Weth, Stephan (Begr.); *Junker, Markus/Beckmann, Michael/Rüßmann, Helmut* (Hrsg.), Juris Praxiskommentar BGB. Band 2 - Schuldrecht, 7. Aufl., Saarbrücken 2014 (zitiert: jurisPK-BGB-*Bearbeiter*).

Rüthers, Bernd, Zur Beseitigung von Arbeitsverträgen durch Aussperrung, DB 1969, 967–972.

Sachverständigenrat, Zwanzig Punkte für Beschäftigung und Wachstum. Jahresgutachten 2002/03, Wiesbaden 2002.

Sachverständigenrat, Chancen für einen stabilen Aufschwung. Jahresgutachten 2010/11, Wiesbaden 2010.

Sachverständigenrat, Gegen eine rückwärtsgewandte Wirtschaftspolitik. Jahresgutachten 2013/14, Wiesbaden 2013.

Säcker, Franz Jürgen/Mohr, Jochen, Das neue Arbeitskampfrecht: Das Ende der Friedlichkeit und die Relativierung absolut geschützter Rechte, JZ 2010, 440–450.

Säcker, Franz Jürgen/Rixecker, Roland (Hrsg.), Münchener Kommentar zum Bürgerlichen Gesetzbuch, 6. Aufl., München 2012 (zitiert: MünchKomm BGB-*Bearbeiter*).

Saeidy-Nory, Sarah, Tarifgemeinschaften als Lösungsansatz fuer ein funktionierendes Tarifsystem im Rahmen von Tarifkollisionen, Frankfurt a.M. 2014 (zugl. Frankfurt a.M., Univ., Diss. 2014).

Sagan, Adam, Die kollektive Fortgeltung von Tarifverträgen und Betriebsvereinbarungen nach § 613a Abs. 1 Sätze 2–4 BGB, RdA 2011, 163–173.

Sagasser, Bernd/Bula, Thomas/Brünger, Thomas R. (Hrsg.), Umwandlungen. Verschmelzung, Spaltung, Formwechsel, Vermögensübertragung. Zivilrecht, Handelsrecht, Arbeitsrecht, Kartellrecht, Steuerrecht, 4. Aufl., München 2011 (zitiert: Sagasser/Bula/Brünger-*Bearbeiter*).

Salamon, Erwin, § 87 BetrVG als Geltungsgrund tariflicher Vergütungsordnungen für Außenseiter? NZA 2012, 899–903.

Sansone, Piero, Gleichstellung von Leiharbeitnehmern nach deutschem und Unionsrecht, Baden-Baden 2011 (zugl. Köln, Univ., Diss. 2010).

Schäfer, Claus, „No Representation without Taxation" – WSI-Verteilungsbericht 2011, WSI Mitt. 2011, 677–686.

Schafft, Marcus/Gaumann, Ralf, Auskunftspflichten über den Mitgliedsstatus im Arbeitgeberverband, NZA 2001, 1125–1133.

Schaub, Günter, Aktuelle Streitfragen zur Kostensenkung bei der Arbeitsvergütung, BB 1994, 2005–2011.

Schaub, Günter, Wege und Irrwege aus dem Flächentarifvertrag, NZA 1998, 617–623.

Schaub, Günter, Rechtsprobleme der Tarifflucht, in: Maschmann, Frank (Hrsg.), FS Hromadka, München 2008, S. 339–357.

Schaub, Günter (Begr.); *Koch, Ulrich/Linck, Rüdiger/Treber, Jürgen/Vogelsang, Hinrich* (Hrsg.), Arbeitsrechts-Handbuch. Systematische Darstellung und Nachschlagewerk für die Praxis, 15. Aufl., München 2013 (zitiert: Schaub, Hdb. ArbR-*Bearbeiter*).

Scheerer, Artur, Die Erstreckung des Tarifvertrags, AuR 1953, 144–146.

Schelp, Günther, Bundeseinheitliches Tarifrecht, BArbBl 1953, 333–334.

Schiefer, Bernd/Hartmann, Henning, Ende der Dynamik einer arbeitsvertraglichen Bezugnahme im Falle eines Betriebsübergangs, BB 2013, 2613–2615.

Schirge, Barbara, Betriebsrat und Arbeitnehmerüberlassung, AiB 2010, 657–660.

Schlachter, Monika, Der Schutz der Vereinigungsfreiheit durch die Europäische Sozialcharta, SR 2013, 77–91.

Schlachter, Monika/Ascheid, Reiner/Friedrich, Hans-Wolf (Hrsg.), Tarifautonomie für ein neues Jahrhundert. Festschrift für Günter Schaub zum 65. Geburtstag, München 1998.

Schliemann, Harald, Arbeitsvertragliche Verweisung auf Tarifverträge, NZA Sonderbeilage 16/2003, 3–14.

Schliemann, Harald, Tarifliches Günstigkeitsprinzip und Bindung der Rechtsprechung, NZA 2003, 122–128.

Schliemann, Harald, Betriebliche Tarifeinheit und Gewerkschaftspluralität, in: Maschmann, Frank (Hrsg.), FS Hromadka, München 2008, S. 359–378.

Schmalz, Stefan/Dörre, Klaus (Hrsg.), Comeback der Gewerkschaften? Machtressourcen, innovative Praktiken, internationale Perspektiven, Frankfurt a.M. 2013.

Schmidt, Benedikt, Entgeltfindung im tarifpluralen Betrieb, NZA-Beilage 4/2012, 123–128.

Schmidt, Karsten, Die BGB-Außengesellschaft: rechts- und parteifähig - Besprechung des Grundlagenurteils II ZR 331/00 vom 29. 1. 2001, NJW 2001, 993–1003.

Schmidt, Rudi/Röbenack, Silke/Hinke, Robert, Prekarisierung des kollektiven Tarifsystems am Beispiel der ostdeutschen Metallindustrie, Ind. Beziehungen 2003, 220–249.

Schmitt-Rolfes, Günter, Tarifliche Vergütungsordnung gilt für alle, AuA 2012, 263.

Schnabel, Claus, Gewerkschaften und Arbeitgeberverbände: Organisationsgrade, Tarifbindung und Einflüsse auf Löhne und Beschäftigung. Diskussionspapiere Friedrich-Alexander-Universität Erlangen-Nürnberg, Lehrstuhl für Arbeitsmarkt- und Regionalpolitik, Nr. 34, Erlangen/Nürnberg 2005.

Schnabel, Claus, Flächentarifverträge: Eine ökonomische und arbeitsmarktpolitische Betrachtung, NZA-Beilage 2011, 56–61.

Schnorr, Gerhard, Der Koalitionsbegriff in der Montanindustrie, RdA 1954, 166.

Scholz, Jendrik, Krise des korporatistischen Arrangements und gewerkschaftliche Revitalisierungsansätze im Handwerk, in: Schmalz, Stefan/Dörre, Klaus (Hrsg.), Comeback der Gewerkschaften? Frankfurt a.M. 2013, S. 199–212.

Scholz, Rupert, Zur Problematik von Tarifpluralität und Tarifeinheit - Verfassungsfragen zu einer gesetzlichen Reformlösung, ZfA 2010, 681–709.

Schönbauer, Ulrich, Leiharbeit. Faktische Auswirkungen des Gleichbehandlungsgebots, Wien 2014.

Schrader, Peter, Arbeitgeberverbände und Mächtigkeit, NZA 2001, 1337–1346.

Schroeder, Wolfgang, Gewerkschaften und Arbeitgeberverbände, GMH 1996, 601–615.

Schroeder, Wolfgang, Zur Reform der sozialen Selbstverwaltung in der gesetzlichen Krankenversicherung - Kasseler Konzept, Düsseldorf 2008.

Schroeder, Wolfgang, Geschichte und Funktion der deutschen Arbeitgeberverbände, in: Schroeder, Wolfgang/Weßels, Bernhard (Hrsg.), Hdb. Arbeitgeber- und Wirtschaftsverbände, Wiesbaden 2010, S. 26–42.

Schroeder, Wolfgang (Hrsg.), Handbuch Gewerkschaften in Deutschland. Ein Handbuch, 2. Aufl., Wiesbaden 2014.

Schroeder, Wolfgang/Ruppert, Burkhard, Austritte aus Arbeitgeberverbänden. Motive - Ursachen - Ausmaß, WSI Mitt. 1996, 316–328.

Schroeder, Wolfgang/Silvia, Stephen J., Gewerkschaften und Arbeitgeberverbände, in: Schroeder, Wolfgang (Hrsg.), Handbuch Gewerkschaften in Deutschland, 2. Aufl., Wiesbaden 2014, S. 337–365.

Schroeder, Wolfgang/Weßels, Bernhard (Hrsg.), Handbuch Arbeitgeber- und Wirtschaftsverbände in Deutschland, Wiesbaden 2010.

Schubert, Claudia, Ist der Außenseiter vor der Normsetzung durch die Tarifvertragsparteien geschützt? Ein Beitrag zum sachlichen Schutzbereich der negativen Koalitionsfreiheit, RdA 2001, 199.

Schubert, Claudia, Europäische Grundfreiheiten und nationales Arbeitskampfrecht im Konflikt. Zugleich eine Besprechung der Entscheidungen des EuGH v. 11. 12. 2007 - Rs. C-438/05 - Viking und v. 18. 12. 2007 - Rs. C-341/05 - Laval, RdA 2008, 289–299.

Schubert, Jens M., Die Behandlung kollektivvertraglicher Normenkollisionen nach Verschmelzung und Spaltung von Unternehmen, Baden-Baden 2003 (zugl. Hannover, Univ., Diss. 2002).

Schubert, Jens M., Richterliche Grenzen für die Vereinbarung von Differenzierungsklauseln, ZTR 2011, 579–586.

Schubert, Jens M. (Hrsg.), Anforderungen an ein modernes kollektives Arbeitsrecht. Festschrift für Otto Ernst Kempen, Baden-Baden 2013.

Schulten, Thorsten, Europeanisation of Collective Bargaining. An Overview on Trade Union Initiatives for a Transnational Coordination of Collective Baragaining, WSI Discussion Paper, Düsseldorf 2002.

Schulten, Thorsten, Perspektiven des gewerkschaftlichen Kerngeschäfts: zur Reichweite der Tarifpolitik in Europa, APuZ 2010, 36–40.

Schulten, Thorsten, Stellenwert der Allgemeinverbindlicherklärung für die Tarifvertragssysteme in Europa, WSI Mitt. 2012, 485–495.

Schulten, Thorsten, WSI Mindestlohnbericht 2013 - Anhaltend schwache Mindestlohnentwicklung in Europa, WSI Mitt. 2013, 126–132.

Schulten, Thorsten/Bispinck, Reinhard, Re-Stabilisierung des deutschen Flächentarifvertragssystems, WSI Mitt. 2009, 201–209.

Schulten, Thorsten/Bispinck, Reinhard, Vorwort, in: Bispinck, Reinhard/Schulten, Thorsten (Hrsg.), Zukunft der Tarifautonomie, Hamburg 2010, S. 7–9.

Schulze-Doll, Christine, „Kontrollierte Dezentralisierung“ der Tarifverhandlungen. Neue Entwicklungen der Kollektivverhandlungen in Deutschland und Frankreich, Baden-Baden 2008 (zugl. Halle/Wittenberge, Univ., Diss. 2008).

Schüren, Peter, Leiharbeit in Deutschland, RdA 2007, 231–235.

Schüren, Peter, Scheinwerk- und Scheindienstverträge mit Arbeitnehmerüberlassungserlaubnis. Vorschlag zu einer Korrektur des AÜG, NZA 2013, 176–178.

Schüren, Peter (Hrsg.), Arbeitnehmerüberlassungsgesetz. Kommentar, 4. Aufl., München 2010 (zitiert: Schüren, AÜG-*Bearbeiter*).

Schüren, Peter/Wank, Rolf, Die neue Leiharbeitsrichtlinie und ihre Umsetzung in deutsches Recht, RdA 2011, 1–12.

Schuster, Thomas, Mindestlohn. Beschäftigungsrisiken höher als behauptet, IW policy paper, Köln 2013.

Schwab, Brent (Hrsg.), Arbeitnehmererfindungsgesetz, Baden-Baden 2012 (zitiert: NK-ArbNErfG-*Bearbeiter*).

Schwarze, Roland, Gewerkschaftswerbung per E-Mail. Besprechung des Urteils des BAG v. 20. 1. 2009 – 1 AZR 515/08, RdA 2010, 115–119.

Schwarze, Roland, Kooperative Regulierung im Arbeitsrecht, ZfA 2011, 867–913.

Schwitzer, Helga/Schumann, Dirk, Tarifverträge über Branchenzuschläge - eine erste Zwischenbilanz, WSI Mitt. 2013, 297–300.

Seel, Henning-Alexander, Arbeitsvertragliche Bezugnahmeklauseln – Risiken bei Restrukturierungen, öAT 2012, 243–246.

Seifert, Hartmut/Brehmer, Wolfram, Leiharbeit: Funktionswandel einer flexiblen Beschäftigungsform, WSI Mitt. 2008, 335–341.

Seiter, Hugo, Betriebsinhaberwechsel. Arbeitsrechtliche Auswirkungen eines Betriebsübergangs unter besonderer Berücksichtigung des § 613 a BGB i.d.F. vom 13. August 1980, Bd. 9, Stuttgart 1980.

Seiwerth, Stephan, Das „Genter System" als Mittel zur Stärkung der Tarifautonomie, NZA 2014, 708–712.

Seiwerth, Stephan, Stärkung der Tarifautonomie - Anregungen aus Europa? EuZA 2014, 450–467.

Sieber, Thomas, Tarifdispositives Recht - Mittel zur Stärkung und Flexibilisierung des Gesamtarbeitsvertragssystems. anhand der Beispiele des Nachtarbeitsverbots und der Ladenöffnungszeiten, Bern, Stuttgart, Wien 1996 (zugl. St. Gallen, Univ., Diss. 1996).

Silvia, Stephen J., Mitgliederentwicklung und Organisationsstärke der Arbeitgeberverbände, Wirtschaftsverbände und Industrie und Handelskammern, in: Schroeder, Wolfgang/Weßels, Bernhard (Hrsg.), Hdb. Arbeitgeber- und Wirtschaftsverbände, Wiesbaden 2010, S. 169–182.

Simon, Stefan/Hinrichs, Lard, Unterrichtung der Arbeitnehmer und ihrer Vertretungen bei grenzüberschreitenden Verschmelzungen, NZA 2008, 391–397.

Sinzheimer, Hugo, Grundzüge des Arbeitsrechts, 2. Aufl., Jena 1927.

Sittard, Ulrich, Voraussetzungen und Wirkungen der Tarifnormerstreckung nach § 5 TVG und dem AEntG. Zugleich Beitrag zur Debatte um staatliche Mindestlöhne, München 2010 (zugl. Köln, Univ., Diss 2009).

Sittard, Ulrich, Keine Nachwirkung von Mindestlohntarifverträgen, NZA 2012, 299–304.

Sodan, Helge, Verfassungsrechtliche Grenzen der Tarifautonomie, JZ 1998, 421–430.

Sodan, Helge/Zimmermann, Markus, Tarifvorrangige Mindestlöhne versus Koalitionsfreiheit - Die Neufassungen des Mindestarbeitsbedingungengesetzes und des Arbeitnehmer-Entsendegesetzes, NJW 2009, 2001–2006.

Söllner, René, Ausgewählte Ergebnisse für kleine und mittlere Unternehmen in Deutschland 2009, WiSta 2011, 1086–1097.

Söllner, Sebastian, Der verfassungsrechtliche Rahmen für Privatautonomie im Arbeitsrecht, RdA 1989, 144.

Sommer, Michael, Tarifautonomie und Tarifpolitik - für eine Stabilisierung des Tarifsystems, in: Bispinck, Reinhard/Schulten, Thorsten (Hrsg.), Zukunft der Tarifautonomie, Hamburg 2010, S. 13–19.

Spielberger, Marc, Die Arbeitskampfrisikolehre und das Ende der Tarifeinheit, NJW 2011, 264–270.

Statistisches Bundesamt, Verdienste und Arbeitskosten. Tarifbindung in Deutschland 2010, Wiesbaden 2013.

Staudinger, Julius von (Begr.); *Repgen, Tilman/Schulte-Nölke, Hans/Strätz, Hans-Wolfgang* (Hrsg.), Kommentar zum Bürgerlichen Gesetzbuch mit Einführungsgesetz und Nebengesetzen. Buch 1: §§ 21–79 (Allgemeiner Teil 2), Berlin 2005 (zitiert: Staudinger-*Bearbeiter*).

Staudinger, Julius von (Begr.); *Fischinger, Philipp S./Richardi, Reinhard/Reuter, Dieter* (Hrsg.), Kommentar zum Bürgerlichen Gesetzbuch mit Einführungsgesetz und Nebengesetzen. Buch 2: §§ 611–613 (Dienstvertragsrecht 1), Berlin 2005 (Neubearbeitung 2011) (zitiert: Staudinger-*Bearbeiter*).

Staudinger, Julius von (Begr.); *Annuß, Georg/Reuter, Dieter/Albrecht, Karl-Dieter* (Hrsg.), Kommentar zum Bürgerlichen Gesetzbuch mit Einführungsgesetz und Nebengesetzen. Buch 2: §§ 613a-619a (Dienstvertragsrecht 2), 2005. Aufl., Berlin 2005 (Neubearbeitung 2011) (zitiert: Staudinger-*Bearbeiter*).

Steffan, Ralf, Neues vom EuGH zum Betriebsübergang: Was folgt aus „Scattolon"? NZA 2012, 473–477.

Stein, Axel, Fehlerhafte Tarifverträge. Zugleich zur Vorstellung von einem „faktischen Tarifvertrag", in: Schubert, Jens M. (Hrsg.), FS Kempen, Baden-Baden 2013, S. 88–108.

Steinau-Steinrück, Robert von/Glanz, Peter, Dauerarbeitskämpfe durch Spartenstreiks – Die verbliebenen Kampfmittel der Arbeitgeber, NZA 2009, 113–118.

Streeck, Wolfgang/Rehder, Britta, Institutionen im Wandel: Hat die Tarifautonomie eine Zukunft? in: Busch, Hans Werner/Frey, Hans Paul/Hüther, Michael u. a. (Hrsg.), Tarifpolitik im Umbruch, Köln 2005, S. 49–82.

Summers, Clyde W., Contingent Employment in the United States, Comp.Lab. LawJ. 1997 (18), 503–522.

Sydow, Jörg/Conrad, Peter/Sadowski, Dieter (Hrsg.), Arbeit - eine Neubestimmung. Managementforschung, Bd. 24, Wiesbaden 2014.

Tennstedt, Florian, Die Neutralität des Staates im Arbeitskampf. Eine historisch-soziologische Analyse der Institutionen der „herrschenden Lehre", AuR 1973, 168–173.

Tennstedt, Florian, Soziale Selbstverwaltung. Geschichte der Selbstverwaltung in der Krankenversicherung, Bd. 2, Bonn 1977.

Thüsing, Gregor, Anmerkung zu BAG, 18.02.2003–1 AZR 142/02, AP Nr. 163 zu Art. 9 GG Arbeitskampf.

Thüsing, Gregor, Die Erstreikbarkeit von Firmentarifverträgen verbandsangehöriger Arbeitgeber, NZA 1997, 294–296.

Thüsing, Gregor, Europarechtliche Bezüge der Bezugnahmeklausel, NZA 2006, 473–475.

Thüsing, Gregor, Gedanken zum Mindestlohn, in: Thüsing, Gregor/Creutzfeldt, Malte/Hanau, Peter u. a. (Hrsg.), FS Bepler, München 2012, S. 549–555.

Thüsing, Gregor, Vorübergehende und nicht-vorübergehende Arbeitnehmerüberlassung: Das Rätselraten geht weiter, NZA 2013, 1248–1250.

Thüsing, Gregor/Braun, Axel (Hrsg.), Tarifrecht. Handbuch, München 2011 (zitiert: Thüsing/Braun-*Bearbeiter*).

Thüsing, Gregor/Creutzfeldt, Malte/Hanau, Peter/Wißmann, Hellmut (Hrsg.), Arbeitsgerichtsbarkeit und Wissenschaft. Festschrift für Klaus Bepler zum 65. Geburtstag, München 2012.

Timmermann, Oliver, Die Beweisnot des Arbeitnehmers bei illegaler Arbeitnehmerüberlassung, BB 2012, 1729–1733.

Trappehl, Bernhard/Lambrich, Thomas, Unterlassungsanspruch der Gewerkschaft - das Ende für betriebliche „Bündnisse für Arbeit"? NJW 1999, 3221–3224.

Traxler, Franz, Interessenverbände der Unternehmer. Konstitutionsbedingungen und Steuerungskapazitäten, analysiert am Beispiel Österreichs, Frankfurt am Main, New York 1986.

Traxler, Franz, Two Logics of Collective Action in Industrial Relations, in: Crouch, Colin/Traxler, Franz (Hrsg.), Organized industrial relations in Europe, 2. Aufl., Aldershot u.a. 1995, S. 23–44.

Traxler, Franz, Der Flächentarifvertrag in der OECD. Entwicklung, Bestandsbedingungen und Effekte, Ind. Beziehungen 1997, 101–123.

Traxler, Franz, Das deutsche Tarifsystem im internationalen Vergleich: Strukturmerkmale und Entwicklungstendenzen. Vortrag WSI-Herbstforum 2006, Wien 2006.

Ulber, Daniel, Wirksamkeit tariflicher Regelungen zur Ungleichbehandlung von Leiharbeitnehmern, NZA 2009, 232–238.

Ulber, Daniel, Tarifdispositives Gesetzesrecht im Spannungsfeld von Tarifautonomie und grundrechtlichen Schutzpflichten, Berlin, Köln 2010 (zugl. Köln, Univ., Diss. 2010).

Ulber, Daniel, Neues zur Tariffähigkeit, RdA 2011, 353–362.

Ulber, Daniel, Inter omnes-Wirkung und Drittbeteiligung bei Entscheidungen über die Tariffähigkeit, SR 2012, 141–158.

v.Danwitz, Thomas, § 116 Koalitionsfreiheit, in: Merten, Detlef/Papier, Hans-Jürgen (Hrsg.), Handbuch der Grundrechte Bd. V, Heidelberg 2013,

van Waarden, Frans, The Organizational Power of Employers' Associations Compared. Cohesion, Comprehensivenesss and Organizational Development, in: Crouch, Colin/Traxler, Franz (Hrsg.), Organized industrial relations in Europe, 2. Aufl., Aldershot u.a. 1995, S. 45–97.

Vaneslow, Achim/Weinkopf, Claudia, Jobwunder mit Nebenwirkungen: Entwicklungen in der Leiharbeit, WISO direkt Oktober 2008.

Visser, Jelle, ICTWSS: Database on Institutional Characteristics of Trade Unions, Wage Setting, State Intervention and Social Pacts in 34 countries between1960 and 2007. Version 4.0 vom April 2013.

Völkl, Martin, Krise des Flächentarifvertrages und Integrationsfähigkeit von Arbeitgeberverbänden. Empirische Untersuchungen am Beispiel zweier mittelständischer baden-württembergischer Branchen, Ind. Beziehungen 1998, 165–191.

Völkl, Martin, Der Mittelstand und die Tarifautonomie. Arbeitgeberverbände zwischen Sozialpartnerschaft und Dienstleistung, München 2002 (zugl. Konstanz, Univ., Diss. 2002).

Volkmann, Uwe, Tarifautonomie in der Bundesrepublik Deutschland, in: Britz, Gabriele/Volkmann, Uwe (Hrsg.), Tarifautonomie in Deutschland und Europa, Tübingen 2003, S. 1–33.

Waas, Bernd, Der Regelungsentwurf von DGB und BDA zur Tarifeinheit. Verfassungs- und internationalrechtliche Aspekte. Gutachten im Auftrag des Hugo Sinzheimer Instituts für Arbeitsrecht, Frankfurt am Main 2010.

Waas, Bernd, Tarifkonkurrenz und Tarifpluralität, Baden-Baden 1999.

Waas, Bernd, Die Neuregelung der Arbeitnehmerüberlassung in Deutschland im Lichte des niederländischen Rechts, RIW 2003, 265–272.

Waas, Bernd, Tarifvertragsrecht in Zeiten der Krise, in: Schubert, Jens M. (Hrsg.), FS Kempen, Baden-Baden 2013, S. 38–58.

Wagner, Karin, Die Verlagerung des Betriebszwecks als Fluchtweg aus dem Tarifvertrag? Frankfurt am Main 2003 (zugl. Potsdam, Univ., Diss. 2003).

Walker, Wolf-Dietrich, Der tarifvertragliche Einwirkungsanspruch, in: Schlachter, Monika/Ascheid, Reiner/Friedrich, Hans-Wolf (Hrsg.), FS Schaub, München 1998, S. 743–760.

Wallisch, Jochen, Die tarifvertraglichen Einwirkungspflichten, Baden-Baden 1998 (zugl. Freiburg, Univ., Diss. 1997).

Walser, Manfred, Stabilisierung des Verbandstarifvertrags: Widersprüchliche Impulse der Rechtsordnung? WSI Mitt. 2013, 491–499.

Waltermann, Raimund, Mindestlohn, Mindesteinkommen, Mindestsicherung – Eine Bewertung aus der Sicht des deutschen Arbeits- und Sozialrechts, NZA-Beilage 2009, 110–119.

Waltermann, Raimund, Wesentliche Aussagen des Gutachtens zur Abteilung Arbeits- und Sozialrecht des 68. Deutschen Juristentages Berlin 2010, NZA 2010, 860–865.

Waltermann, Raimund, Gesetzliche und tarifvertragliche Gestaltung im Niedriglohnsektor, NZA 2013, 1041–1048.

Waltermann, Raimund, Entwicklungslinien der Tarifautonomie, RdA 2014, 86–93.

Wank, Rolf, Neuere Entwicklungen im Arbeitnehmerüberlassungsrecht, RdA 2003, 1–11.

Wank, Rolf, Die Funktionsfähigkeit des Tarifvertragssystems, in: Oetker, Hartmut/Preis, Ulrich/Steinmeyer, Heinz-Dietrich (Hrsg.), FS 50 Jahre ZVK Baugewerbe, München 2007, S. 141–164.

Wank, Rolf, Aktuelle Probleme des Arbeitskampfrechts. Unterstützungsstreik, Streik um Tarifsozialplan, Schadensersatz und einstweilige Verfügung, RdA 2009, 1–13.

Wassermann, Wolfram/Rudolph, Wolfgang, Leiharbeit als Gegenstand betrieblicher Mitbestimmung, HBS Arbeitspapier Nr. 148, Düsseldorf.

Weber, Hajo, Unternehmerverbände zwischen Markt, Staat und Gewerkschaften. Zur intermediären Organisation von Wirtschaftsinteressen, Frankfurt/Main, New York 1987.

Weinkopf, Claudia, Der Hamburger Gesamthafenbetrieb als Beispiel eines branchenbezogenen überbetrieblichen Arbeitskräftepools, Gelsenkirchen 1992.

Wendeling-Schröder, Ulrike, Auf der Suche nach einem modernen Tarifvertragsrecht, in: Kohte, Wolfhard/Dörner, Hans-Jürgen/Anzinger, Rudolf (Hrsg.), FS Wissmann, München 2005, S. 174–184.

Wendeling-Schröder, Ulrike, Rechtsprobleme der tariflichen Unterbietungskonkurrenz - tarifrechtliche Grundlagen, in: Zimmer, Reingard (Hrsg.), Tarifliche Unterbietungskonkurrenz, Düsseldorf 2011, S. 13–24.

Wendeling-Schröder, Ulrike, Kritik der Lehre vom fehlerhaften Tarifvertrag. unter besonderer Berücksichtigung der TV tarifunfähiger Gewerkschaften in der Leiharbeit, AuR 2013, 192–198.

Wendeling-Schröder, Ulrike/Schubert, Jens M., Rechtsprobleme zweistufiger Tarifsysteme, NZA 2003, 772–777.

Wendeling-Schröder, Ulrike/Spieker, Wolfgang, Das Mitbestimmungsurteil des BVerfG und seine Auswirkungen auf die Praxis des Mitbestimmungsgesetzes, NJW 1981, 145–151.

Wiedemann, Herbert, Anmerkung zu BAG, 04.12.1974–5 AZR 75/74, AP Nr. 2 zu § 3 TVG.

Wiedemann, Herbert, Der nicht organisierte Arbeitnehmer im kollektiven Arbeitsrecht, RdA 2007, 65–70.

Wiedemann, Herbert, Tarifautonomie heute, BB 2013, 1397–1402.

Wiedemann, Herbert (Hrsg.), Tarifvertragsgesetz. Mit Durchführungs- und Nebenvorschriften. Kommentar, 7. Aufl., München 2007 (zitiert: Wiedemann-*Bearbeiter*).

Willemsen, Heinz Josef/Mehrens, Christian, Neues zum „Blitzwechsel" in die OT-Mitgliedschaft und Unterstützungsstreik, NZA 2013, 79–82.

Willemsen, Heinz Josef/Sagan, Adam, Mindestlohn und Grundgesetz. Staatliche Lohnfestsetzung versus Tarifautonomie, NZA 2008, 1216–1222.

Windbichler, Christine, Arbeitsrecht im Konzern, München 1989 (zugl. München, Univ., Habil. 1988).

Winter, Regine, Betriebsübergang und Tarifersetzung – was ergibt sich aus dem Urteil Scattolon? RdA 2013, 36–39.

Wisskirchen, Alfred, Über Veränderungen im Tarifrecht und in der tariflichen Praxis, in: Bauer, Jobst-Hubertus/Kort, Michael/Möllers, Thomas M.J. u. a. (Hrsg.), FS Buchner, München 2009, S. 984–995.

Wolf, Roland, Deutsches Tarifrecht - zwischen Erfolg und Bewährungsprobe, in: Schubert, Jens M. (Hrsg.), FS Kempen, Baden-Baden 2013, S. 59–77.

Wolf, Roland, Der neue Mindestlohn - Tarifstärkung geht anders! BB 2014, 1216.

Wonneberger, Wolfgang, Die Funktionen der Allgemeinverbindlicherklärung von Tarifverträgen, Heidelberg 1992 (zugl. Uni Köln, Univ., Diss. 1991).

WSI-Tarifarchiv/*Bispinck, Reinhard,* Statistisches Taschenbuch Tarifpolitik 2014, Düsseldorf 2014.

Zachert, Ulrich, Grenzen für eine gesetzliche Absenkung tariflicher Schutzstandards, NZA 1994, 529–534.

Zachert, Ulrich, Modernisierung oder Liquidation der Tarifautonomie, KJ 1997, 411–428.

Zachert, Ulrich, Reformperspektiven der Allgemeinverbindlicherklärung aus arbeitsrechtlicher Sicht, WSI Mitt. 2003, 413–419.

Zachert, Ulrich, Betriebliche Bündnisse für Arbeit durch gesetzliche Öffnungsklauseln? AiB 2004, 718–721.

Zachert, Ulrich, Dezentralisierung des Tarifvertrages: der einzelne Arbeitgeber als Tarifpartei, in: Kohte, Wolfhard/Dörner, Hans-Jürgen/Anzinger, Rudolf (Hrsg.), FS Wissmann, München 2005, S. 202–212.

Zachert, Ulrich, Bedeutung der Tarifverträge und Tendenz ihrer Dezentralisierung. Vom Umgang der Betriebsräte mit dem Tarifvertrag und seinem Nutzen für Arbeitnehmer, AiB 2006, 166–168.

Zachert, Ulrich, „Jenseits des Tarifvertrags"? Sonstige Kollektivvereinbarungen der Koalitionen, NZA 2006, 10–14.

Zachert, Ulrich, 60 Jahre Tarifvertragsgesetz – Eine rechtspolitische Bilanz, WSI Mitt. 2009, 179–184.

Zachert, Ulrich, 60 Jahre Tarifvertragsgesetz - eine rechtspolitische Bilanz, in: Bispinck, Reinhard/Schulten, Thorsten (Hrsg.), Zukunft der Tarifautonomie, Hamburg 2010, S. 36–52.

Ziegler, Astrid, Standortverlagerungen und Ausgliederung - Ausmaß, Struktur und Auswirkungen auf die Beschäftigten. Eine Auswertung auf Basis der WSI-Betriebsrätebefragung 2007, WSI Diskussionspapier Nr. 162, Düsseldorf 2008.

Zimmer, Reingard, Eingriff in Gewerkschaftsrechte durch Aufbau vom Arbeitgeber abhängiger Scheingewerkschaften - bietet die Rechtsprechung ausreichenden Schutz? Eine Untersuchung unter Berücksichtigung von Art. 2 ILO-Übereinkommen 98, in: Zimmer, Reingard (Hrsg.), Tarifliche Unterbietungskonkurrenz, Düsseldorf 2011, S. 25–44.

Zimmer, Reingard, Soziale Grundrechte in der EU. Das Arbeitskampfrecht nach in-Kraft-Treten des Vertrags von Lissabon, AuR 2012, 114–119.

Zimmer, Reingard, Kompetenz Europäischer Betriebsräte zum Abschluss europaweiter Kollektivvereinbarungen? EuZA 2013, 459–471.

Zimmer, Reingard (Hrsg.), Rechtsprobleme der tariflichen Unterbietungskonkurrenz, Düsseldorf 2011.

Zohlnhöfer, Werner (Hrsg.), Die Tarifautonomie auf dem Prüfstand, Berlin 1996.

Zöllner, Wolfgang, Tarifmacht und Außenseiter, RdA 1962, 453–459.

Schriften zum Recht der Arbeit

Herausgegeben von Olaf Deinert / Rüdiger Krause

Das Arbeitsrecht regelt die Bedingungen, unter denen durch Kooperation von Arbeitgebern und Arbeitnehmern wirtschaftliche Werte geschaffen und die daraus entstehenden Erträge verteilt werden. Dabei muss sich das Arbeitsrecht in einem immer stärkeren Maße den Herausforderungen einer globalisierten Ökonomie einerseits und sich ständig verändernden gesellschaftlichen Anschauungen andererseits stellen. Das Arbeitsrecht nimmt daher eine zentrale Rolle in der Struktur moderner Industrie- und Dienstleistungsgesellschaften ein. Kein anderes Rechtsgebiet steht deshalb so stark im Spannungsfeld der politischen und sozialen Kräfte sowie zugleich im Blickpunkt der Öffentlichkeit. Die Reihe „Schriften zum Recht der Arbeit" soll die wissenschaftliche Auseinandersetzung mit dem Arbeitsrecht und dem betrieblichen Sozialrecht fördern, indem sie einen Rahmen für einschlägige Publikationen schafft. Sie vereint vorwiegend Dissertationen zu diesen Themen, die mit mindestens „cum laude" bewertet worden sind.

Manuskriptvorschläge sind in Papierform an die Herausgeber zu richten: Professor Dr. Olaf Deinert / Professor Dr. Rüdiger Krause, Institut für Arbeitsrecht, Georg-August-Universität Göttingen, Platz der Göttinger Sieben 5, 37073 Göttingen.

Band 1 Elisa Maria Wolf: Druckkündigungen mit diskriminierendem Hintergrund. 2012.

Band 2 Daniel Hader: Die Differenzierung nach der Gewerkschaftsmitgliedschaft durch Vereinbarung. 2012.

Band 3 Nils Seibert: Die Begründung und Beendigung von Arbeitsverhältnissen und Arbeitsverträgen. 2012.

Band 4 Maximilian Federhofer: Europäisches Tarifrecht? Zum Verhältnis von Grundfreiheiten und Grundrechten im Hinblick auf nationale Sachverhalte mit Tarifbezug. 2013.

Band 5 Sara Günther: Arbeitsrechtlicher Antidiskriminierungsschutz und Diversity Management. AGG - Pflicht und Chance zugleich. 2013.

Band 6 Jun Zhu: Die Mankohaftung im Arbeitsverhältnis nach der Schuldrechtsmodernisierung. 2013.

Band 7 Philip Owschimikow: Datenscreening zwischen Compliance-Aufgabe und Arbeitnehmerdatenschutz. Zugleich eine Bewertung des Regierungsentwurfs eines Gesetzes zur Regelung des Beschäftigtendatenschutzes. 2014.

Band 8 Jennifer Rasche: Arbeitnehmerweiterbildung. Gesetzlicher Rahmen und kollektive Gestaltungsmöglichkeiten. 2014.

Band 9 Nicola Jakobi: Flexibilisierungen des Arbeitsverhältnisses im Arbeitnehmerinteresse. Eine rechtsdogmatische und rechtspolitische Untersuchung des Rechts der Arbeitszeiten auf die Vereinbarkeit von Familie und Beruf. 2014.

Band 10 Christiane Radtke: Externer Sachverstand im Betriebsverfassungsrecht. Sachverständige und Berater für Betriebsrat, Gesamtbetriebsrat, Konzernbetriebsrat, Wirtschaftsausschuss und Wahlvorstand. 2014.

Band 11 Michael Au: Das Übergangsmandat der Arbeitnehmervertretungen. 2014.

Band 12 Manfred Walser: Einfluss der Rechtsordnung auf die Tarifbindung der Arbeitgeberseite. 2015.

www.peterlang.com

www.ingramcontent.com/pod-product-compliance
Ingram Content Group UK Ltd.
Pitfield, Milton Keynes, MK11 3LW, UK
UKHW021827290926
8980IPUK00004B/292

9 783631 662076